Sebastian Brunner

Kniftologie und Pfiffolgie des Weltweisen Schopenhauer

Sebastian Brunner

Kniftologie und Pfiffolgie des Weltweisen Schopenhauer

ISBN/EAN: 9783743471429

Hergestellt in Europa, USA, Kanada, Australien, Japan

Cover: Foto ©Thomas Meinert / pixelio.de

Manufactured and distributed by brebook publishing software (www.brebook.com)

Sebastian Brunner

Kniftologie und Pfiffolgie des Weltweisen Schopenhauer

Kniffologie und Pfiffologie

des

Weltweisen Schopenhauer.

Im Schreiben und Treiben des Meisters und seiner Gesellen
plastisch und drastisch dargestellt

von

Sebastian Brunner.

Es sproßt empor auf selber Trift
Das Gift und auch das Gegengift;
Die „Weltweisheit", von ihm erdichtet,
Ist auch von ihm zu Grund gerichtet.

Paderborn.

Druck und Verlag von Ferdinand Schöningh.

1889.

Münster i. W., Prinzipalmarkt 1. — Osnabrück.

Ein gereimtes Programm.

Unter allen Philosophen
Möchte er der erste sein,
Denn er sagt es oft und offen:
Ihm gebührt der Sieg allein;
Keiner hat ihn übertroffen,
Er nur fand den Weisenstein,
Den er in Besitz genommen,
„Zu mir müssen Alle kommen!“

Was wir von den Alten lesen —
Er hat Alles überflügelt;
Niemals ist noch dagewesen
So ein Hochmuth, ungezügelt,
Denn vernarrt in seine Thesen
War er, die er ausgeklügelt,
Daß er fast vor Stolz zerplatzt ist,
Noch lang' — bevor er abgekratzt ist.

Ausgeführt hat er die Grille,
Zu erfinden ein System;
„Welt als Vorstellung und Wille“,
Das wird Keinem unbequem.
Er vertheilte diese Pille,
Und sie schmeckte angenehm:
Was er will, kann Jeder schreiben,
Was er kann, will Jeder treiben.

Er beleuchtet selbst sein Schreiben
Durch die eigene Moral,
Nicht verschwiegen konnt' sie bleiben,
Und das war für ihn fatal;
Denn von seinen Trieben treiben
Ließ er sich ja allemal, —
Wo ihn diese hingetrieben,
Ist nicht unbekannt geblieben.

Darum wollt' er auch, sein Leben
Sei dem eitlen Publikum
Ja durchaus nicht preisgegeben
Als enthülltes Heiligthum;
Er befahl mit Zorn und Beben:
Bleibt darüber still und stumm,
Denn wenn sie mein Treiben wissen,
Ist mein Lorbeerkranz zerrissen!

Er hat niemals Acht genommen,
Wenn er Andere verkeilt hat,
Daß an ihn das Loos wird kommen,
Das er Anderen ertheilt hat,
Es wird Jeder hergenommen,
Den die Nemesis ereilt hat,
Wenn durch neue Philosophen
Ihn der Niederschlag getroffen.

So wie seine eig'nen Kinder
Der Chronos immer selbst verschlingt,
Wird es auch ergeh'n nicht minder
Den Philosophen unbedingt:
Wir sehn, wie ein Systemerfinder
Den andern anfaßt und bezwingt;
So wird auch er gefaßt beim Kragen
Von Andern, die ihn niederschlagen.

Eine alte Kategorie, in welche das Leben und das System des Weltweisen bequem eingeschachtelt werden kann.

Dem geneigten und dem ungeneigten Leser soll gleich im Beginne unserer Schrift eine Kategorieentafel in die Hand gegeben werden, die fast 2000 Jahre alt und vom heiligen Apostel und Evangelisten Johannes angefertigt worden ist. Mit dieser Tafel möge dann der Leser selber das Schreiben und Treiben des Weltweisen Schopenhauer betrachten, und derselbe wird Alles, was Schopenhauer geschrieben und getrieben hat, in den drei Räumen dieser Tafel vorfinden. Schopenhauer sucht Alles, was in der Welt da ist — die ganze Welt in Wille und Vorstellung unterzubringen und alle Erscheinungen in der Welt aus Wille und Vorstellung heraus zu erklären. Der Wille weiß Anfangs selber nicht, was er will, er ist ohne Intelligenz und Bewußtsein von dem, was er will. Die Gestirne kreisen um die Sonne, sie wissen nicht, warum; die Bäume und Pflanzen wachsen aus dem Boden, sie wissen nicht, warum; der Stein fällt auf die Erde, er weiß nicht, warum; nur im Menschen wird der Wille mit Intelligenz ausgestattet u. s. w.

Nun kommen wir auch mit einer Kategorieentafel, die sich die Erklärung des ganzen Verlaufes der Menschengeschichte zur Aufgabe gestellt hat. Diese lautet (Apostel Johannes, 1. Brief, 2. Kap., 16. u. 17. Vers): „Denn Alles, was in der Welt ist, das ist die Begierlichkeit des Fleisches, die Begierlichkeit der Augen und die Hoffart des Lebens, was nicht vom Vater, sondern von der Welt ist. Und die Welt vergeht mit ihrer Lust, wer aber den Willen Gottes thut, der bleibt in Ewigkeit."

Hier haben wir also außer „dem Willen der Natur, der im Menschen zum Bewußtsein kommt", auch einen selbstbewußten Willen Gottes, der dem Schopenhauer ebenso zuwider ist, und den er ebenso verläugnet, wie er den persönlichen Gott verläugnet hat.

In dem Ausspruch des Johannes sind Genußsucht, Habsucht und Ehrsucht als die drei Wurzelsünden in der Menschheit bloßgelegt. Alles, was Sünde heißt, zieht aus einer oder der anderen dieser drei Wurzeln seine Nahrung. Jeder Mensch, der in seinem Herzen ungetrübten Blickes Rundschau hält, wird in sich selber die Richtigkeit dieser Eintheilung bestätigt finden. Wenn nun der Mensch keinen Gott über der Welt anerkennt und diesen verläugnet, so wird er auch in den vom Apostel bezeichneten Wurzelsünden, in Genußsucht, Habsucht und Hoffart keine Sünde anerkennen, sondern so gut es eben geht, die entsprechenden Blüthen und Früchte aus diesen drei Wurzeln aufsprossen lassen.

Wir werden nun theils aus den eigenen Geständnissen dieses Weltweisen, theils aus den Schriften seiner Apostel beweisen, daß gerade dieser Philosoph sowohl in seinen Schriften, als in seinem Leben ein ganzes Emporium von Waaren eigenen Fabrikates aufgestapelt hat, welche in den von Johannes aufgestellten drei Kategorieen vom Leser selbst ohne Mühe untergebracht werden können.

1. Was die Hoffart anbelangt, welche in die Pyramidalspitze des Größenwahns ausläuft, ist noch kein Philosoph dagewesen, der mit seiner eigenen Handschrift so eklatante, unzählige Beweise für den Besitz dieser Eigenschaft in seinen Schriften beigebracht hätte. In diesem Größenwahn ist auch der wahre Grund seines Atheismus zu ersehen. Wer sich derartig zum Centrum der ganzen Gedankenwelt, zum einzigen Durchforscher des Universums macht, daß es ihm allein nach eigenem Geständniß gelungen wäre, das Welträthsel zu lösen, der kann neben und außer sich keinen Gott brauchen. Wir werden sehen, wie er in allen möglichen Gedankenformen und und Sprachwendungen sein eigenes Genie bewundert und Alles verachtet, was nicht er selber ist und was von ihm nicht ausgeht. Seine von ihm selber sich gestellte Aufgabe ist scheinbar die Verbreitung des Atheismus überhaupt, in der That

aber ist es nur die Verbreitung seines, des „echten" Atheismus insbesondere. Er wüthet ohne Unterlaß auch gegen alle anderen Philosophen, die mit ihm einem gleichen Ziele zusteuern (wie gegen Fichte, Hegel, Büchner u. s. w.) und gegen alle anderen Stoff- und Kraftmänner, die doch auch ganz orthodoxe Atheisten sein wollen, bloß aus dem Grunde, weil er allein der wahre und echte Meister und Herrgott des Atheismus in der von ihm ersonnenen Form, er allein als der einzige vollwichtige, orthodoxe Atheist dastehen und den Ruhm der Erfindung des echten Atheismus für sich allein in Anspruch nehmen will. Die eklatanten Beweisstellen, vom Weltweisen selber niedergeschrieben, wird der Leser in vorliegender Schrift dutzendweise finden.

2. Die Habsucht (Augenlust) tritt bekanntlich in den verschiedensten Formen auf. Sein Vater hat sich als immer noch reicher Kaufmann, durch unvorhergesehene Verluste gekränkt, aus dem Leben hinausspedirt. Bei Schopenhauer erscheint die Habsucht nicht im unsittlichen Vermehren des Besitzes, sondern im überaus ängstlichen Erhalten desselben, im Haß gegen das arme Volk, von dem er fürchtet, es könne, wenn ihm die Hoffnung auf einen jenseitigen Ausgleich genommen wäre, mit den Besitzenden hier auf Erden Abrechnung halten wollen. Er fürchtet die Früchte seiner Metaphysik, die er die philosophische nennt, und spricht wiederholt den Wunsch aus, für das arme Volk solle die religiöse Metaphysik aufrecht erhalten bleiben, die er doch selber bei der Tafelrunde seiner „aufgeklärten" Leser als einen Trug bezeichnet. Das ist die eigentliche Niedertracht, die Consequenzlosigkeit seines Systems aus Furcht und Angst vor den nothwendigen Consequenzen dieses seines Systems. In seiner Todesangst wünscht er eine „religiöse Metaphysik" für das arme Volk, einen Kapzaum für die „Schufte und Canaillen", wie er so überaus zart die Proletarier in Frankfurt 1849 getauft hat. Wenn er die ersten neun Gebote (zuerst das: „Du sollst allein an einen Gott glauben") und mit diesem die acht folgenden wie ein wüthender Eber niedergerissen hat, so macht er erschrocken vor dem letzten, zehnten Halt: Du sollst nicht begehren deines Nächsten Gut; mit diesem Schlußstein erklärt er sich vollkommen einverstanden. Der große Weltweise hat eben bei all

seinem Renommiren nicht so viel Logik in seinem prononcirten Tigerkopf, daß das letzte Gebot ohne das erste auch keinen Halt hat und von den herandrängenden Volksmassen auch niedergerissen wird. In derlei Fällen überkommt ihn das Ohnmachtsgefühl mitsammt seiner philosophischen Metaphysik, und er sucht dieser mit Kanonen und Flinten, mit Pulver und Blei, mit Säbel und Bajonett nachzuhelfen, denn ohne Glauben an Gott kann man versuchen zu leben, aber ohne Geld — das geht nicht. Wenn nun der Weltweise auch den heiligen Gott verläugnet, so will er doch um so zäher am heiligen Eigenthum festhalten mit dem aufrichtigsten Herzen und mit dem kindlichsten Gemüthe und allen seinen Kräften.

3. Was die Begierlichkeit des Fleisches anbelangt, wollen wir seine erbaulichen Geständnisse und die Berichte seiner Freunde über ihn weitaus weniger in Betracht ziehen, als seine Ansichten, Vorschläge und Erfindungen, die er schriftlich in seinen Philosophemen niedergelegt hat. Seine Vorschläge zur Regelung der geschlechtlichen Verhältnisse für die aufgeklärte Zukunft gehen ins grauenhaft Unsinnige und Unhaltbare hinein; so stellt er die Ehe (Monogamie) als unsittlich dar, will Tetragamie (Vierweiberei) eingeführt wissen u. s. w., und macht Vorschläge für den Zukunftsbau der Gesellschaft, welche jeder Kenner der socialen Zustände mit gutem Gewissen als völlige, eklatante Verrücktheiten bezeichnen wird. Denn würde man annehmen, er habe diese Pläne (so auch seine Ansichten über das widerwärtigste Thema der Knabenschändung) mit klarem Bewußtsein gemacht, so könnte dieses Vorgehen nur als Verworfenheit bezeichnet werden.

Auf seine als Princip aufgestellten, auch schon verrückten Behauptungen mußten derlei Consequenzen kommen, wie die Anempfehlung der Vierweiberei, die versuchte Brandmarkung der Monogamie „als der Sitte zuwider"!! Das auch noch!

Fürwahr, es scheint bisweilen, der Weltweise habe die Studien für sein neues Eherecht in Menagerien gemacht und er habe die Paragrapheneintheilung an den Drahtgittern der Affenkäfige numerirt.

Wir müssen betonen, daß wir bei der Umschau im Leben Schopenhauers nicht mündliche Ueberlieferungen oder Stadttratsch als Quelle benutzt haben, sondern nur Geständnisse und

Briefe von ihm oder seinen Freunden; somit kann man uns eines illoyalen Vorgehens nicht beschuldigen.

Wenn wir uns in Betrachtung verschiedener Themata öfter in anderer Form und mit anderen Worten wiederholt haben, so ist zu bedenken, daß eben auch Schopenhauer seine Marotten dem Inhalt nach gleich, aber der Form nach verschieden sehr oft seinen Lesern aufgedrungen hat.

Die betreffenden zu besprechenden Stellen haben wir dem von Frauenstädt angefertigten Schopenhauer-Lexikon entnommen, weil sich dieses in den meisten Bibliotheken und auch sonst in vielen Händen befindet und die Leser von den genauen Citaten sich leicht überzeugen können. Jeder kann sich dieses Lexikon leicht verschaffen, und die Besitzer der Gesammtausgabe haben es ohnehin. Da in diesem Lexikon oft die verschiedensten Anschauungen über ein und dasselbe Schlagwort (Thema) beisammenstehen, hat Frauenstädt seinem Meister insofern sehr geschadet, als man hier die Widersprüche, welche sich dieser Denker in seiner Behauptungsmanie so oft zu Schulden kommen ließ, beisammen findet.

Wir brauchen keine Prophetengabe, sondern es genügt uns eine jahrelange Erfahrung, um vorauszusehen, daß wir von den Anhängern dieses Weltweisen nicht widerlegt, sondern nur beschimpft werden können. Das Indianergeheul, welches jene Weltweisen grimmig erschallen lassen, denen es zuwider ist, wenn man ihnen die Consequenzen ihres Systems vor die Augen hält, ist eine Aufforderung zum vereinten Kampfe gegen jeden Unglücklichen, der es wagt, dieser Gattung Weltweiser mit den ausgegliederten Consequenzen ihrer Systeme entgegenzutreten.

Uebrigens sind wir weit entfernt, nicht auch viele treffliche Aphorismen, die Schopenhauer in seinen Schriften niedergelegt hat, als solche anzuerkennen.

So hat er z. B. anonyme Angriffe und Schmähungen als unmoralisch und niederträchtig erklärt, weil der Angreifer zu feige ist, um offen aufzutreten.

Diese Art, von irgend einem unanständigen Ort faule Aepfel auf sein Opfer zu werfen, ist in der Neuzeit ein sehr beliebtes Geschäft geworden.

Ein kostbares, wohl zu beachtendes Geständniß bezüglich des großen Beifalls, welchen das Schopenhauersche System gefunden, finden wir im Meyerschen Universal-Conversationslexikon (14. Bd., S. 289):

„Indem er (Schopenhauer) das unmittelbare Leben in seiner Corruption zum Gegenstande machte und sich bei der Betrachtung desselben über pedantische Conventionen der schulmeisterlichen (!) Moral hinwegsetzte, vermochte er es in einer Weise zu philosophiren, die zwar weniger dem Geschmack der Pädagogen, aber desto mehr dem eines Publikums entspricht, welches von der Philosophie nicht als Schuljugend betrachtet sein will.“

Außerordentlich schlau und doch auch außerordentlich dumm, weil die Schlauheit zu offenbar und unverhüllt zum Vorschein kommt.

1. Warum hat er die Corruption seines eigenen Lebens nicht unmittelbar zum Gegenstand seiner Betrachtung gemacht?

2. Unter der schulmeisterlichen Moral versteht der schlaue Artikelschreiber offenbar das christliche Sittengesetz, denn Schopenhauer vermochte es sogar, sich über die Monogamie hinwegzusetzen und die Päderastie als ein von der Natur schlau ersonnenes Auskunftsmittel darzustellen, wie es im Verlaufe aus seinen Worten gezeigt werden wird.

3. Seine Moral entspricht weniger dem Geschmack der Pädagogen. Unter den Pädagogen sind hier offenbar wieder die Vertheidiger des christlichen Sittengesetzes zu verstehen.

4. Das Publikum, welches nicht als Schuljugend betrachtet sein will, nun, das ist das Gros der aufklärungsdurstigen Leser, denen es ein Balsam ist, wenn das ganze göttliche Gesetz als eine Chimäre dargestellt wird, und wenn sie ihren sämmtlichen Gelüsten ohne Furcht einer Verantwortlichkeit vor einem ewigen Richter nachgehen können.

Das sind in der That die Ursachen von dem großen Erfolge, den sich der Weltweise in der modernen Lesewelt, besonders unter den Lebemännern, Lebefrauen und Lebefräulein errungen hat.

Wir erklären der Wahrheit gemäß: In der Form seiner projektirten Philosopheme hat er vor den meisten antichristlichen Philosophen die praktische Sprachkunde voraus; er weiß das, was er dem Leser beibringen will, diesem mundgerecht zu machen. Er rechnet, wie er es in seinem beständigen Beschimpfen der „Schulphilosophen" bestätigt, auf Leser, die in den gewöhnlichen Gesetzen der Logik nicht eingeschult sind; die Logik haßt er von ganzem Herzen und mit Recht und weiser Voraussicht; er nennt auch seine Philosophie mehr eine Kunst, als eine Wissenschaft. Wir haben deshalb auch im Verlaufe dieser Schrift nachgewiesen, daß die Kunst Schopenhauers dem nicht philosophisch geschulten Leser gegenüber darin besteht, kühne, unbeweisbare und deswegen auch unbewiesene Behauptungen mit der größten Unverfrorenheit aufzustellen und darnach auf diesen wie auf Nebelwolken seine Schlußfolgerungen aufzuführen.

Nun haben auch wir uns nach Maßgabe unserer geringen Kräfte bestrebt, die Unhaltbarkeit, den Unsinn und mitunter die völlige Verrücktheit in den Gedankenevolutionen Schopenhauers in einer wohlverdienten, mitunter humoristischen Beleuchtung darzustellen. Wir haben auch oft darauf hingewiesen, wie Schopenhauers Philosophie erst durch seine hochgradig unerbauliche Biographie in das rechte Licht gestellt wird. Die Privatbriefe Schopenhauers und die Geständnisse und Berichte, welche die nächsten Verehrer und Freunde dieses Großdenkers über sein Leben nach dem Tode desselben, mit einer erstaunenswerthen Schonungslosigkeit bloßgelegt haben, erscheinen uns als gewichtige, unzerstörbare Grundsteine zur Beurtheilung seiner philosophischen Ethik, die er mit einer großen Treue (man könnte komischer Weise sagen: Gewissenhaftigkeit) mit seinen praktischen Uebungen in einen harmonischen Einklang zu bringen versucht hat.

Um auch gebildeten christlichen Frauen die praktischen Endziele des Schopenhauerschen Systems nachzuweisen, ist die philosophische Terminologie, das Latein mit deutschen Endsilben (bisweilen auch spöttisch der philosophische Jargon oder das Kauderwälsch genannt) so viel als möglich vermieden worden, um eben die Folgerungen des Systems in deutscher Sprache klar hinstellen zu können. Es ist entschieden, daß enragirte Verehrerinnen dieses Weltweisen nur entweder durch ihr unpraktisches Denken, oder schlimmer noch durch ihr praktisches Leben zur Bewunderung der sehr kuriosen Metaphysik desselben sich verleiten lassen; denn so schändlich, wie von ihm ist das weibliche

Geschlecht noch von keinem Philosophen behandelt worden. Er hat den Frauen nach seiner Vorstellung und seinem Willen die schmachvollste Stellung in seinem Universum angewiesen.

Möge nun diese vorliegende Schrift den nicht Schopenhauerisch angehauchten Lesern zu einer in erheiternder Weise abgefaßten Belehrung, d. h. zu einer Einsicht in das Wesen und mehr noch in das Unwesen der Schopenhauerschen Behauptungen dienen, und wenn jene Anhänger Schopenhauers, die es fühlen und wissen, warum sie es sind, über uns erzürnt werden und nach der Weise und Lehre ihres Herrn und Meisters uns recht tüchtig herunterschimpfen, so sind wir gewohnt, in dieser Art sicher aufrichtigsten Urtheils schon deshalb eine Befriedigung zu finden, weil wir darin den Beweis ersehen, daß wir auch nach dieser Seite hin unsern Zweck erreicht und von dieser Seite her die übliche Anerkennung gefunden haben.

Wien, den 11. Juli 1889.

Der Verfasser.

Kniffologie und Pfiffologie des Weltweisen Schopenhauer.

1. Wie die guten Freunde Schopenhauers durch Veröffentlichung von Briefen desselben ihren Meister ordentlich blamirt, sich selber aber durch von ihnen vorgebrachte, eklatante Widersprüche als unfähige Herumhaspler an der Denkmaschine compromittirt haben.

Die Freunde des Weltweisen, die sich an denselben herandrängten, seine Launen in Geduld ertrugen, seine Behauptungen als gediegenes Gold hinnahmen und ihm entweder gar nicht oder nur mit der größten Schüchternheit zu widersprechen wagten — haben nach seinem Tode viele seiner Briefe und Aeußerungen bekannt gemacht, welche uns einen tiefen Einblick in den Charakter Schopenhauers gewähren, uns aber auch zugleich Kunde geben, daß es diesen Herandrängern nur darum zu thun war, einige Strahlen von der Sonne des Weltweisen aufzufangen und sich als Monde desselben um ihn und seinen Ruhm herumdrehen zu können.

Nun haben aber diese im Leben vor ihm in seiner Gegenwart sehr schüchternen und ihn anbetenden Freunde — nach dem Tode ihres Heiligen jede Rücksicht bei Seite gesetzt und sich gleichsam für ihre Zurückhaltung vor dem lebenden Weltweisen bezahlt gemacht, indem sie eine Menge von Begebenheiten, Aussprüchen und Briefen veröffentlichten, deren Bekanntmachung Schopenhauer offenbar nicht gewünscht, sondern selbe sogar sich im vollsten Ernste verbeten hat.

Schopenhauer hat sich nach seinem eigenen Ausspruch vor seiner Biographie gefürchtet und Gründe gehabt, zu wünschen, daß eine solche gar nicht publicirt werde. Er schreibt in einem Briefe am 15. Juli 1857:[1])

„Meine Biographie will ich nicht schreiben, noch geschrieben wissen. Die kleine Skizze, die ich dem Erdmann auf Verlangen gemacht, die auch Frauenstädt wiedergegeben hat, und zwei ähnliche in Meyers Conversationslexikon und Pierers Reallexikon in Hildburghausen genügt(!!). Mein Privatleben will ich nicht der kecken und übelwollenden Neugier des Publikums zum Besten geben."

Wir werden sehen, wie gewissenhaft seine „Freunde" diesen testamentarischen Ausspruch erfüllt haben.

Fangen wir gleich mit den Publikationen Ashers an. Dieser gute Freund hat, trotzdem Schopenhauer selber ihm den Wunsch bezüglich Nichtveröffentlichung seiner Biographie brieflich mitgetheilt, es gerathen gefunden, Schriftstücke und Thatsachen zu publiciren, deren Veröffentlichung Schopenhauer nicht gewünscht, ja deren Veröffentlichung er geradewegs gefürchtet hat. Derselbige Asher, der sich im Leben an Schopenhauer als dessen treuer Jünger und Verehrer angeschmuggelt, ist offenbar durch sein Geschäftsräsonnement zu dem Entschluß gekommen, Briefe Schopenhauers, welche diesen noch dazu lächerlich machen und compromittiren, drucken zu lassen.

Der Weltweise war todt und der Freund des Weltweisen war am Leben, und nur der Lebende hat Recht! Warum soll David Asher nicht veröffentlichen die Correspondenz mit Schopenhauer, da ja das Publikum daraus gewahr wird, in welchen intimen Beziehungen David zu Schopenhauer gestanden ist. Welche große Ehre, ein Freund des Weltweisen gewesen zu sein; welche große Ehre für David insbesondere, weil hier Schopenhauer eine ehrenvolle Ausnahme gemacht und einen Sohn Israels als Freund geduldet, er, der im Allgemeinen sich immer über die Juden sehr unerquicklich ausgesprochen hat.

Um aber zu zeigen, daß wir durchaus nicht parteiisch sind, wenn wir berichten, wie David sich durch seine Publikation Ehre und Honorar herausgeschlagen, müssen wir erwähnen, daß wir die getauften Christen, die dem Weltweisen, der im Leben ihr Freund war, nach dem Tode desselben mit der gleichen Rück-

[1]) Arthur Schopenhauer. Neues von ihm und über ihn. Von Dr. David Asher, Berlin, Duncker 1871.

sichtslosigkeit auf seine Wünsche behandelt haben — für eben so große, ja für noch größere Biedermänner und achtenswerthere Freunde halten, als diesen David, der hinter dem Sarge seines Freundes auf seiner Harfe Arien gespielt hat, — daß, wie das Sprichwort sagt: sein Freund sich hätt' im Sarge umdrehen mögen!

Otto Lindner hat trotz alledem auch die Ansicht ausgesprochen, es solle über das Leben des Philosophen möglichst wenig publicirt werden; es sei durchwegs die Einsichtnahme in sein Leben zum Verständniß seiner Philosophie nicht nothwendig.

Der gute Herr sagt[1]) S. 46:

„Die Lebensgeschichte erklärt die echten großen Werke nicht, umgekehrt vielmehr werfen diese letzteren erst ihr erhellendes Licht auf das erstere, und der in Bezug auf Schopenhauer von einigen neuesten Altklugen aufgestellte Satz, als gäbe seine Biographie erst den Schlüssel zu seiner Philosophie, ist gerade so richtig als wie der Satz, daß sich aus der Berechnung, wie viel Rindfleisch u. s. w. Mozart während der Composition des Don Juan gegessen, wie viel Champagner er dabei getrunken, die Qualität seiner Musik ableiten lasse."

Lindner will mit diesem Gleichniß seinen von ihm für überaus bornirt gehaltenen Lesern folgendes aufheften:

Das ethische Princip eines Philosophen steht in keinem Zusammenhang mit seinem ethischen Leben, und darum darf das Leben des Philosophen nicht als ein Schlüssel zum Erkennen seines Systems angesehen werden. Denn: die Compositionen Mozarts stehen in keinem Zusammenhang mit dem Rindfleisch, das er gegessen, und mit dem Champagner, den er getrunken hat, und wie man somit die Compositionen Mozarts nicht aus den von ihm genossenen Speisen und Getränken beurtheilen darf, so darf man auch die ethische Lehre des Philosophen nicht aus seinem ethischen (oder unethischen) Leben beurtheilen; wie also eine Gegenwirkung von Nahrung und Musik nicht besteht, so besteht auch keine Gegenwirkung vom praktischen Leben des Philosophen zu seiner Theorie.

---

[1]) Arthur Schopenhauer. Von ihm über ihn. Ein Wort der Vertheidigung von Ernst Otto Lindner, und Memorabilien an Julius Frauenstädt. Berlin, Hayn 1863. 762 Seiten.

Diese unverdaulichen Brocken ekligen, ungenießbaren und unverschlingbaren Unsinns tischen diese Herren dem Leser auf mit der Zumuthung, er solle dieselben hinunterwürgen, und diese Herren wollen beim Orchester der pessimistischen und nihilistischen Philosophie die Baßgeige spielen!

Nun hat aber derselbige gute Herr Lindner das, was er S. 46 geschrieben hat, total vergessen, denn im selbigen Buche S. 125 (also 80 Seiten später) philosophirt er wie folgt:

„Auch wird es nun leichter sein, den Zusammenhang zwischen ihm und seiner Philosophie zu überschauen, leichter, einzusehen, daß seine Ethik und sein Leben durchaus nicht zwei toto coelo auseinander liegende Dinge gewesen sind; der Irrthum in dieser Beziehung besteht stets darin, daß die Gegner mit der absoluten Askese, mit der vollständigsten Verneinung des Willens zum Leben anfangen, daß sie sich stellen, als hätte Schopenhauer diese von irgend Jemanden verlangt, um ihm dann vorwerfen zu können: er habe selber gerade das Gegentheil davon gethan."

Dieser Vorwurf (aber wer hat ihn denn erhoben?) wäre allerdings leicht abzuwehren, aber Lindner schweigt schlau über einen anderen wuchtigen Vorwurf, der lautet: Schopenhauers Leben und seine Ethik sind keine auseinanderliegenden Dinge gewesen (das sind eigene Worte Linders, ganz entgegen seiner Aufstellung S. 46), er hat sich faktisch sein atheistisches Philosophem und sein Sittengesetz nach seinem Leben construirt — das christliche Sittengesetz hat er für ein Mährchen gehalten.

Es ist für jeden Schriftsteller, besonders für einen Philosophen, ein Malheur, ein schlechtes Gedächtniß zu haben. S. 25 sagt Lindner nach einer längeren Vertheidigung Schopenhauers gegen die Angriffe Gutzkows:

„Wissenschaft aber als solche ist nicht Sittenlehre, und zwischen dem Denker Schopenhauer und dem Individuum Schopenhauer könnte unter Umständen ein so großer Unterschied stattgefunden haben, als er gelegentlich zwischen dem Dichter der Iphigenie und dem Manne der Vulpius ungezweifelt bestanden."

Auch dieser Vergleich ist für einen Philosophen ein doppelt mißlungener Geniestreich: denn das Verhältniß eines Philosophen zu seiner sittlichen Handlungsweise ist doch ein anderes, als das eines Dichters zu seiner Gattin! Ein solcher Vergleich wird von keiner philosophisch-historisch-mathematischen

Classe Anerkennung finden. Die Lehre des Philosophen und sein Leben bietet für das Leben eines Dichters mit einer Frau, die von seiner Dichtkunst nichts versteht — durchaus keinen Grund zu einem Gleichniß! Die Apostel des Weltweisen sind in Gleichnissen sehr unglücklich, aber am allerunglücklichsten erscheinen dieselben ihrer Stellung zu Schopenhauer nach — denn sie sind da in sämmtliche möglichen Zerwürfnisse gerathen. 1. Sie sind oft gegen ihren Meister. 2. Streiten sie oft miteinander. 3. Sind sie oft, jeder mit sich selbst in contradiktorischem Widerspruch.

2. Wie der Weltweise die Verbreitung seiner Philosophie sehr sinnreich als ein Umsichgreifen derselben (ganz epidemisch) bezeichnet, die größte Freude darüber an den Tag legt und sehr besorgt ist, ob sein photographisches Porträt auch zu seiner Zufriedenheit ausfallen wird.

Das „Umsichgreifen" seiner Philosophie ist ihm nach öfteren Aeußerungen desselben sehr am Herzen gelegen.

Nach Asher: Schopenhauer schreibt am 22. October 1857:

„Meine Philosophie greift um sich. Prof. Knoodt in Bonn und Körber in Breslau haben im Sommer einige Collegia darüber gelesen. Viele Besuche sind mir den Sommer über gekommen, darunter 2 Russen aus Moskau und aus Petersburg, 2 Schweden, deren einer aus Upsala, ein königlicher Gesandter und Reichsgraf, 2 Damen und allerhand. Aus den Briefen und aus Besuchen viel mehr als aus dem Gedruckten — davon wird mir wohl kaum die Hälfte bekannt — kann ich die Verbreitung meiner Philosophie beurtheilen. Im vorletzten Centralblatt ist dann die letzte Mine gesprungen, deren Reihe angelegt war vom Zorn des Professors Weiß über seinen abgewiesenen Besuch. Bautz, nun bin ich todt! Die guten Leipziger Magister wissen nicht, daß sie durch solches Gewäsch sich selber schaden, — the engineer blown up his own petard (Shakesp.). Ich habe neulich wieder den Besuch eines Skriblers abgewiesen und hoffe, daß er auch Minen graben wird à la Weiß: Der Knall kommt mir zu gut, der Schaden fällt auf sie. Also Courage, mein Herr Skribler!"

25. Februar 1858:

„Herzlichen Dank für Ihren Glückwunsch und Ihre Vorfeier meines Geburtstages beim vollen Glase, und, daß ein Ehrengeschenk auch nicht ausbleibt, hat Herr Wiesike auf Planenhof, der Besitzer des Oelporträts, mir einen 2 Fuß hohen silbernen Pokal mit meinem Namen und einer erhabenen Inschrift darauf übersandt und verehrt. Briefe von Aposteln 8 Stück sind eingelaufen auch aus Harlem und Wien. Großer Meridian!"

„Jetzt zur Hauptsache: Vor circa 3 Wochen kam der hiesige Photograph M. mit einem Briefe der Illustrirten und bat mich, infolge des Auftrags ihm zu sitzen. Habe es gethan. Er versprach, mir das Bild zu schicken zur Ansicht, sobald es fertig wäre. Hat nicht Wort gehalten. Aber L. hat es gesehen, unähnlich und sehr schlecht gefunden. Ich höre, daß dieser M. in der Regel gar keine Porträts macht, sondern nur leblose Gegenstände. Verdrießt mich, dem großen Publico en carricature vorgezeigt zu werden. Die ersten und reputirlichsten Photographen hier (Frankfurt) sind Seib und Schäffer. Wenn Sie machen könnten, daß die Illustrirte mich nochmals, nämlich von Einem dieser beiden, abnehmen ließe, wollte ich gerne nochmals sitzen. Geben Sie ihr höflich zu verstehen, daß sie in solchem Falle nicht lumpig und schmutzig geizig sein möchte."

13. April 1858:

„Nachdem ich wußte, daß die von M. gemachte Photographie nur eine unähnliche, abscheuliche Fratze sei, bat ich Sie, den Leuten zu sagen: ich wolle lieber noch einmal sitzen, wenn sie einem geschickten Photographen den Auftrag geben wollten. Mir ist durchaus nicht darum zu thun, in dem Philisterblatt (Illustrirte Zeitung) zwischen Eisenbahndirektoren und ähnlichem Volk abporträtirt zu stehen. Dem M. habe ich gesessen, weil er kam und mich bat, und ich den Menschen nicht in seinem Betrieb hinderlich sein wollte. Zum Dank dafür hat er mir sein festgegebenes und leicht zu erfüllendes Versprechen, mir das Bild erst zur Ansicht zu schicken, gebrochen. Er soll mir nicht wieder kommen. Nachher grauete ich, mich da als Fratz der Welt vorgezeigt zu werden."

3. Wie Schopenhauer über Hegels „moralische Erbärmlichkeit", Schellings „schlechtes Geschreib" schimpft und auf das Grab des kurz vorher verstorbenen Beda Weber eine „Kanaille" und einen „krepirten Hund" niederlegt.

„Das Buch von Haym (Hegel und seine Zeit, Berlin 1857) habe ich ein paar Stunden durchblättert, über Hegels moralische Erbärmlichkeit und Schellings schlechtes Geschreib nicht ohne Plaisir gelesen. Aber auf die mich betreffende Stelle bin ich nicht gestoßen; will sehen, es noch mal vom Buchhändler zu erhalten.[1]) Leider

---

[1]) Die Stelle ist in der Einleitung S. 4: „Jetzt erst hören Viele zum ersten Male von der Schopenhauerschen Philosophie, gelingt es den Aposteln dieses Systems (es wurden vorher noch Bader und Krause genannt), sich in weiteren Kreisen der Nation Gehör zu verschaffen? Ist Aussicht vorhanden, daß eins dieser Systeme die Herrschaft über die

erfahre ich nicht die Hälfte von dem, was über mich geschrieben wird. Da ist eben von einem hiesigen Pfaffen, katholisch, Beda Weber, ein dickes Buch, Cartons ꝛc. erschienen, worin er auf 10 Seiten mich hundeschlecht macht; thut nichts, obligates Pfaffengebell gegen Philosophen, aber der H. (und) setzt mit Gänsefüßen Stellen hin, die ich nie geschrieben. Auch meinen Hund bringt er an. Die K. (anaille) ist aber krepirt (versteht sich der Pfaff), ehe das Buch erschien." — —

Auf diesen Wuthausbruch philosophischer Flegelhaftigkeit wird es nicht ohne Interesse sein zu vernehmen, was und wie Beda Weber über Schopenhauers Philosophie geschrieben. (Siehe Beda Webers Cartons S. 303—307.)

„Schopenhauer ist kein Ketzer, er ficht keine Glaubenslehre der Christen an; er hat dieselben als Ungläubige längst überwunden und hinter sich gelassen. Wenn er sich dessenungeachtet der Übereinstimmung mit dem älteren Christenthum rühmt, so müßte das letztere eine Kirche für Cretins sein; das vermögen wir nicht anzuerkennen. Ob er wirklich der Mann der Zukunft ist, wie er bescheidentlich hofft und prophezeit, ob es ihm gelingen werde, allen Religionen den Garaus zu machen, und die bitterste Geistesarmuth seiner Willenstheorie als einzig gültige Wahrheit in die entgeistigte Welt zu setzen; ob alle vernünftige Menschen, die nicht mit ihm übereins denken, wirklich „Schurken, Brotjäger und Heuchler" sind, wie er mit echt moralischer Selbstverläugnung behauptet, müssen wir nach seinem Beispiele und mit derselben philosophischen Resignation der Nachwelt überlassen. Wenn er sich nebenbei rühmt, daß er mit der Lehre der Buddhisten in Indien übereinstimme, so können wir diesen verwundersamen Zusammenhang nur als Beweis hinnehmen, wie wenig Klarheit in Köpfen herrscht, welche ohne christliche Basis der Denkkraft menschlicher Wesen das Unvereinbarste als naturgemäß anzusinnen wagen." — —

Nun, dieser doch weder rohe noch brutale Passus hat Schopenhauers immer vorräthige und sehr leicht erregbare Hausknechtterminologie in vollen Fluß gebracht.

Schopenhauer fährt im obigen Briefe fort:

„Eine Katastrophe, bestehend im Triumph der Goetheschen Farbenlehre nebst meiner, kommt allmählig heran. In Berlin ist,

Bildungs- und Denkweise des Zeitalters erringen werde? Die Wahrheit ist — gerade dieses Aufstreben, dieses sich Auf- und Eindringen der Dii minorum gentium ist der Beweis dafür —, die Wahrheit ist, daß sich das Reich der Philosophie in einem Zustande vollkommener Herrenlosigkeit, im Zustande der Auflösung und Zerrüttung befindet."

die Sache in der Polytechnischen Gesellschaft zur mündlichen Debatte gekommen. Vorlesung von Dr. Wolf pro Nowtono, von Dr. Grävelt dagegen und für Goethe; letztere ist gedruckt: Charakteristik der Newtonschen Farbentheorie. Grävelt war kürzlich hier und kommt nochmals her. Sodann ein hiesiger Dr. Clemens hat im Archiv für philosophische Heilkunde einen langen Artikel publicirt über Farbenblindheit, worin er sich ganz zu meiner Theorie und für Goethe bekennt. Die Goethe-Latrie ist eben in höchster Culmination. Man wird die Akten revidiren, und dann vae victis! Besucht haben mich kürzlich ein Doktor aus Wien und dann ein protestantischer Prediger aus Moskau. Sie sehen, die Epidemie greift um sich."

2. Juli 1858 S. 20:

„Ein Mensch, der schon in jungen Jahren fähig ist, um ein Trinkgeld von der Facultät sich dazu herzugeben, einen auf Jahrhunderte berechneten Prachtbau, wie meine Philosophie ist, mit Koth bewerfen zu wollen, verdient in seiner Blöße dargestellt zu werden." „Die Facultät irrt sich, vermeinend, solche Kniffe werden ungeahndet hingehen. Meine Philosophie verbreitet sich unaufhaltsam und die Akten werden noch öfter vorgenommen und revidiert werden. So lange es mit hämischem Schweigen und feigem Maulhalten gethan war, waren die Herren in ihrer force; aber jetzt, wo es an's Bekämpfen geht, wird ihre Schwäche und elende Absicht zu Tage kommen. Studenten auf mich hetzen, sie zu Richtern über mich bestellen — schöne Mittel! Sie arbeiten für, nicht gegen mich. — Da hat wieder ein Professor Zimmermann aus Prag eine dicke Geschichte der Aesthetik geschrieben, worin er meine Metaphysik des Schönen auf 20 Seiten nach Kräften heruntermacht. Wirkt alles für mich. Wie Jammer ist, daß ich nicht die Hälfte erfahre von dem, was über mich geschrieben wird; daher bitte ich Sie, mir stets mitzutheilen, was vorkommt!"

4. Wie der Weltweise das Christenthum zu vernichten strebt und seine Philosophie einen auf Jahrhunderte berechneten Prachtbau nennt.

November 1858 S. 29. Schopenhauer sucht alle Bestrebungen gegen das positive Christenthum mit Eifer zu fördern, um den „Prachtbau seiner Philosophie" je eher desto besser an die Stelle desselben in Alleinherrschaft setzen zu können.

„In England gibt es eine große antichristliche Partei, der mit einer Übersetzung des Christenbuchs (des Neuen Testaments nach den Resultaten der Tübinger Schule von Dr. Clemens) gedient sein würde. Dort hat die Geologie das Alte Testament discreditirt, und jenes Buch könnte über das Neue Testament aufklären." — —

Schopenhauer beredet somit seinen Freund (den Juden David Asher) er solle — dieses „christliche" Werk für ihn ausüben.

3. Januar 1859 S. 25:

„Wenn Sie für mich ein Exemplar der Illustrirten erhalten können, und mir es schicken wollen, wird es mir sehr lieb sein, ich habe es blos auf dem Casino gesehen und gelesen. Der Fratz ist schändlich und mir sehr unähnlich. Die dicke Nase ist Wirkung der zu großen Nähe der Maschine, die Augen schielig, das Maul infam, folge der Knickerei dieser Kerls — welche wohlthuen würden, ein gutes Bild als Supplement nachzuliefern. Das Ding soll 6000 Abonnenten = 30000 Gaffern haben. Mit der Biographie von Frauenstädt bin ich sehr zufrieden."[1])

„Die Anregungen mit Büchners Aufsatz habe ich. Es war vorzusehen, wie so ein B — — über meine Philosophie urtheilen würde. Von Neid beseelt, will er mich herabsetzen, aber wider Willen läuft ihm bisweilen die Bewunderung übers Blatt. Aber schönes Zeug z. B. p. 4., über den Willen wären am meisten competent die — Physiologen, scilicet die von außen an den Menschen kommenden, die nicht wissen, was drinnen vorgeht! Ueber die Wirkung der Clystiere mögen sie competent sein. Gegen meinen transcendentalen Idealismus beruft er sich auf meine Fabel von der Iris und Sonne. Ist das ein Sch — —! Dazu lügt der Kerl; wo habe ich je gesagt, daß über 60 oder 100 Jahre meine Philosophie herrschen würde?[2]) Nirgends, er lügt's. Schadet mir übrigens alles nichts. So dumm ist das Publikum nicht; vielmehr hat Voltaire Recht: ces gens servent a répandre votre renommée. Er droht aber mit mehreren Fortsetzungen im nächsten Heft."

5. Freude Schopenhauers über seine gelungene Büste. Schimpft über Rosenkranz und Noak.

10. November 1859 S. 31:

„Die Bildhauerin Ney (Großnichte des Marschalls) ist aus Berlin hergekommen, meine Büste zu machen. Diese ist soeben vollendet und ausgestellt. Alle finden sie unübertrefflich und ähnlich. Dazu schön gearbeitet. Ein Bildhauer ist schlimm daran, er kann wie der Kupferstecher sein Werk 1000 mal wiederholen, allein er hat nicht wie dieser einen Verleger, der es anzeigt, sondern muß die Hoffnung auf die Journalisten stellen. Daher habe ich den Dr. Brock-

[1]) Der hat natürlich den Schopenhauer auch ganz gehörig glorificirt.

[2]) Am 2. Juli 1858 hat Schopenhauer seine Philosophie einen auf Jahrhunderte berechneten „Prachtbau" genannt.

haus gebeten, wenn die Büste in Leipzig sich gezeigt haben wird, einen Artikel darüber in den literarischen Blättern zu machen. Ebenso nun bitte ich Sie, der Sie mit manchen Journalen in Verbindung stehen (Morgenblatt), ein gleiches zu thun, zu Gunsten der Künstlerin. Do, there's a good fellow."

Ob es ihm der feine David glaubte, daß es ihm, dem Schopenhauer, rein nur um diese gute Künstlerin zu thun gewesen? Ein höhnisches Lächeln mag den Mund dieses Schopenhauerschen Lobpsalmensängers umspielt haben!

10. November 1859 S. 33:

„Rosenkranz im 2. Bande seiner logischen Urdäh (Wissenschaft der logischen Idee) macht mich schlecht und widerlegt mich, daß es eine Freude ist. Noak im 2. Bande über Schelling belehrt uns, daß ich Alles von Fichte und Schelling gestohlen habe. Carriere läßt nur nebenher ein paar Worte über mich fallen. Sie hoffen mich zu Grabe getragen zu haben; sollen sich verwundern.

Den Teufel merkt das Völkchen nicht,
Und wenn er sie beim Kragen hätte."

16. Juni 1860 S. 35. David Asher hatte ihm „Stimmen der Zeit" von Dr. Löwenstein (eine Kritik der Schopenhauerschen Philosophie) mitgetheilt — darauf schreibt Schopenhauer:

„Vielen Dank für Ihre Notiz, die durchaus nicht überflüssig war, da ich nichts von solcher Kritik wußte. Aber es ist die schlechteste, die noch geschmiert worden. Das ist ja ein Esel aller Esel. Schaden kann mir dies Zeug durchaus nicht, vielmehr wirkt es günstig. Ich nehme „jene Stimmen der Zeit", welche heißen sollten: „Stimmen der Esel", schon längst nicht mehr in die Hand.

Meine Büste läßt sich noch immer nicht sehen und es scheint, daß die Ney noch jetzt damit in Hannover sitzt, woselbst Niemand im Stande sein soll, sie abzugießen. Statt dessen hat sie mir eine Photographie geschickt, sie selbst neben meiner Büste stehend, sehr artig!"

Der letzte Brief an Asher ist vom 18. August 1860:

„Der Brief des Prutz folgt einliegend zurück, mit aufrichtigem Dank, da er mir mitgesandt war; ich sehe gerne ein wenig hinter die Coulissen. Der Prutz ist ein Erzphilister, — das habe ich daraus abgenommen. Diese Journalisten lesen nichts, aber durchblättern alles."

6. Erzählt, wie ein Herr in Böhmen sein Bild alle Tage neu bekränzt! Die dem Asher vermachte Brille.

„In Böhmen ist ein Herr, der nach eigener Aeußerung mein Bildniß alle Tage frisch bekränzt. Die Ethik ist fertig, wird noch diesen Monat erscheinen. Brockhaus hat Auftrag, Ihnen ein Exemplar zuzustellen. Die Büste der Ney ist endlich gekommen; sie wird in Berlin in der großen Ausstellung nächstens paradiren. Desgleichen in Wien, auch in Leipzig. Die Ney wendet sich deshalb selbst an Brockhaus. Wenn Sie Gelegenheit haben, bitte ich etwas mit zu fistuliren, besonders mir aber ja alles zu melden, was Ihnen vorkommt; on tho subject of your old well wishor Arthur Schopenhauer."

Das war der letzte Brief; am 21. September 1860 starb Schopenhauer. Dr. David Asher erhielt als Andenken ein Exemplar der neuen Auflage der Ethik, und laut Codicill vom 4. Februar 1859 Schopenhauers goldene Brille mit Bronzefutteral.

Als Asher dieses werthvolle Geschenk erhielt, mag er sich etwas unwillig gedacht haben:

Was thu' ich damit?
Die Welt als Vorstellung und Wille,
Die hab' ich gelobt gar sehr,
Nun kommt mit der goldenen Brille
Mir sein Testament überquer.
Behandelt hat er mich schofel,
Und sein ganzes System ist Pofel.
Ich hab' den Goy berühmt gemacht,
Und er hat mich mit Glasscherben bedacht!
Aber ich werd' mich bitter rächen
Und verkünden alle seine Schwächen. —
Von seiner Ethik ein neues Exemplar!
Was wird mir geben dafür der Antiquar?
Was thu ich mit diesem ganzen Schmu
Mit seiner Ethik und mit seiner Brille dazu?
Auch ohne Brille soll nun die Welt es lesen,
Wie miserabel die Ethik dieses Goy gewesen!

Daß diese Phantasien nicht aus der Luft gegriffen sind, bezeugt wohl Asher selber, indem er sich bezugs der Herausgabe seiner Schrift über Schopenhauer zu entschuldigen sucht.

Herr David sagt zu seiner Entschuldigung, daß er diese Briefe veröffentlicht, in einer Vorbemerkung Folgendes:

„Sollte man finden, daß es Schopenhauer dabei blos um die Befriedigung seiner Eitelkeit zu thun war, daß sie voll sind von

Schmähungen anderer und vom Lobe seiner selbst, und er die Bitte, ihm nur ja alles, was über ihn geschrieben, mitzutheilen, mit der Stetigkeit eines Refrains in ihnen wiederholt, so ist das nicht meine Schuld. Was mich betrifft, so fühle ich mich hochgeehrt durch den brieflichen Verkehr mit ihm, und habe diese Briefe stets als meinen höchsten Schatz, als wärmende und erheiternde Sonnenstrahlen, die in ein von schweren Prüfungen heimgesuchtes Leben fielen, betrachtet. Doch wozu es verhehlen? Erst die Gwinnersche Biographie, zumal aber die von Frauenstädt veröffentlichten Briefe haben mich enttäuscht, und mir die traurige Lehre beigebracht, daß bei Schopenhauer der Mensch von der genialen Philosophie getrennt werden müsse. Hiermit soll nicht etwa die neuerdings mit so großem Scharfsinn und in so glänzender Darstellung aufgestellte Behauptung bestritten werden, daß das System der Ausfluß seiner Subjectivität gewesen, wohl aber wird man nicht leugnen können, daß der ethische Theil desselben mit des Urhebers Handlungsweise nur wenig im Einklange steht."

7. Wie Schopenhauer in seinen Briefen geschimpft hat, daß es gar nicht zu sagen ist, und wie der kleine David Asher mit großer Gewissenhaftigkeit die Lobsprüche publicirt, die er dem Weltweisen durch seine mit orientalischer Phantasie gewürzten und dem Schopenhauer angethanen Schmeicheleien herausgequetscht hat.

„Was die etwa zu befürchtende Kränkung vieler in denselben genannten Persönlichkeiten betrifft, so hat mich in diesem Punkte das von Lindner und Frauenstädt Veröffentlichte jeder Bedenklichkeit überhoben, da dieselben und ähnliche Invektiven schon in Briefen an diese Herren vorkommen. Die Betheiligten werden sich unter den Umständen auch leicht zu trösten wissen. Was geradezu injuriös war, mußte natürlich wegfallen".[1])

„Gerne hätte ich auch die mich betreffenden Stellen weggelassen, um nicht den Vorwurf der Eitelkeit auf mich zu laden; da ich aber neben dem mir gespendeten Lob auch den Tadel nicht vorenthalten habe, so gleicht es sich ja wieder aus. Uebrigens scheut sich ja Niemand, die ihm von einem Fürsten gewordene Auszeichnung zur Schau zu tragen, und wenn ich nur einen kleinen Theil des zuweilen überschwenglichen Lobes verdient habe, wer könnte es mir verargen, wenn ich mich damit wie mit einem von einem Geistesfürsten verliehenen Orden schmückte?"

---

[1]) Also hat Schopenhauer noch viel drastischer geschimpft, so daß „es gar nicht zu sagen ist"!!

8. Wie in Schopenhauers Briefen das Fiasco seiner ganzen Sittenlehre constatirt ist.

Obwohl noch Niemand den Dr. David Asher um das Lob in den Briefen Schopenhauers beneidet hat, setzt er doch voraus, daß es Leute geben könnte, die ihm verargen, die Briefe Schopenhauers (die ihm wie der Orden eines Geistesfürsten werth sind) herausgegeben zu haben. Am unliebsten würde diese Herausgabe sicher dem Schopenhauer selber gewesen sein, denn diese Briefe allein schon sind das kläglichste Fiasko seiner Ethik. Ein Mann, der alle Philosophen als Esel behandelte, die nicht mit ihm durch Dick und Dünn gingen, der konnte eben nur Leuten hold sein, die bewundernd vor ihm auf dem Boden lagen. Geistesfürsten dieser Art brauchen Geisteslakaien, sie werden nur dienstbare Geister in ihrer Nähe dulden und mit einigen Strahlen ihrer Gnadensonne beglücken; wer nun daran eine Freude hat, dem soll man dieselbige nicht verkümmern.

9. Wie der ingrimmig verschimpfte Beda Weber den Schopenhauer sehr nachsichtig geschildert hat.

Wir haben vernommen, wie Schopenhauer mit Schimpfworten, die man gewöhnlich nur unter angeheiterten Schnapsbrüdern vernehmen kann, den Beda Weber traktirt.

Da wird es nun zu einem Einblick in die Charakteristik Schopenhauers und Beda Webers sehr geeignet sein, wenn wir vernehmen, wie Beda Weber über die Persönlichkeit Schopenhauers in jenem Aufsatz, der Schopenhauer so in Zorn versetzte, gesprochen hat.[1])

„Zu unserem gerechten Leidwesen müssen wir hier einen Mann als Beweis unserer Behauptung anführen, welcher in seinem Privatleben die Achtung aller Gutgesinnten verdient, aber, auf eigenthümlich philosophischem Wege, räsonnirend und combinirend, in scheinbarer Uebereinstimmung der Naturwissenschaft mit der Philosophie, zum nämlichen Resultate wie Karl Vogt gelangt: daß es nämlich keinen persönlichen Gott, keine persönliche Freiheit und für das Individuum keine persönliche Fortdauer nach dem Tode gibt. Dieser Mann heißt Arthur Schopenhauer, seßhaft zu Frank-

---

[1]) Cartons aus dem deutschen Kirchenleben von Beda Weber, Mainz, Kirchheim 1858. S. 305.

furt am Main, wohlwollend und menschenfreundlich gesinnt, wenn auch einsiedlerischer Natur, mit geringer Rücksicht auf die Verhältnisse der ihn umgebenden Welt. Nach den Lehren und Aussagen seines Buches „Ueber den Willen in der Natur“ ist er eingestandener Maßen nichts anders, als die kronenhafte Ausbildung des Baumes, welcher einst in Immanuel Kant zu Königsberg seine Wurzelsprossen getrieben hat. Kant und Schopenhauer sind eins, wie Gutes und Böses bei Platon, an den Schwänzen dergestalt in einander gewachsen, daß an eine Trennung beider nicht zu denken ist.“ „Aus diesem abenteuerlichen Doppelgeiste, in welchem die Weisheit von Nord- und Süddeutschland mit echt deutschem Einheitstriebe incarnirt erscheint, giebt es, wenn wir Schopenhauers Wort natürlich nehmen, gar keinen vernünftigen Menschen auf Erden, falls er nicht in den Schwanz dieser Doppelgestalt demüthig und anhänglich beißen will. Die Bescheidenheit und Wohlgezogenheit der doppelwüchsigen Weltweisheit, welche alle Andersdenkenden für Dummköpfe ansieht, hat in der That einen lustigen Anflug an Shakespeares Bedientenwelt, welche nach ihrer Art so leicht über alle Grenzen des Anstandes hinausspringt. Nach Schopenhauer besteht nur ein Reales, das Realste alles Realen: der Wille zum Leben, welcher das Kantische „Ding an sich“, oder das wahrhaft Seiende ist. Dieser Wille allein gestaltet die Welt, oder besser gesagt die Erscheinungen dieser Welt, welche nur das Sichtbarwerden dieses Willens sind. Eine Einzelerscheinung desselben ist das Gehirn, in welchem sich das Erkennen ausbildet, etwas ganz Verschiedenes von dem Willen, welcher von ihm auch ganz unabhängig. Diese willenhafte Urkraft ist allein frei, weil aus sich selbst thätig und wirksam, unfrei dagegen sind alle äußeren Erscheinungen, somit auch alle Handlungen der Menschen. Dieser Schöpferwille zeigt sich im Stein als Ursache, in der Pflanze als unbewußte Kraft, im Thier als halbbewußter Trieb, im Menschen als bewußtes Sein und Wollen. Es ist allenthalben dasselbe, gleich gut, überall das Ding an sich, welches allein Wesenheit hat. Der Stein fällt nicht, weil er geworfen wird, sondern weil er will. Der Wurf ist nur Veranlassung zur Bethätigung seines Willens, der übervolle Bach schäumt über, nicht weil er zu viel Wasser hat, sondern weil er will. Der Bock bekommt die Hörner nicht, weil sie im Keime seines Wesens liegen, sondern weil er durch sein bestimmtes Wollen dieselben ans Licht treibt. Der Mensch bekommt seine Gestalt nicht nach seiner von außen in ihn gelegten schöpferischen Anlage, sondern weil und wie er will. Sogar das Bewußtsein beginnt schon im Stein als Ursache, im Thier als Reiz, im Menschen theilweise als Erkenntniß. Was in dem einen wenig, das ist in dem andern mehr ausgebildet, aber stets im Anfang, Mittel und Ende des ursprünglichen Willens zum Leben, ohne den es nichts Wirkliches gibt. Eine Schöpfung von außen ist von vornherein Unsinn, welcher das Klappern der Mühle für Treibkraft nimmt. Dieser metaphysische Urgrund, der Wille zum Leben, ist die Quelle aller Ethik und Moral, weil er aus sich selbst wirkt. Eine Freiheit, die nicht aus sich selbst ist, widerstreitet allen sittlichen Forderungen. Daher könnte etwas von außen Geschaffenes nicht ethisch und moralisch sein, weil es von einem Höheren abhängig ist." —

„Aus diesem armseligen Zeuge ist das ganze Buch geflickt. Vogt entkleidet als aufrichtiger Gottes- und Christusläugner die Materie alles höheren Schmuckes und erkennt sie allein als Seiendes an. Schopenhauer spricht dem Materiellen alles Wesenhafte ab und vergöttert eine Idee, welche seltsamer Weise an die Materie gebunden ist und allein wesenhaft im Materiellen. Wie Vogts Materie sich selbst erschafft, so erzeugt sich Schopenhauers Wille zum Leben ewig aus sich selbst. Beide Männer in ganz entgegengesetzten Standpunkten begegnen sich im gemeinsamen Mittelpunkte des gröbsten Materialismus und verschwenden allen Geist, der ihnen offenbar in reichem Maße einwohnt, um den freithätigen Geist im Menschen zu tödten und die unerbittliche Nothwendigkeit als einzig Reales an dessen Stelle zu setzen."

10. Auch sogar die von Beda Weber über Schopenhauer nachgesagten einzelnen Schönheiten haben sich nach Schopenhauers Tod als nicht wahr herausgestellt.

Wir sehen, daß Beda Weber in seinem Urtheil über Schopenhauer Schönheiten sagte, die sich nach dem Tode Schopenhauers aus den Biographien Gwinners und Frauenstädts wie aus den Briefen Schopenhauers als gar nicht wahr herausstellten, denn über sein Privatleben sagt ja Schopenhauer selber: „Mein Privatleben will ich nicht der kalten und übelwollenden Neugier des Publikums preisgeben." Beda Weber nennt ihn auch noch: wohlwollend und menschenfreundlich gesinnt, ein Compliment auf Schopenhauer, welches sich nach den Aktenstücken post mortem als komisch herausgestellt hat. Behandelt er doch die ganze Menschheit als bipedes mit einer so unsäglichen Verachtung, wie solche im Leben der aufgeblähtesten, hoffärtigsten Denker und Gelehrten noch nie ruchbar geworden ist. Und für diese unverdiente Charakterbelobung belohnt der lebende Schopenhauer den eben verstorbenen Beda Weber mit den Worten: Die Kanaille ist aber krepirt (versteht sich der Pfaff und nicht der Hund), so vergilt der menschenfreundliche und wohlwollend gesinnte Schopenhauer das milde Urtheil Webers über seine Philosophie. Schopenhauer hat damit einen neuen Beweis geliefert, wie weit es par force-Gottesläugner bringen: sie dünken sich selber ein Gott, und wehe jedem armen

Menschen, der sich den morschen Füßen ihres Thronsessels nahen möchte: im allermindesten Falle (d. h. wenn der arme Gott keine andere Macht hat) wird dem „Gottesschänder" (d. h. dem Schänder dieses Gottes) ein Esel oder ein Dummkopf an den Kopf geworfen. Dem Schopenhauer war es bei weitem nicht genug; wenn Einer vor ihm auch auf eigenen Füßen dastand, das konnte er nicht vertragen; er mußte huldigend vor ihm daliegen wie David Asher, dann konnte es dem Schmeichler gelingen, dem Geistesfürsten Briefe herauszulocken, um selbige nach dem Tode des Angeschmeichelten dem Lesepublikum unter die Nase zu halten mit einem triumphirenden Hohnlächeln, welches andeutet: Seht einmal, wie ich bin gewesen ausgezeichnet von diesem Geistesfürsten, wie ich es kann beweisen durch Correspondirbriefe, aus denen ist zu sehen, wie ich, der David Asher, bin gestanden mit dem großen Goy auf dem gleichen Niveau des Genies, wie auch ich bin ein feiner Philosoph, was kann Hand in Hand mit Schopenhauer herausfordern das Jahrhundert in die Schranken! Hast du gesehn!

11. Was Gutzkow über Schopenhauer berichtet.

Gutzkow[1]) erzählt:

„Ich sah Schopenhauer täglich, nur daß kein persönlicher Umgang zur Bildung meines Urtheils zur Schulung meiner Menschenkenntniß beitrug. Ich faßte Schopenhauer nach dem Eindruck, den mir als Studenten sein Name auf dem Verzeichniß der Berliner Vorlesungen gemacht hatte. Da war er ein ständig genannter Privatdocent, der nicht las. Wir glaubten, er hätte keine Zuhörer, folglich war er für uns unbedeutend." „Daß Schopenhauer ganz in Frankfurt am Main lebte und eigentlich in Berlin für verschollen hätte gelten müssen, das erfuhr ich erst, als ich den Mann mit seinem Stierkopf und seinem großen weißen Pudel um die Thore Frankfurts rennen und seine Mittagsmahlzeiten auslaufen sah. Er besuchte dasselbe Lesezimmer wie ich, stocherte sich da die Zähne, führte mit seinem draußen auf dem Roßplatze zurückgebliebenen Pudel mimoplastische Unterhaltungen durchs geschlossene Fenster, blätterte ein wenig in den Times, holte sich dann eine Prise vom Secretär, kurz, mir erschien das alles wie die Weise eines Ausgedienten. Im Sommer trug sich der Schote (Frankfurter Volksausdruck für das Gegentheil von gescheut), wie man ihn nannte, nach dem damaligen Geschmacke alter Engländer. Diese Vorliebe für die englische Nation hatte er in Göttingen ange-

[1]) Gutzkow: Rückblicke, Berlin 1857 S. 127.

nommen. Von ihrer Literatur erstreckte sie sich auch auf die Tracht. Die Beinkleider waren im Sommer von gelbem Nanking, das Oberkleid ein schwarzer Frack, eine hochgehende an der oberen Oeffnung gezackte Weste, weiße Halsbinde und ein Quäkerhut — den Abschluß gab der oben geschilderte Kopf auf breitem Nacken. Sein Backenbart war anfänglich grau, allmählig weiß. Der Mann schien mir auch da noch der Vergangenheit anzugehören, wenn ich ihn die Stiegen meines Wohnhauses heraufstürmen, zanken, lärmen hörte mit meinem späteren Schwiegervater, der die Krone Schweden-Norwegen als Generalkonsul vertrat. Concurrenzarbeiten hatte Schopenhauer geliefert für Preise, die der hohe Norden, Christiania, für philosophische Arbeiten ausgesetzt hatte. Der Glückliche hatte einen dieser Preise einmal ganz, ein andermal im Accessit gewonnen. Da galt es nun, die Langsamkeit des Eintreffens der Medaillen zu rügen, und ähnliche, immer leidenschaftliche und nicht im mindesten mit Buddhaistischem Quietismus vorgetragene Beschwerden." „Außerdem wurde die allerdings imponirende Selbstgenüge des Mannes fast erdrückt durch die Fülle von Anekdoten, die über seine Wunderlichkeit, ja über seine Herzlosigkeit, daß er mit seiner eigenen Mutter im Prozesse lebte, umliefen."

12. Schopenhauers letzter Tag.

Janssen (der zu gleicher Zeit mit Schopenhauer in Frankfurt gelebt) bringt Folgendes:[1])

„Während seiner letzten Krankheit, so wird berichtet, rief er, von heftigen Schmerzen gefoltert, mehrmals aus: „O Gott, mein Gott!" Als ein Arzt, der dabei zugegen war, ihn fragte: Existirt denn noch ein Gott für Ihre Philosophie? erwiederte er: „Sie reicht ohne Gott in den Schmerzen nicht aus; es soll damit, wenn ich wieder gesund bin, anders werden." Sein Zustand besserte sich, und derselbe Arzt traf ihn von Schmerz befreit an einem sehr schönen Septembertage am Fenster sitzen. Er erinnerte ihn an die frühere Unterredung, sprach von der Ewigkeit und nannte den Namen Christus. Da gerieth der Philosoph in die größte Aufregung: Bleiben Sie mir mit solchen Schreckbildern vom Leibe, solche Alfanzereien sind für die Kinder gut, der Philosoph bedarf keines Christus. Tief erschüttert theilte der Ohrenzeuge einer Freundin diese Thatsache mit."[2])

Es ist nicht zu übersehen, daß bei Philosophen und Dichtern die so recht con amore als Feinde des Kreuzes Christi auftreten, immer sich jüdische Freundlinge herandrängen; so war

---

[1]) Zeit- und Lebensbilder von Johannes Janssen. Freiburg, Herder 1870. S. 125.

[2]) Kölnische Volkszeitung 1873 Nr. 38.

Lessing von der Zeit, als er sein erstes Stück „Die Juden", zur Verherrlichung der Juden und zur Beschimpfung der Christen geschrieben — bis zur Abfassung „Nathan des Weisen" bei seinem Lebensabschluß immer von jüdischen Freunden und auch Nothhelfern umrungen; sie lobten ihn, standen ihm bei in seinen Geldnöthen, und haben ihm ungehindert ein Jahrhundert lang ihren Dank für die Schöpfung des Edeljuden Nathan ausgesprochen, welchen dieser Dichter den blöden Gojim als Musterjuden vorgestellt hat, der seine toleranzigen Sentenzen über den falschen Theater-Aaronsbart in die Parterreluft hinaussäuselt. In neuester Zeit haben die Juden durch ihre großartigen Auswucherungen und Aussaugungen der geduldigen Gojim dem Lessing und seinem Nathan das Spiel sehr verdorben, so daß trotz alles Judengeserres der fromme Kinderglaube an die Nathantugenden des Judenthums tagtäglich mehr aus den Herzen der ernüchterten Gojim herausschwindet.

Renan besitzt außer seinem Freunde Levy (zugleich Verleger) unter den Juden die größten Austrommler seiner Gelehrsamkeit; sie heißen ihn den größten Theologen des Jahrhunderts. (Hast du geseh'n!) Auch Lenau war von Juden umworben. Anastasius Grün wird wie oft noch auch im Wiener Parlament von Jüdlingen — als der größte Dichter und edelste Charakter gepriesen. — Nun ist aber dieser wüthende Feind des Christenthums in neuester Zeit in slowenischen Zeitungen als ein notorischer Bauernschinder bezeichnet worden.[1])

13. Gwinners Berichte. Der letzte Tag traurig, der erste komisch. Schilderung Fichtes. Fichte und Schopenhauer als deutsche Helden. Metaphysischer Unsinn.

Nachdem wir allerhand Selbstgeständnisse und Freundesschilderungen gebracht, wie selbe in einem Büchlein Ashers von diesem Verehrer des Weisen „pietätvoll" niedergelegt worden sind, machen wir uns an eine neue Blumenlese, aus einem Gärtlein, das ebenfalls eine Freundeshand zur Ehre und zum Ruhme Schopenhauers angepflanzt hat, und werden auch daraus

---

[1]) Don Quixotte und Sancho Pansa. Anast. Grün und Bauernfeld geschildert von Seb. Brunner, Wien und Würzburg, Wörl 1888. Zweites Tausend.

allerhand Blumensträuße zusammenpflücken, wie selbe uns eben beim Wandeln durch die etwas weitläufigen Gartenanlagen und Treibhäuser unterkommen.[1])

Gwinner berichtet über die Geburt Schopenhauers zu Hamburg und schildert bei dieser Gelegenheit sehr drollig den Herrn Vater des Philosophen (S. 4):

„Eine aufwärts strebende Nase und ein großer Mund mit vortretendem Unterkiefer gereichten dem übrigens sehr stattlichen Manne so wenig zur Zierde, daß, als er am 22. Februar 1788 Nachmittags mit erhitztem Kopfe in's Comptoir trat und seinem Personal die Worte entgegen stammelte: „ein Sohn geboren", der ihm gegenüber sitzende Buchhalter, ein lebhafter, witziger Mann, sich feierlich erhob, und im Vertrauen auf die Taubheit des Principals mit der Anrede gratulirte: „Wenn er dem Papa ähnlich wird, muß er ein schöner Pavian werden."

Gwinner berichtet S. 89:

„Fichtes persönliche Erscheinung, die Art seines Kathedervortrages widerstrebte ihm (Schopenhauer) in ebenso hohem Grade, wie dies zur Zeit der Jenaer Periode Fichtes bei dem in seiner leidenschaftlichen Offenherzigkeit Schopenhauer wahlverwandten Anselm von Feuerbach der Fall gewesen. Den kleinen Mann mit dem rothen Gesicht, borstigen Haar und stechenden Blick, wie er vom Katheder herab durch hohles Pathos den Studenten imponirt habe, mit Phrasen, wie: Das Ich ist, weil es sich setzt, und setzt sich, weil es ist," wußte er nachahmend noch in späteren Jahren wirksam zu verspotten." Zu diesem auch von Hegel stark in Anspruch genommenen „Sichsetzen" pflegte Schopenhauer zur größeren Bequemlichkeit einen Stuhl zu zeichnen."

Weil eben in unserer Zeit außerordentlich viel deutschgethümelt wird, ist es von besonderem Interesse, authentisch zu erfahren, wie auch dieser Weltweise in der Zeit der ersten vollsten Manneskraft — seinem Drange, für Deutschland Gut und Blut zu opfern, in einer schwachen Stunde nachgegeben hat. Gwinner berichtet S. 107:

„Das große Jahr 1813 war gekommen. Auch Schopenhauer schafft sich ein neues Gewehr und einen Schläger mit Gehenk an, schenkt einem armen Commilitonen einen kostbaren Säbel und steuert reichlich für die Freiwilligen bei, aber selbst einzutreten, dazu fehlt ihm der innere Antrieb. Brave Leute, welche das, worin wir alle gleich sein sollen, nicht genugsam erwägen, haben ihm dies sehr verargt, ja Menschen, die selbst von allem entblößt

[1]) Schopenhauers Leben von Wilhelm Gwinner. Leipzig 1878. 634 Seiten.

sind, was den Charakter des Mannes kleidet, mit dem Strom der Zeit schwimmende und zugleich mit sicherer Witterung der Gesinnungen Schopenhauers gegen sie begabte Literaten haben sich nach seinem Tode beeilt, ihm Mangel an Patriotismus und Liberalismus in's Gewissen zu schieben u. s. w."

Gwinner gibt sich nun sehr viele Mühe, den Weltweisen wegen seiner Schlachtenunlust in Schutz zu nehmen; wir halten dies für unnöthig, es erklärt sich alles aus seinem System.

Die Vorstellung, die er sich vom Soldatenleben im Kriege machte, konnte seinen Willen nicht bewegen, sich in einen Kampf einzulassen. Er war als weitersehender Philosoph noch vorsichtiger als Fichte, der sich durch seine unvorsichtigen patriotischen Reden für Deutschland auf dem Katheder in Berlin so sehr erhitzte, daß er sich in der Fieberhitze selber vorgaukelte, er sei todesmuthig; in diesem Aberglauben an seinen Muth hängte er die Patrontasche um, bewaffnete sich mit Säbel und Schießgewehr, rannte eine Weile aus Berlin heraus mit den anderen; als es aber hieß: der Feind naht — siegte die weise Vorsicht über den tollkühnen Muth — er warf sein Gewehr ins Korn und lief, was er konnte, retour. Das war aber nicht Feigheit, sondern vollste Consequenz nach seinem System. Er wollte sein Ich nicht dem Nichtich entgegensetzen, es wäre klüger gewesen, es wie Schopenhauer zu machen, Flinte, Säbel und Patrontasche einem andern Tölpel zu schenken, der, mit dem Willen der Kampfeslust behaftet, sich keine so arge Vorstellung von dem Kriegführen gemacht und an der Handhabung der Mordwerkzeuge noch einige Freude gehabt hätte.

Schopenhauer handelte klüger — er machte sich vom Patriotismus für Deutschland eigentlich gar keine Vorstellung und hatte somit auch keinen Willen, für ein Phantom seine kostbare Haut zu Markte zu tragen. Fichte hingegen hat sich durch seine theoretische Kathedercourage und die nachfolgende praktische Feigheit eklatant lächerlich gemacht.

Gwinner S. 166:

„Dem Vorwurf des Atheismus liegt der dunkle Begriff einer absoluten Physik ohne Metaphysik zu Grunde, denn von der Erkenntniß, daß die Ordnung der Natur nicht die einzige und absolute Ordnung der Dinge sei, hängt die Moralität ab. Daher kann man als das nothwendige Credo aller Gerechten und Guten dieses aufstellen: Ich glaube an eine Metaphysik." — Gwinner hätte noch dazu setzen sollen:

„An die Metaphysik Schopenhauers." Was an dieser Metaphysik daran ist, wird sich in der Folge zeigen.

14. Wie das Mißtrauen und die Grobheit des Philosophen vom Buchhändler Brockhaus gezüchtigt worden ist.

S. 173. Gwinner berichtet, wie Schopenhauer in einem Briefe den Buchhändler Brockhaus auf eine nicht zu rechtfertigende Weise mit verletzender Grobheit behandelte. Es war ihm der Druck seines Werkes zu langsam von Statten gegangen; Schopenhauer ließ im August 1814 wiederholte Mahnbriefe an seinen Verleger ergehen, in denen er nach seiner durchaus unpraktischen, ungestümen und schroffen, gleich Schlimmes fürchtenden und Schlechtes argwöhnenden Art, jelänger die Verzögerung dauerte, desto verletzender auftrat.

Schopenhauer macht unter anderm dem Brockhaus den Vorwurf (S. 174):

„Ich muß nach Ihrem bisherigen Verfahren fürchten, daß Sie auch dessen (des Honorars) Auszahlung verzögern werden; was mich in diesem Argwohn bestätigt, ist Ihr Schweigen über diesen Punkt, so oft ich ihn berührte, und zudem hörte ich von mehreren Seiten, daß Sie mit dem Bezahlen des Honorars meistens warten ließen, auch wohl überhaupt Anstand nehmen. Von Ihnen hätte ich das am wenigsten erwartet, u. s. w."

Brockhaus widerlegte Punkt für Punkt die Beschuldigungen Schopenhauers und schließt mit Bezug auf die oben angeführte Honorarverweigerung wie folgt:

„Wenn Sie anführen, daß Sie allgemein hörten, ich lasse auf das Honorar (doch gegen Contract) warten, so werden Sie mir erlauben, daß, so lange Sie mir nicht wenigstens einen einzigen Autor namentlich aufführen, den ich darüber zu Rede stellen kann, ich Sie für keinen Ehrenmann halte. Das allgemeine will ich Ihnen ersparen. Das zur Antwort auf Ihren Brief. Brockhaus."

Schopenhauer gab in seinem Rückschreiben über den Ehrenpunktsanwurf kein Lebenszeichen, er konnte eben seinen verlogenen Vorwurf nicht beweisen, deshalb fertigte ihn Brockhaus hierüber am 24. September ab (Gwinner 177):

„Mein Herr, ich hatte in Ihrem Briefe vom 22. vor allem andern einen Beweis für Ihre injuriösen Behauptungen in Ihrem früheren Briefe, oder einen Widerruf derselben erwartet; und da sich weder das Eine noch das Andere darinnen befindet, und ich

Sie nach meiner Erklärung also fortan für „keinen Ehrenmann“ halte, so kann künftig kein Briefwechsel weiter zwischen uns stattfinden, und werde ich daher Ihre etwaigen Briefe, die ohnehin in ihrer göttlichen Grobheit und Rusticität eher auf einen Vetturino, als einen Philosophen schließen lassen möchten, gar nicht annehmen, wenn ich Ihre Handschrift auf der Adresse erkenne, und auf alle Fälle den Inhalt gar nicht beachten. Was ich zu thun habe, weiß ich selbst, und bedarf ich dazu keiner Erinnerung, die in den sackgroben Formen, worin Sie solche kleiden, ohnehin immer entgegengesetzte Wirkungen hervorbringen. Ich hoffe nur, daß meine Befürchtung, an Ihrem Werke blos Maculatur zu drucken, nicht in Erfüllung gehen möge.“ — Mit dieser Dissonanz, sagt Eduard Brockhaus[1]), schloß der an Harmonieen ohnehin nicht reiche briefliche und geschäftliche Verkehr zwischen Schopenhauer und Brockhaus. Brockhaus suchte zunächst seine übrigen Verpflichtungen gegen Schopenhauer ebenso gewissenhaft zu erfüllen, wie er es betreffs der Auszahlung des Honorars gethan hatte; er äußerte sich noch vor dem vollständigen Bruche mit Schopenhauer: „Ich muß mich mit diesem Menschen sehr zusammennehmen, weil er ein wahrer Kettenhund ist.“

Das Porträt Schopenhauers kann als die gelungenste Averssseite dieser von Brockhaus dem praktischen Weltweisen zu Ehren geprägten Denkmünze angesehen werden. Man vermeint fast jenes bedrohliche Knurren zu vernehmen, welches dem Losfahren vorauszugehen pflegt.

15. Schopenhauer in Venedig. Ein prahlerischer Roman. Der Philosoph unter den christlichen Künstlern zu Rom. Ihm das Hinauswerfen nur angedroht. Unberechtigtes Lamento Gwinners.

Das Leben Schopenhauers in Venedig stellt Gewinner mit dem Leben Lord Byrons daselbst zusammen (S. 180):

„Beide erlebten damals ihre „Venetianischen Geschichten.“ „Auch Schopenhauer konnte, jener Zeit gedenkend, die Worte seines Göttinger Studiengenossen Ernst Schulze gebrauchen: „Wahrlich, ich habe gelebt! Fest an die feurige Brust drückt' ich das blühende Sein. — Noch im späten Alter überkam ihn eine ihm sonst ganz fremde weiche Stimmung, wenn er von Venedig sprach, wo die Zauberarme der Liebe ihn eine Zeit lang umstrickt hielten, bis die innere Stimme ihm gebot, sich loszureißen und seinen Weg allein weiter zu wandeln.“ —

[1]) Friedrich Arnold Brockhaus. Sein Leben und Wirken nach Briefen und anderen Aufzeichnungen geschildert von seinem Enkel Heinrich Eduard Brockhaus, Leipzig 1876. II. 249 u. f. f.

Gwinner erzählt, daß Lord Byron öfter mit einer Gräfin in der Gondel herumgefahren, welche Theresa hieß, und berichtet (S. 181):

„Bei einer solchen Fahrt traf Schopenhauer im November mit ihm zusammen, eine Begegnung, welche dieser um so besser in der Erinnerung behielt, als die seine Gondel mit ihm theilende Venetianische Freundin, — sie hieß auch Theresa — durch ihr lebhaft ausgesprochenes Wohlgefallen an Byrons glänzender Erscheinung, seine Eifersucht erweckte.“ —

Aus dieser ganzen schönen Geschichte (auch dazu aus dem Byronschen und Schopenhauerschen Gesichte) wird der Leser sicher zur Bemerkung gekommen sein, daß die Theresa des Schopenhauer gewiß einer Venetianischen Grafen- oder gar Dogen-Familie nicht angehört hat — wie auch, daß diese Dame mit der Beatrice Dantes oder der Laura Petrarcas weder in ihrem Aussehen noch in ihrer sonstigen Sittsamkeit irgendwie einen Vergleich auszuhalten im Stande gewesen wäre. Aus einer Bemerkung in einem Briefe, den ihm seine Schwester später zugesendet, ist zu ersehen, daß er dieser Schwester etwas von einer reichen und vornehmen Geliebten vorgeschwefelt haben müsse. Diese Schwester bemerkt:

„Deine Geschichte daselbst (in Venedig) fängt an mich zu interessiren, möge sie glücklich enden. — Die Geliebte ist reich, sie ist vom Stande gar, und doch meinst du, sie werde Dir folgen wollen? Wunderlich, dazu gehört Liebe! Hättest du sie wirklich gefunden, dann thätest du gar wohl, sie zu erhalten.“ —

Es scheint auch bei diesen Geschwistern das Romantalent, welches die Mutter bis in ihre alten Tage sehr erfinderisch gepflegt hat, bisweilen zum Durchbruch gekommen zu sein. In der Regel pflegen sich reiche Venetianerdamen, vom Stande auch noch dazu, nur in Romanen an deutsche, knurrige Weltweise zu verheirathen, um diesen in das Bärenklima auch noch nachzufolgen.

S. 182:

„Sein Lieblingsdichter, dessen Geist ihm Fernow zuerst erschlossen hatte, blieb merkwürdiger Weise Petrarca. Die Lehrhaftigkeit Dantes war nicht nach seinem Geschmack.“ —

Nicht die Lehrhaftigkeit, sondern das positiv christliche Element, die christliche Philosophie und Weltanschauung ist ihm in die

Seele hinein zuwider gewesen, wie wir gleich S. 185 erfahren. Karl Witte schreibt aus Rom über ihn:

„Eines Tages hatte er (Schopenhauer) im Caffè greco den für die antike Kunst so günstigen Umstand hervorgehoben, daß der Kreis der olympischen Götter den Künstlern die Aufgabe gestellt hätte, für die verschiedensten Individualitäten den leiblichen Ausdruck zu finden. Einer aus dem anwesenden Künstlerkreise (mich dünkt, es sei der Bildhauer Eberhard gewesen) warf ein: Dafür haben wir ja die 12 Apostel! Welches Entsetzen Schopenhauers Antwort: „Gehen Sie mir doch mit Ihren 12 Philistern aus Jerusalem", hervorrief, kann man sich denken." — —

Da könnten sich die Apostel noch bedanken, daß sie von Schopenhauer nur so milde angeknurrt worden sind, Goethe hat dieselben im Bewußtsein seiner „Gottnatur", und von seinem Weimarischen hohen Sittlichkeitsstandpunkt gar aus, per „Hundsvötter" traktirt.

Trotz dieser witzigen Einfälle des größten Philosophen und des größten Dichters — erlauben wir uns die Frage:

Was kann den leidenden, unglücklichen, Jammer und Tod vor Augen sehenden Menschen Muth, Trost und Zuversicht gewähren: Schopenhauers Wille und Vorstellung, Goethes Faust, oder Hermann und Dorothea[1]) oder St. Pauli fünfzehntes Kapitel des ersten Korinther-Briefes?

Wenn aber der Sterbende die Philister oder Hundsvötter einem großen Denker oder Dichter mit Retourchaise zurücksendet?! Das ist eben des Sterbenden Sache, in die wir uns nicht hineinmischen wollen; man soll dem Sterbenden seinen Willen lassen.

Gwinner berichtet weiter S. 185:

„Nun muß man jene im Grunde unwahre und impotente, aus dem zweideutigen Boden Brentanoscher Romantik herausgewachsene neudeutsche Kunst mit den Augen ihrer Meister und Mitläufer sehen, um deren Enthusiasmus für diesen Kreis zu theilen: einem Schopenhauer konnte die phantastische Exaltation die träumerische Verschwommenheit jener guten Geister, in deren Spitzen sich auf der einen talentvollen Seite große Unbildung — mit Ueberbildung und Verbildung auf der anderen talentlosen berührten, am wenigsten imponiren.[1]) In der ersten Zeit seines römischen Aufenthalts besuchte er die

---

[1]) Welches „Nationalepos" David Strauß als ausgiebigen Seelentrost sammt Nathan den Weisen für die abgethane Bibel faktisch anempfiehlt.

geselligen Abende im Caffè greco und in der Sabina, gerieth daselbst aber bald mit Convertitenthum und Deutschthümelei in Conflikt. Kein Wunder bei einem Manne, dem alle historische Religion ein Unding war,[2]) und der über sein Vaterland dachte, wie es in einem Fragmente des Euripides heißt: Der weite Himmel ist des Adlers Bahn, die weite Welt des Edlen Vaterland.[3]) Dem durch eine verkehrte Erziehung noch engherziger und kopfscheuen, als er von Natur war, gewordenen, nach seinem Tode von Herrn Johannes Janssen über Gebühr aufgebauschten Historiker und nachmaligen Stadtbibliothekar Joh. Fr. Böhmer scheint er die Galle besonders erhitzt zu haben; denn derselbe äußerte sich damals über Schopenhauer: man müsse zum Wohl des Volkes die gesammte Sippe dieser undeutschen und religionslosen Philosophen einsperren lassen. Und sein Biograph will über jene deutsche Gesellschaft im Caffè greco wissen, Schopenhauer habe mit seinen mephistophelischen Witzen eine Zeit lang ein störendes Element unter den Genossen gebildet, und eines Tages durch die Behauptung, die deutsche Nation sei von allen die dümmste,[4]) habe aber gleichwohl ein Uebergewicht über die übrigen erlangt, weil sie gar keine Religion besitze, unter den Anwesenden einen Sturm der Entrüstung hervorgerufen, so daß mehrere Stimmen mit Hinauswerfen gedroht hätten. Also einsperren und hinauswerfen, probatum est."[5])

Ob diese Auslassungen Gwinners aus wirklicher schuldbarer Unwissenheit hervorgegangen, oder ob dieselben absichtliche Entstellungen der Wahrheit sind, das mag sich jeder Leser selber zurechtlegen. Daß es aber Entstellungen der Wahrheit sind, das wollen wir in folgenden 5 Punkten nachweisen.

[1]) Die christliche Malerschule zur Zeit der Anwesenheit Schopenhauers in Rom hatte ihre Vorbilder und Meister in Giotto, Angelico, Fiesole, Gentile da Fabriano, Perugino bis Raphael — sonach ist es geradewegs blöde, die Erweckung christlicher Kunst dem Dichter Brentano zuzuschreiben. Gwinner spricht von der großen Unbildung dieser Kunstschule! Overbeck, Führich, Steinle, Veith, Kuppelweiser u. s. f. waren ungebildet! — Daß diese christlichen Maler an den Gesichtern jener in Venedig von Schopenhauer gepriesenen Gondelfahrgestalten keine Studien für ihre Bilder machten, ist ganz gewiß, das Gesicht der Gondelheiligen „Theresa" Schopenhauers möchte unter den Gesichtern der Heiligen Fiesoles eine kuriose Figur gespielt haben.

[2]) Sonderbar! Früher hatte er die Künstler gemahnt, sie sollen sich auf das Malen der Olympischen Götter verlegen,

auf die historisch ererbte Mythenwelt — die wirklich historischen Momente der Kirchengeschichte galten dem Weltweisen als ein Unding!

[3]) Der Edle nicht allein, auch jeder Vagabund,
Durchbummelt liebeselig das ganze Erdenrund.

[4]) Sonderbar! Als Schopenhauer 1820 Professor in Berlin werden wollte, schrieb er an Professor Lichtenstein in Berlin (S. 225):

„Ja es kommt hierzu noch, daß die höhere Geistes-Cultur, welche Deutschland heut zu Tage vor andern Ländern auszeichnet, nirgends so sehr und so allgemein zu Hause ist, als gerade in Berlin, weshalb ich in dieser großen Stadt bei Vorträgen der Art, wie ich sie zu halten gedenke, und bei der Gabe eines sehr eindringlichen und lebendigen Vortrags, die ich zu haben vermeine, wohl noch auf manche Zuhörer, die lange nicht mehr Studenten sind, mir Hoffnung machen dürfte."

In Rom galt ihm die deutsche Nation als die dümmste — er erfand sich eben seine Behauptungen nach jeweiligem Bedürfniß. Was Schopenhauers gerühmten „mephistophelischen Witz" anbelangt, erlauben wir uns eine Einsprache. Wir haben in den Schriften dieses Weltweisen öfter einen grinsenden Hohn, eine verbitterte Schmähung — aber nie einen Witz gefunden; ausgenommen, man wollte Ausbrüche von boshafter Roheit und Verbissenheit mit der Bezeichnung Witz zu verschönern suchen.

[5]) Wir werden später vernehmen, wie Schopenhauer eine Frau in seiner Wuth über die Stiege geworfen, und selbe derartig beschädigt, daß er ihr lebenslänglich (20 Jahre lang) eine Schmerzenspension auszahlen mußte. Das findet Gwinner in der Ordnung. Wenn aber die Künstler in Rom auf Schopenhauers philosophische Urflegeleien mit dem Hinauswerfen nur drohen, so ist das ein Verbrechen!! Wenn Gwinner auch meint, der Historiker Böhmer sei von Janssen über Gebühr aufgebauscht worden, so können wir dagegen nur constatiren, daß Dr. Böhmer ein von Katholiken und Protestanten in Frankfurt hochgeachteter Ehrenmann, ein liebenswürdiger und den Armen sehr wohlthätiger Mensch gewesen ist. Wenn nun die Künstler in Rom das Gelüste anwandelte, den historisch und notorisch diplomirten herrschsüchtigen, arro-

ganten und von sich über die Maßen eingenommenen Weltweisen (der alle andere Menschen oft als zweibeinige Vieher bezeichnete) bei der Thüre hinauszubefördern und sie dieses Gelüste nur durch Androhung kund gegeben haben, so sind ja diese Künstler im Vergleich mit dem wegen gewaltthätiger Flegelei abgewandelten Philosophen verglichen, noch als höfliche Gentleman anzusehen!

Aus einem langen Brief, den ihm seine Schwester Luise Adelheid nach Rom schrieb, nur ein paar markante Stellen S. 197:

„Eure philosophischen Ansichten sind mir nicht ganz fremd, und ob ich gleich nichts weniger als bigott, nicht einmal ganz recht christlich bin, so fürchte ich doch: Dein Glauben, Deine Meinung widerspricht der meinen, und ich scheue den Schmerz dieser Verschiedenheit. Nie kann ich mit dem übereinstimmen, daß Du dir aus der Verachtung der Menschen nichts machst; reiße wie Du willst an der Lebenskette, die uns alle verknüpft, Du reißest Dich doch nicht los, und es ist eine große Frage, ob nicht Stunden kommen, wo Du die Menschen brauchst, über die Du Dich jetzt stolz erhebst." —

16. Bittgesuch an die philos. Facultät zu Berlin. Der Atheismus soll eine Beruhigung und Befriedigung bringen!!! Der Tag vor dem Ableben Schopenhauers.

Im Bittgesuch an die philosophische Facultät in Berlin um eine Professur schließt er:

„Deum vero optimum maximum ut in hunc qui jam instat et in multos deinceps annos salvos incolummesque vos servet bonisque omnibus vos vellit cumulare." — — —

Wer wird nicht zu Thränen gerührt über die Andacht, mit welcher Schopenhauer zu unserm Herrgott betet, er wolle den Professoren in Berlin, welche die Professuren zu verleihen haben, Gesundheit, langes Leben und alle möglichen Güter verleihen! — Nachdem er zu dociren angefangen, ist er aufeinmal mit unserm Herrgott ganz anders verfahren!

Ueber den Tag vor dem Abscheiden Schopenhauers berichtet sein Apostel „Gwinner" S. 614—615:

„Die gefährlichste Periode des höheren Alters schienen ihm die ersten siebenziger Jahre zu sein; wenn diese glücklich überschritten wären, würden die nächsten zehn leichter erlebt. Früher glaubte er seiner Freunde wegen länger leben zu müssen, jetzt lebte er gerne, um sich in der warmen Anerkennung zu sonnen, die ihm von allen Seiten, selbst von den entlegensten Orten, entgegenkomme. Er legte Werth darauf, daß seine Schriften von Dilettanten und, nach deren Art mit Enthusiasmus, ergriffen würden, nur bei ihnen hoffte er den zum Verständnisse derselben nöthigen Grad von Unbefangenheit und Unabhängigkeit finden zu können, und am meisten freute es ihn, wenn er stets neue Beweise erhielt, daß seine scheinbar irreligiösen Lehren „als Religion ausschlügen", und, den leergewordenen Platz des verlornen Glaubens ausfüllend, zur Quelle innerster Beruhigung und Befriedigung würden. In der That, der beste Beweis seines unsterblichen Genies! Denn dem Werke eines bloßen Talents wird so etwas auf dem trockenen Felde der Abstraktion nimmer gelingen."

Dieser philosophische Schwefeldampf, den Dr. Gwinner hier zum Lobe der Schopenhauerschen Philosophie aufsteigen läßt, verdient schon eine chemische Analyse.

1. Schopenhauer hofft von Dilettanten die nöthige Unbefangenheit und Unabhängigkeit zum Verständniß seines Systems — also geschulte Fachmänner, die ihm mit der logischen Pistole an den Pelz rücken können, die sind ihm nicht angenehm. Sollte es nicht logischer heißen: von ungeschulten Lesern hoffte er, beim nöthigen Grad ihrer Unwissenheit und Unselbstständigkeit, daß sie um so eher sich zum Enthusiasmus für sein System hinreißen lassen?

2. Es freuten ihn die neuen Beweise, daß seine scheinbar irreligiösen Lehren als Religion ausschlugen u. s. w. wie oben. Eine Religion ohne transcendentalen, selbstbewußten Gott, ohne Glauben an Erlösung, Unsterblichkeit des persönlichen Geistes, ohne Ausgleichung. Der Atheismus hat keine Religion und keine Sittlichkeit. Der Atheist kennt keine Schranken, die sein Streben nach Fleischeslust, Augenlust und Hoffart des Lebens aufhalten können — Lust, Habsucht und Ruhmsucht sind die Willensfaktoren, die ihn leiten; das ist die dreifach geflochtene Geißel, von welcher der Atheist in der Welt herumgejagt wird; und gewöhnlich erringt einer dieser Faktoren die höchste Herrschaft über den Atheisten — bei Schopenhauer war es die Hoffart, in ihrer Spitze die Ruhmsucht und, der negative Pol: die unsägliche Menschenverachtung der bipedes, des zweibeinigen Viehvolks, wie er die ihn nicht kennende oder ihn nicht lobende und anerkennende Welt in seiner Menschenverachtung

oft genug zu schimpfen beliebte; — der positive Pol: die unbefangenen und unabhängigen Dilettanten, die ihm huldigten und denen sein System, den Platz des verlorenen Glaubens ausfüllend, zur Quelle innerster Beruhigung und Befriedigung wurde! — Das ist doch offenbar Heuchelei des Atheismus, aber nach Gwinner „der beste Beweis seines unsterblichen Genies!" Frage mit der logischen Pistole: Ist dem Schopenhauer selber sein System zur Quelle innerster Beruhigung und Befriedigung geworden?

Man darf nur das Porträt dieses Mannes anschauen, seine Schriften lesen, die mit dem Porträt vollkommen harmoniren, seine Flegelhaftigkeit im Verkehr, sein grobes Geschimpfe über die philosophischen Vorfahren, welches sich nie in dem ruhigen Humor äußert, der die Leidenschaft in sich überwunden hat — sondern im grimmigen Poltern, Schimpfen und den Ausbrüchen des allerernstesten, vom Hochmuth genährten Zornes und Hasses u. s. w.

Von derlei doch an der Hand liegenden Betrachtungen abstrahiren seine „Apostel", wie er die Lobspender und Verbreiter seines Systems in seiner sich von ihm selbst verliehenen philosophischen Messiaswürde genannt hat. Gwinner fährt im Berichte über den letzten Besuch bei Schopenhauer fort:

„Unter solchen Betrachtungen war er wärmer und weicher geworden, als ich ihn jemals gesehen hatte. Ungern verließ ich ihn, um seine Kräfte zu schonen. Keine Ahnung sagte mir, daß ich ihm das letzte Mal ins Auge sah, zum letzten Mal die Hand drückte. Ernsthaft äußerte er noch: es würde für ihn eine Wohlthat sein, zum absoluten Nichts zu gelangen, aber der Tod eröffne leider keine Aussicht darauf. Allein es gehe wie es wolle, er habe zum wenigsten ein reines intellektuelles Gewissen. Bei der Einheit und Festigkeit seiner Welt- und Lebensansicht ein doppeltes, seltenes Glück!" — — —

Sonderbar: 1. er will zum absoluten Nichts gelangen, aber

2. der Tod eröffne ihm leider keine Aussicht darauf, und

3. gehe es wie es wolle, er hat wenigstens ein reines intellektuelles Gewissen! — Was ist aber ein intellektuelles Gewissen? Das Gewissen als immanente Offenbarung des persönlichen Gottes an den Menschengeist, galt ihm als Alfanzerei; beunruhigt aber fühlte er sich doch — und so erfand er sich ein ihm eigenthümliches intellektuelles Gewissen —

ein verständiges Gewissen — zum Unterschied von dem Gewissen, das die christliche Offenbarung als Leitstern der Handlungsweise des Menschen anerkennt und welches dann somit das unverständige inintellektuelle Gewissen genannt werden müßte.

4. Und dieses intellektuelle Gewissen bezeichnet Gwinner bei der Einheit und Festigkeit seiner Welt- und Lebensansicht als ein doppeltes Glück — zum Unterschied von den andern dummen bipedes, die schon mit dem einfachen Glück eines guten, in Harmonie mit Gottes Willen stehenden Gewissens zufrieden sind.

17. Was Gwinner über den Tod Schopenhauers berichtet.

Ueber das Absterben berichtet Gwinner S. 615:

„Am nächsten Tage war ich verhindert ihn zu sehen. Den darauf folgenden 20. September befiel ihn Morgens nach dem Aufstehen ein heftiger Brustkrampf, so daß er auf den Boden fiel und sich die Stirn verletzte. Den Tag über fühlte er sich wieder frei und die folgende Nacht verlief gut. Er war wie gewöhnlich aufgestanden, hatte sich kalt gewaschen und alsdann zum Frühstück gesetzt; die Dienerin hatte eben erst die Morgenluft ins Zimmer gelassen und sich dann entfernt. Einige Augenblicke später trat der Arzt herein und fand ihn todt, auf den Rücken gelehnt, in der Ecke des Sophas sitzend. Ein Lungenschlag hatte ihn schmerzlos dieser Welt entrückt; das Gesicht war unentstellt, ohne die Spur eines Todeskampfes. Er hatte immer gehofft, leicht zu sterben, denn wer sein Lebenlang einsam gewesen sei, werde sich auf dieses solitaire Geschäft besser verstehen als andere. Statt unter den auf die ärmliche Capacität der bipedes berechneten Alfanzereien, werde er im freudigen Bewußtsein endigen, dahin zurückzukehren, von wo er so hoch begnadigt ausgegangen sei, und seine Mission vollbracht zu haben." —

Nach der Schilderung Gwinners ist die Stimmung Schopenhauers in den letzten Tagen eben keine des freudigen Bewußtseins gewesen — die ärmliche Capacität der bipedes, für welche die Alfanzereien (selbstverständlich das Erwecken von Reue und die bußfertige Gesinnung bei positiven Christen, die Sakramente bei den Katholiken) berechnet sind. — Frage: Wer hat denn diese Alfanzereien erfunden — wer sie berechnet? Sterben außer den höchstphilosophischen Geistesheroen (die genialen bipedes) nicht auch alle quadrupedes ohne derlei Alfanzereien? Und sind somit die atheistischen bipedes nicht den quadrupedes, (die Zweifüßler den Vierfüßlern, Sechs- und Tausendfüßlern) viel näher gerückt als die gewöhnlichen verachteten bipedes? Frage: Wer hat Schopenhauer begnadigt bei seinem Ausgange? Gott gibt es ja keinen; also eine Gnade ohne Gnadenspender, und wer hat ihm eine Mission anvertraut? Wie kann man denn beim ausgesprochenen Atheismus von Religion, von Gnade und Mission reden, immer noch mit Fetzen vom Leichenhemd des erschlagenen Christenthums das Skelet des Atheismus umhängen?

Der Schreiber dieses hat schon vor 44 Jahren in einer eigenen Schrift die Resultate der atheistischen Philosophie gezeichnet.[1])

„Wir brauchen keinen Gott außer uns,
Wir werden uns selber genügen,
Der freie Gedanke ist auf seinen Thron
Im Menschengeiste gestiegen.

Der alte Gott geht jetzt herum
Wie der Geist von Hamlets Vater,
Er wittert schon die Morgenluft
Wie jenes Gespenst im Theater.

Es ist seines Bleibens nimmermehr
Dahier auf unserer Erde;
Hier ruft der kühne Menschengeist
Der neuen Schöpfung: Werde!

Der Alte hüllt sich ins Leichenkleid
Und überläßt uns seine Habe,
Er geht bedächtig die Stufen hinab
Zu seinem ewigen Grabe;

Und mit ihm gehen als Leichengeleit
Die Könige von Gottes Gnaden,
Er hat sie zum ewigen stummen Gebet
Zu sich in die Gruft geladen."

---

[1]) Der Nebeljungen-Lied. Von S. Brunner, Regensburg. Erste Auflage. 1845. 214 Seiten.

18. Die kuriose Leichenrede. Die geträumten und die wirklichen Früchte seiner Philosophie.

Gwinner hielt ihm eine Leichenrede; das Markanteste darin ist die Bemerkung:

„Daß er der erste gewesen, welcher die Ethik zur Metaphysik, das Sittliche zum Absoluten erhoben, indem er den Willen als das Wesen der Dinge fassend, dem vielverschlungenen Räthsel der Welt eine einfache sittliche Lösung gab, indem er den sittlichen Willensakt mit dem innersten Wesen der Welt identificirte. Die Frage nämlich nach der Daseinsform dieses Dinges an sich außerhalb jeder Verkörperung wies er als unbefugt entschieden zurück,[1]) und läugnete deßhalb an demselben auch die Form des menschlichen Bewußtseins, welches dem Bedürfnisse des philosophischen Neulings so ganz unentbehrlich scheint, daß er dasselbe auch noch im siebenten Himmel nicht ohne gewaltigen Anstoß vermißt."

„Eine solche Lehre, theoretisch wie praktisch auf die Verläugnung der Sinne gerichtet, darf der Staat getrost walten lassen, und es befremdet Niemand, die atheistischen Bücher Schopenhauers unverboten zu sehen. Die sittliche Ordnung der Dinge, Recht und Gesetz in uns, außer uns und vor allem über uns in Gestalt einer starken Auctorität über die Leidenschaften der Menschen, das war ihm das einzig Tröstliche und Bedeutsame in den Verhältnissen der Menschen, deren natürlicher Selbstsucht er in allen Stücken das Schlimmste zutraute. Für diese Sinnesart legt noch sein letzter Wille Zeugniß ab, wodurch er seine Landsleute, die im Kampfe gegen die Revolutionsmacher unserer Tage invalid gewordenen Preußen, zu Erben seines Nachlasses eingesetzt hat. Bei aller dieser Entschiedenheit seines Urtheils und seiner Gesinnung, bei aller Schroffheit in der Aeußerung derselben schlug ihm ein weiches, unendlich empfängliches, freilich auch unendlich empfindliches erregbares Herz in der Brust. Der flache Blick der Alltagsmenschen sah den Misanthropen in ihm: aber wie gering er von den Menschen auch dachte, er fühlte mit ihnen, er war voll von Mitleid." —

Wenn Gwinner meint, dem Schopenhauer die Priorität bezugs der Erhebung der Ethik zur Metaphysik, des Sittlichen zum Absoluten zuschreiben zu sollen — so ist er im argen Irrthum.

---

[1]) Das ist sehr bequem philosophisch, wenn jemand um die wesentliche Begründung seines Systems gefragt wird, zu antworten: Diese Frage ist unbefugt d. h. auf Deutsch: ich weiß dafür keine Antwort — und darum: Schweige, du elendes Exemplar vom Geschlecht der bipedes!!

Dieses System ist schon seit Beginn des 19. Jahrhunderts auf allen Bierbänken von Seite der sich gegenseitig als geistreich anräuchernden Philister zu hören gewesen.

Schreiber dieses erinnert sich noch sehr gut an einen Flickschuster, der im Hause seines Vaters (VII. Bezirk Neubau) zu Wien die Marotte besaß, als philosophischer Freigeist Bewunderung zu verlangen; er versah zugleich Gärtnerarbeiten, ich war damals in der ersten Lateinklasse (der sogen. Parva), und da docirte der Schuster[1]: „Es ist alles nicht wahr, was Ihnen die Pfaffen vorlügen; die Pfaffen haben das Lateinische aus dem Wälischen zusammengeflickt; denn die müssen immer was extra haben. Was brauchen wir Religion und Kirchen und beten, der Mensch muß ein ordentlicher Mensch sein, ehrlich, rechtschaffen, Niemand anschmieren, nicht rauben, nicht stehlen, solid sein, — alles andere ist Alfanzerei und überflüssig." In dieser Weise arbeitete der Schuster fort, — er brauchte zu seinem Exposé freilich kein Dutzend Bände, sondern faßte sich so kurz als möglich, — aber sicher hat dieser Schuster in seiner Weise die Ethik zur Metaphysik viel kürzer, ohne Wortschwall, viel praktischer, und jedem Philister mundgerechter und verständlicher erhoben, — als Schopenhauer. Möge das Apostolat der Schopenhauerei über den Frevel dieses Vergleiches mit dem Schuster die Hände zusammenschlagen, — es wird doch auch wieder Leute geben, die gerade keine Esel sind, (wie Schopenhauer gewöhnlich alle benannt hat, die vor seinen Aussprüchen nicht auf dem Bauch gelegen), und die sich mit der obigen Beweisführung gegen Gwinner einverstanden erklären.

Gwinner meint ferner, der Staat könne die atheistische Lehre des Schopenhauer getrost walten lassen. Denn die Lehre sei theoretisch wie praktisch auf die Verleugnung der Sinne gerichtet, und eine starke Autorität über die Leidenschaften der Menschen werde schon alles in Zaum und Ordnung halten.

Ob Schopenhauer auch nur einen der Hunderttausende, die in den Ländern deutscher Zunge in Criminalgebäuden sitzen, — zur Einsicht seiner Fehler (denn Sünden gibt es ja nicht,

---

[1]) In „Woher Wohin" des Verfassers. Erster Band. Zweite Auflage S. 150 ist des Schusters Erwähnung gethan.

dies theologische Wort ist aus dem Wörterbuch der atheistischen Philosophie zu streichen) und zur Besserung seines Lebens bringt? Das ist eine Frage, deren Antwort auf der Hand liegt. Daß aber Tausende in ihren nach Thunlichkeit ihrer Geld- und sonstigen Gewaltmittel ihnen zusagenden unsittlichen Ausschreitungen sich durch die gottlose Philosophie so viel als möglich befriedigt fühlen, oder doch bei eventuellen Vorwürfen ihres Gewissens in dieser Schopenhauerei ihre Beruhigung suchen, das ist eklatante Thatsache. Schopenhauer hat seiner Philosophie durch die Avers seite seines Lebens ein scharf markirtes Siegel aufgedrückt, das fühlte er selbst, und darum wollte er auch sein Leben „nicht der kalten übelwollenden Neugier des Publikums zum Besten gegeben wissen".

19. Der angebliche Consensus populorum in der Bewunderung des Schopenhauerschen Gesichts.

Die Schlußdeklamation:

„Aber wie gering er auch von den Menschen dachte, „er fühlte mit ihnen, er war voll von Mitleid"

harmonirt sehr schlecht mit der eklatantesten Verachtung, die er wie oft über die dumme Raçe der bipedes ausgesprochen, wie diese Verachtung nur durch den fieberhaften Durst nach Ruhm und Anerkennung von Seiten dieser bipedes auch wieder Lügen gestraft wird.

Mit einer oft kindischen Eitelkeit registrirte er sehr fleißig alle Lobsprüche, die ihm von dieser sonst nur als blöd und dumm gescholtenen Menschenraçe angethan worden sind. So Gwinner (S. 621):

„Sein Blick war von solchem Feuer, von solcher geistigen Schönheit, daß er damit besonders in jungen Jahren unwillkürlich auffiel. Als er 29 Jahre alt war, kam ein ihm unbekannter älterer Herr auf ihn zu, ihm zu sagen, er werde etwas großes werden. Ein Italiener, der ihm völlig fremd war, redete ihn mit den Worten an: Signore, lei deve avere fatto qualque grande opera; non so cosa sia, ma lo vedo al suo viso. (Mein Herr, Sie müssen irgend ein großes Werk geschaffen haben; ich weiß nicht was, aber ich sehe es an Ihren Blicken.) Ein Engländer, der ihn nur gesehen hatte, äußerte: er müsse einen außerordentlichen Geist haben. Ein Franzose sagte plötzlich über ihn: Je voudrais savoir ce qu'il pense de nous autres; nous devons paraître bien petits à ses yeux. C'est qu'il est un être supérieur. Der Sohn einer durchreisenden englischen Familie, die sich im Gastzimmer in Schopenhauers Nähe niederließ, rief erregt: „No, I'll sit here I like to see his intellectual face." (Nein, ich will hier sitzen, ich sehe gerne sein geistvolles Gesicht.) Derartiges begegnete ihm manchmal, denn sein Gesicht phosphorescirte von Geist. Schwieg er, so sah er Beethoven ähnlich, gab er sich dagegen der Unterhaltung hin, so hatte man Voltaire vor sich."

Diese Ausbrüche als Gesichtscultus als consensus populorum von vier großen Nationen muß doch Schopenhauer selber seinen Freunden erzählt haben; es ist nur zu bedauern, daß in diesem Chor, der in's Gesicht hinein Loben, nicht auch Spanier, Portugiesen, Schweden, Holländer, Russen, Türken und noch einige Rumänen und Montenegriner sich befinden, es hätte sich dann eine universale Polyglottenbewunderung herausfinden lassen, der gutmüthige und philosophisch strenggläubige Leser aus der Gattung der bipedes hätte zur Vervollkommnung der europäischen Landkarte auch diese Nationen mit Geduld hingenommen. Schade, daß Gwinner nicht Zeugen benannt hat, welche bei diesen angeblichen Bewunderungsausbrüchen zugegen waren, und ein eigens aufgenommenes Bewunderungsprotokoll eigenhändig unterschrieben haben.

20. Was der Phrenologe Scheve für allerhand Tugenden und Vorzüge aus dem Schädel Schopenhauers herausspintisirt hat.

Es ist mitunter drollig, was der Phrenologe Dr. Scheve nach genauer Untersuchung und Bemessung des Schopenhauerschen Kopfes als Resultat seiner wissenschaftlichen Forschung deponirt hat.

Gwinner (S. 631):

„Selbstgefühl ist zwar nur ziemlich groß, wird aber sehr von dem Thätigkeitssinn, Kampfsinn und den Denkkräften unterstützt.[1]) In Schopenhauer war zwar nicht ein Zug von vortretendem Stolz oder Hochmuth (!!), aber doch eine sehr entschiedene männliche Selbstständigkeit, hinter welcher, sie unterstützend, wie wir gesehen, eine noch entschiedenere männliche Kraft stand. Wenn daher Schopenhauer rücksichtslos oder herrschsüchtig sein konnte, so

[1]) Das Selbstgefühl Schopenhauers war so außerordentlich stark, daß es aller dieser angeblichen Stützen absolut gar nicht bedurft hat. Schleiermacher, der sich doch auch eine gehörige Portion auf „seine Herrschaft der Zukunft" eingebildet und sich außerordentlich gefällig über seinen Ruhm anticipando gefreut hat, gewinnt gegenüber dem Schopenhauer fast das Ansehen eines bescheidenen Männchens.

war diese Rücksichtslosigkeit oder Herrschsucht weniger die eines Engländers, als die eines urkräftigen Deutschen, d. h. sie ging weniger aus blinder Selbsterhebung, als aus Ueberkraft, die sich fühlt, hervor. Wegen des ziemlich starken Selbstgefühls fehlte bei Schopenhauer auch der Egoismus nicht, um so weniger, da das Selbstgefühl sehr vom Eigenthumssinn unterstützt wird.[1]) Ziemlich groß ist auch die Beifallsliebe. Schopenhauer besaß Ehrgeiz, war nicht gleichgültig gegen Anerkennung oder Zurücksetzung: aber jedenfalls artete dieser Ehrgeiz nicht in jene häufig gefundene kleinliche Eitelkeit aus."

Außer diesem Selbstgefühl, Thätigkeitssinn, Kampfsinn hat dieser sinnerfinderische Schädelforscher auch allerhand andere Sinne bei Schopenhauer des Näheren beschrieben; so z. B. den Anhänglichkeitssinn, den Geschlechtssinn, den Eigenthumssinn, das Selbstgefühl, den Festigkeitssinn, den Ehrfurchtssinn, den Wohlwollensinn, den Sinn für's Wunderbare, den Idealitätssinn, den Verstandessinn.

Nachdem dieser medizinische Kraniognomiker, besser Kraniokomiker, eine ganze Menge Sinne in den Schädel Schopenhauers hineingelesen hat, kommt er zum Schluß:

„Wo die Beobachtungssinne stark und die Denkkräfte schwach sind, da fehlt die Philosophie. Denn diese ist eben nichts anders als die auf die Verarbeitung der Beobachtungen angewandte höhere Denkkraft."

Nachdem nun bei diesem Dr. Scheve die Beobachtungssinne sehr stark sind, so können nach seinem eigenen Ausspruch bei ihm die Denkkräfte sehr schwach sein, und es ist dann auch sehr wahrscheinlich, daß ihm die Philosophie fehlt; — welchen Mangel er aber durch seinen massenhaft producirten Unsinn zu ersetzen sucht. Was kommt aber für ein Resultat heraus, wenn bei einem Menschen die Beobachtungsunsinne sehr stark sind? da würde dann die Philosophie des Unsinns am Platze sein. Ist der Beobachtungssinn auch noch so groß, der Beobachtungsunsinn ist bisweilen doch noch größer, denn der ist grenzenlos. So haben diese

---

[1]) Dieser Phrenolog braucht lauter Stützen, die männliche Kraft muß die Selbständigkeit, der Eigenthumssinn muß das Selbstgefühl und den Egoismus stützen, auch der Leser benöthigte angesichts dieser phrenologischen Beweisführung einiger Stützen, um nicht umzufallen!

Kraniologen, wenn sie auch hin und her erwogen, — sich selbst und andere sehr belogen.

Sie wollen beim Schädel von außen lesen,
Was alles ist einmal darin gewesen.

Wie die Knopfdrechsler aus Thierköpfen die verschiedenartigsten Knöpfe drechseln, so accurat die Kraniologen; sie drechseln sich aus den Menschenschädeln die verschiedensten Gaben, Talente, Eigenschaften, Tugenden und Fehler heraus, — wie Knöpfe, der Unterschied von der eigentlichen Drechslerarbeit ist nur, daß die Knöpfe der Drechsler gewöhnlich einen Halt haben, und die Knöpfe der Kraniologen keinen Halt haben.

21. Die reine philosophische Metaphysik und Sittenlehre ohne Religion bei dem Weltweisen Herrn von Schweizer durch Einsperren gewürdigt. Schopenhauer und der doppelte Niederwurf der Marquet, der interessanteste Fall zur Bestätigung des tiefen Gemüthslebens, dessen sich dieser Weltweise schuldig gemacht hat.

Gwinner erzählt sehr unbefangen, wie Schopenhauer von den „Rechten der Jugend" Gebrauch machte und sich noch in den vorgerückten Jahren seiner faunenhaften Greislichkeit an diese wunderlichen Rechtsstudien seiner Jugend erinnert hat. Ohne das strafbare Wagniß, „den gefeierten Manen des größten Philosophen der Welt" näher zu treten, kann man sich hier unwillkürlich an den andern großen Frankfurter Philosophen erinnern, der ebenfalls wie Schopenhauer mit Begeisterung den Atheismus zu verbreiten suchte, über denselben menschenbeglückende Vorlesungen hielt und Bücher schrieb, und ebenso wie Schopenhauer für die von jedem Dogma gereinigte Moral begeistert war, der also auch die Ethik zur Metaphysik erhob, sich aber gelegentlich bei dieser Erhebung der Ethik außerordentlich beschädigte: er wurde nämlich einmal im Schloßgarten zu Mannheim bei Verübung eines Attentats, welches auch gegen die Staatsgesetze arg verstößt, erwischt und auf einige Monate von dieser dummen Welt abgeschlossen, um über den sonderbaren Schlußstein seines ethischen Systems im Dunkeln nachzudenken. Die badischen Gerichte standen somit noch nicht auf der Höhe der vom Dogma gereinigten von Schweizerscher Moral, sonst hätten sie für Herrn von Schweizer eine Auszeichnung verlangen müssen, denn wer über die gereinigte Moral Vorlesungen hält, der muß es ja doch am besten wissen, was an der gereinigten Moral eigentlich daran ist. — Seit dieser Zeit hat es der Philosoph verschmäht, Vorlesungen zu halten, und hat die Versuche, um dieses dumme Volk für seine purgirte Sittenlehre, die sich gewaschen hat, zu gewinnen, total aufgegeben.

Schopenhauer hat sich bei den praktischen Uebungen seiner reinen Ethik und seines ihm von Gwinner zugestandenen „Jugendrechtes" allerdings nicht über den Rahmen der staatlichen Gesetzgebung hinaus erschwungen; obwohl er in Gebrauchmachung von seinen „Jugendrechten" am 31. Aug. 1821 in zweiter Linie auch mit den Staatsgesetzen in einen hochgradig verdrießlichen, einige Jahre andauernden Conflict gerathen und zwanzig Jahre hindurch zu einer sehr zuwidern Sühngeldzahlung verurtheilt worden ist. Gwinner widmete diesem Exkurse über das Strafgesetz 26 volle Seiten seines Buches (S. 304—329). — Kurz erzählt ist der Fall, welcher sich in Berlin ereignete, folgender:

Eine Bekannte seiner Hauswirthin, die im selben Stocke wohnte, die Näherin Karoline Luise Marquet, 47 Jahre alt, hatte sich mit zwei jüngeren Freundinnen im Corridor vor der Zimmerthüre Schopenhauers aufgestellt. — Schopenhauer kam nach Hause, ärgerte sich aus nachfolgenden Gründen über diese weibliche „Ehrenwache", schaffte diese Damen fort, die Marquet aber leistete Widerstand, und der Philosoph packte die Marquet; es begann ein Raufhandel, und (die Marquet war sicherlich auch ein Fegefeuer), er warf sie bei der Thür der Entrée hinaus, sie kam wieder, er warf sie wieder hinaus und soll sie über die Stiege gefeuert haben.[1]) Sie fiel, beschädigte sich und schimpfte, er gab ihr eingestandener Maßen das Prädikat „altes Luder"; sie ließ sich am andern Tage ein ärztliches Zeugniß über blaue Flecken und eine am Halse losgerissene Warze ausstellen, klagte beim Gericht, und nun spann sich der Prozeß Jahre lang durch alle Instanzen durch. Schopenhauer

---

[1]) Gwinner sagte über ihn in seiner geschwollenen Grabrede: Er kam aus der Schule Platons und Kants, daher seine ethische Tiefe. Die arme Marquet konnte nun auch, als sie unten lag, von der ethischen Tiefe was erzählen.

wurde zuletzt auf 300 Thaler Curkosten, und weil die Marquet noch einige in's Gebiet der Chirurgie und innerlicher Verletzungen gehörige Schäden beschwor, zu 60 Thaler jährlicher Leibrente für diese Dame verurtheilt.

Was den besonderen Zorn über diese hartnäckige Leibwache bei Schopenhauer entflammt hat, deutet er selber an (bei einer Eingabe an das Gericht).

„Mein ganz besonderes Recht aber, dort Niemanden zu leiden, geht aus Folgendem hervor: Etwa 14 Tage vor dem 12. August fand ich zu Hause kommend in der Entrée drei mir fremde Frauenzimmer, da dieses mir aus vielen Gründen verdrießlich sein mußte, und seit 15 Monaten, die ich da wohnte, nicht vorgekommen war u. s. w."

Gwinner geht in die Erklärung etwas näher ein und bemerkt in einer Note (S. 328): „Er erwartete nämlich, wie sich der einsichtige Leser bereits gesagt haben wird, „Besuch".

Nachdem nun wir zu den einsichtigen Lesern bescheidener Weise uns nicht rechnen wollen, können wir in unserer Ehrfurcht von dem Berliner Salomo, dem König aller Philosophen des 19. Jahrhunderts, nur denken, derselbe habe (wie es im 10. Kapitel des 3. Buchs der Könige erzählt wird), auf irgend eine Königin von Saba gewartet, die ihn besuchen will, um Worte der Weisheit aus seinem Munde zu vernehmen und ihm 120 Talente Goldes, Spezereien, überaus viele und köstliche Steine zum Geschenke darzubringen.

Weil nun der Salomo des 19. Jahrhunderts diesem von ihm sogenannten „alten Luder" den Anblick des ihn bewundern wollenden hohen Besuches nicht vergönnen wollte, und diese Dame mit 2 andern sich vor seiner Thüre postirte, war sein Wille über diese Vorstellung derartig erbittert, daß er dieselbe mit Gewalt zweimal vor sich niederlegte. — Dieser peinliche Vorfall hat sich thatsächlich ereignet zu Berlin in der Niederlagstraße Nr. 4.

22. Die Lobgesänge Gwinners und ein Loblied von der Marquet gesungen. Des Philosophen nachhaltiger jahrelange Verdruß.

Für die Marquet war dieser Fall ein wahres Glück. Gwinner bemerkt 329:

„Sie erhob von da an die ihr zuerkannten Alimente mit zitterndem Arm regelmäßig bis an ihrem zwanzig Jahre nach dem glücklichen Fall erfolgten seligen Ende. Schopenhauer aber schrieb auf ihren Todtenschein: obit anus, abit onus.“

Gwinner schließt den langen Proceß mit folgender Wehklage (S. 330):

„Die Kränkung und Enttäuschung über den Ausgang dieses verwünschten Rechtshandels trafen ihn schwerer als der materielle Nachtheil. Kaum in das Lebensalter der vorherrschenden Irritabilität eingetreten, hatte er die bitteren Erfahrungen desselben, obwohl er weder Geld, noch Freundschaften, noch Ehren, also nichts von dem gesucht, was in diesem Alter begehrt zu werden pflegt, bereits gemacht und die leidige Ueberzeugung davongetragen, daß für ihn, den zur Bethätigung überschießender Kräfte im praktischen Leben Unfähigen, die schlimmste Zeit erst im Anzuge sei.“ —

Wie schade, daß die zu Boden geschmetterte Marquet nicht mehr die schönen rührenden Worte hören oder lesen konnte, welche Gwinner am Grabe des Philosophen gesprochen, welche wörtlich lauten:

„Dieser tiefe sinnige Mensch, dem doch ein Herz in der Brust schlug, lief er nicht beleidigt wie ein Kind, das sich im Spiele erzürnt, durch sein ganzes Leben dahin einsam und unverstanden, und nur sich selbst getreu; felsenfest wurzelte in seiner Seele der Glauben an seine Bestimmung.“

Sich selbst treu und fest an sich selbst und seine Bestimmung glaubend! Er, der den Glauben sonst so haßte und verabscheute! Sich selbst ist auch der größte Egoist treu: an Gott wollte er nicht glauben, dafür pflegte er den festen Glauben an seine Bestimmung: den Atheismus zu verkündigen. Wer hat ihn dazu bestimmt? Nach seinem eigenen System: entweder der Zufall oder die Nothwendigkeit; denn alles was geschieht, das muß so geschehen, lehrt er selber.

Wir meinen, die Marquet hätte sich nach Durchlesung dieser überaus schmeichelhaften, aber auch ebenso unwahren und unsinnigen Grabrede ungefähr folgende Gedanken machen können:

In jeder Zeile ist bei ihm zu lesen:
Daß er sich selbst ist immer treu gewesen.
„Dieser sinnige Mensch, dieses erzürnte Kind“,
Ja, da kann ich auch was sagen,

Als er mich gepackt beim Kragen,
Und ich hinabflog wie der Wind;
„Der Glaube an seine Bestimmung war felsenfest gewurzelt“,
Ich aber bin durch ihn — über die Stiege hinuntergepurzelt!
Ach laßt mich aus mit dem Herzen, das in der Brust ihm schlug,
Der Lobpsalm Gwinners ist und bleibt ein wahrer Humbug.
Die Schläge seines Herzens, die hat nur er empfunden,
Die Schläge seiner Fäuste beweisen meine Wunden;
„Ein beleidigtes Kind, das erzürnt ist im Spiel“,
Dies fade Gewäsche soll glauben wer will!
Den Hörern so etwas in's Angesicht zu sagen,
Das heißt doch: der Wahrheit in's Angesicht schlagen.
Der feine Erfinder so geistreicher Thesen
Ist doch auch ein sehr grober Flegel gewesen;
Ich konnte sein Packen, sein Puffen, sein Würgen,
Das alles mit Zeugen gerichtlich verbürgen.
Ich hab es geseh'n — dies sinnige Gesicht,
Und muß es gesteh'n — ich vergess' es nicht;
War das eine hochgrimmige Physiognomie
Wie die eines Tigers in der Menagerie.
Weh' Jedem, den einmal der Zorn hat getroffen
Dieses tiefen und sinnigen Philosophen!
Wer lacht dem Herrn Gwinner nicht in's Gesicht,
Wenn er hier von erzürnten Kindern spricht,
Die wehleidig jegliches Wörtlein empfanden
Und wandelten einsam und unverstanden,
Doch ich hab' dies Kind verstanden gar sehr
Und möcht' es verstehen mein Lebtag nicht mehr,
Das seine Beweise so tief durchdacht,
Mit Mund und Faust mir verständlich gemacht!
Ich hab' sie empfunden — Schlag auf Schlag,
Bis ich überzeugt — auf der Erde lag;
Ich lernte sie kennen, die Philosophenrace,
Zu Berlin Nr. 4 in der Niederlagstraße.

Schopenhauer selber konnte den erzählten Vesuvausbruch seines Zornes wegen der ihm sehr ärgerlichen Folgen desselben sein Lebtag nicht vergessen. Der fünf Jahre sich fortspinnende Proceß mit den für ihn verdrüßlichen Ausgang mußte ihn um so mehr wurmen, als er sich durch seine Rechthaberei, durch sein langes gewaltiges Widerstreben die Strafe zu bezahlen, erst noch recht lächerlich machte, und ihm zu seinem Zorneswüthen auch noch der Geldschmutz (denn er war ja doch sehr wohlhabend, so daß es ihm auf diese Summe wahrlich nicht ankommen konnte) von seinen Gegnern vor seine außerordentlich feinfühlige Nase gehalten wurde. Der unvergeßliche Verdruß über diese seine Niederlage tauchte in verschiedenen aufsprudelnden Phrasen in seinen späteren Schriften bisweilen auf.

So z. B. in W. II. 241 eine bittere Betrachtung über diesen verfluchten dem Menschen so viel Galle und Verdruß bereitenden Zorn:

„Wie alle Affekte, so wirkt auch der Zorn störend und verfälschend auf den Intellekt. Der Zorn läßt uns nicht mehr wissen, was wir thun, noch weniger, was wir sagen."

Somit gesteht er selber, daß er sich gar nicht bewußt war, als er „die Alte" malträtirte und ihr zum Schlußpunkte seiner Cicero-Catilina-Beredsamkeit noch ein „altes Luder" nachsendete.

In W. II. 626. erfahren wir, daß der Zorn den Menschen verblendet:

„Der kleinste Anlaß genügt dem Zorn, indem er ihn in der Phantasie vergrößert. Der Zorn schafft nämlich sogleich ein Blendwerk, welches in einer monströsen Vergrößerung und Verzerrung seines Anlasses besteht. Dieses Blendwerk erhöht nun selbst wieder den Zorn und wird darauf durch diesen erhöhten Zorn selbst abermal vergrößert. So steigert sich fortwährend diese gegenseitige Wirkung, bis der furor brevis da ist."

(W. II. 229):

„Der Haß verhält sich zum Zorn, wie die chronische zur akuten Krankheit (218). Beide haben dies gemein, daß ihre Befriedigung süß ist, und das Subjekt nach ihrer Auslassung, wenn sie nur auf keinen Widerstand gestoßen, sich entschieden wohler befindet!!"

Dieses zarte Geständniß über die Wonne des befriedigten Zornmuthes und Rachedurstes ist außerordentlich liebenswürdig und belehrend.

Nur hat der Weltweise seine Erfahrung über dieses Thema nicht vollständig ausgenützt. Er hätte mit Verwerthung seiner bittern Erfahrungen noch hinzufügen sollen: „Wenn aber der

Zorn nachträglich Jahrelang die traurigsten Folgen für den Befriediger desselben nach sich zieht, so wird derselbe das Wohlbefinden, welches er einige Momente nach Befriedigung seiner Leidenschaft empfunden hat, total einbüßen, und dann wird der Zorn erst recht arg und nachhaltig werden, weil er keine Möglichkeit mehr findet, denselben auszulassen. Die befürchtete weitere Strafe steht wie ein drohendes Gespenst vor des Zornigen Augen, er muß seine Leidenschaft unbefriedigt hinunter würgen und kann höchstens sich selber mit der Faust an die Stirne schlagen, und das zwar durchaus reuelose, aber dennoch sehr aufrichtige Geständniß machen: Was hab' ich da wieder für einen dummen Streich begangen!"

23. Der „tragische Knoten", den Gwinner im Leben Schopenhauers, und der Unsinn, den wir und mit uns auch ein Apostel Schopenhauers im Schreiben des Gwinner gefunden.

Zum Schlusse (S. 634—635) läßt Gwinner folgende im philosophischen Phrasen-Laboratorium aus Pulver-, Eisen- und Kupferfeilspänen und extra tüchtigem Schwefelbeisatz vollgepropfte Rakete steigen:

„Der Mensch, der nach diesem freilich unvollkommenen und in Einzelheiten unsichern, im Grundstock aber richtigen Denken vor uns steht, war also in der That vorherrschend „Wille und Vorstellung", und den Primat in seinem Seelenleben hatte entschieden der Wille. Das Gefühl hingegen trat als bloßer Modus dieser beiden in den Hintergrund."

„Und gleichwie dieses Ergebniß mit der richtigen Auffassung seiner Lehre zusammenstimmt, so finde ich darin auch eine Bestätigung seines Charakters. Denn wenn ich die erstaunliche Kraftfülle, die außerordentliche Stärke des Willens an diesem Schädel betrachte, so drängt sich mir die Ueberzeugung auf: Die Seele dieses Menschen muß ein glühender Drang verzehrt haben, die ihr eingeborene Idee ihres Daseins handelnd auszugestalten — also nicht etwa nur sie zu erkennen. Die Erkenntniß an sich, das Leben in der Wissenschaft, Gelehrsamkeit und Schriftstellerei vermochten diesem Menschen keine wahre, keine eigentliche Befriedigung zu geben. Erwägen wir nur den Umfang und die Tiefe der auszulebenden Idee, des Ideals, das ihn beseelte, das aus seinen Augen sprach, und das seine Werke wiederspiegeln – so zieht sich sein Leben und Leiden in einer Welt, die zur Verwirklichung dieses Ideals keine Mittel bietet, zu einem tragischen Knoten zusammen, der seine Lösung nur in der Verneinung des Willens finden konnte, weil ihm die centrale Einheit des Lebens im Gefühl, welches den Gegensatz aufhebt, nicht in gleichem Grade bewußt worden war." —

Wir sind Herrn Gwinner außerordentlich dankbar für den Schlußstein zum Tempelbau seiner Apotheose Schopenhauers. Wir wollen das, was er hier über seinen großen Meister sagt, auf ihn, den Schüler anwenden, nachdem wir im Irrgarten seines Phrasenwaldes eine Zeit lang herumgegangen sind und wir vor lauter hochaufstrebenden philosophischen Bäumen den eigentlichen philosophischen Wald gar nicht gesehen haben.

Wir sehen zwar nicht, „was aus seinen (des Herrn Gwinner) Augen spricht", wir sind aber schon sehr zufrieden mit dem, was er vor unsern Augen in seinen Werken entfaltet hat. Wenn Schopenhauer in einer Welt gelebt, die zur Verwirklichung seiner Ideale keine Mittel bietet, so sind eben diese sogenannten Ideale durchwegs unpraktisch hierin stimmen wir mit Gwinner vollkommen überein — die gegenwärtige Welt steht vor dem verworrenen Knoten der socialen Frage, und in der Vorstellungs- und Willens-Philosophie Schopenhauers gibt es keinen kundigen Finger, diesen verworrenen Knoten zu lösen. Das ganze System ist ein tragisches Epos des Atheismus, dies System kann mit allen darin zusammengestoppelten Phrasen keinen Menschen zu einem opfermuthigen Akt der Sittlichkeit bringen und ebenso wenig den Menschen von einem Akt der Unsittlichkeit abhalten, — dies System ist auch nicht einmal im Stande, eine sichere Grenzlinie zu ziehen, welche Sittlichkeit von Unsittlichkeit scheidet, ja es hat nicht die Fähigkeit, eine stichhaltige Definition von Sittlichkeit und Unsittlichkeit zu geben. Der Schlußsatz der Vertheidigung Schopenhauers ist das verunglückte Bestreben, den Grund anzugeben, warum sich sein System zu einem tragischen Knoten zusammengezogen hat,

„der seine Lösung nur in der Verneinung des Willens finden konnte — weil ihm die centrale Einheit des Lebens im Gefühl, welches den Gegensatz aufhebt, nicht in gleichem Grade bewußt worden war."

Wir erlauben uns zu fragen:

1. Worin besteht die centrale Einheit des Lebens im Gefühl?

2. Worin besteht der Gegensatz, welchen diese centrale Einheit aufheben soll?

3. Warum ist dem Schopenhauer diese centrale Einheit des Lebens im Gefühl nicht bewußt geworden?

So lange, bis irgend ein „Apostel“ Schopenhauers diese Fragen in einer Weise löst, daß drei philosophische Facultäten in Deutschland diese Lösung als genügend und zufriedenstellend anerkennen, erlauben wir uns diese vierzeilige Schluß-Deklamation Gwinners für einen completen Unsinn zu erklären.

Man hat wenig zu thun, wenn man die Apostel Schopenhauers einen überden andern losläßt. Lindner, im dreiblättrigen Kleeblatt der erste, (Frauenstädt, Gwinner die beiden andern), sagt über Gwinner[1],

„(nachdem er dem Schopenhauer nachrühmt, es sei einer der Hauptvorzüge der Schopenhauerschen Philosophie, „daß sie sich rein erhält von dem Beischmack der Theologie),“ „daß Gwinner für dies alles nur ein unzureichendes Verständniß besitze.“ „Die philosophische Kritik Gwinners ist selbst da, wo er meiner Ansicht nach richtig urtheilt, zu unklar ausgedrückt, überhaupt aber zu abgerissen und gedankenarm, um bei Freund oder Feind begründete Ansprüche auf eine erhebliche Bedeutung geltend machen zu können.“

„Leider kann ich aber auch mit der Gwinnerschen Darstellung des Menschen Schopenhauer nicht übereinstimmen, denn sie erscheint mir ebenso unvollständig als einseitig.“

Wir citiren diese gegenseitigen Verarbeitungen der ersten Apostel des modernen Weltweisen darum, um nachzuweisen, daß selbst diese Herren, denen es außer dem Lesen der Schopenhauerschen Schriften auch vergönnt war, den lehrreichen Umgang ihres Meisters Jahrelang zu genießen, sich über den Willen und die Vorstellung wie auch über das Leben desselben nicht klar werden konnten, sondern sich in Streitigkeiten über diese Themata verwickelt haben, wenn nun schon beim berühmten geistreichen, vom Fabriksherrn selber mit dem Stempel versehenen Apostolat derlei Zankäpfel als Früchte zum Vorschein kommen, was wäre erst von den Dilettanten zu erwarten, auf welche Schopenhauer freilich eine größere Hoffnung gesetzt, als auf geschulte Philosophen, weil er sehr schlau voraussehen konnte,

[1]) Arthur Schopenhauer. Von Frauenstädt. S. 14, 15.

daß diesen das Zeug zur Kritik fehlt, und daß sie blindgläubig für ihren Meister sich in's Feuer des Kampfes hineinstürzen werden.

24. Wie der Apostel Lindner gegen den Apostel Gwinner auftritt, um den Meister gegen verschiedene Anklagen zu vertheidigen.

Gwinner wird von Lindner (S. 6) sehr getadelt, weil er sich erlaubt hat, über Schopenhauer „eine große Menge einzelner Aeußerungen seines Argwohns, seiner Reizbarkeit, seiner Heftigkeit, seines Stolzes anzuführen, weil er Anekdoten über ihn erzählt, welche, so vereinzelt aneinander gereiht, hier und da an's Närrische streifen, weil er erzählt, daß Schopenhauer schon mit 30 Jahren es herzlich müde war, Wesen für seines Gleichen ansehen zu müssen, die es wahrhaftig nicht seien."

Besonders zuwider ist dem Herrn Lindner die Charakterschilderung Gwinners über Schopenhauer, welche lautet (S. 16):

„Wie der Knabe in das Leben hineinsah mit dem erstaunten Blick auf das durch Hunger und Geschlechtslust erhaltene Getriebe dieser Welt, wie der Jüngling ihr scheu entgegentrat, seine eigene innere Welt verbergend, wie der Mann ihr fremd und scheu gegenüberstand, a vulgo longo longoque remotus[1]), solutus omni foenore, wie der Greis endlich sie tief unter sich erblickte, und sein feuriges klares Auge in stolzer Resignation erkaltete, — dies möchte man darstellen können, die trübselige Einsamkeit, die grenzenlose Oede seines Daseins, die unsägliche Menschenverachtung, die Zierde des Stolzes, mit dem er sein Herz wie mit einem Panzer umgab, der es selbst zu verhärten drohte — ethisch verständlich zu machen, um dem Charakter des Mannes seinen Platz in der Welt zu wahren, der ihm gebührt."

---

[1]) Wehe jener Welt, welche dem Philosophen feindlich gegenüberstand, besonders wehe der vulgären Welt, in der Niederlagstraße zu Berlin Nr. 4, wo er die zweimal bei der Thür hinausgeworfene Nähterin ein „altes Luder" nannte, weil diese so hartnäckig neugierig war, eine zum Besuch erwartete Königin v. Saba durchaus sehen zu wollen, es läßt sich denken, was diese Dame sich auf den doppelten Hinauswurf hinauf in ihrer Wuth für Majestätsbeleidigungen bezüglich der Königin von Saba hat zu Schulden kommen lassen, wie die Marquet den alten Luderwechsel, vom Weltweisen ausgestellt, dem Besuch desselben comptant beglichen und in diesem Wechselbrief nur das Beiwort „altes" ausgelassen und dafür ein weitaus kräftigeres gebraucht hat!

Diese allerdings nicht sehr erbauliche und anziehende Charakteristik des Apostels A wird von Apostel B (Lindner) durch folgende Declamation (S. 117) abzuschwächen gesucht:

„Wäre es nun also mit Schopenhauers Charakter beschaffen gewesen, welchen Platz könnte man ihm vor der Welt wahren wollen? Herr Dr. Gwinner mag sich die Antwort selber geben, wenn er sieht, welcher Platz in Folge seiner Charakteristik für seinen „Freund" bereits zurecht gemacht wird. Aber es fehlt hier eben die Gegenseite seiner bezaubernden Liebenswürdigkeit, wenn er ihm in irgend einer Beziehung näher stehenden Naturen begegnete, seine lebhafte und dauernde Anhänglichkeit und Freundschaft für Personen, die ihm aus irgend einem Grunde werth geworden, seine Offenheit und kindliche Naivität gegen Viele, die häufig kaum etwas anderes als eine übrigens leicht verzeihliche Neugier zu ihm geführt hatte. Doch selbst abgesehen von diesen Mängeln und Lücken, auch das was Herr Dr. Gwinner wahrheitsgetreu berichtet, zugegeben, daß alle Einzelheiten, die er auf dem groben Faden seiner Erzählung aneinanderreiht, vollkommen richtig seien, so erscheint Schopenhauer doch dadurch nur in einseitiger und ungünstiger, weil nur von Außen angebrachter Beleuchtung. Schopenhauer erscheint mir in dieser Biographie gleich einem Wachsbilde, behangen mit Kleidungsstücken, wie sie der Verstorbene zu tragen pflegte, aber Niemand mag aus der Aehnlichkeit dieser Maske auf die lebendigen Mienen des Originals zu schließen, Niemand wird durch diesen starren Augapfel die Tiefe und Klarheit, die strahlende Wahrheitsliebe und die feurige Begeisterung für das erkannte (oder sich eingebildete!!) Richtige und Rechte, welche aus den blauen Augensternen des „Verhärteten" strahlten, auch nur annäherungsweise wahrzunehmen vermögen." —

Was hier Lindner gegen Gwinner sagt, ist alles sehr schön, damit ist aber auch gar nichts, was Gwinner berichtet hat, umgestoßen. Die Menschenverachtung und die Härte des Stolzes, das Herabsehen von der Höhe auf die bipedes, auf das dumme Volk — er war wohl liebenswürdig, aber nur gegen jene, die anbetend vor ihm gelegen, die vor seinen Aussprüchen herumkrochen, die seinen Stolz befriedigten, — es war nur immer Er, sein Ich und die Anerkennung seines Ich, was ihn liebenswürdig machen konnte. So behandelte er Menschen und Zeitungen mit Be- und Verachtung.

Lindner berichtet (S. 19):

„Den deutschen Zeitungen schenkte er erst, seitdem sie sich mit ihm beschäftigten, größere Aufmerksamkeit!"

25. Wie Lindner die Beschuldigung Gutzkows, Schopenhauer sei ein Knauser und Geldmacher gewesen, durch Anführung der Strenge und Gewissenhaftigkeit, mit welcher Kant die Collegiengelder einzutreiben wußte, abzuschwächen sucht.

Lindner bestrebt sich, die Vorwürfe Gutzkows: Schopenhauer sei eitel, ein Geldmacher, knauserig gewesen, durch Anführung von Momenten aus dem Leben Kants abzuschwächen, der auch 1789 an Dr. M. Herz geschrieben (S. 28):

„Es leuchtet mir eine Hoffnung entgegen, die ich Niemand außer Ihnen ohne Besorgniß, der größesten Eitelkeit verdächtigt zu werden, eröffne, nämlich der Philosophie dadurch auf eine dauerhafte Art eine andere und für Religion und Sitten weit vortheilhaftere Wendung, zugleich aber auch ihr dadurch die Gestalt zu geben, die den spröden Mathematiker verlocken kann, sie seiner Bearbeitung fähig und würdig zu halten."

Auf derselben Seite gibt Lindner zu, daß Kant in Beziehung auf die Geldfrage auch selber ein „spröder Mathematiker" gewesen ist und sich unter den Studenten durch „die Strenge, womit er die Collegiengelder" einzog, auch als einen sehr gewissenhaften Verfasser seiner Kritik der praktischen Vernunft erwiesen hat. Auf den Vorwurf: Schopenhauer habe gerne und gut getafelt, wird öfter auch Kant ins Treffen geführt, von dem es in Reicharts: Urania, Taschenbuch für 1812, heißt:

„Kant war ein an Leib und Seele ganz trockener Mann. Magerer, ja dürrer als sein kleiner Körper hat vielleicht nie einer existirt, kälter, reiner, in sich abgeschlossener wohl nie ein Weiser gelebt. Eine hohe heitere Stirn, feine Nase und helle klare Augen zeichneten sein Gesicht vortheilhaft aus. Aber der untere Theil desselben war dagegen auch der vollkommenste Ausdruck grober Sinnlichkeit, die sich bei ihm besonders im Essen und Trinken übermäßig zeigte. Er liebte eine gute Tafel in fröhlicher Gesellschaft und war selbst ein fröhlicher Gesellschafter u. s. w."

Wir berichten hier nur ganz unbefangen und objectiv, wie die Verehrer Schopenhauers den ihrem Meister gemachten Vorwurf: er habe gerne gut und viel gegessen, durch Berufung auf den Verfasser der Kritik der praktischen Vernunft zu decken suchen, der auch gern und viel gegessen hat. Wir sind so weit entfernt, wegen derlei Tafelfreuden einem Philosophen Vorwürfe machen zu wollen, daß wir im Gegentheil jedem Philosophen einen guten Tisch und einen gesegneten Appetit von Herzen anwünschen. Wir wollten nur die echt schülerhafte, aber sicher nicht apostelschülerhafte Ausflucht kennzeichnen, welche sich in den Worten bemerkbar macht: Wie kann denn das ein Fehler sein, der und der hat es ja gerade auch so getrieben. — Das ist die in neuester Zeit schon so oft mit Recht lächerlich gemachte Logik, welche von Vertheidigern in Strafsachen gehandhabt wird.

26. Durst nach Lob und Preis. Große Besorgniß, ob der Bildhauer sein Gesicht nicht geistreich genug meißeln wird. Er nennt Hegels Gesicht eine Bierwirthsphysiognomie. Besorgtheit um Verbreitung seiner Philosophie.

Durst nach Lob und Anerkennung. „Ein elender Schauplatz, der Ruhm in den Köpfen Anderer." Das sind bekannte Worte Schopenhauers, die, wie so viele ähnliche Aeußerungen, seine volle Verachtung der Bipedes, der zweibeinigen Viehwelt, die sich Menschenwelt nennt, kundgeben sollen!

Nun sind aber diese Worte, welche doch offenbar anzeigen sollen, der Philosoph habe den Ruhm von Seite der Menschen, im elenden Schauplatz ihrer Köpfe, gründlich verachtet, — von demselben Schopenhauer als eine abgründliche Lüge, als ein hochschwindelhafter Widerspruch signalisirt worden. Es hat kaum einen Autor, besonders einen Philosophen gegeben, der mit einem ähnlichen brennenden Durst und Heißhunger auf Lob und Anerkennung versessen gewesen wäre, und diesen Heißhunger und brennenden Durst oft auf eine sehr kindische Weise auch noch offen bekannt gemacht hätte. Mit einem Wort: diese angebliche Ruhmverachtung aus den Köpfen der Bipedes ist eine kolossale Lüge gewesen. Diese Sucht nach Lob hat selbstverständlich als den anderen Pol den fürchterlichen Aerger über jeden gegen ihn ausgesprochenen Tadel zum Begleiter gehabt.

Behandlung von Gegnern. Schopenhauer an Lindner 1856:

„Im neuesten Januarheft der „Anregungen" steht der erste Artikel einer Kritik meiner Philosophie von Büchner. Er redet, wie es von einem so unwissenden, platten Barbiergesellen zu erwarten stand: dabei lügt er z. B. „60—100 Jahre", nie habe ich dergleichen gesagt."

Freude über Anerkennung:

„Gestern mein 71. Geburtstag: 8 Gratulationsbriefe, ein Sonett, ein ganz frisches Bouquet aus Berlin steht vor mir im Wasser, kam per express mit drei Perlenstickereien, ferner zwei Bücher, davon eines von Asher mir dedicirt: zehn Tage nach der ersten Anzeige sind über 400 Bestellungen darauf eingelaufen — ist bloß, weil mein Name darauf steht, — sie meinen, es käme von mir."

Apostel Lindner sucht diese kindische Freude des Philosophen durch Folgendes zu entschuldigen:

„Vielleicht wird der auf seinen Geburtstag bezügliche Theil dieses Briefes Manchen für einen neuen Beweis jener Eitelkeit gelten, welche Schopenhauer nicht selten während seiner letzten Lebensjahre vorgeworfen worden ist. Allerdings ist es richtig, daß ihm die reiche Anerkennung, welche diese Jahre brachten, sehr angenehm war, und er erzählte gern davon, aber nach meiner Erfahrung wenigstens cum grano salis u. s. w."

Sein Ruhm und die Verbreitung desselben beschäftigte ihn außerordentlich. 21. Nov. 1859 schreibt er:

„Vielleicht ist Ihnen die Bildhauerin N. bekannt: wonicht, so verlieren Sie viel; ich habe nicht geglaubt, daß es ein so liebenswürdiges Mädchen geben könnte. Diese ist Anfangs Oktober aus Berlin hergekommen, um meine Büste zu machen und hat sie so höchst ähnlich und schön gearbeitet, daß hier Jeder sie bewundert und ein hiesiger Bildhauer gesagt hat, daß keiner der hier lebenden Bildhauer sie so gut hätte machen können. Sie ist jetzt noch im Kunstverein ausgestellt, nämlich der „Kern". Dann wird sie nach Berlin gesandt und dort vervielfältigt, während die N. sich das ausschließliche Recht auf Abguß dieser Büste sichern wird. — G.'s Kupferstich nach seinem Oelporträt ist bis auf wenige Striche fertig. Ich sehe darauf aus wie ein alter Frosch."

Einige Beispiele, wie er Andere behandelte und wie aber er von Andern behandelt sein wollte.

Er erzählt seinen Besuch bei Schelling (Frauenstädt S. 138):

„Ich ließ mich's einen Friedrichsdor kosten und ging, nachdem ich diesen auf der Quästur hinterlegt hatte, in die Wohnung des Geheimen Raths Schelling in der Leipzigerstraße, um mich ihm persönlich vorzustellen und bei ihm zu inscribiren. Als ich in den großen, leeren Empfangssaal eingelassen war, öffnete sich die gegenüber gelegene Thür und eintrat ein mittelgroßer, corpulenter Alter in langem braunen Ueberrock, den ich für eine Art alten Famulus des Philosophen hielt und deshalb fragte, ob ich nicht den Geheim. Rath Schelling sprechen könnte. „Ich bin es selbst", war die Antwort, und nun war ich freilich enttäuscht, kann aber jetzt noch nicht glauben, daß meine mangelhafte Physiognomik daran Schuld war."

Schopenhauer scheint es ähnlich mit Hegel gegangen zu sein, denn er schreibt ihm im Kapitel „zur Physiognomik" im 2. Band der Parerga eine Bierwirthsphysiognomie zu.

Lindner S. 142:

„Seine Erbitterung über die noch immer gegen ihn geübte Taktik des Ignorirens und Sekretirens machte sich mir gegenüber Luft; wie er überhaupt immer wieder auf das Schicksal seiner Philosophie zu sprechen kam. „Träten nicht Sie (Frauenstädt) und Dorguth für mich ein, das Publikum erführe fast nichts von mir. Sie gereichen mir zum Troste." Dorguths Trompete hielt aber Schopenhauer — so schrieb er mir später in einem seiner Briefe — nicht für so weitreichend, als meine (Lindners) Posaune. 1843 erschien von Dorguth ein Sendschreiben an Karl Rosenkranz, worin er Schopenhauer den ersten realen systematischen Denker in der ganzen Literaturgeschichte nannte. Dorguth brachte sogar unter der Ueberschrift: „Wille, das Wesen des kosmischen Eins" die Schopenhauersche Philosophie in Verse. — Uebrigens, so sehr Dorguth auch die Schopenhauersche Philosophie pries, so machte er doch in mehreren Punkten, namentlich im Punkte des Pessimismus, gegen sie Opposition."

Ein neuer Beweis, wie selbst die ersten Apostel mit dem Meister nicht durchwegs einverstanden waren.

27. Wie Schopenhauer aus dem umgeschütteten Tintenfaß und dem Traum seiner Magd die „Wahrheit" behauptet: Alles, was geschieht, geschieht nothwendig.

Frauenstädt berichtet (S. 143), Schopenhauer sagte ihm:

„Ich mache schon seit zwei Jahren Studien über Somnambulismus, Geistersehen und die damit verwandten Erscheinungen behufs einer metaphysischen Erklärung derselben."

„Als ich nun aber begierig war, zu vernehmen, wie Sch. die dem Traume verwandten Erscheinungen des Hellsehens und Geistersehens zu erklären gedächte, that er sehr geheimnißvoll. Hier, wo er glaubte eine neue Entdeckung gemacht und den wahren Schlüssel zur Lösung der Frage gefunden zu haben, war Sch. auch gegen mich zurückhaltend in seinen Mittheilungen, wollte auch mir seine Gedanken nicht verrathen, bevor er sie dem Druck übergeben."

Hören wir nun Lindners Bericht, wie siegesbewußt sich Schopenhauer diese geheimnißvollen Erscheinungen im Menschenleben erklärt, S. 144:

„Schopenhauer spricht im Parerga (2. Auflage, 1. Bd., S. 269) davon, daß nicht bloß äußere Unfälle, wie Feuersbrünste, Pulverexplosionen, Schiffbrüche, besonders aber Todesfälle, bisweilen durch Träume angekündigt, sondern auch andere, mitunter ziemlich geringfügige Begebenheiten von einigen Menschen haarklein vorgeträumt würden, wovon er selbst durch eine unzweideutige Erfahrung sich überzeugt hätte. Alsdann fährt er fort: „Ich will diese hersetzen, da sie zugleich die strenge Nothwendigkeit alles Geschehenden, selbst des Allerzufälligsten, in das hellste Licht stellt. An einem Morgen schrieb ich mit großem Eifer einen langen und für mich sehr wichtigen Geschäftsbrief; als ich die dritte Seite fertig hatte, ergriff ich statt des Streusands das Tintenfaß und goß es über den Brief aus; vom Pult floß die Tinte auf den Fußboden. Die auf mein Schellen herbeigekommene Magd holte einen Eimer Wasser und scheuerte damit den Fußboden, damit die Flecken nicht eindrängen. Während dieser Arbeit sagte sie zu mir: „Mir hat diese Nacht geträumt, daß ich hier Tintenflecken aus dem Fußboden ausriebe.“ Worauf ich antwortete: „Das ist nicht wahr.“ Sie wiederum: „Es ist wahr, und habe ich es nach dem Erwachen der anderen mit mir zusammenschlafenden Magd erzählt.“ Jetzt kommt zufällig diese andere, etwa 17 Jahre alte Magd herein, die scheuernde abzuberufen. Ich trete der Eintretenden entgegen und sage: „Was hat der da diese Nacht geträumt?“ Antwort: „Das weiß ich nicht.“ Ich wiederum: „Doch! sie hat es Dir ja beim Erwachen erzählt.“ Die junge Magd: „Ach ja, ihr hatte geträumt, daß sie hier Tintenflecken aus dem Fußboden reiben würde.“ — „Diese Geschichte“, fügt Schopenhauer hinzu, „welche, da ich mich für die genaue Wahrheit derselben verbürge, die theorematischen Träume außer Zweifel setzt, ist nicht minder dadurch merkwürdig, daß das Vorhergeträumte die Wirkung einer Handlung war, die man unwillkürlich nennen könnte, sofern ich sie ganz und gar gegen meine Absicht vollzog, und sie von einem ganz kleinen Fehlgriff meiner Hand abhing. Demnach war diese Handlung so strenge nothwendig und unausbleiblich vorher bestimmt, daß ihre Wirkung mehrere Stunden vorher als Traum im Bewußtsein eines Andern dastand. Hier sieht man auf's deutlichste die Wahrheit meines Satzes: Alles, was geschieht, geschieht nothwendig.“

Den Justinus Kerner beschuldigt Schopenhauer der Leichtgläubigkeit und spricht von dessen „dummen Katechismusglauben“, aber ihm, dem Schopenhauer, soll man seinen Satz glauben: Alles, was geschieht, geschieht nothwendig.

Mit einer anerkennenswerthen Unverfrorenheit eignet sich der Weltweise diesen morschen Fetzen aus der Prophetenfahne Mohammeds an und gibt den Fatalismus für seine Erfindung aus, indem er von der Wahrheit seines Satzes spricht. Nun ist aber der Satz weder wahr, noch ist er sein.

28. Wie der Weltweise mit seiner Erfindung von der Nothwendigkeit alles zu Geschehenden in die Klemme kommt.

Betrachten wir nun diesen Satz mittelst einer Nutzanwendung auf die Marquet-Fatalität. Setzen wir den Fall, die Marquet wäre mit den Behauptungen des Weisen vertraut gewesen: wie hätte sie dieselben lächerlich machen können?

1. Sie hätte dem Schopenhauer (nach seinem Satz), als er sie anrumpelte, was sie und die zwei anderen Damen in seinem Entree zu thun haben, antworten müssen: Es ist nothwendig, daß wir da sind; wenn Sie selber auf Ihre Philosophie was halten, so können Sie gegen unser Dasein nichts einwenden.

2. Darauf konnte er sagen: Ich halte unbedingt auf meine Philosophie; es ist aber auch nothwendig, daß ich Sie hinauswerfe, — und er wirft sie hinaus.

3. Sie citirt den Weltweisen vor Gericht. Er fragt empört: Wie können Sie so frech sein, mich vor Gericht zu citiren, da ich nur von meinem Rechte Gebrauch gemacht habe?

4. Darauf sie: Ich mußte Sie hierher citiren, ich konnte nicht anders, es ist auch nothwendig, daß Sie mich entschädigen und mir ein Schmerzensgeld zahlen.

5. Darauf er: Sie werden von mir nichts bekommen, und daraus ersehen, daß die Bezahlung eines Schmerzensgeldes nicht nothwendig ist.

6. Darauf sie: Das werden wir erst sehen; das Gericht wird Ihnen die wahre Nothwendigkeit Ihrer blöden Philosophie schon einbläuen.

7. Sie fragt zugleich sehr bitter: Ist es auch nothwendig gewesen, daß die Königin von Saba Ihnen einen Besuch abstatten mußte?

8. Er: Welche Impertinenz! Wie können Sie sich in meine häuslichen Angelegenheiten einmischen?

9. Darauf sie: Ich wollte gerade mit Ihnen nichts zu thun haben, weil Sie im ganzen Hause als ein grober Flegel bekannt sind, aber das Nothwendigkeitsschicksal Ihrer Philosophie hat mich bezwungen, und dieselbige Philosophie wird auch Ihnen selber an den Kragen kommen.

10. Darauf er: Hohes Gericht, schützen Sie mich gegen die gemeinen Insulten dieses „alten Luders“.

11. Darauf der Richter: Das ist eine neue Ehrenbeleidigung und eine Verletzung des Anstandes vor dem Gerichtshof, dafür zahlen Sie extra 20 Thaler Strafe.

12. Ich verwahre mich feierlich, ich bin in meinem Recht und zahle keinen Pfennig!

13. Sie haben hier kein Recht, ein Urtheil zu sprechen, dazu bin ich da. Sie haben der Marquet 300 Thaler Curkosten und Schmerzensgeld, und 60 Thaler jährlich als Alimentation zu bezahlen.

14. Er: Ich werde appelliren, das Urtheil ist im höchsten Grade unrecht.

15. Sie werden dennoch zahlen; diesmal wird Ihnen von juridischer Seite die Nothwendigkeit des Zahlens bewiesen werden. Wenn der Satz: Alles, was geschieht, geschieht nothwendig, jetzt in Ihren Augen als ein Blödsinn gelten sollte, so nehmen Sie sich selbst bei der Nase. Sie haben den Satz aufgestellt.

16. Ich habe aber meine Philosophie für ein gebildetes Publikum, nicht im Interesse dieser alten Nähterin geschrieben.

17. Der Richter: Thut mir sehr leid; wenn Sie es für nothwendig halten, so appelliren Sie bis zur letzten Instanz, und ich sage Ihnen, diese wird es sicher für nothwendig finden, mein Urtheil zu bestätigen. Der oberste Gerichtshof wird zu Gunsten Ihrer Schwerenothphilosophie unser Urtheil nicht umstoßen!

18. Die Alte sagt: Sehen Sie, es gibt eben zwei Nothwendigkeiten, und meine Nothwendigkeit ist noch viel nothwendiger als Ihre Nothwendigkeit.

19. Ich bitte, hober Gerichtshof, das ist ein Hohn auf mich, eine Ehrenbeleidigung meines ganzen Systems.

20. Wir sind nicht da, um philosophische Systeme zu schützen, — da nehmen Sie zum höchsten Richterstuhl in dieser Angelegenheit, zur Logik, ihre Zuflucht! Wir schützen nur Personen gegen Insulten und haben der Marquet den gesetzlichen Schutz angedeihen lassen.

Was geschah in der That? Der Schwerenothphilosoph hat selber fünf Jahre lang gegen seinen eigenen Satz von der Nothwendigkeit alles zu Geschehenden processirt, aber es half ihm seine ganze Sophistik nichts, er mußte zahlen, ist mit seiner Principienerfindung und Principienreiterei im Circus seines eigenen Systems in den Sand gestreckt worden und hat sich für so lange lächerlich gemacht, so lange von ihm und seiner Philosophie die Rede sein wird.

Bei einem anderen Sterblichen, welcher aus dieser Tinten- und Streusandverwechslung, welche die Magd Schopenhauers prophetisch im Traume vorausgesehen haben soll, zum Schlusse käme: „Hier sieht man auf's deutlichste die Wahrheit meines Satzes: „Alles, was geschieht, geschieht nothwendig", müßte man diese Beschlagnahme des türkischen Fatums zum Ruhme seiner philosophischen Entdeckung als eine kolossale und blödsinnige Arroganz bezeichnen; bei Schopenhauer ist es philosophisches Selbstbewußtsein. Hätte man ihn gefragt: Ja, was ist denn der Grund dieser von Ihnen entdeckten Nothwendigkeit? Den religiösen Glauben verhöhnen und verlachen Sie, aber Ihnen soll man den luftigen Grund, auf den Sie allerdings mit sehr großer poetischer Erfindungsgabe ihr System hinaufgeschwindelt haben, auf Ihre Autorität hin glauben!!

Aber nicht nur er selber nahm Beschlag von uralten Beobachtungen, die er für seine eigene Erfindung, für die Resultate seines philosophischen Scharfsinnes ausgab, auch seine Apostel suchten ihm noch allerhand uraltes Zeug auf seine privilegirte Entdeckungstafel hinaufzuschwindeln. So verkündigt allen Ernstes Gwinner von ihm: „Seinem Scharfsinn entging nicht der Stand der Erniedrigung, der Korruption, in der wir leben." Diese scharfsinnige Beobachtung steht längst in der Bibel, sie ist in allen Kirchenschriftstellern zu lesen, zu tausend Malen in Predigten zu hören, und da muß es auf einmal Schopenhauer entdeckt haben!

Was Schopenhauer den Goethe beschuldigt, das ist in weit höherem Maße auf ihn selber anzuwenden. Gwinner berichtet über seinen Verkehr mit Goethe in seiner Jugend:

„Seit Goethes erster Begegnung wußte er (Schopenhauer), daß dessen (Goethes) vornehmstes Gebot war: Du sollst keine anderen Götter haben neben mir."

29. Wie Schopenhauer alle anderen Philosophen verschimpft und verachtet, alle Menschen für schlecht, sich selber aber für „ein höheres Wesen" hält, aber trotzdem beim Anschauen eines großen Affen in Frankfurt einen Affen für den Stammvater und Ahnherrn des Menschengeschlechtes ausgibt.

Wir werden nun eine kleine Probe bringen, wie Schopenhauer alle philosophischen Götter außer ihm geradewegs mit ganzen, auf selbige geworfenen Mühlsteinen der Verachtung zu zerquetschen sucht.

1. Seine Mutter konnte mit dem Jüngling nicht leben, wie es ein Brief von ihr an ihn, als er in seinem 19. Jahre stand, besagt:

„Deine Klagen über unvermeidliche Dinge, Deine finsteren Gesichter, Deine bizarren Urtheile, die wie Orakelsprüche von dir ausgesprochen werden, ohne daß man etwas dagegen einwenden dürfte, trüben auch und versteinern meinen guten Humor, ohne daß es Dir etwas hilft. Deine Lamentationen über die dumme Welt und das menschliche Elend machen mir schlechte Träume."

Der Jüngling mit 19 Jahren hatte also damals noch nicht die geniale Entdeckung gemacht, daß Alles, was geschieht, nothwendig geschieht, sonst hätte er sich nicht über unvermeidliche Dinge beklagt.

2. In Berlin hörte er Fichte, verachtete ihn aber bald. Als er Schleiermacher hörte und dieser sagte: „Philosophie und Religion könnte nicht ohne einander bestehen", schrieb Schopenhauer an den Rand des Heftes:

„Keiner, der religiös ist, gelangt zur Philosophie, Keiner, der philosophirt, ist religiös, er geht ohne Gängelband aber frei."

Wie kann denn der Mensch frei gehen, wenn Alles, was geschieht, nothwendig geschieht. Die Gedanken der Menschen sind aber auch Geschehnisse, die im Menschengeist vorgehen, —

da muß ja nun Alles, was der Mensch denkt, nothwendig gedacht werden. Einmal behauptet er die Freiheit, ein anderes Mal wieder die Nothwendigkeit! Daß mit der Philosophie Schleiermachers (dem Hegelthum) die christliche Religion nicht bestehen kann, das sagen auch wir, aber ebenso kann man, wenn man wirklich religiös ist, nicht zum Schopenhauerschen Atheismus gelangen, und wenn man à la Schopenhauer philosophirt, so kann man nicht zur Religion gelangen; man kann aber auch mit der Schopenhauerschen Philosophie nicht, wie er behauptet, frei und ohne Gängelband gehen, denn Schopenhauer behauptet ja wieder anderen Orts die fatalistische Nothwendigkeit alles zu Geschehenden.

3. Gwinner sagt:

„Bei einem Genie, wie Schopenhauer, der sich zu den „Missionären der Wahrheit an das Menschengeschlecht" rechnete, sei es nicht so genau zu nehmen, Lehre und Leben, Erkennen und Thun müssen da getrennt werden."

Wir haben früher gehört, wie sich Gwinner in dieser Aufstellung selber diametral widersprochen hat. Wenn nun Alles, was geschieht, nothwendig geschieht, so müßte es auch nothwendig geschehen sein, daß sich bei Schopenhauer die Lehre und das Leben, das Erkennen und das Thun widersprochen hat; wenn aber das Alles nothwendig so geschehen mußte, wozu denn dann die Entschuldigung: bei den Missionären der Wahrheit ist es nicht so genau zu nehmen! — Also hätten die Missionäre der Wahrheit das ihnen von Gwinner ertheilte Privilegium, durch ihr Thun und Leben, ihre Lehre und ihr Erkennen: sich selber Lügen zu strafen! In der That, Schopenhauer und seine Apostel haben das Kunststück erfunden, ein philosophisches System mit souveräner Verachtung der Logik und mit dem Privilegium der lächerlichsten Widersprüche und der entschiedensten Confusion zu construiren.

4. Den Hegel haßte er wegen der Hoffart desselben, er selber aber war noch weitaus hoffärtiger, als Hegel selber, der 1820 seine Vorlesung in Berlin mit den Worten begann: „Ich möchte mit Christus sagen: Ich lehre die Wahrheit und bin die Wahrheit." Schopenhauer aber sagt über Hegel:

„Bei diesem finde man nur leere, dunkle, pretentiöse, in Hyperbeln und Contradictionen schwelgende Wortgewebe, welche den deutschen Philosophen unseres Jahrhunderts die allgemeine Verachtung zuerst des Auslandes, dann auch des Inlandes mit vollstem Rechte zugezogen."

Nun, beim System Schopenhauer kann man sich über einen Mangel an Hyperbeln und Contradictionen sicher auch nicht beklagen.

5. Er hält alle Menschen für schlecht, sich aber für ein höheres Wesen, das sich vor den fünf Sechsteln Schurken oder Narren und Dummköpfen in der Welt hüten müsse.

6. Dasselbe höhere Wesen (er hielt sich wörtlich für ein solches) verlegte zeitweilig wieder die Wurzel seines Stammbaumes in einen Menageriekäfig hinein, indem er zu Frankfurt einen großen Affen wiederholt als den muthmaßlichen Stammvater unseres Geschlechtes betrachtete! — Ein dankenswerthes Compliment für die verachtete Menschheit, daß er in dieser Betrachtung sein Schwerenothsystem aufgab und nur von einer Muthmaßlichkeit, aber nicht von der Nothwendigkeit dieser Viehabstammung gesprochen hat. Gwinner berichtet neben dieser Affen-Ahnen-Vermuthung auch:

„Er war schon mit 30 Jahren herzlich müde, Vieher (d. h. andere Menschen) für seines Gleichen ansehen zu müssen, die es wahrlich nicht seien."

30. Wie die Apostel selber die Ausbrüche des Größenwahns bei ihrem Meister einzugestehen gezwungen sind. Er behauptet, das Welträthsel gelöst zu haben, und hält seine Philosophie „als vom heiligen Geiste eingegeben".

Nachdem nun Frauenstädt allerhand Ausbrüche des verbittertsten Größenwahns von Seiten seines Herrn und Meisters selber bestätigt hat, und er doch nun voraussieht, wie sich an der Stirne des Lesers bedenkliche Falten zusammenziehen, so kommt er mit seinem Bügeleisen daher, um diese Falten wieder auszuglätten; er sucht die Schmähsucht und Eitelkeit des Weltweisen zu vertheidigen, wie folgt (S. 155):

„Wenn aber Schopenhauers Schmähsucht und Selbstüberhebung gerügt werden sollen, so fange man doch zuerst bei seinen gerühmten Antagonisten an, welche nach des ehrlichen Mannes

Zeugniß alle echten Verehrer des Kantischen Namens über die unleidliche Arroganz und den bübischen Muthwillen der Nachfolger des großen Reformators empfanden. Man gedenke des souveränen Hochmuths, mit welchem Schelling auf alle seine Vorgänger herabsah und die aus ihrer Erhabenheit in's Lächerliche fallende Selbstvergötterung Hegels u. s. w. In dieses Holz freilich trieb unser Freund derbe Keile."

Diese Vertheidigungsmethode Gwinners ist wieder außerordentlich philosophisch. — „Sie sind also des Diebstahls überwiesen", schließt der Staatsanwalt seine Beweisführung. Nun kommt der Vertheidiger und sagt: „Wie Viele gehen noch herum, die noch viel größere Diebe sind, als mein Client; wie kommt es nun, daß gerade der gestraft werden soll, der weniger gestohlen hat als die anderen, und dem nun das Malheur passiert ist, daß man ihn erwischt hat", u. s. w.

Frauenstädt berichtet über einen Einwurf (gegen Schopenhauers System), welchen er dem Philosophen bei einem Spaziergange außer Frankfurt mittheilte, wie folgt (S. 151):

„Ich rückte mit einigen Einwendungen gegen die Welt als „Wille und Vorstellung" heraus, begierig, was Schopenhauer darauf erwidern werde."

Die höchst ungenügenden Antworten (besser Ausflüchte) Schopenhauers berichtet Frauenstädt S. 152—153; er kommt aber trotz aller Verehrung Schopenhauers doch zu folgendem Geständniß:

„Aus allen solchen Antworten wurde mir nun freilich klar, daß auch die Schopenhauersche Philosophie noch einen ungelösten Rest übrig lasse, ja, daß sie mit ihrer Lösung der Probleme die Probleme eigentlich erst recht aufgebe, das Räthselhafte des Daseins erst recht zum Bewußtsein bringe."

S. 154 berichtet Frauenstädt weiter:

„Um so auffallender war es mir daher, daß Schopenhauer wieder bei anderen Gelegenheiten sich so hoch und stolz über seine Metaphysik äußerte, als hätte dieselbe das Welträthsel gelöst und könnte man nicht über sie hinaus. Er sagte mir einst geradezu, es gebe keinen anderen Weg zur Lösung der metaphysischen Probleme als den seinigen, schließlich müßten doch Alle zu ihm kommen." „In meiner Jugend (erzählte er mir), als ich die erste Auflage der Welt als Wille und Vorstellung vollendet hatte, wollte ich mir eine Sphynx, die sich in den Abgrund stürzt, auf mein Petschaft stechen lassen, denn ich war überzeugt, das Räthsel der Welt gelöst zu haben.[1]) In seiner mir vermachten Brieftasche finden sich die Worte: Das wäre mein höchster Ruhm, wenn man einst von mir sagte, daß ich das Räthsel gelöst, welches Kant aufgegeben hätte."

Das Hinauswerfen bei der Thür und das Hinabfeuern in den Abgrund scheint bei Schopenhauer eine eigene Passion gewesen zu sein. Was er in seinem heiligen Zorn dem „alten Luder" (wie er die Marquet in seiner bekannten Menschenfreundlichkeit gescholten) gethan, das ist eben nur ein Mißgriff gewesen; er hat diese Dame für die Sphynx gehalten, die er auf seinem Petschirstöckel verewigen wollte, nachdem er unter vielen anderen Ueberzeugungen auch diese gewonnen, daß durch ihn das Räthsel der Welt gelöst worden ist. Wie würde sich so ein armer Petschirstecher den Kopf zerbrochen haben, wenn er die sehr verzwickte Aufgabe des Philosophen hätte lösen sollen: auf den kleinen Raum des Siegels eine Sphynx, einen Abgrund und einen Sturz dieser Sphynx in den Abgrund darzustellen? Man stelle einem der renommirtesten Siegelstecher diese Aufgabe: er wird die Achsel zucken, lächeln und den Auftraggeber als einen Menschen bezeichnen, dem es an der Fähigkeit mangelt, zu erkennen, was in einem Kunstzweig möglich und was rein unmöglich ist. Nun ist aber auch die Sphynx bekanntlich ein Bild der Weisheit, — das ist aber eine sehr desperate Weisheit, die entweder sich selber kopfüber in den Abgrund stürzt oder von irgend einem Philosophen in den Abgrund hinuntergefeuert wird! Es ist dem großen Nachdenker über das Universum schon öfter nachgesagt worden, daß sich in seinem Leben Momente entschiedener Verrücktheit vorfinden. Ob nun dieses Sphynxproblem und die starke Anforderung an die Welt: dieselbige Welt solle ihm nachrühmen, daß er das Welträthsel genügend aufgelöst habe, unter die Rubrik des ein- und ausgebildeten Größenwahns gestellt werden kann, — das vermögen eher noch Professoren der Psychiatrie, als Professoren der Philosophie zu entscheiden.

Wir haben in Deutschland allerhand philosophische Quartalschriften, es wäre angezeigt, auch hier (ja, hier um so eher, als

---

[1]) Wie aber, wenn sein Sphynxsiegel das Welträthsel erst noch recht unauflöslich zupetschirt hätte?

bei anderen Zeitungen) auf der letzten Seite eine Räthselrubrik mit Prämienverheißung anzulegen. So z. B. die Aufgabe, das Welträthsel, in der letzten Nummer genügend gelöst von Arthur Schopenhauer in Frankfurt. Erster Preis eine lederne, mit Roßhaar ausgestopfte Sphynx, welche wiederholt, ohne beschädigt zu werden, in den Abgrund geschleudert werden kann, — ein Spielball, der für den Räthselauflöser um so willkommener sein wird, weil dieser Wurf kostenfrei ist, während der Wurf des „alten Luders" in den Abgrund 300 Thaler Curkosten und 20 Jahre hindurch 60 Thaler Schmerzensgeld gekostet hat.

Schopenhauer hatte mitunter auch lichte Augenblicke bezüglich seiner Selbstwerthschätzung, indem er sogar meinte, die Lösung der metaphysischen Fragen sei für die Menschen eine Unmöglichkeit, aber diese Augenblicke dauerten nicht lange, in Kurzem kehrte der vermeintlich hinausgeworfene Hoffartsbelzebub mit zehn neuen Belzebuben bewaffnet wieder, und er erklärte ganz trocken, seine Philosophie sei die Offenbarung der ewigen Wahrheit. So zu lesen in seines Anbeters Frauenstädt weiterem Bericht (S. 155):

„Wenn aber, wie Schopenhauer zugibt, eine direkte und genügende Lösung der metaphysischen Probleme dem menschlichen Intellekt unmöglich ist, so konnte seine hohe Meinung von seiner Metaphysik auch unmöglich den Sinn haben, daß mit derselben nun wirklich das Räthsel der Sphynx gelöst sei, sondern nur diesen, daß von allen bisherigen Metaphysiken die seinige sich der Lösung am meisten genähert, und dies war in der That seine Meinung. Innerhalb des der Metaphysik überhaupt Erreichbaren, wollte er sagen[1]), habe ich das Höchste erreicht. „Ueber mich", äußerte er einst, „kann man wohl in der Breite, aber nicht in der Tiefe hinaus." Und wie er in jüngeren Jahren in dieser Beziehung gedacht, so dachte er noch im Alter, denn in seinem 1852 begonnenem und bis zu seinem Tode fortgeführten Manuscriptenbuch Senilia finden sich die Worte: „Meine Philosophie ist innerhalb der Schranken der menschlichen Erkenntnis überhaupt die wirkliche Lösung des Räthsels der Welt. In diesem Sinne kann sie eine Offenbarung heißen. Inspirirt ist solche vom Geiste der Wahrheit, sogar sind im 4. Buche

[1]) Lindner sucht hier durch diese herabmindernde Auslegung von der Selbstwerthschätzung Schopenhauers wenigstens das lächerliche Moment zu entfernen.

einige Paragraphen, die man als vom heiligen Geiste eingegeben ansehen könnte." Auch sind seine Briefe an mich voll desselben stolzen Selbstgefühls."

31. Der Pudel Schopenhauers und des Pudels Kern; das beständige Selbstlob des Meisters und seiner Gesellen. Schopenhauer duldet keine Einwendungen, keinen Widerspruch.

Wenn es sich bei Schopenhauer um die Selbstverherrlichung handelte, da hieß es: Hilf, was helfen kann, — da mußte sogar der sonst als Märchen erklärte heilige Geist mithelfen, um seine Offenbarung zu einer Offenbarung Gottes zu machen.

Auf alle diese Selbstverherrlichung hinauf geschieht Einem ordentlich wohl, wenn Frauenstädt in seiner Schilderung des Philosophencharakters zur Erholung ein wenig auf den Hund kommt, wie folgt (S. 155):

„Auf unserem ersten Spaziergang vergaß jedoch der Philosoph über unseren metaphysischen Problemen doch auch nicht seinen Pudel[1]). Einige Male war dieser zu weit vorausgelaufen und war uns aus dem Gesichte entschwunden. Alsbald rief ihn sein Herr durch ein gellendes Pfeifen, ich glaube, auf einer kleinen Pfeife, zurück. Als wir gegen Abend wieder in Schopenhauers Behausung angelangt waren, ruhten wir von der gehabten Anstrengung des Laufens und des während des Laufens ununterbrochen fortgesetzten Gesprächs aus, während Atma sein Futter, einen Teller voll Fleisch, verzehrte und sich dann uns gegenüber ebenfalls zum Ausruhen lagerte. Doch die Ruhe dauerte nicht lange; nach einigen gleichgültigen Gesprächen brach Schopenhauer nach dem Lesekabinet auf. Ich begleitete ihn noch bis dahin und nahm dann Abschied mit dem Wunsche, bald auf längere Zeit kommen zu können. „Thun Sie dies", sagte er, „Sie sind doch wenigstens Einer, mit dem sich ein Wort reden läßt."

Ein Compliment erfordert das andere, im nächsten Kapitel: „2. Mein fünfmonatlicher Verkehr mit Schopenhauer", sagt Frauenstädt:

„Es konnte mir nichts erwünschter sein, als nun einen ganzen Winter in dem milden Klima Frankfurts in der Nähe eines

---

[1]) Diesem Pudel hatte Schopenhauer den Namen Atma beigelegt, was „Weltseele" bedeutet. Ein nicht zu übersehender Beweis, wie durch diesen großen Denker die Weltseele auf den Hund gekommen ist.

Philosophen zu verweilen, den ich für den größten unter den lebenden hielt."

Wie aber dann, wenn der Schopenhauer den Frauenstädt apostrophirt hätte: „Sie gehören auch zu der Klasse der Bipedes, mit welcher sich kein gescheidtes Wort reden läßt"? Dann würde Frauenstädt den Schopenhauer sicher nicht für den größten Philosophen, sondern für den größten Flegel gehalten haben.

Schopenhauer hatte seinem Jünger auch von seiner Selbstwerthschätzung eine tüchtige Portion mitgetheilt. Er berichtet über den fünfmonatlichen Verkehr mit Schopenhauer im Jahre 1846 (S. 158):

„Diese Stunden muß ich zu den schönsten und gehaltvollsten meines Lebens rechnen. Ich wurde in ihnen mit Schopenhauer so intim befreundet, und diese Freundschaft setzte sich später in seinen Briefen an mich und in seinem Vermächtnis so fort, daß ich wohl ohne Uebertreibung annehmen darf, Keiner habe ihn so nahe kennen gelernt als ich, Keiner so tiefe Blicke in das Wesen seines Geistes gethan als ich."

Es ließe sich aus Frauenstädts Aufschreibungen eine ganze, sehr interessante Mustersammlung von Schopenhauers Selbstwerthschätzungen, d. h. von einer noch gar nicht dagewesenen Eitelkeit zusammenstellen. So z. B. (S. 161):

„Ich verhielt mich Schopenhauer gegenüber meist empfangend zuhörend, unterbrach ihn nur selten durch Gegenbemerkungen, denn einerseits war es ein Genuß, ihn zu hören, und anderseits hatte ich schon wahrgenommen, daß er Einwendungen nicht liebe."

Man mußte eben an ihn glauben, wie an ein Evangelium, sein Vorstellungskreis durfte nicht durchbrochen, um einen Grund, der hinter oder unter dem Willen und der Vorstellung liegen könnte, durfte nicht gefragt werden; da wurde er grob und brach das Gespräch ab. Er wollte eben nur stumme Zuhörer und Bewunderer.

Ferner (S. 161):

„Schopenhauer war sich seines veranschaulichenden Darstellungstalentes auch selbst bewußt und glaubte, daß er durch dasselbe sehr zum Schauspieler befähigt gewesen wäre."

Wir ersuchen bedeutende Mimiker, nachdem sie das Stahlstichporträt in Lindner-Gwinners Buch betrachtet, ihre Meinung über diesen Schopenhauer als Schauspieler abzugeben. Wir erlauben uns selbstverständlich unmaßgeblich zu meinen, Schopenhauer hätte z. B. in sämmtlichen Shakespeare-Stücken nur den König Lear und diesen nur in der Fluchscene (3. Akt, 2) mit Erfolg geben können. Wir erinnern uns, in unserer Jugend den Heldenspieler Anschütz in Wien mit einer dem Schopenhauerschen Gesicht ähnlichen Charaktermaske beim Learfluch gesehen zu haben.

S. 162:

„Ein eigenthümlicher Zug in Schopenhauers Gesprächen war, daß, wo es der Gegenstand zuließ, er ebenso leicht von objectiven Betrachtungen auf sich, auf seine Person und ihr Schicksal überging, die Anwendung auf diese machend, als umgekehrt von seiner Person auf objective, aus jener abstrahirte Betrachtungen. Daher kommt es auch, daß Schopenhauer in seinen Werken, besonders aber in seinen Manuscripten öfter von sich redet, als andere Schriftsteller. Aber ihm dies als Eitelkeit auslegen, wäre doch sehr unverständig. Ein Philosoph betrachtet seine Person ebenso objectiv und macht sie ebenso gut zum Gegenstand des Studiums, wie andere."

Es ist sehr schmeichelhaft, wenn Frauenstädt den Begriff Philosoph als mit allen Tugenden des Philosophen ausgerüstet hinstellt und den Charakter Schopenhauers kurzweg mit diesem Begriff zu decken sucht. Ebenso gut konnte man sagen: Ein Philosoph ist ein sittlicher Mensch, ein Philosoph ist mit Anderen liebevoll und nachsichtig, ein Philosoph schaut nicht alle anderen Menschen als Vieher, Esel oder Gauner an, die ihn betrügen wollen, ein Philosoph wirft Leute, die ihn in seinem Vorhause geniren, nicht gleich über die Stiege hinunter, u. s. w.

32. In seinen Schreiben und Reden dreht sich Alles um seine Größe und um die ihm gebührende Werthschätzung und Hochachtung.

S. 162:

„Den obersten Satz seiner Lebensweisheit z. B., daß nämlich das Beste, was Einer hat, in dem besteht, was er an sich selber hat, und daß, wo dieses gering ist, aller äußere Glanz und Reichthum nichts hilft, hatte Schopenhauer aus seiner Person abstrahirt, wie ich deutlich an der Wendung, die er jenem Satz im Gespräche mit mir gab, ersehen konnte, da er den Satz so begann: „Immer mehr habe ich in meinem Leben einsehen gelernt", u. s. w."

Es handelte sich mit einem Wort in seiner Philosophie, in seinen Gesprächen, in seinen Tagebüchern nur immer um seine Werthschätzung; wenn ihm diese in jenem Maße, in dem er selbe beanspruchte, nicht gewährt wurde, da fing der Löwe an aufzuspringen und zu brüllen.

Frauenstädt (162):

„Einst machte er seiner Indignation über die gegen ihn beobachtete Taktik des Ignorirens und Sekretirens in bitteren Ausdrücken Luft. „Wie", sagte er bei dieser Gelegenheit, „ein Löwe, nachdem er eine gute Weile im Käfig gelegen, wieder aufspringt und an den eisernen Stäben des Käfigs zu rütteln beginnt, sich erinnernd, wer er ist[1]), so sitze ich hier in meinem Grimm u. s. w." Von diesem Ausbruch persönlicher Erbitterung ging er aber plötzlich zu dem allgemeinen objectiven Satze über: Qui non habet indignationem, non habet ingenium, und citirte mir dafür ein spanisches Sprichwort. Aus dem Ingenium seiner eigenen Indignation hatte er also jenen objectiven Satz construirt."

Allerdings besaß Schopenhauer das Genie, seine Denkweise, seinen Gedankengang, seine Weltanschauung, seine Handlungsweise, — Alles und Jedes zu systematisiren, darum allgemeine Regeln für die Denk- und Handlungsweise zu construiren; das, was er für Metaphysik hielt, und das, was er sich aus seinem Thun und Lassen abstrahirte, der ganzen Welt als Glaubens- und Sittensystem aufzudisputiren und nicht nur gegen Jene löwenartig zu brüllen, die ihm widersprachen, sondern auch Jene zu verfolgen, die sich um ihn nicht kümmerten, die ihm also weder Aufmerksamkeit noch Willfährigkeit entgegenbrachten.

Anerkannt, gelobt oder mindestens gefürchtet werden, dieser Wunsch geht zu hundert Malen aus all seinem Sinnen, Denken und dem Lautwerden desselben hervor.

Frauenstädt berichtet weiter (S. 163):

„Umgekehrt ging er aber auch von objectiven Sätzen auf sich über, sich als Beispiel dafür anführend. So sagte er einst: „Die meisten Bücher werden wieder vergessen. Bleibenden Eindruck machen nur diejenigen, wo der Autor sich selber ganz hineingelegt hat. In allen großen Werken ist der Autor selbst

[1]) Das ist gerade so, als ob der Löwe zu sich selber sagte: „Ja, ich bin doch eine wilde Bestie und muß dies den gaffenden zahmen Zweifüßlern bisweilen zeigen".

ganz wiederzufinden. In meinen Werken stecke ich selbst ganz. Man muß sich durchaus zum Märtyrer seiner Sache machen, wie ich es gethan."

33. Bewundert seinen genialen Gesichtsausdruck, seine Erhabenheit, will alle Philosophieprofessoren mit einer Karbatsche durchprügeln und läßt aufs Neue den Menschen von einem Schimpansen in glücklicher Stunde geboren werden, spricht über Schlangen- und Eidechsengeburten einen unglaublichen Unsinn zusammen.

„Bei dieser Gelegenheit sagte er: „Man sieht es meinem Kopfe an, daß ich viel in meinem Leben gearbeitet habe. Die Arbeit ist mir aus dem Gesichte zu lesen." Ein Engländer, sagte er, habe ihm an der Table d'hôte gegenüber gesessen, ohne ihn zu kennen, und nachdem er ihn eine Weile angesehen, habe er zu ihm gesagt: „Herr, Sie müssen ein großes Werk vollendet haben.[1])"

Die armen Professoren, welche es wagten, gegen seine Philosophie Einwendungen zu machen oder dieselbe auch nur zu ignoriren, wurden von ihm im 1. Band der Parerga unter dem Titel „Universitätsphilosophie" einer Generalzüchtigung unterzogen. Er sprach über diesen Punkt (S. 164):

„Ja, in der Jugend ist man so erhaben, aber im Alter wird's anders. Ich habe 25 Jahre lang diese Erhabenheit besessen und habe geschwiegen, aber jetzt will ich sie ganz kaltblütig züchtigen; ich schreibe nicht für die Philosophieprofessoren, die ich züchtige, dann ist die Peitsche, mit der ich sie durchprügle, keine gemeine Karbatsche, sondern vergoldet und mit seidener Schnur umwickelt, ähnlich der seidenen Schnur, die der Sultan zum Erdrosseln schickt."

Interessant ist, daß alle diese Liebenswürdigkeiten, welche er seinen Gegnern wünscht und zugedacht hat, sich in seiner Physiognomie finden, die sich durch einen löwenartigen, dabei auch echt raubthierischen Zorn und eine dieser Thierqualität zukommende Bissigkeit und Verbissenheit auszeichnet.

---

[1]) Der angebliche Prophetenblick dieses Engländers machte dem Weltweisen eine so große Freude, und die Erinnerung an diesen großen und scharfen Gesichtskundigen schwamm immer so obenauf im Gedächtnisse Schopenhauers, daß er von diesem Engländer zu seinen verschiedenen Aposteln mit großer Vorliebe und öfter zu sprechen pflegte. Es ist nicht zu übersehen, wie er auch verschiedene Vertreter anderer Nationen mit Bewunderungsphrasen über sein geniales Aussehen rings um sein Löwenhaupt gelagert hat.

Sehr interessant ist es, wie Schopenhauer mit aller philosophischen Entschiedenheit über die Entwickelung des Menschen von der schwarzen Farbe zur weißen und über die Entwickelung des Menschen aus der Thierwelt spricht. Eine Einwendung gegen diese seine Theorie wird nicht geduldet, sonst kommt er mit der Hetzpeitsche.

S. 168:

„Als wir vom Urzustand des Menschengeschlechts sprachen, sagte Schopenhauer: „Der Mensch war ursprünglich schwarz und ein reinliches, wie der Affe, von Vegetabilien lebendes Thier. Einmal in den Norden hineingedrängt aber konnte er ohne Fleisch nicht mehr bestehen und hat dadurch, sowie durch die Kleidung eine unreine und ekelhafte Beschaffenheit angenommen." Schopenhauer war fest davon überzeugt, daß es eine generatio aequivoca gebe. Aber daß ein Wesen wie der Mensch unmittelbar aus dem Schlamme entstanden sei, hielt er für absurd. „Nein", sagte er, „die Natur steigert sich allmählich. Zur glücklichen Stunde, als alle Bedingungen dazu vorhanden waren, legte einst die Schlange, nachdem sie unzählige Male Eier gelegt hatte, woraus wieder nur Schlangen wurden, ein Ei, aus welchem eine Eidechse wurde. Man denke sich einen Adler, wie sollte der aus dem Schlamme hervorgekommen sein? Nein, zur glücklichen Stunde wurde einst aus dem Habicht ein Adler. Und wieder zur glücklichen Stunde wurde aus dem Chimpansen ein Mensch[1])."

Wir wollen das Ungereimte, so viel es geht, in Reime bringen.

Nicht Gott hat ihn geschaffen,
Den Menschen im Paradies,
Er stammt von einem Affen,
Ich weiß es ganz gewiß.

Und Paviane zieren
Mir meinen Ahnensaal,
Ich schau zu diesen Thieren
Voll Andacht allemal.

Drum weil' ich auch so gerne
In der Menagerie,
Und wohl wird insoferne
Mir bei dem lieben Vieh.

[1]) Und wieder eine glückliche Stunde, in welcher aus einem Chimpansenenkel der größte Philosoph wird, der das Räthsel des Universums enthüllt.

Die Einen geh'n auf Vieren,
Die Andern sind zweibeinig,
Und sonst ist mit den Thieren
Der Mensch ganz gleich und einig.

So hab' ich es erdacht mir
Zu Frankfurt an dem Main.
Die größte Freude macht mir:
Ein Affenenkel sein.

Zum Trotze allen Pfaffen
Hab' ich ersonnen dies,
Ein Wald voll lauter Affen —
Das ist mein Paradies.

Frauenstädt berichtet weiter (S. 169):

„Auf meine Frage, wie es denn komme, daß die Natur, nachdem sie einmal zur glücklichen Stunde aus einem Schlangenei eine Eidechse hervorgebracht, nachher doch aus den Schlangen wieder neue Schlangen hervorgingen, erwiderte er, sie konnte es eben nur einmal zur glücklichen Stunde. Nachher pflanzten sich die Schlangen wieder nur als Schlangen fort."

Es ist doch wahrhaft unbegreiflich, wie so ein Schüler des Philosophen seinen Herrn und Meister so entschieden blamiren kann. Als Schopenhauer obigen Unsinn sprach und Frauenstädt denselbigen Unsinn dem Lesepublikum zum Genusse vorsetzte, haben eben beide keine glückliche Stunde gehabt. In der That ein eklatantes Beispiel zum Beweise der Thatsache: was sich ein Mensch in seinem Größenwahn alles erlauben darf.

34. Liebt außerordentlich Hunde. Spricht über Theismus und Theisten. Spricht über Galilei aus Romanen und Geschichtslügen, meint: „die rohen Naturmenschen erzeugen den Glauben an Gott".

S. 170:

„Wir sprachen vom Hunde. „Der Hund", sagte Schopenhauer, „ist eigentlich ein Raubthier. Der Mensch hat ihn sich erst zu dem gezogen und gebildet, was er jetzt ist, zum zahmen Hausthier. Wenn es keine Hunde gäbe", fügte er hinzu, „möchte ich nicht leben."

Das ist jedenfalls sehr charakteristisch und enthält auch eine psychologische Wahrheit. Er liebte auch nur Schüler, die hundegleich vor ihm herumkrochen und den größten von ihm vorgebrachten Unsinn geduldig hinabwürgten. Ein entschiedener Nichtkriecher hätte ihm ja bei seiner Tintenumsturzgeschichte, aus welcher er die Freiheit läugnete und alles Thun des Menschen als Nothwendigkeit erweisen wollte, und bei seiner Ausflucht mit der glücklichen Stunde bei der Eidechsenerzeugung geradewegs unter die Nase lachen müssen. Freilich hätte er einen Schüler ob dieses Attentats aus der Stube gejagt und vielleicht je nach böser Laune wie die Marquet über die Stiege hinabbefördert.

Besonders interessant sind Schopenhauers Gespräche über Theologie (S. 171):

„Seit Kopernikus", sagte Schopenhauer, „kommen die Theologen mit dem lieben Gott in Verlegenheit, denn es ist kein Himmel mehr für ihn da, wo sie ihn wie früher placiren könnten. Keiner hat dem Theismus so viel geschadet, als Kopernikus."

Im Parerga, 2. Auflage, 1. Bd., S. 55, sagt Schopenhauer in selbiger Richtung:

„Der ernstlich gemeinte Theismus setzt nothwendig voraus, daß man die Welt eintheile in Himmel und Erde; auf dieser laufen die Menschen herum, in jenem sitzt Gott, der sie regiert. Nimmt nun die Astronomie den Himmel weg, so hat sie den Gott mit weggenommen: sie hat nämlich die Welt so ausgedehnt, daß für den Gott kein Raum übrig bleibt. Aber ein persönliches Wesen, wie jeder Gott unumgänglich ist, das keinen Ort hätte, sondern überall und nirgends wäre, läßt sich bloß sagen, nicht imaginiren und darum nicht glauben. Demnach muß in dem Maße, als die physische Astronomie popularisirt wird, der Theismus schwinden, so fest er auch durch unablässiges und feierliches Vorsagen den Menschen eingeprägt worden, wie denn auch die katholische Kirche dies sofort richtig erkannt und demgemäß das Kopernikanische System verfolgt hat, worüber daher sich so sehr und mit Zetergeschrei über die Bedrängniß des Galilei zu verwundern einfältig ist, denn omnis natura vult esse conservatrix sui."

Was hier Schopenhauer bei dem „ernstlich gemeinten Theismus als nothwendig" voraussetzt, ist nur eine Erfindung dieses Weltweisen, um die Lehre der Kirche über das Wesen Gottes lächerlich machen zu können. Was er von Kopernikus und Galilei behauptet, gibt ein Zeugniß, daß er alle neuen festgestellten historischen Ergebnisse über Galilei und

Kopernikus ignorirt, um seinen Atheismus mit einer Gloriole umgeben zu können. Die „Hist. Polit. Blätter" in München haben schon im 9. Bande, 1841, den Galileiproceß gründlich beleuchtet. Was seither noch darüber enthüllt wurde, ist in „Geschichtslügen", 7. Auflage, Paderborn, Schöningh, 1887, S. 480—494, zu finden. Es ist zu betonen, daß dieser Philosoph die Ergebnisse historischer Forschung mit totaler Nichtbeachtung behandelt und zu Lügen und Entstellungen der Geschichte als Beweismittel für sein System seine Zuflucht nimmt.

Ferner (S. 172):

„Schopenhauer läugnete, daß die Idee Gottes angeboren sei. „Der Theismus", sagte er, „ist anerzogen. Man sage einem Kinde nie etwas von Gott, so wird es von keinem Gott wissen. Eben darum ist der Buddhaismus so schön." Die Buddhisten nannte Schopenhauer, beiläufig gesagt, seine Glaubensgenossen und sagte, wenn er am Sterben sein werde, werde er in seiner buddhistischen Bibel lesen."

Sonderbar, als er kurz vor seinem Tode von Schmerzen gefoltert wurde, rief er wiederholt: „O Gott, mein Gott!" Und auf die Frage des Arztes: „Existirt denn noch ein Gott für Ihre Philosophie?" bekannte er: „Sie reicht ohne Gott in den Schmerzen nicht aus, es soll damit, wenn ich wieder gesund bin, anders werden." Wir haben den weiteren Verlauf schon früher gebracht. Factum: die Prahlerei mit dem buddhistischen Bibellesen vor dem Sterben ist nicht in Scene gesetzt worden.

Frauenstädt fährt fort (S. 172):

„Als ich dagegen einwendete, aus bloßer Anerziehung lasse sich die Idee Gottes auch nicht erklären, denn Einer müsse doch zuerst auf dieselbe gekommen sein, ehe sie durch Anerziehung weiter fortgepflanzt werden konnte, mir scheine der Aberglaube, die Deisidämonie, der gemeinschaftliche Ursprung der Götter wie des Gottglaubens zu sein, da stimmte mir Schopenhauer bei und verwies auf Humes verwandte Aeußerungen. Nicht die Vortrefflichkeit der Welt — denn diese laufe doch nur darauf hinaus, daß der Mensch zur Noth existiren könne — sondern die Uebel der Welt, Mißwachs, Pest, Hungersnoth u. dgl. erzeugten in den Gemüthern roher Naturmenschen den Gottesglauben."

Es wäre auch eine Aufgabe, darüber nachzudenken, wodurch in der Gemüthlosigkeit flegelhafter Unnaturmenschen der Atheismus erzeugt wurde.

35. Er möchte nicht ohne Hunde, will aber dafür ohne Gott leben. Sagt, Gott sei eine Erfindung des Judenthums. Ein philosophischer Schuster die gleiche Philosophie mit Schopenhauer.

S. 173:

„Schopenhauer erinnerte ferner an Humes Aeußerung, daß der Gott dem Menschen so gemein sei, als sie selbst, weshalb sie ihm fortwährend schmeichelten und huldigten. Daher das unaufhörliche Gerede von dem Allweisen, Allgütigen u. s. w., während doch die Welt voll Jammer, Noth und Elend sei, indem Krankheit, Krieg, Pest und Hungersnoth in ihr wüthet. „Wenn man", sagte Schopenhauer, „den Buddhaismus aus seinen Quellen studirt, da wird es einem hell im Kopfe, da ist gar nicht das dumme Gerede von der Welt aus nichts geschaffen, und von einem persönlichen Kerl, der sie gemacht hat. Pfui über diesen Schmutz!"

Sonderbar! Ohne Hunde möchte dieser Philosoph nicht leben, aber ohne Gott will er leben. Wir erinnern uns, keine ähnliche Blasphemie Gottes als des Weltenschöpfers gelesen zu haben. Unbeachtet und ungerügt und unverurtheilt wird dieselbe hingenommen, — das ist ein Charakteristikum der Zeit, in der wir leben. Wenn aber nun Jemand sagen würde: „So kann nur ein zum höchsten Gotteshasse vorgedrungener ganz ordinärer Kerl sprechen. Pfui über diesen Schmutz!" — so gäbe es Philosophenschüler genug, die in einer solchen Bemerkung Intoleranz, Fanatismus, Dummheit, Aberglauben, Pfaffenknechtschaft und wie es in der Schimpf-Litanei des consequenten Liberalismus weiter fortgeht, finden würden und die den großen Philosophen wegen seines Freimuthes auch noch in Schutz nehmen möchten. Wir erklären ganz kalten Blutes, daß Schopenhauer durch diese Aeußerung eigentlich den ihm von verschiedenen Seiten zugemutheten Verdacht der zeitweiligen Verrücktheit aus Größenwahn energisch bestätigt hat.

Bei dem Weltweisen wird der alltäglichste, blödeste Kaffeehausschwätzer einiges Ansehen gewinnen, wenn er sich gegen das Dasein eines transcendenten Gottes ausspricht.

So (S. 172):

„Es ist doch", sagte er ein anderes Mal, „eine krasse Idee, der Theismus. Er stammt lediglich aus dem Judenthum. Aber die herrschende Zeitrichtung entfernt sich immer mehr von ihm und nähert sich immer mehr dem Pantheismus. Ich hörte in einer Gesellschaft einen jungen, nichtgelehrten Mann, als von Gott die Rede war, sagen: „Warum sollte Gott nicht sein? Sehet her, überall ist Gott; dieser Wein hier ist Gott, die Liebe ist Gott, Alles ist Gott.“

Selbst der Blödsinn eines Schwachkopfes ist ihm als ein Beweis für sein System willkommen. Die obigen Phrasen dieses jungen, nichtgelehrten Mannes stehen ja zu tausend Malen in Zeitungen gedruckt, welche eben die „herrschende Zeitrichtung“ mit machen helfen. Auch der Flickschuster aus meiner Knabenzeit her hatte dieselbe Philosophie in irgend einer Kneipe aufgegabelt und zeigte sie zum Beweise seiner Aufgeklärtheit umher. „Sehen Sie“, sagte er einmal im Garten zu mir, „in jeder Birne, in jedem Apfel, in jedem Blatt, in jedem Sonnenstrahl, im Winde, der weht, im Feuer, — überall ist Gott und Alles ist Gott!“

Mir kam schon damals das Renommiren dieses philosophischen Schusters komisch vor. Ich sagte ihm einmal darauf: „Sie haben Recht, auch in jedem abgehatschten Schlapfen (schiefgetretenen Schlappschuh) und in jedem alten Stiefel, den Sie zusammenflicken und zusammenreden, in Ihrem Papphefen (Kleisterschüssel) und im Schusterpech, — überall ist Gott!“ Darob wurde dieser Weltweise erzürnt und sagte mir: „Man muß aus so ernsthaften Sachen keinen Spaß machen, und es ist gar nicht schön, wenn so ein junger Mensch, wie Sie sind, einen alten Mann wegen seines ehrlichen Handwerks verspottet.“ Ich war auch versessen und wollte die gekränkte Ehre des Herrn Reger (so hieß er) durchaus nicht repariren. Ich sagte ihm: „Ich ehre Ihr Handwerk, aber ich meine, der Schuster soll bei seinen Leisten bleiben und nicht den Herrgottsschuster spielen wollen.“ Auch er gab nicht nach: er meinte, es sei ein Uebel, wenn so junge Leute mit ihrem Bissel Lernen in der Schule so stolz und keck werden und alte, erfahrene Leute foppen wollen, u. s. w. — Der gute Mann hatte mit anderen großen Philosophen nur das Eine gemein, daß er sich auf sein System sehr viel einbildete und daß er sich durch jeden Einwurf gegen dasselbe zum Zorne reizen ließ.

36. Die Aeußerungen und Urtheile über Christus eine neue Auflage talmudischer Wuth und talmudischen Blödsinns.

In seinen Aeußerungen über Christus und das Christenthum beurkundet der Philosoph eine großartige Frivolität, die aber durch seine impertinente Unwissenheit in theologischen Fragen noch weit überwogen wird.

S. 174:

„In Hinsicht auf Christus stimmte Schopenhauer der Ansicht des Raimarus in dessen Buch vom Zweck Jesu und seiner Jünger bei, wonach der ursprünglich irdische Messias, als die politischen Erwartungen, die man von ihm hegte, nicht in Erfüllung gegangen waren, nach der Kreuzigung von den Aposteln in einen himmlischen umgeschaffen worden. (!!!) Der historische Christus sei nur ein Demagoge gewesen, der sich zum König der Juden habe machen wollen. Messias heiße Gesalbter, König, und nicht ohne Grund habe man über das Kreuz geschrieben: „Jesus Nazarenus Rex Judaeorum." Später, als das Gehoffte fehlgeschlagen war, hätten Andere mit der Person Jesu buddhaistische Ideen verbunden, hätten buddhaistische Moral an seine Geschichte geknüpft. Hiernach sei dann Christus der Repräsentant der Verneinung des Willens zum Leben geworden, der uns nicht vom Zorn Gottes — diese Ansicht sei jüdisch — sondern von der Gewalt des Teufels, d. i. von der Bejahung des Willens zum Leben erlöst habe. Der ethische Gehalt des Christenthums sei also buddhistisch."

Es ist sicher noch mehr drollig als blasphemisch, wenn der Weltweise hier den Versuch macht, das Wirken des Welterlösers zur Verherrlichung seines Systems in dasselbe (Verneinung, Bejahung des Willens) einzuschachteln. Ebenso drollig ist die Antwort auf das Bedenken Frauenstädts (S. 175):

„Als ich Schopenhauer hierauf fragte, wie es geschehen konnte, daß sich an die simple Geschichte eines jüdischen Demagogen solche überschwengliche Mythen und Legenden anknüpften, wie die neutestamentlichen, führte er mir zur Erläuterung andere Mythenkreise an, die sich in der Geschichte an manche unbedeutende Personen und Begebenheiten geknüpft haben. Das Faktische dieser letzteren sei sehr verschieden von dem, was die Sage aus ihnen gemacht hat. So sei nach neueren Forschungen das den poetischen Sagen vom König Arthus zu Grunde liegende Historische ziemlich unbedeutend, und nicht minder unbedeutend, nicht minder geringfügig möchte wohl das eigentlich Historische vom Trojanischen Kriege sein, das der Ilias zu Grunde liegt."

Was gehört für eine unverfrorene Selbstgenügsamkeit dazu, das ganze neue Testament, das ganze Erscheinen Christi und seiner Kirche auf Erden mit den Sagen über den König Arthus und mit dem von Homer geschilderten Trojanischen Kriege zu vergleichen, und was für ein blinder Köhlerglaube, diese Expektorationen des Weltweisen als echt und vollgültig hinzunehmen!

Wir werden bei einer anderen Gelegenheit[1]) auf den im Buche des Raimarus enthaltenen Extrakt aus den Schriften der alten Talmudisten zurückkommen und zugleich den vollgewichtigen Dukatenantheil, welchen die Amsterdamer Juden an der Publikation dieser Schrift durch Lessing gehabt haben, nachweisen.

37. Die negative Bibelkritik ist sein Behagen. Seine Citate aus Kirchenvätern, seine eklatante Unwissenheit aus Tertullians Schriften nachgewiesen. Er verdreht die Texte zu seinem Gebrauch.

Selbstverständlich paßte die moderne negative Bibelkritik vollkommen in seinen Kram und in sein System, was auch Frauenstädt bestätigt (S. 175):

„Schopenhauer war sehr erfreut über die Ergebnisse der neuesten biblischen Kritik, der zufolge die Apokalypse das eigentlich echte und christliche Buch sei. Er sah darin die Bestätigung seiner Ansicht, daß das alte, echte Christenthum ascetischen Geistes war. „In der Apokalypse“, sagte er, „wird die Ehelosigkeit gepriesen“, und er wies dabei auf die Stelle Cap. 14, 4[2]), die er in seinem Neuen Testament angestrichen hatte. „Nur die modernen protestantischen Optimisten“, sagte er, „erklären die Ehe für etwas Hohes, Heiliges, Göttliches. Tertullian hingegen habe gesagt, daß die Ehe vom Stuprum nicht wesentlich verschieden sei.“

Wir ersuchen vorerst den Leser, den Sinn, welchen die Kirchenväter in dieser Stelle gefunden haben, in katholischen Exegeten oder nur in der Allioli-Uebersetzung, welche Jedem leicht zugänglich ist, nachzusehen, wo er in Kürze angegeben ist.

---

[1]) In einer Schrift: „Lessingiasis und Nathanologie“.

[2]) „Diese sind's, die sich mit Weibern nicht befleckt haben, denn sie sind Jungfrauen. Sie folgen dem Lamme, wohin es geht, sie sind erkauft aus den Menschen als Erstlinge für Gott und das Lamm.“

Da stellt sich dann dieselbe ganz anders heraus, als nach der willkürlichen Deutung Schopenhauers, die aus dem von ihm aufgestellten Gegensatze zu den „protestantischen Optimisten" hervorgeht.

Sehr vorsichtig deutet weder Schopenhauer, noch Frauenstädt an, wie, wann, wo, bei welcher Gelegenheit Tertullian so entwürdigend von der Ehe gesprochen habe. In der Schrift Ad uxorem, II. Buch, 6. Capitel, aber sagt Tertullian:

„Wie sollen wir es vermögen, die Glückseligkeit der Ehe zu schildern, welche die Kirche schließt, das Opfer bestätigt, der Segen besiegelt, die Engel verkündigen, der Vater als gültig annimmt, da selbst auf Erden die Söhne sich nicht ohne Einstimmung ihrer Väter mit Fug und Recht verheirathen. Welche Verbindung zweier Gläubigen, die Gemeinschaft einer Hoffnung, einer Lebensordnung, desselben Gottesdienstes. Beide Bruder und Schwester, beide im selben Dienste, keine Trennung des Geistes und Fleisches. Wahrlich, zwei in Einem Fleische, wo Ein Fleisch, auch Ein Geist. Sie beten zugleich, sie werfen sich zugleich nieder, sie fasten zugleich; sie belehren, sie ermahnen, sie tragen einander gegenseitig. Sie sind miteinander zusammen in der Kirche Gottes, bei dem Mahle des Herrn, sie theilen miteinander Noth, Verfolgung, Freude; keines verbirgt etwas vor dem andern, keines meidet den andern, keines ist dem andern lästig, frei wird der Kranke besucht, der Dürftige unterstützt, Almosen werden ohne Geiz gegeben, Opfer ohne Bedenken dargebracht. Der tägliche christliche Eifer findet kein Hinderniß, man braucht das Zeichen des Kreuzes nicht geheim zu halten, man braucht nicht schüchtern die christliche Freude auszusprechen, kein stummer Segen, Psalmen und Hymnen ertönen unter Beiden und sie wetteifern miteinander, wer seinem Gott bessere Loblieder singe."

Wir sehen hier aus einem wörtlichen Zeugniß Tertullians, wie dieser (nach Schopenhauer) die Ehe verächtlich besprochen hat. Da hat nun Schopenhauer entweder seine eigene Unwissenheit documentirt oder ganz unverfroren auf die Unwissenheit seiner Dilettanten speculirt.

In der Schrift: De exhortatione castitatis sucht Tertullian einen katholischen Freund nach dem Tode von dessen Frau zu bewegen, er möge keine neue Ehe eingehen; schon beim Ursprung des Menschengeschlechtes sei auf die Einheit der Ehe hingewiesen. Das Beispiel der Patriarchen könne hier nicht gelten, Gott habe das zur Ausbreitung des Menschengeschlechtes zugelassen. Es möge allerdings erlaubt sein, sich wieder zu verehelichen, aber nicht Alles, was erlaubt ist, frommt. Genau genommen sei die zweite Ehe eine Hurerei; bei der zweiten Ehe umgeben den Mann zwei Frauen, — die eine dem Fleische, die andere dem Geiste nach, u. s. w." Somit spricht Tertullian nur von der Wiederverheirathung, während ihm Schopenhauer diese Aeußerung über die Ehe im Allgemeinen in den Mund legt, um einen scharfen Gegensatz mit den „modernen protestantischen Optimisten" herauszubekommen.

Wir bemerken hier deutlich das Eskamotiren und das Taschenspielen nicht nur in der Gedankenverdrehung, sondern auch in thatsächlicher Entstellung von Citaten, wenn es nur zum Zwecke dient, und können deshalb mit vollster Berechtigung eine Aufforderung an den wahrheitsliebenden Leser richten: dieser Gattung Weltweiser nicht zu trauen, ihnen auf die Finger zu schauen und sich von ihren Sophismen nicht täuschen, durch ihre Redekünste nicht auf's Eis führen zu lassen.

Die Verdrehungen des wörtlichen Thatbestandes sind bei diesem Philosophen etwas Gewöhnliches. Er malt sich seinen Gegner auf ein Brett, wie er ihn braucht, um ihn mit seinen Geschossen zu bearbeiten, wie er kann.

38. Die letzten Dinge sind ihm absonderlich zuwider. Er der größte Weltweise, — der Bringer der Wahrheit.

S. 176:

„Es war von den „letzten Dingen" der Theologie die Rede. Schopenhauer sagte: „Ewige Verdammniß — wie absurd! Für ein Leben von 30 Jahren ewige Verdammniß!"

Für das Leben ist keine Verdammniß in Aussicht gestellt, sondern für die entschiedene, im vollen Bewußtsein vollzogene Abkehr von Gott, — wohin der Baum dann fällt, heißt es, dort wird er liegen bleiben. Je entschiedener die Auflehnung, die Abkehr von Gott — die Uebertretung seines Gesetzes, die Verläugnung seines Daseins und seines Gerichtes über die Lebendigen und Todten, desto größer auch die Strafe. Das Gericht aber bleibt Gott anheimgestellt, bei einem Menschen, der Gott, den Weltschöpfer, einen persönlichen Kerl nennt, kann man schon auf zeitweilige Verrücktheit im Größenwahn schließen. Interessant und merkwürdig bleibt es immer, daß den Wuthausbrüchen dieses Weltweisen gegenüber dem persönlichen Gott immer eine Vergötterung seines allerwerthesten Ich nachfolgt: er setzt sich an Gottes Stelle, er gerirt sich als Welterlöser durch sein System. So auf derselben Seite (176):

„Theologie und Philosophie“, sagte er, „sind wie zwei Wagschalen. Je mehr die eine sinkt, desto mehr steigt die andere. Je größer der Unglaube in unserer Zeit wird, desto stärker erwacht das Bedürfniß nach Philosophie, nach Metaphysik, und da müssen sie zu mir kommen.“

Immer gerirt sich er als den einzigen, wahren und rechten Vertreter der Philosophie. So gleich wieder S. 179:

„Für einen Hauptirrthum der Philosophie des Cartesius und Spinoza erklärte Schopenhauer die Vermischung von Wille und Urtheil. „Keiner“, sagte er bei dieser Gelegenheit, „hat so scharf zwischen Wille und Intellekt geschieden, wie ich. Der Intellekt weiß oft gar nicht, was der Wille für ein Kerl ist, wie ich in meinem Kapitel über den Primat des Willens gezeigt habe. Der Intellekt traut daher auch dem Willen nicht, wenn er einen Plan gefaßt hat, denn er weiß vor der Ausführung nicht, ob es dem Willen ernst damit ist. Mancher bildet sich ein, er würde so oder so handeln, wenn diese oder jene Umstände einträten, und wenn sie dann eintreten, wird er zu seinem Erstaunen gewahr, daß er ganz entgegengesetzt handelt, z. B. fremdes Gut sich aneignet, wenn keine Gefahr der Entdeckung und Bestrafung vorliegt, während er vorher glaubte, daß er unter allen Umständen ehrlich handeln würde.“

Das ist doch lauter Sophistik und soll mit anderen Worten heißen: Mancher bildet sich ein, ein ehrlicher Mann zu sein, und sieht bei Gelegenheit später zu seinem Erstaunen, daß er ein Gauner ist. — Wenn der Mensch den festen moralischen Entschluß gefaßt, ehrlich zu sein und zu bleiben, so wird er diesen Entschluß auch durchführen, wenn er es sich nur einbildet, ehrlich sein und bleiben zu wollen, und bleibt er es bei Gelegenheit dennoch nicht, so hat er auch keinen ernstlichen Entschluß gefaßt gehabt.

S. 186:

„Ferner rühmte er an seiner Philosophie die scharfe Sonderung zwischen Verstand und Vernunft.“

Das haben ja auch schon andere vor Schopenhauer betont und durchzuführen gesucht gegen die ein Jahrhundert lang übliche Schulschablone: „Verstand ist das niedere, Vernunft das höhere Erkenntnißvermögen". Es kommt sehr oft bei Schopenhauer vor, daß er Gedanken, die längst vor ihm ausgesprochen worden sind, für seine Erfindung ausgibt; er ist immer der Einzige, zu ihm müssen alle kommen. Er schimpft über Hegel, der gesagt hat: Ich bin die Wahrheit, — er schimpft aber auch nur, weil ihm Hegel in dieser lächerlichen Prätension den Vorrang abgelaufen, selbe vor ihm ausgesprochen hat.

39. Bisweilen lichte Augenblicke. Ueber seine Philosophie geht nichts mehr hinaus. Frauenstädt lobt sich selber als den „Reinhold Schopenhauers". Ein Lobgesang an den Dr. Frauenstädt.

Es fällt uns nicht ein, in Abrede zu stellen, daß oft auch lichte Augenblicke in dieses ewige Spiel zwischen Wille und Vorstellung, in dieses alle Ereignisse des Lebens in seinen von ihm construirten Systemkasten hineinzuschachteln, vorkommen.

So S. 183:

„Als Beispiel, wie manchmal ein Leiden die Bekehrung plötzlich herbeiführt, erzählte er mir die Geschichte des Raimundus Lullus, der sich in eine Schöne verliebt und ihr nachgegangen war. Diese wies ihn lange ab, endlich aber ließ sie ihn vor sich kommen, entblößte ihre vom Krebs zerfressene Brust. Da ging er in sich." (Auch in der 3. Auflage der „Welt als Wille und Vorstellung", I., S. 466.)

S. 184:

„Die Philosophie müsse doch endlich einmal in eine Spitze auslaufen, einen Gipfel erreichen. So wie es nur eine Chemie gebe, so könne es auch nur eine wahre Philosophie geben, und wenn diese einmal gefunden ist, dann müsse man bei ihr stehen bleiben, könne nicht mehr über sie hinaus."

Dem Leser wird es nach den vielen früheren Aussprüchen Schopenhauers nicht schwer sein, bei welchem Philosophen die wahre Philosophie zu finden sei, über welche hinauszugehen jedem folgenden Philosophen bei Strafe von 20 Mark und dreijährigem Ehrenverlust strengstens verboten wird.

S. 185:

„Schopenhauer theilte die Geister im Allgemeinen in drei Klassen: 1. Solche, die aus eigenen Mitteln das Rechte finden und machen; diese seien sehr selten. 2. Solche, die es zwar nicht selbst machen können, aber es erkennen, wenn es ihnen vorgelegt wird; auch dieser gebe es nur wenige. Endlich 3. solche, die es weder machen, noch erkennen können — der große Haufe. Dieses habe schon Hesiod gesagt, u. s. w. Zu der zweiten Klasse von Geistern rechnet Schopenhauer Reinhold und A. W. Schlegel, die zwar selbst nichts Bedeutendes gemacht, aber das Große in Kant und Goethe erkannt und zur Geltung gebracht hätten. Mich schien Schopenhauer in Bezug auf sich selbst zur zweiten Klasse zu rechnen, mich für seinen Reinhold zu halten."

Diese Selbstberäucherung ist außerordentlich drollig. Der Apostel Schopenhauers (wie Schopenhauer die Herren Verbreiter seiner welterlösenden Philosophie nannte) denkt sich: Ich habe jetzt schon an 100 Seiten in einemfort dem Herrn und Meister einen Methtiegel voll süßen Syrups nach dem andern aufgesetzt, — ich muß doch einmal auch an mich selber denken und mir auch einen aufsetzen, und somit erkläre ich öffentlich, daß ich der zweiten philosophischen Klasse (Nichtraucher) angehöre, deren Mitglieder das Rechte zwar nicht selber zu erfinden vermögen, die es aber erkennen, wenn es ihnen vorgelegt wird: auch dieser gebe es nur wenige.

So sagt der Doktor Frauenstädt,
Der aus dem Fundament versteht,
Bei seinen Bundesladetänzen
Mit Lorbeern selbst sich zu bekränzen.
Der Meister steigt die steile Treppe
Zum Ruhmestempel stolz hinan
Und Frauenstädt trägt ihm die Schleppe
Voll Ehrfurcht nach als kleiner Mann.
Wer da nicht taugt zu großen Rollen,
Wird auch Bediente spielen wollen;
So wirkt er nun im selben Sinne,
Wie Reinhold, Kants Kopirmaschine.
Und den bescheid'nen Ruhm genießt er,
Der Reinhold Schopenhauers ist er.
Als Nebensache gilt das Lehren,
Das Höchste ist das Selbstverehren,
Und darauf nur zielt alles Denken:
Sich selbst das Rauchfaß vorzuschwenken.
So machen diese Philosophen
Sich selbst zu ihres Denkens Stoffen.

Die Sternenwelt, meint dann der Weise,
Dreht sich um ihn herum im Kreise.
Er macht sich selber seine Welten
Und läßt den Schöpfer nichts mehr gelten.
Und weil er Gott nicht kann ermessen,
Soll alle Welt auf Gott vergessen.
Und so wird Gottvergessenheit
Zur Signatur der jüngsten Zeit,
Das höchste Ziel ist ihm gelungen,
Wenn ihm allein wird Preis gesungen!
Auf jede Lobeshymne spitzt er
Und auf dem Throne Gottes sitzt er:
Die Selbstvergött'rung ist sein Cult
Und zum Altare wird sein Pult,
Und Welten ohne Unterlaß
Schöpft er aus seinem Tintenfaß.
Die vierfache Wurzel des Satzes vom Grund
Ersetzt den Alten und Neuen Bund.
Er selber hat es ja wie oft betheuert:
„Ich habe das Räthsel der Welt entschleiert!"
Von meinem Blitzstrahl vernichtend getroffen
Sind alle Pfaffen und Philosophen.
Und die jetzt nach Wahrheit seufzen beklommen:
„Zu mir nur, zu mir nur müssen sie kommen!"

40. Schon wieder Selbstberäucherung und Selbstverherrlichung. Gibt uralte Gedanken für seine Erfindung aus. Versucht sich auch als Kunstkenner.

S. 185:

„Das Dasein der Genies unter den Menschen", sagte ich, „hat etwas Wunderbares. Wie kommen sie in diese Menschheit hinein, da sie sich doch so fremd und heterogen fühlen?" „Für sich freilich nicht, aber für die Menschheit kommen sie in die Welt, um sie aus Roheit und Barbarei zu erlösen[1]). Abgesehen

[1]) Aber wer schickt dieselben in die Welt? Wem ist daran gelegen, daß die Welt aus Roheit und Barbarei erlöst werde? Was hat die moderne atheistische Philosophie, sobald sie in den Niederungen des Volkes praktisch heimisch wird, für Früchte bezugs Roheit und Barbarei dafür oder dawider gebracht? So alberne Fragen soll man selbstverständlich gar nicht aussprechen. Stille sein, nicht mucksen!

von dem Genuß, den Genies an sich selbst haben, sind sie doch nur eigentlich die Kreuzträger der Menschheit. Auch sich rechnete Schopenhauer zu diesen Kreuzträgern. „Ich habe“, sagte er bei einer anderen Gelegenheit, „mein Leben lang mein Kreuz getragen und habe dessen Druck gefühlt“.[1]) Die Genies rechnete Schopenhauer zu den hohen Geistern, und einst sagte er zu mir: „Ein hoher Geist, das will viel sagen, die werden selten gefunden.“ Daß die Genies ihrer Zeit gewöhnlich um ein Jahrhundert voraus sind, dafür hatte Schopenhauer folgendes Gleichniß: „Wie die Kugel, die ich aus der Pistole schieße, hundert Schritte entfernt vor mir niederfällt und ich nicht zugleich an diesem Orte, wo sie hinfällt, sein kann: so propellirt das Genie seine Zeit, kann also selbst dort nicht sein, wo es sie hinbringt.“

Alle diese Bemerkungen beziehen sich offenbar auf ihn, auf seine Philosophie und auf die gehoffte Ausbreitung derselben, denn es gibt ja auch Maler, Bildhauer, Musiker, Dichter, die Genies sind, und auf diese hat dieser Pistolenvergleich zumeist keine Anwendung.

Schopenhauer hat auch die Marotte, Gedanken und Erfahrungen, die zu unzähligen Malen vor ihm gedacht oder gemacht worden sind, für seine Originalerfindung auszugeben. So z. B. Welt als Wille u. s. w., 3. Aufl., II., S. 455:

„Meine eigene vieljährige Erfahrung hat mich auf die Vermuthung geführt, daß Wahnsinn verhältnißmäßig am häufigsten bei Schauspielern eintritt u. s. w.“

Merkwürdig bleibt, daß Schopenhauer für die christliche Malerkunst nicht absichtlich blind ist, wie Goethe, daß er aber auch das ganze Kunststreben christlicher Maler in sein System, den Gegensatz der „Bejahung und Verneinung des Willens zum Leben“, einzuschachteln sucht.

Er sagte (S. 189):

„Dieser Gegensatz ist es, der sich in den weltlichen und heiligen Bildern abspiegelt, daher der Contrast beider. Die weltlichen Bilder stellen die Bejahung, die Heiligenbilder die Verneinung des Willens zum Leben dar.“ Bei dieser Gelegenheit

[1]) Gutzkow schilderte ausführlich, worin das tägliche Kreuztragen Schopenhauers bestand. Sehr gut Frühstücken, Lesen, Schreiben, sehr gut Mittag- und Abendessen, Spazierengehen mit dem Pudel, sich bei der table d'hôte von Anwesenden, die in Philosophie machen oder doch so thun, als ob sie in Philosophie machten, anschauen und bewundern lassen u. s. w.

sprach er von dem unvergeßlichen Eindruck, den auf ihn in der Dresdener Galerie einige Heiligenbilder gemacht. „Wenn man", sagte er, „in der Dresdener Galerie sich den heiligen Franziskus von Assisi ansieht, so schaut er uns aus dem Bilde an, als ob er sagen wollte: Ich habe Alles überwunden, es ist vorbei, es ist ja Alles nichts, es ist Alles Spaß.[1]) So selig sieht er uns an."

Ueber die Bilder, in denen „der eigentliche, d. h. der ethische Geist des Christenthums für die Anschauung offenbar wird durch Menschen, welche dieses Geistes voll sind", bemerkt Schopenhauer:

„Diese Darstellungen sind in der That die höchsten und bewunderungswürdigsten Leistungen der Malerkunst, auch sind sie nur den größten Meistern dieser Kunst, besonders dem Raphael und dem Coreggio, diesem zumal in seinen frühen Bildern, gelungen u. s. w."

Nachdem er einen Excurs (nach seiner gewöhnlichen Marotte) über Gleichstellung des Geistes des Christenthums mit der indischen Weisheit gemacht, schließt er:

„So sprechen jene ewig preiswürdigen Meister der Kunst durch ihre Werke die höchste Weisheit anschaulich aus."

Aus diesen Bemerkungen, die sich ihre Exempel nur aus der Dresdener Galerie zusammengeholt, geht sichtbar hervor, daß Schopenhauer bei seinem Aufenthalt in Rom und Florenz sich um die Schöpfungen der christlichen Kunst in diesen Städten (er war dort noch jung und sehr heidnisch gestimmt) gar nicht gekümmert hat, sonst wären ihm zum Belege seiner Betrachtung viele Meister und Werke ins Gedächtnis gekommen, welche die von ihm angeführten aus der Dresdener Galerie weit überragen.

Interessant bleibt Lob und Anerkennung der „preiswürdigen Meister, in deren Werken die höchste Weisheit anschaulich ist". Diese Anerkennung zollt Schopenhauer den Künstlern erst dann, nachdem er früher den Versuch gemacht hat, dieselben mit seiner Fabriksmarke zu versehen und sie in seine Systemschubladen hineinzuquetschen.

[1]) Wenn Alles Spaß ist, dann wäre die Schopenhauersche Philosophie ein Hauptspaß und der größte Philosoph zugleich der größte Spaßvogel.

41. Verschimpft die Romantiker. Verdächtigt Shakespeare. Shakespeare verurtheilt die alte, von Schopenhauer neu aufgewärmte Marotte von der Nothwendigkeit. Die „bewußtlose Providenz".

In seiner Definition der Romantik wirft Schopenhauer wieder allerhand Wahres und Falsches durcheinander (S. 190):

„Schopenhauer verwarf den Mißbrauch, der mit dem Worte Romantik getrieben wird. „Die Hegelianer", sagte er, „haben dem Worte „Romantik" einen ganz anderen Sinn gegeben, als es ursprünglich im Gegensatze zum Klassischen, Antiken hat. Strauß nennt z. B. Julian den Abtrünnigen einen Romantiker, während dieser doch gerade das Antike, Klassische wieder zurückführen wollte. Die Romantik ist ein Produkt des Christenthums. Ueberschwengliche Religiösität, phantastische Weiberverehrung und ritterliche Tapferkeit, also Gott, die Dame und der Degen — das sind die Kennzeichen des Romantischen. Calderon ist ein Romantiker." "

Nachdem nun Schopenhauer mit unritterlicher Tapferkeit und sehr phantastischer Weiberverachtung die Marquet ein paar Mal niederwarf — und ihm überschwengliche Religiösität auch nicht sehr eigen gewesen ist, hat er sich durch diesen wohl einzigen, aber sehr gewichtigen Wurf und Fall als einen Klassiker erwiesen. — Daß der Weltweise einer „phantastischen Weiberverehrung" (aufrichtiger wäre es, zu sagen: einer Werthschätzung edler und tugendhafter Frauen) sehr abhold gewesen ist, das läßt sich aus den sehr verdächtigen Universitäten und Realschulen erklären, in denen er seine sehr realen Ideale für das Studium zu seiner Metaphysik der Geschlechtsliebe aufgesucht hat.

Wir bringen die nachfolgende Verdächtigung Shakespeares als einen geradewegs diabolischen Zug von eminenter Gewissenlosigkeit und Bosheit.

S. 203:

„Er (Schopenhauer) hatte Shakespeare im Verdachte, als wäre dieser ein Päderast gewesen, und wollte dies aus seinen Sonetten schließen."

Wir meinen, diese Verdächtigung sei aus dem Größenwahn Schopenhauers zu erklären, der neben sich keine Größe dulden konnte. Genie und Charakter konnten dem Shakespeare nicht abgesprochen werden, und nun suchte er ihm mit dem

Dolche im Rücken eine Wunde beizubringen. Shakespeares Weltanschauung steht nämlich jener des Schopenhauer diametral entgegen.

Kurz darauf wieder die Marotte von der Nothwendigkeit alles zu Geschehenden (S. 201):

„Das Vorherrschen des Zukünftigen in der Clairvoyance erklärte Schopenhauer aus der Idealität der Zeit und der völligen Nothwendigkeit alles Geschehenden. „Es ist", sagte er, „Alles schon jetzt, was noch kommen wird; wir sehen es bloß mit unseren gewöhnlichen Augen nicht. Der Hellsehende schiebt aber gleichsam die Brille der Zeit voran und sieht es."

Da haben wir gleich wieder ein Beispiel, wie der eben verleumdete Shakespeare ganz gegentheilig philosophirt. Im 1. Akt des „König Lear" sagt Edmund Gloster Bastard:

„Das ist das schöne Narrenspiel der Welt, daß wir, wenn unser Glück unpäßlich ist — oft durch eine selbst zugezogene Ueberladung — die Schuld unseres Unglücks auf Sonne, Mond und Sterne schieben, als wenn wir Schurken wären durch Nothwendigkeit, Thoren durch himmlischen Antrieb, Schälke, Diebe und Verräther durch die Gewalt der Sphären, Trunkenbolde, Lügner und Ehebrecher durch einen unwiderstehlichen Einfluß der Planeten, und Alles, worin wir böse sind, durch göttliche Einwirkung. Eine unvergleichliche Ausflucht für einen Hurenjäger, seinen Meerkatzentrieb den Sternen zur Last zu legen."

In der That, die Schopenhauersche Läugnung des freien Willens im Menschen durch seine erfundene Theorie von der Nothwendigkeit alles zu Geschehenden könnte mit keiner wuchtigeren Keule niedergeschlagen werden. Gegenüber der Philosophie Shakespeares erscheint uns Schopenhauer als ein vor Hochmuth zum Zerplatzen aufgedunsener Geck. Er fügt sich nicht dem Zwange vorliegender Erscheinungen im Menschengeiste, dafür sollen sämmtliche Erscheinungen seinem System sich fügen, zur Verherrlichung seines Genies gezwungen werden.

Gleich darauf wirft Schopenhauer wieder die providentielle Leitung der Einzelnen mit der Nothwendigkeit des instinktartigen Thuns der Thiere zusammen.

S. 202:

„Schließlich sei noch erwähnt, daß Schopenhauer mit mir auch von „providentieller Leitung im Schicksale der Einzelnen" sprach. Er fand eine Analogie derselben in dem instinktartigen Thun der Thiere und der in dem Instinkt waltenden bewußtlosen Providenz."

Wenn einer hinter die spanische Wand, auf welche Schopenhauer sein System von Wille und Vorstellung gemalt, sich einen Einblick erlauben wollte, wurde er vom Weltweisen sehr entschieden zurückgedrängt. Wenn es eine providentielle Leitung gibt, so muß es ja doch auch einen providentiellen Leiter geben. Das wird sehr einfach widerlegt. Die Leitung wird anerkannt, der Leiter wird abgestritten, er paßt nicht ins System. Widerspruch, Bedenken, auch die gerechtesten und vernünftigsten, werden bei Schopenhauer nicht geduldet. Stillsein! Kuschen! war in derlei Fällen immer die letzte Auskunft.

42. Jede bezweifelnde Frage über sein System bringt ihn in Harnisch. Still sein und ihm glauben! Alles Täuschung und Lüge außer ihm. Ein Dank an seinen Vater mit kolossaler Selbstverherrlichung.

S. 204:

„Seine Eltern betreffend sah Schopenhauer in sich einen lebendigen Beleg für seine Lehre, daß der Charakter, die Neigungen und Leidenschaften, kurz das Herz vom Vater, dagegen die Intelligenz, ihr Grad, ihre Beschaffenheit und Richtung, von der Mutter angeboren sei. (Vergl. „Welt als Wille" rc., Bd. II, Kapitel 43.) Als ich einst mit ihm über diesen Gegenstand sprach und bemerkte, es kämen wohl auch Kinder vor, die nicht den Charakter des Vaters hätten, erwiderte er kurz: „Pater semper incertus."[1]) Und als ich ferner in mir selbst einen von meinem Vater verschiedenen Charakter wahrgenommen haben wollte, trotzdem, daß pater incertus auf mich nicht anzuwenden sei, erklärte er meine Wahrnehmung als Täuschung. „Sie glauben", sagte er, „nur darum einen anderen Charakter als Ihr Vater zu haben, weil Ihr vom Vater ererbter Charakter infolge des ihm von der Mutter beigegebenen Intellekts eine andere Richtung genommen hat, als bei Ihrem Vater. Ihr Wille ist, prüfen Sie sich, wesentlich derselbe, wie der Ihres Vaters, aber die Motive, die diesen Willen in Bewegung setzen, sind, als durch ein anderes Medium, den von Ihrer Mutter ererbten Intellekt, hindurchgehend,

---

[1]) Wenn es eine Vertheidigung seines Systems galt, griff er zu jedem Mittel, auch entschiedene Roheit im Zotenkleide wußte er als Streitkolben zu verwenden.

andere, und daher die scheinbare Verschiedenheit des Charakters." So fest war Schopenhauer von der Wahrheit seiner Lehre über die „Erblichkeit der Eigenschaften" überzeugt. Er ließ keine dagegen sprechende Erfahrung aufkommen, sondern erklärte solche für Schein und Täuschung."

Sehr sonderbar, — er mußte immer Recht haben. Wenn ihm der Faden ausging, wenn es ihm an Gründen mangelte, Einwürfe gegen seine Aufstellungen zu widerlegen, erklärte er dieselben sehr einfach und geschwind als Schein und Täuschung. Das ging wohl bei seinen Aposteln sehr leicht, diese wagten es nicht, in derlei Fällen ihren Einspruch aufrecht zu erhalten, und mit Gegnern, die ihm rücksichtslos hätten Widerstand leisten können, ließ er sich in keinen Streit ein.

Unter seinen Aufschreibungen fand sich eine Dedikation der zweiten Ausgabe der „Welt als Wille" ꝛc., „den Manen meines Vaters, des Kaufmanns Heinrich Floris Schopenhauer", 52 Zeilen lang.

Diese Dedikation läuft — wie Alles und Alles bei Schopenhauer — in eine pyramidale Selbstverherrlichung hinaus.

Einige Proben daraus (S. 206):

„Edler, wohlthätiger Geist, dem ich Alles danke, was ich bin." „Denn, indem Du einen Sohn, wie ich bin[1]), in die Welt setztest, sorgtest Du zugleich dafür, daß er auch als ein solcher in einer Welt, wie diese ist, bestehen und sich entwickeln konnte, und scheinst vorgesehen zu haben, daß Dein Sohn, Du stolzer Republikaner, nicht das Talent würde haben können, vor Ministern und Räthen, Mäcenen und ihren Rathgebern zu kriechen, um ein sauer abzuverdienendes Stück Brod erst niederträchtig zu erbetteln oder der sich blähenden Mittelmäßigkeit zu schmeicheln und demüthig sich dem lobpreisenden Gefolge charlatanischer Pfuscher anzuschließen, daß er vielmehr als Dein Sohn auch mit deinem verehrten Voltaire denken würde: nous n'avons que deux jours à vivre: il ne vaut pas la peine de les passer à ramper devant des coquins méprisables.[2])" „Daß ich die Kräfte, die mir die Natur gab, ausbilden

---

[1]) Gehorsamer Diener.

[2]) Sonderbar! Trotz dieser hochmüthigen Unabhängigkeitsprahlerei ist dieser Voltaire am Hofe des großen Friedrich herumgekrochen, hat sich mit einem jüdischen Gauner zuerst brüderlich eingelassen, dann den Juden selber zu beschummeln versucht, und ist derselbige Voltaire verschiedener noch ärgerer Niederträchtigkeiten wegen von Friedrich mit dem Schuftentitel beehrt worden.

und zu dem verwenden konnte, wozu sie bestimmt waren[1]); daß ich dem angeborenen Triebe folgen und für Unzählige denken und arbeiten konnte, während keiner für mich etwas that (!!!), das danke ich dir, mein Vater. Und Jeder, der an meinem Werke irgend eine Freude, Trost (!!) oder Belehrung findet, soll Deinen Namen vernehmen und wissen, daß, wenn Heinrich Floris Schopenhauer nicht der Mann gewesen wäre, der er war, Arthur Schopenhauer hundertmal zu Grunde gegangen wäre. Und so laß meine Dankbarkeit das Einzige thun, was ich für Dich, der Du vollendet hast, vermag: laß sie Deinen Namen so weit bringen, als meiner ihn zu tragen im Stande ist."

43. Das Verhältniß zu seiner Mutter. Nennt Goethe einen Egoisten; lobt seinen Professor Schulze, daß dieser bei ihm den Trieb zur Philosophie angeregt, schimpft ihn aber darauf doch „ein Rindvieh".

Frauenstädt versucht es auf 16 Seiten, den Schopenhauer bezüglich seines traurigen Verhältnisses zu seiner Mutter, welches Gwinner ohne Raisonnement mit schriftlichen Belegen gebracht hat, weißzuwaschen. Das Zerwürfniß war so weit gediehen, daß Schopenhauer selbst lachte, als er seine Mutter und Schwester in der Biographie Anselm Feuerbachs, herausgegeben von dessen Sohn Ludwig Feuerbach (Leipzig, Otto Wiegand, 1852), persiflirt gefunden. Die Stelle lautet:

„Bekanntschaft in Karlsbad und Franzensbad. Hofräthin Schopenhauer, eine reiche Wittwe. Macht von der Gelehrsamkeit Profession. Schriftstellerin. Schwatzt viel und gut verständig ohne Gemüth und Seele. Selbstgefällig, nach Beifall haschend und stets sich selbst belächelnd. Behüte uns Gott vor Weibern, deren Geist zu lauterem Verstande aufgeschossen ist. Der Sitz schöner weiblicher Bildung ist allein in des Weibes Herzen. Das Gänschen, ihre Tochter: „Ich habe für Blumenmalerei das vorzüglichste Talent, — ich falle ganz aus der Gnade."

Schopenhauer schrieb an Frauenstädt, der ihm diese Stelle mitgetheilt, 12. Juli 1852:

„Danke Ihnen für Mittheilung der Stelle im Feuerbach, die mir sonst wohl nie zu Gesicht gekommen wäre: die Charakteristik ist nur gar zu treffend. Habe, Gott verzeih' mir's, lachen

---

[1]) Von wem? Wer hat denn diese Bestimmung getroffen? Eine solche Frage hätte Schopenhauer geschwind mit Impertinenz, Schein und Täuschung gebrandmarkt.

müssen. Meine Schwester malte Blumen und kleine menschliche Figuren wirklich sehr schön, u. s. w."

Die Selbstwerthschätzung herrschte somit in der ganzen Familie epidemisch, und zwar grassirte dieselbe in einem so hohen Grade, daß sich die Mitglieder selber gegenseitig auslachten oder nach Umständen übereinander ärgerten.

S. 224:

„Ueber Goethes Charakter äußerte sich Schopenhauer einst zu mir dahin: „Ein Egoist ist dieser Goethe gewesen, das ist wahr." Von bemerkenswerthen Aeußerungen Goethes zu Schopenhauer führe ich noch an, daß Goethe einst zu ihm gesagt, so oft er ein paar Seiten in Jean Paul lese, überkomme ihn ein Ekel und er müsse das Buch weglegen. Schopenhauer erzählte mir dieses, als wir einst überhaupt von dem ekelhaften Styl mancher Schriftsteller sprachen."

Schon als Schopenhauer noch Vorlesungen zu Berlin hörte, versäumte er keine Gelegenheit, um den Atheismus, das Verläugnen eines transcendenten Gottes als die einzige echte und wahre Philosophie zu proklamiren.

S. 238:

„Schleiermacher bemerkt: In der Religion ist das Wissen von Gott in der Form des Gefühls, in der Philosophie in der Form des Begriffs, doch erkennen beide den Gegenstand des andern für identisch mit dem Ihrigen an."

Obwohl mit diesem nebelhaften Ausspruch Schleiermachers eigentlich gar nichts gesagt ist, was irgendwie eine positive Begründung der Religion in der Wissenschaft — das Streben nach dem Wissen um den Grund des Glaubens — auch nur von ferne andeutet, so war es dem Schopenhauer doch noch zu viel; er spielte darauf den entschiedensten Atheismus aus:

„Die echte Philosophie wird als etwas Höheres, als alle mögliche Religion, dieser, die sie begreifen und durchschauen muß, ihr Recht widerfahren lassen, daß, was diese Gott nennt, dasselbe ist, was die Philosophie in abstrakter, geläuterter und (als von allem Zusatz frei) unumstößlich erkennt. Die Religion aber wird das nicht erwidern können und muß die Philosophen, die z. B. einen objectiven Gott Schöpfer, oberste Intelligenz läugneten, Atheisten schelten und für Widersacher halten, während diese Philosophen jene Feindschaft mit Freundschaft (aus Ueberzeugung) vergelten werden."

Wenn man die Freundschaftsvergeltungen, von denen der Weltweise faselt, gerade in dieser Richtung gegenüber den

„Religiösen“ in seinen Aeußerungen betrachtet, kommt man unwillkürlich zum Ausruf: Gott wolle einen vor der Freundschaft Schopenhauers bewahren!

Ueber Schleiermacher, der docirt: „Philosophie und Religion können nicht ohne einander bestehen. Keiner kann Philosoph sein, ohne religiös zu sein; umgekehrt muß der Religiöse sich wenigstens die Aufgabe des Philosophen machen“, erwidert Schopenhauer in einer Randglosse:

„Keiner, der religiös ist, gelangt zur Philosophie, er braucht sie nicht. Keiner, der wirklich philosophirt, ist religiös, er geht ohne Gängelband, gefährlich, aber frei.“

Ein eklatantes Beispiel, wie die Apostel Schopenhauers bestrebt sind, ihren Meister noch irreligiöser zu machen, als er so schon gewesen ist, und wie sie zu diesem Zwecke sich auch noch Textfälschungen erlauben, geht aus dem vorliegenden Beispiele hervor. Gwinner, der obige Stelle auch anführt, hat es für räthlich befunden, das Wort „gefährlich“ vor „aber frei“ zu streichen, um nicht einmal auf die mögliche, von Schopenhauer einbekannte Gefährlichkeit des philosophischen Wandels bei seinen Lesern hinzudeuten.

Was es mit der philosophischen Freundschaftsversicherung Schopenhauers seinen Gegnern gegenüber für ein komisches Bewandtniß hat, das ersieht man in Aussprüchen oder Ausbrüchen, denen sich Schopenhauer selbst seinen Freunden gegenüber hingibt; wenn diese nicht Zoll für Zoll mit ihm übereinstimmen, da regnet es wörtlich „Rindvieher“.

Frauenstädt erzählt S. 239:

„Den Trieb, zu philosophiren, erweckten bekanntlich in Schopenhauer zuerst die Vorlesungen G. F. Schulzes, des Verfassers des „Aenesidem“ zu Göttingen, und entscheidend wurde dabei Schulzes persönlicher Rath, den Privatfleiß fürs Erste ausschließlich Platon und Kant zuzuwenden, ehe diese bewältigt seien, keinen andern, namentlich nicht Aristoteles und Spinoza, anzusehen. Ein Rath, den genau befolgt zu haben Schopenhauer, wie er selbst sagte, nie bereut hat. Da nun Schopenhauer der Anregung und dem Einflusse Schulzes so viel zu verdanken hatte, so erwartete ich, daß Letzterer in den Randglossen besser wegkommen würde, als Fichte und Schleiermacher. Dies ist aber keineswegs der Fall. An einer Stelle wirft ihm Schopenhauer „Gewäsch“ vor und daß er „das Göttliche in Platons

„Philebos" gar nicht verstanden"; an anderen Stellen nennt er das von Schulze Gesagte Unsinn, ja er titulirt ihn da als Sophist und sagt einmal in echt studentischem Tone: „Er, das Rindvieh Schulze", u. s. w."

Außerordentlich freundschaftlich und dankbar!

44. Wird wüthend, wenn ein Philosoph das Dasein Gottes auch nur für möglich hält. Scene im Treibhaus zu Dresden. Definirt den Humor und lobt diese Definition als die beste. Ferneres Selbstlob über Selbstlob.

Wenn ein Philosoph auch nur durchschimmern ließ, daß er an eine Macht, an eine Einsicht glaube, welche auf die Regierung des Universums Einfluß nehme und der eine höhere Einsicht, als die menschliche eigen sein müsse, da kam der exakte Atheist sogleich in den höchsten philosophischen Zorn.

So S. 240:

„Schulze sagt: „Um die Zweckmäßigkeit der Begebenheiten in der Sinnenwelt beurtheilen zu können, müßten wir Einsicht vom höchsten Zwecke des Universums haben, wovon jene Welt ein Theil ist. Nun gehört nur einige Besinnung dazu, um auf den Besitz dieser Einsicht keinen Anspruch zu machen."

Schon diese ohnedies sehr matt ausgesprochene Ahnung: es könnte doch hinter dem ganzen sich vor der Menschen Augen herumdrehenden Universum irgend eine Macht geben, welche eine Einsicht besitzt, auf welche wir Sterblichen bei Besitz einiger Besinnung keinen Anspruch machen können, war hinreichend, um Schopenhauer aus dem Häuschen zu bringen.

Er macht hierzu in seinem atheistischen Verdruß folgende Randglosse:

„Wenn wir aber nicht einige, wenngleich unvollkommene und bildliche Einsicht von diesem Zweck haben, so können wir nicht aus freiem Willen nach selbigem hinarbeiten, leben planlos und müssen Philosophie und Religion wegwerfen."

Selbst die Erzählung, wie ihn der Aufseher des Treibhauses in Dresden für verrückt gehalten, gipfelt wieder in der Hinweisung auf seine eigene geistige Hoheit gegenüber der Dummheit der anderen bipedes. Diese Erzählung, die offenbar eben so genaue und strikte Wahrheit enthält, wie die Bewunderung über sein geniales Aussehen, welche ihm vier Nationen ins Gesicht geschleudert haben, bringt Apostel Frauenstädt (S. 241):

„Als Schopenhauer zu Dresden mit seinem Hauptwerk schwanger ging, zeigte er, wie er mir selbst erzählt, in seinem Wesen und seinen ganzen Gebärden etwas so Auffallendes, daß man ihn beinahe für toll gehalten. Einst im Treibhause zu Dresden umhergehend und ganz in Betrachtung über die Physiognomie der Pflanzen vertieft, habe er sich gefragt: „Woher diese so verschiedenen Formen und Färbungen der Pflanzen? Was will mir hier dieses Gewächs in seiner so eigenthümlichen Gestalt sagen? Welches ist das innere subjective Wesen, der Wille, der hier in diesen Blättern und Blüthen zur Erscheinung kommt?" Er habe vielleicht laut mit sich gesprochen und sei dadurch, wie durch seine Gestikulationen dem Aufseher des Treibhauses aufgefallen. Dieser sei neugierig gewesen, wer denn dieser sonderbare Herr sei und habe ihn beim Weggehen ausgefragt. Hierauf Schopenhauer: „Ja, wenn Sie mir das sagen könnten, wer ich bin, dann wäre ich Ihnen vielen Dank schuldig." Darum habe ihn jener angesehen, als ob er einen Verrückten vor sich habe. „Das aber ist Humor", fügte Schopenhauer bei dieser Gelegenheit hinzu und ging sogleich auf seine im Kapitel über das Lächerliche im 2. Bd. des „Welt als Wille" ꝛc. gegebene Definition des Humors über, auf die er sich viel zu Gute that, weil alle anderen vor ihm gegebenen Erklärungen des Humors nichts taugten. Nach Schopenhauer ist nämlich Humor das Umgekehrte von Ironie. Ironie ist Ernst, hinter dem sich der Scherz versteckt, z. B. wenn wir auf die Meinungen des Andern, welche das Gegentheil der unserigen sind, mit scheinbarem Ernst eingehen und sie mit ihm zu theilen simuliren, bis endlich das Resultat ihn an uns und ihnen irre macht. So verhielt sich Sokrates den Sophisten gegenüber. Das Umgekehrte der Ironie ist der Humor, d. i. Scherz, hinter dem sich der Ernst versteckt, wie er besonders bei Shakespeare namentlich im „Hamlet", sodann bei Jean Paul, aber auch im Tristram Shandy (diese drei führte nun Schopenhauer als klassische Muster des Humors an) zu finden. Erklärungen, wie: Der Humor ist die Wechseldurchdringung des Endlichen und Unendlichen, drücken nach Schopenhauer nur die gänzliche Unfähigkeit Derer zum Denken aus, die an solchen Floskeln ihr Genüge haben."

Diese Definition von der „Wechseldurchdringung" ist allerdings fad, abgeschmackt und nichtssagend. Warum hat Schopenhauer nicht den Namen des Definitors gebracht? Warum hat er unter der Masse der Definitionen gerade die wirklich blödeste ausgesucht? Um seinen Humor zum Durchbruch zu bringen. Er definirt ferner:

„Die Ironie ist objectiv, nämlich auf den Andern berechnet, der Humor aber subjectiv, nämlich zunächst nur für das eigene Selbst da.“

Kostbar diese Definition! So sehen wir bei Schopenhauer sein ganzes Leben voll des reinsten Humors nach seiner eigenen Definition. Alles ist bei ihm zunächst für das eigene Selbst da, Alles subjectiv, alle anderen Philosophen Rindvieher, bipedes, Esel, wie er es nach seiner Definition des Humors so oft ausgesprochen. Wenn er erzählt, wie ihn die vier europäischen Nationen, in ihren Vertretern, seines Gesichtes wegen bewundert haben, so war das Ironie, nämlich objectiv auf den Andern (auf ihn) berechnet. Wenn er, der Schopenhauer selber, das Alles wieder seinen Aposteln zur Weiterverbreitung erzählt, so ist das zugleich Ironie und Humor; Ironie „auf die Anderen berechnet“, Humor (weil er dadurch gelobt und gepriesen sein will) „subjectiv, nämlich zunächst nur für das eigene Selbst berechnet“. Da hätten wir den großen Definitionslöwen in den Schlingen seiner eigenen Weisheit gefangen.

Schopenhauer ist über seine Schöpfungen immer voll des ungeheuerlichsten Selbstlobes (S. 244). Schon 1813 schrieb er in Berlin einen kolossalen Lobhymnus:

„Unter meinen Händen und vielmehr in meinem Geiste erwächst ein Werk, eine Philosophie, die Ethik und Metaphysik in Einem sein soll, da man sie bisher trennte, so fälschlich, als die Menschen in Seele und Körper, u. s. w.“

Hier haben wir eben die Behauptung, — den Beweis dafür hat Schopenhauer nicht geliefert. Den Beweisen vom Gegentheil, daß Leib und Geist zwei verschiedene Größen sind, hat er keine Aufmerksamkeit geschenkt, ja sie nicht einmal gewürdigt oder erwähnt.

Nachdem er allerhand andere Behauptungen seiner Weisheit losgelassen, schwingt er sich zu folgendem Gebet zu seinem Gott, dem Zufall, auf:

„Zufall, Beherrscher dieser Sinnenwelt, laß mich leben und Ruhe haben noch wenige Jahre, denn ich liebe mein Werk, wie die Mutter ihr Kind. Wenn es reif und geboren sein wird, dann übe dein Recht an mir und nimm Zinsen des Aufschubs. Gehe ich aber früher unter in dieser eisernen Zeit, o, so mögen diese unreifen Anfänge, diese meine Studien der Welt gegeben werden, wie sie sind und als was sie sind. Dereinst erscheint vielleicht ein verwandter Geist, der die Glieder zusammenzusetzen versteht und die antiken restaurirt."

45. Einmal ist bei ihm Alles Nothwendigkeit, ein anderes Mal Alles Zufall. Nennt seine Philosophie allen Ernstes „eine schöne Gegend". Schimpft und verachtet die ganze Menschheit. Seine Philosophie ist „die höchste Kunst". Die Philosophie (seine) darf sich um die Weltursache durchaus nicht kümmern.

Wir haben gehört, wie Schopenhauer aus dem prophetischen Traume seiner Magd, die das Tintenfaßverschütten, welches sich am Tage ereignete, schon im Traume vorausgesehen, den kühnen Satz aufstellte: Hier sieht man aufs deutlichste die Wahrheit meines Satzes: „Alles, was geschieht, geschieht nothwendig". Hier hat dieser Schwerenothphilosoph wieder auf die Nothwendigkeit alles zu Geschehenden vergessen und richtet ein flammendes Gebet an den Zufall: „Zufall, Beherrscher dieser Sinnenwelt! Laß mich leben und Ruhe haben noch wenig Jahre."

Früher Alles Nothwendigkeit, hier wieder Alles Zufälligkeit, und doch Alles, was er gesagt hat, pures Dogma.

So S. 245:

„Zu den in Dresden 1814—1818 geschriebenen Bogen hat Schopenhauer später (1849) am Rande hinzubemerkt: „Diese zu Dresden in den Jahren 1814—18 geschriebenen Bogen zeigen den Gährungsproceß meines Denkens, aus dem damals meine ganze Philosophie hervorging, sich nach und nach daraus hervorhebend, wie aus dem Morgennebel eine schöne Gegend. Bemerkenswerth ist dabei, daß schon im Jahre 1814 (in meinem 27. Jahre) alle Dogmen meines Systems, sogar die untergeordneten, sich feststellten."

Wie in dieser ungeheuerlichen Dogmatik der Menschenhaß und die Menschenverachtung in einemfort die große Baßgeige spielen, das beweist Frauenstädt selber aus vielen Stellen dieser Fundamental-Dogmatik (S. 246):

„Was kann man denn viel von einer Welt erwarten, in der fast Alle bloß leben, weil sie noch nicht haben sich ein Herz fassen können zum Todtschießen?" — „Die sogenannten (!) Menschen sind fast durchgängig nichts Anderes als Wassersuppen mit etwas Arsenik." — „Lachen muß ich, wenn ich sehe, daß die sogenannten Menschen mit Zuversicht und Trotz eine Fortdauer durch alle Ewigkeit ihrer erbärmlichen Individualität verlangen, da sie doch offenbar nichts Anderes sind, als die in Windeln menschenähnlich verlarvten Steine, die man mit Freuden vom Chronos verschlingen sieht, während nur der echte, unsterbliche Zeus vor ihm gesichert zur ewigen Herrschaft heranwächst." — „Wer geistige und leibliche Schönheit kennt, dem gibt der Anblick und die Bekanntschaft eines jeden neuen sogenannten Menschen in hundert Fällen gegen einen nichts, als ein ganz neues, wirklich originales und ihm bisher noch nicht in den Sinn gekommenes Beispiel eines Compositi von Häßlichkeit, Plattheit, Gemeinheit, Verkehrtheit, Dummheit, Bosheit, mit einem Wort: Widerlichkeit und Abscheulichkeit." — „Es ist klar, daß es ungleich wahrer ist, zu sagen, der Teufel hat die Welt geschaffen, als Gott hat die Welt geschaffen; ebenfalls wahrer, die Welt ist Eins mit dem Teufel, als die Welt ist Eins mit Gott. Das bessere Bewußtsein gehört eben nicht zur Welt, sondern steht ihr entgegen, will sie nicht."

Seine Philosophie ist die echte, erhaben über alle anderen, alle anderen entbehrlich machend, so schreibt er (S. 247) in Dresden 1814:

„Meine Philosophie soll von allen bisherigen (die platonische gewissermaßen ausgenommen) sich im innersten Wesen dadurch unterscheiden, daß sie nicht wie jene alle eine bloße Anwendung des Satzes vom Grunde ist und an diesem als Leitfaden daherläuft, was alle Wissenschaften müssen; daher sie auch keine solche sein soll, sondern eine Kunst. Sie wird sich nicht an das, was zu folgern eine Demonstration sein muß, sondern einzig an das, was ist, halten."

Man darf daher nach dem abwehrenden Ausspruche Frauenstädts nach dem Befehle Schopenhauers nie an seine Philosophie mit dem gewöhnlichen Maßstabe, der zu den bisherigen Evolutionen in der Gedankenwelt gebräuchlich war, herankommen, denn Frauenstädt sagt:

„Nichts kann daher ungehöriger sein, als an die Schopenhauerische Philosophie mit einem Begriff einer Philosophie zu gehen, den sie selbst ausdrücklich verwirft, also z. B. mit dem Begriff, daß die Philosophie gemäß dem Satze vom Grunde die Welt aus einer Ursache abzuleiten habe, wie innerhalb der Welt jede besondere Wissenschaft die Erscheinungen ihres Gebietes aus Ursachen ableitet, das weist Schopenhauer ausdrücklich zurück. Und man thut ihm daher Unrecht, wenn man seine Philosophie nach dem Maßstabe der die Welt aus einer Ursache erklärenden Philosophen mißt."

S. 248:

„Die Schopenhauersche Philosophie ist keine Wissenschaft im Sinne dieser und kein System im Sinne dieser will es auch nicht sein. Dennoch ist sie Wissenschaft und System mehr und in einem besseren Sinne, als die dieser."

Auf S. 247 sagt Frauenstädt:

„Daher sie (die Schopenhauersche Philosophie) auch keine solche (keine Wissenschaft) sein soll, sondern eine Kunst."

Und S. 248

„ist sie dennoch Wissenschaft und System, mehr und in besserem Sinne als in dieser. Sie ist Wissenschaft nämlich nicht aus Begriff, sondern im Begriffe, und ist System nicht hohler apriorischer Constructionen, sondern System inhaltsvoller, aus der Anschauung der Wirklichkeit genommener Begriffe, kurz: sie soll ein Bild der Welt sein. Man hat also bei ihrer Beurtheilung nur zu fragen, ob das Bild getroffen sei, nicht aber hat man einen ihr fremdartigen Maßstab an sie zu legen, wie die thun, die es für Aufgabe der Philosophie halten, was Schopenhauer gerade verwirft: die Welt nach dem Satze vom Grunde aus einer obersten Ursache abzuleiten oder sie aus einem obersten Satze herauszuspinnen."

Das heißt in einer etwas deutlicheren Sprache: Ich dulde bei der Beurtheilung meiner Philosophie keinen mir fremdartigen Maßstab; nur den dürft Ihr gebrauchen, den ich dafür fabricirt habe. Ferner hütet Euch, Ihr dummen Jungen, nach dem Grunde, nach einer obersten Ursache der Welt zu fragen, diese dumme Frage dulde ich nicht, sie paßt absolut nicht in mein System. Es könnte, wenn ich auf diese Frage keine stichhaltige Antwort in meinem Sinne und nach meiner Philosophie geben kann, so ein dummer Mensch („so ein Compositum von Häßlichkeit, Plattheit, Gemeinheit, Verkehrtheit, Dummheit, Bosheit, mit einem Wort Widerlichkeit und Abscheulichkeit") nach einem Weltenschöpfer Verlangen tragen, wogegen ich mich mit allen meinen philosophischen Kräften wehren muß. Ich brauche keinen Schöpfer, — ich habe die Welt construirt, ich, der Erste und Einzige. Keiner hat es vor mir getroffen und Keiner kann es nach mir treffen.

46. Er ist die klingende Memnonssäule; er hat die wahre Philosophie entdeckt, er ist das Centrum aller Weisheit. Alle sollen hinwerden, die vor ihm etwas gesagt haben, was eigentlich seine Erfindung ist! Er ist Genie. Die Privilegien des Genies.

S. 250 sagt er wörtlich:

„Ich gestehe übrigens, daß ich nicht glaube, daß meine Lehre je hätte entstehen können, ehe die Upanischaden Plato und Kant ihre Strahlen zugleich in eines Menschen Herz werfen konnten. Aber freilich standen, wie Diderot sagt, viele Säulen da, und die Sonne schien auf alle, doch nur Memnons Säule klang."

Nun verklingen aber auch Memnonssäulen! Das Nichtmehrklingen der Memnonssäule ist seit dem 5. Jahrhundert christlicher Zeitrechnung constatirt. Freilich, auch diesen Gedanken nur auszusprechen ist schon ein Frevel.

Er wehrt sich tapfer gegen Alle, welche ihm die Originalität seiner Erfindung und den ewigen Ruhm des Erfinders der ganzen Wahrheit abstreiten möchten.

Er, das Centrum aller Weisheit; was nicht von ihm ausgeht, ist nichts und was von ihm ausgeht, das ist Alles. Zu hundert Malen berichten seine Apostel seine eigenen Worte beständiger Selbstrühmung.

S. 251:

„In seinen Pandectae sagt Schopenhauer: „Fichte und Schelling stecken in mir, aber ich nicht in ihnen, d. h. das wenige Wahre, was in ihren Lehren liegt, ist in dem, was ich gesagt habe, enthalten."

„In den Senilia sagt Schopenhauer: „In allen Dingen ist zu allen Zeiten von Einzelnen die Wahrheit gefühlt worden und hat in vereinzelten Aussprüchen ihren Ausdruck gefunden, bis sie von mir im Zusammenhang erfaßt wurde."

Haben Andere vor ihm Sätze aufgestellt, welche er wieder aufzumutzen und mit seiner Fabriksmarke zu versehen keinen Anstand genommen, so nimmt er doch das Verdienst der zweiten Entdeckung sehr standhaft für sich in Anspruch.

S. 252:

„In Schopenhauers Foliant heißt es: „In des Wolfianers, oder vielleicht richtiger Gegners Wolffs, Ch. A. Crusius, Entwurf der nothwendigen Vernunftwahrheiten, 1745, 4. Auflage 1766, der eine complete Metaphysik ist, stehen zwei Wahrheiten, die keine Ohren fanden und die ich zum zweiten Male habe entdecken müssen."

(S. 253.) Am Rande zu den zwei aus Crusius citirten Wahrheiten hat Schopenhauer seinem Aerger über diesen Vorgänger Luft gemacht in den Worten aus Donatus:

„Pereunt, qui ante nos nostra dixerunt, — Hinwerden sollen, die vor uns schon etwas gesagt haben, was unser ist."

S. 253:

„Die Zerlegung des Geistes oder Ichs in zwei ganz verschiedene Theile, in einen primären, wesentlichen, den Willen, und einen sekundären, den Intellekt, ist ein Hauptsatz und ein Hauptverdienst meiner Philosophie und ein Hauptunterschied derselben von allen anderen."

Wenn es sich um Entschuldigung seiner Excentricitäten, Tollheiten, Flegeleien handelt, ist er sehr erfindungsreich. Das sind eben die „Vorrechte des Genies", wie Goethe in der Loge zu Weimar bei der Trauerrede über Wieland die faunenhafte Zotenpoesie dieses Dichters mit den „Vorrechten des Genies" zu decken versucht hat.

So parfümirt sich Schopenhauer (S. 261) in „Welt als Wille":

„Eben diese große und gewaltsame Concentration, die zu den Privilegien des Genies gehört, tritt nun für dasselbe auch bei den Gegenständen der Wirklichkeit und den Angelegenheiten des täglichen Lebens ein, welche alsdann, unter einen solchen Focus gebracht, eine so monströse Vergrößerung erhalten, daß sie sich darstellen, wie der im Sonnenmikroskop die Statur des Elephanten annehmende Floh. Hieraus entsteht es, daß hochbegabte Individuen bisweilen über Kleinigkeiten in Affekte der verschiedensten Art gerathen, die den anderen unbegreiflich sind, als welche sie in Trauer, Freude, Sorge, Furcht, Zorn u. s. w. versetzt sehen durch Dinge, bei welchen ein Alltagsmensch ganz gelassen bliebe. Darum also fehlt dem Genie die Nüchternheit, als welche gerade darin besteht, daß man in den Dingen nichts weiter sieht, als was ihnen besonders in Hinsicht auf unsere möglichen Zwecke wirklich zukommt: daher kann kein nüchterner Mensch ein Genie sein." — —

47. Die mißlungene Vertheidigung der Schopenhauerschen Zornausbrüche. Frauenstädt macht sich lächerlich, er gesteht am Ende selbst die Würdelosigkeit des Weltweisen in seinem Benehmen. Schopenhauer definirt Würde, wie er es braucht, zu seinem Vortheil, aber sehr mißlungen.

Diese Apologie der Schopenhauerschen Zornausbrüche ist wirklich kostbar. Der Leser wird es sicher so geschwind heraus haben, wie Frauenstädt, daß diese Definition von Genie und Nüchternheit eine spanische Wand sein soll, sammt anderen Komödien — auch die sehr fatale Komödie mit dem Hinaus- und Hinabwurf der Marquet zu maskiren.

Frauenstädt hilft sogleich wieder die alte Feenposse (welche nach der Hand, wegen des Gelächters darüber und wegen der Unkosten, dem Philosophen nach eigenem Geständniß sehr verdrießlich geworden) entschuldigend in Schutz zu nehmen, wie folgt:

„Aus den angegebenen Gründen fehlte es auch Schopenhauer im praktischen Leben an Nüchternheit, und dieser Fehler wieder erklärt es, daß er sich manche Verdrießlichkeiten zuzog, denen ein nüchterner, gesetzter, vernünftiger Mensch entgeht, wie diese, daß er die Alte, die er einst in Berlin zur Thüre hinausgeworfen, und die, durch ihren unglücklichen Fall arbeitsunfähig geworden, lebenslänglich alimentiren mußte. Solche Dinge in dem Leben eines Philosophen wollen nicht bloß trocken erzählt sein, sondern bedürfen eines Commentars und den habe ich in dem Angeführten gegeben."

Nun, auch wir haben uns erlaubt, einen Commentar über „diese Dinge" zu geben, und Dr. Frauenstädt wird doch so viel Verstand und Rechtsgefühl besitzen, daß er es nicht vielleicht auch als ein Vorrecht seines Genies bezeichnet, das ausschließliche Privilegium für Commentare zu den biographischen Curiositäten Schopenhauers innezuhaben.

Uebrigens sind wir dem Apostel dankverpflichtet für das Geständniß (was auch Gerichtserkenntniß in Berlin gewesen), daß die Marquet durch diesen curiosen Fall in der Geschichte der neuesten Philosophie arbeitsunfähig geworden ist und selbige der Philosoph lebenslänglich alimentiren mußte.

Aus diesem Geständnisse ergibt sich, daß, selbst die kühne Hypothese angenommen: der Hinauswurf der Alten mitsammt der ihr nachgefeuerten „Altes-Luder"-Titulatur sei ein Genievorrecht, darnach doch noch der fünfjährige Proceß Schopenhauers, der nichts zahlen wollte (da er doch ein wohlhabender Mann war), von gewöhnlichen, vernünftigen, ruhigen, wenn auch ungenialen Menschen als eine Gemeinheit sonder Gleichen bezeichnet wird. Nun, Dr. Frauenstädt hätte ja diesen schmutzigen, jahrelang dauernden, hartnäckigen

Proceß auch unter die Rubrik der Genieprivilegien stellen können, wodurch seine Großmuth und Freigebigkeit im Verleihen von Privilegien nur noch in ein glänzenderes Licht gestellt worden wäre.

Aber Frauenstädt kehrt im Gefühle, daß er sich durch seine Privilegienverschwendung doch schon ein wenig lächerlich gemacht, auf ebenem Wege um und kommt zum Geständniß, daß es doch dem großen Weltweisen in vielen Fällen an jener äußeren Würde gemangelt habe, die man von Weltweisen zu erwarten berechtigt wäre.

Er meint (S. 261):

„Mit dem besagten Mangel an Nüchternheit im praktischen Leben — im theoretischen besaß Schopenhauer umgekehrt jene Besonnenheit, die er ebenfalls als ein Kennzeichen des Genies schildert und die darin besteht, daß es nicht wie der Normalmensch in den Strudel und Tumult des Lebens eingesenkt ist und über den einzelnen Dingen und Vorgängen des Lebens nicht das objective Wesen der Dinge und des Lebens selbst gewahr wird, sondern sich auf dieses besinnt[1]) — also mit dem besagten Mangel an Nüchternheit im praktischen Leben hing bei Schopenhauer ein anderer Mangel zusammen, der aus derselben Quelle entstand, nämlich der Mangel an persönlicher Würde in der Erscheinung und Haltung." — „Schopenhauer zeigte nicht jene persönliche Würde, die man gewöhnlich mit dem Begriffe eines Philosophen verbindet. Dies konnte ich nicht bloß damals schon wahrnehmen, als er sein barsches Naturell gegen mich herauskehrte, so daß ich vorläufig meine Besuche bei ihm einstellte, sondern auch später noch aus manchen Zügen, und Alle, die ihn näher kennen gelernt haben, werden es bestätigen. Auch sein Ton in seinen Briefen und sein Ton gegen seine Gegner, die Philosophieprofessoren und dänischen Akademiker, ist nicht immer der würdige[2]), den man von einem Philosophen erwartet und der z. B. bei Kant überall anzutreffen ist." — „Schopenhauer hielt bekanntlich auch von der Würde als Moralprincip nichts. In den Parergis sagt er: „Wenn man überhaupt früge, worauf denn diese angebliche Würde des Menschen beruhe, so würde die Antwort bald dahin gehen, daß es auf seiner Moralität sei. (?) Also die Moralität auf der Würde und die Würde auf der Moralität. Aber hiervon auch abgesehen, scheint mir der Begriff von Würde auf ein am Willen

---

[1]) Ein Conglomerat von hohlen Phrasen, um das nothgedrungene nachfolgende Geständniß doch noch ein wenig abzuschwächen; ein verunglückter strategischer Versuch, den Rückzug zu decken.

[2]) O wie milde! Statt: „Dieser Ton ist in der Regel sehr flegelhaft", nur zu sagen: „Der Ton ist nicht immer würdig!" O Schönfärberei!

so sündliches, am Geiste so beschränktes, am Körper so verletzbares Wesen, wie der Mensch ist, nur ironisch anwendbar zu sein."

Frauenstädt hat sich die Aufgabe gestellt, den Schopenhauer auch trotz der eigenen offenen Geständnisse desselben herauszuputzen und sagt, wenn Schopenhauer auch die Würde als Moralprincip nicht habe gelten lassen, so habe doch Keiner das eigentliche und wahre Wesen der Würde so richtig erkannt und zu schätzen gewußt, wie er.

„In seinem Foliant schreibt Schopenhauer: „„Was da verdient, Würde des Menschen genannt zu werden, fängt erst da an, wo er seine Natur verläugnet, z. B. nicht das Leben höher schätzt, als alles Andere, nicht gerade auf subjective Befriedigung der Bedürfnisse, sondern auf etwas Objectives gerichtet ist und dadurch z. B. den Geschlechtstrieb verwandelt in leidenschaftliche Liebe zu einer Person u. dgl.; also, wo es anfängt, sichtbar zu werden, daß das Ursprüngliche in ihm, der Wille, besiegt werden kann vom Sekundären, dem Erkennen.""

48. Billigster Würdebesitz bei Goethe und dessen Werther. Brutalität und Würde bei Schopenhauer.

In der That eine außerordentlich billige Anforderung an den Menschen, um den „Würdetitel" zu erlangen! Wenn er nur es so weit bringt — zu einer Person einer leidenschaftlichen Liebe sich hinzugeben, so ist er schon im Würdebesitz. Werther war im Würdebesitz; Goethe drückte ihm die Pistole in die Hand, von welcher der Dichterfürst selber, der seine Würde noch fortbesitzen wollte, keinen Gebrauch machte. Wenn ihm eine Sonne unterging, so ging ihm ja auf der anderen Seite schon wieder ein leuchtender Mond auf, sagte er selber, — ein Gestirn nach dem andern, aber eben immer nur eines. Der Wechsel an der Tagesordnung, aber nur immer von einer zur andern — immer sehr würdig.

Drei Bände von Liebes- und Verliebtsein-Schwüren — Werthangabe: „Papiergeld al pari mit echter, vollwichtiger Goldmünze." Da kommt aber ein plötzlicher Liebesbörsenkrach — der glücklichen Besitzerin der Werthpapiere wird kein Pfennig für das verheißene Gold (echter Treue) ausgezahlt. Das höchste Ideal edler Weiblichkeit, das Modell, welches dem Charaktermaler zu den edelsten Frauenbildern gesessen, geräth in Zorn, sieht in dem ganzen Benehmen des Briefstellers nichts weniger als Würde, bellt den neuen, eben aufgegangenen „Mond" an mit großem Gelärme, und der schöne Schopenhauersatz von der Würde der leidenschaftlichen Liebe zu einer Person ist schon in diesem einen thatsächlichen Beispiele, das man durch tausend andere bestärken könnte, in Trümmer gegangen.

Auch im Leben und Wirken des Romanhelden Werther nimmt „die leidenschaftliche Liebe zu einer Person" (in welcher Gattung Liebe die Würde zu finden sein soll) einen entsetzlichen Ausgang, es ist das Finale der allerleidenschaftlichsten Liebe, somit hat Werther auch durch diesen Knalleffekt die allerhöchste Würde errungen. Alles nach Schopenhauerscher Würdedefinition.

Wenn nun ein Mensch nicht gesonnen ist, ein heilloses Geschwätz (ein verunglücktes Bestreben, alleweil geistreich und scharfsinnig zu sein) als Ergebniß der tiefsten, einzig in ihren Resultaten wahren Speculation hinzunehmen, so ist er ein Schwachkopf, eine zweibeinige Bestie 2c., wie diese Titel weitläufig in dem Titulaturverzeichniß des Weltweisen und seiner enragirten Apostel zu finden sind.

Auch in der stoischen Ethik sucht Schopenhauer die wahre Menschenwürde[1]):

„Die stoische Ethik im Ganzen genommen ist in der That ein sehr schätzbarer und achtungswerther Versuch, das große Vorrecht des Menschen, die Vernunft, zu einem wichtigen und heilbringenden Zwecke zu benutzen, nämlich um ihn über die Leiden und Schmerzen, welchen jedes Leben anheimgefallen ist, hinauszuheben und ihn eben dadurch im höchsten Grade der Würde theilhaftig zu machen, welche ihm als vernünftigem Wesen im Gegensatze des Thieres zusteht und von der in diesem Sinne allerdings die Rede sein kann und nicht in einem anderen."[2])

Frauenstädt, dem es darum zu thun ist, seinen Patron — trotz dem verschämten Zugestehen, daß sich dieser oft mehr brutal als würdevoll benommen — zu entlasten, bemerkt zu obiger Stelle Schopenhauers (S. 263):

---

[1]) „Welt als Wille" 2c., 3. Auflage, I. Bd., S. 107.

[2]) Nach seiner oft und entschieden ausgesprochenen Menschenverachtung setzte er seine Würde gerade in den auch noch recht eklatant zur Schau getragenen Hochmuth, bei welchem immer auf der Aversseite sich die gründlichste Menschenverachtung ausprägt.

„Aber eben die Definition der Würde, die in diesen Worten enthalten ist, erklärt es auch, warum Schopenhauer in seiner natürlich persönlichen Erscheinung der Würde ermangelte. Ich bemerke ausdrücklich, daß ich hier nur von seiner natürlich persönlichen Erscheinung rede, denn daß Schopenhauer, wenn er sich verstellen wollte, auch Würde heucheln konnte, ist nicht zu bezweifeln. In seiner natürlich persönlichen Erscheinung gehörte nämlich Schopenhauer, wie er selbst ja in der oben citirten Stelle eingestanden hat, nicht zu den Vernunftmenschen, zu jenen ruhigen, gesetzten, gleichmüthigen Charakteren, die hauptsächlich in Begriffen leben, sondern zu den lebhaften, heftigen, unter dem Eindruck der Gegenwart stehenden Menschen, die hauptsächlich in Anschauungen, sei es denen der Wirklichkeit oder der Phantasie, leben. Unter diesen beiden entgegengesetzten Arten von Menschen kommt aber das Prädikat der Würde natürlicher Weise nur der ersteren zu, nicht der letzteren. Die ersteren erscheinen von Natur würdevoll, während die letzteren sich erst verstellen müssen, um würdevoll zu erscheinen. Herrschaft der Vernunft und infolge derselben Kaltblütigkeit ist Grundbedingung des würdevollen Auftretens. Schopenhauer war aber von Natur kein kaltblütiger Vernunftmensch, sondern hatte heißes Blut."

49. Eine erbärmliche Definition der Menschenwürde. Die Romanheldinnen moderner Dichter, die Frauenbilder im Leben Schopenhauers und — die barmherzigen Schwestern. Die Schopenhauersche Philosophie kann im Volke nur solche Exemplare züchten, die der Philosoph selbst 1849 Schufte und Canaillen geheißen hat.

Nach dem ganzen Hin- und Herreden sowohl Schopenhauers als seiner Apostel „fängt die Würde des Menschen da an, wo er seine Natur verläugnet", z. B. „wenn der Geschlechtstrieb in die Liebe zu einem Wesen verwandelt wird". Nun, da haben wir allerdings die Würde, aber die Würde unserer sämmtlichen Romanhelden.

Wir erlauben uns hier gar keine Definition der Würde im Christenthum aufzustellen, sondern lieber gleich dem Beispiele, mit dem uns Schopenhauer seinen Würdebegriff zu illustriren sucht, ein anderes Beispiel entgegenzusetzen.

Im Jahre 1849 war in Wien das Hospital der barmherzigen Schwestern durch die Kriegswirren und die Menge der Kranken und Verwundeten, welche daselbst ihrer Pflege anvertraut waren, so von Mitteln entblößt, daß der Schreiber dieses einen Aufruf an barmherzige Menschen ergehen ließ, welcher ein Ergebniß von vierthalbtausend Gulden zur Folge hatte. Durch diese Sammlung war es den barmherzigen Schwestern möglich geworden, im Sinne wahrer christlicher Barmherzigkeit Kranke und Verwundete aufzunehmen und zu pflegen.

Wir lassen hier jenen Theil dieses Aufrufes folgen, in welchem wir ein Beispiel von Würde jenem zuvor gebrachten Beispiel Schopenhauers entgegensetzen. (Aus Brunner, Homilienbuch, 1. Band, S. 328):

„Rollen wir einige Bilder jenes stillen Heldenlebens auf, welches opfermuthige Frauen führen um Gottes willen, Bilder von Größen, die der Welt unbekannt bleiben, die ohne Pomp von der Erde scheiden, aber dafür gewiß verzeichnet stehen im Buche des Lebens. Wir treten ein in eine festlich geschmückte Kapelle, duftige Blumen stehen um den Altar, die Kerzen flammen. Gesenkten Hauptes knieen zarte Jungfrauen an den Stufen, bereit, vom Bischof das Ordenskleid der barmherzigen Schwestern zu empfangen. Der erste Kampf, der erste Sieg! Es sind Menschen aus Fleisch und Blut, die da knieen, und sie sind bereit, ein Lebewohl zu sagen der Welt und ihrer Lust, bereit, ein Opferleben zu beginnen in der Kraft göttlicher, heiliger Liebe. Ueber manche blühende Wange rollt da noch eine Thränenperle herab als Schmuck und Zierde des neuen Kleides. Von Vater und Mutter zu scheiden und von den theuern Angehörigen, — es ist ein ernster Gedanke; die Welt und ihre Freuden verlassen, welche die jugendliche, bilderreiche Seele vielleicht oft schon früher als ein Paradies voll Seligkeit sich vorgeträumt — es ist ein schwerer Schritt. Seine Tage und Nächte von nun an Fremdlingen zu weihen, zusammengebrochene Leiber voll ekelhafter Krankheiten beständig vor sich zu haben, die Seufzer der Schmerzdurchwühlten, das Röcheln der Sterbenden von einem Tag auf den andern, von einer Nacht in die andere nicht aus den Ohren zu verlieren — es ist keine lockende Zukunft. Wandeln zu müssen durch die Krankenreihen, wie durch feindliche Colonnen, fordert Muth, denn wie aus diesen die Kugeln zischen und du nicht weißt, ob eine oder die andere dir in die Brust fährt, so kann heute oder morgen dich ein giftiger Odem anhauchen, und der Tod senkt sich in dein Herzblut, das Fieber zuckt durch deinen Leib, und nach einigen Tagen, oft nach einigen Stunden schon bist du ein Opfer deines Berufes. Und die da knieen, die herrlichen Jungfrauen, erkenne sie an als Heldinnen; sie haben sich entschlossen, für ihre Jugend- und Schönheit nicht Lebensgenuß einzutauschen, — um einer hohen, heiligen Liebe sich zuzuwenden, haben sie auf die irdische verzichtet — sie bringen Leib und Leben dem Herrn zum Opfer! Es ist ein Augenblick heiliger Weihe; angethan sind sie schon mit dem dunkeln Kleide, und das weiße Linnen um das Haupt geschlungen — es ist eine Heldenkrone, ein Lorbeerkranz!“

„Vor dem Antlitz solcher Jungfrauen bebt selbst der Wüstling scheu zurück; denn eine ehrfurchtgebietende Menschenliebe spiegelt sich in ihren Augen, der Abglanz einer höheren Welt, das Gesetz des Geistes, das die Natur überwunden! In erhabenen Weisen rauschen jetzt die Orgelklänge durch die Hallen, ein heiliges Lied, ein Opferlied wird gesungen, und es ist ein Schlachtengesang! Habt ihr wo anders gesehen einen solchen Muth, eine solche Liebe? — Sucht, wo ihr wollt — und ihr werdet nirgends finden diesen Muth, diese Liebe, sie blüht nur an der Rebe, die mit dem Stamme des Weinstockes verbunden ist, sie blüht nur an dem Lebensbaum der katholischen Kirche."

„Und nun sind die Schwestern eingereiht in den Kriegsdienst und es beginnt ihr Kämpfen und Ringen. Schön und herrlich ist die Mutterliebe, und erhaben, wenn die Mutter bereit ist, hinzugeben ihr Herzblut, ihr Leben für das theure Kleinod, für das geliebte Kind! Größer aber und herrlicher und erhabener ist die Liebe, welche diese heiligen Jungfrauen beseelt gegenüber der leidenden Menschheit. Die Mutterliebe hat ihren Grund in einem natürlichen Gefühl, das freilich im Geiste seine Verklärung finden kann; die Mutter liebt das Kind, das sie unter ihrem Herzen getragen, sie liebt Blut von ihrem Blute, die Frucht ihres Leibes, ihres Lebens!"

„Schaut aber diese Jungfrauen an, sie setzen ihr Leben für jeden Fremdling ein, welcher ihrer Pflege anvertraut wird; kein Band des Blutes, kein Band gewöhnlicher irdischer Liebe oder Neigung verbindet sie mit ihm, und sie weihen ihm doch ihre heilige Mutterliebe! — Fremdling? Der Leidende ist ihnen kein Fremdling, er ist ihnen ein Erlöster durch Christus, er ist ihnen ein Bruder des Heilandes, der in die Menschheit eingegangen ist, um alle Menschen mit dem Bande der göttlichen Liebe zu umschlingen, der gesagt hat: „Was ihr den geringsten meiner Brüder thut, das habt ihr mir gethan." Darin liegt aber auch der Grund des wunderbaren Opfermuthes, in der Liebe zu Christus, die ihren reinsten Ausdruck, ihren lebendigsten Verkehr im hochheiligen Sakramente des Altars nur in der katholischen Kirche findet. Hier nur finden wir die Lösung des Räthsels, den sicheren, festen Grund dieser heiligen Liebe!"

„Täglich haben die Schwestern Gelegenheit, das Menschenleben im wahren Lichte, bei der Sterbekerze zu betrachten; im Hospital laufen die Radien des Menschenjammers wie in einem Brennpunkt zusammen, und die Schwestern wissen wohl, wo die wahre Erlösung vom Jammer zu finden; nicht in der Lust der Welt, sondern in der Einigung mit dem, der die Welt überwunden. Darum ist aber auch nicht die Lust der Welt auf ihren Gesichtern abgespiegelt, sondern der heilige Friede gottliebender Seelen."

„Ein Bild, wie es in den Krankensälen der barmherzigen Schwestern wohl hundert und hundert Mal vorkommt, sei hier gezeigt. Ein wüster Bursche erkrankt und seine Krankheit ist zum Tode. Es erfaßt ihn Verzweiflung! Lange, lange schon hat sein

Geist keine Nahrung mehr im Gebet gesucht, und mit Kirche und Christenthum hat er in lustiger Gesellschaft oftmals sein Gespötte getrieben, um sich vor seinen Genossen als geistreichen Helden zu erweisen. Er wird ins Hospital des frommen Ordens gebracht. Die Liebe, mit der er hier gewartet und gepflegt wird, sendet einen Strahl überirdischer Hoffnung in sein Herz. Er haßte die Menschheit, es war ihm früher nicht zum Besten gegangen, und sein Kunstsinn, den er treulich ausgebildet und mit dem er manches schöne Werk geschaffen, konnte im Gewirre des großen Stadtlebens keine Anerkennung finden, keinen Lohn! — Er weint, als er seiner Mutter gedenkt in der fernen, fernen Heimath, über hundert Meilen weit; theilnehmend fragt ihn die dienende Schwester um die Ursache seiner Thränen — und sie weint mit und verspricht, ihn zu pflegen, wie seine Mutter ihn pflegen würde. Im Gefühle heiligen Trostes erfaßt er die Hände seiner zweiten Mutter und überschüttet sie mit Thränen. Es bricht ihm das in Menschenhaß verstockte Herz, das auch lange Zeit schon von Gott sich abgewendet. Er beginnt zu beten und verlangt nach den Sakramenten und sagt: „Wo solche Liebe ist, da muß auch die Wahrheit sein"; und die Ordensschwester weilt auch die letzten Stunden des Scheidenden bei ihm, und spricht ihm Gebete vor und bleibt bei ihm, bis er den Todeskampf ausgerungen — eine zweite Mutter!"

„Und wie viele, viele Ordensschwestern opfern ihr Leben in ihrem anstrengenden Berufe in frühen Jahren! Im einfachen Sarge liegt die Leiche einer Jungfrau — die Kraft ihres Leibes ist der beschwerlichen Krankenpflege unterlegen. — Heiligenbilder und eine Blumenkrone haben ihr die liebenden Ordensschwestern in den Sarg gelegt; schweigsam stehen sie herum und beten, und gewiß, die hingeschiedene Engelseele betet für die Zurückgebliebenen. Der Sarg wird geschlossen, die Schwestern geleiten ihn zur Kirche hin, zur Einsegnung des Leichnams! Ein kleines Glöcklein tönt, und die Leute, an denen der Zug vorübergeht, sagen: „Es ist schon wieder eine von den grauen Schwestern gestorben."

„Und eine Stunde darnach wird sie auf einem fernen Friedhofe außer der Stadt ins Grab gesenkt; da ist kein Pomp und kein Geläute, der Sarg schwebt auf zwei Seilen hinab, ihr Leib ruht neben den Leibern ihrer Schwestern, welche ihr vorausgegangen! Wer aber noch ein Fünklein von Glauben an einen Gott und eine göttliche Gerechtigkeit hat, der weiß, die Geister derjenigen, denen die Hingeschiedene beigestanden als treue Mutter in Leiden und im Todeskampf, im Schmerz der Trennung des Leibes vom unsterblichen Geist, die sie gepflegt durch That, getröstet und gestärkt im Gebet, die haben dem Geiste der opfernden Heldin, die ohne Glanz gelebt und ohne Ruhm gestorben, einen Triumph bereitet vor Gottes Richterstuhl!"

„Und so wirkt die christliche Barmherzigkeit; lassen wir uns durch solchen herrlichen Opfermuth nicht nur zu einer flüchtigen, sentimentalen Rührung bewegen, üben wir vielmehr Barmherzigkeit in jenen Lebenskreisen, in welche uns die Vorsehung gestellt hat, bewahren wir, wie mit Flammenschrift, mit unverlöschlichen Zügen das Wort des göttlichen Heilandes in unsere Herzen geschrieben: „Selig sind die Barmherzigen, denn sie werden Barmherzigkeit erlangen.“ — —

Die Apostel der Schopenhauerschen Philosophie sollen es einmal versuchen, ein Spital von Heldinnen zusammenzubringen, wie wir ein solches treu nach der Wirklichkeit geschildert haben, indem sie die in den acht Bänden Schopenhauerscher Weltweisheit vorfindlichen Stellen über Würde und Opfer separat drucken und vertheilen lassen, und in diesem Barmherzigen-Kloster täglich zur Herzensstärkung und zur Belebung des Opfermuthes (statt Gebet, Meßopfer und Empfang der Sakramente) aus diesem sehr lehrreichen philosophischen Compendium ein Stück zur Lesung anempfehlen; und wenn dieselben ein derartiges Klosterspital mit opfermuthigen Frauen (die aus Liebe zu Schopenhauer und dessen Atheismus ihr Leben darbringen) stiften und erhalten können, dann wäre es möglich, vor dieser Philosophie einen Respekt zu haben. — Wenn die Herren aber diesen Vorschlag nur mit dem blöden Grinsen des ins Herz getroffenen Hochmuthes oder mit dem Hohngelächter der beschädigten Eitelkeit beantworten könnten, so würden sie den Beweis liefern, daß sie, wie bei vielen anderen unstichhaltigen Definitionen, so auch bei dieser über die Menschenwürde sich entschieden blamirt haben.

Weil es nun gar zu oft mit den gewöhnlichen Denkgesetzen, mit der Logik in den Schopenhauerschen Aufstellungen gar nicht zusammengeht, so führen bei derlei Anfechtungen die Apostel immer den Satz ins Feld: die Philosophie sei Kunst, nicht Wissenschaft!

(S. 265) Frauenstädt:

„Philosophie ist Kunst und bei dieser tritt Kaltblütigkeit als Erforderniß erst dann ein, wenn es gilt, das lebhaft Angeschaute, das warm und tief Empfundene nun auch kunstgerecht darzustellen, nicht aber darf das Schauen und Empfinden selbst von Hause aus kalt und matt sein. Oder glaubt man etwa, daß, wenn Goethe ein kaltblütiger, d. h. ein ruhiger, gesetzter, vernünftiger Mensch gewesen wäre, er Werthers Leiden geschrieben hätte? Mußte er nicht erst diese Leiden in sich selbst empfunden haben und durch sie innerlichst erschüttert worden sein, ehe er sie kaltblütig, so objectiv in Form eines Romans darstellen konnte? Mußte nicht Goethe ebenso die inneren Kämpfe des Faust durchlebt haben, ehe er sie so besonnen, so objectiv schildern konnte?" — „Nun, ganz ebenso, wie mit dem Dichter verhält es sich auch mit dem Philosophen. So wie der Dichter die besonderen Charaktere und Zustände, die er uns vorführt, in sich selbst durchlebt oder wenigstens den Anderen, die sie durchlebt, innigst nachempfunden haben muß, so muß der Philosoph das Wesen des Lebens im Ganzen, dessen Bild er uns gibt, in sich erfahren, muß sich gleichsam zur Weltseele erweitert haben. Und so wie beim Dichter tritt auch beim Philosophen Kaltblütigkeit erst dann als Erforderniß ein, wenn es gilt, das innerlich Erlebte und Empfundene objektiv, allgemein gültig darzustellen. Diese zur Darstellung des Erlebten und Empfundenen erforderliche Kaltblütigkeit und Besonnenheit besaß aber Schopenhauer in einem Grade, wie noch kein anderer Philosoph. Er besaß sie auf dem Gebiete der Philosophie in eben dem Grade, als Goethe und Shakespeare auf dem Gebiete der Poesie."

50. Wie Frauenstädt sein Rühmen der Kaltblütigkeit des Weltweisen selber lächerlich macht. Die höchste Unverschämtheit des Weltweisen — von Frauenstädt berichtet und vertheidigt.

Derselbe Frauenstädt, der uns die Kaltblütigkeit und Besonnenheit Schopenhauers in der Darstellung, wie noch kein anderer Philosoph sie besessen, anrühmt, bringt auf derselbigen Seite 266 folgende Aussprüche:

„Zu Berlin 1812 schreibt er: „„Wenn wir eben einen großen Schmerz erfahren haben, verwundert es uns, daß die Welt um uns herum ohne Theilnahme bleibt und ihren gewohnten Gang fortgeht. Aber noch mehr, es wird uns unerträglich, daß wir selbst sogar den mechanischen Gang des täglichen Treibens fortsetzen sollen und tausend unserer eigenen Handlungen der Schmerz fremd bleiben soll, der im Innern tobt. Deshalb, um die Harmonie zwischen unserem äußeren Thun und der inneren Empfindung herzustellen, toben, schreien wir, raufen die Haare und wälzen uns auf dem Boden.""

Das ist die objective, kaltblütige Darstellung, wie solche noch kein anderer Philosoph besessen. Wir ersuchen diese haarausraufenden, sich auf dem Boden wälzenden Philosophen, nicht im Plural zu arbeiten, das „wir" zu vermeiden, nicht gleich die ganze Welt in ihre Tobsucht hineinzuziehen, nicht alle Menschen mit ihrem Geschrei zu begaben und zu alarmiren. Und den Herrn Frauenstädt, den

Philosophenapostel, ersuchen wir, nicht gleich auf derselbigen Seite seine eigenen Worte und Belobungen des Weltweisen durch Anführungen der Worte des Weltweisen selber zu vernichten und somit sich und seinen Meister zugleich hochgradig lächerlich zu machen.

Eine lange, eingängige Abhandlung über den Kampf der Sinnlichkeit mit der Vernunft im Menschen schließt Schopenhauer (S. 269):

„Das Aendern der Richtung, der Uebergang vom Reich der Finsterniß, des Bedürfnisses, Wunsches, der Täuschung, des Werdenden und nie Seienden zum Reiche des Lichtes, der Ruhe, Freude, Lieblichkeit, Harmonie und Frieden ist unendlich schwer und unendlich leicht. Diese Erkenntniß hat der Dichtung zu Grunde gelegen vom Ritter, der in ein Schloß soll, das eine Mauer mit einer einzigen engen Thür umgibt, welche Mauer wirbelnd schnell sich dreht. Der tapfere Ritter spornt das Roß, läßt die Zügel los, Kopf voran, Augen zu und sprengt in die Pforte. Dies ist das Symbol der Tugend, des Weges des Lichtes; um das ungeheuer Schwere, Unmögliche zu vollenden, braucht man nur zu wollen, aber wollen muß man!“

Schopenhauer hat sich durchaus keine Mühe gegeben, um das ungeheuer Schwere zu vollenden, und darum nennt er es auch das Unmögliche. Wenn er dazusetzt, man könne auch das Unmögliche vollenden und brauche das nur zu wollen, so ist das wieder ein eklatanter Beweis, daß man den Aussprüchen Schopenhauers mit der Logik nicht an den Kragen kommen darf. Das Unmögliche wäre ja auch mit dem allerstärksten Willen nicht zu bewältigen, wenn auch Schopenhauer seine geschwollene Deklamation schließt:

„Wollen, großes Wort! Zunge in der Wage des Weltgerichts! Brücke zwischen Himmel und Hölle!“

Auf diesen Tugendpreis hinauf macht nun Frauenstädt über seinen Meister folgendes bedenkliche Geständniß (S. 270):

„Schopenhauer selbst war nun freilich nicht der tapfere Ritter, von dem er hier spricht. Er war im Punkte der Geschlechtsliebe kein Heiliger und hat es mir selbst gestanden, daß er arg nach den Weibern gewesen, daß er in Italien nicht bloß das Schöne, sondern auch die Schönen genossen hat u. s. w. Auch merkt man es seiner Metaphysik der Geschlechtsliebe hinlänglich an, daß er den Gegenstand derselben aus eigener Erfahrung und Praxis kannte. Wie hätte er auch sonst über dieses Kapitel schreiben können? Er selbst sagte einst im Scherze zu mir: „Ein echter Philosoph müsse nicht allein mit dem Kopfe, sondern . . . .“

Wir halten es für überflüssig, dem Leser diese Xenie in ihrer ganzen Unverschämtheit vorzulegen. Es genügt uns, aus der Feder des Apostels selber das unglückliche Ringen um den Tugendpreis, wie er dasselbe aus dem Munde des Meisters in aller Frechheit zugestanden und bestätigt gehört hat, zu constatiren und zugleich zu ersehen, daß der curiose Ruf, dessen Schopenhauer in dieser Richtung sich theilhaftig gemacht, nicht unverdient ist, wie es auch selbst hochliberale Autoren, welche darüber geschrieben, bestätigen.

Daß diese Nachrede eine wohlverdiente, vom Verdiener derselben selbst eklatant bestätigte gewesen ist, genirt seinen Apostel Frauenstädt ungemein, und eben wegen dieser Ungemeinheit macht er einen unglücklichen Versuch, den Meister der Gemeinheit zu entlasten. Er schreibt (S. 270):

„Aber Diejenigen, die hieraus, wie schon aus den von Gwinner über diesen Punkt gemachten Mittheilungen geschehen, mit Herrn Gutzkow in den „Unterhaltungen am häuslichen Herd“ und mit Herrn M. C. in den „Grenzboten“ flugs schließen, daß Schopenhauer ein gemeiner Mensch gewesen, denen muß ich doch hier sagen, daß es mit ihrer Psychologie und Moral sehr miserabel bestellt ist. Ein oberflächlicheres Urtheil als dieses kann es kaum geben, und wenn nicht schon die Gehässigkeit, die aus den Artikeln dieser Herren gegen Schopenhauer hervorleuchtet, ihre gänzliche Unfähigkeit, ihn richtig zu erkennen und zu beurtheilen, verriethe, so würde es jener Schluß von Schopenhauers erotischen Sünden auf seine Gemeinheit thun. Nach meiner Psychologie und Moral kann Einer sich erhebliche Sünden zu Schulden kommen lassen und dabei doch ein sehr edler Mensch, und umgekehrt Einer, der frei von diesen Sünden ist, ein sehr gemeiner Mensch sein.“ — —

51. Wie Frauenstädt, um seinen Meister zu vertheidigen, die Pastorentoga anzieht und sich mit der lutherischen Orthodoxie zeitweilig bewaffnet. Macht mittelst eines Humbugs den Glauben zur inneren Gesinnung und die Werke zur äußeren Ehrbarkeit.

Wir müssen hier den Text des Dr. Frauenstädt, des geistreichen Vertheidigers in philosophischen Strafsachen, einen Moment unterbrechen, um den Leser auf den Meister-Schwung und -Sprung dieses kühnen Schwimmlehrers aufmerksam zu machen. Er wird zum Behufe seiner Vertheidigung auf einmal ein strenger orthodoxer Altlutheraner, bäumt sich auf, läuft auf das Trampolin (das Schwungbrett oder dem Schwimmbassin), faltet die Hände vor dem Kopfe und stürzt sich kopfüber in das Gewässer der lutherischen Gnadenlehre hinein! Hilf, was helfen kann — wenn's schon nicht anders geht, so soll der Philosoph mit der lutherischen Orthodoxie reingewaschen werden. Eine so schnelle Bekehrung eines atheistischen Philosophen zur lutherischen Orthodoxie ist noch nicht dagewesen.

Hören wir Frauenstädt, den Bekehrten (S. 271): •

„Denn was entscheidet darüber, ob der Mensch edel ist oder gemein? Die Werke oder der Glaube? Die äußere Legalität oder die innere Gerechtigkeit? Nach meiner, aber nicht bloß nach meiner, sondern auch nach der christlichen Moral: der Glaube, die Gerechtigkeit der Gesinnung, nicht die Werke, nicht die äußere Ehr- und Tugendsamkeit. Wie aber der Glaube, die Gesinnung Schopenhauers beschaffen gewesen, wie er tiefer als irgend ein anderer christlicher(!) Philosoph die Sündhaftigkeit des menschlichen Willens erkannt, eben dieser Sündhaftigkeit wegen die gänzliche Verneinung des Willens für den alleinigen Weg zum Heile erklärt und die Heiligen um ihre Selbst- und Weltüberwindung beneidet hat, dafür sprechen sattsam seine Werke[1]). Und ein solcher Philosoph ein gemeiner Mensch?"

„In seinen Erstlingsmanuscripten (Berlin, 1813) schreibt Schopenhauer: „In der Moralität unseres Handelns darf der juristische Grundsatz: audiatur et altera pars nicht gelten, d. h. die Sinnlichkeit und der Egoismus dürfen gar nicht gehört werden. Vielmehr heißt es, sobald der reine Wille sich ausgesprochen: nec audienda altera pars." Und dieser Schopenhauer ein gemeiner Mensch?" — —

S. 271:

„Zu Weimar 1813 schreibt Schopenhauer: „Die Menschen, welche nach einem glänzenden, glücklichen und langen Leben statt nach einem tugendhaften Leben streben, gleichen den thörichten Schauspielern, die immer brillante, siegreiche und lange Rollen haben wollen, weil sie nicht einsehen, daß es nicht darauf ankommt, was oder wieviel sie sprechen, sondern wie sie spielen." Und dieser Schopenhauer ein gemeiner Mensch?" —

[1]) In dieser Constellation ist das Wort „Werke" total verfehlt: da soll es sprachrichtig heißen: seine Worte. Denn eben die Werke des Weltweisen sind ja gerade hier im diametralen Gegensatze zu seinen Worten. Auch der Neid, mit welchem Schopenhauer die Heiligen um ihrer Selbstüberwindung willen beneidet hat, ist außerordentlich schwach gewesen. Von diesem Neide kann Schopenhauer vollkommen losgesprochen werden.

„Zu Dresden 1815 schreibt er: „Die Befriedigung des Geschlechtstriebes ist an sich schlechthin verwerflich, weil sie die stärkste Bejahung des Lebens ist. Dies gilt von der in der Ehe[1]), wie von der außer der Ehe; letztere aber ist doppelt verwerflich, weil sie noch dazu Verneinung des fremden Willens ist, indem das Mädchen mittelbar oder unmittelbar dadurch in Unglück geräth, der Mann also seine Lust auf Kosten Anderer befriedigt. Eine Ausnahme hiervon wäre, wenn ein Mädchen oder Wittwe reich genug ist, Kinder zu versorgen und stark genug, die fremde Meinung zu verachten. Ueberhaupt trägt das Weib bei der außerehelichen Befriedigung nicht jenen zweiten höheren Grad der Schuld. Ehebruch ist als der ärgste Diebstahl, noch um einen Grad schlechter." Und dieser Schopenhauer ein gemeiner Mensch?"

Ein seltsames Gemisch von Sinn und Unsinn, Moral und Sittenlosigkeit, Wahrheit und Lüge! Wenn also ein genus femininum Geld hat, um eventuelle wilde Sprößlinge versorgen zu können, und Stärke, „die fremde Meinung" (d. h. Unverschämtheit genug, das christliche Sittengesetz) zu verachten, dann wird sie vom Willens- und Vorstellungsphilosophen allergnädigst absolvirt und kann thun, was sie will. Eine atheistische Moral, die nur für die armen Teufel gilt und über welche sich Leute, die viel Geld und gar keine Religion haben, mit Anstand und Ruhe hinaussetzen können, und zwar mit Erlaubniß des philosophischen Moses, der die zwei neuen Gesetztafeln auf Pappendeckel, Wille und Vorstellung, erfunden hat.

Frauenstädt vertheidigt fort:

„Zu Weimar 1814 schreibt er: „Wenn dich der Egoismus ganz erfüllt und gefaßt hat, sei es als Freude, als Triumph, als Begier, als Hoffnung oder als wüthender Schmerz, als Aerger, als Zorn, als Furcht, als Mißtrauen, als Eifer jeder Art, so bist du in des Teufels Klauen und wie ist einerlei." Und dieser Schopenhauer ein gemeiner Mensch? Ihr, die Ihr ihn gern dafür ausgeben möchtet, beweiset entweder, daß Ihr seine Lehren gar nicht kennet, — was berechtigt Euch aber alsdann, über ihn zu urtheilen? — oder daß Eure Moral die oberflächlichste und unchristlichste von der Welt ist, weil Ihr die Moralität des Menschen nach den Werken und nicht nach dem Glauben, nach der äußeren Ehrbarkeit und nicht nach der Gesinnung abschätzet." — —

---

[1]) In den Aussprüchen und Anforderungen weit über die christliche (katholische) Sittenlehre hinaus, und im Leben .... das ist ja eben die complete Narrethei!

Schon wieder wird Schopenhauer als ein Besitzer der lutherischen Orthodoxie ins Treffen geführt und sein angeblich lutherischer Glaube als alleinseligmachend gerühmt, — ein Moment, an das Frauenstädt, der Kenner der Schopenhauerschen Philosophie, doch entschieden selber nicht glauben konnte; er eskamotirt daher daß man ihn wegen dieser entschiedenen Unwahrheit nicht packen kann, in Form einer Gleichung die Werke in äußere Ehrbarkeit und den Glauben in Gesinnung. Der oft wiederholte fragende Ausruf: „Und dieser Schopenhauer ein gemeiner Mensch?" ist eben auch wieder ein Frauenstädtscher Humbug. Wer hat denn diesen Schopenhauer im Allgemeinen ohne Beleg einen „gemeinen Menschen" geschimpft? Das hat Frauenstädt gar nicht kundgegeben.

Nur seine Handlungsweise, sein Gebahren im Verkehr mit der Frauenhalbwelt wurde als eine constatirte, von ihm frech einbekannte Thatsache besprochen.

52. Frauenstädt schreibt dem Leser vor, von welchem Standpunkte selbiger die Moralität des Weltweisen zu betrachten habe; er beruft sich in seiner frommen Laune auf den Apostel Paulus, da doch sein Meister die Apostel Philister gescholten hat.

Frauenstädt verlangt: wir sollen die Moralität Schopenhauers nach dem Glauben (nach der Gesinnung) und nicht nach den Werken (der äußeren Ehrbarkeit) abschätzen, d. h. wir sollen das von ihm selber mit allem Cynismus seiner Hoffart einbekannte freudenhäusliche Leben dieses Weltweisen, an welches er ohne irgend eine Reue, vielmehr auch wieder eingestandener Maßen mit der niedergedämpften Lüsternheit eines abgebrauchten Faun sich zu erinnern pflegte, ignoriren (wie auch der Weltweise voraussichtlich wiederholt gewünscht hat) und uns nur an seine Lehre halten.

Es gehört wieder die größte Unverfrorenheit dieses Philosophenschülers dazu, wenn er seinen Lesern zumuthet, dieselben sollen sich durch seinen hochgradig verlogenen Wortschwall, durch seine geradewegs zur Heuchelei ihre Zuflucht nehmende Vertheidigungsmethode einschüchtern lassen. Schopenhauer verwirft die Ehe doppelt, „weil sie eine Verneinung des fremden Willens ist." Er beschimpft und leugnet den Schöpfer, ihm gilt das Neue Testament als ein Märchen, und Frauenstädt macht ihn zu einem Bekenner des alleinseligmachenden lutherischen Glaubens, um mit diesem fingirten Glauben, wie mit einem Kuppelpelz, jenes Leben zuzudecken, welches der Philosoph selber seinen Freunden eingestanden, das von diesen publicirt und auch, wie wir sehen, vertheidigt oder mindestens entschuldigt worden ist, welches er selber aber nicht besprochen und der Neugierde des Publikums nicht preisgegeben wissen wollte.

Es kommt aber noch viel schöner. Frauenstädt setzt sehr kühn alle Jene in einen philosophischen Anklagestand, welche sich erfrechen, den Weltweisen trotz seines Lebens und seiner oft in Wuth gerathenen Flegelhaftigkeit nicht für den edelsten Menschen zu halten. Wer muß nicht lachen, wenn er folgende Declamation vernimmt (S. 272):

„Und wer seid denn Ihr, die Ihr über Schopenhauer den Stab brechet? Ihr seid vielleicht frei von seinen Schwächen, habt aber dafür andere und vielleicht noch schlimmere in Hülle und Fülle, ohne daß Ihr Euch wie er zugleich rühmen könnt, ein großes, unsterbliches Werk für die Menschheit vollbracht zu haben. Dabei sehe ich auch nicht, daß Eure Gesinnung eine besonders nobele wäre. Denn wenigstens aus Euren gehässigen Angriffen auf Schopenhauer leuchtet sie nicht hervor."

Kurios! Diesem Weltweisen, der ohne Unterlaß und unzählige Male sämmtliche Menschen (ausgenommen diejenigen, die ihn als Welterlöser betrachten, ihn bewundern, seine Willens- und Vorstellungstheorie als das höchste, letzte, unantastbare Resultat aller Denkarbeit in der Menschheit anerkennen) als bipedes, als verächtliches zweibeiniges Viehvolk betrachtete, soll Niemand nahen, über die Früchte seiner Philosophie, die sein eigenes Leben gezeitigt und zur Schau getragen, soll Niemand sprechen; sein Leben als ein Resultat seiner Lehren soll Niemand erwähnen, denn er hat ein großes, unsterbliches Werk für die Menschheit vollbracht, und darum hat man keine „besonders nobele Gesinnung", wenn man sich noch ein Urtheil über die merkwürdige Disharmonie mit den Momenten seiner bisweilen durchbrechenden besseren Erkenntniß, als auch über die Harmonie dieses Lebens mit den Momenten seines gottlosen und sittenlosen Theorems erlaubt und die contradictorischen unzählige Male aufgetauchten Widersprüche seines Lebens mit seiner Lehre — und seiner Lehre in sich selbst — und seiner Apostel Schriften bloßzulegen sucht.

Es ist geradewegs eine Unverschämtheit, sich zur Vertheidigung dieses Weltweisen, der die Apostel in seinem Größenwahn Philister gescholten hat, auf den Weltapostel Paulus zu berufen und mit Aussprüchen dieses Apostels das Leben und die Lehren Schopenhauers decken zu wollen. Es ist dies aber nicht nur eine Unverschämtheit, sondern auch ein eklatanter Unsinn, wie es jedem mit Logik begabten Leser einleuchten wird, der es noch wagt, den Dr. Frauenstädt in seiner Reinigungsanstalt des Schopenhauerschen Philosophenmantels (wir wollen zart sein und uns nicht des Ausdruckes eines schmutzigen Leinenzeugs bedienen) nicht freundschaftlich die Hände darzubieten. Hören wir den Frauenstädt, der mit altlutherischer, schneeweißer, gefältelter Halskrause die Kanzel besteigt und, mit der altlutherischen Dogmatik in der Hand, den eklatanten Leugner des persönlichen Gottes seinen protestantischen und katholischen Gegnern gegenüber zu vertheidigen sucht.

S. 273:

„Gehet doch künftig, ehe Ihr über einander richtet, zuerst in Euch, und sodann, um gerecht zu richten, lasset Euch vom Apostel Paulus belehren. Der wird Euch (Römer 7, 14—23) sagen, daß der Mensch fleischlich unter die Sünde verkauft ist, daß ein anderes Gesetz in seinen Gliedern ist, ein anderes im Gemüthe,[1]) so daß er das Gute, das er will, nicht thut, sondern das Böse, das er nicht will, daß es aber darauf ankomme, woran er Lust habe, ob am inwendigen Menschen oder am fleischlichen. Der Apostel wird Euch sattsam belehren, daß nicht die Werke, sondern der Glaube den Menschen rechtfertige, und daß Ihr Euch um Eurer guten Werke willen noch nicht für frei von der Verdammniß, so wie andere um ihrer schlechten Werke willen noch nicht reif für die Verdammniß halten dürfet. Und dann, wenn Ihr aus der Bibel gelernt haben werdet, würde ich Euch noch den Rath geben, Schopenhauers Werke fleißig zu studiren. Ihr werdet dann vielleicht eher im Stande sein, über Moralität im Allgemeinen, sowie über die moralische Qualität eines bestimmten Menschen insbesondere, z. B. über die Schopenhauers, oder auch über Euere eigene, richtig zu urtheilen."

---

[1]) Es heißt: „Das Gesetz ist geistig", aber es heißt nicht „gemüthlich".

53. Wie der Apostel Paulus als Entlastungszeuge für den Weltweisen absolut nicht zu brauchen ist. Wie Frauenstädt dem Schopenhauer ein paragraphenreiches Adelsdiplom für die Moral desselben ausstellt.

Das ist ja doch rein zum Durchgehen! Jetzt soll der von Schopenhauer in seinem Größenwahn und in seinem stolzen Bewußtsein, er sei die Centralsonne aller Philosophie, als „Philister" gescholtene Apostel Paulus auf einmal mithelfen, den Schopenhauer zu vertheidigen, die schmutzige Wäsche desselben zu waschen und einige aus dem Context herausgerissene und noch dazu verstümmelte Verse aus dem Römerbriefe wie Papierfetzen dem Leser über die Augen gelegt werden, daß er ja nicht das ganze siebente Kapitel durchlese und am Ende zu der Ueberzeugung komme, daß Frauenstädt ihn wieder beschwindeln wollte.

Wir ersuchen den Leser, das Citat in dem Römerbriefe, VII. 14—23, nachzulesen, aber auch gleich Vers 24 und 25 und das ganze VIII. Capitel dazu, besonders V. 12 und 13: „Demnach sind wir nicht Schuldner des Fleisches, daß wir nach dem Fleische leben, denn, wenn ihr nach dem Fleische lebet, werdet ihr sterben, wenn ihr aber mit dem Geiste die Werke des Fleisches ertödtet, werdet ihr leben."

Auf alles das kann man mit vollster Berechtigung sagen: Es ist schon ein Humbug, das unsittliche Leben eines Atheisten mit Bibelcitaten decken zu wollen, es ist aber ein noch größerer und total verunglückter Versuch, wenn gerade im vollständigen, unverfälschten und unbeschnittenen Bibelcitat eben dieses Leben, was entschuldigt werden soll, geradewegs verurtheilt wird.

Jetzt kommt aber erst die wahre Ekstase Frauenstädts, die Schlußkanonade; der Leser wird ersucht, das Folgende genau zu prüfen (S. 273):

„Für mich (d. h. Frauenstädt) ist Schopenhauer trotz seiner menschlichen, fleischlichen Schwächen und Gebrechen, die ich durchaus nicht in Abrede stellen will, sowie er sie selbst nicht in Abrede gestellt, vielmehr offen zu mir bekannt und gesagt hat: „Ich habe wohl gelehrt, was ein Heiliger ist, bin aber selbst kein Heiliger," für mich, sage ich, ist Schopenhauer trotz seiner Schwächen einer der edelsten Menschen, die je gewesen sind, und so lange ihr mir nicht beweiset, daß Schopenhauer an seinen Sünden Lust und Wohlgefallen gefunden — wie gemeine Menschen pflegen —, daß er sie nicht als eine Hemmung seines wahren höhern Wesens oder „bessern Bewußtseins" empfunden, sondern in ihnen so recht zu Hause, in seinem Esse sich gefühlt habe, wie gemeine Menschen pflegen, so lange werdet ihr mir meinen Glauben an Schopenhauers edele, moralische Qualität nicht rauben."

54. Wie der Spieß, mit dem Frauenstädt die Gegner des Weltweisen zu durchbohren droht, gegen ihn selber umgewendet wird. Schadhafte Logik, um den Meister zu entlasten. Der Atheist gibt selber zu, daß seine Werke der Finsterniß angehören, spricht aber das Vertrauen auf seinen lichten Glauben aus!!!

So Frauenstädt. Setzen wir nun den Fall, ein Betrachter dieser edlen, moralischen Qualität-Versicherungsanstalt würde sagen: „Diese Vertheidigung Schopenhauers sammt der daraufgestellten moralischen Edelqualität ist ein purer Unsinn und eine kolossale Dummheit!" so könnte diesem frechen Betrachter und Beurtheiler des Frauenstädtschen Panegyricus mit der Beweismethode Frauenstädts Folgendes ins Gesicht gesagt werden:

„So lange ihr mir nicht beweiset, daß Frauenstädt obige Confusion mit jener Unwissenheit, Arroganz und Selbstgefälligkeit ausgesprochen, wie das bei dummen Menschen der Fall ist; so lange ihr mir ferner nicht beweiset, daß Frauenstädt selber an diesen seinen Aussprüchen eine Lust und ein Wohlgefallen gefunden und daß er sich beim Aussprechen dieses Blödsinns so recht zu Hause in seinem Esse gefühlt hat, wie diese Erscheinung bei dummen Menschen sehr häufig vorzukommen pflegt, so lange werdet ihr mir meinen Glauben an die beweiskräftige Logik, an den Scharfsinn, an das Genie, an die unüberwindliche Dialektik Frauenstädts nicht entreißen."

Nachdem nun Frauenstädt den Versuch gemacht hat, dem Schopenhauer das moralische Adelsdiplom auszufertigen, führt er auch an, was Schopenhauer selber für sich in dieser Richtung vorgebracht hat.

S. 274:

„Wie Schopenhauer selbst schon frühzeitig über die Anfechtungen seiner Sinnlichkeit gedacht, mag aus folgenden, 1812 zu Berlin geschriebenen Worten hervorgehen: „Den Anfechtungen

Deiner Sinnlichkeit siehe lachend so zu, wie der Ausführung eines gegen Dich verabredeten, Dir aber gesteckten Schelmenstreichs."

Höchst interessant ist die Anstrengung, mit welcher Frauenstädt seinen Meister lakaienhaft wegen seiner Lebensweise zu entschuldigen sucht und wie auch der Weltweise selber oft das Bedürfniß gefühlt hat, sich in dieser Richtung reinzuwaschen.

S. 274:

„Auch war er (Schopenhauer) nicht so oberflächlich, wie die ihn jetzt wegen seiner menschlichen Schwächen Verdammenden,[1]) daß er die moralische Qualität eines Menschen nach dessen äußerer Legalität und Probität abgeschätzt hätte. Er wußte recht gut, daß die geistreichen und genialen Menschen oft in der Uebung der Tugend weit hinter den gewöhnlichen Menschenkindern zurückstehen, daß diese meist oft ehrsamer leben, weit weniger Anstoß geben als jene. Dennoch ließ er sich nicht dazu verleiten, über jene darum den Stab zu brechen und diese in moralischer Hinsicht über sie zu stellen, wie aus folgenden Aufzeichnungen in seinen Erstlingsmanuscripten hervorgehen wird."

Was ist das wieder für ein kostbarer Vertheidigerstyl! Denken wir uns einen Anwalt vor Gericht: er hat einen Dieb zu vertheidigen und spricht nach Frauenstädts Vorgang: „Mein Client weiß recht gut, daß seine Genossen oft in Uebung der Tugend weit hinter gewöhnlichen Menschenkindern zurückstehen, daß diese oft viel ehrlicher sind und weit weniger Anstoß geben als seine Complicen, er läßt sich aber deshalb doch nicht verleiten, darum den Stab über seine Complicen (und folglich auch über sich selbst) zu brechen und diese gewöhnlich Ehrlichen in moralischer Beziehung über die Complicen (und selbstverständlich auch über sich selber) zu stellen.

Ganz mit der ähnlichen schadhaften Logik vertheidigt sich Schopenhauer selber.

---

[1]) Das ist ein echter Theatercoup, immer von den Schopenhauer Verdammenden zu sprechen; das geschieht doch nur in der Absicht, um alle Jene, denen die Lehre Schopenhauers ebensowenig gefällt, wie sein Leben, und die sich ein ruhiges Urtheil darüber erlauben, — als verdammungssüchtig, als Fanatiker darzustellen. Wir erklären diese oratorischen Kunstgriffe geradewegs als ordinär, denn sie geben ein Zeugniß, daß die Vertheidiger in ihrer Verlegenheit zu den Waffen der Lüge und Entstellung greifen, weil es ihnen an den Waffen zu einem ehrlichen Kampfe gebricht.

S. 274:

„Zu Dresden 1814 schreibt er: Menschen von Genie und Geist und solche, bei denen die Ausbildung des Intellektuellen, des Theoretischen, des Geistes der des Moralischen, des Praktischen, des Charakters weit vorgeeilt ist, sind im Leben nicht nur oft ungeschickt und lächerlich, wie es Platon im 7. Buche der Republik bemerkt und Goethe im Tasso geschildert hat, sondern sie sind oft sogar moralisch schwach, erbärmlich, ja fast schlecht. Wirkliche Beispiele hat Rousseau gegeben. Dennoch ist die Quelle aller Tugend, das bessere Bewußtsein, in ihnen oft stärker als in vielen besser Handelnden, doch weniger schön Denkenden, ja Jene sind eigentlich mit der Tugend genauer bekannt, als diese, die sie besser üben. Jene möchten voll Eifer für das Gute wie für das Schöne geraden Laufes sich zum Himmel erheben, aber das dicke Erdelement widersteht ihnen und sie sinken zurück. Sie gleichen geborenen Künstlern, denen das Technische mangelt, oder denen der Marmor zu hart ist. Mancher andere, der viel weniger als sie für das Gute begeistert ist, ungleich weniger dessen Tiefen ergründet hat, übt es viel besser, er sieht auf jene mit Verachtung herab und hat ein Recht dazu, und doch versteht er sie nicht, und auch sie verachten ihn nicht mit Unrecht. Sie sind zu tadeln, denn jeder Lebende hat eben durch sein Leben die Bedingungen des Lebens unterschrieben, aber sie sind noch mehr zu bedauern. Sie werden erlöst nicht auf dem Wege der Tugend, sondern auf einem eigenen Wege: nicht die Werke, sondern der Glaube macht sie selig!“

Hier sehen wir, wie der entschiedene Atheist, dem doch sicher die ganze lutherische Orthodoxie als eine reine alte Rumpelkammer gegolten hat, sich auf einmal wieder die lutherische Werk- und Glaubenstheorie als Rüstzeug hervorholt, um seinen Wandel, der „nicht auf dem Wege der Tugend“ gewesen ist, „auf einem eigenen Wege“ zu rechtfertigen. Er hat absolut keinen Glauben, aber der Glaube soll ihn selig machen; es ist wenigstens ein achtenswerthes Geständniß, daß es ihm auf dem Wege der Tugend nicht gelungen ist. — Wir sehen hier deutlich, daß auch sehr renommirte Philosophen, wenn sie in Verlegenheit kommen, gerade so wie ganz ordinäre Menschenkinder zur Verlogenheit ihre Zuflucht nehmen.

55. Die finsteren Werke werden schon wieder mit dem Mantel der Genie-Privilegien fest zugedeckt. Moral ist nur für den Pöbel!

Frauenstädt hat aber auch noch andere ähnliche Entlastungsstellen aus den Schriften seines Meisters zusammengesucht, so

S. 275:

„Aehnliche hierher gehörige Aeußerungen Schopenhauers in seinen Erstlingsmanuscripten sind: Das Leben des Geistreichen, des Genialen hat keine bloß moralische, sondern auch eine theoretische Tendenz. Ja, man könnte vielleicht sagen, daß er in einem gewissen Grade über das Moralische hinaus ist[1]): großer Bosheit ist er völlig unfähig und die gewöhnlichen Sünden drücken sein Gewissen weniger, als das des gewöhnlichen Menschen, weil er gleichsam das Spiel des Lebens durchschaut." (Dresden, 1814.)

Wir wollen hier die Schönfärbereien, deren sich der Philosoph zur Beruhigung seines Gewissens gerade in den Jahren 1814 und 1815 bedient, ein wenig unterbrechen, um auf einen nicht zu übersehenden Umstand aufmerksam zu machen. Schopenhauer hat vielfach nachweisbar die Gewohnheit, Gedanken und Erfahrungen Anderer, mit dem Gepräge seiner Sprache versehen, als eigene Münze in den Cours zu bringen. Diese Stellung des Genies (versteht sich angemaßte, die allen jenen Bedrängten wohlgefällt, welche diese Stellung ebenfalls als einen Vertheidigungsapparat gebrauchen wollen) hat Goethe zuerst 1813 bei der Trauerrede für Wieland in der Freimaurerloge zu Weimar ausgespielt[2]). Schopenhauer gibt dieselbe gleich zwei Jahre darnach als sehr verwendbares Beschwichtigungsmittel in verschiedenen Sprachwendungen wieder.

Wir lassen selbe hier nach Frauenstädt (S. 275) folgen:

„Ferner: Geniale haben oft heftige Begierden, sind der Wollust und dem Zorne ergeben. Zu großen Verbrechen kommen sie jedoch nicht, weil, wenn diese sich ihnen darbieten, sie die Idee derselben erkennen, lebhaft und tief erkennen, das Subject also auf diese gerichtet ist und nun diese Erkenntniß die Uebermacht über den starken Willen gewinnt,[3]) ihn nunmehr (eben wie beim Heiligen) wendet und die Missethat also unterbleibt. Immer also participirt das Genie etwas von der Heiligkeit, indem es die Bedingung zu dieser hat, und der Heilige etwas vom Genie, indem er die Bedingung zu diesem hat."

---

[1]) Nicht nur in einem gewissen, sondern auch in einem sehr ungewissen Grade.

[2]) Goethes Werke, XXII. Bd., S. 233—266.

[3]) Warum soll man diese kuriose Erkenntniß und diese Uebermacht über den starken Willen bei zornmüthigen, böswilligen Genies nicht besser mit dem Worte Galgenangst bezeichnen?

Schluß: Das Genie hat eine kleine Portion Heiligkeit, und diese Heiligkeit (diese kleine Portion) hält das Genie von Missethaten zurück.

Es ist oft geradewegs drollig, wie sämmtliche, dem Philosophen in den Wurf kommenden Erscheinnngen in die Schubfächer seines Systems in „Wille und Vorstellung" hineingezwängt werden. Der „starke Wille" wird beim Genie wie beim Heiligen gewendet, und die Missethat unterbleibt. Schopenhauer hat sich eine eigene Definition von der Heiligkeit gemacht und die Goethesche Definition vom kanonischen Recht und sämmtliche Privilegien des Genies, welche sich dieses Genie selber verleiht, auch für sich in Beschlag genommen.

Schopenhauer (S. 275):

„Der mit Genie begabte Mensch opfert sich ganz für das Ganze, eben indem er lebt und schafft. Daher ist er frei von der Verbindlichkeit, sich im Einzelnen für Einzelne zu opfern.[1]) Dieserwegen kann er manche Anforderungen abweisen, die andere billig erfüllen müssen. Er leidet und leistet doch mehr, als alle Andern." (Dresden, 1815.)

Für die anderen dummen Kerle, für das gemeine Pack, für die bipedes, da ist das Sittengesetz ganz gut. Die müssen es erfüllen, aber das Genie leidet und leistet für alle Uebrigen. Das Leiden Schopenhauers bestand, wie es ihm nicht mit Unrecht oft vorgehalten wurde, darin: Er ließ sich zu Mittag und Abends recht wohl geschehen, nahm gut und viel zu sich, ging mit seinem Pudel und irgend einem Anderen, der den Pudel nicht im Bellen nachahmen durfte, dafür im Wedeln und Kriechen noch übertreffen mußte, spazieren und athmete die Lobtiraden über seine Philosophie mit vieler Begierde ein. Sonst war vom Leiden bei ihm sehr wenig zu sehen, und doch meint er offenbar auch sich selbst, wenn er sagt: „das Genie (d. h. er) leistet und leidet mehr als alle Andern".

Es ist interessant, zu sehen, wie alle diese Genieverherrlichungen, Geniedefinitionen, Genieprivilegien, Genieentschuldiger

[1]) Es gehört doch eine ins Komische hinüberragende Unverfrorenheit dazu, auf die Goethesche Proklamation der Genievorrechte in Bausch und Bogen hin ein ganzes neues Moralgesetz zu verfassen. Wie bei Schopenhauer Alles in Wille und Vorstellung hineingeschachtelt wird, so könnte man hunderte seiner Aufstellungen als Ausflüchte und Consequenzen des Größenwahns bezeichnen.

sich auf den Weltweisen, als das eigentliche Centrum der Welt und seines Systems zurückbeziehen. Er ist wahrlich nicht der Mann, der je Andere verherrlicht hat, er denkt nur immer mit der größten Gewissenhaftigkeit auf die Anerkennung seines Genies, auf die „Umsichgreifung" seiner Philosophie, auf die Verherrlichung seines Ruhmes.

Selbstverständlich muß er bei diesem prononcirten Egoismus oft geradewegs drollig werden, wie z. B., wenn er (dieser Weltweise) sich sogar ein Stück Heiligkeit zuerkennt.

Noch Keinem ist's gelungen,
Daß er das Weihrauchfaß
So ohne Unterlaß
Hätt' um sich selbst geschwungen.
Vom süßen Duft erfüllt,
In Nebel eingehüllt,
Beräuchert um und um
Er sich — sein Heiligthum.

56. Frauenstädt als Maßstabfabrikant fertigt wiederholt einen eigenen Maßstab an, mit dem die dummen Leser die moralische Festung Schopenhauers abzumessen haben. Der Weltweise vergleicht sich mit „Jesus von Nazareth". Der Weltweise freut sich, indem er seinen Werth und den Unwerth aller Uebrigen erkennt.

Nun folgt zur Abwechslung schon wieder eine Vertheidigung Schopenhauers gegen Gemeinheit (S. 276):

„Dies war der moralische Maßstab, nach dem Schopenhauer das persönliche Leben der geistreichen und genialen Menschen abschätzte, und daß er jedenfalls wahrer, tiefer und gerechter ist, als der unserer heutigen boshaften Flachköpfe, die einen Schopenhauer wegen seiner persönlichen Schwächen und Sünden als einen gemeinen Menschen verdächtigen, das steht für jeden Einsichtigen fest."

Was bleibt uns jetzt übrig? denken sich hier und da uneinsichtige Leser. Wir müssen es, um für einsichtig gehalten zu werden, mit Frauenstädt halten, und wir dürfen ja nicht mucksen, über Schopenhauers Leben ein Bedenken zu äußern, sonst wird jedem von uns ein boshafter Flachkopf an den Kopf geworfen. Nun gibt es aber auch gutmüthige Flachköpfe, boshafte Spitzköpfe und aufgeblasene

Dummköpfe und allerhand andere Titulaturen aus dem philosophischen Schimpflexikon. Und so kann man am Ende den boshaften Flachkopf ertragen, und zwar von einem Philosophen, der sich doch offenbar durch diese Titulatur implicite als Gegensatz derselben für einen gutmüthigen Spitzkopf hält.

Bisweilen drückt aber den Lalai Schopenhauers doch das Gewissen und er macht nicht gerne, aber doch nothgedrungen einige Zugeständnisse. So S. 276:

„Mit mehr Recht, als die Gemeinheit, könnte man Schopenhauer vielleicht (nur?) den Vorwurf des Hochmuths machen Denn seine Menschenverachtung, sein sich fremd und heterogen Fühlen unter dem „Menschenpack", den „Philistern", der „Fabrikwaare der Natur" u. s. w. nimmt allerdings mitunter (?) einen Ausdruck an, der wie Hochmuth aussieht (nur?). Schon in seinen Erstlingsmanuscripten kommen zahlreiche Stellen vor, in denen er auf die Menschen herabsieht, als wäre er ein Wesen höherer Gattung, z. B.: „Auf den Höhen muß es freilich einsam sein." (Dresden, 1814.) „Die Menschen finden sich oft durch ein einziges Wort, eine Miene, einen Widerspruch so beleidigt, daß sie es nie vergeben und Feindschaft und Freundschaft machen: mir ist das nun allemal unverständlich. Das macht: ich muß in einemfort Gesichter, Worte, Meinungen, Widersprüche aller Art vergeben, die mein Innerstes empören auf eine Weise, die Jene gar nicht kennen." (Dresden, 1814. S. 276.)

„Auf dem Gesichte des Apolls von Belvedere[1]) lese ich den gerechten und tief gefühlten Unwillen des Musengottes über die Erbärmlichkeit und gänzliche, nicht zu bessernde Verkehrtheit der Philister. Auf diese hat er seine Pfeile gesendet, um die Brut der ewig Abgeschmackten zu vertilgen." (Dresden, 1814.)

„Ich rede bisweilen mit Menschen, so wie das Kind mit seiner Puppe redet: es weiß zwar, daß es die Puppe nicht versteht, schafft sich aber durch eine angenehme wissentliche Selbsttäuschung die Freude der Mittheilung." (Dresden, 1816.)

„Mir ist unter den Menschen immer, wie dem Jesus von Nazareth war, als er die Jünger aufrief, die immer alle schliefen." (Dresden, 1816.)

---

[1]) Selbstverständlich hält sich Schopenhauer selbst für den Apoll von Belvedere; er legt seine glühende Menschenverachtung in die kalten Marmorzüge des Heidengottes und möchte zum Austausch dafür die Pfeile des Gottes, um die Brut der ewig Abgeschmackten zu vertilgen, die so blöde sind, in ihm nicht den wahren Erlöser der Menschheit anzubeten. Es ist doch nur dasselbe Chamäleon des Größenwahns, das in allen Farben schillert.

Was ist dieser „Jesus von Nazareth" gegen den Schopenhauer, den Apollo von Belvedere, den gründlichen Verächter der Menschheit! Christus liebt die Menschen als Kinder des göttlichen Vaters, und Schopenhauer haßt und verachtet die Menschheit als Abkömmlinge von Pavianen, Orang-Utangs und anderen Affen. Uebrigens ist es auch noch eine irrige Vorstellung und ein böser Wille, wenn Schopenhauer die Jünger „immer" und wenn er „alle" schlafen läßt.

Ferner redet sich der Weltweise selber zu, seinen Hochmuth wo möglich noch steigernd:

„Du mein Freund, vergiß nie, daß Du ein Philosoph bist, von der Natur dazu und zu nichts anderem berufen. Wandele daher nie die Wege der Philister, denn, wenn Du auch einer werden wolltest, so könntest Du es nie, bliebest sogar nur ein Halbphilister, ein mißlungenes Ding." (Dresden, 1816. S. 277.)

„Einen Punkt gibt es für jeden Menschen von ausgezeichnetem inneren Werth, zu welchem gelangt, er geborgen ist. Dieser Punkt ist der, wo er innig und völlig klar seinen eigenen Werth erkennt.[1]) Und da Werth immer relativ ist, so ist dies zugleich der Punkt, wo er den Unwerth der Uebrigen erkennt. Nun ist er, sage ich, geborgen; denn die anderen können ihn nie mehr irre machen: ihr Thun und ihr Meinen wiegt ihm jetzt leicht: er ist über alle Autorität erhaben, erkennt die Besten für seine Geistesbrüder und die Menge (l'ignorante et sotte multitude des Rabelais) für bestand- und wesenlose Schatten."

Er ist über alle Autorität erhaben, und die Anderen haben ihn als alleinige Autorität anzuerkennen, — so will es sein Wille in der Welt und so macht er sich seine Vorstellung von der Welt.

57. Die höchste Leistung im Größenwahn. Hochmuth und Aufgeblasenheit.

In der That, die ganze Geschichte der Philosophie und sämmtliche Geschichten sämmtlicher Philosophen haben kein Exemplar aufzuweisen von einer derartigen Werthschätzung ihrer selbst und Unwerthschätzung der ganzen anderen Menschheit. Und derselbe Weltweise hat es einmal dem Goethe vorgeworfen, daß

---

[1]) Diese Selbstpunktirung des erhabenen Weltweisen in seinem 27. Jahre ist besonders beachtenswerth, wie auch die ganz consequente Kehrseite, die Verachtung (der Unwerth) der Uebrigen.

man in seiner Nähe keinen andern Gott anerkennen durfte, als ihn selber! Gegenüber diesen hageldichten Beweisen von Größenwahn bei Schopenhauer erscheint ja Goethe noch immer in einer kindlichen Bescheidenheit.

Es ist anerkennenswerth, daß auch Frauenstädt, der doch dem Meister immer durch Dick und Dünn nachfolgt, ihn bei jeder Gelegenheit herauszuhauen sucht, hier nicht umhin kann, dem gesunden Sinn des Lesers doch einige Concessionen zu machen, einige Opfer zu bringen. Er bemerkt über diese Himalayahöhe der Selbstschätzung (S. 277):

„Klingt das nun nicht hochmüthig? Ist, wer in einem fort die Gesichter, Meinungen, Urtheile anderer zu vergeben hat; wer mit den Menschen wie das Kind mit seiner Puppe redet; wem unter den Menschen fast immer zu Muthe ist, wie dem Erlöser, der sie aus dem Schlaf aufrütteln möchte — ist der nicht hochmüthig? Auch ist es ganz gewiß, daß Schopenhauer von der Bescheidenheit nichts gehabt hat. Schon 1814 zu Dresden schreibt er, nicht ohne einen Anflug von Satyre: „Wenn ich über Bescheidenheit zu schreiben hätte, so würde ich sagen: Ich kenne zu sehr mein hochgeschätztes Publikum, für welches ich zu schreiben die Ehre habe, als daß ich mich unterfangen sollte, meine Meinung über die Tugend der Bescheidenheit laut werden zu lassen. Auch verstehe ich mich für meine Person gerne dazu, bescheiden zu sein und mich mit möglichstem Bedacht dieser Tugend zu befleißigen, nur das werde ich nie zugeben, daß ich von irgend Jemand Bescheidenheit gefordert hätte, und weise jede Behauptung einer solchen Forderung von meiner Seite als Verläumdung zurück."

Der erste Theil dieses Satyrenanflugs (wie es Frauenstädt nennt) ist abgeschmackter Hohn ohne Witz, der zweite Theil ist eine Vertheidigung ohne Grund. Er hat freilich nie zu irgendwem gesagt: „Ich fordere von Ihnen Bescheidenheit", aber er hat trotz seines Schmähens und seiner Verachtung der Uebrigen, „deren Unwerth er erkannt hat", doch mit unersättlichem Durst nach Anerkennung eben dieser Werthlosen gelechzt und ist immer in Grimm gegen Jene ausgebrochen, die ihm offen diese Anerkennung verweigert haben.

58. Wie trotz alledem Frauenstädt bei seinem Meister noch ein Stück Bescheidenheit anerkannt wissen will. Es gibt nicht nur bescheidene, es gibt auch aufgeblasene und freche Lumpe!

Nachdem es aber bei Frauenstädt ohne Entlastung und ohne Verputzung der starken Schwächen seines Meisters nicht abgehen kann, so fängt er auch trotz aller angeführten Aeußerungen des Meisters also an (S. 278):

„Seine (Schopenhauers) Aeußerungen über Bescheidenheit in „Die Welt als Wille und Vorstellung" (3. Aufl. Bd. II. S. 489) lauten dahin, daß Goethe gesagt: Nur die Lumpe sind bescheiden, daß aber noch unfehlbarer die Behauptung gewesen wäre, daß die, welche so eifrig von andern Bescheidenheit fordern, auf Bescheidenheit dringen, unablässig rufen: Nur bescheiden um Gotteswillen, nur bescheiden, zuverlässig Lumpe sind, d. h. völlig verdienstlose Wichte, Fabrikwaare der Natur, ordentliche Mitglieder des Packs der Menschheit."

Schopenhauer hat in seiner Anschauung über Bescheidenheit den Goethe mit Glück noch zu überflügeln gesucht, denn er hat ihn überflegelt.

Das wäre allerdings ein blödes, schwächliches, abgeschmacktes Verlangen, einem hochgradig unbescheidenen Menschen zuzurufen: „Nur bescheiden, um Gottes willen nur bescheiden!" Mit solchen Leuten muß man anders reden, man muß ihr Lexikon studiren, mit ihren Waffen ihnen entgegentreten.

Wenn nun Einer, der die Bescheidenheit verachtet (A), einem Andern (B), den er für bescheiden hält, zuruft: „Nur Lumpe sind bescheiden!" so soll der B dem A sagen: „Vergessen Sie nicht, daß es auch freche, aufgeblasene Lumpe gibt und daß die frechen Lumpe jedenfalls noch ungenießbarer sind, als die bescheidenen Lumpe." Noch drastischer wäre es, wenn der B auf den Schimpf hin, er sei ein bescheidener Lump, dem A eine tüchtige Ohrfeige versetzen würde, denn dann könnte der B vor Gericht sagen: „Ich habe mir nicht anders zu helfen gewußt, als durch diesen schlagenden Beweis. Das Wort Lump ist ein Schlag auf den Charakter des Menschen und sicher noch mehr verletzend, als eine Ohrfeige. Er soll mir den Lump abbitten, dann hab' ich den Lump weg, — ich werde ihm dann die Ohrfeige abbitten, die man freilich nur abbitten, aber in keinem Falle zurücknehmen kann."

Wir wollten hier nur einfach den Beweis liefern, daß es mit dieser Kraftmeierei im Verkehr, mit dieser Lumpenschimpferei consequenter Weise am Ende zum gegenseitigen Durchprügeln und zu Gerichtsscenen kommen muß, und haben uns auch schon früher in aller Unbescheidenheit geäußert, daß wir auch auf

Goethes geflügelte Worte dann nichts geben, wenn dieselben in geflegelte Worte ausarten.

Auf diesen provocirten Excurs über bescheidene und freche Lumpe wollen wir wieder Frauenstädt hören, der „eine Ueberzeugung gewonnen hat". Wir wollen den glücklichen Gewinner und das Loos, welches er gewonnen hat, näher betrachten. Er sagt (S. 278):

„Dennoch habe ich die Ueberzeugung gewonnen, daß Schopenhauer nicht hochmüthig war, und kann zum Beleg dafür sowohl Stellen seiner frühesten Manuscripte, als seiner gedruckten Werke, sowie auch mündliche Aeußerungen anführen. Schopenhauer wollte nicht, daß die Betrachtung der Erbärmlichkeit Anderer uns hochmüthig mache. Denn schon zu Dresden 1814, wo er eben jene hochmüthig klingenden Stellen niedergeschrieben, schrieb er auch: Soll die Betrachtung der Erbärmlichkeit Anderer uns übermüthig oder demüthig machen? Auf den Einen wird sie auf die eine, auf den Andern auf die andere Weise wirken und dies wird charakteristisch sein."

Das soll ein Beweis für Demuth sein! Liegt in dieser Betrachtung der „Erbärmlichkeit Anderer" Uebermuth oder Demuth? Frauenstädt fährt fort:

„Ferner unterschied Schopenhauer sehr genau zwischen der aus unmoralischer Quelle, aus einem bösartigen Charakter hervorgehenden Misanthropie und jener timonischen, die aus einem edlen, moralischen Unwillen entspringt, indem er schon zu Dresden, 1814, schrieb: „Der Menschenhaß eines Timon von Athen ist etwas ganz anderes, als die Feindseligkeit der Bösen. Jener entsteht aus einer objectiven Erkenntniß der Bosheit und Thorheit der Menschen im Allgemeinen, er trifft nicht Einzelne, wenngleich Einzelne der erste Anlaß sein können, sondern er geht auf Alle, und jene Einzelne werden blos als gleichgültiges Beispiel angesehen. Ja, es ist immer ein gewissermaßen edler Unwille, der wohl nur Statt hat, wo das Bewußtsein einer besseren eigenen Natur da ist, die sich über ganz unerwartete Schlechtigkeit entrüstet hat.""

59. Verunglückte Rechtfertigung des Menschenhasses. Die intellektuelle Physiognomie des Meisters von der moralischen nach seiner eigenen Aussage sehr verschieden.

Es sucht sich Schopenhauer offenbar bei seiner notorischen Menschenverachtung mit dem edlen Unwillen und mit dem Bewußtsein seiner besseren eigenen Natur herauszuhelfen. Er ist immer der Edle, der Bevorzugte, dem das

Privilegium der Verachtung sämmtlicher Anderen durch eben seine ungeheuerlichen Vorzüge und Tugenden, die er vor den Anderen voraus hat, theilhaftig geworden ist. Er fährt in gleichem Sinne fort (S. 279):

„Dagegen ist die gewöhnliche Feindseligkeit, Uebelwollen, Gehässigkeit etwas ganz Subjectives, nicht aus der Erkenntniß, sondern aus dem Willen entstanden, der von anderen Menschen durch stete Collisionen immer gekreuzt wird und nun die Einzelnen haßt, die ihm hinderlich sein können, d. h. eigentlich aber Alle, doch immer stückweise, einzeln und blos von jenem subjectiven Standpunkt aus. Einige wenige, mit denen er, aus bloßer Verwandtschaft und Gewohnheit verknüpft, nur Ein Interesse hat, wird er lieben, obwohl sie nicht besser sind, als die anderen."

Also selbst die „Geliebten" können dem üblichen Fußtritt nicht entgehen und werden freilich immer nur „im edlen Unwillen und im Bewußtsein der besseren eigenen Natur" in den Krater der allgemeinen Verachtung hinabgestoßen, denn sie sind ja „auch nicht besser als die Anderen".

Bei alledem findet Frauenstädt obligat im ganzen ausgesprochenen Menschenhaß Schopenhauers Edelmuth. Er docirt (S. 279):

„Nun Schopenhauers eigene Misanthropie war keine gemeine, aus subjectiver Feindseligkeit gegen Einzelne entsprungene, sondern eine edle, aus objectiver Erkenntniß des Menschenwesens im Allgemeinen hervorgegangene. Dafür sprechen, denke ich, zur Genüge alle seine Werke. Eine solche Misanthropie kann aber nicht hochmüthig machen, denn schließt sie nicht die Erkenntniß in sich, daß man selbst an den Eigenschaften participirt, wegen deren man eben auf das Menschengeschlecht mit dem Auge des Misanthropen herabsieht?"

Wie es Frauenstädt sich nur erlauben kann, mit so ungeheuerlich in Fragen gehüllten Zumuthungen an den Leser heranzukommen? Schopenhauer betont immer sehr gewissenhaft sich, sein Genie, seine Erkenntniß, seine Ueberlegenheit, seine Vorzüge gegenüber der übrigen verachteten Menschheit; er ist weit entfernt, in sich selber jene Eigenschaften zu vermuthen oder an denselben gar zu participiren, die er bei dem andern Plebs voraussetzt, und um derentwillen er eben diesem Plebs gegenüber seine vollkommenste Verachtung an den Tag legt.

Mit dem Beweise aus den schriftlichen Aeußerungen Schopenhauers ist es dem Dr. Frauenstädt gar nicht gelungen. Nun versucht er es aus dem mündlichen Verkehr (S. 286):

„Auch weiß ich aus meinem persönlichen Umgange mit Schopenhauer, daß er mit derselben Objectivität, mit der er auf Andere herabsah, auch auf sich selbst herabzusehen fähig (sic) war. Er bekannte mir nämlich einst ganz unverhohlen, daß, so sehr ihm auch seine intellektuelle Physiognomie gefalle, so wenig gefalle ihm doch seine moralische. Schopenhauer unterschied nämlich die intellektuelle Physiognomie des Menschen von der moralischen. Jene ließ er in Auge und Stirn, diese in der untern Partie des Gesichts um Mund und Kinn seinen Sitz haben. Dieselbe Unterscheidung fand ich in einer zu Dresden 1814 niedergeschriebenen Stelle wieder, wo er sagt: Der intellektuelle Charakter bestimmt die Physiognomie genialer Menschen, die ich die theoretische Physiognomie nennen möchte, und gibt ihr das ausgezeichnete Gepräge, am meisten in Auge und Stirne; bei gewöhnlichen Menschen ist von solcher theoretischen Physiognomie nur ein schwaches Analogon. Hingegen die praktische Physiognomie, den Ausdruck des Willens, des praktischen Charakters, der eigentlich moralischen Gesinnung, haben Alle, es zeigt sich am meisten am Munde."

Aus diesen Aeußerungen braut Frauenstädt einen Trank zusammen, um beim gutmüthigen Leser ein Traumbild von der Bescheidenheit Schopenhauers hervorzuzaubern. Frauenstädt fährt in seiner Beweisführung zu Gunsten Schopenhauers fort (S. 280):

„Nun, wie gesagt, so sehr Schopenhauer auch mit seinem theoretischen Charakter zufrieden und auf dessen physiognomischen Ausdruck in Auge und Stirn stolz war, mit seinem praktischen, moralischen war er es keineswegs, und fand dessen physiognomischen Ausdruck um Mund und Kinn im Mißverhältniß zu dem obern, intellektuellen, das weiß ich aus seinem eigenen Munde."

60. Neue Beweise für Demuth und Bescheidenheit, an Schopenhauer von Frauenstädt entdeckt. Deklamirt einen Lobpsalm auf die Herzensgüte Schopenhauers.

Weil nun dem Schopenhauer doch sein Mund, der sich doch auch auf seinem Porträt in einem wahrhaft froschartigen Querschnitt präsentirt, einmal etwas gar zu prononcirt vorgekommen ist, wird dieses als ein breitmündlicher Beweis für die Demuth des Weltweisen auszunützen gesucht. Frauenstädt baut und braut weiter (S. 280):

„Wer aber so objectiv über sich selbst zu Gericht (doch mehr zu Gesicht) sitzt und mit solcher Offenheit seine eigenen Fehler bekennt, kann man den hochmüthig nennen?[1]) Auch habe ich schon gesagt, daß Schopenhauer offen bekannt hat, er habe wohl gelehrt, was ein Heiliger sei, er selbst aber sei kein Heiliger.[2]) Uebrigens fand ich in seinen Erstlingsmanuscripten auch eine Stelle, aus der hervorgeht, daß er der Ansicht war, auch der edelste Mensch und das größte Genie hätten noch Ursache, demüthig zu sein. Er schreibt nämlich zu Dresden 1815: „Wie der schönste Menschenkörper in seinem Innern Koth und mephitischen Dunst einschließt, so hat der edelste Charakter einzelne böse Züge und das größte Genie Spuren von Beschränktheit und Wahnsinn.““

„Auch konnte wohl schwerlich der hochmüthig sein, der so wie Schopenhauer in seinen mir hinterlassenen (in einem Carton befindlichen) Randglossen zu Kants Schriften über die Tugend der Demuth geschrieben hat. Kant definirt nämlich in seinen „Metaphysischen Anfangsgründen der Tugendlehre“ die Demuth folgendermaßen (2. Aufl., Königsberg 1803, S. 94): „Das Bewußtsein und Gefühl der Geringfügigkeit seines moralischen Werthes in Vergleichung mit dem Gesetz ist die moralische Demuth (humilitas moralis).“ Diese Definition genügte Schopenhauer nicht und er (Schopenhauer) merkte daher zu dieser Stelle Kants an: Kants Definition der Demuth ist falsch. Denn sie hat nichts, was sie vom Gefühl der Schuld unterscheidet, als etwa den Grad. Demuth ist der in meinem Wesen lebendige Ausdruck des Gedankens: Mein Reich ist nicht von dieser Welt, d. h. das Bewußtsein der höchsten Tugend wird mich nie verleiten, für solche die Verehrung und Unterwürfigkeit zu fordern, die in der Sinnenwelt der Uebermacht oder sonst einer Δεινότης gezollt werden. Denn alle diese Zeichen stehen in keinem Verhältniß mit dem, was in mir trefflich ist. Das aber, womit sie in Verhältniß stehen, habe ich zu verlangen vernachlässigt; verlangte ich dennoch jene Verehrung und Unterwürfigkeit, so würde mein Lebenswandel eben nichts als das Streben nach diesen, nur auf einem andern Wege, gewesen sein, also in der That: mein Reich „von dieser Welt“. — Mehr in Kants Ausdruck: Demuth ist die Betrachtung der gänzlichen Verschiedenheit meiner als homo noumenon von mir als homo phaenomenon, das Bewußtsein, daß die Trefflichkeit jenes zu hoch steht,

[1]) Darauf soll der Leser ganz verdutzt und eingeschüchtert sagen: Gar keine Rede; wer wird auf so glänzende Beweise hin nicht für die Demuth des Philosophen einstehen?

[2]) Somit könnte man nur Jenen hochmüthig nennen, der sich für einen Heiligen ausgibt; ein Mensch aber, der sich für einen Heiligen erklärt, der ist nicht hochmüthig, der ist verrückt!

um diesem zu Gute zu kommen. Je höher sich der Mensch als homo noumenon schätzt, desto weniger wird er auf sich als homo phaenomenon oder auf irgend einen Vorzug, den er als solcher hat, einen Werth legen."

Frauenstädt scheint es selber zu fühlen, daß die bisher gebrachten Beweise für den Nichthochmuth Schopenhauers eine nichtsbedeutende Herumrederei, wirklich sehr hohle Definitionsversuche sind, und er kommt nun mit dem (vermeintlich schwersten und niederschlagendsten) letzten Geschütz herangefahren.

61. Frauenstädt sucht den Vorwurf des Hochmuths völlig niederzuschlagen. Aber wie?

S. 282:

„Vollends niedergeschlagen aber wird der Vorwurf des Hochmuths, den die oberflächlichen Kenner Schopenhauers sowie seine Feinde und Anschwärzer gegen ihn erhoben haben, durch jene klassische Stelle in der „Welt als Wille &c.", welche die Güte des Herzens so hoch über die glänzendsten Eigenschaften des Kopfes stellt, daß ihr Bako von Verulam nichts ist gegen einen ungelehrten und ungebildeten Mann von edelem Herzen. Die Stelle lautet: „Ein entschieden edler Charakter bei gänzlichem Mangel intellektueller Vorzüge und Bildung steht da wie Einer, dem nichts abgeht, hingegen wird der größte Geist, wenn mit starken moralischen Flecken behaftet, noch immer tadelhaft erscheinen. Denn wie Fackeln und Feuerwerk vor der Sonne blaß und unscheinbar werden, so wird Geist und Genie und ebenfalls die Schönheit überstrahlt und verdunkelt von der Güte des Herzens. Wo diese in hohem Grade hervortritt, kann sie den Mangel jener Eigenschaften so sehr ersetzen, daß man solche vermißt zu haben sich schämt. Sogar der beschränkteste Verstand wie auch die groteske Häßlichkeit werden, sobald die ungemeine Güte des Herzens in ihrer Begleitung sich kund gethan, gleichsam verklärt, umstrahlt von einer Schönheit höherer Art, indem jetzt aus ihnen eine Weisheit spricht, vor der jede andere verstummen muß. Denn die Güte des Herzens ist eine transcendente Eigenschaft, gehört einer über dieses Leben hinausreichenden Ordnung der Dinge an und ist mit jeder anderen Vollkommenheit incommensurabel. Wo sie in hohem Grade vorhanden ist, macht sie das Herz so groß, daß es die ganze Welt umfaßt, so daß jetzt alles in ihm, nichts mehr außerhalb liegt, da sie ja alle Wesen mit dem eigenen identificirt. Was ist dagegen Witz und Genie, was Bako von Verulam?" (S. „Welt als Wille" 3. Aufl., Bd. II, S. 261.)

Dieses ganze Renommiren mit der Herzensgüte ist doch nur ein matter Abklatsch des 13. Kapitels vom 1. Corintherbriefe, mit dem Verläugnen des Logos (der in die Menschheit eingegangenen ewigen Gottesliebe) hier in Scene gesetzt. In der ganzen Theorie von „Die Welt als Wille“ ist kein Born zu finden, aus dem diese Liebe ausströmt. Wenn diese theoretische Anerkennung der Herzensgüte ein Beweis für die Demuth sein könnte, so müßte die Theorie, die Schopenhauer auch für die Heiligkeit aufgestellt hat, ein Beweis sein, daß er ein Heiliger gewesen ist. Diese Art Beweisführung, mit welcher Frauenstädt im Interesse seines Meisters heranrückt, ermangelt aller Logik und ist eben nur für Leute berechnet, deren Herzensgüte in der vollsten Versimpelung durch stummes Verbeugen vor Schopenhauer und seinen Aposteln ihren Ausdruck findet.

Aus diesem Gesichtspunkte ist die fragenartige Deklamation zu betrachten, welche Frauenstädt dem Leser als einen Beweis für die Schopenhauersche Demuth hinaufdisputirt.

S. 283:

„Wahrlich, wer so schreibt, der kann trotz des stolzen Gefühls seiner intellektuellen Größe und Ueberlegenheit über die Anderen und trotz seiner daraus entspringenden Verachtung der „Philister“ und der „Fabrikwaare der Natur“ nicht hochmüthig gewesen sein. Wer so vor der Güte des Herzens den Hut abzieht und sich ehrfurchtsvoll verbeugt,[1]) den können die glänzenden Eigenschaften seines Kopfes nicht aufgeblasen gemacht haben.“

Also Leser, nach diesem Beweis bleibt dir nichts Anderes übrig, als dich vor Schopenhauer hinzustellen und auch vor seiner Demuth (nach dem Frauenstädtschen Beweis) den Hut abzuziehen und dich zu verbeugen. Ich möchte dir nicht rathen, vor dem Philosophen am Ende zu lachen, sonst könnte es dir wie der armen Marquet ergehen; der demüthige Mann könnte seinen Hut und seinen Kopf aufsetzen und dich, als einen hochmütigen Nichtverbeuger, ein paar Mal den Boden küssen lassen und in einem eigenthümlichen Anflug von Demuth dir zu einem Hinabflug über die Stiege auch noch verhelfen.

Doch die ganze Geschichte hat auch ihre sehr ernste Seite. Die kühne Herausforderung Frauenstädts an den geduldigen

---

[1]) Eine schöne Aufgabe für einen Maler, diesen Weltweisen vor der „Güte des Herzens“ zu sehen, wie er den Cylinder in der Hand hält und sich verbeugt.

Leser ist doch am Ende so albern und dabei so unverfroren und gerade das Gegentheil beweisend, daß wir bereit sind, eben den Beweis für das Gegentheil von Demuth im Charakter Schopenhauers anzutreten.

Es gibt Zeugniß von einem unsäglichen Hochmuth, alles zu ignoriren, was Christus der Herr, die Apostel, die Kirchenväter und Kirchenlehrer auf das Gotteswort gebaut, über die wahre Demuth gelehrt haben, und einen belletristischen Schwindel über die Herzensgüte dafür loszulassen, durch den so wenig Jemand zur Demuth bekehrt wird, so wenig Schopenhauer diese Tugend besessen hat.

Wir sprechen kalt den Satz aus und sind erbötig, ihn vor jedem Schopenhauer-Enthusiasten zu vertreten, daß dieser Weltweise sehr oft mit fremden, längst dagewesenen Aussprüchen und Gedanken geflunkert hat, ja daß er dieselben nicht in ihrem originellen Vollgehalt reproducirt, sondern zu Gunsten seines Systems, in das er sie eben einschachteln wollte, etwas umgeändert und abgeschwächt hat, um die Entlehnung aus dem Originale unkenntlich zu machen. In dieser Richtung können wir auch nachweisen, daß diese Schopenhauersche Definition der Demuth und Herzensgüte durchaus nicht auf den Grund geprüft werden kann, wie es der Philosoph überhaupt bei seinem ganzen System nie darauf ankommen ließ, um den ganzen Weltgrund und um den ganzen letzten Grund seines Systems interpellirt zu werden, und er jede solche Interpellation mit Zornesunmuth abzuwehren gesucht hat.

62. Was christliche Moralisten über Demuth, Sanftmuth und Herzensgüte sagen, das ignoriren ebenso vornehm als ungerecht die Apostel Schopenhauers.

Wir müssen hier die Bemerkung voraussenden, daß sämmtliche Sittenlehren, welche das Sittengesetz der Offenbarung nicht anerkennen, ein glänzendes Fiasko machen. Wenn sich jeder Mensch selber das sittliche Gesetz gibt, so kann er es ebenso gut selbst moduliren und formuliren, als er es sich gegeben hat. Das sogenannte Vernunftgesetz und die geforderte Achtung vor demselben und Beobachtung desselben werden zur Chimäre, wenn der Mensch in den Kampf mit seinen Leidenschaften verwickelt wird. Eine Sittlichkeit, die ihren Zweck in sich selber hat, ist ohne allen Halt, d. h. der Mensch kann dies Gesetz beobachten, oder er kann es auch bleiben lassen. Richter gibt es keinen.

Wenn der Mensch in seinem sittlichen Leben nicht unter dem von Gott gegebenen Gesetze steht, welches befiehlt, es aus Liebe zu Gott zu erfüllen, um so selig zu werden, so wird ihn kein Philosoph auf dieser Welt bestimmen, ein sittliches Leben zu führen, — und der Schopenhauer selbstverständlich schon gar nicht.

Wer sich vom wissenschaftlichen und philosophischen Standpunkt mit einer wahrhaft zermalmenden Widerlegung der ethisch genannten Träume und Deklamationen bekannt machen will, dem rathen wir, sich folgendes Werk anzuschaffen: „Apologie des Christenthums vom Standpunkte des Christenthums und der Cultur", von Albert Maria Weiß, Ordinis Praedicatorum, 2. Auflage, Freiburg, Herder, 1888.

In diesem hochgelehrten und geistvollen Werke kann der Leser auch eine Menge Anführungen aus griechischen Philosophen finden, die sich Schopenhauer in gewohnter Weise angeeignet und als seine Erfindung in die Oeffentlichkeit gesetzt hat.

Wir wollen nun einige Definitionen der Demuth, Sanftmuth und Herzensgüte vernehmen, wie solche von alten Kirchenlehrern und neuen christlichen Moralisten auf der Basis der Kirchenlehre ausgesprochen worden. Wir können dann an jeden selbstdenkenden Leser die Frage stellen: Wo ist Präcision, wo ist logischer Grund, wo ist Möglichkeit, die Menschen zu diesen Tugenden zu bewegen: in dem Gesalbader Schopenhauers oder in den von ihm in seinem unsäglichen Hochmuth ignorirten oder verachteten Aussprüchen der Kirchenlehrer seit Jahrhunderten her?

Gousset[1]) definirt die Demuth nach dem h. Thomas von Aquin, 7. Cap.: Von der Demuth, Sanftmuth und Milde, 322:

[1]) Moraltheologie von Thomas M. J. Gousset, Kardinal und Erzbischof von Rheims, nach der 7. Auflage übersetzt, Aachen 1851. Cremer, Bd. I., S. 124. Wir werden uns nur auf Moralwerke berufen, die in deutscher Sprache abgefaßt sind, um jedem Leser, der auch der lateinischen oder einer anderen Sprache nicht mächtig ist, das Nachlesen in diesen Büchern zu ermöglichen.

„Die Demuth ist eine Tugend, welche uns durch die Betrachtung unserer Fehler und Mängel in einer gewissen Erniedrigung erhält und verhindert, uns gegen die Anordnungen der Vorsehung zu erheben, und die uns alles Gute, was wir thun können, auf Gott allein zurückführen läßt." „Die Demuth ist die Hüterin der anderen Tugenden, weil sie uns Wachsamkeit und Mißtrauen gegen uns selbst einflößt, weil sie uns abhält, uns leichtsinnig der Gefahr zu sündigen auszusetzen, und weil Gott dem Demüthigen besondere Gnaden verheißen hat. Die Hoffart, die Eitelkeit, der Dünkel, die Ehrsucht, die Anmaßung und die anderen Sünden, die aus der Hoffart herfließen, sind der Tugend der Demuth entgegengesetzt." „Die Sanftmuth ist eine Tugend, welche die Ausbrüche des Zornes bändigt, die Seele in einer ruhigen und stillen Fassung erhält, jedes Gefühl der Bitterkeit aus dem Herzen verbannt und uns den Nächsten mit Güte, mit jener Liebe behandeln läßt, die Alles erträgt, Alles erduldet u. s. w."

Der h. Thomas von Aquin gibt uns eine Definition der Demuth, indem er vom Wortlaut und der Wurzel ausgeht: humilitas[1]). Leser, die lateinisch verstehen, mögen das Weitere in dem unten angeführten Werke nachlesen.

Der heilige Benedikt zählt in seiner Regel 12 Grade der Demuth auf, welche der h. Thomas (qu. 161, a. 6) näher erklärt:

„Die Wurzel und der Centralpunkt aller Demuth ist, daß der Mensch Gott fürchte und sein Gesetz immer sich vor Augen halte, auf dem Grunde dieser Gesinnung muß das Begehren dem ungeordneten Hange nach Selbstherrlichkeit entsagen, der Demüthige muß im Gegentheile seine Fehlerhaftigkeit vor Augen haben und sie bekennen. Mit der inneren Gesinnung muß sich eine Weise zu reden und zu handeln verbinden, die alles vermeidet, was auffallend, sonderlich, unbescheiden wäre"[2]) u. s. w.

Dr. Simar[3]) definirt die Demuth:

„Eine andere Frucht des christlichen Glaubens im Vereine mit der christlichen Hoffnung ist die Demuth. Ihrem Wesen nach ist sie nichts anders, als die wirksame Anerkennung unserer allseitigen Abhängigkeit von Gott, unserer Unvollkommenheit und Sündhaftigkeit. Sie ist mit der christlichen Selbstachtung nicht unvereinbar. Im Gegentheil, je mehr der Geist von

---

[1]) Humilitas dicitur, quasi humi acclivis i. e. immis inhaerens. Siehe Moralis Divi Thom. Aqu. autore Ludovico Bancel. Venetiis 1680. Pezzana Tom. I., pag. 259.

[2]) Dr. Pruner: „Lehrbuch der kath. Moraltheologie", 2. Auflage, Freiburg 1883, Herder, S. 139.

[3]) „Lehrbuch der Moraltheologie", 2. Auflage, Freiburg 1877, Herder, S. 297.

der hohen Würde seiner Natur, von dem Werthe der ihm zugetheilten Gnaden und Gaben Gottes und von der Höhe seines christlichen Berufes durchdrungen ist, um so mehr Grund und Antrieb wird er finden, seine Ohnmacht Gott gegenüber und seine Unwürdigkeit anzuerkennen. Nicht Verkennung der eigenen aus Gott stammenden Würde fordert die Demuth von dem Menschen, sondern dankbare Zurückführung derselben auf ihren wahren Ursprung, auf Gott."

„Die eigentliche Quelle der Demuth ist nächst der Gnade Gottes die im Lichte des Glaubens und der christlichen Hoffnung gewonnene wahre Selbsterkenntniß. Sie ist darum auch eine specifisch christliche Tugend, die dem Heidenthum fremd war."

Leitmair:

„Das Heidenthum kannte diese Tugend kaum dem Namen nach; nicht selten ward sie als das Charakteristikum einer feigen Sklavenseele betrachtet. Der Heide kannte wohl eine Verstandesdemuth, die in dem Bewußtsein der Ohnmacht des Menschen gegenüber den Wechselfällen des Lebens gründete. Aber auch diese gehörte zu den seltensten Erscheinungen auf heidnischem Boden. Mit dem geschraubten Selbstbewußtsein eines Heiden vertrug sich nur die kalte Unterordnung unter das Gesetz. Ueber diese Macht beugte er sich im Hinblick auf den Bestand der menschlichen Gesellschaft, die ohne Gesetz und ohne Gehorsam nicht zu Recht bestehen könnte. Kluge Berechnung, Furcht und Hoffnung waren die Motive dieser Unterordnung — die wahre Herzensdemuth aber war im Heidenthum ein fremdes Gewächs. Die ταπείνωσις der Griechen und humilitas der Römer hatten eine verächtliche Bedeutung, nämlich die Niederträchtigkeit der Gesinnung."

Simar:

„Soll die Demuth den Charakter der Tugend besitzen, so muß sie eine wahrhaft innerliche sein. Die bloß äußerlich affektirte Demuth ist pharisäische Heuchelei oder raffinirter Stolz. Auch ist die echte Demuth mit wahrer Selbstachtung und mit Gottvertrauen verbunden, daher fern von Niederträchtigkeit, sündhafter Schwäche und Kleinmuth. Ihre vornehmsten Früchte sind Gott gegenüber ein dankbarer, gehorsamer und bußfertiger Sinn, Geduld und Ergebung in Gottes heiligen Willen, Verlangen nach seiner Gnade und treue Mitwirkung mit derselben, sodann Mißtrauen des Menschen gegen sich selbst und daraus entspringende Wachsamkeit, Gleichgültigkeit gegen Lob und Auszeichnung, dem Nächsten gegenüber aufrichtige Hochachtung, Gehorsam, Bescheidenheit; Milde, Sanftmuth, Versöhnlichkeit und Liebe." „So nothwendig und naturgemäß die Demuth an sich ist, eben so schwer ist es für den gefallenen Menschen, sie zu erlangen und zu bewahren. Die ihm angeborenen Fehler der Blindheit des Geistes, die Neigung zum Stolze und zur Selbstsucht sind ihre mächtigsten Feinde, welche nur durch einen ausdauernden Kampf überwunden werden können."

Wir übergehen noch viele Argumente für die wahre, die christliche Demuth, wie dieselben bei Simar angeführt werden, und bringen aus guten Gründen die Einleitung zu dem § 141 über die Gegensätze der Demuth, zunächst den Stolz und seine Früchte:

„Der Stolz ist eine unordentliche Selbsterhebung des Menschen. Er schließt als wesentliche Momente in sich den Mangel der schuldigen Unterwürfigkeit und Dankbarkeit gegen Gott, sowie andererseits ein ungeordnetes Wohlgefallen an der eigenen Person und ein selbstsüchtiges Streben nach Auszeichnung vor Anderen. So versetzt er den Menschen in ein unwahres und sündhaftes Verhältniß zu Gott, zu sich selbst und der Mitwelt. Der Stolz ist eine Art Selbstvergötterung."

Für unsern Zweck der Verständigung über die Bedeutung von Demuth und Stolz im christlichen Sinne genügt es, wenn wir noch den Schluß dieses Paragraphen bringen:

„Die Neigung zum Stolz gehört mit zu der allen Menschen angeborenen Sündenverderbniß. Die Aeußerungen derselben sind fast so mannigfaltig als die Verschiedenheit der menschlichen Individualität. Die Bekämpfung des Stolzes bleibt darum des Christen beständige Lebensaufgabe bis ans Ende. Früchte des Stolzes sind einerseits die Eitelkeit und der Ehrgeiz, Prahlsucht, Verwegenheit, Heuchelei, andererseits Verachtung des Nächsten, Eifersucht, Haß, Eigensinn, Ungehorsam."

63. Appell an den Leser, er möge, die Hand aufs Herz, entscheiden, wer Recht hat: die heilige Schrift und die Kirchenlehrer, oder der Atheist. Für sämmtliche Pflichten gegenüber dem Nächsten substituirt der Atheist höchst sentimental und nichtsbewirkend den Begriff: Herzensgüte.

Der unparteiische Leser wird zugeben, daß hier von den angeführten Schriftstellern, die nach den Quellen der h. Schrift, der Väter und Kirchenlehrer ihre Definitionen über Demuth und Stolz gegeben haben, das Wesen der Tugend und des Lasters psychologisch und tiefsinnig aufgefaßt sei gegenüber dem vagen, grundlosen, unbestimmten Wortschwall, den uns Schopenhauer und sein Apostel Frauenstädt vorgemacht haben.

Wenn man den Schopenhauer in seinem maßlosen Hochmuth kennen gelernt hat, so kann man sich denken, wie es einem Gegner ergangen wäre, der ihm die von uns gebrachten Aussprüche über Demuth und Stolz vorgesagt hätte. In ein Gespräch hätte er sich sicher nicht eingelassen, denn die tief psychologische Enthüllung des Stolzes und der Eigenliebe, der Verachtung aller anderen Menschen und der ungeheuerlichen Selbsterhebung würde den zum Zorne geneigten Weltweisen derartig aufgebracht haben, daß seine Opponenten, falls diese im Entree seiner Wohnung gestanden wären, das Schicksal der Marquet erlebt haben würden. Nur seine apostolischen Kriecher, die ihm gegenüber pharisäisch jeden Stolz unterdrückten, um ihn Anderen gegenüber umsomehr zur Geltung bringen zu können, konnten mit ihm in Harmonie durchkommen.

Auch gegen die Extravaganzen moderner Philosophen, welche die christliche Ascese zu einer vollendeten Selbstvernichtung herunterbringen wollen, finden wir im selben Buche Simars die nach Schrift und Tradition formulirte christliche Selbstliebe, die mit jenem Zerrbilde, welches eben die christliche Ascese unleidlich oder lächerlich machen soll, keine Aehnlichkeit besitzt.

S. 302:

„Aus der christlichen Selbstachtung im Verein mit der Liebe Gottes entspringt die Tugend der Selbstliebe. Sie ist die geordnete, wohlwollende Werthschätzung, die der Christ für die von Gott ihm verliehenen natürlichen und übernatürlichen Gaben hegt, verbunden mit dem wirksamen Verlangen, das eigene Wesen und Dasein dem Willen Gottes gemäß zu vervollkommnen und zur Vollendung desselben im Besitze Gottes zu gelangen. Die Tugend der Selbstliebe hat also ihre Grundlage und ihr Endziel in der Liebe Gottes als des höchsten Gutes, darum ist auch die Nächstenliebe ihre unzertrennliche Begleiterin. Durch die genannten Momente unterscheidet sie sich von der ungeordneten Selbstliebe oder Selbstsucht, bei welcher der Mensch sich selbst an Gottes Stelle setzt."

Für alle diese in der christlichen Sittenlehre bestimmten Concessionen bezugs der Selbstliebe und Pflichten der Nächstenliebe kommt Schopenhauer mit dem Surrogat der Gutherzigkeit daher. Was ist Gutherzigkeit? Wem verdankt sie ihren Ursprung, welche Verpflichtungen legt sie dem Menschen auf? Ist sie von Stimmungen, von Gefühlsanregungen abhängig, oder wird der Mensch von einem Gesetz zu derselben verhalten? Wer und wo ist der Gesetzgeber, welcher die Erfüllung dieses Gesetzes lohnen oder die Uebertretung desselben bestrafen kann? — Das sind durchwegs im Sinne (oder im Unsinne) der Schopenhauerschen Philosophie impertinente

Fragen, auf welche sich der echte Schopenhauersche Philosoph nicht einlassen darf, das geht ja Alles über Wille und Vorstellung hinaus, und derlei Fragen, deren Beantwortung außer dem Systeme liegt, hat der echte Philosoph mit Indignation zurückzuweisen!!

Somit finden wir in der alten christlichen Selbst- und Nächstenliebe ganz andere Definitionen und Bestimmungen, als in den vagen, grund- und logiklosen Abklatschen unchristlicher Philosopheme.

Noch mehr aber wird die dunstige „Gutherzigkeitstheorie“ Schopenhauers durch folgende Erklärungen in ihrer Gehalt- und Kernlosigkeit dargestellt (Simar S. 303):

„Die Tugend der Selbstliebe ist eine nothwendige Bedingung des Heiles. Ohne sie ist keine treue Erfüllung der von Gott überkommenen Lebensaufgabe, keine Ausdauer im Guten und kein Heroismus christlicher Tugendübung denkbar. Zur Grundlage dient ihr die natürliche Selbstliebe, welche aber im gefallenen Menschen der Regelung und Zucht durch die Gesetze der Vernunft und des Glaubens bedarf, und so erst mit Hülfe der Gnade zu einer christlichen Tugend gestaltet wird. Die Uebung dieser Tugend richtet sich einerseits auf die Erhaltung, Vermehrung und Verwendung der von Gott überkommenen natürlichen Güter, andererseits vermöge der Beschaffenheit der menschlichen Natur auf die Unterjochung der Sünde und die Aneignung der zum Heile nothwendigen Gnaden und Tugenden. Ihre specifischen Gegensätze bilden die unordentliche Selbstsucht oder Eigenliebe und der Selbsthaß. Erstere ist mit dem Stolze innig verwandt und mit wahrer Demuth und Gottesliebe so unverträglich wie mit der christlichen Nächstenliebe; letzterer ist eine der unnatürlichen Verirrungen, in deren Abgrund nur ein langer, fortgesetzter Sündendienst den Menschen zu stürzen vermag.“

Hören wir noch eine Stimme aus einer jüngst erschienenen Schrift[1]). Nach einer längeren, im Wesentlichen mit den vorhercitirten Moralisten übereinstimmenden Erklärung heißt es bei Dr. Schwane (S. 255):

„Was die allgemeine Bedeutung der Demuth für das ganze Tugendleben angeht, so ist sie das negative Fundament aller erworbenen Tugenden, weil sie die Bereitwilligkeit in der Seele hervorruft, sich dem gesetzgebenden Willen Gottes und der sittlichen Ordnung zu unterwerfen u. s. w.“ „Vollkommen wird die

[1]) „Allgemeine Moral“. Von Dr. Joseph Schwane, ö. o. Professor an der Königlichen Akademie zu Münster. Freiburg 1885.

übernatürliche Demuth durch die Charitas, sobald diese die Form und Seele dafür abgibt. Dann findet der Christ in der Unterordnung unter Gott nicht mehr etwas Drückendes und Lästiges, sondern gewinnt daraus eine innere Freude und Seligkeit. Doch nicht blos gegen Gott, sondern auch im Verkehr mit den Mitmenschen soll die Demuth geübt werden."

64. Die Angelpunkte zum Verständniß von Tugend und Laster.

Wir haben es für nöthig gefunden, dem vagen, durchaus unbestimmbaren und nichtssagenden Herumflunkern Schopenhauers mit der „Gutherzigkeit" die festen Bestimmungen und Normen der christlichen Sittenlehre entgegenzuhalten, denn gerade in dem absichtlichen Mißverstehen und Verkennen dieser zwei Angelpunkte in Tugend und Laster, Demuth (Unterwürfigkeit unter Gott) und Stolz (sich über Gott erheben, die Creatur an Gottes Stelle setzen) liegt die Misere der modernen Bewegung im socialen Leben, an welcher unsere Zeit erkrankt ist.

Schopenhauer wollte eine Tabula rasa machen: Alles, was die Vorsehung in der Menschheit und die Menschen in ihrem Eingehen, Vernehmen und Befolgen der Offenbarung Gottes an die Menschen geschaffen haben, wäre nach der Phantasie dieses Weltweisen null und nichtig, Alles Unsinn, Alles Trug; er baut sein System — aus ist's mit aller Theologie und aller Philosophie vor ihm. Und wenn Alles ringsum als unhaltbar niedergeschimpft ist, dann ruft er triumphirend: Zu mir, zu mir müssen sie kommen. Und weil nun eben dieser Größenwahn, dieser an Wahnsinn grenzende Hochmuth in der christlichen Sittenlehre implicite verurtheilt wird, und dieses Urtheil für den Hochmuth des Systembauers sehr verletzend ausfällt, sucht er sich die ganze historische That des Christenthums als ein Märchen vom Halse zu schaffen; und diese Angst und Abneigung hat er wiederholt in der Formel ausgesprochen: er wolle durchaus keine historische Religion haben und anerkennen! Aus diesem Umstande erklärt sich auch der Zornesmuth, mit dem er seinem Arzte am Tage seines Todes noch, als dieser von der Ewigkeit und von Christus sprach, abwehrend bemerkte: „Der Philosoph braucht keinen Christus; bleiben Sie mir mit solchen Schreckbildern vom Leibe, solche Alfanzereien sind für die Kinder gut."

Der Weltweise hatte sich in seinem Größenwahn so sehr in die Hochschätzung seines Systems hineingeschraubt, daß auch er sich, wie vor ihm der von ihm gründlich verschimpfte Hegel für den echten Bringer der Wahrheit, für den Welterlöser hielt. Er duldete notorisch nur Leute in seiner Nähe, die, um an seinem Nachruhm auch participiren zu können, vor ihm wedelten, wie sein Pudel; er äußerte sich ja selber, daß er gar nicht leben möchte, wenn es keine Hunde gäbe. Eine Aeußerung, in welcher für seine Apostel und Anbeter eine außerordentlich negative Werthschätzung ersehen werden kann.

Somit hätten wir die von Frauenstädt angeführte „klassische Stelle" beleuchtet, durch welche der dem Schopenhauer gemachte Vorwurf des Hochmuths vollends niedergeschlagen sein soll, und ersehen, daß es mit dem Niederschlagen für jetzt durchaus nicht gelungen ist, denn der Hochmuth dieses Weltweisen steht noch so entschieden aufrecht, wie ein Marmorherkules, der nicht so leicht von seinem Platze verschoben werden kann.

65. Wie dem Frauenstädt nach jeder Vertheidigung und Lobesdeklamation doch bange wird, ob der Leser seine Gründe für das Lob des Weisen haltbar findet. Was Schopenhauer selbst für seinen eigenen besten Kniff ausgibt.

Interessant ist, wie Frauenstädt immer, nachdem er sich in seine Rede pro Schopenhauer recht hineingearbeitet hat, am Ende immer zum Bewußtsein kommt, daß mancher Leser über diese Ciceronianischen Versuche doch noch bedenklich den Kopf schütteln dürfte und daß diesem Zweifler doch Schanden halber einige Concessionen gemacht werden müssen.

So heißt es in diesem Sinne (S. 283):

„Der glänzenden Eigenschaften seines Kopfes war sich aber Schopenhauer allerdings stark bewußt. Er wußte sehr gut, daß nicht blos sein Schädel, seine Stirn, sondern auch, daß das, was darunter hausete, nicht gewöhnlicher Art war, und legte, wenn er sich photographiren oder malen ließ, großen Werth darauf, daß seine „intellektuelle Physiognomie" gebührend hervortrat. Er sprach einst mit mir über den Unterschied der Stirnen bei Dichtern und Denkern, verglich Goethes mit Kants Kopf, deren beide Porträts er in seinem Zimmer hängen hatte, und schrieb den Denkern breite, den Dichtern hohe Stirnen zu."

„Worin er aber die eigenthümliche Begabung, oder mit seinen eigenen Worten zu reden, den „eigenthümlichen Kniff“ seines Geistes setzte, darüber werden folgende Stellen seiner nachgelassenen Manuscripte am besten Auskunft geben. Zuerst schreibt er noch ohne alle Beziehung auf sich selbst zu Weimar 1814: „Eine unwürdige Redensart gebrauchend kann man sagen: Jeder Mensch von Genie hat nur einen einzigen Kniff, der ihm aber ausschließlich angehört und den er in jedem seiner Werke, nur immer unter anderer Anwendung, anbringt. Da der Kniff ihm ausschließlich eigen ist, so ist er durchaus originell, und da der Kniff nicht unmittelbar, sondern blos mittelbar, d. i. durch Kunstwerke, ferner nicht im Ganzen und Abstrakten, sondern nur in einzelnen Exempeln mittheilbar ist, so hat er nicht zu fürchten, daß einer ihn auslerne, auch nicht, daß er sich (so lange er genial bleibt, d. h. seinen Kniff besitzt) erschöpfe. Der Kniff ist gleichsam nur ein Loch im Schleier der Natur, ein übermenschliches Stückchen im Menschen. Er ist durchaus der Brennpunkt aller Produktionen des jedesmaligen Genies. Er leuchtet aus seinen Augen als geniale Individualität. Seinem reflektirenden Bewußtsein (Vernunft) ist der Kniff so gut als Anderen ein Räthsel.“

Es scheint — so unterbricht Frauenstädt diese Kniffologie Schopenhauers — als wäre Schopenhauern damals, als er dies schrieb (1814) sein Kniff noch nicht ins reflektirte Bewußtsein getreten, da er sonst wohl gleich etwas über seinen Kniff dazugesetzt hätte. Erst in dem weit späteren Manuskriptenbuch Cogitata, angefangen im Februar 1830 in Berlin, findet sich hierüber folgende Stelle:

„Schon vor vielen Jahren habe ich aufgeschrieben, daß dem Treiben jedes Genies ein angeborener Kunstgriff, man möchte sagen ein Kniff, zu Grunde liegt, der die geheime Springfeder aller seiner Werke ist und dessen Ausdruck man auf seinem Gesichte erblickt.[1]) Mein Kniff ist das lebhafteste Anschauen oder das tiefste Empfinden, wenn die gute Stunde es herbei geführt hat, plötzlich und im selben Moment mit der kältesten Abstraktion zu übergießen und es dadurch „erstarrt“ aufzubewahren. Also ein hoher Grad von Besonnenheit.“

---

[1]) Wie es die Vertreter der vier Nationen nach Aussage Schopenhauers wirklich nacheinander in einem wahrhaft seltenen consensus populorum an dem Gesichte Schopenhauers erblickt und diesem Weltweisen zum Troste und zur Satisfaktion mitgetheilt haben und er diese seltsamen Visionen zur Darnachachtung für den gesammten anderen Plebs und zur Weiterverbreitung seinen Aposteln mitgetheilt hat.

Somit war es eine schlechte Stunde, ein hoher Grad von Unbesonnenheit, als er die Marquet mit dem Compliment „altes Luder“ übergoß und dieselbe mit der wärmsten Reflexion ein paar Mal zu ihrer „Erstarrung“ auf den Boden warf.

66. Der Kniff des Bildes vom vollen Kopf und leeren Topf kritisch betrachtet. Worin Schopenhauers eigentlicher Kniff besteht. Buddhismus-Verherrlichung.

Frauenstädt (S. 284):

„Als ein Beispiel dieser hier von Schopenhauer selbst gerühmten Eigenschaft möge folgende Stelle aus demselben Manuscriptenbuch dienen, in der seine lebhafte Anschauung der objectiven Welt als bloße Vorstellung zum Ausdruck kommt: „O, welche Wunder ich gesehen habe! In dieser Welt der Dinge und der Körper lagen vor mir zwei solche Dinge, beide waren Körper, schwer, regelmäßig geformt, schön anzusehen. Das eine war eine Vase von Jaspis mit goldenem Rand und Henkeln; das andere war ein organisches, ein Thier, ein Mensch. Nachdem ich beide genugsam von außen bewundert, bat ich den Genius, der mich begleitete, nun auch mich in ihr Inneres eindringen zu lassen. Es geschah. In der Vase fand ich nichts vor, als den Drang der Schwere und den Drang der Sehnsucht, die sich als chemische Verwandtschaft aussprach. Als ich aber in das andere Ding gedrungen war — wie soll ich mein Erstaunen aussprechen über das, was ich dort gewahrte! übertrifft es doch an Unglaublichkeit alle je ersonnenen Märchen und Fabeln. Doch will ich es erzählen auf die Gefahr hin, keinen Glauben zu finden. In diesem Dinge also, oder vielmehr in dessen oberen Ende, Kopf genannt, welches, von Außen gesehen, ein Ding wie alle anderen, im Raume begrenzt, schwer u. s. w. ist, fand ich eben nichts Geringeres vor, als eben die ganze Welt selbst, mit dem ganzen Raum, in welchem das Alles ist, und der ganzen Zeit, in der sich Alles bewegt, nebst Allem endlich, was beide füllt in seiner ganzen Buntscheckigkeit und Zahllosigkeit, ja — was das Tollste ist — mich selbst fand ich darin herumspazierend.“

„Und so steckt es wirklich und wahrhaftig in diesem Dinge, das nicht größer ist, als ein Kohlkopf, und welches gelegentlich der Scharfrichter abschlägt mit einem Hieb, wo dann plötzlich Dunkelheit und Nacht jene Welt bedeckt; und sie wäre dann weg, wucherten nicht jene Dinge wie die Pilze, so daß ihrer stets genug sind, die in's Nichts versinkende Welt wieder aufzufangen, so daß sie von ihnen stets wie ein Ball im Schweben erhalten wird, als eine allen gemeinsame Vorstellung, deren Gemeinsamkeit sie durch das Wort Objectivität ausdrücken.“

„Mir ward dabei etwa so zu Muthe, wie dem Ardschuna, als Krischna sich ihm in seiner wahren Gottgestalt zeigte, mit hunderttausend Armen und Augen und Mäulern u. s. w."

„Der Kniff ist gleichsam nur ein Loch im Schleier der Natur", meint Schopenhauer. Wir erlauben uns nun hier, den Leser auf den wahren und eigentlichen Kniff in der Schopenhauerschen Spekulation aufmerksam zu machen, den er auch hier aus dem vollen Kopf in den leeren Topf hineingelegt hat. Der Mensch ist ein Abkömmling vom Affen, ein Thiermensch, und Alles, was der Menschenkopf hier in sich aufnimmt, muß sich in des Weltweisen zwei Kategorienkästchen einschachteln lassen; dann behauptet er immer, er wolle durchaus keine historische Religion, hat aber außer seiner Einschachtelung in Wille und Vorstellung auch die Marotte, seine Religion, seine Theologie und Philosophie im Buddhismus zu suchen und aus demselben herzuleiten. Das ist der wahre, echte, zu hundert Malen erwähnte Kniff der Schopenhauerschen Philosophie, die nach seinem eigenen Gutachten viel besser Kniffologie genannt werden könnte. Auch muß bei jeder Gelegenheit dem transcendenten Gott als Schöpfer ein Schnippchen geschlagen und das Verschwinden des Menschengeistes nach dem Tode im Universum als unanfechtbares Dogma proklamirt werden, wie auch hier „durch den Hieb des Scharfrichters plötzlich Dunkelheit und Nacht seine Welt bedeckt".

Somit läßt sich aussprechen und nachweisen, daß Schopenhauers Kniffologie in dem Bestreben enthalten ist, den Buddhismus in eine philosophische Form zu bringen und selbigem Eingang in den europäischen Köpfen zu verschaffen. Kurz und treffend charakterisirt Dr. Weinhart (Professor in Freisingen) den Buddhismus:

„Die ursprüngliche Lehre Buddhas ist Menschenvergötterung oder, was dasselbe ist, der entschiedenste Atheismus. Allerdings tritt derselbe nicht hervor als eine entschiedene Leugnung Gottes, sondern er ist mehr negativ. Buddha weiß nichts und spricht nichts von einem höchsten unendlichen Wesen, er fragt auch gar nicht nach einem ersten Grund und Anfang aller Wesen, er setzt diese ohne Weiteres als ewig dagewesen voraus, und so ist für ihn das höchste Wesen unbedingt der Mensch, der zur vollkommenen Erkenntniß gelangt, der Buddha, er selbst."

Wenn wir hier statt Buddha Schopenhauer setzen, so haben wir die ganze Philosophie Schopenhauers mit ihrem Finale der Selbstvergötterung in einer Haselnußschale.

„Der Hauptmoment der buddhistischen Lehre fällt auf die Moral: Der ursprüngliche Buddhaismus ist seinem Wesen nach mehr ein Moralsystem, als eine Religion. Diese Moral beantwortet die Frage, wie der Mensch zur seligen Befreiung von der Qual des Daseins gelangen könne."[1])

67. Geständnisse des Weltweisen über Anlaß und Entstehen seiner Philosophie.

Frauenstädt in seinem prosaischen Hochgesang kann selbstverständlich nicht umhin, auch um den hohlen Topf und vollen Kopf des Schopenhauerschen Kniffes seinen Lorbeerkranz zu schlingen, wie folgt:

„Kann die idealistische Grundlehre, mit der Schopenhauers Welt als Wille und Vorstellung anfängt: „Die Welt ist meine Vorstellung" — kann dieselbe, frage ich, wohl lebhafter, anschaulicher und mit tieferer Empfindung in die Reflexion übertragen werden als hier?"

„Doch Schopenhauer hat sich in seinen Manuscripten nicht blos über seinen Kniff ausgesprochen, sondern, wie aus anderen Stellen hervorgeht, auch über die gelegenheitliche Art seines Schaffens und Producirens und hat damit selbst bestätigt, was ich schon oben gesagt habe, nämlich, daß er ein Gelegenheitsphilosoph war."

In seinem Manuskriptenbuch Cogitata sagt er nämlich:

„Alle Gedanken, welche ich aufgeschrieben, sind auf äußeren Anlaß, meistens auf einen anschaulichen Eindruck, entstanden und vom Objectiven ausgehend niedergeschrieben, unbekümmert, wohin sie führen würden; aber sie gleichen Radien, die von der Peripherie ausgehend alle auf Ein Centrum laufen, welches die Grundgedanken meiner Lehre sind, zu diesen führen sie von den verschiedensten Seiten und Auffassungen aus."

Schopenhauer sagt, es kümmere ihn nicht, wohin seine Gedanken führen, und doch laufen sie alle auf Ein Centrum, auf die Grundgedanken seiner Lehre. Also ist der

---

[1]) Dr. Weinhart hat im Freiburger Kirchenlexikon, XII. Bd., Seite 151—188, auf 28 Lexikonseiten die Geschichte des Buddhismus in gedrängter Kürze dargestellt und am Schlusse auch noch die Literatur von zwanzig der bedeutendsten Werke über den Buddhismus beigegeben.

Denker nicht auch der Lenker seiner Gedanken. Diese Gedanken selber laufen, ohne daß der Producent derselben sie hinführt, zu den Grundgedanken seiner Lehre ins Centrum hin. Es ist begreiflich, daß dieser reizbare Weltweise immer sehr wild wurde, wenn man ihm mit der philister- und professorenhaften Forderung der Logik, der gewöhnlichen Denkgesetze an den Leib (oder an den Geist) rückte.

Frauenstädt sucht nun auf mehreren Seiten den Beweis zu führen, daß, wenn Schopenhauer auch nur ein Gelegenheitsphilosoph war, doch Alles auf die Construction seines Systems hinausging; man müsse deshalb auch den Schopenhauer ganz lesen, weil er selber später Manches erklärt und anders darstellt, als es dem Leser, der nicht Alles gelesen hat, im Anfange vorkommen mag.

Bei jeder Gelegenheit kommt er auf seinen perennirenden, nie untergehenden Ruhm zu sprechen (S. 293).

So in seinem Manuscriptenbuch, 1824:

„Was mir die Echtheit und daher die Dauer meiner Philosopheme verbürgt, ist, daß ich sie gar nicht gemacht habe, sondern sie haben sich selbst gemacht. Sie sind in mir entstanden ganz ohne mein Zuthun in Momenten, wo alles Wollen in mir gleichsam tief eingeschlafen war, und der Intellekt nun vollkommen herrenlos und dadurch müßig thätig war, die Anschauung der wirklichen Welt auffaßte und sie mit dem Denken parallelisirte, beide gleichsam spielend aneinanderhaltend."

„Nur, was in solchen Momenten ganz willensreiner Erkenntniß in mir sich darstellte, habe ich als bloßer Zuschauer und Zeuge aufgeschrieben und zu meinem Werke benutzt. Das verbürgt dessen Echtheit und läßt mich nicht irre werden beim Mangel alles Antheils und aller Anerkennung."

(S. 294.) Ueber den Maßstab der Beurtheilung seines Geistes sagt er:

„Den Maßstab für meinen Geist nehme man aus den Fällen, wo ich in der Erklärung ganz specieller Phänomene mit großen Männern competirte: in der Farbentheorie mit Newton und Goethe, in der Erklärung des Nichtschreiens des Laokoon mit Winkelmann, Lessing, Goethe, nebenbei Hirt, Fernow, in der Erklärung des Lächerlichen mit Kant und Jean Paul."

68. Wie Frauenstädt die kolossale Lüge ausspricht: der Weltweise habe sich um die Meinungen seiner Zeitgenossen wenig gekümmert. Die Satyre Schopenhauers nur bitterer Hohn ohne Witz. Wunderliche Definition des Staates. Der Mensch gilt ihm als ein Raubthier.

(S. 296.) Zu Dresden 1815 schreibt er:

„Wer ein großes und unsterbliches Werk vollendet hat, den wird die Aufnahme des Publikums und das Urtheil der Kritiker so wenig kränken oder bewegen können, als einen Vernünftigen, der im Tollhaus umhergeht, das Schmähen und Beleidigen der Tollen. So lange freilich jener Erstere die Menschen nicht kennt, und der Letztere nicht weiß, wo er ist, wird es anders sein, aber nach dieser erhaltenen Aufklärung nicht mehr."

Frauenstädt bemerkt dazu:

„Ein von Natur frühzeitig so selbständiger Geist und Charakter wie der Schopenhauers, der sich um die Meinungen der Zeitgenossen so wenig kümmerte, konnte natürlich auch in praktischen Dingen sich nicht für das begeistern, wofür diese sich begeisterten u. s. w."

Folgt nun eine lange Entschuldigung über den Vorwurf, daß Schopenhauer an dem Freiheitskriege 1813 nicht habe theilnehmen wollen. Sehr niederschlagend für die abfälligen Kritiker Schopenhauers ist es, daß er dieselben mit Narren im Irrenhause auf eine Linie setzt, und sehr komisch ist es, wenn Frauenstädt dem Leser kalt erklärt, Schopenhauer habe sich um die Meinungen seiner Zeitgenossen so wenig gekümmert. Wir haben bei Anführung der Correspondenz mit Asher aus Briefen Schopenhauers genugsam dargethan, mit welchem glühenden Durst er Beifallsbezeugungen und Huldigungen verschlungen und wie jeder Tadel ihn hochgradig erbittert hat. Als Frauenstädt die Unbekümmertheit Schopenhauers um seine Zeitgenossen niederschrieb, waren die Briefe von Asher noch nicht publicirt, welche die zu frühe und vorlaute Vertheidigung Frauenstädts geradewegs vernichten.

Nicht nur die Philosophieprofessoren seiner Zeit, sondern auch renommirte Philosophen vor ihm sind dem Weltweisen immer drückend im Magen gelegen. So berichtet Frauenstädt (S. 700):

„Die Philosophen", sagte er zu mir einst, „sind nur darum so unwissend und lernen nichts, weil sie zu viel treiben, Amtsgeschäfte, Politik, Reisen. Wer was lernen will, darf nichts treiben." Und von Leibnitz aus demselben Grunde hielt er nicht viel. „Da suchen sie," sagte er einst zu mir, „wieder den Leibnitz hervor, geben ihn heraus und reden viel von ihm, als ob der ein so großes Licht wäre. Mein Gott, wenn Einer so lebt, wie der, herumreist, braunschweigische Annalen schreibt u. s. w., so ist er schon darum in meinen Augen kein großer Philosoph." Ja, Schopenhauer spottet in seinem Manuscriptenbuch Spicilegia über die Berliner Akademie, daß sie alljährlich den Geburtstag Leibnitzens feiert: „Die Berliner Akademie celebrirt alljährlich den Geburtstag des Erfinders der Monaden, der präſtabilirten Harmonie und der identitas discernibilium. Ich würde ihr rathen, diese Gegenstände durch einen geschickten Maler abbilden zu lassen und ihre Säle damit zu verzieren, um die Verdienste ihres großen Stifters immer vor Augen zu haben."

Wenn Schopenhauer (was immer infolge gekränkter Eitelkeit oder offenbarer Eifersucht der Fall ist) satyrisch werden will, manifestirt sich diese Satyre in einem zwar bitteren, aber durchaus witzlosen Hohn, wie hier oben. Mitunter erscheinen schon auch anerkennenswerthe Lichtpunkte unter den offenbarsten Paradoxieen (S. 301):

„Die Geschichte ist ihm (Schopenhauer) nur der Schauplatz der Bejahung des Willens zum Leben, und da es die Erlösung von diesem gilt, so ist ihm die größte, wichtigste und bedeutsamste Erscheinung, welche die Welt aufweisen kann, nicht der Welteroberer, sondern der Weltüberwinder. Der asketische Mönch und die „schöne Seele" sind ihm ehrwürdigere, bewundernswerthere Erscheinungen als die gefeiertsten, welthistorischen Helden."

S. 301:

„Den relativen Werth der Geschichte verkennt er zwar nicht, aber die, welche der Geschichte einen höheren Werth als den von ihm anerkannten beilegen, verspottet er als Philister. In seinem Manuscriptenbuch Foliant (angefangen 1821 im Jänner) sagt er: Ich weiß mir keinen schöneren Einwurf gegen den Werth alles Geschichtsstudiums, als daß man den Historikus fragt: „Und wenn ich nun gelebt hätte, ehe alle diese Dinge sich zutrugen, hätte ich dann nothwendig weniger weise werden müssen?" Gemäß dieser schon früher vielfach geäußerten Ansicht spottete er in seinem Gespräche mit mir über die Hegelianer, die den Mund immer so voll nehmen über den Prozeß des Absoluten. „Der Inhalt der Geschichte," sagte er mir, „sind die europäischen Katzbalgereien."

S. 302:

„Das Menschengeschlecht," sagte Schopenhauer ein ander mal in seinem entschiedenen Pessimismus, „ist einmal von Natur aus zum Elend und Untergang bestimmt. Denn wenn nun auch durch den Staat und die Geschichte dem Unrecht und der Noth so weit abgeholfen wäre, daß eine Art Schlaraffenleben einträte, so würden sich die Menschen alsdann vor Langeweile balgen und über einander herfallen, oder die Uebervölkerung würde Hungersnoth herbeiführen und diese sie aufreiben."

Die Ansicht vom Staate ist geradewegs drollig und belustigend. Sie war schon 1814 dieselbe, die sich später in seinen Schriften kundgibt (S. 302):

„Der Staat war ihm nur der Maulkorb, der das „Raubthier" Mensch unschädlich zu machen und dadurch dieselbe Erscheinung hervorzubringen hat, als wenn er ein grasfressendes Thier wäre."

Wir sehen, wie der Weltweise nicht zufrieden ist, den Menschen vom Affen abstammen zu lassen, wie er nicht zufrieden ist, ihn bei verschiedenen Gelegenheiten ein Thier oder den Thier-Menschen zu nennen; er macht ihn hier trotz seiner von Frauenstädt ihm hinausdisputirten Herzensgüte auch noch zum Raubthier, welches durch die Staatskunst zu einem Grasfresser herancivilisirt worden ist. Aus den vielen Anhängern dieses Philosophen, wie auch des Naturweisen Darwin ist zu ersehen, wie es vielen Leuten ein absonderliches Vergnügen macht, als Thier oder so recht en canaille behandelt zu werden.

Ohne bei irgend einer Gelegenheit eine Definition oder Besprechung in seinen Kniff: in Vorstellung oder Wille oder in beide einschachteln zu wollen, geht es nicht ab. Der Kniff, also sein Kniff, muß da bei ihm, wie bei jedem Genie, sich immer bemerkbar machen.

69. Kommt durch seinen Kniff über den Staat mit dem Kniff von der Nothwendigkeit alles zu Geschehenden in den grellsten Widerspruch. Entschuldigung Robespierres, Bonapartes u. s. w.

S. 303 schreibt er zu Dresden 1814:

„Von dem, was die Pseudo-Philosophen unserer Zeit lehren: Der Staat habe zur Absicht Beförderung des moralischen Zwecks des Menschen, ist viel eher das Gegentheil wahr. Der Zweck des Menschen — ein parabolischer Ausdruck — ist nicht, daß er so oder anders handle, denn alle opera operata sind an sich gleichgültig, sondern daß der Wille, bevor jeder Mensch ein vollkommenes Specimen ist, sich wende, wozu nöthig ist, daß der Mensch (der Verein von Erkennen und Wollen) diesen Willen erkenne, das Entsetzliche dieses Willens erkenne, sich spiegele in seinen Thaten und deren Gräueln. Der Staat, dem es nur auf das Wohlsein Aller abgesehen ist, hemmt die Aeußerungen des bösen Willens, keineswegs den Willen, was unmöglich wäre. Dadurch geschieht es, daß höchst selten ein Mensch seine ganze Entsetzlichkeit im Spiegel seiner Thaten erblickt. Oder glaubt ihr wirklich, Robespierre, Bonaparte, der Kaiser von Marokko, die Mörder, die ihr rädern seht, seien allein so schlecht unter Allen? Seht ihr nicht, daß Viele dasselbe als Jene thäten, wenn sie nur könnten?"

Kurios! Derselbige Weltweise, der den Satz aufgestellt hat: Alles, was geschieht, geschieht nothwendig, und der diesen Satz zwar nicht mittelst Tinte und Feder nachgewiesen, sondern den Beweis mit dem ausgeschütteten Tintenfaß, welche Operation seine Magd im Traume vorhergesehen, herzustellen suchte, derselbe Welweise gesteht hier, daß der Staat dennoch die Aeußerungen des bösen Willens hemmen könne, und daß es ihm nur unmöglich ist, den bösen Willen selbst zu unterdrücken. Er proklamirt einmal die Nothwendigkeit gegen die Freiheit, dann wieder die Freiheit gegen die Nothwendigkeit, und wenn ihn Einer packt und um den Grund dieses Wechsels frägt, so wird er böse, will mit dem logischen Denken nichts zu thun haben, schimpft über sämmtliche Pseudophilosophen als der einzig wahre und echte Philosoph, und sagt, die Philosophie ist eben Kunst und nicht Wissenschaft. Wenn er in irgend einer unlogischen Verlegenheit und Verlogenheit drinnen ist, so fehlt es ihm nicht an seinen Kniffen, an Sophismen aller Art, um sich vor seinen andächtigen, ihm durch Dick und Dünn nachfolgenden Verehrern herauszuhelfen.

S. 303:

„Mancher Verbrecher stirbt ruhiger auf dem Schaffot, als mancher Nicht-Verbrecher in den Armen der Seinen. Jener hat seinen Willen erkannt und gewendet. Dieser hat ihn nicht wenden können, weil er ihn nie hat erkennen können. Der Staat bezweckt ein Schlaraffenland, das dem wahren Zweck des Lebens, der Erkenntniß des Willens in seiner Furchtbarkeit, gerade entgegensteht."

Der langen Rede kurzer Sinn, oder des langen, vorgestellten Unsinns kurzer Wille ist: alle bisherigen Einrichtungen des Staates gehören für die Katze; der Staat kann nur die Aeußerungen des bösen Willens hemmen, aber den bösen Willen nicht selbst umwenden. Man gehe daher in den Buchladen, kaufe sich Schopenhauers Werke, — er hat das Räthsel der Welt gelöst. „Zu mir müssen sie kommen", hat er selber gesagt; die historische Religion, die Entwickelung der Philosophie, der Geschichte, alle Theologie — Alles in den Ofen! — Mein System genügt, die Menschheit zu erlösen.

S. 304:

„Bonaparte ist wohl eigentlich nicht schlechter als viele Menschen, um nicht zu sagen, als die meisten. Er hat eben den ganz gewöhnlichen Egoismus, sein Wohl auf Kosten Anderer zu suchen. Was ihn auszeichnet, ist blos die größere Kraft, diesem Willen zu genügen, größerer Verstand, Vernunft, Muth, wozu der Zufall ihm noch einen günstigen Spielraum schenkte. Durch alles dieses that er für seinen Egoismus, was tausend Andere für den ihren wohl möchten, aber nicht können. Jeder schwache Bube, der durch kleine Schlechtigkeiten einen geringen Vortheil zum Nachtheil Anderer, wenn auch dieser Nachtheil eben so gering ist, sich verschafft, ist ebenso schlecht als Bonaparte."

Eine kuriose Logik! Der dumme Junge, der in den Garten steigt und ein paar Birnen stiehlt, ist ebenso schlecht, als ein ehrsüchtiger Gewalthaber, der Hunderttausende auf dem Schlachtfelde im Gelüste seiner Herrschsucht hinopfert! Hat Napoleon, dem Schopenhauer selbst so viel Verstand und Vernunft zuschreibt, nicht einsehen können, daß seiner Herrschsucht tausende von Menschenleben zum Opfer fallen, daß er maßloses Weh den Gefallenen und ihren Hinterbliebenen bereitet? Hat er nicht eine unnennbar größere Verantwortung, als der dumme Junge, den ein paar Birnen zum Diebstahl verlocken?

70. Macht Trugschlüsse über Trugschlüsse, um die Vergeltung im Jenseits verleugnen zu können. Verallgemeinert seine Bosheit und Rachsucht und gießt selbe über das ganze Menschengeschlecht aus. Der Unterschied zwischen dem Beleidiger und dem Leidenden wäre nur in der Erscheinung.

Es ist ein Hauptkniff Schopenhauers, in Trugschlüssen zu arbeiten, die er mit oratorischem Laubwerk aufzuputzen versteht und selbige dann den Lesern (den Thiermenschen und bipedes) zum Genießen gibt. So fährt er fort.

S. 304:

„Die, welche eine Vergeltung nach dem Tode wähnen, würden verlangen, daß Bonaparte durch unsägliche Qualen alle unzählbaren Leiden büßte, die er verursacht hat. Aber er ist nicht strafbarer als alle die, welche denselben Willen haben, nur nicht mit derselben Kraft. Dadurch, daß ihm diese selbe Kraft beigegeben ist, hat er die ganze Bosheit des menschlichen Willens offenbart, und die Leiden seines Zeitalters, als die nothwendige andere Seite davon, offenbaren den Jammer, der mit dem bösen Willen, dessen Erscheinung im Ganzen diese Welt ist, unzertrennlich verknüpft ist. Eben dieses aber, daß erkannt werde, mit welchem namenlosen Jammer der Wille zum Leben verknüpft und eigentlich Eins ist, ist der Zweck der Welt. Bonapartes Erscheinung trägt also viel zu diesem Zwecke bei. Daß die Welt ein fades Schlaraffenland sei, ist nicht ihr Zweck, sondern daß sie ein Trauerspiel sei, in welchem der Wille zum Leben sich erkenne und sich wende. Bonaparte ist nur ein gewaltiger Spiegel des menschlichen Willens zum Leben."

Es ist ergötzlich, zu sehen, wie selbst Bonaparte beim Schopf gepackt wird und herhalten muß, um als ein eklatantes Beispiel und ein schlagender Beweis für den Schopenhauerschen Kniff von Vorstellung und Wille sich benutzen zu lassen.

Untersuchen wir die Deklamation:

1. Gibt es Millionen und hat Millionen gegeben, die eine Vergeltung nach dem Tode glauben und hoffen. Diesen gegenüber hat Schopenhauer kein Recht, denselben ihren Glauben als Wahn und dieselben als Wahnsinnige zu bezeichnen. Dieselben haben ein Recht, den Spieß umzukehren und ihm seinen Weltbegriff, in dessen zwei Kisten Vorstellung und Wille er jeden Menschen und die ganze Weltgeschichte einzuschachteln bemüht ist, auch als einen Wahn und ihn als einen Wahnsinnigen oder mindestens, insofern er auf seine Philosophie glaubt, einen Wahngläubigen zu nennen.

2. Wenn Schopenhauer in seiner Manie, die ganze Menschheit für so boshaft, rachsüchtig, schimpferisch zu halten, wie er sich selber im Leben so oft manifestirt hat, so ist er da im Allgemeinen ebenso im Unrecht, wie auch hier speziell, wo er allen Christen, welche an die Unsterblichkeit glauben, das Verlangen zumuthet: Bonaparte solle unsägliche Qualen für die unzähligen Leiden büßen, die er verursacht hat. Der wahre Christ hat kein so rachsüchtiges Verlangen zu hegen;

er soll die Vergeltung Demjenigen überlassen, der in Gerechtigkeit und Barmherzigkeit die Menschen richten wird.

3. Es ist eine nach christlicher Sittenlehre unhaltbare Deklamation, daß ein Menschenopferer en gros nicht strafbarer sei, als Alle, welche denselben Willen haben, denn dem Bonaparte ist ja auch mehr Erkenntniß gegeben gewesen, und das Gericht erfolgt auch nach dem Erkennen des Menschen, nicht allein nach seinem Handeln.

4. Ferner ist es sehr problematisch, ob Bonaparte die ganze Bosheit des menschlichen Willens geoffenbaret hat, denn das Menschenopfern war bei ihm sicher nicht ein Werk der Bosheit, sondern ein nothwendiges Mittel, seinen Ehrgeiz und seine Ruhmsucht zu befriedigen.

5. Es ist auch rein erlogen und unerweisbar, daß diese Welt eine Erscheinung des bösen Willens ist.

6. Es ist ein Schopenhauerscher Kniff: die nicht zu erweisende Behauptung, daß der Wille zum Leben mit namenlosem Jammer verknüpft Eins sein muß, und daß dieses der Zweck der Welt sei. Wer hat denn der Welt diesen Zweck vorgesteckt? Gott ist für Schopenhauer keiner — also ist es der Schopenhauersche Weltzweck.

7. Was soll dies Behaupten: es ist der Zweck der Welt, daß sie ein Trauerspiel sei? Wer hat die Welt für diesen Zweck bestimmt?

8. Bonaparte ist etwas ganz Anderes, als ein gewaltiger Spiegel des menschlichen Willens zum Leben. Uebrigens gibt es große, klare, den Gegenstand treu wiedergebende Spiegel, aber einen gewaltigen Spiegel? da könnte man viel eher Schopenhauersche Behauptungen eine gewaltige Spiegelfechterei benennen.

Schopenhauer deklamirt weiter (S. 305):

„Der Unterschied zwischen dem, der das Leiden verursacht, und dem, der es leidet, ist nur in der Erscheinung. Es ist das Alles Ein Wille zum Leben, der mit großen Leiden Eins ist, durch deren Erkenntniß er sich wenden und enden kann.“

71. Die schadhaften Theorieen des Weltweisen würden in der Praxis vor Gericht ausgelacht werden. Anwendung auf den Fall Marquet.

So hätte sich Schopenhauer vor Gericht vertheidigen sollen, als er die Marquet ein paar Mal zu Boden warf und maltraitirte: „Der Unterschied zwischen mir und der Marquet ist nur in der Erscheinung; es ist bei mir und bei ihr nur der Wille zum Leben" u. s. w. Der Richter würde ihm geantwortet haben: Wenn Sie ein Buch schreiben, ist es Ihnen erlaubt, jeden Unsinn darin niederlegen, wir handeln hier nach dem 6., 7., 8., 9. Gesetzesparagraphen. Ob zwischen Ihnen und der Marquet, zwischen dem Abpuffen und Hinauswerfen, und zwischen dem Niederschlagen und dem Niedergeschlagenwerden ein Unterschied ist, darüber wollen wir uns in kein philosophisches Gespräch einlassen. Wir sind hier Juristen, und vor dem Jus hat sich auch Ihre geistreiche Philosophie zu beugen und zu pariren; wir werden Ihren Willen und Ihre Erkenntniß dahin wenden, ob Sie wollen oder ob Sie nicht wollen, das bleibt sich egal. Sie zahlen 300 Thaler Schmerzens- und Curgeld und jährlich, so lange die Geprügelte lebt, 60 Thaler Alimentation. In welches Schubfach oder in welche Schachtel ihres philosophischen Systems Sie diesen Vorfall hineinpracticiren wollen, das bleibt Ihrer Vorstellung und Ihrem Willen freigestellt. Fünf Jahre lang haben Sie Ihre Philosophie gegen unser Jus ins Treffen geführt, und Sie haben in diesem fünfjährigen Kriege (wo Alles, wie Sie sagen, Ein Wille zum Leben ist) gezeigt, daß nicht Alles Ein Wille zum Geben ist; wir waren so glücklich und haben Ihren Willen zum Leben anerkannt, aber Ihren Willen zum Nichtgeben gebrochen. Durch dieses Gerichtserkenntniß und durch diesen fünfjährigen, von Ihnen vergebens und mit Unglück geführten Krieg haben Sie sich nicht nur als grausam, sondern auch als schmutzig gezeigt. Für die Niederlage, welche die Marquet zu Berlin in der Niederlagstraße durch ihre Hände erlitten hat, werden auch Sie eine Niederlage erleiden, es werden dieselben Hände hier bei uns das Strafgeld niederlegen müssen. Weder Ihre Vorstellung, noch Ihr Wille hat in diesem Kampfe ums Leben und Nichtshergeben etwas genützt; wir lassen uns hier durch kein, wenn auch noch so renommirtes System beschwindeln. Nachdem wir Ihren Willen gewendet, ist der Proceß geendet. Wir haben Sie zur „Erkenntniß“ der „großen Leiden“ gebracht, welche Sie der Klägerin zugefügt haben.

72. Frauenstädt entschuldigt das großmüthige Verschenken von Gewehr, Säbel und Patrontasche an einen andern patriotisch begeisterten Tropf als eine nothwendige Folge der Schopenhauerschen Philosophie. Versuch, den Pessimismus Schopenhauers zu erklären und den Weisen wieder reinzuwaschen. Degradirt die Vernunft zum Egoismus.

Frauenstädt vertheidigt auch dieses Partialphilosophem „über Leiden und Willen zum Leben“, dessen praktische Widerlegung wir dem Richter bei Beendigung des fünfjährigen Prozesses in den Mund gelegt haben.

Frauenstädt meint (S. 305):

„Man mag nun mit diesen Ansichten übereinstimmen oder nicht: so viel steht doch jedenfalls fest, daß ein junger Mann, der so denkt wie hier der 26jährige Schopenhauer, nicht die politische Begeisterung seiner Zeit- und Altersgenossen theilen kann. Es ist dieses eben so streng nothwendig, wie daß die drei Winkel eines Dreiecks gleich zweien rechten sind. Wer keinen anderen Zweck des Lebens kennt, als den ethischen, und wer diesen in die Verneinung des Willens zum Leben setzt, in der Geschichte und im Staate hingegen nur die Bejahung desselben sieht, der kann sich für politisches Wirken nicht begeistern. Dieses und nichts weiteres wollte ich hier beweisen. Ich wollte denen, die Schopenhauer seine politische Taktlosigkeit vorgeworfen haben, zeigen, daß sie unverständig sind, weil sie ihm etwas zugemuthet, was zu leisten ihm bei der Beschaffenheit seines Wesens und seiner Weltanschauung unmöglich war. Unverstand ist es allemal, etwas Unmögliches zu fordern, Unverstand ist es, von einem Baume andere Früchte zu fordern, als er seiner Natur nach geben kann, und Unverstand ist es, von einem Menschen andere Leistungen zu fordern, als seinem Geiste und Charakter möglich sind.“

Denken wir uns: vor einer Assentirungscommission würde ein einberufener Rekrut dieser Commission mit den Worten Frauenstädts den Beweis ihres Unverstandes liefern, weil dieselbige von ihm etwas verlangt, was ihm bei Beschaffenheit seines Wesens und seiner Weltanschauung unmöglich ist. Der Vorsitzende würde ihm erwidern: Sie wollen das Mögliche unmöglich machen, und wir werden das Unmögliche möglich machen! Wir haben Mittel, Ihnen unsern Unverstand verständlich zu machen, während wir Ihren Verstand unverständlich finden. Hier heißt es vor allem Andern pariren; wir können uns in die Schopenhauersche Kniffologie nicht weiter einlassen. Aus ist's!

Frauenstädt nimmt nun behufs der Vertheidigung Schopenhauers zum Buddhaismus seine Zuflucht (S. 305):

„Aber woher, kann man fragen, kam denn dem jungen Schopenhauer diese pessimistische Weltanschauung, die keinen anderen Trost kennt, als die Entsagung, die Resignation des buddhaistischen Nirwana? War er nicht in Wohlstand geboren und auferzogen? War er nicht ein „Freiherr", der ganz seiner Neigung folgen konnte, und rühmte er sich nicht selbst dieses Glücks? Diese Frage setzt voraus, daß man, um Optimist oder Pessimist zu sein, sich entweder in glücklichen oder unglücklichen Verhältnissen befinden müsse. Ich selbst machte einst diese Voraussetzung. Als ich zum ersten Male die „Welt als Wille und Vorstellung" las, ehe ich noch Schopenhauer persönlich kannte und von seinen Verhältnissen etwas wußte, stellte ich ihn mir immer als einen in Armuth und Dürftigkeit Vereinsamten vor und war daher nicht wenig erstaunt, als ich nachher in Frankfurt seine, wenn auch nicht luxuriöse, doch auch keineswegs dürftige Lebensweise und seinen Verkehr sah. Ich war nun geneigt, seinen Pessimismus aus schweren Jugendleiden und Trübsalen abzuleiten. Aber als ich ihn einst darüber befragte, ob er etwa in jungen Jahren viel gelitten habe und daraus sein Pessimismus zu erklären sei, erwiderte er: „Gar nicht, sondern ich war als Jüngling immer sehr melancholisch und einmal, ich mochte ungefähr 18 Jahre alt sein, dachte ich, noch so jung, bei mir: Diese Welt soll ein Gott gemacht haben, nein, eher ein Teufel. Ich habe freilich schon viel in der Erziehung durch die Härte meines Vaters zu leiden gehabt." Näher ging er damals auf den eigentlichen Ursprung seines Pessimismus nicht ein."

Frauenstädt bringt nun eine viele Seiten lange Abhandlung, um den Ursprung des Pessimismus bei Schopenhauer aus alten und neuen Philosophen und aus dem Vergleich mit diesen herzustellen.

Daß es bei Schopenhauer und seinen Aposteln Paradoxieen in einemfort regnet, ist selbstverständlich. In Berlin schreibt Schopenhauer 1813 unter Anderem:

S. 314:

„Das Moralische im Handeln aus der Vernunft herleiten ist Blasphemie.[1]) Im Moralischen spricht sich das bessere Bewußtsein aus, das hoch über alle Vernunft liegt, sich im Handeln als Heiligkeit äußert und die wahre Welterlösung ist.[2]) Dasselbe äußert sich zum Trost für die Zeitlichkeit in der Kunst als Genie.[3]) Auch der trübste Sprachgebrauch rechtfertigt das Gesagte. Wer wird den Philister unvernünftig schelten oder leugnen, daß er höchst vernünftig seine Sache angreife? Wer wird dagegen sagen, es sei höchst vernünftig gewesen von Jesus Christus, daß er sich kreuzigen ließ, von Thomas Morus, daß er lieber sein Haupt dem Henker, als dem König wider seine Ueberzeugung die Beistimmung gab, von Arnold Winkelried, daß er die Speere in seinen Leib trieb?"

Es ist nicht zu übersehen, daß Schopenhauer hier die Vernunft zur ganz gewöhnlichen Schlauheit des Egoismus degradirt, deren höchstes Streben ist: unter jeder Bedingung, ohne irgend einen Impuls der Moral oder eine Anforderung von Gewissen und Ehre zu achten, das Leben durchzubringen.

73. Alles gilt ihm als Philisterei, was nicht von und aus ihm ist. Die ganze Weltgeschichte ist Philisterei, Alles ist lächerlich! Seine Philosophie ist ein Lieblingsgericht für Abgebrauchte, Blasirte und Heruntergekommene. Wie Rosenkranz über Schopenhauer urtheilt.

Berlin 1813 (S. 315):

„Das Trauerspiel ist der wahre Gegensatz aller Philisterei: es ist der Ausspruch der Unzulänglichkeit aller praktischen Vernunft

---

[1]) Das Wort Blasphemie, hier gebraucht, ist doch wieder ein frech vorgebrachter Unsinn! Gott gibt es nach Schopenhauer keinen, also Gott kann nicht beleidigt werden. Aus der Vernunft darf man das Moralische nicht ableiten, sagt Schopenhauer selber; also auch gegenüber der Vernunft gibt es keine Blasphemie, weil man die Vernunft auch nicht nach Schopenhauer an Gottes Stelle setzen kann, somit bleibt nur noch eine Blasphemie, an Schopenhauer und seinem System geübt!

[2]) Wie sich auch Schopenhauer durch seinen heiligen Wandel im thurmhoch über alle Vernunft hinausragenden besseren Bewußtsein als wahrer Welterlöser manifestirt hat. Wir sehen, wie dieser Weltweise in seinem maßlosen Hochmuth (von ihm besseres Bewußtsein genannt) immer über den persönlichen Gott und über den Welterlöser Christus mit souveräner Verachtung sich ausspricht

[3]) Selbstverständlich nimmt, so oft vom Genie die Rede ist, Schopenhauer dann für sich den Löwenantheil in Anspruch.

im angegebenen Sinne. Der Faust spricht zugleich die Unzulänglichkeit aller theoretischen Vernunft aus und ist daher einzig. Philister lieben daher nicht das Trauerspiel, haben die poetische Gerechtigkeit erfunden, damit die Tugend doch wenigstens zuletzt etwas nütze."

„Daher sind auch alle Theodiceeen, Hiobs vernünftelnde Freunde, Kants Postulate eines belohnenden Gottes und einer belohnt werdenden unsterblichen Seele Philistereien."

Alles Philisterei! Die Lehre, welche die Weltgeschichte gibt, die ganze Weltgeschichte — Alles, was große Denker und Dichter geschaffen haben, jeder Kampf, jede Entsagung, jedes Leiden, der erduldete Tod im Bekennen des persönlichen Gottes und des Logos, den er in die Welt gesandt hat, um sie zu erlösen, am Ende auch noch Kant mitsammt seinem ohnedies sehr schwächlichen und abgeblaßten Postulate der Vernunft — Alles Philisterei! Schopenhauer hat Alles überragt, Alles übertroffen, Alles durchschaut, Alles geoffenbart; er hat die Welt erlöst, ihr den wahren Trost gebracht!

Aber auch seinem Apostel Frauenstädt wird es bisweilen doch zu stark, und er findet eine Achillesferse in der Schopenhauerschen Philosophie. So S. 316:

„Schopenhauer hat vollkommen Recht, wenn er das Streben, die Ewigkeit durch die Zeit auszumessen, dem vergeblichen Versuche der Quadratur des Zirkels vergleicht. — Aber folgt denn daraus, was Schopenhauer daraus folgert, daß wir, um das Ewige zu erreichen, das Zeitliche ganz verlassen müssen, daß es keine Brücke zwischen beiden gibt, sondern wir nur die Wahl haben, entweder drüben oder hüben zu stehen? In dieser Folgerung finde ich die Achillesferse der Schopenhauerschen Philosophie. Statt sich damit zu begnügen, zu sagen: Das ausschließliche Streben nach dem Endlichen, Empirischen, Vergänglichen führe im Theoretischen von der Wahrheit, im Praktischen von der Tugend ab, hat Schopenhauer gesagt: Das Endliche, Empirische, Zeitliche ist überhaupt aufzugeben, es ist demselben gänzlich zu entsagen, und ohne diese Entsagung ist durchaus an kein Heil zu denken. Und dieses hat er nicht blos in der ersten Auflage der „Welt als Wille 2c." gefolgert, sondern in Allem."

Daß selbst die Hegelianer dem Schopenhauer sein außerordentlich hochmüthiges Erheben über die ganze bisher aufgetauchte philosophische Welt aller Schulen nicht mit Schweigen hingenommen, gesteht, obwohl nicht mit Freuden oder mit Zustimmung, Frauenstädt.

Der Hegelianer Rosenkranz[1]) sagt:

„*Schopenhauer* würde seine Zeitgenossen nicht in dem Grade gefesselt haben, wenn er nicht den Muth besessen, den Hohn gegen das Dasein offen auszusprechen, wenn er nicht der Traurigkeit des Buddhaismus die Ironie des Weltschmerzes hinzugefügt hätte. Mit diesem pikanten Tone, welchen die Welt lächerlich findet, ist er zum Liebling aller blasirten, weltmüden Deutschen geworden; denn die Welt gilt ihm als daseiende Unwahrheit, als constituirte Anarchie. Die aus tiefer Ueberzeugung (?) entsprungene Kraft, mit welcher Schopenhauer allem Dasein den Fluch der Erbärmlichkeit entgegenschleudert, ist der Reiz, der so viele gebrochenen Geister unserer Epoche an ihn fesselt. Diese, vom Ekel an den Widersprüchen des erfahrungsmäßigen Daseins Erfüllten, von den Nieten des Schicksals Abgemüdeten, von ihren falschen Hoffnungen Betrogenen, *durch ihre Leidenschaften zu physischem und moralischem Bankrott Herabgebrachten* finden eine unendliche Beruhigung darin, das atheistische Weltall *unter der Autorität eines großen Philosophen für eine tolle Fratze erklären zu dürfen*, in welcher Nichts als das Nichts Recht behalte. Erspart ihnen diese Einsicht doch auch *die Reue über begangene Thorheiten und die Tapferkeit der Arbeit*. Schopenhauer schmeichelt dem natürlichen Menschen; die Pflichtstrenge Kants erscheint ihm als eine pedantische, weltunerfahrene Beschränktheit."

Ferner[2]):

„Sie (die Philosophie *Schopenhauers*) ist zwar keine eigentliche Philosophie im Sinne einer systematischen Wissenschaft, aber sie ist eine philosophische Confession von ungeheurer Intensität in einer höchst geistreichen Form. Sie sprach den Ueberdruß an aller Schulphilosophie mit einem so witzigen und heftigen Sarkasmus, *oft sogar mit so brutaler Rohheit aus*,[3]) daß das Publikum sich höchlich ergötzte, die Professorenweisheit einmal so gedemüthigt zu sehen. Sie zerrte alle philosophischen Berühmtheiten Deutschlands in den Koth, bemitleidete Kant über seine spießbürgerliche Moral, keine Lüge gestatten zu wollen, und schilderte den Ekel an der Existenz, die Qual der Lebenssattheit, die Sehnsucht der blasirten Verzweiflung nach dem Nichts mit so fesselnder Beredsamkeit, daß sie für die Aristokratie der geistreichen Genießlinge ein

---

[1]) Wissenschaft der logischen Idee. II., 327.

[2]) Epilegomena — als Replik gegen Michelet und Lasalle. Königsberg 1862.

[3]) Brutale Roheit, ja! Heftiger Sarkasmus, ja! Aber der Witz ist mit Brutalität und Heftigkeit geradewegs unvereinbar. Zum Witz genügt nicht der *Wille*, einen solchen machen zu wollen, und wenn dieser Wille auch noch so *heftig* und *brutal* wäre. Zum Witz gehört eine überlegene Ruhe, nicht eine unterliegende Heftigkeit und Brutalität.

wahres Brevier wurde, zumal sie die Frauenliebe mit pikantem Cynismus zu behandeln und die Consequenzen des Selbstmords, die aus dem Abscheu am Elende des Lebens sich ergeben, sophistisch wieder auszureden wußte. War nun aber auch die Schopenhauersche Spekulation eine krankhafte, so war sie doch Spekulation und entsprach einer weitverbreiteten Zeitstimmung der Ernüchterung, Enttäuschung und des innersten Widerspruchs mit den laufenden Zuständen. Sie verabsolutirte den Pessimismus."

Selbstverständlich macht Frauenstädt im Interesse seines Meisters verschiedene Einwürfe gegen diese Kritik des Rosenkranz. Rosenkranz, meint er, sei als Professor und Hegelianer viel zu befangen, um Schopenhauer richtig würdigen zu können, und nach Jenen, die den Schopenhauer und seine Werke gründlich kennen, mußte Rosenkranz Unrecht haben.

Auch die Blasirtheit und Lebenssattheit, die dem Schopenhauer vorgeworfen wird, sucht Frauenstädt seinen Lesern auszureden.

74. Frauenstädt vertheidigt Schopenhauer gegen Rosenkranz und vindicirt dem ersteren große und edle Geistigkeit. Vergleicht Schopenhauers Blasirtheit mit der Weltverachtung heiliger Seelen. Der exorbitante Blödsinn dieser Behauptung sehr leicht nachweisbar und sehr stark durch Thatsachen nachgewiesen. Die Verlogenheit des Weltweisen und seiner Apostel. Wie sich Schopenhauer durch alle möglichen Deklamationen zu keiner edlen Seele hinaufschwindeln läßt.

Frauenstädt deklamirt wie folgt (S. 325):

„Ich will euch sagen, welche Bewandtniß es eigentlich mit Schopenhauers Blasirtheit und Lebenssattheit hat. Es ist die Blasirtheit, an der, so lange als die Welt steht, alle großen, hohen und edlen Geister, alle Genies, alle mit einem überwiegenden Intellekt ausgestatteten und in ihrem Dichten und Trachten weit über das Gemeine erhabenen Naturen gelitten haben, es ist die Blasirtheit jener edlen Seelen, die von jeher am Irdischen kein Genügen gefunden, die in die platonische Ideenwelt geblickt und darum von der gemeinen Realität, an welcher die Philister so sehr ihr Behagen haben, sich abgestoßen gefühlt und sich nach einem bessern Dasein gesehnt haben."

„Sehr wahr schreibt Schopenhauer in seinem Manuscriptenbuch (Pandecta 1832): „Die gewöhnlichen und gemeinen Menschen, von denen die Erde wimmelt, sehen meistens sehr behaglich und vergnüglich aus, während auf den hohen Stirnen der Bevorzugten häufig der Unmuth thront. Es ist, als ob Jene fühlten, das Erdenloos sei eben ihren Verdiensten angemessen — Diese hingegen, sie seien wohl eines besseren werth."

„Kurz, die Schopenhauersche Blasirtheit stammt aus einer und derselben Quelle mit der Blasirtheit aller großen Denker und Dichter, die von jeher sich von der schlechten und gemeinen Wirklichkeit abgewendet, sie stammt aus derselben Quelle auch mit der Blasirtheit jener frommen, christlichen Seelen, die sich nach einem bessern Dasein sehnen."

Was für eine exorbitante Aufgeblasenheit, was für ein mehr der Lächerlichkeit als der Verachtung würdiger Hochmuth duftet aus diesen Zeilen des Weltweisen und seines Vertheidigers.

Der Missionär, der heidnischen Völkern bei sichtlicher Gefahr seines Lebens, bei offen daliegenden Leiden und Kümmernissen das Evangelium predigt; die barmherzige Schwester, welche ihre Jugendblüthe aus Liebe zu Gott (der dem Schopenhauer nur ein Phantom für dumme, ungebildete Leute, für den gemeinen Plebs der bipedes gilt) den armen, verlassenen, in Elend und Noth, in Jammer und Schmerzen daliegenden Menschen opfert, die soll mit ihrer reinen, unbefleckten, gottliebenden Seele dem Gottesleugner, die duldende Pflegerin im Leidenhaus soll dem genußsüchtigen Wüstling im Freudenhaus gleichgestellt werden; beide sollen aus derselben Quelle der Blasirtheit ihre Weltverachtung erlangt haben; derjenige, der in seiner gottlosen Frechheit sich seiner Sünde und Schande rühmt, der soll mit der opfermuthigen, reinen, unbefleckten Seele nicht nur auf dieselbe Stufe gestellt, sondern durch seine hohe Stirne (freche, hohe Stirne und niedere Gesinnung), auf welcher der Unmuth thront, noch „zu den Bevorzugten gerechnet werden", die eines besseren Looses würdig wären! Die Blasirtheit des Wüstlings, der den Becher erst dann wie ein betrunkener Zecher wegwirft, nachdem er ihn bis auf die Neige, bis auf den letzten Tropfen ausgeschlürft hat, — diese Blasirtheit soll mit dem Martyrium der Jungfrau, die freiwillig in Liebe zu Gott und zur leidenden Menschheit ihr ganzes Leben den Leidenden geopfert hat, aus derselben Quelle hervorgegangen sein!

Das ist Frevel an der Wahrheit, Frevel an der Geschichte, Frevel an der Menschheit — das ist zum Wahnsinn gesteigerte Selbstüberhebung, das ist eine Illustration des Psalmenverses: Der Thor sagt in seinem Herzen: es gibt keinen Gott.

Und so sprechen wir es nur aus: Es ist eine blöde Lüge, was Schopenhauer in dieser Richtung vorgebracht, und diese Lüge ist durch Frauenstädt noch präcisirt worden, wenn er „die Blasirtheit frommer Seelen, die sich nach einem besseren Jenseits sehnen", mit der Blasirtheit Schopenhauers zusammenstellt, welcher in seinem Haß der ganzen Welt ohne Unterlaß Fußtritte austheilen wollte, nebenbei aber einem unersättlichen Durst nach Lob und Anerkennung eben dieser Welt verfallen war.

Frauenstädt sucht seine und Schopenhauers Theorieen bezugs der gleichgestellten Blasirtheit der frommen christlichen Seelen mit der Blasirtheit unfrommer und unchristlicher Seelen in etwas abzuschwächen und durch fragende Erklärungen acceptabler zu machen (S. 326):

„Ist, was alle diese edeln, denkenden, dichtenden und religiösen Seelen von jeher zu Pessimisten gemacht hat — wenn sie es gleich nicht alle in jenem entschiedenen Grade waren wie Schopenhauer — etwa dieses, daß das Leben zu wenig Genüsse bietet, daß es nicht lustig genug in selbem hergeht, daß Einem nicht wie im Schlaraffenland die Tauben gebraten ins Maul fliegen, sondern man sich placken muß, um das Nothwendige zu erlangen? Oder ist es etwa dieses, daß Einem im Leben jedes Amüsement vergällt wird und daß, wenn man zu viel des Guten genießt, man gar hinterher durch Leiden und Krankheit büßen muß? Sind es überhaupt die Schrecken und Hemmnisse, die das fleischliche Leben findet, sind es die Leiden und Schmerzen, welche der sinnliche Mensch erfährt, die jene denkenden, dichtenden und frommen Seelen zu ihren philosophischen, poetischen und religiösen Klagen über das Menschenloos gebracht haben?"

„O nein, der fleischliche Mensch ist trotz allen Ungemachs, trotz aller Leiden und Schmerzen, welche den Leib treffen, optimistisch gesinnt, er findet mit Marquis Posa das Leben doch schön und drückt es immer von Neuem freudig an die Brust. Hingegen sind edele Seelen, hohe ideale Naturen, wenn es ihnen persönlich, d. h. leiblich noch so gut im Leben geht — und Schopenhauer litt ja auch leiblich keinen Mangel — dennoch in moralischer Hinsicht Pessimisten, denn sie tragen ein Ideal im Kopfe und im Herzen, gegen welches die gemeine Wirklichkeit zu sehr absticht, als daß sie an dieser ihr Genügen haben sollten. Sie sehnen sich nach Wahrhaftigkeit und Gerechtigkeit, und finden in der Welt Lüge und Ungerechtigkeit an der Tagesordnung. Sie sehnen sich nach Freundschaft und Liebe, und finden allerorten Feindschaft und Haß. Sie möchten gern überall Schönheit und Harmonie verwirklicht sehen, und stoßen überall auf Verzerrung und Disharmonie. Dies schmerzt ihre edele Seele, dies verwundet ihr Innerstes und macht sie zu Pessimisten."

Diese Deklamationen helfen am Ende doch nichts. Schopenhauer läßt sich zu keiner edlen Seele hinaufschwindeln, die aus Schmerz über Lüge im Innersten verwundet und deshalb zum Pessimismus getrieben worden ist. Schopenhauer ist faktisch ein hochmüthiger, haßerfüllter, ungenießbarer Mensch gewesen, der schon in seiner Jugend mit seiner Mutter in ein so offenbar durch seinen Hochmuth verschuldetes Zerwürfniß gerathen ist, daß seine Mutter ganz mit Recht ihm seinen Hochmuth, seine Gehässigkeit, seine unleidliche Menschenverachtung in einem Briefe getreulich, wie in einem Spiegel, vorgehalten hat. In seinem gottlosen Systeme konnte er den Begriff der Sünde nicht gebrauchen, für ihn gab es keine Sünde, nur das weltliche Gesetz fürchtete er; es hielt ihn ab von seinen Ausschreitungen, er lobte und brauchte es aber auch zum Schutze seiner werthen Persönlichkeit. Auf die militärische Ordnung, auf das Niederdrücken der Volksgelüste mit dem Bajonette pflegte er sehr viel zu halten. Das Militär sollte immer in Bereitschaft sein, um das wilde Thier im Menschen, was eben seine gottlose Philosophie vollkommen aus dem Käfig befreien mußte, in diesem Käfig festzuhalten, oder, wenn es zeitweilig entsprungen war, wieder hineinzutreiben. Die sittliche Weltordnung ist durch eine gottlose Philosophie trotz allem Phrasenschwulst und aller Kunstrados montaden vollkommen zerstört, und wenn die Apostel Schopenhauers von einem Troste faseln, der in der Schopenhauerschen Weltweisheit enthalten sein soll, so ist es immer eine hohle Phrase. Die Herren Apostel Schopenhauers sind deshalb auch auf den edlen Dr. Böhmer (der den Schopenhauer in der Nähe, zu Frankfurt, kennen gelernt) sehr erbittert, weil dieser einmal in einer Gesellschaft von Künstlern sich geäußert: „Leute wie dieser Schopenhauer sollte man einsperren, um sie unschädlich zu machen.“

75. Wiederholter Versuch eines Beweises, Schopenhauer sei kein gemeiner Egoist gewesen. Arge Widersprüche bezugs des Selbstmordes. Schopenhauers angebliche Begeisterung für die Heiligen.

Am Ende fühlt sich doch Frauenstädt selber mit allen seinen Belobungsdecreten für Schopenhauer hier etwas unheimlich auf ein schmales Terrain zurückgedrängt, und er ergreift die Defensive, um den Schopenhauer, wenn er schon Pessimist war, doch von Gemeinheit und Egoismus loszusprechen.

S. 328:

„Ein gemeiner, unsittlicher Pessimist, d. h. ein aus egoistischen Gründen lebenssatter, würde seinen einzigen Trost im Selbstmord finden. Nach diesem Trost haben auch wirklich von jeher alle unsittlichen Pessimisten, die es im Leben nicht mehr aushielten, gegriffen.[1]) Schopenhauer hingegen, der blasirte „Pessimist", wie ihn Rosenkranz zu nennen beliebt, verwirft den Selbstmord auf's Entschiedenste, aus tief sittlichen Gründen, die freilich seinen Verläumdern unbequem sind, weshalb sie sie, wie Rosenkranz, sophistisch zu nennen belieben. Der Selbstmörder gleicht nach Schopenhauer „einem Kranken, der eine schmerzhafte Operation, die ihn von Grund aus heilen könnte, nachdem sie angefangen, nicht vollenden läßt, sondern lieber die Krankheit beibehält. Das Leiden naht sich und eröffnet als solches die Möglichkeit zur Verneinung des Willens, aber er weist es von sich, indem er die Erscheinung des Willens, den Leib, zerstört, damit der Wille ungebrochen bleibe."

Wir fragen jeden Leser und ersuchen ihn um eine ehrliche, aufrichtige Antwort: Gibt es einen Menschen, der Gott, Unsterblichkeit, Gericht verläugnet, der also durch religiöse Motive vom geplanten Selbstmord nicht sich aufhalten läßt, der aber dann auf obiges Gewäsche von Verneinung und Erscheinung des Willens die Pistole weglegt und sagt: „Der Schopenhauer hat mit seinen acht Zeilen dem Schnapphahn meiner Pistole den Riegel vorgeschoben: diesem großen Weltweisen zu Liebe bleibe ich am Leben"?

Oder wird der Anhänger der Schopenhauerschen atheistischen Philosophie nicht tausend Mal eher sagen: „Wenn es ohnehin nach diesem leiblichen Leben für immer aus ist, wie es in den acht Bänden Schopenhauers zu lesen, so wird er mich durch diesen Riegel von acht Zeilen sicher nicht hier

---

[1]) Was ist das wieder für eine klägliche Logik! Alle unsittlichen Pessimisten, die es im Leben nicht mehr aushielten, haben nach dem Selbstmord gegriffen, d. h. alle Pessimisten, die sich umgebracht haben, haben es im Leben nicht mehr ausgehalten. Nun hält aber die Mehrzahl (man kann sagen 100 zu 1) von Pessimisten es doch im Leben aus, aber nicht aus sittlichen Gründen, sondern weil sie noch zu leben haben und weil sie auch oft zu feige sind, dem Leben zu entsagen. Der eigentliche Pessimist kennt ja keine religiösen Gründe (oder will sie wenigstens nicht kennen), die ihm den Selbstmord verbieten.

festhalten können. Die Gründe Schopenhauers gegen den Selbstmord sind nicht nur sophistisch, wie Rosenkranz noch sehr milde sagt — denn sie sind noch viel unsinniger als sophistisch — es mangelt ihnen nicht nur das wesentliche Gefüge, sie haben auch nicht einmal die Form eines Schlusses, so daß man sagen kann: dieser Schluß hemmt keinen Schuß!

Derselbige Frauenstädt, der uns S. 328 belehrt, Schopenhauer habe den Selbstmord auf's Entschiedenste aus tief sittlichen Gründen verworfen, erzählt ganz naiv acht Seiten nachher (S. 336):

„Schopenhauer war kein Heuchler, sondern der wahrhaftigste Charakter, den es je gegeben hat. Eher hätte er sich todtschlagen lassen, als daß er gelogen und geheuchelt hätte. Wäre ich, sagte er einst zu mir, arm gewesen, hätte von der Philosophie leben und meine Lehre nach den Vorschriften der Regierung einrichten sollen, so hätte ich mir eine Kugel durch den Kopf gejagt."

Somit wäre der Selbstmord nur bei Reichen und Wohlhabenden eine unsittliche That; arme Teufel, welche um des Geldes willen etwas lehren sollen, was ihnen und ihrem System nicht convenirt, die können sich schon eine Blaue vors Hirn knallen. Trotzdem aber vertheidigt Frauenstädt viele Seiten lang seinen Meister wegen seiner Consequenz, wegen seiner Harmonie im Leben und in dem System.

Frauenstädt berichtet ferner über ihn (S. 336):

„So wie er aber im Allgemeinen kein Heuchler war, so war er es auch im Punkte der Ascese nicht. Die Preisung dieser und die Beneidung der Heiligen, der Weltüberwinder um ihren Frieden, ihre innere Freudigkeit und Seligkeit ging ihm vom Herzen. Wie hätte er auch sonst den innern Zustand der Heiligen mit solchem Wohlgefallen schildern können, wie er es in seinen Werken gethan? Ich erinnere mich noch, mit welchem Entzücken er von dem Eindruck sprach, den ihm das Bild des hl. Franziskus von Assisi in der Dresdener Gallerie gemacht. Ferner erinnere ich mich, mit welcher Begeisterung und inneren Befriedigung er mir einst das entsagende Leben Buddhas schilderte und die Sanftmuth der vom echten Geist des Buddhaismus Durchdrungenen bei Beleidigungen, Kränkungen, Verletzungen pries. Auch führte er mich einst in sein Bibliothekzimmer vor seine Sammlung von asketischen Schriften, von Biographieen der Heiligen u. s. w. und sprach davon, daß es Einem, wenn man diese Bücher lese, wie Schuppen von den Augen falle. Und dieser Schopenhauer soll, wie ihn seine Feinde und Anschwärzer gern ausgeben möchten, ein sinnlicher, fleischlicher Genußmensch gewesen sein, weil er sich mit dem Badeschwamm gewaschen, Maschinenkaffee getrunken, aus langen Pfeifen geraucht, im englischen Hof an der Table d'hôte gegessen und seinen Schoppen Wein dazu getrunken hat?"

Wie jetzt Frauenstädt auf einmal den Unwissenden spielt! Er hat ganz vergessen, was er früher aus dem Munde Schopenhauers für cynische Berichte über das eigene Leben dieses Weltweisen gebracht hat, und vertheidigt auf einmal Badeschwamm, lange Pfeife, Maschinenkaffee und Table d'hôte. Hier ist wieder einmal recht sichtlich auf die Gedächtnißschwäche des Lesers gerechnet, der nicht mehr wissen wird, was Schopenhauer früher, nicht vielleicht in Reue wie heilige Büßer, sondern mit dem frechsten Aplomb der Selbstrechtfertigung und mit nachhaltiger Freude als Probemuster aus seinem Leben vorgezeigt hat.

76. Stellt das Leben des h. Franziskus mit dem Leben Buddhas zusammen. Die entschiedene Verlogenheit, wenn er vorgibt, die Heiligen zu ehren. Anfälle von der Wuth des Pfaffenvertilgens.

Außerordentlich nothgedrungen und nothgezwungen ist auch die Zusammenstellung vom Leben des h. Franziskus mit dem Leben Buddhas. Der Vergleich zeigt auffallend, daß dem Schopenhauer das wichtigste Moment in der Ascese und im Orden des h. Franziskus total entgangen ist, oder daß er, wie er es bei jeder unliebsam sein System störenden Erscheinung öfter gethan, absichtlich die Augen vor demselben verschlossen hat. Es handelte sich bei Franziskus und bei Gründung seines Ordens darum: die Armuth und Entsagung im großartigsten Style zu Ehren zu bringen, die nothgedrungen Armen durch eine ganze Vergesellschaftung von Menschen, welche die Armuth freiwillig um Christi willen auf sich genommen, mit dem Reichthum und dem Treiben der Reichen insofern zu versöhnen, als der Orden in opferwilligster Weise die Verachtung der irdischen Güter faktisch predigte und den armen Menschen auf die Ausgleichung im jenseitigen Leben hinwies. Da steht ja doch der ganze Buddhismus mit seiner stumpfen, gedanken-, glaubens-, hoffnungs- und lieblosen Entsagung ganz erbärmlich da und kann keinen Vergleich mit jenen hohen Zielen aushalten, die dem h. Franziskus vorgeleuchtet und denen er und seine begeisterten Schüler nachgestrebt haben.

Es sind dem Schopenhauer auch beim Lesen der Biographieen seliger christlicher Asceten durchaus keine Schuppen von den Augen gefallen, sonst hätte er ja erkennen müssen, daß die christliche Entsagung, die christliche Geduld im Ertragen des diesseitigen Elendes eben nur durch die Trias göttlicher Tugenden: Glaube, Hoffnung und Liebe, errungen wird.

Auch ist diese von Frauenstädt verbürgte Verehrung, ja Beneidung christlicher Asceten, die er vor den ascetischen Schriften und Biographieen der Heiligen aussprach, wieder ein ganz eklatanter contradictorischer Widerspruch mit seinem sonstigen schnapsbudenartigen Geschimpfe über Pfaffen, z. B.[1]):

„Das Grundgeheimniß und die Urlist aller Pfaffen auf der ganzen Erde und zu allen Zeiten, mögen sie bramahnische oder muhamedanische, buddhaistische oder christliche sein, ist folgendes: Sie haben die große Stärke und Unvertilgbarkeit des metaphysischen Bedürfnisses des Menschen richtig erkannt und wohl gefaßt; nun geben sie vor, die Befriedigung desselben zu besitzen, indem das Wort des großen Räthsels ihnen auf außerordentlichem Wege direkt zugekommen wäre.[2]) Dieses nun den Menschen einmal eingeredet, können sie solche leiten und beherrschen nach Herzenslust. Von den Regenten gehen daher die klügeren eine Allianz mit ihnen ein, die anderen werden selbst von ihnen beherrscht."

Das ist doch in der That noch weniger als Frankfurter Englische-Hof-Table-d'hôte-Philosophie, das ist echte Bierhäusel-Philosophie. Die Tausende von Asceten, Märtyrern, von edlen Menschen, die ihr Leben in Entsagung und Armuth um Gottes willen durchgelebt haben, in Bausch und Bogen als eine Bande herrschsüchtiger, eigennütziger Volksbetrüger hinzustellen.

Ein ähnlicher Ausspruch des Weltweisen[3]):

„Der Haß der Pfaffen gegen die Magie geht aus einer dunklen Ahnung und Besorgniß hervor, daß die Magie die Urkraft an

[1]) Parerga, II., 387.

[2]) Das Welträthsel hat selbstverständlich nach den oftmaligen, sehr sich selbst anerkennenden Aeußerungen nur Einer gelöst, nämlich Schopenhauer. Zu ihm müssen Alle kommen, — er hat Worte des ewigen (nicht Lebens, sondern) Todes.

[3]) Parerga, V., 127. Memorabilien, 467. Parerga, II., 402.

ihre richtige Quelle zurückverlege, während die Kirche ihr eine Stelle außerhalb der Natur angewiesen hatte."

„Die Pfaffen und ihre Gesellen wollen nicht leiden, daß im System der Zoologie der Mensch zu den Thieren gerechnet werde. Die Elenden, welche den ewigen Geist verkennen, der in allen Wesen lebt, einer und derselbe, und in ihrem kindischen Wahn sich an ihm versündigen!"

Hier entpuppt sich Schopenhauer wieder als ein Hegelianer von der linksten Seite, nachdem er doch den Hegel und seine Schule noch herzhafter bei vielen Gelegenheiten verschimpft hat als die Pfaffen. Von Consequenz ist in der ganzen Causerie des Schopenhauer keine Rede; seine Philosophie ist auch — wie er es immer betont, wenn er durch seine kolossalen Widersprüche in eine Klemme geräth — nicht Wissenschaft, sondern Kunst. Allerdings eine Kunst, keck zu behaupten, keine Einrede zu dulden, jede Frage um den Grund seiner Behauptungen mit Indignation zurückzuweisen, aber sehr fest am Grundsatz festzuhalten: Meine Philosophie ist der einzig mögliche — vor mir war Keiner, wie ich, und nach mir wird Keiner kommen, wie ich; Alle sind Philister, bipedes, und Alle, welche am Urquell der Wahrheit trinken wollen: „zu mir müssen sie kommen."

Bezugs der Widersprüche im Leben und in den Schriften sucht Frauenstädt den Meister sehr oft, freilich auch immer sehr vergeblich, herauszufechten. So S. 337:

„Höchstens könnte hier (bei Schopenhauer) doch nur von einem Widerspruch zwischen äußerem und innerem Leben die Rede sein, wie es allerdings häufig vorkommt, weil ein anderes der Glaube und wieder ein anderes die Werke eines Menschen sind; aber nimmermehr von einem Widerspruch zwischen Leben und Lehre, wofern unter dem Leben nicht die alleräußerste Schale des Lebens verstanden wird!"

Was ist der Glaube, was sind die Werke Schopenhauers gewesen? Was ist die äußerste Schale des Lebens, welche allerdings mit der Lehre in Widerspruch gerathen kann? Auch Professor Herzog rühmte seinerzeit den Ulrich von Hutten von wegen seiner inneren Sittlichkeit, welche mit der alleräußersten Schale seines Lebens in keinem Widerspruch gestanden ist, und meint noch sehr nachsichtig dazu, daß Andere, bei denen die äußere Schale des Lebens kerngesund war, doch in der inneren Sittlichkeit dem Hutten nachgestanden sind.

Die Angst, es wäre doch am Ende möglich, daß „die Pfaffen“ ihm als ein Hinderniß auf seinem Wege zum alleinigen Ruhmestempel (in welchem er für ewige Zeiten als der wahre Welterlöser verehrt und angebetet werden soll) entgegenstehen könnten, spricht er ganz entschieden aus. („Welt als Wille und Vorstellung“, 2 Bände, Leipzig, Brockhaus, 1877. im 1. Bd., S. 169, im Kapitel über das metaphysische Bedürfniß der Menschen.):

„Man bedenke, wohin es mit den Anmaßungen der Priesterschaft jeder Religion kommen würde, wenn der Glaube an ihre Lehren so fest und blind wäre, wie jene eigentlich wünschen. Man sehe dabei zurück auf alle Kriege, Unruhen, Rebellionen und Revolutionen in Europa, vom 8. bis zum 18. Jahrhundert, wie wenige wird man finden, die nicht zum Kern oder zum Vorwand irgend eine Glaubensstreitigkeit oder metaphysische Probleme gehabt hätten, welche der Anlaß wurden, die Völker aufeinander zu hetzen. Ist doch jenes ganze Jahrtausend ein fortwährendes Morden, bald auf dem Schlachtfelde, bald auf dem Schaffot, bald auf den Gassen, in metaphysischen Angelegenheiten. Ich wollte, ich hätte ein authentisches Verzeichniß aller Verbrechen, die wirklich das Christenthum verhindert und aller guten Handlungen, die es wirklich erzeugt hat, um sie auf die andere Wagschale legen zu können.“

Der Weltweise beginnt so ganz gleichgültig mit den „Anmaßungen der Priesterschaft“ jeder Religion, aber schon einige Zeilen später verräth er sich entschieden, daß seine Wuth nur immer Kirche und Christentum im Auge hat und daß dies Herumreden von jeder Religion, dies beständige Verallgemeinern doch nur ein Kniff ist. Auch gehört es zu den Kniffen Schopenhauers, das Christenthum für die Uebel (die Kämpfe und Kriege) in der Welt verantwortlich zu machen, so auch oben durch seine lächerliche Behauptung von der metaphysischen Kriegsursache. Es ist doch offenbar und entschieden, daß die Kriege aus Stolz, Hochmuth, Habsucht, Herrschsucht, aber nicht aus metaphysischen Gründen geführt worden sind.

77. Wiederholte Gaukeleien der Sprache, um dem Weltweisen eine hohe Sittlichkeit hinaufzudisputiren. Sophismen und Lügen ohne Zahl. „Er hat vollauf Ascese getrieben“ und „das Kreuz der Philosophie getragen.“ Es wird gebeten, nicht zu lachen.

Die kuriose Beweisführung für die hohe Sittlichkeit Schopenhauers fährt fort:

„Das eigentliche, wesentliche, innerliche Leben eines Menschen kann gar nicht in Widerspruch gerathen mit seiner Lehre, d. h. mit derjenigen Lehre, die wirklich die seinige ist, die er nicht bloß äußerlich auf Autorität hin angenommen, sondern die er selbst und aus sich selbst producirt hat. Denn diese selbsterzeugte Lehre ist immer nur der abstrakte, begriffliche Ausdruck des innerlich Erlebten."

„Wohl aber kann das rein äußerliche Leben eines Menschen zeitweise in Widerspruch treten mit seiner Lehre. Es kann einer seiner Lehre nach die Liebe bejahen, den Haß verneinen, in einzelnen Fällen aber doch lieblos handeln und schwach genug sein zu hassen. Es kann einer Gerechtigkeit, Mitleid, Enthaltsamkeit als Tugenden preisen und doch zu Zeiten ungerecht, ohne Mitleid, unenthaltsam handeln. Dann liegt aber ein Widerspruch nicht zwischen Leben und Lehre, sondern zwischen äußerm und innerm Leben vor, ein Widerspruch, wie er in dem Dualismus der menschlichen Natur begründet, und von dem wohl noch Keiner in seinem Leben, auch der große Gutzkow nicht, frei geblieben ist." „Genau genommen liegt aber bei Schopenhauer nicht einmal ein Widerspruch zwischen äußerm und innerm Leben vor, wofern man unter dem äußern Leben nicht einzelne abgerissene Handlungen versteht, sondern die Lebensführung im Ganzen u. s. w."

Sonderbar! „Das eigentliche, wesentliche innere Leben", „Das rein äußerliche Leben", „Es kann Einer", „Darin liegt aber ein Widerspruch", „Genau genommen", „Wofern" u. s. w.! Ist das doch ein Drehen, Winden, Wenden, Gaukeln mit der Sprache, nur um den Weltweisen reinzuwaschen und am Ende zum Abschluß zu kommen:

„Im Dienste seines Berufs hat Schopenhauer nicht bloß Ascese gelehrt, sondern auch wie keiner (oh! ho! ho!) geübt.[1]) Denn alles, wofür die Sophisten die Philosophie opfern, Geld, Aemter, Ehren und Auszeichnungen, Beifall der Zeitgenossen (!!) u. s. w. hat er ohne Zaudern und Bedenken der Philosophie geopfert."

Das ist ja eine plan daliegende, colossale Unwahrheit: Geld hat er nicht gebraucht, er war wohlhabend, Aemter hat er nicht angestrebt, denn er brauchte seine Zeit zum Baue seines Systems! Ehren und Auszeichnungen zu erstreben, verschmähte er allerdings, aber daß er auf den Beifall der Zeitgenossen verzichtet hat, das ist geradewegs gegenüber den vorliegenden

---

[1]) Oft war er außer Rand und Band;
Getrieben hat er allerhand,
Was wird Ascese nur genannt
Von einem, dem das Hirn verbrannt.

Briefen Schopenhauers eine Behauptung, deren Unverfrorenheit offen constatirt werden kann. Sein Durst nach Ruhm und Anerkennung vor den Zeitgenossen ist eigentlich die alle anderen Wünsche überwuchernde Leidenschaft seines Lebens gewesen.

Nach vielen Lobsprüchen des Weltweisen (selbst die Gewissenhaftigkeit in Orthographie und Interpunction wird gelobt) kommt Frauenstädt zu dem Abschluß (S. 339):

„Auf solche Dinge müßt ihr achten, wenn ihr darüber urtheilen wollet, ob zwischen Lehre und Leben eines Philosophen ein Widerspruch ist, nicht aber auf Essen und Trinken! Wie hat er seinen Beruf getrieben, müßt ihr fragen, nicht aber, was hat er gegessen und getrunken? Schopenhauer hat nicht bloß Ascese gelehrt, sondern im Dienste seines Berufs auch vollauf getrieben."[1]) „Ja, mit Selbstverleugnung und Selbstüberwindung hat Schopenhauer das Kreuz des Philosophen getragen."

Nachdem nun Frauenstädt eine sophistische Batterie nach der andern abgefeuert hat, um die Festung des gewöhnlichen, hausbackenen Menschenverstandes in Trümmer zu legen, sucht er sich selber gegen allenfallsige Angriffe in seinem Schilderhäuslein zu verstecken, um seine Gegner mit dem Hohlgeschoß des „krassesten Unverstandes" vollständig kampfunfähig zu machen.

78. Wer die unsinnigen Behauptungen Frauenstädts nicht baar hinnimmt, wird des „krassesten Unverstandes" beschuldigt. Frauenstädt gibt sich undankbare Mühe, aus der Sackgasse, in die er sich verrannt hat, herauszukommen.

Frauenstädt (S. 340):

„Daß er aber die Ascese nur so weit getrieben, als sein Beruf sie forderte, nicht weiter: daß er nur als ein einsamer, unbeachteter und trotz der Nichtbeachtung rastlos fortarbeitender Denker, nicht aber als ein seinen Leib mortificirender Mönch, als indischer Büßer u. s. w. gelebt hat, darin einen Widerspruch zwischen seinem Leben und seinen Lehren finden zu wollen, wäre doch nur krassester Unverstand."

Sehr schlau erfunden und doch sehr blöde ausgeführt. „Nicht als ein seinen Leib mortificirender Mönch, als indischer Büßer"! Aber Frauenstädt vergißt oder will es vergessen

[1]) Ein Gebot, welches stylisirt wäre: Du sollst Ascese treiben, ist uns noch nicht vorgekommen; ein Verbot: was der Mensch nicht treiben soll, das ist schon bekannter.

machen, daß Schopenhauer sich jedes Gelüste seines Leibes, welches er mit Geld erkaufen konnte, mit einer Großmuth gegönnt hat, welche unter allen antiascetischen Lebemännern die vollste Anerkennung finden wird, und noch mehr, daß er sich dieser Heldenthaten unter seinen Freunden gerühmt, und noch am allermeisten, daß er die brutalste Befriedigung seiner Lüste in der brutalsten Weise als eine dem philosophischen Denker nothwendige Eigenschaft proclamirt hat. Somit ist die entschuldigende, schönfärbende Phrase, er habe nicht als ein seinen Leib mortificirender Mönch gelebt, total mißlungen, denn darunter sollen die Leser verstehen, er hat nicht eigentliche, den Leib abtödtende Bußübungen vorgenommen und doch dabei ein sittliches Leben geführt, und deshalb liegt in der obigen Phrase Frauenstädts ein mißlungener Entschuldigungsschwindel, den Frauenstädt erst noch recht bestätigt, indem er, jede Diskussion über diesen Gegenstand beim Leser abzuschneiden, diesem Leser die denselben verblüffende Anschuldigung vom „krassesten Unverstand" ins Gesicht wirft.

Frauenstädt sucht nun doch im Gefühle seiner schwindelhaften Behauptung dieselbe durch eine noch schwindelhaftere Begründung zu befestigen. Er sagt:

„Denn erstens hat Schopenhauer mit der Anpreisung der Ascese nicht die bestimmten historischen Formen dieser, welche sie im Christenthum oder im Hindismus genommen, gemeint, sondern nur den Sinn und Geist dieser Ascese[1])."

„Demgemäß sagt er in der „Welt als Wille", 3. Aufl., II., 649: „Weil Armuth, Entbehrungen und eigenes Leiden vielfacher Art schon durch die vollkommenste Ausübung (!!) der moralischen Tugenden herbeigeführt werden, wird von Vielen, und vielleicht mit Recht, die Ascese im allerengsten Sinne, also das Aufgeben jedes Eigenthums, das absichtliche Aufsuchen des Unangenehmen und Widerwärtigen, die Selbstpeinigung, das härene Gewand und die Kasteiung als überflüssig verworfen. Die Gerechtigkeit selbst ist das härene Gewand, welches dem Eigener stete Beschwerde bereitet, und die Menschenliebe, die das Nöthige weggibt, das immerwährende Fasten."

---

[1]) Mit diesem Sinn und diesem Geist der Ascese ist es dem Asceten dieses Sinnes und dieses Geistes gestattet, ... Häuser zu besuchen, und wenn dieser Ascet zufällig auch ein Weltweiser ist, so sind ihm derlei Besuche, wie es Schopenhauer eben so drastisch als deutlich ausgesprochen hat, sogar als eine Art Fundament zum Ausbau seines Systems — ein Gebot und eine Nothwendigkeit gewesen.

Es ist eine die christliche Ascese entstellende und von Schopenhauer und seinen Jüngern sehr oft gebrauchte Finte, die Ascese des Christenthums und die des Buddhismus in einen Topf zu werfen und alle möglichen Phrasen anzuwenden, jene Mittel, welche Asceten in strengen Orden freiwillig gebrauchen, um den Leib im Gehorsam dem Geist und dem göttlichen Gebot gegenüber zu erhalten, als allgemeine Vorschriften für jeden Christen auszugeben.

Die Herren arbeiten gegen die christliche Ascese mit einer perennirenden Entstellung, die jedenfalls verschuldet ist, denn haben sie den Geist und das Wesen dieser Ascese nicht gekannt, so wäre es für dieselben doch leicht gewesen, sich mit denselben bekannt zu machen. Aber das taugt eben nicht in ihr System und darum wird es vermieden.

Frauenstädt fährt fort:

„Zweitens hat Schopenhauer die Ascese überhaupt nicht in Form eines kategorischen Imperativs vorgeschrieben, hat nicht gesagt: Du sollst dem Leben entsagen, da er recht gut wußte, daß das Nolle (Nicht-Wollen) eben so wenig gelernt wird, wie das Velle (das Wollen), sondern hat nur das Wesen der Ascese und die Quellen, aus denen sie entspringt, beschrieben, wie der Aesthetiker das Wesen der Kunst und die Quelle, aus der sie entspringt, das Genie beschreibt. Schon in seinen Erstlingsmanuscripten zu Dresden 1816 weist er es ab, die Ascese als Pflicht, als Bestimmung des Menschen zu lehren, indem er schreibt: „Man wird fragen, ist denn die Selbstpeinigung, der Hungertod die Pflicht, die höchste Bestimmung des Menschen und der einzige rechte Weg? Aber solche Frage ist thöricht.[1]) Es gibt kein absolutes Soll für den Willen, alles Soll ist wesentlich relativ, es gibt daher keine Bestimmung des Menschen, denn alle Bestimmung kann nur dem zukommen, was seinen Zweck und seinen Ursprung außer sich hat."

Das ist der ewige Kreislauf bei Schopenhauer: erst behauptet er: es gibt keinen persönlichen Gott, das bleut er dem Leser so oft ein, bis dieser, wenn er die verschuldete Anlage zum Atheismus in sich trägt, dies Grunddogma glaubt;

---

[1]) Allerdings ist diese Frage thöricht, das braucht nicht erst Schopenhauer zu entdecken. Wo ist denn aber in der christlichen Ascese die Selbstpeinigung und der Hungertod als Pflicht und Bestimmung anbefohlen? — Sind diese Taschenspielereien mit dem Thatbestand der christlichen Lehre, um dieselbe lächerlich zu machen, vielleicht auch ein Akt der Gerechtigkeit?

jetzt behauptet er schon, auf die erste Behauptung sich stützend, der Mensch habe Bestimmung, Zweck und Ursprung **nicht außer** sich; und auf diese zweite Behauptung arbeitet er wieder kühn fort, wie folgt:

„Was Jeder will, das ist er, und was dieses, das er ist und will, sei, das zeigt ihm der Spiegel des Willens, den wir Leben oder Welt nennen: er zeigt ihm, **was** er will und wie sehr er es will. Wendet sich der Wille, so ist er in diesem Spiegel nicht mehr zu sehen; wir fragen vergeblich, wohin er sich jetzt wendet, wir schreien thöricht, daß er in **Nichts** verloren gehe. Der, dessen Wille sich aufhebt und wendet, kann uns aus seiner eigenen Reflexion keine Rechenschaft geben: denn, was da lebt, ist und denkt, ist eben noch der Wille zum Leben selbst: und das, was in der Aufhebung dieses Willens besteht, kann jenem auf keine Weise gegeben werden, muß ihm ein **Nichts** sein; nur der, welcher es ergriffen, welcher seinen Willen aufgehoben, erkennt es; aber auch nur insofern er es ist, in diesem Akt selbst, nicht außer dem, noch für Andere."

Der nicht philosophisch gebildete Leser, der den Sport von Wille und Vorstellung als Dilettant betreibt, legt nach Durchlesung obiger Stelle das Buch eine Zeitlang auf den Tisch und denkt sich schüchtern: „Mir thut es leid, daß ich das Ganze nicht verstehe; es ist mir eben zu gelehrt, jedenfalls muß es **einen für mich unergründlich tiefen** Sinn haben." Was sich aber ein philosophisch **studirter** Leser denkt, der nicht selber ein blinder **Schopenhauerianer** ist, das wird dieser Leser schon selber wissen, dem brauchen wir es nicht vorzuschreiben; sicher aber wird er nicht so ergeben in den **Schopenhauerschen** Willen sein, um sich von der Klarheit, Präcision und Logik dieses **Großmeisters** eine **für diesen** schmeichelhafte Vorstellung zu machen.

Zudem ist auch der Vergleich des Wesens der Ascese und die Quelle, aus der selbe entspringt, mit dem Wesen der Kunst und aus der Quelle (dem **Genie**), der sie entspringt, besonders mißlungen. Schopenhauer hatte eben, wie er selber gesteht, **glückliche Tage**, somit hatte er auch **unglückliche Tage**, in welchen er außerordentlich unklar schrieb, sich in Widersprüche verwickelte, und, wenn er mit dem Mangel der ihm verhaßten Logik nicht ausreichte, mit der poetischen Kunst von Gleichnissen sich zu behelfen suchte.

79. Mit Moral, Pflichtenlehre, Sittengesetz darf die (Schopenhauersche) Philosophie sich nicht befassen. Die höchst verdächtige Ascese Schopenhauers. Er führte zwar kein ascetisches Leben, bewahrte aber die ascetische Gesinnung! Ach und Krach!

Mit einer Moral, mit einem Sittengesetz, ja nicht einmal mit einer Pflichtenlehre darf sich die Philosophie nicht befassen (S. 341), denn das 4. Buch von „Wille ꝛc." beginnt:

„Meiner Meinung nach ist alle Philosophie immer theoretisch, indem es ihr wesentlich ist, was auch immer der nächste Gegenstand der Untersuchung sei, sich stets rein betrachtend zu verhalten und zu forschen, nicht vorzuschreiben. Hingegen praktisch zu werden, das Handeln zu leiten, den Charakter zu bestimmen, sind alte Ansprüche, die sie bei gereifter Einsicht endlich aufgeben sollte. Denn hier, wo es den Werth oder Unwerth eines Daseins, wo es Heil oder Verdammniß gilt, geben nicht ihre todten Begriffe den Ausschlag, sondern das innerste Wesen des Menschen selbst. Der Dämon, der ihn leitet, und der nicht ihn, sondern den er selbst gewählt hat, wie Platon spricht, sein intelligibler Charakter, wie Kant sich ausdrückt. Die Tugend wird nicht gelehrt, so wenig als der Genius; ja, für sie ist der Begriff so unfruchtbar und so wenig als Werkzeug zu gebrauchen, wie er es für die Kunst ist. Wir würden daher eben so thöricht sein, zu erwarten, daß unsere Moralsysteme und Ethiken Tugendhafte, Edle und Heilige, als daß Aesthetiken Dichter, Bildner und Musiker erwecken."

Es ist unglaublich, was man mittelst unverfrorener Behauptungen einem Lesepublikum Alles vorsetzen kann, besonders wenn dieses Lesepublikum ein Bedürfniß fühlt, das Gewissen mit philosophischer Kniffologie einzuschläfern und zur Ruhe zu bringen.

Schopenhauer stellt hier den ganz erlogenen Satz auf: es tauge, um tugendhaft, edel und heilig zu werden, ebensowenig ein Sittengesetz, als es möglich sei, daß eine Aesthetik Künstler schaffen könne. Nun hat aber, um tugendhaft, edel und heilig zu werden, Jeder das Zeug, die Anlage, er darf nur noch den guten Willen haben, das Sittengesetz zu befolgen und dadurch tugendhaft, edel und heilig zu werden. Um aber ein Musiker, Maler, Dichter zu werden, muß das Talent oder das Genie dazu vorhanden sein, wo dieses fehlt, nutzt die Aesthetik nichts, aber der gute Wille nutzt auch nichts. Wer seinen guten Willen nicht bethätigt und dann lasterhaft, gemein und unheilig wird, der ist selber Schuld daran und wird nach dem christlichen Grundgesetze strafbar; wer aber es nicht zum Dichter, Maler, Musiker bringt, kann dafür keiner Strafe verfallen, denn es mangelt ihm eben das Zeug, das Talent, das Genie dazu, ein Künstler zu werden.

Nun belehrt uns aber schon die nächste Seite (343) in einer schlagenden, drastischen und, sagen wir es geradewegs heraus, ekelzotigen Weise, warum Schopenhauer jede Verantwortung bezugs des thatsächlich verachteten Sittengesetzes von sich abwälzen und das Ueben der Tugend dem Talent, der Gabe, nicht dem freien Willen zuschreiben möchte, um sich für sein Nicht-Tugend-Leben salviren zu können.

Frauenstädt sucht den Schopenhauer (S. 343) zu vertheidigen:

„Schopenhauer, er, der die Welt als Wille und Vorstellung mit dem „Nichts" geendigt, ist 1818, nachdem er das Manuscript derselben dem Verleger übergeben hatte, nicht zu Nichts geworden, sondern ist nach Italien, dem Lande, wo „die Citronen blühen", gereist und hat dort, ähnlich wie Goethe, gar nicht als ein Heiliger gelebt, sondern hat neben dem Schönen auch die Schönen genossen. Er hat zwar nicht wie Goethe seiner Geliebten „des Hexameters Maß, leise mit fingernder Hand, auf den Rücken gezählt", hat aber vielleicht in ihrem Schooße Materialien zu seiner „Metaphysik der Geschlechtsliebe" gesammelt."

Es kommt noch schöner. Wir müssen den Frauenstädt aber ein wenig unterbrechen und vor dem trüben Cloaca-maxima-Strom seiner Begeisterung einen Damm errichten. Wir haben in „Der Himmel voller Geigen zu Weimar" (S. 109) über die hexametrirte „Geliebte" Goethes einen Brief von Schiller an Körner gebracht und darauf bezüglich bemerkt:

„Da kommt nun dieser prosaische Schiller daher mit folgendem Kratzbesen: „Dieses Modell soll erschrecklich stehlen und gar liederlich sein" — und die Ewigkeit und Ehrwürdigkeit und Schönheit und Classicität (mit welcher ein Herr Hacker die mit Hexametern betrommelte Aversseite des Tugendmodells zu verklären suchte) werden durch diesen fatalen Kratzbesen geradewegs in die Mistgrube gekehrt — es ist wahrhaft entsetzlich, einen klassischen Rücken derartig zu stäupen, nachdem er durch des „ehrwürdigen Hexameters Maß" der höchsten poetischen Weihe würdig geworden ist."

Frauenstädt ist mit der poetisch verklärten Rückseite des gemietheten Tugendmodells noch nicht zufrieden, er läßt seinen

Herrn und Meister in einer mit sämmtlichen cynischen Autoren sehr glücklich wetteifernden Form Materialien zu seiner „Metaphysik der Geschlechtsliebe" sammeln. Wir wollen uns seine Redeweise ein wenig verallgemeinern und abschwächend sagen: im Bordell sammeln! Da ist doch wahrhaftig nach den Worten des Epimenides und des Apostels Paulus die Metaphysik zur Creta-Physik herabgepurzelt. (Brief an Titus, I. 10—13.)

Nun vertheidigt aber Frauenstädt auf eine der ganzen Schopenhauer-Moral würdige Weise seinen Meister, wie folgt:

„Ist das nicht ein gräßlicher Widerspruch zwischen Leben und Lehre? Doch beruhigt Euch! Ein Optimist ist trotz alledem Schopenhauer in Italien nicht geworden. Er hat dort den Optimismus noch ebenso für „verrucht" gehalten, wie er es in Deutschland gethan. Hat auch Schopenhauer in Italien nicht als Bettelmönch gelebt und sich keine Ansprüche auf päpstliche Canonisation erworben, seine ascetische Gesinnung — dieses kann ich Euch aus seinen Reisebüchern beweisen — hat er doch mit hinübergenommen und hat sie sich dort bewahrt."

Wie ist diese Vertheidigung der Ascese Schopenhauers voll von kaustischen, sarkastischen Witzen zur Beruhigung des Lesers!

1. Ein Optimist ist er in Italien nicht geworden; was das schon werth ist!

2. Er hat den Optimismus noch eben für so verrucht gehalten, wie in Deutschland.

Der Optimismus ist verrucht,
Und die Ascese ist verbucht
In Tempeln, die er heimgesucht,
In Häusern negativer Zucht.
Wer widerspricht, der ist verflucht.

Er hat die Wahrheit uns gebracht,
Erlöst sind wir aus Irrthums Nacht;
Was vor ihm war, das ist verkracht,
Was nach ihm kommt, wird ausgelacht,
Er ist des Geistes höchste Macht!

3. „Er hat keine Ansprüche auf päpstliche Canonisation"; in der That ein sehr einschneidiger Witz, der aber seine ganze Schärfe durch das Bestreben Frauenstädts verliert, den Schopenhauer wegen seiner Ascese canonisiren zu wollen.

Frauenstädtens Schlachtgewinnung
Ist „ascetische Gesinnung“;
In der ganzen Lebensdauer
Hielt sie fest der Schopenhauer,
Und so brachte er zu Ehren
Selbst die Häuser der Hetären.
Wenn er nur kein Optimist war,
Was verblümt heißt: nur kein Christ war,
Dann kann er auch jeden Falles
Nach Gelüsten treiben Alles!
Nur ascetische Gesinnung
Braucht die Tugendbolde-Innung,
Das kann aus den Reisebüchern
Frauenstädt ganz klar versichern,
Weil der niemals schwarz berußt ist,
„Der des eignen Werths bewußt“ ist.
Statt Bescheidenheit zu hegen,
Sollst den Größenwahn du pflegen!

80. **Neuer, colossaler Größenwahn. Verlangt in acht gereimten Versen von der Nachwelt ein Monument. Wir tragen hier einen Stein dazu bei. Schon wieder das Gefühl des eigenen Werthes gegenüber dem Kröten- und Otterngezücht der andern Menschheit.**

S. 344:

„Eines hatte Schopenhauer vor vielen, die in seinem Alter nach Italien gezogen sind, voraus, das stolze Bewußtsein, ein großes unsterbliches Werk vollbracht und damit sich ein Denkmal dauernder als Erz gesetzt zu haben. Ja, er ging mit der Hoffnung nach Italien, daß ihm einst auch die Nachwelt ein Denkmal errichten werde. Denn im April 1819 auf der Reise von Neapel nach Rom schrieb er in sein Reisebuch jene Verse, die er später mit der Ueberschrift „Unverschämte Verse“ in die 2. Auflage der Parerga bestimmt hat, wo man sie jetzt auch finden wird; dieselben lauten:

„Aus langgehegten, tiefgefühlten Schmerzen
Wand sich's empor aus meinem innern Herzen;
Es festzuhalten hab' ich lang gerungen,
Doch weiß ich, daß zuletzt es mir gelungen.
Mögt euch drum immer, wie ihr wollt, gebärden,
Des Werkes Leben könnt ihr nicht gefährden,
Aufhalten könnt ihr's, nimmermehr vernichten:
Ein Denkmal wird die Nachwelt mir errichten.“

Diese jämmerliche Mache ist ein neuer, eklatanter Beweis für den Größenwahn des Weltweisen.

1. will er mit ein paar Schundreimen sich auch den Lorbeer des Dichters gewinnen, und

2. findet er im ganzen Universum keinen würdigeren Stoff für seine Begeisterung, als sein eigenes Ich, — er hat keine geringeren Schmerzen, als im voraus ein Monument zu beanspruchen, setzt sich aber gerade dadurch ein Monument totaler Impotenz im Reimfach.

Als einmal der Buchhändler Wigand durch eine hochgradig blöde Satyre den Schreiber dieses abschlachten wollte, gab ihm dieser zur Antwort[1]):

„Es tönt deine Leier so traurig und matt
In den Leipziger Börsenhallen,
Als wären die Saiten nur alter Spagat
Von heimgeschickten Bücherballen.

Herr Wigand bestieg ganz munter
Im Circus der Poesie
Den Pegasus, aber das Vieh
Warf ihn augenblicklich herunter."

In ähnlicher Weise könnte man den Schopenhauerschen Versuch kennzeichnen:

Mit einem Flügelschlage
Seh'n wir den Philosophen,
Vom Pegasus getroffen,
In einer schiefen Lage.
Im Mist vom Dichterrosse
Bereut er seine Posse,
Und nach dem Stalle riecht er,
Der abgeworf'ne Dichter.

Frauenstädt entschuldigt darauf wieder (S. 345):

„Da ich Schopenhauer bereits oben wegen des Vorwurfs des Hochmuths gründlich (!) gerechtfertigt habe, so darf ich hiervon wohl gleich noch einige hochmüthig klingende[2]) Aufzeichnungen aus dem Reisebuch anknüpfen."

[1]) In „Woher? Wohin?" von S. Brunner. 2. Auflage, neue Folge, 2. Bd., S. 40.

[2]) Nur klingende? O nein! Auch springende, singende, zwingende, bringende, ringende, schwingende, aber bei alledem nicht gelingende! Eine colossale Gabe, sich lächerlich zu machen, kann dem Frauenstädt nicht abgesprochen werden.

„Mir sind die nah Bekannten oft fremd, und die Fremden oft vertraut, und ich rede zu ihnen Allen dieselbe Sprache, während andere Leute hierin großen Unterschied machen, eigentlich, weil ich von allen so weit abstehe, daß mir der Unterschied des zufällig äußerlich Nahen oder Fernen verschwindet, wie die Stellung der Erde in ihrer Bahn, d. h. ihrer Parallaxe, keine Aenderung in der scheinbaren Stellung der Fixsterne verursacht. Wenn ich doch nur die Illusion los werden könnte, das Kröten- und Otterngezücht für meines Gleichen anzusehen, da wäre mir viel geholfen!"

Da muß man doch sagen: Dieser Weltweise hat in der Selbstwerth- und Selbstüberschätzung das Höchste geleistet! Selbst, wenn er sich poetisch begeistert, besingt er wieder nur sich selbst. Was sollte er auch auf dieser Welt besingen? Das Kröten- und Otterngezücht der erbärmlichen Menschheit? Da hört bei dieser seiner Weltanschauung auch alle romantische Poesie auf. Nur er selbst ist sein würdiger Horaz, Mäcen und Horaz zugleich. Die Nachwelt bekommt einen ausgiebigen Rippenstoß, ja nicht aufs Monument zu vergessen. Als Inschrift könnte man in den Sockel meißeln: Psalm LII. 1: Dixit insipiens in corde suo: non est Deus.

Für diesen Dichter blüht weder eine Beatrice, noch eine Laura. Die Damen, mit denen er im Lande Dantes und Petrarcas verkehrte, um, wie Frauenstädt sagt, „die Metaphysik der Liebe zu studiren"; diese Damen hätten ihm für ein dargereichtes Gedicht unter die Nase gelacht. Es war für dieselben auch nicht genug Belohnung, daß er dieses „Kröten- und Otterngezücht" für seines Gleichen ansah. Nun ist es eine alte Erfahrung, daß Leute, welche in ihrer ganzen Umgebung und in der ganzen Menschheit nur schlechte, erbärmliche Wichte sehen, zumeist die ganze Menschheit im Reflex ihres eigenen Seelenadels zu betrachten sich angewöhnt haben.

Der Weltweise hatte von seinem kaufmännisch exakten Herrn Vater nicht nur Geld, sondern auch die kaufmännische Ansicht geerbt: wer Alles, was er auf der Welt braucht, comptant mit klingender Münze bezahlen kann, selbst die metaphysische Liebe mit eingerechnet, der versteht nicht nur das Geschäft, sondern weiß auch den Verkehr mit seinen Mitmenschen nur von der Geschäftsseite aus zu betrachten.

Frauenstädt findet selbstverständlich an Schopenhauer Alles plausibel: seine didaktische und seine praktische Moral seine Selbstwerth- und seine Selbst-überschätzung; in diesem Sinne berichtet er (S. 345):

„Wie sein hohes Selbstgefühl[1]) und sein Gefühl der „Heterogenität“ unter den Menschen, so begleiteten Schopenhauer auf seinen Reisen mitten unter allen Genüssen auch seine eigenthümlichen pessimistischen Ansichten von der Negativität alles Glücks, von der Nichtigkeit aller Genüsse u. s. f., und in dieser innerlichen Oede tröstete ihn nur Eins und hielt ihn aufrecht: das Gefühl des eigenen Werthes. So z. B. zu Bologna den 19. November 1818 schreibt er: „Eben weil alles Glück negativ ist, kommt es, daß, wenn uns endlich einmal vollkommen wohl wird, wir es gar nicht recht gewahr werden, sondern Alles eben nur so leicht und sanft an uns vorüberzieht, bis es vorbei ist, und nun der positiv gefühlte Mangel das verschwundene Glück ausdrückt; dann merken wir, daß wir es festzuhalten versäumt haben, und zur Entbehrung gesellt sich die Reue.“

„Eigentlich alles Glück, das man genießt, und beinahe alle Freundschaft, die man hegt, beruhen auf Täuschung. Erweitert sich die Erkenntniß, so müssen sie meistens schwinden. Dennoch soll man hier, wie überall, getrost der Wahrheit nachgehen und immer unverzagt streben, mehr und mehr mit sich und mit der Welt in's Reine zu kommen, es falle auf rechts und links, was da will und mag, beglückende Schimären, beglückende Neigungen: getrost vorwärts, ohne Schrecken vor der immer größer werdenden Oede! Nur eines einzigen muß man sicher sein, dieses, daß man nicht seinen eigenen Unwerth hinter den aufgehobenen Schleiern entdecken kann: Der Anblick ist die tödtliche Gorgone; also seines eigenen Werthes sei man sich im Innersten bewußt, will man den Trug entfernen.[2]) Denn eigentlich ist nicht bloß der größte, sondern der einzig wahre geistige Schmerz Gefühl seines Unwerths: alle anderen geistigen Leiden können nicht nur geheilt, sondern auf der Stelle gänzlich aufgehoben werden, doch das höhere Bewußtsein seines Werthes, wer dessen recht gewiß ist, kann ganz gelassen sitzen unter Leiden, die ihn ohne dieses zur Verzweiflung bringen würden, er kann ohne Freude und ohne Freunde

[1]) Das war schon etwas mehr als hohes Selbstgefühl, das war schon maßlose Eitelkeit und anwidernde Hoffart.

[2]) Welche Logik! 1. Man soll ja nicht seinen eigenen Unwerth hinter dem aufgehobenen Schleier entdecken; 2. also seines eigenen Werthes immer innerlich sich bewußt bleiben, wenn man den Trug entfernen will. Wenn man sich aber 1. den eigenen Unwerth durch Nichtaufhebung des Schleiers verheimlicht, um 2. sich im Bewußtsein seines Werthes nicht stören zu lassen, so ist ja eben im Festhalten am eigenen Werthgefühl und im Verhindern der Enthüllung des eigenen Unwerthes der eigentliche und wahre Selbsttrug gelegen.

in und auf sich ruhen, so ein allmächtiger Trost ist die lebhafte Erkenntniß des eigenen Werthes und daher jedem Gut auf der Welt vorzuziehen. Umgekehrt kann über Erkenntniß des eigenen Unwerths nichts auf der Welt je trösten: bloß verdecken läßt sie sich durch Trug und Gaukelei, oder betäuben durch Getümmel, aber beides nicht auf die Dauer."

81. Er hoch über das Christenthum: Die Religion usurpirt den Thron, welcher der Philosophie (d. h. ihm) gebührt. Religion nur ein nothwendiges Märchen, „rohe Gemüther" zu bändigen. Selbst Frauenstädt wird gegenüber dem behaupteten Unsinn seines Meisters kleinlaut. In St. Paulus' Römerbrief die Kniffe Schopenhauers verurtheilt.

Von besonderem Interesse sind Schopenhauers Ansichten über positive Religion, Kirche und Christenthum, wie er selbe in Italien niederschrieb (S. 349):

„Das Christenthum sagt: Liebe deinen Nächsten wie dich selbst. Ich aber habe gesagt: Erkenne in deinem Nächsten wirklich und in der That dich selbst,[1]) und auch in dem Ferneren erkenne dasselbe wieder." (Florenz, November 1818.)

„Die katholische Religion ist eine Anweisung, den Himmel zu erbetteln, welchen zu verdienen zu unbequem wäre. Die Pfaffen sind die Vermittler dieser Bettelei."

„Eigentlich ist alle positive Religion der Usurpator des Thrones, der der Philosophie gebührt. Philosophen werden sie daher stets anfeinden, wenn sie sie auch als ein nothwendiges Uebel, eine Krücke für die krankhafte Schwäche des Geistes der meisten Menschen betrachten sollten."

„Die rohen Gemüther zu bändigen und von Unrecht und Grausamkeit abzuhalten, taugt nicht die Wahrheit, denn sie können sie nicht fassen, also der Irrthum, ein Märchen, eine Parabel. Daher Nothwendigkeit der positiven Glaubenslehre."

Das sind ja doch durchwegs Aussprüche, würdig, in einer Schnapsbude von einem alten Branntweinkessel producirt zu werden, nur ist der Schnapsbuddhist etwas bescheidener, als der Buddhist Schopenhauer. Er erschwingt sich nicht zur ungeheuerlichen Selbstwerthschätzung und hält sich nicht für den einzigen

---

[1]) Nachdem nun Schopenhauer, der große Verbesserer des Christenthums, in der Marquet sich selbst erkannt hat, hat er sich selbst geohrfeigt, zu Boden geworfen, über die Stiege gedreht und altes Luder geheißen. — Nachdem er alle Menschen als Vieher, Kröten und Ottern bezeichnet, hat er seine in der größten Selbstschätzung producirte Definition als Schwindel documentirt.

Verkündiger der Wahrheit. Die rohen Gemüther zu bändigen u. s. w., dazu taugt nicht die Wahrheit, sagt Schopenhauer. Nun ja, die Schopenhauersche Wahrheit taugt allerdings nicht dazu, denn wenn die Schopenhauersche Wahrheit allgemeine Verbreitung fände, so wäre Mord, Todtschlag und allgemeine Anarchie permanent. Die Schopenhauersche Metaphysik ist zur Aufrechterhaltung geordneter Zustände keinen Schuß Pulver werth; nur für Einzelne, die in die Schopenhauersche Philosophie eingegangen sind, haben am Ende in Verzweiflung documentirt, daß dieselbe doch Einen Schuß Pulver werth ist.

Bei dieser Verachtung der Kirche und des Christenthums und an die Stelle derselben Postirung seines philosophischen Rettungsapparates wird es erklärlich, wenn er die Menschheit bei jeder Gelegenheit der Thierwelt gleichstellt — nur mit einer Ausnahme: er selber stellt sich über die ganze Mensch-Vieh- und Vieh-Mensch-Welt, welcher er seine gründlichste Verachtung niemals vorenthält.

(S. 352.) Zu Trient, den 14. Mai 1823, schreibt er in seine Brieftasche:

„Der Wille im Menschen hat genau denselben Zweck, wie der Wille im Thier: sich nähren und Kinder zeugen. Aber nun, welch einen komplicirten und künstlichen Apparat dazu hat der Mensch, welch künstliche Mittel zum selben Zweck, wie viel Intellekt, Ueberlegung und feine Abstraktion, die selbst bei den täglichen Verhandlungen des gemeinen Lebens in Anwendung gebracht werden. Und doch wird nur eben dasselbe bezweckt und erreicht, wie vom Thier. Es ist, wie wenn derselbe Wein einmal in einem irdenen Gefäß, ein ander mal im künstlich gearbeiteten Becher gereicht wird: es bleibt derselbe Wein, wie die Degenklinge dieselbe bleibt, der Griff mag Gold oder Messing sein."

Das ist auch dem Frauenstädt, dem Großlobhudler seines Meisters, zu stark; er geht demselben aber doch nur sehr schonend, mit Glaceehandschuhen, zu Leibe, indem er lamentirt:

„Diese zu Trient niedergeschriebene, auch sonst in Schopenhauers Werken ausgesprochene Ansicht, zu der ihn vielleicht irgend eine Anschauung auf der Reise veranlaßt hat, scheint (nur?) mir aber zu denjenigen zu gehören, die mit Grund angefochten werden können."

Wir halten es für überflüssig, die matte Widerlegung des Frauenstädt hier anzuführen. Nur der Schluß hat einiges

Interesse, weil er zeigt, wie selbst die größten Verehrer des Philosophen sich scheuen, mit den unsinnigen Behauptungen ihres Meister's sich einverstanden zu erklären.

Frauenstädt (S. 353):

„Auch dem gewöhnlichen Menschen liegen zu Zeiten die „ewigen Dinge" am Herzen, und Keiner fühlt durch bloßes Sichnähren und Kindererzeugen seine Lebensaufgabe erfüllt. Mit dem über den thierischen Intellekt sich erhebenden menschlichen Intellekt, welcher Metaphysiken, sei es nun in Form der Philosophie oder der Religion, erzeugt, scheint also doch auch ein höherer Wille als der bloß thierische verbunden zu sein, obwohl Schopenhauer, wie ich bereits S. 152 angeführt habe, von einem zweifachen Willen im Menschen nichts wissen wollte."

Das 7. Kapitel in St. Pauli Römerbrief enthält eine geradewegs vernichtende Verurtheilung des Schopenhauerschen Einen-Willen-Kniffes in der Theorie, aber auch seiner metaphysischen (freilich mehr unterhündischen) Studien in der Praxis; auch sein blödwüthiger Ausspruch, die katholische Religion sei eine Anweisung, den Himmel zu erbetteln, weil das Verdienen desselben zu unbequem wäre, wird durch dieses 7. Kapitel, wie durch den ganzen Römerbrief als eine der unzähligen, ebenso frechen als verlogenen Behauptungen des Weltweisen stigmatisirt.

82. Empfiehlt die Vierweiberei. Schmutzige Vorschläge. Kleinlautige Entschuldigungen Frauenstädts gegenüber Schopenhauers Begründung der Tetragamie. Die blödesten, handgreiflichsten Widersprüche.

Ein wie oft wiederkehrender Kniff ist es auch, die Kirche, die Erscheinung des Christenthums in der Welt, mit Buddhismus, Götzendienst der Chinesen und Inder und Mohammedanismus auf die gleiche Stufe zu stellen! So in „Wille ꝛc.", II. 17., S. 177:

„Tempel und Kirchen, Pagoden und Moscheen in allen Landen und zu allen Zeiten in Pracht und Größe zeugen von dem metaphysischen Bedürfniß des Menschen, welches stark und unvertilgbar dem physischen auf dem Fuße folgt."

Daß dem großen Weltweisen sein ganz unverfrorener, promulgirter Cultus der Venus vulgivaga nicht beeinträchtigt wird durch bereits abgethane Sittengesetze, das liegt ihm besonders am Herzen. In dieser offen daliegenden Absicht sucht er in der Theorie noch mehr zuzugestehen und zu vertheidigen, als er sich selber im praktischen Leben erlaubt hat, um hinter dieser spanischen Wand seiner Theorie seine Praxis noch als ein ganz minderes, unverfängliches und unanfechtbares Gebahren darzustellen; aber seine Pläne und Vorschläge in Beziehung auf den geschlechtlichen Verkehr sind dermaßen exorbitant und geeignet, das gesellschaftliche und staatliche Leben in die vollste Zersetzung und Auflösung zu bringen, daß seine Schüler die schwere Noth haben, mit sophistischen Erklärungen und Abschwächungsphrasen ihm ein wenig herauszuhelfen. Hochinteressant ist ein Bericht über dieses Thema bei Frauenstädt (S. 354):

„Gleich auf diese Stelle folgt freilich in der „Brieftasche“ wieder eine Stelle, in der Schopenhauer den Willen des Menschen wieder nur von der physischen Seite auffaßt. Sie handelt von dem Geschlechtstriebe oder „dem Brennpunkt des Willens“, eine Stelle, die, wenn ich sie hier ausführlich mittheilte, den Verläumdern Schopenhauers so recht willkommenen Stoff zu neuen Anschwärzungen bieten würde. Schopenhauer macht nämlich in dieser Stelle, auf die Uebelstände, die aus der Monogamie für die natürliche Geschlechtsbefriedigung entspringen, hinweisend, Vorschläge zu einer Art Tetragamie. Ich halte es nicht für geeignet, diese ganze Betrachtung, die Schopenhauer auch noch in einem besondern hinterlassenen Manuscript ausführlicher behandelt hat, hier mitzutheilen. Aber das will und muß ich hier ein für allemal sagen, daß alle solche anstößig klingenden Stellen, wohin auch die im 2. Bande der Parerga in dem Kapitel über die Weiber enthaltenen Bemerkungen gegen die Monogamie gehören, in Schopenhauers Munde doch einen ganz andern Sinn haben, als etwa in dem Munde eines unzüchtigen Wollüstlings.[1]) Schopenhauer

---

[1]) Als eine Seele, engelgleich,
Versetzt er ihn ins Himmelreich.
Das, was sein reingewasch'ner Mund
Als neues Eherecht gibt kund,
Das darf man doch vergleichen nicht
Mit dem Gelüst des Bösewicht,
Man darf ihm niemals nehmen krumm
Das, was bei Andern schlecht und dumm.
Darum ist ja der Philosoph
Geformt aus einem eig'nen Stoff.
Bei alledem kommt Frauenstädt
Mit dem System nichts aufs Tapet,
Das Bündel ist doch gar zu schmutzig —
Das dumme Volk, es würde stutzig.

spricht nämlich in ihnen vom Standpunkte der Bejahung des Willens zum Leben oder vom eudämonologischen Standpunkte — von einem Standpunkt also, den er selbst in seiner Ethik verwirft."

Wir unterbrechen hier den Bericht Frauenstädts, um auf einen höchst interessanten Punkt hinzuweisen. Frauenstädt dünkt die projektirte Tetragamie (die gleichzeitige Vierweiberei) selber zu exorbitant; der Vorschlag ist so schmutzig, daß ihn Frauenstädt gar nicht zu publiciren wagt, und daß er wirklich sehr schmutzig sein muß, das ersehen wir aus sehr vielen sehr starken Stellen über dasselbe Thema, die sich Frauenstädt anzuführen nicht gescheut hat. Prüderie kann also dem Apostel nicht vorgeworfen werden, im Gegentheil, er hat von seinem Meister ein gutes Stück Unverfrorenheit geerbt, somit müssen die verschämt in der Brieftasche gelassenen Stellen schon sicher einige Meter oder Klafter über die Grenzlinie des praktisch errungenen Terrains hinausreichen. Da weiß sich nun Frauenstädt nicht mehr anders zu helfen, als: Schopenhauer verwirft in seiner Ethik selbst den brieftäschlich niedergelegten tetrafräulichen Vorschlag einer eherechtlichen Grundlage.

Er macht den Philosophen zu einem confusen Kopf, der sich diametral widerspricht, um mit dem Abwischtuch, aus Confusion und Widerspruch gewoben, den Vorwurf und Anwurf des sittlichen Schmutzes von ihm herabzufegen. Diesen eigenthümlichen Reinigungsversuch bezüglich der Tetragamie setzt Frauenstädt noch weiter fort (S. 355):

„Ich habe diesen Punkt bereits in der von mir besorgten 2. Auflage der Parerga hervorgehoben, wo ich zu den ein wenig (nur?) mormonisch klingenden Worten Schopenhauers in dem Capitel über die Weiber (Bd. II. § 383) in einer Anmerkung unter dem Text gesagt habe, was ich hier wiederholen muß: „Es wird gewiß nicht an Solchen fehlen, die aus diesen Aeußerungen der Schopenhauerschen Philosophie den Vorwurf der größten Unsittlichkeit machen. Diesen gebe ich einfach zu bedenken, daß Schopenhauer hier nur vom Standpunkt der Bejahung des Willens zum Leben redet. Diese aber und ihr „Brennpunkt", das geschlechtliche Leben, ist bekanntlich nach Schopenhauers Ethik die Quelle alles Unheils und aller Sünde. Die Schopenhauersche Ethik stellt das ehelose Leben höher als das eheliche. Die freiwillige Keuschheit ist ihr der Gipfel der Selbstverleugnung, die allein zur Erlösung von dieser Welt der Sünde und des Elends führt."

„Indem aber Schopenhauer die freiwillige Keuschheit höher stellt, als die Geschlechtsbefriedigung, verwirft er eo ipso von seinem ethischen Standpunkt aus die Polygamie. Gerade also in seinem Munde hat die Bevorzugung dieser vor der Monogamie nicht das Unsittliche, das sie in jedem andern allerdings hätte."[1])

Frauenstädt fährt in seiner Vertheidigung fort (S. 356):

„Ich füge hier zu dem Gesagten noch hinzu, daß es selbst vom eudämonologischen Standpunkte der „Bejahung des Willens zum Leben" immer noch einen großen Unterschied macht, ob man, wie einst das junge Deutschland im wollüstigen Sinne die Emancipation des Fleisches predigt, oder ob man, wie Schopenhauer thut, nur im Hinblick auf die vielen unglücklichen, unversorgten, stützelosen Weiber, die aus der monogamischem Einrichtung entspringen, der Polygamie das Wort redet. Man lese den erwähnten § 383 der Parerga aufmerksam und man wird finden, daß nicht Wollust es ist, was Schopenhauer zum Vertheidiger der Polygamie macht, sondern Mitleid mit den vielen, durch die europäischen Ehegesetze unglücklich werdenden Weibern. Aus diesem und keinem anderen Motive aber hat er auch den erwähnten Plan zur Tetragamie in seiner Brieftasche entworfen, wie der ganze wissenschaftliche Ton, in welchem derselbe geschrieben ist, beweist. In einem späteren Manuscriptenbuche (Spicilegia) darauf zurückkommend, sagt er: „Mein Vorschlag der Tetragamie gewährte den großen Vortheil, daß die Zunahme der Bevölkerung dadurch gehemmt würde."[2]) Schopenhauer kann in den Vorschlägen, die er zur Herbeiführung einer richtigeren, naturgemäßeren Stellung der beiden Geschlechter zu einander macht, geirrt haben, aber gemeine Motive wird man ihm schwerlich nachweisen können."

83. Gründe für die Tetragamie. Bei vier Frauen sind vier Stiefmütter im Hause unmöglich, werden fortgejagt und ist sodann von ihnen keine Störung zu befürchten.

Der Leser muß es doch bald herauskriegen, daß dieses ewige Kämpfen gegen Anklagen, die sich der Vertheidiger selber fabricirt (weil er sein eigenes Fabrikat am leichtesten wieder selber widerlegen kann) geradewegs abgeschmackt wird.

---

[1]) Wie diese Herren schlau sind! Die Logik im Ganzen und Großen mit ihren wuchtigen Grundsteinen und Schlüssen ist ihnen hochgradig zuwider, da fabriciren sie nun immer eine eigene Personallogik — lauter Ausnahmegesetze nach dem Motto: „Ja, Bauer, das ist bei uns ganz was Anderes."

[2]) Wer sich in dieser eklatanten Confusion des Vertheidigers und des Vertheidigten zurechtfindet, dem ist zu gratuliren. Mitleid mit den unverheiratheten Frauen — o wie barmherzig! Bevölkerungs- und Proletariatsverminderung durch Tetragamie — o wie scharfsinnig!

Immer: er war nie gemein, und er hat es nicht so arg gemeint, oder: er hat an einer anderen Stelle wieder ganz was Anderes gesagt und sich selbst widersprochen. Die schwerste Anklage geht nicht auf Gemeinheit, d. h. sie hat hier mit dem persönlichen Charakter des Philosophen nichts zu thun, sondern sie wendet sich gegen seine geschriebenen Pläne, Entwürfe, Auslassungen und Reformen, und in Anbetracht dieser Momente kann der Leser, der seine Logik noch nicht vergessen hat, doch nur ausrufen: Hier herrscht Widerspruch, Confusion, Unsinn, Rücksichtslosigkeit auf alle historischen und sociologischen Erfahrungen, unleidliche Eitelkeit, die Alles aus sich heraus reformiren und besser machen möchte, und am Ende einen eklatanten Unsinn durch einen, wenn möglich, noch größeren Unsinn zu maskiren sucht.

Bisweilen sieht sich selber Frauenstädt gezwungen, wenn ihm der Weltweise mit seinen Vorschlägen gar zu dick daherkommt, das Lächerliche derselben einzugestehen. So S. 356:

„Unter den mancherlei Vortheilen, die er in seiner Herablassung auf den gewöhnlichen eudämonologischen Standpunkt sich von der Polygamie versprach, war spaßhafter Weise auch dieser, daß, wie er in seinem Manuscriptenbuch Cogitata sagt, „der Mann nicht in so genaue Verbindung mit seinen Schwiegereltern käme, die Furcht vor welchen jetzt unzählige Ehen verhindert —" Doch machte er sich selbst wieder den Einwurf: 10 Schwiegermütter statt Einer."

Es kommt leider sehr selten vor, daß der Weltweise und seine Apostel (kurz nachdem sie in ihrer Originalitätssucht ohne Rücksicht auf Geschichte, Erfahrung und frühere Denker ihre Sentenzen, Programme, Entwürfe, Reformen, immer eines geistreicher als das andere, loslassen) sich selber subject-objectiv werden, sich selber in ihrer Spaßhaftigkeit erkennen und in so guter, seltener, unaufgeblasener Laune sich befinden, daß sie sich ihrer eigenen Lächerlichkeit bewußt werden.

Man denke sich den Schopenhauer mit dem Gesicht, aus welchem neben allem „Scharfsinn" und hochkritischem Hineinschauen in die Welt doch eine entsetzliche Verbissenheit, Unzufriedenheit, Bosheit, Streitlust und Rechthaberei herausschaut, mit zehn Frauen und zehn Schwiegermüttern versehen, da wäre ihm sicher alle Lust an seinen neuen Ehepatenten und auch alle kriegerische Lust vergangen — er wäre im besten

Falle nicht ein einfacher Krieger, sondern ein Schlägekrieger geworden! Hätte er in seiner bekannten Heftigkeit und Grobheit die Stiefmütter und die Gattinnen in Furie gebracht, so wären sicher auch von 40 Händen zugleich Versuche angestellt worden, dem Seher der Dekagamie (Zehnfrauenwirthschaft) die Augen auszukratzen.

Wenn sich so ein Seher der glorreichen Zukunft nur einmal dadurch einen Namen gemacht hat, daß er in seiner gewaltigen Phantasie Alles über den Haufen rennt, was noch aus der Vergangenheit an Religion, Recht, Sitte, Ehrenhaftigkeit, Gesetz, Anstand ihn und seine lehrbegierigen Anhänger genirt, so ist er ein gemachter Mann, — er kann jeden Unsinn behaupten und wird immer Anhänger finden, die denselben vertheidigen, oder wenn das doch nicht mehr recht angeht, wenigstens schönzufärben versuchen.

84. Verblendung der Frauen, die sich zu Schülerinnen des Weltweisen machen. Seine Aussprüche über die Ehe sind aus Studien in Tugendhäusern nicht hervorgegangen. Verschimpft die Frauen seitenlang entsetzlich. Seine Lehre über die Sexual-Ehre.

Die übergeschnappten Damen, welche in neuester Zeit der Mode huldigen, die Werke Schopenhauers höchst geistreich und superb, auch sehr verständlich zu finden, können sich bei diesem Weltweisen schön bedanken für seine Auslassungen und Urtheile, die er über die Frauen ausgesprochen und für die Stellung, die er ihnen in der Gesellschaft zugedacht hat.

Frauenstädt schließt dieses Kapitel über die Frauen (S. 357):

„Ich fragte Schopenhauer einst, ob er nie an's Heirathen gedacht! Er erwiderte, es sei ihm wohl einige Male in seinem Leben nahe gelegt worden, zu heirathen, es sei aber nie etwas daraus geworden, und er rechne sich dieses zum Glücke an; denn im Joche der Ehe hätte er wohl schwerlich seine Werke schaffen können. „Unter Philosophen und Dichtern," schreibt er in seinem Manuscriptenbuch Spicilegia, „sind die Verheiratheten schon als solche verdächtig, ihre Sache zu suchen, nicht das Heil der Wissenschaft und Kunst.""

Da entsteht nun die Frage: Ist der Nihilismus, der die ganze Welt rein nur in Wille und Vorstellung einschachteln möchte, der Wissenschaft und der Kunst zum Heil? Was kann ein Schopenhauerisch angehauchter Künstler hervorbringen? Was hatte Schopenhauer mit Künstlern zu thun und mit welchen Künstlern hat er einen Verkehr gehabt? Was für fruchtbringende Ideen über Kunst hat er aufgestellt? Wie sich bei ihm Alles nur um das Weltcentrum seiner Persönlichkeit herumgedreht, hat er auch nur mit jenen Künstlern verkehrt, welche sich mit seinem, von allen Nationen gelobten und bewunderten Gesicht zu schaffen gemacht haben.

Ferner Frauenstädt:

„Ueber die oft aufgeworfene Frage, ob es überhaupt besser sei, zu heirathen oder nicht, schreibt er in seiner „Brieftasche": „Die Frage, ob es besser sei, zu heirathen oder nicht, läßt sich in sehr vielen Fällen darauf zurückführen, ob Liebessorgen besser sind als Nahrungssorgen.""

Wir sehen auch hier wieder das Utilitätsprincip des Central-Egoisten hervorgekehrt.

Eine noch aus der „Brieftasche" gebrachte Charakteristik der Weiber wollen wir aus guten Gründen übergehen; selbe erinnert zu sehr an die Colloquien mit jenen Professorinnen, bei denen er seine Studien über seine Metaphysik der Geschlechtsliebe gemacht hat.

Seine Ansichten über die „Sexual-Ehre" sind folgende[1]):

„Die Sexualehre zerfällt ihrer Natur nach in Weiber- und Männer-Ehre und ist von beiden Seiten ein wohlverstandener esprit de corps. Die weibliche Ehre ist die allgemeine Meinung von einem Mädchen, daß sie sich gar keinem Manne, und von einer Frau, daß sie sich nur dem ihr angetrauten Manne hingegeben habe. (P. I. S. 388.) Die weibliche Ehre hat zwar große Wichtigkeit für das weibliche Glück, aber ihr Werth ist doch nur ein relativer, kein absoluter, über das Leben und seine Zwecke hinausliegender. Daher ist den überspannten Thaten der Lucretia und des Virginius kein Beifall zu schenken, und der Schluß der Emilia Galotti hat etwas Empörendes. Jenes auf die Spitze Treiben des weiblichen Ehrenprincips gehört zum Vergessen des Zwecks über die Mittel. Die Sexualehre hat mehr als alle andern Ehren einen bloß relativen, ja man möchte sagen einen bloß conventionellen Werth." (P. I. S. 388.)

Damen, welche in dieser Richtung keine Vorsicht mehr, aber desto mehr Nachsicht brauchen, werden dem Weltweisen für diese seine Ehrenerklärung sehr dankbar sein und ihren

---

[1]) Schopenhauerlexikon, I., 144.

Meister zu schätzen wissen. Wenn die Frauenehre nur einen conventionellen Werth hat, so hat dieselbe eigentlich gar keinen Werth. Wenn somit der Ehebruch conventionell wird, so ist die Sexualehre ein überflüssiges Möbel geworden.

Ferner:

„Die Geschlechtsehre der Männer wird durch die der Weiber hervorgerufen, als der entgegengesetzte esprit de corps, welcher verlangt, daß Jeder, der die Ehe eingegangen ist, darüber wache, daß dieses Paktum nicht durch Einreißen einer laxen Observanz seine Festigkeit verliere. Demgemäß fordert die Ehre des Mannes, daß er den Ehebruch seiner Frau ahnde und wenigstens durch Trennung von ihr strafe. Die den Mann durch Verlust der Geschlechtsehre treffende Schande ist nicht so groß, wie die das Weib treffende, weil beim Manne die Geschlechtsbeziehung eine untergeordnete ist, indem er in noch viel anderen und wichtigern steht."

Nachdem in Schopenhauers Gehirn das christliche Sittengesetz, welches dem Weibe die ihm gebührende Freiheit gegeben, für eine Chimäre gilt, macht er auch bei vielen Gelegenheiten Versuche, das Weib in das alte heidnische Verhältniß zurückzuverweisen.

85. Die Frauen fort und fort herabgewürdigt und herabgeschimpft. Durchwegs Folgen und Bilder aus seinem Umgang mit Weibsbildern. Auch die Menschenwürde der Frauen in Frage gestellt.

Er sagt (Lexikon 460):

„Den Weibern fehlt es an aller Objectivität des Geistes, sie stecken überall im Subjectiven. Daher haben sie weder für Musik noch Poesie, noch bildende Künste wirklich und wahrhaftig Sinn und Empfänglichkeit; sondern bloß Aefferei zum Behuf ihrer Gefallsucht ist es, wenn sie solche affektiren. Mit mehr Fug daher als das schöne könnte man sie das unästhetische Geschlecht nennen. Ihr Mangel an rein objectivem Antheil rührt daher, daß, während der Mann in Allem eine direkte Herrschaft über die Dinge, sei es durch Verstehen oder Bezwingen, anstrebt, sie überall und immer auf eine bloß indirekte, nämlich mittelst des Mannes, gewiesen sind. Weiber können bedeutendes Talent, aber kein Genie haben."

Ueber die Stellung des Weibes in der Gesellschaft heißt es (ebendaselbst):

„Die Weiber sind und bleiben im Ganzen die gründlichsten und unheilbarsten Philister, deshalb sind sie bei der höchst absurden Einrichtung, daß sie Stand und Mittel des Mannes theilen, die beständigen Anspornerinnen seines unedlen Ehrgeizes, und ferner ist wegen derselben Eigenschaft ihr Vorherrschen und Tonangeben der Verderb der modernen Gesellschaft. Sie sind sexus sequior, das in jedem Betracht zurückstehende zweite Geschlecht, dessen Schwäche man demnach schonen soll, aber welchem Ehrfurcht zu bezeugen lächerlich ist. Als die Natur das Menschengeschlecht in jene Hälfte spaltete, hat sie den Schnitt nicht gerade durch die Mitte geführt.[1]) Bei aller Polarität ist der Unterschied des positiven und negativen Pols kein bloß qualitativer, sondern auch ein quantitativer. So haben auch die alten und die orientalischen Völker die Weiber angesehen und dadurch die ihnen angemessene Stellung richtiger erkannt, als wir mit unserer altfranzösischen Galanterie und abgeschmackten Weiberveneration. Das Weib im Occident nämlich, die „Dame“, befindet sich in einer falschen Stellung, deren übele Folgen in gesellschaftlicher, bürgerlicher und politischer Hinsicht nur dadurch, daß dem Damenunwesen ein Ende gemacht und dem weiblichen Geschlecht seine naturgemäße Rolle wieder angewiesen würde, beseitigt werden könnten. Gerade, weil es Damen gibt in Europa, sind die Weiber niedern Standes, also gerade die Mehrzahl des Geschlechts, viel unglücklicher als im Orient.“

„Wegen des Hanges der Weiber zur Verschwendung sollte das weibliche Erbrecht beschränkt werden. Weiber sollten niemals über ererbtes eigentliches Vermögen, also Kapitalien, Häuser und Landgüter freie Disposition haben. Sie bedürfen stets eines Vormundes, daher sie in keinem möglichen Falle die Vormundschaft ihrer Kinder erhalten sollten.“

„Ferner sollte wegen der Lügenhaftigkeit und Verstellungskunst der Weiber vor Gericht das Zeugniß eines Weibes caeteris paribus weniger Gewicht haben, als das eines Mannes.“ (P. II. 277. 661.)

Die Frauen können sich noch allerschönstens bedanken, daß der Weltweise nicht auch consequenter Weise nach seiner Einschränkung der Frauenrechte und nach seinem Dekagamprincip den orientalischen Harem mit vergitterten Fenstern einzuführen anräth und den Scheiterhaufen für die Witwen befürwortet, damit nach seinem Princip dieses zu sehr sich ausbreitende Geschlecht ein wenig vermindert werde.

Selbst einige Vorzüge, welche der Weltweise den Frauen zuerkennt, werden an dieselben auch wieder nur mit obligaten Rippenstößen ausgetheilt. So beantwortet er (P. II., 650) die

---

[1]) Man muß zur Entlastung des Philosophen hier annehmen, daß er bei derlei herben Aussprüchen immer nur die eben hier so schön bezeichnete Halbwelt vor Augen hat.

Frage, warum sich die Weiber zu Pflegerinnen der ersten Kindheit eignen:

„Zu Pflegerinnen und Erzieherinnen unserer ersten Kindheit eignen die Weiber sich gerade dadurch, daß sie selbst kindisch, läppisch und kurzsichtig, mit Einem Wort Zeitlebens große Kinder sind, eine Art Mittelstufe zwischen dem Kinde und dem Manne, als welcher der eigentliche Mensch ist."

Also selbst die Menschenwürde der Frauen wird von ihm in Frage gestellt. Diese Ansichten erklären uns sein echt männliches Benehmen, sein im Stolz erwachtes Menschheitsgefühl gegenüber der Marquet, bei welcher er praktische Uebungen seines theoretischen Systems in ebenso faßlicher als schlagender Beweisführung niedergelegt hat.

Es ist anzunehmen, daß sehr viele „Damen", die in neuester Zeit für die Schopenhauersche Weltweisheit schwärmen, nur ihre wißbegierige Nase hier und da in eines oder das andere seiner Bücher hineingesteckt haben, ohne sich gründlich mit Inhalt und Tendenz derselben bekannt zu machen, und daß sie somit gar keine Ahnung von jener Stellung haben, in welche sie durch die Schopenhauersche Philosophie hineingedrängt werden müßten. Schopenhauer spricht seine Anschauungen und Phantasieen zumeist so als Decisum aus, daß er bei Jedem oder Jeder, der oder die sich damit nicht einverstanden erklären, dies Widerstreben als eine Feindschaft gegen die ewige, von ihm zuerst und in ihrer ganzen Fülle verkündete Wahrheit ansieht. Nur er allein umschließt Alles, was der Mensch als Offenbarung zum Verständniß dieses irdischen Lebens nothwendig braucht.

86. Die Offenbarung Gottes verleugnet er, dafür wird ihm „der Galgen zu einer besonderen Offenbarung". Nachdem er den wahren Gott nicht anerkennt, schnitzt er sich selber allerhand Götter. Jetzt wieder Zufall, früher Nothwendigkeit.

Nachdem dieser Weltweise die ganze Offenbarung im Alten und Neuen Bunde (wie denselben Versuch schon vor ihm hunderte von Genies angestellt haben) ins Gebiet der Märchenwelt verwiesen hat, macht er gewiß mehr drolliger als tragischer Weise den Galgen zur Warte seiner von ihm gepriesenen Offenbarung.

In „Welt rc." (II., 723—727) heißt es:

„Der Galgen ist ein Ort ganz besonderer Offenbarungen und eine Warte, von welcher aus dem Menschen, der daselbst seine Besinnung behält, die Aussicht in die Ewigkeit sich oft weiter aufthut und deutlicher darstellt, als den meisten Philosophen über den Paragraphen ihrer rationellen Psychologie und Theologie. Dieses geht aus den uns aufbewahrten, von Verbrechern gehaltenen Galgenpredigten hervor, welche zeigen, welche große und schnelle Umwälzung des innersten Wesens im Menschen da eintritt, wo er bei vollem Bewußtsein einem gewaltsamen und gewissen Tode entgegengeht, also bei Hinrichtungen."

Seit der Zeit, als Schopenhauer vom Philosophiekatheder weggeschoben wurde, hat er sämmtlichen Professoren der Philosophie seine Rache geschworen. Hier sehen wir, wie er zum Galgen verurtheilte Verbrecher weitaus mehr für geeignet hält, Offenbarungen an die Menschheit zu verkündigen, als jene „Philister", welche mit Anstellungsdecreten eines Professors einen Katheder besitzen.

Nachdem Schopenhauer im Universum durchaus keinen Platz gefunden, in welchem ein transcendenter persönlicher Gott unterzubringen wäre, schnitzt er sich mit dem scharfen Taschenmesser seiner Dialektik, je nach Laune, verschiedene Götter: einmal entdeckt er die „Nothwendigkeit", dann wieder den „Genius", dann die „Natur", und schon 1814 verrichtet er ein völliges Dankgebet an den Zufall.

Frauenstädt (S. 360) Weimar 1814:

„Gedenke, daß der Zufall, jene auf dieser Erde (nebst dem Irrthum, seinem Bruder, und der Thorheit, seiner Tante, und der Bosheit, seiner Großmutter) herrschende Macht, die jedem Erdensohn, und auch dir, durch große und kleine Streiche jährlich und täglich das Leben vergällt — bedenke, sage ich, daß diese arge Macht es ist, der du Wohlsein und deine Unabhängigkeit verdankst, indem sie dir gab, was sie vielen Tausenden versagte, eben um es Einzelnen, wie dir, geben zu können. Wenn du es bedenkest, so wirst du nicht thun, als besäßest du das, was du ihr dankest, von Rechtswegen, sondern du wirst wissen, durch die Gunst welcher wankelmüthigen Herrscherin du es hast, und wenn ihr daher die Laune kommt, es dir zum Theil oder ganz zu nehmen, so wirst du nicht Zeter schreien über die Ungerechtigkeit, sondern du wirst wissen, daß der Zufall nahm, was der Zufall gegeben hatte, du wirst allenfalls bemerken, daß er dir nicht ganz so günstig ist, als es bisher schien: könnte er doch nicht bloß über das, was er gegeben, sondern auch über das schalten, was du sauer und redlich erworben hättest. — Ist er nun aber immer so günstig gegen dich, daß er dir viel mehr gibt, als fast Allen, auf deren Fußstapfen du wandeln willst, o so sei froh, eifere nicht über den Besitz seiner geschenkten Gabe, mißbrauche sie nicht, sieh sie als das Leben eines launigen Herrn an, verwende sie mit Weisheit und Güte."

Setzen wir den Fall: ein Gymnasialprofessor gibt seinen Schülern zum Thema einer Ausarbeitung: „Glücksgüter, und wie soll der Mensch sich diesen gegenüber benehmen?" und ein fortgeschrittener Student fabricirt nun obige gebetartige Ansprache an den Zufall, so kann der Professor bei der Censur dieses Arbeitsstückes beiläufig sagen: „Wie kommen Sie dazu, den Zufall zu einer denkenden, urtheilenden, handelnden Persönlichkeit zu machen, — und was bilden Sie sich ein, daß dieser Zufall an Ihrer Physiognomie und Ihrer sonstigen Gelehrsamkeit schon im vorhinein, ehe Sie so schön und so gelehrt geworden sind, wie wir jetzt an Ihnen diese Gaben zu bewundern Gelegenheit haben, eine so große prophetische Freude und ein so nachhaltiges Interesse verspürt hat, um gerade Sie vor so vielen Tausenden zu begünstigen? Sie sagen selber, nicht von Rechtswegen, sondern durch Gunst sind Ihnen diese Gaben gespendet worden, und der Zufall, der das Tausenden versagt hat, um es Ihnen geben zu können, hat Ihnen in seiner Vorliebe für Ihre werthe Person alles dieses zugeworfen. Bei alledem haben Sie aber, weil Sie notorisch ein höchst mißtrauischer Junge sind, auf diesen Ihren splendiden Gott kein rechtes Vertrauen, Sie fürchten, er könnte Ihnen die ganze Bescherung auch wieder abnehmen und auch dazu, was Sie sich sauer und redlich erworben haben, und aus Angst vor diesem launigen, höchst unverläßlichen Herrn versprechen Sie ihm, Sie wollen die Glücksgüter mit Weisheit und Güte verwenden. Nun weiß ich zwar nicht so gewiß, wie Sie selber, daß Sie die Weisheit besitzen, wenn Sie aber dieselbe wirklich besitzen, so kann Ihnen der launige Gott, der Zufall, dieselbe ebenso gut wieder wegnehmen, als die materiellen Güter, die er Ihnen gegeben hat. Einem persönlichen Gott gegenüber kann sich der Mensch dankbar oder undankbar bezeugen, aber dem Zufall zuliebe etwas zu thun oder zu lassen, gegenüber dem Zufall von irgend einer Verpflichtung, von einer Gunst- oder Ungunstbezeugung zu reden, das ist hohle Phrase und reiner Unsinn." — Einen Gymnasialschüler könnte man in dieser Weise abkanzeln, aber vor jedem Käsezettel eines atheistischen Weltweisen muß man in gebückter Ehrfurcht dastehen.

87. Eklatante Beispiele von Edelsinn des Weltweisen. Auch seine Schüler proklamiren den Atheismus als die echte Wahrheit.

S. 363:

„Als ein Dr. Beneke den Schopenhauer recensirte und die Citate aus Schopenhauer verdrehte und fälschte — machte Schopenhauer über ihn folgendes Gedicht:

„Armer empirischer Teufel, du weißt es nicht, wie du so dumm bist,
Denn du bist, sei es geklagt, ach a priori so dumm."

Als sich nun dieser „arme Teufel" aus Noth 1854 zu Berlin im neuen Kanal ertränkte, schrieb Schopenhauer an Frauenstädt darüber sehr vergnügt. 9. April. „Dr. Lindner hat mir die Vossische mit Benekes Nekrolog zugeschickt, wofür ich ihm sehr dankbar bin, da es mich interessirt, die Laufbahn dieses Sünders zu sehen.[1]) Ich glaube, er hat es schließlich dem Empedokles gleichthun wollen und ist in Gott weiß welches Loch gesprungen, wo ihn der Teufel finden kann.[2]) Statt der ehernen Pantoffeln wird wohl einmal die goldene Brille ausgeworfen werden. Fragt sich, ob ein Derangement seiner Angelegenheiten ihn dazu bewogen hat. — Viel Selbstmord in Berlin? Glaub's, ist physisch und moralisch ein vermaledeites Nest, und bin ich der Cholera sehr dankbar, daß sie mich vor 23 Jahren daraus vertrieben hat und hierher in's mildere Klima und sanftere Leben. Guter Ort für meine ferneren Tage."

Dieser dem unglücklichen Selbstmörder noch in die dunkelgrünen, trüben Fluthen des „Neuen Kanals" zu Berlin nachgeschleuderte Hohn, Spott und Haß ist so recht ein Exempel zur Charakteristik Schopenhauers.

Frauenstädt findet das Alles ganz in der Ordnung und sucht den Haß des Philosophen gegen Berlin noch zu erklären und zu entschuldigen.

---

[1]) Der arme Teufel hatte gegen Gott Schopenhauer gesündigt; hätte er nur den persönlichen Gott blasphemirt, so wäre er bei Gott Schopenhauer eher noch in der Gunst gestiegen.

[2]) Wenn es sich darum handelt, einen Sünder, der gegen den Weltweisen gesündigt hat, zu strafen, da kommt auch wieder der Teufel als Gerichtsvollzieher der philosophischen Gottheit zu Ehren.

S. 363:

„Daß nun in dem „physisch und moralisch vermaledeiten Nest“ Schopenhauers Docentenlaufbahn nur eine kurze war, darüber hat man sich nicht zu wundern. Abgesehen davon, daß damals an der Berliner Universität neben Hegel und Schleiermacher aufzukommen für einen jungen, seinen eigenen Weg gehenden Privatdocenten unmöglich war, so hatte auch Schopenhauer überhaupt nicht das Zeug dazu, als Docent Carriere zu machen. Er war zu groß, stand zu hoch da (!). Denn obwohl er, wie seine ausgearbeiteten Vorlesungen zeigen, es sehr wohl verstand, sich in der Form des Vortrags zu akkomodiren, d. h. auf den Standpunkt der studirenden Jugend herabzulassen und seine ohnehin schon deutliche Sprache den Jünglingen mit Rücksicht auf das Maß ihrer Kenntnisse noch deutlicher, faßlicher zu machen, so ging doch eben seine Akkomodationsfähigkeit eben nur so weit und nicht weiter. Dem Inhalt nach weichen seine Vorlesungen nicht um ein Titelchen von der „Welt als Wille &c.“ ab, lehren denselben entschiedenen Atheismus und Pessimismus, treten mit derselben Energie gegen die herrschenden occidentalen Vorurtheile auf, und hätte damit wohl Schopenhauer auf dem Katheder Glück machen können, wäre er auch nur geduldet worden. Ja, hätte er neben seinem Geist, seiner Gelehrsamkeit und seiner Sprachgewalt, die ihn zu einem ausgezeichneten Docenten befähigten, auch jene Biegsamkeit und Schmiegsamkeit, jene Toleranz gegen die Lüge und jene Unterwürfigkeit unter die von oben oder von unten beliebten Meinungen besessen, durch welche die Sophisten, die von, nicht für die Philosophie leben, ihr Glück machen, dann hätte auch er reüssirt. Aber seine Mission war eine höhere. Er war dazu berufen, den Tempel der Philosophie von den Gewerbsleuten zu reinigen; darum durfte er auch nicht einer von ihnen werden.“

Frauenstädt behauptet ganz im Sinne seines Meisters, der Atheismus sei die Wahrheit und das Christenthum (auch noch dazu in einer rationalistischen Abschwächung) sei die Lüge, jeder noch mehr abgeschwächte Deismus und Theismus wäre doch noch „occidentalisches Vorurtheil“. Dem gegenüber darf der echte, d. h. der atheistische Philosoph keine Toleranz besitzen, da gibt es nur einen Kampf auf Leben und Tod.

In diesem Sinne spricht Frauenstädt folgendes Verlangen aus (S. 364):

„Es wäre zu wünschen, daß alle Universitätsdocenten von demselben Geiste der reinen und rücksichtslosesten Wahrhaftigkeit beseelt wären, der aus Schopenhauers Vorlesungen athmet, dann würden die Klagen, die den Stoff seiner Abhandlung über die Universitätsphilosophie bilden, bald verstummen, und die auf dem

Katheder herrschende unerschrockene Ehrlichkeit würde bald auch von da in alle Kreise der Wissenschaft, des Lebens und der Literatur eindringen, würde aus allen die Lüge, die Charletanerie und Sophisterei verdrängen, würde auf alle verjüngend und kräftigend wirken."

Also nur so geschwind als möglich sämmtliche Katheder mit Atheisten besetzen, — fort mit aller Charlatanerie und Lüge! Schopenhauer obenan, Pessimismus und Atheismus im Flor und in der verjüngten und gekräftigten Generation werden die segensvollen Früchte des Atheismus reifen!

88. Die „freche Ruchlosigkeit", „der Unsinn Hegels" wird vom Weltweisen mit Zorn verschimpft. Auch Schelling und Fichte werden herabgerissen. Nur er allein hat ein Recht, Philosoph zu sein. Noch einige Stylproben von Schimpf-Ekstasen über Universitätsprofessoren.

Die unmittelbaren Vorgänger im Gebiete der Spekulation werden von Schopenhauer jämmerlich zerzaust: er versäumt keine Gelegenheit, dieselben als elende Charlatane zu bezeichnen. Besonders auf Hegel hat er es scharf. Hegel gibt aber auch wahrlich Handhaben, um ihn zu fassen: so z. B. der Satz in Hegels Encyklopädie, § 12, die Lehre vom Wesen:

„Das Wesen, als das durch die Negativität seiner selbst sich mit sich vermittelnde Sein, ist die Beziehung auf sich selbst, nur indem sie Beziehung auf ein anderes ist, das unmittelbar nur als ein Gesetztes und Vermitteltes ist."

Darüber Schopenhauer:

„Dies steht in 4 gedruckten Zeilen, die eben so viele handgreifliche Widersprüche enthalten."

Hegel, § 116:

„Das Wesen ist nur reine Identität und Schein in sich selbst, als es die sich auf sich beziehende Negativität, somit Abstoßen seiner von sich selbst ist; es enthält also wesentlich die Bestimmung des Unterschiedes."

Darauf Schopenhauer:

„Die freche Ruchlosigkeit dieses Charlatans, die eigentliche improbitas seines Treibens, besteht darin, daß er Worte zusammensetzt, die völlig unmögliche Operationen des Intellekts angeben, nämlich Widersprüche und Widersinne jeder Art. Da wird denn beim Lesen der Intellekt so auf die Folter gespannt, wie es der Leib würde, wenn man ihm Biegungen und Stellungen zumuthete, die ganz gegen seine Artikulation gingen."

Diese Unverständlichkeit der Hegelschen Propositionen, die nicht nur der fremdsprachlichen Form, sondern auch sehr oft dem completen Unsinn derselben zuzuschreiben ist, haben schon vor Schopenhauer viele andere Philosophen gekennzeichnet.

Schopenhauer geht aber dem Hegel (alte Feindschaft, weil er unter Hegels Herrschaft in Berlin keinen Lehrstuhl erhielt) noch viel derber zu Leibe (S. 372):

„Im Ganzen enthält Hegels Philosophie ³/₄ baaren Unsinn und ¹/₄ korrupte Einfälle. An seiner Philosophie ist nichts deutlich, als ihre Absicht, welche ist, die Gunst der Fürsten zu erwerben durch Servilität und Orthodoxie. Die Deutlichkeit der Absicht contrastirt sehr pikant mit der Undeutlichkeit des Vortrags, und wie Harlekin aus dem Ei entwickelt sich am Ende eines ganzen Bandes voll bombastischen Gallimathias und Unsinns die edele Rockenphilosophie, die man in Quarta zu erlernen pflegt, nämlich Gott Vater, Sohn und heiliger Geist, die Richtigkeit der evangelischen Confession und die Falschheit der katholischen u. dgl."

Während die Anschuldigungen bezugs Widersprüchen und baaren Unsinns bei Hegel gewiß nicht ungerecht sind, ist es doch auch wieder von Schopenhauers Seite ein Unsinn, den Hegel der protestantischen Orthodoxie zu beschuldigen.

Ueber die Unverständlichkeit Hegels fährt Schopenhauer fort:

„Um die Menschen zu mystificiren, ist nichts tauglicher, als ihnen etwas vorzulegen, davon sie deutlich merken, daß sie es nicht verstehen; da werden sie, besonders Deutsche, die treuherziger Natur sind, sogleich annehmen, daß es nur an ihrem Verstande liegt, dem sie im Stillen nicht gar viel zutrauen; zugleich werden sie ihr Nichtverstehen ehrenhalber verhehlen, wozu kein sichereres Mittel, als einzustimmen in das Lob der nichtverstandenen Weisheit, die nun eben dadurch immer mehr Autorität erhält, immer mehr imponirt und immer mehr Muth und Selbstvertrauen in Dem voraussetzt, der, seinem Verstande ernstlich trauend und aus eigenen Mitteln urtheilend, das Ding für eine unsinnige Salbaderei erklärt."

Fichte, Schelling und Hegel werden in seinen Cogitata summarisch verarbeitet (S. 372):

„Fichte hat wirklich eine große Entdeckung gemacht, die der Niaiserie der Deutschen, vermöge welcher, wenn ihnen einer baaren Unsinn vorschwatzt, sie aus Furcht, ihr Verständniß zu compromittiren, bodenlosen Tiefsinn darin finden und den Inhalt loben, wodurch sich ein philosophischer Ruf trotz dem Besten bei ihnen begründet, der, einmal etablirt, sehr lange dauert, bis ein denkender Kopf einmal die Akten revidirt. Nach ihm hat Schelling die Entdeckung mit vielem Vortheile benutzt, jedoch in ihrem ganzen Umfange sie zu gebrauchen war Hegeln vorbehalten, der sie dermaßen benutzt hat, daß nichts für die folgenden übrig bleibt und sie nun bald nichts mehr sein wird als ein abgenutzter Kunstgriff. Dann wird eine Periode der größten Deutlichkeit und Behutsamkeit im Ausdruck folgen, weil der Verdacht auf hohle Nüsse und Wind immer rege sein wird."

Aus alledem geht die Verstimmung Schopenhauers hervor, dessen Schriften nicht beachtet wurden, während diese Drei reichlichen Ruhm einernteten. Diese Nichtbeachtung von 1819 bis 1836 veranlaßte ihn, in sein Manuscriptenbuch zu schreiben:

„Die gänzliche Nichtbeachtung, die mein Werk erfahren hat, beweist, daß entweder ich des Zeitalters nicht würdig war, oder umgekehrt. In beiden Fällen heißt es jetzt — schweigen."

Aus den massenhaften Beschimpfungen der Universitätsphilosophie und der Universitätsprofessoren nur noch einige Stylproben (Parerga rc., 1. Bd.):

„In allen anderen Wissenschaften haben die Professoren derselben bloß die Verpflichtung, nach Kräften und Möglichkeit das zu lehren, was wahr und richtig ist. Ganz allein bei den Professoren der Philosophie ist die Sache cum grano salis zu verstehen. Hier nämlich hat es mit derselben eine eigene Bewandtniß, welche darauf beruht, daß das Problem ihrer Wissenschaft dasselbe ist, worüber auch die Religion in ihrer Weise Aufschluß ertheilt, weßhalb ich diese als die Metaphysik des Volkes bezeichnet habe. Demnach sollen nun zwar auch die Professoren der Philosophie allerdings lehren, was wahr und richtig ist. Hieraus entsprang jener naive, schon in meiner Kritik der Kantischen Philosophie angezogene Ausspruch eines ganz reputirlichen Philosophieprofessors im Jahre 1846: „leugnet eine Philosophie die Grundideen des Christenthums, so ist sie entweder falsch, oder, wenn auch wahr, doch unbrauchbar!" Man sieht daraus, daß in der Universitätsphilosophie die Wahrheit nur eine Secundärstelle einnimmt und, wenn es gefordert wird, aufstehen muß, einer anderen Eigenschaft Platz zu machen. Dieses also unterscheidet auf den Universitäten die Philosophie von allen anderen daselbst kathedersässigen Wissenschaften."

„In Folge hiervon wird, so lange die Kirche besteht, auf den Universitäten stets nur eine solche Philosophie gelehrt werden dürfen, welche mit durchgängiger Rücksicht auf die Landesreligion abgefaßt, dieser im Wesentlichen parallel läuft und daher stets, allenfalls kraus figurirt, seltsam verbrämt und daher schon verständlich gemacht, doch im Grunde und in der Hauptsache nichts anderes als eine Paraphrase und Apologie der Landesreligion ist."

Nachdem Schopenhauer die Universitätsprofessoren wieder in allen möglichen Sprachwendungen beschuldigt, daß sie nur als Heuchler um des Geldes und ihrer Existenz willen ihre sogenannten conservativen Philosopheme vorgetragen, kommt er am Ende mit seinen Wurfgeschossen auch an den Papst heran, um diesem den Garaus zu machen.

„Denn, daß es mit der Philosophie so recht eigentlicher, bitterer Ernst sein könne, läßt wohl in der Regel kein Mensch sich weniger träumen, als ein Docent derselben, gleichwie der ungläubigste Christ der Papst zu sein pflegt."

Einer der auffallendsten Pfiffe und Kniffe bei Schopenhauer ist die Aufstellung irgend einer Behauptung, die er nicht beweist, weil er sie eben nicht beweisen kann, und das darnach erfolgende Aufführen eines ganzen babylonischen Thurmes von Schlußfolgerungen auf einer derartigen dunstigen Behauptung. Nachdem er den Leser, bei welchem er den Mangel aller Logik voraussetzt, durch einen kecken Ausspruch verblüfft hat, kommt er geschwind mit seinem Daher herangerückt, so auch hier: Daher gehört es denn auch zu den seltensten Fällen, daß ein wirklicher Philosoph auch zugleich ein Docent der Philosophie gewesen wäre.

89. **Der Weltweise schreibt sechs Seiten voll über seinen Werth und seine Größe! Unglaubliche Leistungen im Selbstlob und Größenwahn. Er oben, der Riese, unter ihm lauter Zwerge. „Er hat den Schleier der Wahrheit gelüftet" u. s. w., und ist immer zu wenig erkannt, zu wenig gepriesen.**

Frauenstädt bemerkt:

„Es ließe sich aus den Aufschreibungen Schopenhauers ein ganzes „Buch des Unmuths" zusammenstellen, aus dem hervorgehen würde, wie die Nichtbeachtung, welche er erfahren, ihn nur dazu geführt hat, immer tiefer in seinen eigenen Werth, den er ohnedeß nicht gering anschlug, sich hineinzureden u. s. w."

Frauenstädt bringt nun sechs Seiten Lobeshymnen, welche Schopenhauer seiner Weisheit, und Spott- und Verachtungsausbrüche, die er seinen philosophischen Zeitgenossen erschallen läßt.

Nur einige Beispiele (S. 375):

„Wenn Einer allein oben steht und die Anderen nicht herauf können, so muß er, wenn er nicht allein sein mag, zu ihnen herabkommen"

„Von der Gelehrten-Republik ist oft die Rede, aber nicht von der Genialen-Republik. In dieser geht es so zu: Ein Riese ruft dem andern zu, durch den öden Zwischenraum der Jahrhunderte, ohne daß die Zwergenwelt, welche darunter wegkriecht, etwas mehr vernähme, als das Getön, und mehr verstände, als daß überhaupt etwas vorgeht. Und wiederum dieses Gezwerge treibt da unten unaufhörliche Possen und macht großen Lärm, schleppt sich mit dem, was Jene haben fallen lassen, proklamirt Heroen, die selbst Zwerge sind u. dgl., wovon jene Riesengeister[1]) sich nicht stören lassen, sondern ihr hohes Geistergespräch fortsetzen."

„Wenn ein Tabuletkrämer den Herren Haarnadeln und den Damen Pfeifenköpfe anbietet, so lacht man über seine Dummheit, aber wie viel toller ist der Einfall des Philosophen, der die Wahrheit zu Markte trägt und sie an die Menschen abzusetzen hofft — die Wahrheit für die Menschen."

„Mich in die philosophischen Streitigkeiten meiner Zeit einzumengen, fällt mir so wenig ein, wie, wenn ich den Pöbel auf der Gasse sich balgen sehe, hinabzugehen und Theil an der Prügelei zu nehmen."

„Die Philosophie nach dem Willen der Machthaber modeln und sie zum Werkzeug ihrer Pläne zu machen, um dafür Geld und Aemter zu erlangen, kommt mir vor, wie wenn Einer zur Communion geht, um seinen Hunger und Durst zu stillen."

Schopenhauer bewegt sich auch seinen gehaßten Vormännern in der Philosophie gegenüber geradewegs in Lügen und Verleumdungen, um selbe herabsetzen zu können Wir haben anderwärts nachgewiesen, wie z. B. Fichte selber vor seiner Revolutionsphilosophie erschrocken ist, als ihm die studirende Jugend von Jena, die Consequenzen seiner Lehre praktisch ausgliedernd, eine Nachtmusik machte und die Fenster seiner Wohnung zertrümmerte — aber seine Philosophie, die uns ebenso wie die Schopenhauers als ein Unsinn erscheint, hat er nicht nach dem Willen der Machthaber gemodelt, im Gegentheil, er hat von seinem Katheder derartig thronumstürzerlichen und fürstenfeindlichen Krakehl erschallen lassen, daß man trachtete, ihn loszuwerden.

---

[1]) Das kennt doch Jeder, was das heißt, und wer der ist, der Riesengeist!

Nachdem Schopenhauer jämmerlich gewinselt und geschimpft, daß man seine Philosophie vernachlässigt und das Platte, Schlechte, Verkehrte, Absurde, den gemeinen Köpfen angemessen, emporgehoben, weil das Aechte, Vorzügliche, Ungemeine (d. i. seine Philosophie) bei ihnen (den gemeinen Köpfen) keinen Beifall gefunden, gelangt er wieder zu seinem beliebtesten Kapitel, zur Menschenverachtung, von seiner Höhe herab. S. 377:

„Daß ich in beiden Fällen an mir selber irre wurde, lag daran, daß ich von der Größe der Erbärmlichkeit der Menschen keinen Begriff hatte noch haben konnte;" „in beiden Fällen erhielt ich dann und wann einen Trost durch das große Lob, die Verehrung Einzelner, welche gegen die allgemeine Vernachlässigung desto greller hervortrat. Dieses trug bei, mich zu orientiren."

„Lerne die ganze Erbärmlichkeit der Menschen überhaupt, dann die deines Zeitalters und der deutschen Gelehrten insbesondere, recht deutlich und im Zusammenhange begreifen, dann wirst du nicht mit deinem Werke an der Hand stehen und fragen: Ist das Menschengeschlecht verrückt, oder bin ich's?" „Ich habe den Schleier der Wahrheit tiefer gelüftet, als irgend ein Sterblicher vor mir. — Aber den will ich sehen, der sich rühmen kann, eine elendere Zeitgenossenschaft gehabt zu haben, als ich." „Meine Zeitgenossen haben durch die gänzliche Vernachlässigung meiner Leistungen und derweiliges Celebriren des Mediocren und Schlechten alles Mögliche gethan, mich an mir selbst irre zu machen. Glücklicher Weise ist es ihnen nicht gelungen, sonst würde ich zu arbeiten aufgehört haben, wie ich hätte müssen, wenn ich durch meine Arbeiten zugleich einen Unterhalt zu erwerben gehabt hätte. Das deutsche Vaterland hat an mir keinen Patrioten erzogen. Die Deutschen zu loben, dazu würde mehr Vaterlandsliebe erfordert, als man nach dem Loose, welches mir geworden, billiger Weise von mir verlangen kann."

Doch hat Schopenhauer 1813 reichlich für die Freiwilligen beigesteuert, einen Säbel sammt Gehenk gekauft und diese bedenklichen Gegenstände einem andern verachteten Deutschen geschenkt, daß dieser arme Teufel für ihn seine Haut zu Markte tragen solle.

Wenn er aber auch für seine Philosophie alles mögliche Lob schon damals eingeerntet hätte, so würde trotzdem das deutsche Vaterland nicht die Freude erlebt haben, in diesem Weltweisen einen kühnen, muthigen Vorfechter zu finden, denn er hätte auch damals die schöne spanische Wand für seinen Muthmangel hingestellt: „das Vaterland hat in mir keinen

Patrioten erzogen." Und Gwinner, sein Apostel, sagt eben so schön entschuldigend: „Aber selbst einzutreten fehlte ihm der innere Antrieb!"

Frauenstädt hält sich nun höchlich über jene Unbesonnenen und Mißgünstigen auf, welche nach Einsicht in die Selbstwerthschätzung Schopenhauers ausrufen: „Selbstüberschätzung — nichts als Selbstüberschätzung!" und sucht seinen atheistisch frommen Lesern langmächtig den Beweis zu liefern, daß auch die Nichtanerkennung des Lesepublikums eine große Schuld an der Verbitterung und Selbsterhebung des Weltweisen getragen. (S. 382.) 1821 schreibt er in seinem Foliant:

„Silber, Gold und Edelsteine finden jeden Tag Käufer, daher man, mit ihnen versehen, nie in Noth gerathen kann. Aber Edelsteine vom ersten Rang, die höchst selten und gewissermaßen unschätzbar sind, finden auch nur selten einen Kenner, der sie zu schätzen weiß und nach ihrem vollen Werth bezahlt, und wenn man sie aber nicht verschleudern will, kann man mit ihnen arm sterben, aber reiche Erben hinterlassen. Ganz eben so werden kleine Talente leicht erkannt, geschätzt und genutzt, hingegen die sehr großen, höchst seltenen, fast unschätzbaren Talente finden sehr schwer einen Kenner, Schätzer, Belohner ihrer Werke, gehen oft von der Mitwelt ungenossen auf die Nachwelt über."

Frauenstädt sucht, wie gewöhnlich, auch hier seinen Patron zu vertheidigen, und zwar diesmal durch die concentrirte Schwefelsäure seines Systems, durch Wille und Vorstellung. S. 383:

„Nichts ist in meinen Augen natürlicher, als daß Schopenhauer seine Nichtbeachtung bei den Zeitgenossen als nothwendig erkannte (!!) und dennoch (!!) sehr unangenehm durch dieselbe berührt wurde und über dieselbe in Zorn gerieth. Er war eben nicht bloß Philosoph, sondern auch Mensch, nicht bloß reiner Intellekt, sondern auch Wille. Als Philosoph (reiner Intellekt) erkannte er sein Schicksal als nothwendig und fand es ganz in der Ordnung, als Mensch (Wille) hingegen empfand er es schmerzlich und ward darüber erbittert."

90. Der Schwindel der ganzen von Frauenstädt gepriesenen Trosttheorie des Schopenhauer-Systems. Frauenstädt sucht die Gebrechen Schopenhauers, um ihn etwas zu entlasten, auch vielen Anderen hinaufzubeweisen. Die Lächerlichkeit, den Kampf von Wille und Intellekt für eine Erfindung Schopenhauers zu vindiciren.

Nachdem Frauenstädt anderwärts von dem Troste spricht, welchen die Schopenhauersche Philosophie ihren Anhängern gewähren soll, und nachdem wir hier sehen, wie beim ganzen

System von Wille und Vorstellung die Vorstellung über den Willen gar keine Gewalt, keinen Einfluß beim Systemerfinder selber gezeigt hat, so erlauben wir uns trotz aller Vertheidigung Schopenhauers gerade in diesem Umstande die totale Unfruchtbarkeit und den rechten, bloßgelegten Schwindel dieser ganzen sogenannten Beseeligungs- und Trosttheorie zu erkennen.

Es ist ein mißlungener Witz und ein abgeschmackter Kunstgriff, wenn Frauenstädt, um diesen Widerspruch bei Schopenhauer abzuschwächen, denselben zugleich allen anderen Weltweisen, Gelehrten und Systematikern auf den Rücken zu heften sucht, wie folgt (S. 384):

„Aus diesem Dualismus von Intellekt und Wille, dem sehenden Gelähmten und dem starken Blinden, läßt sich überhaupt das wunderliche Gemisch von Größe und Kleinheit, von Erhabenheit und Niedrigkeit, von Stärke und Schwäche erklären, das so viele Menschen, und gerade die Genies am meisten, uns darbieten. Es werden sich außer Schopenhauer unschwer noch eine Menge anderer Größen auffinden lassen, die nicht immer und zu allen Stunden groß, sondern auch oft sehr klein waren, deren Wille nicht immer mit dem Intellekt gleichen Schritt hielt, sondern oft gegen ihn im Rückstand blieb."

Wenn es nach Frauenstädt nicht unschwer ist, Größen zu finden, die sich mit ihren Theorieen in so contradictorische Widersprüche wie Schopenhauer verwickelt haben, so ist sehr zu bedauern, daß sich Frauenstädt auch nicht einmal an eine so unschwere Arbeit herangewagt hat.

Um die Extravaganzen Schopenhauers im Leben abzuschwächen, werden dieselben also verallgemeinert, allen oder doch den meisten Genies zugeschrieben, und dem Genie werden dazu allerhand Privilegien und Vollmachten ertheilt, als ob sich das Genie als solches nicht nur über alle Gottesgebote, sondern auch über die gewöhnlichen Regeln und Anschauungen von Sitte und Convenienz hinwegzusetzen berechtigt wäre.

S. 384:

„Das Genie führt eben neben dem intellektuellen Leben auch ein persönliches, und zu verlangen, daß es in dem letztern stets eben so groß dastehe, wie in ersterm, heißt verlangen, daß der Geniale kein Mensch sei. Der Geniale bleibt aber, so übermenschlich er auch von der intellektuellen Seite erscheinen mag, von der Willensseite immer noch ein Mensch."

Das ist doch eine höchst sophistisch gedrechselte, geradewegs abgeschmackte Vertheidigungsmethode. Es läßt sich ja doch auch der Intellekt vom Willen nicht derartig zertrennen, daß der Wille des Menschen, den er in seiner Handlungsweise manifestirt, nicht auch auf den Intellekt den größten Einfluß und Druck ausüben müßte. Wer der Hoffart, der Augenlust (Besitz) und Fleischeslust ergeben ist, bei dem wird nach des alten und wahren Apostels Ausspruch auch der Intellekt außerordentlich getrübt werden: das Leben klärt oder verdunkelt die Erkenntniß Gottes; der Thor sagt in seinem Herzen: Es ist kein Gott; nach diesem Psalmenwort, das so einfach klingt und scheint, ist der Wille der Herr über den Intellekt — im Geiste, im Intellekt glaubt der Mensch an Gott und fürchtet sich vor Gott — und darum sucht er denselben im Herzen, d. h. im Willen, zu verleugnen. So bekämpft der eigene Wille den eigenen Intellekt und bringt denselben in Verwirrung. Die Sünde ist der böse Wille und die ganze Offenbarung bezeugt, wie der Intellekt immer von der Sünde getrübt wird.

Wer sich der kleinen Mühe unterziehen will, die hunderte von Stellen des alten und neuen Bundes in der Concordanz der Vulgata unter dem Schlagwort Voluntas (Wille) nachzusuchen, der wird ersehen, wie dieser Kampf des Willens mit dem Intellekt, für dessen Erfindung Schopenhauer Patent und Privilegium eigener Erfindung in Anspruch nehmen will, in der heiligen Schrift viel drastischer, deutlicher, erkenn- und fühlbarer dargestellt ist, und besonders in den Evangelien und Apostelbriefen eben der Wille als der nothwendigste Faktor der Erkenntniß, ja als die Bedingung derselben erkannt wird, so daß eben nur der wahre, friedfertige Ausgleich des Intellektes mit dem Willen vom Willen bedingt ist, wie es bei Lukas II, 14 heißt: „Ehre sei Gott in der Höhe und Friede den Menschen auf Erden, die guten Willens sind."

Gerade bei Schopenhauer ist der Unfriede des Willens mit dem Intellekt der schwarze Faden, der durch sein ganzes System hindurch geht, und wenn einer auch auf die Wissenschaft der Physiognomik kein System d. h. keine Häuser bauen möchte, so kann man doch sagen: es läßt sich kaum ein unfriedfertigeres, von innerer Zerfallenheit — bei übrigens genialen Anlagen — mehr zeugendes Gesicht auffinden, als das Gesicht dieses Weltweisen, wie es nach einem gelungenen Porträt in der großen Biographie Lindner-Gwinner im Stahlstiche zu ersehen ist — ja, dieses Schopenhauersche wie das Voltaire-Gesicht könnten noch als die besten Folien — für die Engel- und Heiligen-Gesichter des seligen Angelico Fiesole gebraucht werden.

Es ist daher geradewegs eine unwahre Behauptung, wenn Frauenstädt sagt:

„Er (Schopenhauer) war sich des beschriebenen doppelten Daseins und der Erhabenheit seines intellektuellen Lebens über sein persönliches auch sehr gut bewußt und wollte deshalb als sein Sinnbild „den Baum im Sturm, der dennoch seine rothen Früchte auf den Zweigen trägt", in ein Petschaft stechen lassen mit der Umschrift: dum convellor mitescunt oder conquassata sed ferax."

Dieser ganze Petschaftsbeweis hinkt nach allen Seiten; bei Schopenhauer ist die ungeheuerlichste Hoffart, Selbstliebe, Selbstwerthschätzung, der größte Egoismus, den man sich denken kann, in seiner Persönlichkeit so übermächtig, und er geräth deshalb bei jedem Widerspruch, Zweifel an seinem System, bei Fragen um den letzten Grund in einen derartigen Zorn, daß es offen und ersichtlich daliegt, wie nicht der Intellekt, sondern der Wille bei ihm die große Geige spielt; wenn auch er das nicht einbekennt und gelten lassen will, sondern bei jeder Anfechtung als Schutzwehr den Intellekt seinen Gegnern entgegenhält, um dieselben als Feinde der Erkenntniß, der Wahrheit, der einzigen rechten und wahren Philosophie (wie er sein System immer benennt) hinzustellen und verächtlich zu machen.

Während Schopenhauer alle christlichen Philosophen in einer Weise ignorirt, als ob es weit unter seiner Würde wäre, dieselben auch nur namentlich zu erwähnen, weiß er seine atheistischen und pessimistischen Vorläufer nie genug hochzuhalten und zu rühmen. So citirt er Hume und Voltaire mit Vorliebe. Ueber Hume sagt er (Wille &c. 3. Aufl. II. 665):

„Die 2 Werke Natural history etc. und Dialogues etc. seien so lesenswerth, wie sie in Deutschland heut zu Tage unbekannt sind, wo man dagegen patriotisch am ekelhaften Gefasel einheimischer sich spreizender Alltagsköpfe unglaubliches Genügen findet und sie als große Männer ausschreit." „Aus jeder Seite von David Hume ist mehr zu lernen, als aus Hegels, Herbarts und Schleiermachers sämmtlichen philosophischen Werken zusammengenommen."

91. Schopenhauers Metaphysik der Geschlechtsliebe ein Resultat seiner Studien und ein Insult für die Frauenwelt.

Einen vorzüglichen Werth legte Schopenhauer, und mit ihm die Apostel desselben, auf seine Metaphysik der Geschlechtsliebe. In seinen Cogitata hat Schopenhauer (Frauenstädt S. 390—391) in einem Gespräch zwischen Daphnis und Chloë den Kern dieser seiner Metaphysik niedergelegt und zwar mit der Einleitung:

„Wenn in zwei Liebenden der sie leitende Geist der Gattung statt in instinktmäßigen Gefühlen sich in deutlichen Begriffen ausspräche, so würde die hohe Poesie ihres verliebten Dialogs, welche jetzt nur in schwärmerischen Bildern und hypnophysischen Parabeln von überschwenglicher Sehnsucht, Ahndung, unendlicher Wonne, unaussprechlicher Seligkeit und ewiger Treue u. s. w. redet, etwa folgendermaßen lauten:"

Folgt nun das Gespräch, in welchem nicht nur der sakramentale Charakter der Ehe, d. h. die religiöse, sondern auch die poetische oder romantische Seite in jenen Qualm herabgezogen wird, welcher Schopenhauer so bekannt geworden ist, als er auf jenen eigenthümlichen Universitäten in Italien über diese Metaphysik Unterricht genommen hat, von dem er selber ganz unverhohlen mit seinen Aposteln zu sprechen liebte; ja er ging so weit (S. 339), diese seine Metaphysik der Geschlechtsliebe „eine Perle" zu nennen, nur ist diese Perle mit der sprichwörtlichen Perle, welche den Schweinen vorgeworfen wird (welche in dem Sinne des Sprichwortes kein Verständniß für den Werth derselben besitzen), nicht zu verwechseln, denn für diese Schopenhauersche Perle dürften gerade Schweine die beste Werthschätzung und die verständnißinnigste Freude an den Tag legen.

Die Angriffe, welche sich Schopenhauer durch diese Metaphysik und die dazu gegebene „metaphysische Erklärung der Päderastie" zugezogen (S. 392—394), in denen besonders Noak mit direkten Beschuldigungen dem Weltweisen zu Leibe ging, sind theils zu arg, theils zu weitläufig, um hier ausführlicher besprochen werden zu können. Bei derlei Gelegenheiten hüllte sich Schopenhauer in seinen Philosophenmantel und setzte sich in den Luftballon seiner Hochschätzung, und fuhr hinweg über die elenden Köpfe unter ihm, wie er eben bei diesen Ungelegenheiten in seinen Senilia schreibt (S. 395):

„Ein Theil des Publikums wird bemerkt haben, wie das literarische Gesindel mit Koth und Steinen nach mir wirft und dabei von so schwachem Verstand ist, nicht vorherzusehen, daß beides auf sein eigenes Haupt zurückfällt.“

Der Weltweise hat es wohl selber gefühlt, daß sein Gespräch zwischen Mann und Frau bezugs einer Eheschließung mehr eine Art von Thiergespräch als Menschengespräch ist, denn sein Apostel Frauenstädt selber berichtet über die Besorgniß Schopenhauers: er werde für diesen seinen philosophischen Cynismus einige Anfechtung erfahren (S. 391). Frauenstädt sagt sehr verblümt und sehr schlau:

„An solchen Punkten seiner Philosophie, wie die Metaphysik der Geschlechtsliebe, wurde sich Schopenhauer des Gegensatzes derselben zur Kathederphilosophie recht bewußt und beabsichtigte daher am Schlusse des Kapitels über die „Metaphysik d. G.“ einen Hieb auf die Philosophieprofessoren. Denn er schreibt in seinen Pandecta: „Am Schluß des Kapitels über die „M. d. G.“ soll stehen: Dieses Kapitel habe ich mit so viel größerer Liebe und Ausführlichkeit ausgearbeitet, als ich dabei auf das Mißfallen der Philosophieprofessoren, welches für mich stets aufmunternd gewesen ist, ziemlich sicher rechnen konnte: denn für den Katheder würde sich dieses Kapitel recht unanständig ausnehmen.[1]) Für denselben ist freilich auch meine ganze Philosophie nicht sonderlich geeignet u. s. w.“

Folgen Hiebe auf die Professoren und die Kathederphilosophen.

Bei seiner Abhandlung über diese Gattung Metaphysik übergeht Schopenhauer, wie aus dem Nachfolgenden (Welt als Wille rc. Brockhaus, 2. Bd. S. 608) ersichtlich, den notorisch verderblichen Einfluß der pessimistischen Weltanschauung, wie diese durch die modernen Romane unter das Volk heruntersickert und bis zur Narrheit und zum Selbstmord (Werther) ausartet. Er sagt wohl darüber:

[1]) Aber für eine höhere Töchterschule zur Veredlung des Geistes und Herzens wäre es vielleicht noch angezeigter! Mit einer „Jungfrau“, welche statt Religion mit dem mehr unter-, als über-(meta-)physischen Unterricht über Philosophie und Geschlechtsliebe nach Schopenhauer beglückt worden ist, könnte ein junger Mann, der sich das Glück eines häuslichen Herdes begründen wollte, einen schönen Fang machen.

„Die Werther und Jacopo Ortis existiren nicht blos in Romanen, sondern jedes Jahr hat deren in Europa wenigstens ein halbes Dutzend aufzuweisen: sed ignotis perierunt mortibus illi: denn ihre Leiden finden keinen anderen Chronisten, als den Schreiber amtlicher Protokolle, oder den Berichterstatter der Zeitungen. Doch werden die Leser der polizeigerichtlichen Aufnahmen in englischen und französischen Tagesblättern die Richtigkeit meiner Angabe bezeugen. Noch größer aber ist die Zahl derer, welche dieselbe Leidenschaft in's Irrenhaus bringt. Endlich hat jedes Jahr auch einen und den andern Fall von gemeinschaftlichem Selbstmord eines liebenden, aber durch äußere Umstände verhinderten Paares aufzuweisen, wobei mir inzwischen unerklärlich bleibt, wie diese, welche gegenseitiger Liebe gewiß, im Genusse dieser die höchste Seligkeit zu finden erwarten, nicht lieber durch die äußersten Schritte sich allen Verhältnissen entziehen und jedes Ungemach erdulden, als daß sie mit dem Leben ein Glück aufgeben, über welches hinaus ihnen kein größeres denkbar ist. Was aber die niederen Grade und die bloßen Anflüge jener Leidenschaft anbelangt, so hat Jeder sie täglich vor Augen, und so lange er nicht alt ist, meistens auch im Herzen."

„Also kann man nach dem hier in Erinnerung Gebrachten weder an der Realität noch an der Richtigkeit der Sache zweifeln, und sollte daher, statt sich zu wundern, daß auch ein Philosoph dieses beständige Thema aller Dichter einmal zu dem seinigen macht, sich darüber wundern, daß eine Sache, welche im Menschenleben durchwegs eine so bedeutende Rolle spielt, von den Philosophen bisher so gut wie gar nicht in Betrachtung genommen ist und als ein unbeachteter Stoff vorliegt. Wer sich noch am meisten damit abgegeben hat, ist Platon, besonders im „Gastmahl" und im „Phädrus"; was er jedoch darüber vorbringt, hält sich im Gebiete der Mythen, Fabeln und Scherze, betrifft auch größtentheils nur die griechische Knabenliebe. Das Wenige, was Rousseau im Discours sur l'inégalité (§ 96. ed. Bip.) über unser Thema sagt, ist falsch und ungenügend.[1]) Kants Erörterung des Gegenstandes im 3. Abschnitt der Abhandlung „Ueber das Gefühl des Schönen und Erhabenen" (S. 435 fg. der Rosenkranzischen Ausgabe) ist sehr oberflächlich und ohne Sachkenntniß, daher zum Theil auch unrichtig. Endlich Platners Behandlung der Sache in seiner Anthropologie (§ 1347 fg.) wird Jeder platt und seicht finden. Hin-

[1]) Das Viele, welches Schopenhauer über dieses Thema sagt, ist auch falsch und ungenügend, denn was Rousseau und Schopenhauer aus ihren Lebensgepflogenheiten sich für Grundsteine zum Aufbau ihrer Philosophie herausgefunden haben, das, könnte man sagen, ist zum Verständniß ihrer Philosophie nicht falsch und ungenügend, sondern echt und außerordentlich genügend. Die Herren suchten ihre Probleme ihren Praktiken anzupassen, und da sind beide über die Physik der Geschlechtsliebe nicht hinausgekommen.

gegen verdient Spinozas Definition wegen ihrer überschwenglichen Naivetät zur Aufheiterung angeführt zu werden: Amor est titillatio, concomitante idea causae externae (Eth. IV. prop. 44. dem.). Vorgänger habe ich demnach nicht zu benutzen, noch zu widerlegen; die Sache hat sich mir objectiv aufgedrungen und ist von selbst in den Zusammenhang meiner Weltbetrachtung getreten."

Schopenhauer hat allerdings diese Metaphysik in den Zusammenhang mit seiner Weltbetrachtung gebracht. Wie nun seine Weltbetrachtung mit seinem Leben harmonirt, somit muß sein Excurs über dieses Thema auch mit seiner Weltbetrachtung harmoniren. Auffallend ist auch hier, wie sich der Weltweise immer als den ersten Denker, den originellen Gedankenerfinder über dieses Thema hervordrängt: was die heilige Schrift, die Kirchenväter und Lehrer über dieses geschlechtliche Verhältniß und die Beziehungen desselben auf die göttlichen Gebote betonen, das wird von ihm sehr folgerichtig ignorirt, das hat er in seinem Leben gründlich verachtet, er mußte es auch aus seinem Gedankenkreise als unliebsame Störung beständig hinauswerfen.

Auch was er über die Feinde seiner Betrachtungen über dieses Thema vorbringt, ist geradewegs unwahr. Er sagt:

„Den wenigsten Beifall habe ich übrigens von Denen zu hoffen, welche gerade selbst von dieser Leidenschaft beherrscht sind und demnach in den sublimsten und ätherischsten Bildern ihre überschwenglichen Gefühle auszudrücken suchen; ihnen wird meine Ansicht zu physisch, zu materiell erscheinen, so metaphysisch, ja transcendent sie auch im Grunde ist. Mögen sie vorläufig erwägen, daß der Gegenstand, welcher sie heute zu Madrigalen und Sonetten begeistert, wenn er 18 Jahre früher geboren wäre, ihnen kaum einen Blick abgewonnen hätte."

Dem Weltweisen könnte man auf diesen Syllogismus erwidern: Jene Damen, bei denen er sich seine Kenntnisse über die von ihm eigens behandelte Metaphysik anzueignen pflegte, haben sicher auch als 18 Jahre früher geborene keinen jungen Mann zu Madrigalen und Sonetten begeistert -- denn bei jenen besagten Damen da hört sich doch alle Poesie auf. Der Weltweise selber hatte sich durch seine Praktiken eine derartig schmähliche Vorstellung vom weiblichen Geschlechte gemacht, daß er, der allen Zweifüßlern seine vollste Verachtung zu zollen pflegte, sicher zu Gunsten der weiblichen Bipedes keine Ausnahme gemacht haben würde!

92. Schopenhauers Abhandlung über die Knabenschändung. Fürchterlicher Vorwurf des Philosophen Noak an Schopenhauer. Frauenstädt sucht auch hier (wie immer vergeblich) seinen Meister aus der Cloake herauszuziehen.

In der 3. Auflage „Welt als Wille rc." hat Schopenhauer diesem Kapitel über Metaphysik auch noch einen Anhang über Päderastie beigegeben. Obwohl nun Schopenhauer am Schlusse dieser Abhandlung die Verwerflichkeit dieses Lasters anerkennt und in demselben eine Verletzung der Gerechtigkeit durch Verführung der Jugend findet, hat er doch früher (Welt II. 618. 644—648) in einer hochunsinnigen Logik dasselbe Laster als eine „Naturnothwendigkeit" proklamirt.

Der Weltweise führt hier die Natur als selbstbewußt über ihre Absichten und Ziele nachdenkend ein — ein bei atheistischen Philosophen oft wiederkehrendes Auskunftsmittel — die Herren legen ihre Gedanken in die Natur hinein, um sich dann hinterdrein ausreden und auf die Natur und ihre von ihr aufgestellten Gesetze, und über den Zweck dieser Gesetze in ihrem System fortspinnen zu können. In diesem Sinne (besser in diesem Unsinne) schließt Schopenhauer die Abhandlung über das Problem dieses Lasters wie folgt:

„Die in Folge ihrer eigenen Gesetze in die Enge getriebene Natur griff mittelst Verkehrung des Instinkts zu einem Nothbehelf, zu einem Strategem, um von zweien Uebeln dem größern zu entgehen. Sie hat nämlich den richtigen Zweck im Auge, unglücklichen Zeugungen vorzubeugen, welche allmählich die ganze Spezies depraviren könnten, und da sie das eigentlich Moralische bei ihrem Treiben nicht in Anschlag bringt, so ist sie nicht skrupulös in der Wahl ihrer Mittel."

Wir sehen hier:

1. Die Natur in ihrer Dummheit und Unvorsichtigkeit, sie entdeckt, daß sie durch ihre eigenen Gesetze in die Enge getrieben worden ist.

2. Sie ist aber sehr schlau — wenn es auf dem geraden legalen Wege nicht geht, so greift sie zu einer Kriegslist (Strategem), um von zwei Uebeln dem größern zu entgehen.

3. Das eigentlich Moralische bringt sie bei ihrem Treiben nicht in Anschlag, das ist ihr nicht nur gleichgültig, sondern auch noch sehr oft außerordentlich lästig.

4. Ueberhaupt ist die Natur in der Wahl ihrer Mittel nicht skrupulös, sondern sehr weitherzig, nachsichtig und tolerant!

Wenn nun ein Mensch diesem Laster verfallen ist und die Schopenhauersche Weltweisheit studirt, so wird er durch die von Schopenhauer am Ende der Abhandlung vorgeführte Verwerflichkeit und Ungerechtigkeit dieses Lasters sich von demselben sicher nicht abhalten lassen, er wird sich auf die Natur berufen, welche doch am Ende eine größere, scharfsinnigere und, wenn sie in die Enge getrieben wird, schlauere und strategischere Macht ist, als die ganze Schopenhauersche Systemspinnerei. So wie hier geht es aber durchwegs bei der Schopenhauerschen Tugendlehre, mit dieser ist auch nicht ein Hund aus dem Ofen zu locken, nicht ein Verbrecher zur Erkenntniß seines Unrechts, zur Reue und Bekehrung zu bewegen, au contraire!

Der Weltweise Herr von Schweitzer in Frankfurt, auch ein Philosoph ersten Ranges und Anhänger der Schopenhauerschen Philosophie, der, wie die Schopenhauersche „Natur" auch das eigentlich Moralische bei seinem Treiben nicht in Anschlag gebracht hat, ist in Folge dieser philosophischen Naturanschauung, wie schon früher gemeldet, verurtheilt und eingesperrt worden. Der Philosoph Noak aber ist dem Schopenhauer in seiner „Psyche" (3. Bd. 3. Heft) fürchterlich an den Leib gerückt und hat ihm vorgeworfen, er habe sich die Erfahrungen für dieses Kapitel in der Atmosphäre der Freudenhäuser oder in der Cloake gesammelt; er nennt ihn einen Mann mit großem Gehirn, den Erdenker so vieler fixen Ideen und Wahngebilde, beschuldigt ihn sogar päderastischer Neigungen u. s. w. Der Apostel Frauenstädt sucht nun den Meister zu vertheidigen und sagt ganz entrüstet:

„Ob wohl Schopenhauer, wenn er diesen psychologischen Schlüssel vorhergesehen hätte, seine „Perle" unter den „Ergänzungen" der Metaphysik u. s. w. zurückbehalten hätte? Ich glaube es nicht. Zwar war er der Meinung, man solle die Perlen nicht vor das literarische Gesindel werfen. Aber für dieses schrieb er auch nicht. Um des Kothes also, mit dem ihn dieser bespritzte, hätte er keine Zeile, die ihm der Mittheilung an die Geistesverwandten[1]) werth schien, zurückbehalten. Er war stets der Ansicht, daß die Angriffe des literarischen Gesindels auf diese selbst zurückfallen."

„Wie Schopenhauer in den letzten Jahren seines Lebens von den gegen ihn gerichteten Angriffen dachte, geht nicht nur aus seinen Briefen an mich hervor, sondern auch aus folgender Stelle seiner Senilia:

Ein Theil des literarischen Publikums wird bemerkt haben, wie das literarische Gesindel mit Koth und Steinen nach mir wirft und dabei von so schwachem Verstande ist, nicht vorherzusehen, daß beides auf sein eigenes Haupt zurückfällt. Ich meines Theils sehe dem zu wie Einer, der im Aerostat hochschwebend teleskopisch die Bemühungen der Gassenbuben wahrnimmt, welche sich die Arme ausrenken, mit Steinen nach ihm zu werfen, und das Publikum seinerseits wird schon merken, daß die Absicht ist, ihm das Gute aus den Händen und das Schlechte in die Hände zu spielen."

Das Gute ist natürlich die Schopenhauersche Philosophie und das Schlechte alles andere, was diese nicht ist! Komisch ist schon, wie der Weltweise über alles, was nicht er und nicht von ihm ist, über alle anderen Katheder und Professoren schimpft wie ein Rohrspatz, wenn aber die Angegriffenen den Spieß umkehrten und an ihn herankamen, dann: sittliche Entrüstung — Einsteigen in den Korb des Luftballons — die Gassenbuben und das literarische Gesindel von der Höhe aus Betrachten und Sichverlassen auf das Publikum, welches schon wissen wird, wo das Gute zu finden ist!

Frauenstädt bringt S. 395 ähnliche Verachtungsausbrüche aus „Welt ꝛc.". In seinen Cogitata sagt er:

„Wenn die Natur durch einen seltenen Wurf wirklich einmal einen tief und klar denkenden Geist zu Stande bringt, da wäre es sehr unglücklich, wenn er seine Zeit verderben müßte, sich um die Narrheiten, die gerade im Schwange sind, zu bekümmern."

Aber auch diese Verachtung ist ihm nicht vom Herzen gegangen, denn Frauenstädt sagt darüber:

„Er hat doch selbst zu allen Zeiten sein Augenmerk auf die jedesmal herrschende Narrheit gerichtet und sein Votum darüber

---

[1]) Man wird hier gleich an die „Wahlverwandtschaften" Goethes erinnert, in welcher Schrift die darin wandelnden und handelnden Personen sich ihre philosophischen Paragraphen für jeden praktischen Fall selber construirt haben, ohne (wie die Schopenhauersche Natur) „das eigentlich Moralische bei ihrem Treiben in Anschlag zu bringen."

abgegeben. Im Anfange seiner philosophischen Laufbahn war es die naturphilosophische Narrheit, mit der er sich auseinander zu setzen hatte, später war es die Hegelsche und die der Afterhegelianer, und in letzter Zeit war es die neukatholische und die materialistische Narrheit u. s. w."

Unter der neukatholischen Narrheit verstand Schopenhauer damals die auftauchenden Deutschkatholiken, die seither ohnedieß verschollen sind. Er schrieb über dieselben in seinen Senilia:

„Der Deutsch- oder Neukatholicismus ist nichts anderes als popularisirte Hegelei. Wie diese läßt er die Welt unerklärt, sie steht da ohne Auskunft, blos erhält sie den Namen Gott und die Menschheit den Namen Christus u. s. w." (Frauenstädt 467.)

93. Herabschimpfen aller anderen Systeme, besonders Hegel bekommt seinen Theil. Uralte Gedanken dem Schopenhauer als seine Erfindung zugeschrieben.

Nachdem Frauenstädt auf 7 Seiten angeführt, wie Schopenhauer alle philosophischen Systeme, die zu seiner Zeit sich bemerkbar machten, gehörig herabgeschimpft als Windbeutelei, Narren, Wischi-waschi, Unsinn, Charlatanerie — sagt er, wenn er Hegelianer liest:

„Dann frage ich mich verwundert: ist das Dummheit oder Niederträchtigkeit, schwatzt der Bursche so, weil er wirklich so stupid ist, den hohlsten Wortkram, den baarsten Unsinn für Weisheit zu halten, oder weil er Botenlohn oder Zehrpfennig für Verkündigung dieses Evangelii hofft? Meistens inklinire ich, für letzteres zu entscheiden, obwohl Dummheit im Nationalcharakter der Deutschen liegt, worüber das ganze Ausland einig, so ist doch Niederträchtigkeit und Feilheit der Grundcharakter der deutschen Literatur dieses Jahrhunderts."

Nachdem er alle Philosophen gehörig herabgerissen, sagt er doch wieder (Parerga I. 413):

„Gegen die moralischen und intellektuellen Ungeheuer auf dieser Welt ist der einzige Herkules die Philosophie."

Wer Schopenhauers Schriften durchliest, wird hunderte von Gedanken, Bemerkungen, Ansichten, Urtheilen finden, die schon zu hundertmal in besserer oder auch schlechterer Form ausgesprochen und niedergeschrieben worden sind. Der Philosoph hat überhaupt die Marotte, ganze Systemparagraphen, Ausgliederungen, uralte Bemerkungen immer für eigene, neueste Erfindung auszugeben. So z. B. bemerkt Frauenstädt S. 425:

„Vielleicht wäre auch Schopenhauer gleich anfangs mehr beachtet worden, wenn er auf den Titel „Die Welt als Wille ꝛc.“ statt des simpeln Namens hätte setzen können A. Sch., ordentlicher Professor des und des, ordentliches Mitglied der und der, Ritter des und des u. s. w. Aber ist ein solcher Einfluß von Titeln auf die Wahl des zu Lesenden und zu Studirenden nicht verderblich? Hat Schopenhauer nicht Recht, wenn er in seinen Pandecta sagt: „Auf Büchertiteln mit seinen eigenen Titeln und Aemtern zu prunken, ist höchst unpassend; in der Literatur gelten keine anderen als geistigen Vorzüge, wer andere geltend machen will, verräth, daß er diese nicht hat.“ „Ich glaube, wenn Schopenhauer die längste Reihe der pompösesten Titel gehabt, er hätte sie nicht unter seinen Namen gesetzt. Daß er auf dem Titel der beiden Grundprobleme der Ethik sich genannt hat „Dr. Arthur Schopenhauer, Mitglied der königl. Norweg. Societät der Wissenschaften“, das hatte seine besonderen Gründe.“

Das sind ja durchwegs uralte, längst in den verschiedensten Formen abgehandelte Themata; — das Ueberflüssige des Anführens von derlei Bemerkungen liegt aber darin, daß dieselben in den meisten Fällen dem gefeierten Helden als eigene Erfindung hinaufgehangen werden.

94. Frauenstädt versucht auch den Haß Schopenhauers gegen das Christenthum vergeblich durch ein paar Sätze desselben abzuschwächen. Sucht den Glauben an Omina zu erklären durch seine eigene geistvolle Erfindung.

Manche haben schon in Schopenhauers Schriften aus hie und da herausgerissenen Stellen, die über Christus den Weltheiland sprechen, den Beweis herstellen wollen, daß sein sonst prononcirt ausgesprochener Haß gegen Kirche und Christenthum doch nicht so ernstlich zu nehmen sei. Diese Erscheinung gehört eben auch wieder zu den vielen Widersprüchen in Schopenhauer, die trotz aller Bemühungen seiner Apostel nicht ausgeglichen werden können.

So sagt Frauenstädt (S. 446):

„Wie schön setzt Schopenhauer dem herzlosen stoischen Weisen, „der ein hölzerner, steifer Gliedermann bleibt, mit dem man nichts anfangen kann, der selbst nicht weiß, wohin mit seiner Weisheit, dessen vollkommene Ruhe, Zufriedenheit, Glückseligkeit dem Wesen der Menschheit geradezu widerspricht" — wie schön setzt er ihm den Heiland des Christenthums entgegen, „jene vortreffliche Gestalt voll tiefen Lebens, von größter poetischer Wahrheit und höchster Bedeutsamkeit, die jedoch bei vollkommener Tugend, Heiligkeit und Erhabenheit im Zustande des höchsten Leidens vor uns steht."

Das Hineinragen einer anderen Welt in die menschliche sucht sich Schopenhauer sehr sonderbar zu erklären; er leugnet es nicht, will es aber in seinen von ihm construirten Systemkasten hineinquetschen. So S. 454.

In Spicilegia sagt er:

„Der Glaube an Omina, welcher dem gesunden Verstande und allen naheliegenden Vernunftgründen zum Trotz zu allen Zeiten und in allen Ländern sich fest behauptet hat, beruht im letzten Grunde auf folgenden zwei Wahrheiten.[1]) Erstlich, Alles, was geschieht, geschieht nothwendig, weil eine ununterbrochene, strenge, ausnahmslose Kausalkette alle Begebenheiten von Anfang der Welt bis zum jetzigen Augenblick verbindet, daher kein absoluter, sondern nur ein relativer Zufall statthat. Zweitens, es ist ein und dasselbe Wesen, was in Allem da ist und jeder Erscheinung zum Grunde liegt. Daher also spiegelt sich Jedes in Jedem, spricht Alles aus Allem, und jeder gegenwärtige Moment findet seinen Anklang in Allem und tingirt mit seiner Farbe Alles, was gemeinschaftlich in ihm da ist, denn Jedes hat nur seinen Raum für sich allein, die Zeit hingegen haben Alle gemeinschaftlich, sie sind zugleich."

Wir ersuchen den Leser, diese Behauptung mit ihrem Kettenschlusse weil und daher und daher nochmals zu lesen und besonders den Satz: alles, was geschieht, geschieht nothwendig mit der versuchten Erklärung desselben zu beachten. In dieser Behauptungsmanier hat Schopenhauer magische Erscheinungen, das Tischklopfen, die Gespensterfrage, die Ahnungen behandelt. Frauenstädt sagt hierüber S. 454:

„Den Streit, ob es Geister (Gespenster) gibt oder nicht, nennt Schopenhauer (in seinen Cogitata) eine wahre Antinomie und rühmt sich, diese Antinomie über das Geistersehen und was damit zusammenhängt, aufgelöst zu haben."

Dieses ewige Selbstrühmen wird man bei Schopenhauer gewohnt; jede Frage, die er anpackt, löst er auf für ewige

---

[1]) Wenn Schopenhauer einmal irgend einen Satz als Wahrheit ausgesprochen, so hat Niemand mehr ein Recht, für diesen Ausspruch einen Beweis zu verlangen; die Behauptung genügt — aus ist's!

Zeiten. Er bringt Licht in jedes Dunkel. Andere Denker und Autoren legen die versuchte Lösung der Lebensräthsel dem Leser vor, daß dieser selber darüber entscheiden könne, ob er mit dieser Lösung einverstanden ist oder nicht, aber Schopenhauer verwahrt sich gegen jedes Nachrichteramt seiner Lehre. Dixi — ich hab's gesagt, aus ist's, mein ist der Ruhm, ich bin der erste und der letzte, der diese und alle anderen Fragen gelöst hat. Ihr habt, so lang ich rede, das Maul in Ehrfurcht zu halten und wenn ich fertig bin, voll Bewunderung es — aufzureißen!

Nun gibt aber gerade bei der versuchten Erklärung der magischen Erscheinungen in: „Die Welt" Frauenstädt 456 selber zu, daß gegen diese ganze Seite der Schopenhauerschen Philosophie, gegen diesen ganzen Glauben an ein Hereinragen der übernatürlichen Welt in die natürliche — durch die Allmacht des Willens — Schopenhauers eigene Lehre von der Einheit des Willens im Widerspruche sich befinde und führt S. 457 sogar Stellen aus Schopenhauers Manuscripten an, aus denen hervorgeht, daß auch ihm selber dieser Widerspruch verständlich und von ihm eingestanden worden sei.

95. Versucht die Wunder des Evangeliums zu erklären. Frauenstädt bemüht sich, jede auch nur scheinbar christliche Regung bei seinem Meister sogleich mit gemeinem Spott in Abrede zu stellen. Der Hohn Schopenhauers über die Erlösung der Menschheit — einer Schnapsbude würdig.

S. 459 berichtet Frauenstädt Schopenhauers Ansicht von den Wundern des Evangeliums.

„Mit seinem Glauben an Magie konnte Schopenhauer sehr leicht die biblischen Wunder rechtfertigen, denn er brauchte nur aus der Allmacht des Willens abzuleiten, was in der Bibel aus der Allmacht Gottes abgeleitet wird. In der That findet sich auch in seinen Erstlingsmanuscripten folgender merkwürdige Versuch, das größte neutestamentliche Wunder, das gewissermaßen allen anderen neutestamentlichen Wundern zum Grunde liegt, die übernatürliche Geburt Jesu, aus der intelligiblen Macht des Willens zu erklären.[1]) Er schreibt nämlich zu Weimar 1814: „Wenn wir annehmen, was sich als ziemlich gewiß ergibt, sobald

[1]) Wir sehen hier den Weltweisen sogar bibelgläubig werden, wenn er nur einen Ausspruch oder eine Begebenheit der heiligen Schrift in seinem

man die Evangelien als in der Hauptsache wahr ansieht, daß Jesus Christus ein Mensch gewesen sei, ganz frei von allem Bösen und von allen sündigen Neigungen, so muß (da mit dem Leibe eigentlich sündige Neigungen gesetzt sind, ja der Leib nichts ist, als die verkörperte, sichtbar gewordene sündige Neigung) Jesu Leib allerdings nur ein Scheinleib genannt werden. Einen solchen von allen sündigen Neigungen ganz freien Menschen, einen solchen Träger eines Scheinleibes sich als von einer Jungfrau geboren zu denken, ist ein vortrefflicher Gedanke. Selbst physisch läßt sich davon eine wiewohl entfernte Möglichkeit aufzeigen. Gewisse Thiere nämlich — ich glaube einige Insekten — haben das Eigne, daß die Befruchtung der Mutter auch auf das Junge und selbst auf dessen Junges nachwirkt, so daß dieses Eier legt, ohne selbst befruchtet zu sein. Daß dieses ein einziges Mal bei Menschen eingetreten sei, ist nicht so unwahrscheinlich zu denken, als daß es einen wirklich sündenfreien Menschen gegeben habe, und sobald wir letzteres annehmen, kann jenes — bei der aller Vernunft unerreichbaren Harmonie zwischen der Korporisation und dem intelligiblen Charakter jedes lebenden Wesens und der Erblichkeit vieler Neigungen und Charakterzüge sehr wohl angenommen werden."

Frauenstädt, selber Atheist, wie sein Meister, und erklärter Apostel des Atheismus, versucht es sogleich nach dieser Anführung, beim Leser jeden Gedanken an ein noch so schwaches Anerkennen der Evangelienberichte in einer — man kann schon des gemeinsten Spottes wegen sagen — dumm=diabolischen Weise zu unterdrücken. Er sagt S. 460:

„Man würde aber sehr irren, wenn man aus solchen einzelnen Versuchen folgern wollte, daß Schopenhauer die biblischen Wunder sensu proprio für wahr gehalten. Vielmehr rechnete er sie zu den Mythen, die nur sensu allegorico zu nehmen sind, gab sich daher auch später keine Mühe mehr, sie sensu proprio begreiflich zu machen. Ueberhaupt unterscheidet er ja den metaphysischen Gehalt der Religion von ihrer historischen Einkleidung."

Es ist auffallend, wie Schopenhauer den historischen Boden haßt; er will ihn nie betreten, das liegt in seinem Systeme. Er hat die Wahrheit gefunden — alles vor ihm ist null und nichtig — es gibt keine Geschichte der Religion, es gibt aber auch keine Geschichte der Philosophie — seine Philosophie ist die erste, die einzige, die wahre, ihr darf nicht

System von Wille und Vorstellung unterbringen — hier z. B. für die Allmacht Gottes die Schopenhauerische Allmacht das Willens an dessen Stelle setzen kann.

widersprochen werden; er verachtet die ganze Menschheit gründlich. Alle sind sie Dummköpfe; erst als seine Philosophie in verschiedenen Köpfen Anerkennung findet, fängt er an, mit dieser erbärmlichen Menschheit um einiger Auserwählten willen sich ein wenig auszusöhnen.

Frauenstädt sagt weiter S. 460:

„Demgemäß machte Schopenhauer auch in späteren Jahren mit der christlichen Mythologie keine weiteren Umstände. Je mehr er sich bewußt war, den ethischen Kern und Gehalt des Christenthums gerettet zu haben,[1]) desto unbesorgter warf er die Wundermärchen desselben über Bord. Er schreibt z. B. in seinen Senilia: „Die so intrikate, krause, ja knollige Mythologie des Christenthums mit dem stellvertretenden Versöhnungstode Christi, der Gnadenwahl, der Rechtfertigung durch den Glauben u. s. w. ist das Kind zweier sehr heterogener Eltern; sie ist nämlich entstanden aus dem Conflikt der gefühlten Wahrheit mit dem gegebenen jüdischen Monotheismus, der ihr wesentlich entgegensteht. Daher auch der Contrast zwischen den moralischen Stellen im neuen Testament, welche vortrefflich sind, allein nur etwa 10–15 Seiten desselben füllen und allen übrigen, welche aus einer unerhört barocken, allem Menschenverstande zum Trotz forcirten Metaphysik und nächstdem aus Wundermärchen besteht." „Jene stets gefühlten Wahrheiten hat meine Philosophie klar gemacht und deutlich ausgesprochen, daher die Begeisterung so Vieler." [2])

„An einer anderen Stelle der Senilia findet sich folgendes satyrische Gespräch von anno 33. — A. Wissen Sie schon das

---

[1]) Er ist nicht nur der Retter der Menschheit, er ist auch noch der Retter des ethischen Kernes und Gehaltes des Christenthums!! Das Christenthum ist ihm also auch noch zu Dank verpflichtet. Wir haben zuvor gesehen, wie er selbst die Päderastie als eine von der schlauen Natur ersonnene Erhaltungsmethode einer kräftigen Menschheit erklärt hat; ein Umstand, der sich durch seine nachfolgende Erklärung der Verwerflichkeit dieses Lasters nicht aufheben läßt. Als Retter des ethischen Kernes des Christenthums spielt Schopenhauer bald eine klägliche, bald eine komische Rolle.

[2]) Es ist nicht zu übersehen: so oft Schopenhauer gegen Christus und gegen den persönlichen Gott mit seiner Feder arbeitet, stellt er sich gleich darnach als den Welterlöser hin, der durch seine Philosophie die Menschheit gerettet hat. Er hat als der erste die stets gefühlte Wahrheit klar gemacht und deutlich ausgesprochen. Daher die Begeisterung so Vieler! — Die Begeisterung so Vieler ist entschieden nicht dem Kernretter der christlichen Ethik, sondern dem Kernübertreter dieser Ethik zuzuschreiben; die Apostel suchen sich zumeist ihr eigenes Leben durch das tugendmusterliche Leben dieses größten Ethikers zuzudecken.

Neueste? — B. Nein, was ist passirt? — A. Die Welt ist erlöst. — B. Was Sie sagen! — A. Ja, der liebe Gott hat Menschengestalt angenommen und sich in Jerusalem hinrichten lassen; dadurch ist nun die Welt erlöst und der Teufel geprellt. — B. Ei, das ist ja charmant.“ —

„Man sieht aus solchen bald ernsten, bald satyrischen Stellen, daß der magiegläubige Schopenhauer doch weit davon entfernt war, bibel- und kirchengläubig zu werden. Dieses ließ sein entschiedener Atheismus nicht zu.“

96. Schopenhauers Spieß gegen ihn gekehrt. Frauenstädt als Solotänzer der atheistischen Derwischbande. Sämmtliche nicht-atheistischen Philosophieprofessoren feile Söldlinge der Juden-Theologie. Wuthgeschimpfe über Gott und über Theologen.

Es zeigt mehr noch als von der verbissenen atheistischen Aufregung Frauenstädts von seiner Charakterlosigkeit, daß er diesen frivolen, echt schnapsbudenduftigen Witz gegen das Werk der Erlösung durch den Gottmenschen Christus aus den Manuscripten seines Meisters der Oeffentlichkeit übergeben hat. Wir machen die Gegenprobe und sind überzeugt, daß darnach die Anhänger Schopenhauers ihr Indianergeheul erschallen lassen werden.

Der gegen Schopenhauer-Frauenstädt gekehrte Spieß:

A. Wissen Sie schon das Neueste?

B. Nein, was ist passirt?

A. Schopenhauer hat den ethischen Kern und Gehalt des Christenthums gerettet.

B. Was Sie sagen! Nach eigenem, sehr unverschämtem Geständniß hat er in „Freudenhäusern“ sich Erfahrungen für seine Metaphysik der Geschlechtsliebe gesammelt, die Päderastie hat er als ein schlaues Auskunftsmittel der Natur proklamirt, einen persönlichen Weltschöpfer hat er als „Kerl“ traktirt, die Menschheit als eine Viehherde betrachtet. Die Begebenheiten der Evangelien hat er zu Wundermärchen gemacht, und so hat er den Kern und Gehalt des Christenthums gerettet.

A. Ja, das ist ja eben das Wunder; er ist der einzige Wundermann, er ist der echte Gottmensch und Welterlöser. Die Theologie hat er vernichtet, alle Philosophen vor ihm als Stümper erklärt; „zu mir müssen sie kommen,“ hat er gesagt — „ich habe der Menschheit das Licht angezündet, ihr die Wahrheit gebracht."

B. Ja, da bleibt nichts Anderes übrig, wenn man nicht als ein Esel und Vieh verschimpft werden will, als ein Schopenhauerianer werden. Ein entschiedener Atheist ist Retter des Kernes und Gehaltes des Christenthums geworden! Da muß nun schon das ganze Christenthum atheistisch werden, das fordert die Dankbarkeit, die man seinem Retter schuldig ist.

So ungefähr könnte der auf Schopenhauer zurückgeworfene Hohn lauten, den er nach Art verzweifelter Galgencandidaten im Criminalhause gegen das Werk der Erlösung ausgelassen.

Frauenstädt fährt nun fort, den Atheismus des Weltweisen zu vertheidigen (S. 461):

„Diesen Atheismus, der die ungläubige Seite der Schopenhauerschen Philosophie im Gegensatz gegen die vorerwähnte gläubige bildet, will ich nun ausschließlich in's Auge fassen.[1]) Wie Schopenhauer stets mit dem, was er einmal als Irrthum und als Hinderniß der Wahrheit erkannt hatte, mochte der Glaube daran auch durch Jahrtausende sanktionirt sein, keine Umstände machte, so auch mit dem „lieben Gott" nicht, worunter er den aus dem Judenthum in das Christenthum übergegangenen persönlichen extramundanen Gott verstand. Diesem und seinen sophistischen Vertheidigern unter den Philosophieprofessoren sowie seinen jesuitischen Beschützern unter den gekrönten Tartüffes in Spott und Ernst den Krieg zu erklären, war er bis in seine letzten Jahre hinein unermüdlich. Er nannte in seinen Briefen an mich diesen Gott nie anders als einen „alten Junker" und in seinen Senilia nennt er die Philosophieprofessoren geradezu feile Söldlinge der Judenmythologie, deren Aufgabe es sei, die Judenmythologie als Philosophie einzuschwärzen. Diese Polemik Schopenhauers gegen den Theismus bildet nicht bloß eine glänzende Seite (!) seiner Philosophie, sondern auch seines Charakters. Um die Philosophie hat Schopenhauer durch die Ausscheidung alles Theologischen aus ihr sich verdient gemacht, denn er hat sie dadurch von allen den Widersprüchen befreit, an denen sie unermüdlich krankt, so lange sie noch mit Theologie und mit theologischen Dogmen sich verschmilzt. Erst, wenn man die Welt ohne theologische Brille ansieht, kann man eine unbefangene Anschauung ihres Wesens erlangen, und die Schopenhauersche Weltanschauung

[1]) Auf welche Seite der Schopenhauerschen Philosophie soll man denn glauben? Das Beste wird sein, um keiner dieser Seiten wehe zu thun und beiden gerecht zu werden, wenn man weder an Schopenhauers gläubige, noch an die ungläubige Seite glaubt.

ist nur darum objectiver als die der anderen Philosophen, weil sie eine völlig atheologische ist. Seinem Charakter aber hat Schopenhauer durch jene Polemik ein glänzendes Zeugniß ausgestellt, weil er durch sie gezeigt, daß ihm die Wahrheit über Alles ging, und daß er Muth genug besaß, selbst dem, wovon die Anderen eine heilige Scheu zurückschreckt und was anzugreifen wegen seiner mächtigen Beschützer gefährlich ist, kräftig zu Leibe zu gehen,[1]) wenn er es im Interesse der Wahrheit für geboten hielt. Kant hatte ihm zwar hierin schon vorgearbeitet, aber erst Schopenhauer hat diese Arbeit vollendet."

97. Setzt Schopenhauers Offenbarung gegen die göttliche und schimpft die Festhalter an der göttlichen Offenbarung als Gewerbestörer des Atheismus. Es regnet gegen nichtatheistische Philosophen Strohköpfe, Verschwörer, Lumpen u. s. w.

Frauenstädt fährt fort, seinen Meister mit Schimpfgeschossen zu vertheidigen:

„Schopenhauer begnügte sich nämlich nicht bloß damit, durch Kritik der Beweise vom Dasein Gottes, wie Kant, dieses Dasein für unbeweisbar zu erklären, sondern er gab auch positive Gegenbeweise gegen dasselbe. (Parerga I. 132.) Ferner begnügte er sich nicht damit, den Theismus als solchen anzugreifen, sondern er richtete seine Angriffe auch auf dessen Vertheidiger und Beschützer."

„Diese letztere Polemik nimmt in den Schopenhauerschen Manuscripten einen beträchtlichen Raum ein und kehrt fast in allen wieder. Sie ist mitunter sehr bitter, weil Schopenhauer nicht bloß die Corruption der Philosophie im Allgemeinen, sondern auch das besondere Schicksal seiner Philosophie vom Gewerbe, das mit dem Theismus getrieben wird, herleitete.[2]) Ich gebe in

---

[1]) Dann ist ja auch jeder Verbrecher zu loben, der allen Denen zu Leibe geht, wovon die Anderen eine heilige Scheu zurückschreckt, der nicht nur den ersten Artikel: „Du sollst allein an einen Gott glauben" über den Haufen rennt, sondern alle anderen neun auch dazu zertrümmert. Dieser Verbrecher hat einen consequenten Charakter, denn wäre der Atheismus eine Wahrheit, so wäre auch der Kern und Gehalt des Christenthums, den Schopenhauer heuchlerisch zu retten vorgibt, — eine Narrheit!

[2]) Sehr interessantes Geständniß! Weil die theistischen Systeme ihm als ein Hinderniß bei seinem Sturmrennen zum Ruhmestempel im Wege standen, nannte er das Vertheidigen des Theismus ein Gewerbe. Somit war sein Atheismus auch ein Gewerbe, und er war nur über die unliebsamen Gewerbestörer, über die Theisten, erbost; und so hat er in seinem Groll den Anlauf gegen Gott selber genommen.

Folgendem eine Auswahl aus diesen gegen die sophistischen Vertheidiger und jesuitischen Beschützer des Theismus gerichteten Manuscriptstellen."[1])

„Kann es für einen Philosophieprofessor, d. h. für einen Menschen, der von der Philosophie lebt, etwas — um ein gelindes Wort zu brauchen — Unwürdigeres geben, als die von ihm ausgehende Beschuldigung des Atheismus? Und sie ist schon von Philosophieprofessoren gegen mich erhoben worden. Die Herren thäten wohl, in ihrem Geschreibe über Atheismus sich etwas zu mäßigen, indem sie bedächten, worauf denn eigentlich der Theismus sich gründet, nämlich: 1. auf Offenbarung, 2. auf Offenbarung und 3. auf Offenbarung, und sonst auf nichts in der Welt: — damit sie uns nicht verleiten, einmal in der Hitze des Streits die Höflichkeit zu vergessen, die man überall der Offenbarung schuldig ist."

Wir fragen dagegen: Auf was gründet sich der Atheismus? 1. Auf Verleugnung der Offenbarung, 2. auf Verleugnung der Offenbarung und 3. auf Verleugnung der Offenbarung! Nur ist der Unterschied, daß die Offenbarung vom Creator ausgeht und eine göttliche ist, und die Verleugnung von der Creatur ausgeht, daß diese im Mißbrauch ihres freien Willens Gott verleugnet und eine menschliche ist, die sich der göttlichen entgegenstellt.

Ferner Schopenhauer (S. 464):

„So lange ihr zur Conditio sine qua non jeder Philosophie macht, daß sie nach dem jüdischen Theismus zugeschnitten sei, ist an kein Verständniß der Natur, ja an keine ernstliche Wahrheitsforschung zu denken."

Wir erwidern: So lange ihr zur Conditio sine qua non einer Philosophie macht, daß sie nach dem Schopenhauerschen Atheismus zugeschnitten sei, ist an kein Verständniß der Natur und an keine Wahrheitsforschung zu denken. Newton, Kepler, Secchi waren nicht nur Theisten, sondern auch Christen, und die haben in der exakten Wissenschaft monumentale Leistungen hinterlassen und die Bahnen der Sterne berechnet, die Kräfte der Natur dem Menschengeiste verständlich gemacht,

[1]) Corruption, Gewerbe, sophistische Vertheidiger, jesuitische Beschützer! Die Herren bringen ihre Beweise gegen Gottes Dasein mit dem Schimpflexikon in der Hand gegen Jene, die noch an einen persönlichen Gott glauben. Schon dieses Schimpfen allein charakterisirt und beweist die verzweifelte Thorheit der Gottesleugner nach den Schriftworten: „Es sagt der Thor in seinem Herzen: Es gibt keinen Gott!"

während Schopenhauer das ganze Weltall, Sonne, Mond und Sterne in seine zwei Schubladkästen von Wille und Vorstellung hineinzustopfen sein ganzes Leben lang bemüht gewesen ist, in der exakten Wissenschaft aber rein nichts geleistet hat.

Schopenhauer:

„Die Religion hat 1800 Jahre lang der Vernunft einen Maulkorb angelegt."

Sonderbar! Maulkörbe legt man in der Regel nur bissigen und wuthverdächtigen Hunden an. Wenn man dem Atheismus keine Lehrstühle gab, so geschah es in der Voraussetzung, daß mit dem Atheismus jedes gesellschaftliche Leben unmöglich wird und der Krieg eines Jeden gegen die Anderen, der Krieg Aller untereinander permanent werden muß.

Ferner S. 464:

„Alle vom Staat irgend abhängige Gelehrte in Europa sind heimlich verschworen zu Gunsten des Theismus, d. h. sie unterdrücken sorgfältig jede Wahrheit, die dem Theismus ungünstig wäre und zwar mit der Angst und Sorgfalt, die das böse Gewissen gibt. Wegen Ermangelung dieser Bestrebungen, wie auch der schuldigen Schonung jenes nichtswürdigen Treibens und des Respekts vor Strohköpfen können mir vom Staate keine Ehrenbezeugungen zu Theil werden, denn

Sie thäten gern große Männer verehren,
Wenn solche nur auch zugleich Lumpe wären."

Es ist doch eine Gemeinheit, Jeden, der noch an einen persönlichen Gott glaubt und mit Anderen, die auch an einen solchen glauben, sich offen verbindet, als heimliche Verschwörer zu brandmarken, sie wie Verbrecher des „bösen Gewissens" anzuklagen, ihr Streben ein nichtswürdiges Treiben zu nennen und sie Strohköpfe zu schimpfen. Ueberaus komisch aber wird die Schopenhauersche Schimpfwuth, wenn dieselbe die Theisten beschuldigt, sie seien Schuld daran, daß er (der Schopenhauer) vom Staate keine Ehrenbezeugungen erlangt hat. Also verlangt Schopenhauer in seinem Größenwahn, die Regierungen sollen den Atheismus, auf dessen Basis keine bestehen kann, auch noch mit Auszeichnungen überhäufen. Das ist doch Wahnsinn ohne alle Methode, und Eitelkeit ohne alle Grenzen!

98. **Beständiges Lamento und Schimpfen, weil es noch Vertheidiger des Theismus gibt und weil noch nicht die ganze Welt vor dem Jehova des Atheismus, Schopenhauer, anbetend auf dem Bauche liegt. Der Atheismus ist die einzige Wahrheit!! und er der einzige Prophet derselben. Disputirt in seiner Wuth dem Hegel hinauf, er sei ein Gläubiger der Augsburger Confession. Zieht trotz seines Judenhasses den Heine als Mitzeugen für den Atheismus herbei.**

Er schreibt ferner (S. 465):

„Meine Abhandlung über den Satz vom Grund haben sie liegen lassen, ja mein Werk ist liegen geblieben, während das Unbedeutende und Schlechte Aufsehen machte. Alles nur, weil sie Theismus wollen, Theismus; vom lieben Gott wollen sie erzählt haben. Und weil ich von dem nichts zu berichten wußte, kann ich auf die Nachwelt warten. Das alles ist die Ursache. Hinc illae lacrimae! Ich hab' es mit der Wahrheit gehalten und nicht mit dem lieben Gott. Er aber hilft den Seinen. Dabei ist es ihnen eigentlich nur um das Wort zu thun, denn auch Pantheismus lassen sie sich gefallen."

Die von ihm proklamirte Wahrheit wäre der Atheismus! Das ist seine beständig wiederkehrende Behauptung; nur im Schlußsatz müssen wir ihm gerechter Weise beistimmen. Der Hegelsche Pantheismus ist ebenso im Wesen ein Atheismus, als der nackt ausgesprochene Schopenhauers; denn, wenn es keinen persönlichen Gott gibt, wenn Gott nur ein hohler Begriff ist, wenn er im All zerflossen nur im Menschen zum Bewußtsein kommt, so ist das höchstens ein etwas verschämter und verkleisterter Atheismus; und mit diesem aufgeräumt zu haben, ist das einzige Verdienst von Strauß und Schopenhauer; und eine Selbsttäuschung der Regierungen wäre es, wenn sie meinten, mit der Hegelschen Staatslehre ließe sich ein Staat zusammen halten.

Schopenhauer ferner (S. 465):

„Zum Glauben ist man kein Philosoph. Pseudophilosophen nenne ich die, welche unter dem Vorgeben, nach der Wahrheit zu forschen, an der Perpetuirung aller occidentalischen Irrthümer geflissentlich arbeiten." „Die Menschheit will vorwärts, der Wahrheit zu, die Gängelbänder reißen und das Flicken derselben kann nicht lange nutzen. Auf allerhöchsten Befehl sollen die Fortschritte der Menschheit wieder zurückgehen. Prosit Mahlzeit!"

Ueber Hegels Orthodoxie spottet er:

„Hegel ist in seiner Deduktion aus dem reinen Denken bloß bis zur Augsburgischen Confession und der Kommunion sub utraque gegangen, warum nicht auch bis zur königlich preußischen Liturgie?"

Das ist wieder eine der sich überstürzenden Uebertreibungen, um den Hegel als Heuchler lächerlich zu machen. Hegel hat sich weder zur Augsburger Confession, noch zur Kommunion ex utraque bekannt. Die alberne, in der Galle gegen Hegel, dessen Ruf Schopenhauer, wie es aus vielen seiner Aeußerungen hervorgeht, beneidete, ausgestoßene Frage, warum er nicht bis zur königlich preußischen Liturgie vorgedrungen sei, ist deshalb ein mißlungener, jeder Wahrheitsbasis entbehrender Witz. Das Entstellen der Thatsachen, um schimpfen und spotten zu können, ist eine Gewohnheitssünde Schopenhauers. Ja, selbst Heine verschmäht er nicht als Gewährsmann in seinem philosophischen Zorn ins Mitleid zu ziehen, auf ihn sich zu berufen.

(S. 465.) In Bezug auf die Staatsphilosophen, welche wie Hegel das Christenthum durch ihre spekulative Religionsphilosophie zu retten suchen, stimmt er ganz H. Heine bei:

„H. H. in seiner Romantischen Schule 1836 sagt p. 184 richtig, die deutsche Philosophie bestände allein in dem, was ganz unmittelbar aus der Kritik der reinen Vernunft hervorgegangen sei. Völlig aber trifft er den Nagel auf den Kopf, wenn er daselbst sagt, wie die Neuplatoniker das sinkende Heidenthum durch allegorische Auslegungen zu retten suchten, so die deutschen jetzigen Staatsphilosophen das Christenthum; und ganz besonders, wenn er diese Staatsphilosophen den Jesuiten vergleicht, indem sie die Justifikatoren des Bestehenden und Vorhandenen seien, Religion und Staat stützen wollten, nur daß, was den alten, klugen, gewaltigen Jesuiten mißlang, diesen Zwergen viel weniger gelingen könne."

Es ist durch seine Aussprüche erwiesen, welche Hochachtung Schopenhauer vor den Juden im Allgemeinen in sich getragen, wenn er aber einen Juden, der auch von dem grellsten Krakehler (wie von Johannes Scherr) wörtlich als Lump bezeichnet wird, für seinen Atheismus brauchen kann, so heißt es: Her damit!

99. Wer Religion hat, ist niederträchtig, der Atheismus (d. h. seiner) ist die reine Himmelstochter. „Schufte", die an „der heiligen Wahrheit (des Atheismus) zum Judas geworden". Heine (früher gelobt) wird jetzt wieder der jüdischen Schamlosigkeit beschuldigt. Der Weltweise stoppelt sich aus dem christlichen Dogma willkürlich einen Unsinn zusammen, um über diesen schimpfen zu können.

Wer irgendwie noch einen Glauben an Gott, eine Religion hat, wird als Dummkopf, als Heuchler, als Fürstenknecht verschimpft; auch auf die Fürsten ist Schopenhauer immer sehr schlecht zu sprechen. Das Militär ist ihm insofern angenehm, als er dasselbe gegen den Pöbel brauchen kann — zum Schutze seiner Geldkasse, denn bisweilen dämmert es ihm doch, daß es mit den Aktien und sonstigem Besitz sehr schief gehen könnte, wenn sich das dumme Volk seinen Atheismus aneignet und die nothwendig daraus folgenden Consequenzen zieht. Religion verwechselt er daher immer sehr edel und versöhnlich mit Niederträchtigkeit. Niemand soll an Gott — aber an ihn und den Atheismus soll Alles glauben.

S. 466:

„Daß die Religion als Maske der niederträchtigsten Absichten dient, ist so alltäglich, daß es Niemanden mehr wundern darf; daß aber dieses der Philosophie begegnen sollte, der reinen Himmelstochter,[1]) die nie und nirgends etwas anderes als die Wahrheit gesucht hat, war unserer Zeit aufbehalten."

„Wenn ein und der andere gekrönte Tartüffe das Regiment führt und in seiner Angst, daß das Volk klug werden könnte, schreit wie Franz Moor: Geh, laß alle Glocken zusammen läuten, Alles soll in der Kirche auf die Kniee fallen, Alles, dann wird so ein schriftstellernder Docent flugs fromm wie eine junge Betschwester, welches eine alte H . . . ist — in Gottes Namen; er soll aber seinen Bettelbriefen eine andere Form geben, als die philosophischer Abhandlungen: in der philosophischen Welt ist dieser Fromme ein Schuft, weil er an der heiligen Wahrheit zum Judas geworden."

---

[1]) Sehr komisch! Unter der „reinen Himmelstochter" versteht er doch nur immer seine, die atheistische Philosophie und thut so, als ob diese vom Himmel gekommen und auf die Erde niedergestiegen wäre, während der atheistische Philosoph auf der Erde geboren ist und den Himmel zu stürmen sich zur Aufgabe gemacht hat.

In dieser Weise geht es bei Schopenhauer immer fort: wer Philosoph ist, muß Atheist sein, der Atheismus ist die rechte Philosophie, die reine Himmelstochter; wer an einen persönlichen Gott glaubt und diesen als den letzten Grund des Weltalls auch mit den Gründen der Wissenschaft nachweist, der ist ein Heuchler und ein Schuft. Nur Atheisten sind Ehrenmänner und Genies!

Das „Pfaffenschimpfen" ist ein besonderes Merkmal Schopenhauers und seiner Apostel. So sagt Frauenstädt (467):

„Außer den Philosophieprofessoren und den Regierungen kriegen aber auch die Pfaffen und die ihnen Beistehenden ihr Theil in diesen polemischen Aufzeichnungen, z. B.: „Kaum haben die Regierungen den Pfaffen wieder auf die Beine geholfen, so liegen diese sich auch wieder in den Haaren. Das freut mich herzlich. Die Pfaffen und ihre Gesellen, deren es heutzutage aber auch unter den Zoologen gibt, z. B. Rudolph Wagner, wollen nicht leiden, daß im System der Zoologie der Mensch zu den Thieren gerechnet werde, die Elenden, welche den ewigen Geist verkennen, der in allen Wesen lebt, Einer und derselbe, und in ihrem kindischen Wahn sich an ihm versündigen!"

Hier sehen wir Schopenhauer wieder auf einmal zum linken Hegelianer werden, er kann eben einige Fetzen aus der Hegelschen Fabriksbude brauchen, deren Besitzer er sonst bei jeder Gelegenheit heillos zu verschimpfen trachtet.

Frauenstädt berichtet ferner (S. 467):

„Am schlimmsten kamen aber bei Schopenhauer die Juden weg, da diese ja nach seiner Meinung Schuld sind an diesem ganzen Unheil.[1]) Spöttisch schreibt er in den Senilia: „Aber die Juden sind das auserwählte Volk Gottes — mag sein, aber der Geschmack ist verschieden: mein auserwähltes Volk sind sie nicht. Quid multa! Die Juden sind das auserwählte Volk ihres Gottes, und er ist der auserwählte Gott seines Volkes, und das geht weiter Niemanden an."

Ferner:

„Der liebe Gott, in seiner Weisheit voraussehend, daß sein auserwähltes Volk in alle Welt zerstreut werden würde, gab dessen Mitgliedern einen specifischen Geruch, darin er sie überall erkennen und herausfinden könnte: den foetor judaicus."

---

[1]) Das heißt bei Schopenhauer: an dem Glauben an einen persönlichen Gott. Er beschimpft hier die Juden gerade in jener Eigenschaft, welche an ihnen noch die schätzenswertheste ist.

Bei Schopenhauer heißt es immer: hilf, was helfen kann, selbst den Geruch führt er als Atheist gegen den Gottesglauben der Juden in's Gefecht — das werden nicht nur Juden, auch Christen ordinär finden.

Frauenstädt:

„Beiläufig sei hier bemerkt, daß Schopenhauer auch an Heine, den er sonst für ein Genie hielt und gern citirte, den foetor judaicus roch. In seinen Spicilegia schreibt er nämlich: „Heine, obwohl ein Scurra (Spaßmacher), hat doch Genie und daher auch das Auszeichnende des Genies, nämlich Naivetät. Allein, wenn man seine Naivetät näher untersucht, findet man, daß ihre Wurzel jüdische Schamlosigkeit ist, denn auch er gehört der Nation an, von der Riemer sagt: Sie schämen und grämen sich nicht."

Höchst sonderbar, weil total haltlos und gar nichts besagend ist die Art, mit welcher Schopenhauer seinen Pessimismus und Atheismus wegen der Trostlosigkeit desselben zu vertheidigen sucht.

Frauenstädt (S. 468):

„Wegen ihres entschiedenen Atheismus hat man die Schopenhauersche Philosophie nicht minder trostlos gefunden, als wegen ihres Pessimismus. Auf die gegen den Pessimismus erhobene Anklage wegen der Trostlosigkeit hat Schopenhauer bereits in der 2. Auflage von „Wille und Welt" geantwortet; eine Antwort, welche sich schon 1826 in seinem Reisebuch findet in den Worten: „Sie schreien über das Melancholische und Trostlose meiner Philosophie; das liegt aber blos darin, daß ich, statt als Aequivalent ihrer Sünden eine künftige Hölle zu fabeln, gezeigt habe, daß, wo die Sünde ist, in der Welt, auch schon etwas Höllenartiges sei."

Das ist ein reiner, auf totaler Unwahrheit und schändlicher Verdrehung des christlichen Dogmas zusammengestoppelter Unsinn! Wer an einen gerechten Gott, an einen Richter der Lebendigen und Todten, an eine Ausgleichung, an einen Ort der Belohnung und einen Ort der Strafe glaubt, den mit der Phrase abzufertigen: er fabelt sich eine Hölle — und ein noch größerer, unverschämterer Unsinn ist's, allen denen das „etwas Höllenartige", was Schopenhauer in der Welt (versteht sich der alleinige und erste) entdeckt hat, der ganzen Hoffnung auf's Jenseits als Aequivalent ihrer Sünden entgegenzusetzen! Es ist nothwendig, auf die unverfrorene Art, Deduktionen und Schlüsse zu ziehen, nichtssagende Behauptungen als Ergebnisse und Früchte logischen Nachdenkens hinzustellen, entschieden aufmerksam zu machen. Das ist geradewegs die Frechheit des Atheismus, der seinen Schwindel durch keck zusammengeleimte Sophismen der ganzen Welt hinaufdisputiren will. Vom Aequivalent für ein tugendhaftes, opferbringendes Leben schweigt Schopenhauer gänzlich, das liegt offenbar in seiner großen Bescheidenheit, er scheint den Rückblick auf die Pfade der Tugend zu scheuen, die er hätte wandeln können und sollen, die aber seiner „Metaphysik der Geschlechtsliebe" sehr albern und unzweckmäßig geschienen haben.

Frauenstädt fährt fort ihn zu vertheidigen:

„Auf die Trostlosigkeit hingegen, die im Atheismus liegen soll, findet sich die Antwort in den Adversaria, angefangen 1828 in Berlin, in den Worten: „Man hat geklagt, daß meine Philosophie traurig und trostlos wäre: aber nichts ist so trostlos, als daß Himmel und Erde und consecutiv der Mensch aus Nichts geschaffen seien. Denn da folgt wie Nacht auf Tag, daß er zu Nichts wird, wenn er vor unseren Augen stirbt. Vielmehr ist der Anfang und Grund alles Tröstlichen die Lehre, daß der Mensch nicht aus Nichts geschaffen worden ist."

Wieder eine ganz freche, unverfrorene Behauptung. Das Trostlose liegt in der Aussicht auf Vernichtung — ob man nun annimmt, daß der Mensch aus Nichts oder aus Was geschaffen worden ist, das hat auf den specifischen Grund der Trostlosigkeit gar keinen Einfluß. Wenn Schopenhauer in Verlegenheit kommt, kennt er nur ein probates Mittel: die Verlogenheit. Leser, die schon Gründe haben, sich atheistisch wohler zu fühlen, sind auch mit Behauptungen zufrieden und benöthigen keinen Grund.

Wie Schopenhauer selbst, auch accurat so seine Apostel. Hören wir Frauenstädt über diese Frage.

100. Sucht die Trostlosigkeit des Atheismus wegzudisputiren. Der Werth einer Religion sei Sittlichkeit, nicht Tröstlichkeit, und bei der Sittlichkeit ist die Gesinnung die Hauptsache, sagt Frauenstädt, um den Schopenhauer wegen seiner Praxis herauszuputzen. Schwindel über Schwindel.

S. 468:

„Während also die theistischen Gegner Schopenhauers seinen Atheismus trostlos finden, findet er umgekehrt ihren Theismus trostlos. Man hat sich über die verschiedenen Ansichten in Betreff des Trostlosen und Tröstlichen nicht zu wundern. Denn trostlos findet Jeder nothwendig diejenige Ansicht oder Aussicht, die Das, was sein Wille wesentlich bejaht, in das Reich der Chimären verweist. Unser Wille bejaht z. B. die Gesundheit. Sind wir nun krank, so ist unsere Lage so lange keine trostlose, als wir hoffen dürfen, zu genesen. Erst wenn uns der Arzt diese Hoffnung gänzlich abgeschnitten hat, weil unsere Krankheit eine unheilbare ist, also wenn er unsere Hoffnung in das Reich der Chimären verwiesen hat, dann fängt unsere Lage an, eine trostlose zu werden. Oder um ein anderes Beispiel zu wählen: ein Reicher verliert sein ganzes Vermögen. So lange er hofft, weiter bestehen zu können, ist seine Lage keine trostlose. Erst wenn sich diese Ansicht als Chimäre erweist, fängt seine Lage an, trostlos zu werden, und schon Mancher hat sich in diesem Falle das Leben genommen. Ganz ebenso nun verhält es sich mit religiöser und philosophischer An- und Aussicht. Sind diese dem, was unser moralischer Wille bejaht, förderlich, so sind sie tröstlich, im entgegengesetzten Falle trostlos."

Wir ersuchen den Leser, selber darüber nachzudenken, was denn diese Beispiele mit der Frage der Trostlosigkeit zu thun haben, die den Menschen bezwingt, wenn er sich dem Glauben an eine völlige Vernichtung nach dem Tode des Leibes hingibt. Und ferner: Wo ist faktisch Trostlosigkeit zu finden, im Atheismus oder im Glauben an einen persönlichen Gott? Nach vielen ähnlichen Ausflüchten, Verdrehungen und Sprachwendungen kommt Frauenstädt zu dem Schluß:

„Der wahre Maßstab, woran die Güte und der Werth einer Religion zu messen, ist überhaupt nicht die Tröstlichkeit, sondern die Sittlichkeit."

Also nicht die Wahrheit, nicht die wahre Religion kann den Menschen trösten, sondern nur die Sittlichkeit. Nun kommt die Frage: Was ist Sittlichkeit? Die Sittlichkeit ohne Religion macht sich Jeder selbst. Fragen wir nach der Sittlichkeit des Atheisten Schopenhauer! Hören wir nicht Verleumder, Denunzianten, Böswillige, sondern ihn und seine Apostel und jene Geständnisse, der frechsten, unverschämtesten Art auch noch dazu, wie wir solche schon früher angeführt haben! Schopenhauer schreibt über die Metaphysik der Geschlechtsliebe, und wo und wie hat er seine Studien über dieses Thema gemacht? Und wenn er sich nun in alten Tagen in die Hörsäle seiner metaphysischen Schulen im Geiste oder mehr noch im Leibe zurückversetzt, so soll ihm diese Erinnerung auch noch zum Trost gereichen. Wenn sich diese Herren doch nur immer erinnern möchten, was sie selber von und über ihren Meister alles erzählt haben!

Daß der Atheismus nicht tröstlich sei, gesteht jetzt Frauenstädt selber, vindicirt ihm aber dafür als Zeugniß seiner Wahrheit die Sittlichkeit - — Da hat er im Drange der philosophischen Geschäfte ganz vergessen, was der höchste Atheist der Welt, Schopenhauer, für eine komische Figur spielt, wenn er als der sittliche Heros seines Atheismus proklamirt wird.

Das Schönste ist, wenn die Herren sich selber Einwürfe machen, die sehr leicht zu widerlegen sind und die ihnen ein vernünftiger Mensch gar nicht machen kann.

So Frauenstädt (471):

„Ja, aber, fragen vielleicht doch noch Einige, ist es nicht zu hart, daß wir entmenschte Heilige werden, daß wir in die Einöde gehen und unseren Leib kasteien sollen?"

Wir fragen den Frauenstädt: Wer wird denn so blöde fragen gegenüber Schopenhauer? Jeder weiß es ja doch, daß Schopenhauer täglich zum feinsten Tisch in Frankfurt gegangen ist, es sich daselbst sehr gut schmecken ließ, daß er nicht in die Einöde ging, sondern mit seinem Pudel zur Verdauung um die Stadt herumlief, und wie er sonst noch seinen Leib kasteiete, das hat er ja selber sehr frech seinen Freunden berichtet, die es eben so unverfroren wieder weiter erzählt und druckfertig verbreitet haben. Also nur ein totaler Cretin hätte obige Frage stellen können, keiner, der sich um die Lehre und um die im Leben besiegelte Lehre dieses Großmeisters des Atheismus auch nur ein wenig gekümmert hat. Nun, Frauenstädt selber gibt dem blöden Frager eine außerordentlich tröstliche Antwort:

„Diesen habe ich zu erwidern: erstens verlangt Schopenhauer nicht, daß wir dieses oder jenes werden sollen. Zweitens besteht nach ihm die Heiligkeit nicht in äußern, mitunter widerwärtigen Formen, die sie in der Geschichte angenommen hat, sondern in der Gesinnung, in dem gänzlichen Aufgeben des Eigenwillens, in der Selbstverleugnung."

Also die Gesinnung genügt, thun kann einer, was er will, wenn nur die Gesinnung gut ist, so sagte auch Wachsmuth über Schillers Geschichtsschreibung: Die Gesinnung ist die Hauptsache bei dem Historiker, ob das, was er bringt, wahr oder erlogen ist, das thut gar nichts, nur Gesinnung muß man haben, und zwar eine sehr liberale Gesinnung, das ist alles! In der Gesinnung besteht die gänzliche Aufgebung des Eigenwillens, nicht in der Handlung. Tröstet Euch, Ihr Schopenhauerianer, macht es Euerm Meister nach: in der Gesinnung hat er seinen Eigenwillen gebrochen, und in der That und Handlung hätte er mehreren auch schon beinahe das Genick gebrochen, wie der armen Marquet, als er sie zweimal zu Boden geworfen.

In der Gesinnung war er ein Willenbrecher, da hat er den Eigenwillen gänzlich aufgegeben, vollkommene Selbstverleugnung! In der That ein Genickbrecher!

101. Schopenhauer als sittlicher Willenbrecher! Seine „Triebfeder zur Tugend gibt den wirksamsten Trost“. Ein moralischer Triebfederkrieg. Beständiger Versuch, die Verzweiflung des Atheismus zu maskiren und abzustreiten. Charlatanerie und Sophisterei.

Einen derartigen Schwindel wagt ein Weltweiser Ende des 19. Jahrhunderts in Mitteleuropa zu proklamiren, und diese Herren werfen immerfort mit Heuchelei, Pfaffenthum, Lüge herum und hüllen sich in den Philosophenmantel, der mit lauter Entbehrung, Selbstverleugnung und Willenbrecherei in goldenen Lettern bestickt ist.

Freilich wird es am Ende dem Frauenstädt auch zu bunt, er lenkt am Ende des Kapitels bedeutend ein, er fühlt, daß er sich mit sammt seinem Meister lächerlich gemacht hat und schreibt (S. 477):

„Eine Lehre, die keine andere Erlösung vom Bösen und Uebel möglich sieht, als die gänzliche Verneinung des Willens, ist trostlos, sie schlägt den Willen todt, um ihn zu erlösen; sie vernichtet nicht bloß das sittliche, tugendhafte Leben, weil sie überhaupt das Leben vernichtet, es in das buddhaistische Nirvana[1]) versenkt.“

---

[1]) Das ist ja eben der kolossale Schwindel: dieses Versenken in das Nirvana! Wenn man die entsetzliche Strenge der Lehre dieses Weltweisen betrachtet und daneben sein Leben, so kann doch dieser Nirvanaversenker nur als ein Harlekin aus seiner Theaterversenkung hervorkommen.

„Ich gebe dieses zu. Ich habe aber auch schon gesagt, daß Schopenhauer mit seiner Lehre von der Verneinung des Willens das Gebiet der Ethik überschreitet und über das Ziel derselben hinausschießt.[1]) Halten wir uns innerhalb seiner eigentlichen Ethik, d. h. seiner Lehre von dem wahren Wesen und der echten Triebfeder aller Tugend, wie er sie in der Abhandlung über das Fundament der Moral in den „beiden Grundproblemen der Ethik" dargelegt hat, so werden wir in derselben durchaus nichts sittlich Trostloses finden können. Vielmehr bietet diese Ethik in dem Nachweise, daß es eine Triebfeder in uns gibt, welche stark genug ist, die antimoralischen Triebfedern zu überwinden, und daß es eine Erkenntniß gibt, welche diese Triebfeder in Bewegung setzt, den wirksamsten sittlichen Trost dar, den es gibt (!!!). Es ist dieses zwar kein Trost übernatürlicher Hülfe, wie ihn die Kirche bietet, sondern ein Trost, welcher auf die immanenten moralischen Kräfte im Menschen verweist (!!), aber dafür ein Trost, der einem kirchlich ungläubigen Zeitalter, wie das unsrige, angemessener ist als der kirchliche, und hinlänglichen Ersatz bietet für diesen."

Was für ein total verlogenes Gewäsche! Moralische Triebfeder, welche gegen unmoralische Triebfedern kämpft, also eine neue Art Federkrieg, ein Triebfederkrieg. — Beim patentirten Erfinder der moralischen Triebfeder hat sich dieselbe nicht bewährt, während seine unmoralischen Triebfedern sich als echte Waare ungebrochen gehalten haben; und schon gar: die Philosophie Schopenhauers soll den wirksamsten sittlichen Trost darbieten, den es gibt! Eine Triebfeder, welche gegen die Unsittlichkeit absolut nichts ausrichtet, die soll den wirksamsten sittlichen Trost gewähren! — Zeigt uns nur Einen Sünder, Einen Verbrecher, der durch den Schopenhauerschen Atheismus zu einem besseren Leben bekehrt worden ist! — Wenn ein Schopenhauerscher Atheist zu einem Leidenden sagt: Nimm eine Pistole und schieß dich todt, oder nimm Cyankali — nun, das wäre wenigstens die Consequenz der Verzweiflung, die Consequenz des Systems; sich aber zu der Ungeheuerlichkeit versteigen, Schopenhauer könnte für den Trost, welchen der Mensch im Glauben an einen gerechten, lebendigen Gott em-

[1]) Sonderbar! In seinem Leben hat er das Gebiet der Ethik nicht überschritten, da ist er standhaft — außerhalb des Gebietes der Ethik stehen geblieben, somit hat er in seinem Leben auch nicht über das Ziel der Ethik hinausgeschossen und hat im Gegentheil gar nichts erzielt.

pfindet (kirchlicher Trost nennt ihn Frauenstädt), in dem aufgeblasenen hochmüthigen Gewäsche eines an Größenwahn leidenden Weltweisen, der sich durchwegs an Gottes Stelle setzt, und seine gottlose Lehre als einen Trost für die verleugnete Offenbarung ausgibt, einen hinlänglichen Ersatz für den Gottesglauben finden - das ist geradewegs sophistischer Schwindel, mit dem Frauenstädt sein Kapitel: „Denkwürdiges aus Schopenhauers Leben und Lehre" beschließt.

Die unausbleibliche Verzweiflung, welche dem Atheismus auf dem Fuße nachfolgen muß, könnte nicht glänzender bewiesen werden, als durch die obige Schlußrakete Frauenstädts, die er, mit Schwefel gefüllt, vor den Augen des Lesers aufsteigen läßt und die in zerrissenen Pappenhülsen zu Boden fällt. Wir halten selbst Leser, die seither wirklich gemeint haben, es sei an den Trostverheißungen Schopenhauers und seiner Apostel was Wahres dran, für so ehrlich, daß sie dies obige Troſtchangement als total verunglückt anerkennen. In der Lehre, daß der Mensch nur ein höheres Thier sei, und wie das Thier verende und in's All zurückfließe, da gibt es — mit aller Charlatanerie der Sprache, mit allem sophistischen Aufputz — keinen Trost, sondern nur Verzweiflung, und wer in dieser Desperationsphilosophie einen Trost gefunden zu haben vorgibt, der macht nur einen Versuch, sich selber und andere anzulügen.

102. Briefe Schopenhauers. Seine Gegner sind gehässig und bornirt. Sein von ihm selber patentirter Apostel Frauenstädt ist sein Petrus und soll „den Kern des Christenthums retten". Schopenhauer gibt zu, daß man sich den Theismus denken könne. Schimpft über Behauptungen und nicht richtige Beweise, die doch nur sein Privilegium sind. Freude, daß es mit dem Atheismus vorwärts geht!

Eine ganz beliebte Art Schopenhauers und seiner Apostel ist es, ihre Gegner als bornirte Kerle, als Esel, als Neider und gehässige Anschwärzer zu signalisiren. So schließt Frauenstädt schon die Einleitung zu den Briefen Schopenhauers:

„Mögen nun die gehässigen und bornirten Gegner Schopenhauers auf's Neue bedacht sein, aus diesen Briefen Stoff zu Anschwärzungen zu ziehen — den Einsichtigen und

Unbefangenen[1]) wird Schopenhauer auf's Neue aus denselben nicht bloß als Charakter entgegentreten, sondern auch als ein sittlicher Charakter."

Es ist sehr gut, daß uns Frauenstädt schon früher deutlich genug auseinandergesetzt hat, daß bei Schopenhauer und seinen Anhängern die Sittlichkeit nicht pedantisch, kleinlich und mit Unverstand in der Handlungsweise des Menschen gesucht werden dürfte, wie auch, daß die Heiligkeit nicht in den äußern, mitunter widerwärtigen Formen, sondern in der Gesinnung, in dem gänzlichen Aufgeben des Eigenwillens, in der Selbstverleugnung zu suchen sei. Das heißt auf deutsch, der Mensch kann im Grunde thun, was er will, auf seine Handlungsweise braucht die Sittlichkeit und die Heiligkeit keinen Einfluß zu nehmen, die Hauptsache ist die Gesinnung, und der genügt es, wenn er in Wort und Schrift über Sittlichkeit und Heiligkeit etwas zusammenphilosophirt, wodurch er seine Gesinnung bethätigt.

Schopenhauer selbst nennt die drei ersten Verbreiter seines Systems Apostel. So im Briefe 16. Dezember 1847:

„Sie würden mir einen Gefallen thun, wenn Sie von Ihrem neuen Traktat besagtem ältesten Apostel ein Exemplar auf dem Wege des Buchhandels senden wollten, als welches ihn sehr freuen würde, und möchte ich gern die 3 ersten Apostel meiner Lehre in gutem Vernehmen wissen. Dem Becker schicken Sie gewiß eines."

Hierzu macht Frauenstädt die Note:

„Zu den drei ersten Aposteln seiner Lehre rechnete Schopenhauer Dorguth, Becker und mich. Dorguth und mich nannte er im Gegensatze zu Becker aktive Apostel, weil wir öffentlich in Druckschriften für ihn aufgetreten waren, während Becker mit ihm nur correspondirt hat. Jedoch sprach er von Becker immer mit großer Achtung, nannte ihn einen gründlichen Kenner seiner Philosophie und legte großen Werth auf die mit ihm im Jahre 1844 geführte philosophische Controverse."

---

[1]) Das hört sich gerade so an, wie das Geschrei eines Spaßmachers vor einer Marktbude: „Meine Herren und Damen! Was sie hier sehen werden, ist für das gebildete Publikum besonders interessant; unsere Bilder und Darstellungen mitsammt der Explikation sind für die aufgeklärte Menschenklasse berechnet. Wir haben uns in allen Hauptstädten Europas den Beifall aller Fachgelehrten errungen. Eintritt 30 Pfennige, wird sogleich angefangen!"

S. 476. 5. Jan. 1848:

„Sie, Becker, Dorguth und einige mündliche Beurtheiler sind mir die Repräsentanten zu künftigen Schaaren.“

Ueber eine gegen die positive Religion gerichtete im Sinne Schopenhauers abgefaßte Schrift Frauenstädts:

„Ihre Schrift ist im Ganzen eine Application meiner Philosophie auf die gegenwärtige Crisis in Religionssachen und die heillosen Irrthümer, in die man sich allseitig verloren hat. Diese Application ist durchaus richtig und sehr glücklich gewählt. Sie zeigt die Abwege, auf welchen die Gläubigen wie die Ungläubigen sich befinden und dadurch im Begriffe stehen, das Christenthum untergehen zu lassen. Sie haben gezeigt, was der alleinige Kern desselben sei, während Jene um die Schale streiten. Sie haben dadurch die letzte und richtige Anstrengung zur Rettung des Christenthums aufgerufen, die aber nur eine solche sein könnte, wie die eines Schiffs, von dem man Kanonen und Waaren über Bord wirft, das Leben der Leute zu retten. In der Sache selbst haben Sie vollkommen Recht und die Kraft der Wahrheit ist unendlich groß, zumal wenn sie ausspricht, was man nur dunkel fühlte. Sie haben daher gute Erfolge zu hoffen, ja Ihre Schrift könnte in dem Streite Epoche machen, allein Ihnen stehen die Meinungen aller Parteien entgegen. Sie wird den Theisten und Atheisten, den Rationalisten und Orthodoxen gleich anstößig erscheinen, zudem ist Ihre Entscheidung dem Protestantismus ungünstiger als dem Katholicismus. Indessen ist die Wahrheit am Ende immer siegreich.“

Wir sehen hier den Frauenstädt von Schopenhauer als Retter des Christenthums proklamirt — wie soll sich das Christenthum gegen derlei Retter doch genug dankbar bezeigen! Nur die Bemannung sollte vom Schiff der Kirche zu retten sein, die Kanonen und Waaren soll man über Bord werfen!!

Sehr gut. Die Polemik gegen den Schopenhauerschen Atheismus soll geradewegs verboten werden (keine Kanonen), die Waaren (die Lehre, Sakramente und Gnadenmittel) auch über Bord geworfen, und dann werden die Leute gerettet, jeder ist selbst sein Erlöser, und wenn diese sämmtlichen Erlöser in eine trostlose Lage kommen, so sollen sie sich nur an die Retter des Kerns vom Christenthum, an das Schopenhauersche Apostolat wenden, und dort wird ihnen die Trostquelle aufgeschlossen!! Merkwürdig, daß dem Frauenstädt als Kern-Retter des Christenthums noch immer kein Monument gesetzt worden ist!

Frauenstädt ging noch schärfer in's Zeug als sein Meister. Dieser mahnt ihn (S. 481):

„Sie behaupten zu viel, wenn Sie den Theismus für undenkbar erklären, denn denken läßt sich gar Manches. Um die Behauptung zu vertreten, stellen Sie Beweise auf, die größtentheils nicht richtig und sämmtlich stringent sind. Das ist schlechte Politik, denn wer jetzt Ihre Beweise umstößt, wird vorgeben, den Theismus festgestellt zu haben. Ueberhaupt soll man nicht meinen, durch ungenügende, schielende, hinkende Beweise und den Ton der Zuversicht den Leuten Sand in die Augen streuen zu können; sie merken's und man discreditirt sich bei ihnen."

Dasselbe hätte Schopenhauer sich selber auch anrathen können, auch er stellt Behauptungen auf, auf deren wolkigem Grunde er dann seine Beweisgebäude aufführt, nur stellt er seine Behauptungen noch zuversichtlicher auf, spricht sie noch kecker aus und ist in seiner Sophistik sprachlich und stylistisch gewandter, als dieser sein Apostel, dem er stets gute Lehren zum Kampfe gegen das Christenthum ertheilt.

Schopenhauer räth dem Frauenstädt Vorsicht im Kampfe gegen den Theismus, ermuntert ihn aber auch dazu und freut sich, wenn es mit dem Atheismus vorwärts geht.

S. 483:

„Erstaunt bin ich über die Kühnheit, mit der Sie sich gegen den Theismus aussprechen. Was ich nur angedeutet, allenfalls die Prämissen dazu gegeben habe, sprechen Sie geradezu aus. An und für sich habe ich nichts dawider; aber ich fürchte, daß es Ihnen bei den Leuten schaden kann. Indessen ist wahr, daß man von allen Seiten jetzt dreister wird und mit dem lieben Gott immer weniger Umstände macht."

103. Wie Schopenhauer zu Frankfurt 1848 mit Vergnügen dem Hineinschießen in die „souveraine Canaille und die Schurken", die Proletarier (d. h. die praktischen Atheisten) zuschaut und einem Offizier zum Vertilgungsgeschäfte seinen Operngucker leiht.

Die Revolution 1848—49 machte dem Schopenhauer viele Schmerzen. Die stürmenden Proletarier in Frankfurt waren ja doch lauter consequente Anhänger der Schopenhauerschen Lehre. Er fürchtete für sein Eigenthum und für sein

Leben; da regnete es Schimpf über die Canaille. Wir haben schon früher einmal bemerkt, was auch hierher paßt:

Man kann mit Petroleum die Wanzen,
Mit Consequenzen die Philosophen curanzen.
Sie lassen sich ungern damit begießen
Und wollen davon nichts hören und wissen.

Am 2. März 1849 lamentirt Schopenhauer an Frauenstädt:

„Aber was haben wir erlebt! Denken Sie sich, am 18. September eine Barrikade auf der Brücke und die Schurken bis dicht vor meinem Hause stehend, zielend und schießend auf das Militär in der Fahrgasse, dessen Gegenschüsse das Haus erschüttern; plötzlich Stimmen und Gepolter an meiner verschlossenen Stubenthür; ich, denkend, es sei die souveraine Canaille, verrammle die Thür mit der Stange; jetzt geschehen gefährliche Stöße gegen dieselbe; endlich die feine Stimme meiner Magd: „es sind nur einige Oestreicher." Sogleich öffne ich diesen verehrten Freunden. 20 blauhosige Stockböhmen stürzen herein, um aus meinem Fenster auf die Souveraine zu schießen, besinnen sich aber bald, es ginge vom nächsten Hause besser. Aus dem ersten Stock rekognoscirt der Offizier das Pack hinter der Barrikade: sogleich schicke ich ihm den großen doppelten Operngucker — und ψυχῶν σοφῶν τοῦτ' ἐστὶ φροντιστήριον (Aristoph., Nubes).[1])

Dem Frauenstädt wird selber bange über diese Volksschmähungen. Er sucht den unangenehmen Eindruck auszuwetzen, wie folgt:

„Ich habe diese Briefstelle Schopenhauers über sein Verhalten gegen die souveraine Canaille, obgleich dieselbe seine demokratischen Gegner wie Gutzkow u. A. auf's Neue in Wuth versetzen wird, nicht unterdrücken mögen, weil sie Licht auf Schopenhauers

[1]) Frauenstädt fügt diesem Vers S. 491 eine erklärende Note an, welche aber über die Beziehung dieses Verses auf die vorhergehende Briefstelle des Schopenhauer vollkommen schweigt. Es ist dies der Vers 94 in den „Wolken". Dr. Schnitzer (Aristophanes' Werke. Erstes Bändchen, Stuttgart, Metzler, 1842, S. 56) übersetzt den Vers frei: „Das ist tiefsinniger Geister Spekuliergemach"; wörtlich müßte die Uebersetzung lauten: „Der weisen Geister ist dies die Werkstatt". Derselbe Strepsiades sagt Vers 128 auf Vers 94 bezüglich: „Und (ich) gehe jetzt gerade zur Denkwerkstatt." In welchem Zusammenhange dieser Vers des Aristophanes mit dem von Schopenhauer so erfreulich angehofften und durch Beihülfe seines Operngucker geförderten Zusammenpfeffern der Proletarier stehen soll, ist etwas schwer herauszudeuten; müßte nur sein, daß der Philosoph, perennirend vom Größenwahn überwältigt, seine durch das Hineindringen der Soldaten beunruhigte Wohnung als „des weisen Geistes Werkstatt" bezeichnen wollte.

Testament wirkt, in welchem er bekanntlich zu seinem Universalerben „den in Berlin errichteten Fonds zur Unterstützung der in den Aufruhr- und Empörungskämpfen der Jahre 1848 und 1849 für Aufrechthaltung und Herstellung der gesetzlichen Ordnung in Deutschland invalide gewordenen preußischen Soldaten, wie auch der Hinterbliebenen solcher, die in jenen Kämpfen gefallen sind", eingesetzt hat. Uebrigens hat hier Schopenhauer nur seiner politischen Ueberzeugung gemäß gehandelt. Schopenhauer war wie Goethe ein Feind gewaltsamer Umwälzungen, weil sie die geistige Entwicklung hemmen und uns aus der Cultur in die Barbarei zurückwerfen. Das intellektuelle Interesse ging ihm über Alles. Das Volk hielt er überdies für einen ewig unmündigen Souverain, welcher daher unter bleibender Vormundschaft stehen muß und nie seine Rechte selbst verwalten kann, ohne grenzenlose Gefahren herbeizuführen."

Das ist jedenfalls die höchste Leistung in der praktischen Philosophie Schopenhauers, welche auch die größte Anerkennung verdient.

Wenn der Atheismus im Volke lebendig und der Glaube an den persönlichen Gott und die Verantwortung vor demselben weggeleugnet wird, da kommen die wohlhabenden, lebengenießenden, den Verlust ihrer Habe befürchtenden, am Ende sogar das Ausgeraubt- und Durchgeprügeltwerden in Aussicht habenden theoretischen Atheisten und eifrigen Verbreiter des Atheismus in eine Art wüthende Verzweiflung, die sich gegen die consequenten Durchführer ihrer eigenen Principien wendet.

Derselbe Schopenhauer, der die größte Freude über die Verbreitung des Atheismus und den für ihn und sein System daraus erwachsenden Ruhm bei jeder Gelegenheit äußert, und sich der ebenso lächerlichen als wahrhaft blödsinnigen Hoffnung hingibt, seine Moralpredigt, die sich auf die moralische Gesinnung auch bei ihm selber nur beschränkt, die werde einen eisernen Riegel für seine Geldkasse und einen eisernen Panzer für seinen geheiligten Leib abgeben, der gibt einem österreichischen Offizier seinen großen, goldenen Operngucker, daß dieser vom Fenster aus ersehen könne, von wo und wie am besten, sichersten, eindringlichsten und tödtlichsten in „die Schurken und die souveraine Canaille" hineingefeuert werden könne, denn dieses blöde Volk ist „ein ewig unmündiger Souverain", welcher daher unter bleibender Vormundschaft stehen muß und nie seine Rechte selbst verwalten kann, ohne grenzenlose Gefahr herbeizuführen.

104. Eine Lektion, den Besitzenden im Jahre 1851 gegeben.

Der Schreiber dieses hat schon 1851 den besitzenden Verbreitern der atheistischen Philosophie die am Tage liegende Bornirtheit derselben in einem Büchlein (Mene thekel phares, das mehrere Auflagen erlebt hat und in Paris auch französisch erschienen ist), das irdische Gericht vorgehalten, welches über dieselben unausbleiblich ergehen wird. Es soll hier der unliebsame Schluß dieser Predigt, auch für Schopenhauer und seine Anhänger außerordentlich geltend, folgen:

„37. Wenn ihr die Gesetzestafeln zerschlagen, verspieen, zersplittert habt, meint ihr, Einem Splitter — Einem Scherben des Gesetzes werdet ihr noch Achtung verschaffen können! Wenn ihr die neun Gebote verachtet, wie wollt ihr denn das letzte den Armen vorschreiben: Du sollst nicht begehren deines Nächsten Gut, was ihr in der Bedrängniß der Revolution übersetzt habt in die modernen Worte: Heilig ist das Eigenthum?"

„38. Sie werden den Steinscherben des letzten Gebotes euch an die Köpfe werfen — und so gut über das letzte Gebot lachen, als ihr in eurer Thorheit über das erste gelacht habt: Du sollst nur allein an einen Gott glauben."

„39. Dann werdet ihr erst zur Einsicht des Zusammenhangs der Dinge gelangen, dann werdet ihr fluchen den abgefallenen Christen, wie den ungläubigen Juden, die erst selber Heiden geworden und euch dann zu Heiden gemacht, dann werdet ihr fluchen über die Zeitungsdiebe, die euch und das Volk um den Glauben bestohlen durch ihre Lügen, die euch zuerst gestohlen den Glauben an Gott, was euch lieb war um der andern Gebote willen, die euch im „heitern Lebensgenuß" genirten, und die folgerichtig auch am Ende den Glauben an das Eigenthum den Armen aus den Herzen stahlen."

„40. Ja, zum Glauben an das erste Gebot werdet ihr erst kommen, wenn auch das letzte nicht mehr gehalten wird, wenn euch die Uebertretung des letzten zermalmt hat; ja dann, dann werdet ihr reuig zum ersten wiederkehren, wenn eure Mammonsgötzen zerschlagen sind, dann erst werdet ihr wieder den einen wahren Gott anbeten."

„41. Sie haben euch vorgemacht und vorphilosophirt und vordemonstrirt, daß der Mensch das allerhöchste, das einzig hohe in der Welt sei, und daß außer ihm nichts sei! Sie haben euch die Worte: Es ist nur Ein Gott und außer ihm ist keiner umgedreht und euch gelehrt: Es ist nur der Mensch und außer ihm ist nichts — auch kein Gott! Und wenn sie schon um der Schwachen willen ein Zugeständniß machten, so sagten sie: Es ist nur ein Gott im Menschen selber, der Mensch ist sein Gott und außer ihm ist kein Gott!"

„42. Und da haben sie das sogenannte Menschenthum vergöttlicht und euch getröstet — daß in dieser Menschenreligion, im Selbstcultus, in der Selbstanbetung das Glück und die Religion der Zukunft liege; sie haben sich auf den Prophetenstuhl gesetzt und euch verheißen: Unser schöner Erdenstern wird werden zu einem Paradies."

„43. Das wird aber in der That ein Paradies werden voll Panthern und Tigern, voll Affen und Hyänen, voll Bestien, die sich gegenseitig zerkratzen und gegenseitig auffressen. Statt dem heiligen, friedlichen, reinen (durch Gottverleugnung, wie sie meinten, rein gewordenen) Menschenthum wird auf einmal der Viehcommunismus dastehen mit dem Recht des Stärkeren, mit der obersten Justiz der Fäuste, Knittel, Eisenstangen und Dreschflegel."

„44. Dann wird sich das, was ihr euch in eurer Thorheit habt als reines Menschenthum anpreisen lassen, zeigen als reines Teufelthum — denn der Mensch, von Gott in voller Lüge abgekehrt, ist nichts anders als ein hochmüthiger Teufel, ein gefallener Geist mit einem Leibe."

„45. Trotz eurem Reichthum seid ihr trostlos geworden, ihr Reichen, weil ihr weggeworfen habt den Glauben an Gott, an sein Gesetz, an seine Liebe, die auch ihr hättet lebendig darstellen sollen an euren Brüdern; ihr waret neidisch euren armen Brüdern um das Evangelium, um die Versöhnung in ihren Geistern, um den heiligen Frieden in ihrer Brust, um die himmlische Hoffnung ihres Herzens."

„46. Im satanischen Uebermuth, im teuflischen Neid habt ihr durch Wort und That, d. h. durch euere sogenannte Aufklärung und eure thatsächliche Nichtsnutzigkeit, durch eure offen getriebenen Laster den Armen ihren letzten Trost gestohlen, ihr habt sie zuerst beneidet und dann beraubt um das Evangelium, um die frohe Botschaft, um den seligen Frieden, der nicht mit Gold zu kaufen ist, der nur erworben wird durch Erkenntniß Gottes und Erkenntniß seiner selbst als Geschöpf — das sich vor seinem Schöpfer zu beugen hat, das ihm dienen muß — wenn es will Frieden erlangen und Seligkeit."

„47. Ihr habt den Glauben an den gerechten Gott lächerlich gemacht, und es ist euch nicht eingefallen, daß darnach die Armen den Glauben an euren gerechten Besitz gar zum Todtlachen finden werden."

„48. Wie es im alten Bund geheißen: Aug' um Auge, Zahn um Zahn, so wird es jetzt auch einmal heißen: Glaube um Glaube. Wenn ihr die Armen gelehrt habt, die Erlösung zu verleugnen und den jenseitigen Himmel, so müßten sie am Ende Narren sein, wenn sie, wie es nur angeht, sich nicht selber erlöseten aus der diesseitigen Hölle."

„49. Die Zeit der Verwirrung ist nicht mehr ferne, wer etwas Gefühligkeit hat, kann sie in allen Gliedern spüren. Nicht mehr auf Wagen und Rosse dürft ihr euch verlassen, nicht mehr auf Feuerschlünde und Heeressäulen, denn die Rosse werden gelenkt von Menschen und die Feuerschlünde zünden sich nicht selber an, es wird ihnen die Richtung gegeben und sie werden angezündet von Menschen, und die Heeressäulen sind gebaut aus Menschen."

„50. Wenn ihr auf Gott nicht haltet und euch nicht binden lasset durch sein Gesetz, wie eure Werke zeigen, meint ihr da noch, es lassen sich andere binden durch einen Eid? Wenn ihr den letzten Cement zerstört und aufgelöst habt, meint ihr da: die Steine werden auf einander bleiben und nicht anfangen zusammen zu rollen?

„51. An diesem Ziele steht die Gesellschaft, der erste Kampf galt dem heiligen Geist in der Kirche, der zweite dem Logos, Gottes Sohn, der dritte dem Vater als Schöpfer. Der Menschengeist hat sich den Thron Gottes errungen — er verleugnet den lebendigen dreieinigen Gott und hat das leere Wort, das hohle Phantom: Weltgeist an seine Stelle gesetzt. Und dieser Weltgeist wird zählen, wägen und theilen mit seiner Wage, bis der Herr, wie er schon einmal gethan — seinen Engel sendet, Namens Michael (d. h. wer ist wie Gott) mit der Wage seines Gerichtes, mit dem Schwert — das den Drachen bändigt; bis dorthin schwebt der Weltgeist ober' euern Häuptern und seine Fittige schlagen fachend in die Gluth der Armen, und seine Krallen wühlen in euerer Habe, und sein Krächzen tönt ohne Unterlaß: „Gezählt, gewogen, getheilt." — —

Nun noch was! Denken wir uns den Schopenhauer, seinem aus Worten und Handlungen erwiesenen Charakter nach, als reinen Proletarier, der, von Besitzenden ausgebeutet, mit Weib und Kindern am Hungertuche nagt und der, zur Vollendung seiner Verzweiflung zum Atheisten geworden, sich jede Hoffnung auf eine jenseitige Ausgleichung weggeleugnet hat. Und dieser Schopenhauer wird — insoweit es seine erwiesene persönliche Feigheit und Todesfurcht zuläßt — einer der wüthendsten Vorkämpfer der Revolution sein und gerade jene besitzenden, hochmüthigen atheistischen Weltweisen todtschlagen, die ihn und seine Genossen per Schurken und souveraine Canaille traktiren und die im Volke nichts Anders als einen ewig unmündigen Souverain erkennen wollen, der unter bleibender Vormundschaft stehen muß und nie seine Rechte selber verwalten kann!!

Somit ist die ebenso beständig als unverfroren angekündigte echte Wahrheit des Schopenhauerschen Systems nur für Besitzende und Genießende, welche gelegentlich der Anforderungen der armen Teufel, die auch etwas mitreden, mithaben und mitgenießen wollen, als souveraine Canaille bezeichnet werden, denen die besitzenden und genießenden Weltweisen mit Lust und Wonne kalte Bleibohnen in die ausgehungerten Mägen hineinfeuern lassen!!

Hier ist dem Atheisten die Heuchlermaske der von Frauenstädt ihm angeschmeichelten ethischen Gesinnung zu Boden gefallen, und das verzerrte, haßerfüllte Gesicht des erbarmungslosen, grausamen Egoisten ist in seiner Blöße offenbar geworden.

105. Charakteristische Stellen aus der Correspondenz Schopenhauers zur Beleuchtung seines Charakters.

Der größte Theil der Briefe Schopenhauers an Frauenstädt enthält Besorgnisse bezugs der Verbreitung seiner Philosophie und seines Ruhmes, immer wiederkehrendes Selbstlob, und beständiges Geschimpfe über die Professoren der Philosophie im Allgemeinen, weil diese so geistesbeschränkt sind und ihn als den größten Weltdenker nicht anerkennen wollen; dann über Kritiker, die ihn nicht genug loben oder ihn am Ende gar ignoriren. Es ist eine beständige Selbstberäucherung seines Genies und ein beständiges Herabreißen Aller, die seinem philosophischen Geßlerhut nicht Ehrfurcht bezeugen. Wir wollen schlagende Stellen über diese besagten Themata bringen.

Am 2. März 1849 berichtet Schopenhauer dem Frauenstädt von einem Herrn v. Quandt, der ihm geschrieben:

„Der Weg, welchen Sie vom Realen zum Idealen gefunden haben, ist eine größere Entdeckung als die, welche von den Portugiesen gemacht wurde, daß man über das Weltmeer von Europa nach Indien gelangt."

Aehnliche Glaubensartikel werden vom Weltweisen immer mit dem empfänglichsten Herzen aufgenommen und im Te Deum-Katalog der ihm angethanen Hymnen gewissenhaft verzeichnet.

Ist diesem Herrn von Quandt
Nicht auch das Hirn verbrannt?
Er kräht als wie ein Gackel,
Und lobt wie ein Orakel

Des Schopenhauer Bücher,
Und dieser glaubt ihm sicher.
Gewohnt, die stärksten Prisen
Zu schnupfen ohne Niesen,
Setzt man den Weisheitsriesen
Noch über die Portugiesen,
Die uns mit Indien verbunden,
Als sie den Weg dahin gefunden.

Schopenhauer fängt sämmtliche schimmernden Complimente, die wie bunte Schmetterlinge an seiner Nase vorüberflattern, und steckt sie auf die Nadel, um selbe seinen Freunden als Muster vorzuzeigen: „Seht Ihr, so müßt Ihr's machen, wenn Ihr Euch die Huld des größten Weisen erwerben wollt." Wenn man diesem philosophischen Honigtiegel mit der Frage an den Leib gerückt wäre, wo denn die Aehnlichkeit zwischen Realem und Idealem und Europa und Indien zu suchen sei, und worin denn eigentlich Schopenhauers weltbeglückende Erfindung bestehe, so würde Herr v. Quandt entweder geschwiegen haben, was das Klügste, oder er würde mit einem neuen Unsinn geantwortet haben, was das Dümmste gewesen wäre.

Am 9. December 1849 dankt er dem Frauenstädt für eine belobende Kritik in den Blättern für literarische Unterhaltung; er schreibt:

„Den Philosophieprofessoren muß es zum großen Aerger gereichen. Sie gleichen jetzt Leuten, die in einem finstern Winkel des Saals immer genasenstübert worden sind, jedoch nicht geschrieen, sondern still gehalten haben, und da kommen nun Sie, mit einem Lichte die Scene zu beleuchten. Von meiner vierfachen Wurzel zweiter Auflage haben sie nicht einmal den Titel in irgend einer ihrer literarischen Zeitungen angezeigt, sondern husch, husch, nicht ein Wort, schweigen, sekretiren. Aber dies irae kommt, „bald wird Himmel und Erde uns Esel bohren, wir sind unwiederbringlich verloren." (Goethe.) Ich möchte den Kriegsconseil der Herren behorchen, ihre Verlegenheit muß unbeschreiblich sein."

„Ich hoffe, daß Anfangs Mai Herr v. Doß aus München bei Ihnen gewesen ist: er wollte Sie aufsuchen, und gab ich ihm viele Grüße mit. Bloß der Skrupel bleibt mir, daß er nach Dresden, wohin er zuerst wollte, gerade in den Kampf- und Schreckenstagen gekommen wäre und vielleicht umgekehrt ist nach Süden. Das wäre sehr schade. An genauer Kenntniß aller meiner Schriften und Ueberzeugung von meiner Wahrheit kommt er Ihnen wenigstens gleich, wenn er Sie nicht übertrifft: sein Eifer ist unbeschreiblich und hat mir viel Freude gemacht. Er blieb 14 Tage, bloß um mich jeden zweiten Tag zu besuchen. Leider gibt er noch nichts zur Presse, er ist erst 26 Jahr. Aber er ist ein schreibender Apostel, schreibt Briefe an Leute, die er nicht kennt, ihnen zu sagen, daß sie mich lesen sollen. Sogar die Schriften Dorguths sind ihm alle ganz geläufig, auch der Rätze, und überhaupt jede Zeile, die je von mir geredet hat: außer sich gerieth er, als ich sprach von einer Recension de Anno 1821, die er noch nicht kannte: er spürt ihr nach. Er studirt den Buddhaismus und hat sich J. J. Schmidts Abhandlungen der Kaiserlichen Akademie abgeschrieben! Ich sage Ihnen: ein Fanatikus!"

„Mit mir ist Alles beim Alten, bin gesund wie immer, schreibe fleißig an den operibus mixtis, die im Frühjahr zur Presse fertig sein werden. Dann wollen wir an einen Verleger denken. Meinen theuern, lieben, großen, schönen Pudel habe ich verloren: er ist vor Altersschwäche gestorben, nicht ganz 10 Jahr alt. Hat mich inniglich betrübt und lange."

30. September 1850:

„Wo gibt es in der deutschen Literatur ein Buch, welches man aufschlagen kann, wo man will, und gleich mehr Gedanken empfängt, als man zu fassen vermag, als mein 2. Bd. „Welt und Wille"?"

Schopenhauer setzt im Briefe selber eingeschaltet dazu: „Pfui, Alter, renommire nicht!" — Sonderbar! Wenn er wirklich hätte nicht renommiren wollen, so würde er dieses Selbstlob einfach ausgestrichen oder irgendwie getilgt haben!

16. October 1850:

„O, meine Abhandlung über die Universitätsphilosophie gleicht jetzt dem wiehernden Streitroß im Stall, es will heraus! Die Philosophieprofessoren werden ihre Freude erleben, ihnen wird sein, als ob es Ohrfeigen regnete. Noch will ich zu Herbarts Bestien bemerken den süßlich, verblasenen, erbärmlichen Einfall, die Moral auf Aesthetik zu gründen u. s. w."

„Viel wichtiger ist, daß mein brauner Pudel, jetzt 17 Monat alt, ganz so groß und genau so gewachsen aussieht wie der selige, den Sie gekannt haben, dabei aber der lebhafteste Hund ist, den ich jemals gesehen!" — —

Lobgeheul und Preisgedudel
Freut ihn auch an seinem Pudel.
Nur wer ihn recht lobgehudelt,
Sich vor ihm herumgepudelt,
Wurde gnädig aufgenommen,
Wenn er auf Besuch gekommen.

Er war voll Durst und voll Bedürfen
Ganz unersättlich, Ruhm zu schlürfen.
Wenn Jemand ihm das Lob verweigert,
Da war sein Zorn zur Wuth gesteigert;
Das Lob verschlingt er mit Entzücktheit,
Der Tadel bringt ihn zur Verrücktheit.
Betrachten wir die alten Griechen,
Was waren das für edle Heiden!
War doch ein Jeder sehr bescheiden, —
Mit diesem eitlen Geck verglichen.
Sie fühlten sich, wie es zu lesen,
Abhängig von dem höchsten Wesen;
Sie waren keine Babelthürmer
Und waren keine Himmelstürmer, —
Sie waren frei vom Hochmuthssparren,
Mit einem Worte: keine Narren!

106. Kritiker, die ihm nicht unbedingt Lob spenden, sind Lumpen, freche Buben, Sünder, miserable Schufte. Er bedauert, den Voltaire nicht auf dem Sockel des Monuments Friedrichs II. zu finden, und es regnet Klötze, Flegel, klotzige Esel, Ignorantenpack, Schusterjungen, Kathedergesindel, Windbeutel.

26. September 1851 an Frauenstädt:

„Ihre Reflexionen über mein Buch sind wohl im Ganzen wahr: doch gehen sie eben nicht tief ein. Leider haben Sie augenscheinlich dabei bloß an die Aphorismen zur Lebensweisheit gedacht und machen es, wie das Publikum, das auch immer nur vom Letzten und Neuesten weiß. Doch etwas zur Erwiderung. Da ich stets nur von Dem rede, was ich aus innerer und äußerer Erfahrung kenne, so mußten Aphorismen zur Lebensweisheit nothwendig viel Subjektives enthalten. — Das Zurückkommen auf das Genie und was daraus folgt, ist mit Wissen und Vorbedacht geschehen. Ich bin nämlich der Erste, der das eigentliche Wesen des Genies ergründet und deutlich erklärt hat. Die Besten vor mir, namentlich Jean Paul in seiner Aesthetik, und Diderot „Du génie“, sind auf der Oberfläche geblieben. Daher war es nöthig, daß ich nichts zurückbehielt von meinen Gedanken über den Gegenstand, auch wenn es bloß eadem sed aliter war, bloß neue Darstellung und Beleuchtung der Sache. Ich bin hier, wie in vielen Dingen, sehr viel tiefer der Sache auf den Grund gekommen, als die Andern.“

„Mit vielem Danke schicke ich Ihnen inliegend das Blatt aus der „Gegenwart“ zurück. Nicht, was der Lump über mich, was er über Kant sagt, ärgert mich, also dessen Philosophie lebte nur noch bei einigen Landpastoren und Schulmeistern: die Hegelsche Weisheit wäre das Licht der Welt! — Freche Buben! Wer er sei, kann ich nur so weit sagen, daß er höchst wahrscheinlich derselbe ist, der einst in den Halleschen Jahrbüchern die saubere Recension über mich geliefert hat; — und zwar deshalb, weil, hier wie dort, er sich ereifert darüber, daß ich gesagt habe, meine Philosophie sei ein Theben mit 100 Thoren: das kann er nicht verdauen; obwohl es ein ganz unverfängliches Gleichniß ist, auszudrücken, daß man das Studium meiner Philosophie von jedem Ende derselben anfangen könne, — daher es, außer ihm, keinen Menschen schokirt hat. Von diesem Menschen nun ist nur so viel ausgemacht, daß er ein Hiesiger ist, weil Anspielungen auf meinen Pudel darin vorkommen. Dr. Emden wirft seinen Verdacht bald auf Diesen, bald auf Jenen, fest überzeugt, es sei ein Hiesiger. Da haben Sie die saubern Früchte der Anonymität.“

Schopenhauer jammert, daß auf dem Monument für Friedrich den Großen der große, herrliche, unsterbliche Voltaire fehlt. Es hat den Anschein, als ob Schopenhauer nicht wußte, wie Friedrich, auf feste Grundsteine von bitteren Erfahrungen gestützt, den Voltaire einen Schuft geheißen. Somit konnte man ja doch nicht einen vom Monumentalhelden selbst als Schuft gebrandmarkten Gesellen als eine Basreliefzierat am Sockel anbringen.

„Das Monument Friedrichs des Großen kenne längst aus dem Kupferstich, kann aber danach bloß von der Komposition urtheilen, also: Von Kant hat der König wenig oder gar nichts gewußt.[1]) Von Lessing erzählte mir unlängst Dr. Passavant, der meines Alters ist, ihm habe in seiner Jugend Lessings Schwester erzählt, Lessing habe einst eine Audienz beim König gehabt, von der zurückkommend er so desperat gewesen sei, daß er sich die Perücke abgerissen und sie wüthend zur Erde geworfen habe. Hingegen ist es skandalös und empörend, daß des Königs wahrer Freund und Geistesbruder fehlt, der große, herrliche, unsterbliche Voltaire.[2]) Daß er mit dem König sich überworfen hatte, ist keine Entschuldigung: denn das hat den König nicht abgehalten, bei seinem Tode 1776 selbst sein éloge abzufassen und als Akademiker es in der berlinischen Akademie selbst vorzulesen. Auch Moses Mendelssohn sollte darauf stehn: der König ließ ihn öfter

---

[1]) Ich hatte ihm geschrieben, daß auf dem Friedrichs-Denkmal in Berlin auch Kant und Lessing ständen.

[2]) Voltaire fehlt auf dem Friedrichs-Denkmal zu Berlin.

kommen, sich mit ihm zu unterhalten. Aber sie haben's gemacht, wie der Pommersche Lieutenant, der den Mendelssohn nicht in die Oper ließ. Gehen Sie um Mitternacht hin zum „Mann von Erz und Stein" und fragen Sie ihn, wer seinem Freunde keine Stelle gegönnt hat und Schuld ist an dem kolossalen Abderitenstreich? — Da nickt er mit dem Kopfe, und eine dumpfe, hohle Stimme spricht: „die Schäker". —

„Die vielen populären Geschichten der Philosophie, z. B. auch die zwei oben erwähnten, (4 oder 5 sind dies Jahr erschienen, wozu Erdmanns kommt), welche jetzt fabricirt und, trotz der Schwierigkeit des Verlags, gedruckt worden, sind eine Folge der Gesunkenheit des Glaubens: man wendet sich zu den Philosophen."

„In dem Münchener Gelehrten-Anzeiger steht eine lange lobsingende Recension der Ethik des Chalibäi: in allen Journalen wird also das Produkt dieses Sünders verherrlicht und gepriesen. Nun halten Sie dagegen, daß meine Ethik in keiner einzigen der vielen damals florirenden Literaturzeitungen angezeigt worden, ausgenommen in dem Leipziger Repertorium (das nichts unerwähnt lassen darf), daselbst aber kurz und in der hämischen Intention, es als ein unbedeutendes Produkt der Vernachlässigung zu empfehlen. Und ich sollte nicht von coquins méprisables reden? Aber quos ego, meine Abhandlung über die Universitätsphilosophie kommt schon aus dem Backofen. Die verdienen's!"

30. October 1851:

„Der Kant steht auf meinem Pult, ganz und heil, allerdings hält es schwer, ihm seine geistige Größe anzusehen. Ich ließe gern ein halb Dutzend machen, aber der jetzige hiesige Daguerrotypeur ist ein so unerträglicher, unbeschreiblich widerwärtiger Klotz und Flegel, daß schon seine Gegenwart mir ein verdrießliches Gesicht aufsetzt. Vorletzten Sommer saß ich bei ihm bereits vor der Maschine: er benahm sich aber so, daß ich plötzlich aufsprang, Hut und Stock ergriff und zur Thür hinaus. Er ist der Einzige hier, der gute Maschinen hat. Es ärgert mich, daß dem so ist. Da hab ich von Andern 2 große Photographien machen lassen: sie sind sorgfältig ausgemalt, aber schändliche Karrikaturen. Sonderbar, als ich das Eine, als es neu war, aufmerksam betrachtete, fiel mir ein, ich sähe darauf aus, wie Talleyrand, den ich 1808 oft und bequem gesehen. Wenige Tage darauf sitz ich bei Tische neben einem alten Engländer: nach einiger Konversation und Vertraulichkeit sagt er: „Sir, soll ich Ihnen sagen, wem Sie ähnlich sehen? dem Talleyrand, den ich in jungen Jahren oft gesehen und gesprochen habe." — Kurios ist's, aber buchstäblich wahr. — Diese Fratzen mag ich Ihnen nicht schicken: also sollen Sie das mit dem der Mad. Mertens gleichzeitig gemachte haben: ich sehe darauf indignabundus aus, als stände ich eben von der Abhandlung über die Universitätsphilosophie auf. Halten Sie es in Ehren: denn jedenfalls werde ich nicht wieder so jung daguerrotypirt. Wenn der Himmel uns doch einen französischen Daguerrotypeur zuführte! Mit den Deutschen ist's nichts, den klotzigen Eseln."

Den Heinrich Meldegg (war katholischer Priester, apostirte, heirathete und wurde Professor zu Heidelberg) nimmt Schopenhauer arg mit:

„In den Heidelberger Jahrbüchern, November und Dezember 1850, belehrt uns Herr Reichlin Meldegg, p. 907, der Raum sei das „bloße Verhältniß der Dinge zu einander." Dabei polemisirt er nicht etwa gegen Kant, ignorirt ihn aber auch nicht: nein, er ist ganz ehrlich ein Ignorant, der das ABC. der Kantischen Philosophie nicht kennt. Solche Bursche leben von der Philosophie! Ich sollte Herzog in Baden sein! — Wenn nun ein fleißiger, im Kant belesener Student diesem Herrn Professor unter's Kinn griffe und sagte: „Guter Junge, da müßte ja, wenn man die Dinge wegnimmt, auch der Raum verschwinden." —! So aber ist das ganze Pack, vom Ersten bis zum Letzten. Nichts lernen, nichts denken, nichts wissen, sondern auf dem Katheder naturalisiren wie ein Schusterjunge: — aber von dem Gewerbe fressen, saufen und dann kannegießern gehen. — An derselben Stelle polemisirt besagter Mensch gegen den von Oersted ausgesprochenen Satz, „daß Körper krafterfüllte Räume sind", als gegen etwas Neues, und weiß gar nichts davon, daß das ein bekannter Kantischer Satz ist, den Kant leider von Priestley gestohlen hat, wie ich nachgewiesen. Er macht's also mit Oersted, wie Voigtländer mit mir. — Und so hat dies ganze Kathedergesindel die Philosophie um 70 Jahre zurückgebracht, indem es Kants große Entdeckungen allmälig obliterirte und vergessen machte, um plump zu naturalisiren, als hätte es nie einen Kant gegeben: das macht, aus seiner Philosophie ging kein lieber Gott hervor."

107. Verdammtes Volk. Dummes Zeug. Lumpenpack, Rotte, Dummdreistigkeit. Lumpen; dagegen Lob eines Bierbrauers, der ein Schüler des Weltweisen werden will.

2. Januar 1852:

„Neulich kam ein Student aus Gießen, der eben nur zum Theil die Parorga gelesen, mich zu besehen; war ein Großneffe der Lotte Werthers. — Man sieht, es wirkt doch. Aber das verdammte Volk liest stets nur das Neue."

„Erdmanns psychologische Briefe habe durchblättert; fades, dummes Zeug! Der Edle hat, vor'm Jahr, in einer seiner, nachher gedruckten Philister-Vorlesungen, über Lachen und Weinen, meine Theorie des Weinens vorgetragen, ohne mich zu nennen. Federchen ausrupfen! Wollen Sie zu Allem und Jedem, was ich den Philosophie-Professoren vorwerfe, ein schönes, komplettes Exempel, lesen Sie „der Encyklopädie der Philosophie zweiten, ethischen Theil“, von Professor Fischer in Erlangen! — Desgleichen Sengler's „Die Uedäh Gottes“.[1]) — Beides ganz neu. Die L.......... bringen sich immer tiefer herunter, und meine „Universitätsphilosophie“ gibt ihnen den Gnadenstoß.“

„Dorguth ist ebenfalls lebhaft angeregt durch „Absichtlichkeit im Schicksale“,[2]) schreibt, mir würden die Haare zu Berge stehn, wenn ich seine Lebensgeschichte hörte. — Ihre Anekdötchen amüsiren mich. Der Jagemann, genannt von Heigendorf, erzählte ich vor 18 Jahren die damals eben ersonnene Stachelschweingeschichte, und hatte auch sie große Freude daran. Sie und ich waren die Letzten aus der glorreichen Weimarschen Periode.“

11. März 1852:

„Empfangen Sie meinen Dank für die abermalige Glorification, die Sie durch Ihre Recension mir haben zu Theil werden lassen. Die Darstellung ist gut, sorgfältig und überhaupt, wie ich sie von Ihnen erwartete; auch glaube ich, daß sie viel wirken wird, hauptsächlich, weil man fühlt, daß aus Ihnen aufrichtige Ueberzeugung redet. Nur Eines darin hat mich verdrossen, nämlich, daß Sie sagen, ich hätte das Ignoriren und Sekretiren zum Theil verschuldet, durch meine Angriffe auf die Philosophie-Professoren. — Diese Angriffe datiren ja erst von 1847 (bis dahin waren bloß kleine Sarkasmen untergelaufen), nachdem ich von 1813 bis 1847 vergeblich auf irgend einige Gerechtigkeit von diesen L..... gewartet hatte: also nach 34 Jahren der Geduld! Erinnern Sie sich doch nur Ihres eigenen Erstaunens, als Sie zufällig meine Existenz entdeckt hatten. 1813 trat ich auf, Farbenlehre 1816, das Hauptwerk Ende 1818 u. s. w. Ein solches methodisches Ignoriren des allein Beachtenswerthen und Celebriren des Schlechten, 34 Jahre lang, ist ohne Beispiel. Ich bin noch viel zu glimpflich mit den L..... umgegangen. Ich hoffe, daß Sie bei irgend einer Gelegenheit Ihren Irrthum berichtigen werden.“

„Leider hat man Ihre Berichtigung des angezeigten Druckfehlers einzuschieben vergessen: höchst verdrießlich. — Auch noch muß ich bemerken, daß Sie mit Unrecht meine „Universitätsphilosophie“ unerquicklich nennen. Sie ist durch die Darstellung, Lebendigkeit und Vehemenz sehr unterhaltend, ja, vielleicht die schönste Invektive, die seit Cicero in Verrem geschrieben worden.“

10. Juni 1852:

„Becker kam von Mainz herüber, bloß um mich zu sehen. Er mißbilligt Dorguths Tadel meines ritterlichen Ehrenkodex, der

---

[1]) Schopenhauer sprach und schrieb öfter statt Idee: Uedäh.

[2]) Durch die „Transcendente Spekulation über die anscheinende Absichtlichkeit im Schicksale des Einzelnen“, im 1. Bande der Parerga.

ihm gerade gefällt. — Der alte Dorguth ist im 75sten Jahr, schreibt mir, er möchte meinen Geburtstag wissen, um ihn mit seinen 3 Töchtern (die auch meine Schriften studiren) feiern zu können. Ist das nicht viel? — In der Didaskalia (Feuilleton zum Frankfurter Journal) vom 14. April steht ein kurzer, aber sehr guter Artikel über mich, von unbekannter Hand. — Hier ist ein ältlicher, sehr literarischer, ja halb gelehrter Commis eines großen Hauses, der 1847, nachdem er meine vierfache Wurzel gelesen, mich auf der Promenade anredete, mich seiner Verehrung zu versichern und nur ein Mal mit mir zu reden. Seitdem hatte ich ihn nicht wieder gesehen. Nun ist der Mann 3 Mal in unsere Lesegesellschaft (deren Mitglied er nicht ist) gegangen, um mich dort zu finden. Endlich traf er mich und sagte, er wäre bloß gekommen, mir zu danken für Alles, was ich geschrieben: alle meine Werke, sogar die Farbenlehre, habe er angeschafft und studire sie fleißig, mit seinem Sohne, der, ein Gymnasiast von 21 Jahren, jetzt zur Universität soll und ihm die griechischen und lateinischen Stellen übersetzt. Dergleichen freut mich sehr, das ist echt, das ist etwas Anderes, als Camaraderie. Auch Doß schreibt mir von einem Brauerssohn, der jedoch studirt hat, allein ein Brauer geworden ist und keine Bücher kauft, jedoch mein Hauptwerk gekauft hat, nachdem er das Kapitel von der Geschlechtsliebe gelesen. — Aber was mich mehr als Alles gefreut hat, ist das mir übersandte „Programm des Gymnasiums zu Nordhausen, zur öffentlichen Prüfung am 5. und 6. April", enthaltend „Zur systematischen Entwicklung der Geometrie aus der Anschauung" von Kosack, Lehrer der Mathematik und Physik. Da wird erzählt, wie man schon lange versucht hat, die Euklidische Methode zu ändern, bis endlich durch mich die Sache auf immer unwiderleglich entschieden sei; folgen die Hauptstellen aus dem Kapitel vom Seinsgrund in der vierfachen Wurzel, wörtlich, wie ich sie 1813 im Wirthshaus zu Rudolstadt niedergeschrieben, und dann eine ausführliche Probe einer Darstellung der Geometrie in meinem Sinn, im Ganzen 30 Seiten 4to und Kupfertafel. Sie müssen das durchaus lesen, können ja nöthigenfalls es kommen lassen, die wenigen Bogen. Dieses Kapitel hatte 1813 zuerst Goethes Aufmerksamkeit auf mich gezogen."

„Fortlages neue Geschichte der Philosophie, enthaltend 16 Seiten über mich, wird Ihnen eben vorliegen. Die zweite Hälfte des Kapitels besteht aus abgeschriebenen Stellen meiner Werke, ist folglich sehr gut, abgesehen von der pêle-mêle, pot-pourri, Zusammenstellung. Aber was er selbst referirt und gar beurtheilt, ist falsch, schief und schlecht. Erst ignoriren die Herren mich 35 Jahre lang, und dann werde ich eben einrangirt unter lauter L . . . . , als auch so Einer, und gar noch verglichen, ja ähnlich gefunden, mit dem erbärmlichen Beneke, auf den ich das Xenion anwende:

„Armer empirischer Teufel, du weißt es nicht, wie du so dumm bist,
Denn du bist, sei es geklagt, ach, a priori so dumm!"

12. Juli 1852:

„Meine Abhandlung über die Universitätsphilosophen, die Sie jetzt unerquicklich genannt haben, erquickt Jeden, der das Treiben dieser — elenden Miethlinge kennt, und ich bedauere bloß, noch zu schonend mit solchem Gesindel umgegangen zu sein."

„Vor einigen Wochen traf ich hier einen alten Bekannten aus Berlin, der sich freute, mich zu sehen, weil er vor seiner Abreise bei Humboldt war, der sich lebhaft erkundigte, wo ich denn wäre, welches mein Bekannter nicht zu sagen gewußt, daher jetzt sich freute, bei seiner Rückkehr Sr. Excellenz Bericht erstatten, ja sogar demselben meine gehorsamste Empfehlung überbringen zu können. Denselben hatte am selben Tage noch Einer nach mir gefragt, er wußte aber nicht mehr, wer — alte Troddel! Den Dorguth habe nie gesehen, Sie können ihm kein größeres Plaisir machen, als wenn Sie ihm meine Daguerrotypie mitbringen, zur Ansicht, aber wohl verpackt!"

„Kein Schimpfen ist zu hart gegen Diener, welche Feinde des Herrn sind, dessen Brod sie essen, und dies ist das Verhältniß der Philosophieprofessoren zur Philosophie."

Schopenhauer setzt natürlich immer voraus, daß s e i n e Philosophie allein den Namen P h i l o s o p h i e verdient, daß s i e die Herrin aller anderen Philosophien sein soll, wie e r der H e r r seiner Philosophie ist.

6. August 1852:

„Daß ich hätte dem H u m b o l d t die Parorga überschicken sollen, ist venia verbo ein knolliger Einfall! Ich meine Werke dem Compilator zu Füßen legen! Sie trauen mir mehr Demuth zu, als ich besitze. Die Speichelleckerei der Gelehrten gegen ihn ist ekelhaft, zumal, wenn sie seinen schönen Stil bewundern. Der hat etwas ganz specifisch Langweiliges, in seiner breiten Wohlgesetztheit. Mit welcher irgend wichtigen allgemeinen Wahrheit Humboldt die Menschheit bereichert habe, habe ich noch zu lernen. — Was soll mir sein Einfluß? — Ich v e r l a n g e n i c h t s. — Ich habe ihn grüßen lassen, weil wir uns persönlich sehr wohl kennen, (1826 viel verhandelt haben, nicht Wissenschaftliches) und er nach mir gefragt hatte."

„Wieder eine Geschichte der neueren Philosophie von K u n o F i s c h e r! — Sehen Sie, was der ...... sagt von Schelling und Hegel = Plato und Aristoteles! — und der Enthusiasmus, mit dem er den ontologischen Beweis vorträgt, die armen Jungens zu bethören und zu belügen! — Elender ....!"

108. Halle, daß Professoren den Verdienstorden bekommen, der nur „geistigen Eminenzen" verliehen werden sollte. Studenten, die ihn lesen, hoch belobt. Tartüffe! Frechheit, ihn zu ignoriren, Herbart ein Querkopf, nüchterner, platter Geselle. Fichte ein Windbeutel. Menzel ein Denunziant. Eigenlob seiner Philosophie.

21. August 1852:

„Ich danke Ihnen für die Ehrenbezeugungen, die Sie mir wünschen, ja gar verschaffen möchten. Seien Sie ganz ruhig: der Verdienstorden und das Verdienst treffen nicht so leicht zusammen, hat also gute Wege. Dieser wirklich edel und erhaben concipirte Orden, für die Söhne des Mars, oder der Musen, allein, ist bereits seinem hohen Zweck untreu geworden: aus „nicht mehr als 30" hat man „nicht weniger als 30" gemacht; daher eine Menge Leute von sehr geringen Verdiensten dasselbe Kreuz tragen, womit der König den Prinzen von Preußen für die Ueberwältigung der badischen Rebellion belohnt hat. Die Vertheilung ist in den Händen des Kapitels, welches aus lauter Professoren besteht, die nun jeden alten emoritus aus ihrer Gilde damit dekoriren, z. B. kürzlich den Creuzer für seine mythologischen Faseleien, u. A. m. — Es müßte im Inlande mit eben so viel Zurückhaltung, wie im Auslande, vertheilt werden, bloß an eigentliche, geistige Eminenzen."

„Aber Das ist ein excellenter Einfall, daß Sie den Humboldt auf mein Urtheil über die Farbenlehre hinweisen möchten: — da würden Sie ihn in Ingrimm versetzen. Er hat sich im 3. Band des Kosmos auf das Kläglichste mit der Neutonischen Farbenlehre kompromittirt, wobei er von einem grünlichen Roth redet, dies ist wie von einem Ost-West-Wind: er redet also ganz wie ein Blinder von der Farbe. — Ueberhaupt, wo ist eine Eitelkeit, die ich nicht gekränkt hätte? Man dient nicht der Welt und der Wahrheit zugleich. Daher, wenn es Kreuze regnete, keines auf meine Brust fiele."

12. September 1852:

„Neulich war wieder ein Student aus Gießen bei mir. Freute sich sehr über mich, bat um Erlaubniß, um Ostern wieder zu kommen, ehe er die Universität wechselt. Ist hübsch von den Jünglingen! Der neue Apostel,[1]) Verfasser des kleinen Artikels in der Didaskalia — angehender Evangelist Kilzer ist wirklich ein überlegener Kopf; jammerschade, daß er kein Gelehrter ist. Er hat einen Aufsatz über meine Philosophie und einen über meine

---

[1]) Schopenhauer nennt seine Schüler abwechselnd Apostel und Evangelisten.

Farbenlehre abgefaßt, die er in die Didaskalia setzen wollte, welche es aber abgelehnt hat: sie ist auch nicht zu solchen ernsten Dingen: nun weiß er nicht, wohin er diese Eier legen soll. Vor 8 Tagen hat er eine dreiwöchentliche Ferienreise nach Tyrol angetreten. Ganz von selbst sagte er mir, er werde in München den Doß aufsuchen. Dieses Sichbesuchen der Apostel gefällt mir sehr: es hat etwas Ernstes und Grandioses: „wo zwei in meinem Namen versammelt sind, bin ich mitten unter ihnen."

Am 22. October 1852 geht es wieder scharf über Philosophen und Naturhistoriker los, die so frech sind, beim Triumphwagen Schopenhauers nicht anzuziehen oder wenigstens hinten nicht nachzutauchen. Da wird wieder mit Schuften, Gaunerei und Clique gearbeitet, und der wegen seiner Perfidie auch damals sehr bekannte Fallmerayer zum Kampfe gegen die „Finsterlinge" aufgehetzt.

„Jetzt folgen Sie mir in die Deutsche Gaunerherberge. Ihren finstern Hintergrund bildet die (Sie wissen woher stammende) jetzt allgemeine, in allen Schulen, Gymnasien, Universitäten, Büchern, Journälen eifrigst betriebene Cagotage und Tartüffianismus: die feilen Lumpe treiben es aber so plump absichtlich, so bärenhaft ungeschickt, treten so mastig auf, daß der Erfolg, so wahr ich lebe, der entgegengesetzte sein wird. Als einen Erz-Cagot und Tartüffe habe ich Ihnen schon den saubern Herrn R. Wagner bekannt gemacht. Oh Fallmerayer! schläfst Du? Komme, und wie Du vor 1½ Jahren dem elenden Ringseis eine derbe, öffentliche, wohlverdiente Züchtigung hast angedeihen lassen,[1]) zum Troste aller Redlichen; so mache es einmal mit Jenem und seiner Göttinger Gesellenschaft. — Nach der psychologischen Seite hin ist nun die Aufgabe dieser Herren, darzuthun, wie Leib und Seele zwei grundverschiedene Substanzen sind und letztere im Kopf bloß logirt: als unsterblich ist sie absolut-einfach und untheilbar, muß also ihre ganze Bagage von Intellekt, Gefühl, Willen, Leidenschaften u. s. w. in Einer Nuß dort oben zusammenhaben, in Einem Punkt, als Leibnitzische Monade: daher also können die Begehrungen, Leidenschaften u. s. f. nicht in den anderen partibus des Leibes stecken, wie Bichat und Ich sagen. Merkt's! Dies muß durchgesetzt werden, trotz Kant einerseits und den französischen Physiologen andererseits. Merken Sie was? Jetzt lesen Sie im letzten Leipziger Repertorio die höchst lobende Recension des nichtswürdigen Machwerks von Lotze (Lotz und Botz bekanntliche philosophische lumina Göttingens!) „Mediciniſche Psychologie". Der anonyme Sch... lobt das Ding im Vertrauen auf seine Anonymität. In dem Buch wird obige obligate Lehre aufs Weitläufigste durchgeführt und R. Wagner und Volkmann höchlich gelobt (es ist

[1]) In den Blättern für literarische Unterhaltung.

Alles Eine clique). Die Seele wird mit alten Weiber-Argumenten demonstrirt. Die Frechheit, mit der Kant dabei ignorirt wird, kann mich über die Frechheit trösten, mit der man mich ignorirt. Nun aber weiß der Schächer nicht, da die Seele alles Denken, Wollen u. s. w. allein vollbringt, was er mit dem so künstlich komplicirten, 3—5 Pfund schweren Gehirn anfangen soll: er erklärt es für den bloßen Ernährungs-Apparat der Sinneswerkzeuge!!!!!!! Vielleicht ist nie ein frecherer Unsinn ausgesprochen worden. — Das also sind die Leute, bei denen Sie in die Schule gehen, und wo Bichat oberflächlich ist. Kant und Ich sind ein Paar Esel, auf die man gar nicht hört. Das ist deutsche Redlichkeit."

22. November 1852:

„Der Herbart ist ein entschiedener Querkopf, hat seinen Verstand verkehrt angezogen u. s. w. Aber was kann absurder sein, als mich einen Atomisten zu nennen. — Ebenso falsch ist es, den Herbart einen Atheisten zu heißen, da er den physikotheologischen Beweis geltend gemacht hat, mit schamlosester Reticenz der wahren Gründe in Kants Argumentation dagegen, die er so verfälscht vorbringt, der L...!"

Nach einem Schimpf über den Fichte jr. heißt es:

„Dieses darf uns nicht wundern, da der Charakter vom Vater erbt: dieser war ein Windbeutel, will sagen ein Mensch, der es auf Illusion und Täuschung abgesehen hat: aber der hatte dazu Verstand und Talent, machte es also fein. Der Sohn hingegen ist, in Folge seiner Mutter, ein ...... und nun .... vermöge des väterlichen Charakters. Aber sehr vernagelt müßte der Leser sein, der seiner Darstellung nicht anmerkt, daß Bosheit, Schlechtigkeit und Neid allein aus dem Kerl reden: und nun gar Leser, die mich schon sonst kennen! Sich wird er schaden, nicht mir; so gern er auch mich wieder vor der Welt zudecken möchte mit dem Scheffel, und ihr aufbinden, es wäre nichts damit, wäre viel Lärm um Nichts. Sogar moralisch sucht mich der Kerl zu verdächtigen, möchte mich als Mephistopheles darstellen! — Im Ganzen aber tröste ich mich mit Goethes Versen:

„So will der Spitz aus unserm Stall
Uns immerfort begleiten:
Doch seines Bellens lauter Schall
Beweist nur, daß wir reiten!"

30. März 1853 bekommt Wolfgang Menzel seinen Text. Der Unglückliche hat in seiner Literar. Zeitung von der Philosophie Schopenhauers noch nichts gebracht.

„Des Noaks eben erwähnte „Theologie als Religionsphilosophie" finde ich in Menzels Literaturblättern vom 18. März unter der Ueberschrift „antichristliche Presse" wüthend heruntergehängt, aber bloß wegen der Gottlosigkeit ihres Inhalts. Das schadet dem Buche nicht, denn daß dieser Menzel, der Denunziant, entweder der erbärmlichste Cagot, oder der nichtswürdigste Tartüffe ist, weiß die Welt. Von mir ist nichts darin gesagt: der kennt meine Philosophie nicht."

Das hat der Menzel davon gehabt! Hätte er den Schopenhauer gelobt, so wäre er weder ein Cagot, noch ein Tartüffe, sondern einer der geistreichsten Kritiker in Deutschland gewesen.

Am 30. September 1853:

„Vor 14 Tagen kam ein Dr. K., Lehrer an einer Realschule im Herzogthum . . . ein großer Mann von gegen 40 Jahren trat ein, sah mich an, daß mir Angst wurde, und schrie: Ich will Sie sehen, ich muß Sie sehen, ich komme Sie zu sehen! Zeigte großen Enthusiasmus. Meine Philosophie hätte ihm das Leben wiedergegeben. Scharmant!"

Dieser Realprofessor, der doch, wenn die Schilderung desselben von Seite des Weltweisen wahr ist, auch was man so sagt, ein sehr überspannter Mensch, oder drastischer: „ein halbverrückter Kerl" war, bekommt als Fleißnote für seinen Enthusiasmus ein „scharmant!"

Am 28. Jannar 1854 wird dem Apostel Frauenstädt die allerhöchste Anerkennung bezüglich seiner Lobwerke zu erkennen gegeben:

„Hochwürdiger Erz-Evangelist! [1])

Da haben Sie wahrlich mir einen größtmöglichsten Gefallen erzeigt, und wenn irgend etwas es vermag, so muß Ihr Buch meiner Philosophie Bahn brechen; obgleich wir sehen, wie viel erfordert ist, um das Menschenpack dahin zu bringen, daß es seine Nasen in Bücher steckt, die weder Kurzweil, noch Nutzen versprechen, — wenn auch Aufschlüsse, an denen jenem Pack selbst am Meisten gelegen ist. Aber die Hohlheit und Langweiligkeit der Philosophaster, ½ Jahrhundert hindurch, hat sie kopfscheu gemacht und der Philosophie allen Kredit geraubt. — Da kommen Sie und lösen Ihre Kanonen. Bravissimo! — Habe Ihr Buch 2 mal mit unendlichem Pläsir gelesen: ist mir, als sähe ich in einem Konvexspiegel mein verkleinertes Bild. Ist eine vollkommen ähnliche Miniatur. Sie haben es machen können, weil Sie nicht nur eine vollständige Kenntniß und Verständniß meiner Philosophie haben, sondern so tief eingedrungen sind und sie so durchdacht und durchdrungen haben, daß Sie so viel davon wissen, wie ich

[1]) Dieser Brief erfolgte auf Zuschickung eines Exemplars der „Briefe" Frauenstädts über seine Philosophie, von denen er, ehe sie im Druck fertig waren, nichts erhalten hatte, als die Aushängebogen des vorangedruckten Artikels der Westminster-Review.

selbst. Dies beweisen besonders die drei letzten, apologetischen Briefe; und durch das viele Studium sind Sie so zu Hause in meinen Schriften, daß Sie aus den entlegensten Winkeln herauschleppen, was Sie eben brauchen, oft Dinge, die 40 Jahre von einander abgefaßt sind. Daß aber das Alles ganz zusammenpaßt und fügt, beweist die Einheit und Festigkeit meiner Lebens- und Welt-Ansicht. Wie anders z. B. Schelling; sogar Spinoza; auch Kant; — bei Keinem ließe sich Das so machen: sie Alle haben gefackelt."

„Habe den 2. Band der Ethik von Fichte durchblättert: ein ganzes System der plattesten Philisterei! — Habe durchblättert den 1. Band Geschichte der neueren Philosophie von Kuno Fischer: ⅔ des Bandes Spinoza, hegelianisirt und mit dem krassesten Köhlerglauben an Spinoza als eigene festeste Ueberzeugung vorgetragen, die so empörende Moral des Spinoza noch outrirt! Das glaub' ich, daß er 100 Zuhörer in Heidelberg hatte; die Jungens laufen hin, um zu vernehmen, was ihrer Gier und bösen Gelüsten zusagt, daß es weder Recht und Unrecht, noch Gutes und Böses gebe. Das Ministerium in Baden hat sehr recht gethan, dem Menschen das Handwerk zu legen. Er steht da, als der letzte Hegelianer und Märtyrer — seiner Urtheilslosigkeit: kein Katholik glaubt so fest und blind an's Evangelium, wie er an die deliramenta Spinozae. Er hat gemeint, durch diesen Glauben alles eigene Denken zu ersetzen."

11. Mai 1854:

„Eben habe den neuen Band der Rechtslehre von Stahl durchblättert. Mit welcher Frechheit so ein Tartüffe die Jugend zu belügen sucht! Plumpes, dummes, elendes Geträtsche. Freilich muß so ein Kerl mich ignoriren bis zum letzten Augenblick:

> Den Teufel merkt das Völkchen nicht,
> Und wenn er sie beim Kragen hätte. —

Aber doch! Allen Solchen zittert bei meinem Namen das Herz im Leibe. Glauben Sie mir's."

109. Offiziere, die seine Schriften lesen, gelobt. Freude, daß er porträtirt wird und seine Philosophie ins Volk geht. Seine persönliche Erscheinung „imposant". Stellt einen Buddha aus Bronce in seiner Studierstube zur Verehrung auf. Seine Philosophie im vortheilhaftesten Lichte. „Seele" ist ein Pfaffen- und Altweiberwort.

22. Juni 1854:

„Grüßen Sie den Lindner: was er mir geschrieben, bestätigt sich. Von der von ihm als begeistert gemeldeten Magdeburger Garnison kam neulich zu mir Lieutenant v. S...., ein Apostel, der mich so inne hat, wie Sie oder Doß, und bei jeder Gelegenheit eine Stelle aus meinen Schriften citirt: seit 3 Jahren liest er sie und gar nichts anders. Circa 20 Officiere seiner Garnison wären von gleichem Eifer und hätten im Februar berathschlagt, ob sie mir nicht wollten eine gemeinsame Geburtstagsgratulation schicken: wäre aber unterblieben. Voyez-ça! — Ich hatte fallen lassen, daß ich im Englischen Hofe speise: am 2. Tage drauf (seinem letzten hier) finde ich ihn daselbst, neben meinem Platz etablirt, mit noch einem sehr artigen Officier seiner Garnison. Hatten großes Gaudium über mich: daher ich bis 3¾ Uhr blieb und nun, froh, meinen Kaffee und Schläfchen genießen zu werden, nach Hause eilte: aber o weh! schon unten im Hafen werde ich angeredet von einem leibhaftigen — Philosophieprofessor, der bereits 1½ Stunden in meiner Stube auf mich gewartet hatte, da er expreß aus Homburg, wo er badet, gekommen war, mich zu kontempliren: jetzt hatte er mich nach dem Daguerrotypen erkannt, trotz meinem Hut. Also ging er mit. Es war Professor W.......... aus M......, derselbe, der als Docent dem E...... die Zuhörer weggenommen hat. Uebrigens nicht viel an ihm: aber pries mich unbändig und versicherte, daß Alles jetzt voll sei von meiner Philosophie in mündlichen und schriftlichen Aeußerungen. C'est charmant!"

Am 2. Mai 1855:

„Hier scheint, Gottlob, allmählich der Teufel los zu sein: ich vernehme allerhand. Z. B. in Oel gemalt werde ich schon jetzt, von einem sehr vorzüglichen Maler, dessen lebensgroße Venus und Cupido in der Pariser Ausstellung, die so Vieles streng abgewiesen hat, aufgenommen ist. Er ist ein Franzose, heißt aber Lunteschütz! Er hat schon im Winter (wohl absichtlich) sich zu mir an der Table d'hôte gesetzt und ist sehr oft dahin gekommen, so daß er mich oft im lebhaften Reden gesehen hat, weil ich allmälig, da er ein guter Kerl ist, mit ihm vertraut wurde und loslegte: dadurch kennt er meine wahre Physiognomie genau. Er kennt meine Gloria bloß aus den Stadtgesprächen: aber er malt mich auf eigene Rechnung, obwohl er sehr theuer ist: ich fragte im Winter ein Mal, was er für ein Proträt nähme, etwa 20 Louisdor? — Plus que cela war die Antwort. Es wird ebbes Rores werden: habe schon 2 Mal gesessen, gegen 2 Stunden, Vormittags: jetzt muß es einige Tage trocknen. Es kommt erst hier auf die Gallerie zur Ausstellung, dann nach Berlin auf die Ausstellung. Jott, was werden die Philosophieprofessoren sich daran weiden! und dann meine alten Bekannten und meine neuen Freunde in Berlin! Er sagt, eine Gesellschaft junger Maler, von einem Heidelberger Studenten inficirt, hält Abends Vorträge und Disputationen über meine Philosophie, und gewisse Damen machen sich ihrerseits auch viel damit zu schaffen. Ergo (nebst den vielen Officieren) wird meine Philosophie ein großes Publikum kriegen, nicht bloß auf den Schulen, den hohen wie den niedern: — geht in's Volk, weil es Ernst ist.

„Den Baadergesellen, d. h. sein Werk,[1]) habe noch immer nicht zu sehen gekriegt. So ein Narr bildet sich ein, daß, was er gegen mich sagt, Gewicht haben und wirken müsse, — Jeder wird sehen, daß er ein Tropf ist: und dabei ist er so dumm, mich anzuführen, wörtlich: während jede Stelle, die man anführt, mir neue Leser bringt."

29. Juni 1855:

„Endlich habe ich auch etwas von Moleschott gelesen, nämlich im „Kreislauf des Lebens" 2. Aufl. 1855 das Kapitel „der Wille", 31 Seiten stark. Hätte ich nicht gewußt, daß dies der berühmte Hr. Moleschott geschrieben hat, so würde ich es nicht einmal von einem Studenten, sondern von einem Barbiergesellen, der Anatomie und Physiologie gehört hat, herrührend glauben. So kraß, unwissend, roh, plump, ungelenk, überhaupt knotenhaft ist das Zeug. Jetzt freut es mich, daß ich diese Gesellen in die Bedientenstube gewiesen habe. Und Dem gibt, nach Versicherung des Dr. Mayer in Mainz, Brockhaus 1000 Louisdor für seine Physiologie von 30 und etlichen Bogen! Er wird sehen! — Selbst das Physiologische in dem Kapitel ist seicht, abgedroschenes Zeug. Dazu ist's grob antimoralisch, und hinten hängt dem . . . . . noch der rothe Lappen der Gauner-Republik aus der Tasche. Sehr recht hat man gethan, solchem Gesellen das jus legendi zu nehmen: das war unerläßlich. — Aus derselben Schule ist ein neues Buch von Dr. Büchner, Docent in Tübingen, über „Kraft und Stoff" — und ganz im selben Geist. Ich hoffe zuversichtlich, daß diesem Burschen auch das jus legendi genommen werde. Diese L . . . . vergiften Kopf und Herz zugleich, und sind unwissend wie die Knoten, dumm und schlecht."

„Hier gewesen ist B . . . . . ., hat, unter falschem Namen, sich hier einen Tag versteckt gehalten, um im wohlverschlossenen Wagen, mit Zagen, mich zu besuchen. Ein schöner, sehr großer junger Mann; scheint wirklich Kenntnisse zu haben, in orientalischen Sprachen; sagt, er wolle in Zürich meine Philosophie dociren: — ist vielleicht Wind. Beim Abschied — küßte er mir die Hand! worüber ich vor Schreck laut aufschrie."

7. September 1855:

„Viele Besuche habe erhalten, Kreisrichter V. aus M., erst 28 Jahre alt, Proselyt Dorguths; Hebler aus Bern, der mir sein Buch über Shylock geschickt hatte; auch noch junge Maler und Professor Bähr aus Dresden: der hat mir sehr gefallen, brav und gescheidt: kennt alle meine Schriften sehr genau und ist voll davon,

[1]) Er meint hier den Dr. Hofmann, der Baaders Werke zu jener Zeit herausgegeben hat.

sagt, daß in Dresden großer Antheil daran ist, besonders die Weiber wären ganz versessen drauf. — v. Hornstein, junger Komponist, Schüler R. Wagners, der auch, wie Hornstein sagt, sehr eifrig meine Werke studirt. Dieser ist noch hier, bezeugt mir übertriebene Ehrfurcht, z. B. steht vom Tisch auf, draußen denjenigen Favorit-Kellner zu suchen, den ich eben requirire. — Alle diese Leute sind sehr belesen in meinen Werken. — Bloß bei Tisch präsentirt hat sich mir Professor Warnkönig aus Tübingen, Jurist, mir durch sein jus naturae bekannt: präsentirte sich als Freund Fichtes, der sehr gut auf mich zu sprechen wäre, — credat Judaeus Apella! Der ist ein gar guter, freundlicher und gescheuter Mann: habe mehrmals mit ihm getafelt. Sagt mir viel Schmeichelhaftes über meine persönliche Erscheinung, die imposant sein soll: aber ein alter Engländer, der nichts von mir weiß, sagte mir kürzlich das Selbe."

„Der Recensent des Weigelt in den Grenzboten wirft diesem vor, daß er subjektiv, von einem bestimmten Systeme eingenommen, die übrigen darstelle: welches System das aber ist, sagt er nicht, weil er mich nicht nennen will. Solche Kerls sollte ich nicht .... nennen?"

„Mein Bild steht seit 14 Tagen auf der Ausstellung: ist groß Gelauf danach gewesen: wird von aller Welt bewundert und sehr ähnlich gefunden: bloß Emden, Kilzer und ich stimmen nicht ein. Was, Bild?! — Sicelides musae, paulo majora canamus! Besagter Prof. Bähr hat mir eröffnet, daß v. Launitz, der hiesige Phidias, meine Büste zu machen wünscht: dabei setzte er mir dringend zu, ich möchte einmal hingehen, das Atelier des Launitz zu besehen: habe am Ende „Ja, ja" gesagt: aber ich halte auf Etiquette: der Launitz muß zu mir kommen. Wenn er lange genug auf mich gewartet hat, wird er am Ende sagen: „Als der Berg nicht zum Propheten kam, ging der Prophet zum Berge." —

23. Dezember 1855:

„Kommt mir ein Brief aus Zürich von einem M. K., meldend, in einem Kreise, zu dem er gehöre, seien meine Schriften mit solcher Begeisterung gelesen, daß sie sehr wünschen, mein Bild zu haben in Duguerrotyp-Zeichnung, in Farbenbild oder wie, und daß der Künstler es an ihn schicken und den Betrag sich von der Post zahlen lassen möge. Die haben sich eine schöne Zeit gewählt, in den kürzesten, finstersten Tagen, wo Kälte und Schnee Alles erschweren. Indessen will ich es machen lassen, sobald die Tage etwas länger und heller sind. — Sie sehen, das Wachsthum des Ruhms befolgt die Gesetze einer Feuersbrunst, d. h. geht nicht in arithmetrischem, sondern geometrischem, wohl gar kubischem Verhältniß, — und der Nil ist bei Kairo angelangt. Da mögen nachher die Professoren sich auf den Kopf stellen: frustra!"

„Mein Aussehen hat sich nicht sehr verändert seit 1847; sondern ich, Emden, Kilzer, Gwinner und meine Magd sind darüber einig, daß das Bild von Lunteschütz nicht die eigentliche Aehnlichkeit hat, — sondern so ein faux air; daher das große Publikum und alle Uebrigen hierselbst es sehr ähnlich finden."

„Der Buddha ist von seinem schwarzen Ueberzuge befreit worden, ist von guter Bronce, glänzt wie Gold, steht auf einer schönen Konsole in der Ecke: so daß Jeder beim Eintritt schon sieht, wer in diesen „heiligen Hallen" herrscht. Ist ein sehr seltenes Stück, wahrscheinlich aus Tibet. Der Geheime Rath Krüger, der ihn in Paris für mich aufgetrieben hat, will mich jetzt abermals malen lassen, vom Maler Hammel, in Oel, halbe Lebensgröße, als Pendant zum Bilde des Justinus Kerner, vom selben Maler, welches schon 3 Wochen bei mir hängt. Diese Woche soll das Sitzen losgehen: kann mich dem nicht entziehen, wegen des obligeanten Krüger und der in den Hosen ihrer Väter steckenden Nachwelt."

„Einliegend ein Gedicht und 3 Briefe (remittenda) aus dem Orient, Occident und Mittelreiche. Der Brief des Frauenzimmers, die sich nicht unterschrieben hat, ist von vieler Bedeutung, als Symptom. Bedenke ich nämlich, welche tiefe Wirkung und Enthusiasmus meine Philosophie in Ungelehrten, Geschäftsleuten und gar noch Weibern hervorgebracht hat, und wie Vieles der Art wir nicht erfahren, so kommen mir über die Rolle, die solche 1900 spielen wird,[1]) Gedanken, die ich schriftlich nicht ein Mal Ihnen mittheilen mag: Sie können sie auf eigene Hand haben."

Am 6. Januar 1856 belobt Schopenhauer den Frauenstädt, der ihn in der Schrift über den Materialismus sehr stark gelobt hat, ebenfalls wieder sehr stark retour:

„Seele, Seele, Seele". — Ist ein Pfaffen- und Alte-Weiber-Wort, das man nicht gebrauchen soll, ein Unding, eine Fiktion der Spiritualisten. Aus Haß gegen dasselbe schreibe ich rigoristisch „Trübsälig"."

„Das wären so die Hauptsachen: kleinere habe übergangen. Halten Sie nur diese Ausstellungen in Ehren."

„Das aber hatte ich nicht erwartet, daß Sie ein ganzes Buch gegen diesen Büchner schreiben würden, ohne zu rügen, daß er in der Vorrede mich auf das Plumpste und Dümmste parodirt und dann Stadtklatsch über mich vorbringt, als Pasquillant, und nachher eine Stelle von mir zum Motto eines Kapitels nimmt und Kant darunter setzt, als Falsarius. Geringer apostolischer Eifer. — Mit einem solchen .... gehen Sie vielmehr honorifice um und behandeln ihn säuberlich."

---

[1]) Wie die Zustände jetzt erwarten lassen, wird die Menschheit 1900 von der tiefen Wirkung seiner Philosophie und vom Enthusiasmus für dieselbe nicht viel verspüren; es werden eben etwas wichtigere Lebensfragen auftauchen.

110. Auch sein Buddha ist schöner als alle anderen. Moleschott ein Barbiergeselle, Pillendreher, Klystiersetzer; katholischer Pfaffenwitz, Kerle. Seine Philosophie wird in der Welt die größte Rolle spielen. Hegel auf dem Schindanger. Hengstenberg, Tartüffe, Lumperei, Charlatanerie.

Es muß öfter aufmerksam darauf gemacht werden, daß es dem Weltweisen nicht überhaupt um Verbreitung des Atheismus zu thun war, denn er feindete alle anderen atheistischen Philosophen ingrimmig an — nur sein Atheismus ist der echte, unfehlbare, orthodoxe Atheismus. Er leugnete Gott — wollte aber durchaus nicht, daß auch andere Gottesleugner sich an Gottes Stelle setzen; er allein hatte das Privilegium, der einzige wahre, anbetungswürdige Gott der Gottlosigkeit zu sein. Daß er seinem gekauften Bronce-Buddha göttliche Verehrung zollte, war doch nur ein reiner Humbug; er selber war ja der fleischgewordene Buddha des 19. Jahrhunderts und für alle künftigen Zeiten. Amen. Das war sein einziges Credo, an dem er festhielt mit allen seinen Zähnen.

13. Mai 1856:

„Noch habe Meldung zu thun von einer schönen Cochonnerie, die in Ihrer Nähe ergangen ist. Ein Orientalist, von denen, welche ich zu einer Anstellung bei der Affenkomödie empfohlen habe, A. Weber, hat in Berlin den 1. März in der wissenschaftlichen Vorleserei-Gesellschaft eine Vorlesung über den Buddhaismus gehalten, erbärmlich, unwissend, voll Irrthümer und ein Paar Lügen dazu. Solche ist abgedruckt im Journal „Das Ausland“ (nicht Magazin für die Literatur des Auslands) Nr. 13. 14 Mich erwähnt er als den Herold des Buddhaismus und als „einen immerhin geistreichen, aber jedenfalls verschrobenen Philosophen.“

„Mein Buddha wird jetzt galvanisch vergoldet und wird herrlich glänzen auf seiner Konsole in der Ecke. Die Birmanen, laut Times, haben soeben eine ganze Pagode vergoldet: da darf ich nicht zurückbleiben. Noch ein Buddha ist hier, im Besitz eines reichen Engländers. Habe dahin gewallfahrtet, mein Satu zu sagen. Er ist in Lebensgröße, aber nicht, wie meiner, von Bronce, sondern von einer Papier-Mâché-Masse, also ein Abguß, wahrscheinlich aus China, ganz vergoldet, und meinem in allen Stücken auf ein Haar ähnlich. Meiner ist mir lieber: ist echt, Tibetanisch! jener unterscheidet sich ganz allein durch eine flache Nase und kurze, feistere Gliedmaßen, — chinesisch! Meiner ist mager und langarmig, sonst tout craché. Das orthodoxe, berühmte, sanfte Lächeln des Mundes haben Beide, exakt! Die Stellung, Kleidung, Frisur, Lotos, ganz dasselbe!“

„Mein zweites Bild ist weit vorgeschritten, wird gut, ganz anders, als das erste, nicht so ideal, mehr individuell.“

„Auf der Züricher Universität würde, gegen so vielen Materialismus, gerade meine Philosophie als stark idealistisches Gegengewicht sehr passend und dienlich sein. Gottlob! toutes les affaires sont longues, sagt Voltaire.“

„Becker hat mir seinen Sohn und seinen Neffen geschickt und Professor Bähr in Dresden auch seinen Sohn. Geschieht, damit diese jungen Leute einst als alte Leute damit renommiren können, mich im Fleisch gesehen und gesprochen zu haben. Der junge Bähr, Student, kam aus Leipzig und erzählte, daß der Professor Weiße wöchentlich ein philosophisches Konservatorium halte: da haben die Studenten über meine Philosophie disputirt, und dies hat den Anlaß zur Preisfrage gegeben.“

28. Juni 1856:

„Aus G.'s einliegendem Brief sehen Sie, wie er zum kompleten Evangelisten wird. Am besten gefällt mir, daß er sagt: Schopenhauer hat nie eine unbedeutende Zeile geschrieben.“

„Das zweite Bild ist schlecht ausgefallen, eine Art Karikatur; hab's dem Maler gesagt, und nun scheint's, daß er es nicht vollenden will. Dagegen haben österreichische Offiziere, die seit Jahr und Tag mich täglich bei Tisch sehen, Lunteschützens zweites Bild höchst ähnlich gefunden.“

Am 30. Juli 1856:

„Vielen Dank für die Mühe, die Sie sich gegeben haben, die Quintessenz aus der Saupastete des Karsch[1]) herauszuziehen. Ich ersehe, daß dieser ein ganz niederträchtiger Pfaffe ist, der sich nicht scheut, die frechsten Lügen aufzutischen, wenn auch jeder mit meinen Werken Bekannte sie sogleich als solche erkennen wird und Das assäsonnirt er mit seinem platten Katholischen-Pfaffenwitz. Schaden kann mir sein Belfern im Geringsten nicht. Vielmehr hilft es theils durch Erregung der Aufmerksamkeit, theils durch Hervorrufen der Opposition, jedenfalls in den Geistern, vielleicht auch in der Literatur. — Der Weiße muß das Publikum für sehr dumm halten, da er nicht denkt, daß Jeder sogleich merken wird, daß aus seiner Anmerkung bloß Neid und Haß des Guten spricht.“

„Die Kerle alle werden mich nicht herunterschreiben, sondern arbeiten an meinem Ruhm. Die mir schon jetzt bekannte Schaar der eigentlichen Enthusiasten ist groß genug, mir die Gewißheit zu geben, daß einst meine Philosophie in der Welt eine Rolle

[1]) Dieser hatte in der Zeitschrift „Natur und Offenbarung“ einen Artikel gegen Schopenhauer geschrieben.

spielen wird, wie noch nie irgend eine andere, in alter oder neuerer Zeit. Das thut die Kraft der Wahrheit und die Wichtigkeit des Gegenstandes."

„Vorige Woche bin in Mainz gewesen, habe Becker besucht, seine Frau gesehen, die noch eine Apostolin auf die Terrasse brachte. — Professor Bähr aus Dresden war gestern wieder da und voll des lobenswerthesten Fanatismus: wollte seine echt russische Silber-Dose gegen meine alte, abgenutzte Leder-Dose austauschen, der Reliquie wegen, welches ich abschlug. Erzählte von einem Herrn de Wilde, der, früher in Preußen angestellt, ein wüthiger Fanatiker für mich war, bis er, 85 Jahr alt, mit meinem Namen auf der Zunge, gestorben ist; — und von seinem (Bährs) Sohn, der seinen Besuch bei mir in einem begeisterten Briefe beschrieben hat." —

„Der neuvergoldete Buddha glänzt auf seiner Konsole und ertheilt Ihnen seinen Segen."

14. August 1856:

„Wie nur solche ... Köpfe glauben können, daß Geister meines Schlages nicht das simpelste aller logischen Gesetze, den Satz vom Widerspruch, beobachten werden, oder ihr Leben hindurch an einem System arbeiten, ohne von Dem, was sie lehren, einen durchdachten, deutlichen Begriff und ein klares Bild vor Augen zu haben, wobei die Möglichkeit alles Widerspruches wegfällt; — sondern wähnen, daß sie warten müßten, auf Kerls, die so gemein sind, wie die Fliegen an der Wand; Kerls, wie sie jeder Hans unfehlbar ......"

(Folgt hier eine Schopenhauersche Zote.)

„Büchner ist wie die Hunde, die heute gegen uns knurren, morgen wedeln, ist eins wie das andere zu achten. Aber mir gefällt, was er im Text sagt: Liebig müsse ein Anhänger meiner Philosophie geworden sein; wäre mir sehr lieb, etwas Lunte scheint Liebig allerdings gerochen zu haben."

„Sch......, jetzt in A....., Lehrer an einer Schule, voll Enthusiasmus; hatte vor 3 Monat meine Person im Traum gesehen, und sie sei richtig ausgefallen. — Nordwall hat sich zwei Photographieen meiner Person gekauft: habe das dem Künstler frei gegeben: er hat schon ziemlich viel abgesetzt."

„Kuno Fischer sagt in der Vorrede zu seinem Buch über Bako von Verulam, „sich in der Philosophie orientiren heiße heut zu Tage nichts Anderes, als die Kantische Philosophie auf's Gründlichste studiren": recte. Aber, meint Kant, daß er ohne mich dergestalt rehabilitirt sein würde? Ne, mein Alter, wahrhaftig nicht. Und die drei Sophisten, wie sie daliegen, und die Dummheit des Sohnes Schellings, die Korrespondenz des Vaters mit Fichte herauszugeben, daraus klar ist, daß die Kerls waren, was ich sie genannt habe. Und Hegel kommt allmählich gar auf den Schindanger."

31. October 1856:

„Tausend Dank, alter Freund, für Ihre abermaligen Berichte und Abschriften. Sie sehen, wie all das Pack bemüht ist, mich herunter zu schreiben; es aber so ungeschickt angreift, daß es mir nichts schaden kann: die Herren vergessen, daß das lesende Publikum nicht mehr durchweg ein solches ist, was mich nicht gelesen hätte und daher ihren Lügen glaubte; und sodann wähnen auch diese Lumpe, eine Autorität zu haben, die ihren Worten Gewicht gäbe: weit gefehlt! — Da will der Weiße mich zum Schellingianer machen,[1]) meint, durch kluge Kombination, so am Pult, die Feder im Maul, hätte ich, durch chemische Aussonderungen, aus des Schellings aufgewärmtem Spinozismus meine Philosophie gemacht! Eher könnt ihr Gold aus Mist ziehen. Auslachen wird man ihn. Und meine „Herzlosigkeit"! Die besteht vorzüglich darin, daß ich seine Visite nicht angenommen habe. -- Habe es in der Protestantischen Kirchenzeitung, die hier gehalten wird, nachgelesen."

Zwischen dem Briefe Schopenhauers vom 31. October 1856 bis zum letzten Briefe Schopenhauers an Frauenstädt liegt ein Zeitraum von drei Jahren. Die Ursache, warum die Correspondenz des Weltweisen mit seinem ohnedies bis zur Gedankensklaverei ergebenen Apostel Frauenstädt aufgehört hat, erklärt Frauenstädt selber aus der Roheit, der Rechthaberei und dem Größenwahn Schopenhauers, der durchaus keinen Widerspruch geduldet, indem Frauenstädt jenem letzten erhaltenen Briefe folgende Erklärung beifügt:

„Zwischen diesem letzten Briefe Schopenhauers an mich und dem vorigen vom 31. Oktober 1856 liegt ein Zeitraum von mehr als drei Jahren, während dessen er nicht an mich geschrieben hat. Auf seine Invektiven gegen mich und Bona Meyer im vorigen Briefe hatte ich ihm nämlich unumwunden zu verstehen gegeben, daß er sich sein „Brüllen" erspart hätte, wenn er nur auf den eigentlichen Sinn meiner und der Meyerschen Behauptung eingegangen wäre, statt ihr in der Hitze sogleich einen Sinn unterzulegen, den sie gar nicht hatte. Ich hatte ihm auch nachgewiesen, daß er sogar Dasselbe behaupte, als ich und Jürgen Bona Meyer, indem ja auch er in der Welt als Wille und Vorstellung I, § 66 erkläre, daß die tugendhaften Handlungen unabhängig seien von abstrakten Dogmen und Philosophemen, also von der Auslegung, welche die Vernunft ihnen gibt. Es könnten also Handlungen von moralischem Werth auch bei materialistischer Auslegung derselben, bei Ableitung derselben aus Stoffbewegungen, bestehen.

[1]) In einem Artikel über den „Kampf des Glaubens gegen den Materialismus" in der „Protestantischen Kirchenzeitung", 1856, Nr. 3.

Weiteres aber, als eben dieses, hätte ich in meiner Vertheidigung des Materialismus, und in Uebereinstimmung mit mir Bona Meyer, nicht behauptet. — Ich war so überzeugt, daß Schopenhauer im vorigen Briefe mir Unrecht gethan, daß ich ohne Scheu ihm Vorwürfe über seine Heftigkeit machte, die ihn mitunter hindere, richtig zu lesen, was dasteht. Er brach hierauf die Correspondenz ab. Da er nun nicht mehr an mich schrieb, schrieb auch ich nicht mehr an ihn. Gelegenheit, an ihn zu schreiben, nahm ich erst wieder, als er mir nach dem Erscheinen der 3. Auflage der „Welt als Wille und Vorstellung" ein Freiexemplar derselben durch Brockhaus zugeschickt hatte. Da schrieb ich ihm einen Dankbrief, worin ich ihm zugleich über meine fortgesetzte Thätigkeit für seine Philosophie berichtete, und hierauf folgte obiger sein letzter Brief."

111. Einige Stellen aus den von Frauenstädt veröffentlichten Aphorismen (aus dem Nachlasse) des Weltweisen, welche zur Beleuchtung seines Charakters und seines philosophischen Systems dienlich sein können.

Besondere Beachtung verdient, daß Schopenhauer selber wiederholt seine Philosophie nicht als eine Wissenschaft, sondern als eine Kunst betrachtet wissen will.

„Der Philosoph vergesse nie, daß er eine Kunst treibt und keine Wissenschaft. Läßt er sich im Mindesten von jenem Sturm von der Stelle rücken, läßt er sich auf Ursache und Wirkung, auf Früher und Später, oder gar auf Abspinnen aus Begriffen ein, so ist ihm die Philosophie verloren, und an ihrer Statt werden ihm Märchen. Nicht dem Warum gehe er nach, wie der Physiker, Historiker und Mathematiker, sondern er betrachte bloß das Was und lege es in Begriffen nieder (die ihm sind was der Marmor dem Bildner), indem er es sondert und ordnet, jedes nach seiner Art, treu die Welt wiederspiegelnd, in Begriffen, wie der Maler auf der Leinwand."

„Alle Philosophen haben darin geirrt, daß sie die Philosophie für eine Wissenschaft hielten, und sie daher am Leitfaden des Satzes vom Grunde suchten."

„Nach Welt-Anfang und Ende, Zustand vor und nach dem Tode u. s. w. fragen, worin der Zweck fast alles Philosophirens vor Kant bestand, und wozu uns allerdings die bloße Vernunft treibt: — dies ist das widersprechende Beginnen, das Ding an sich nach den Gesetzen der Erscheinung erkennen zu wollen. Die Sonderung und Erkenntniß beider ist die wahre Philosophie."

Interessant ist, daß Schopenhauer selber ausdrücklich das Volk (den „Pöbel") an dem Glücke seiner Erfindung keinen Theil nehmen läßt; sein System ist ein System für die Geistesaristokratie, ein Evangelium für die Reichen, was daher mit dem Evangelium für die Armen und für die Armen im Geiste (mit welcher Benennung im Evangelium die Demüthigen bezeichnet werden) in beständigem Widerspruche sich befindet.

Schopenhauer:

„Es war zu voreilig, daß man aus dem bisherigen Mißlingen die Hoffnung auf eine genügende Philosophie aufgab. Man hätte wenigstens denken sollen, daß auch hier est quadam prodire tenus. Aber die Hoffnung soll man aufgeben, daß eine genügende Philosophie, das Abbild der Vollendung der Besinnung des Menschen, je dem dumpfen, besinnungslosen, taumelnden Pöbel einleuchten können und à la portée de tout le monde sein werde. Sie wird Kunst sein und, wie diese, nur Wenigen wirklich dasein. Denn für die Meisten sind weder Mozart, noch Raphael, noch Shakespeare je dagewesen: eine unübersteigbare Kluft trennt diese auf immer von der Menge, wie die Nähe der Fürsten dem Pöbel unzugänglich ist. Anders kann es auch mit der echten Philosophie nicht sein."

Wenn aber das arme Volk aus der atheistischen Verzweiflung, welche doch am Ende das Finale der Schopenhauerschen Philosophie ist, sich seine Consequenzen zieht nach seiner Art, und wenn der „Pöbel" über diese atheistischen Auserwählten mit Brechstangen losgeht, dann hilft auch die Moral, welche Schopenhauer verkündet, nichts mehr (denn die Schopenhauersche Moral ist für den Pöbel auch nicht verständlich, und die auserwählten Geistesaristokraten thun ja ohnehin nach dieser Moral, was sie gelüstet) — und in dieser Desparation ist Schopenhauer für das Hineinschießen in die Canaille!!

Schopenhauers Philosophie ist so eigentlich die Frucht seines Egoismus, eine Rechtfertigung seines Lebens, wie es auch in folgender Nummer aus seinem Hohn auf die Unschuld, aus seiner kecken Vertheidigung seines lüderlichen Jugendlebens hervorgeht, das er als nothwendig dargestellt und welches nicht verhindert werden dürfe.

112. Die Unschuld wesentlich dumm. Finale: Mit dem zerschlagenen Hirnkasten ist die Welt vernichtet.

Die Abhandlung Schopenhauers über „Unschuld" ist so eigentlich ein Reflex seiner Erfahrungen und der Weltanschauung und Anthropologie, die er sich aus seinem Leben herausgesponnen hat.

„Die Unschuld ist wesentlich dumm. Dies daher, weil der Zweck des Lebens (ich bediene mich dieses Ausdrucks eigentlich nur figürlich und könnte sagen, das Wesen des Lebens oder der Welt) der ist, daß wir unseren eigenen bösen Willen erkennen, daß er Objekt für uns werde und wir demnach uns im Innersten bekehren. Unser Leib ist schon der Objekt gewordene Wille, und die Thaten, die wir seinetwegen vollbringen, zeigen uns das Böse dieses Willens. Im Stande der Unschuld, wo aus Mangel an Versuchung das Böse unterbleibt, ist daher der Mensch gleichsam nur der Apparat zum Leben, und das, wozu dieser Apparat da ist, bleibt noch aus. Eine solche leere Form des Lebens, leere Schaubühne, ist an sich selbst wie alle sogenannte Realität (Welt) nichtig, und da sie nur durch Handlung, Irrthum, Erkenntniß, durch die Konvulsionen des Willens Bedeutung erhalten kann, ist ihr Charakter Nüchternheit, Dummheit. Ein goldenes Zeitalter der Unschuld, im Schlaraffenland, ist daher fade und dumm, auch eben nicht ehrwürdig. Der erste Verbrecher, der erste Mörder, Kain, der die Schuld und durch sie erst in der Reue die Tugend und somit die Bedeutung des Lebens erkannt hat, ist eine tragische Figur, bedeutender und fast ehrwürdiger, als alle die unschuldigen Schlaraffen."

So vergleicht er auch die Philosophie und die Verirrungen derselben mit den Verirrungen seines Jugendlebens.

„Nehmen wir nun dem Gesagten zu Folge eine gewisse nothwendige Entwickelung und Fortschreitung in der Geschichte der Philosophie an, so müssen wir auch ihre Irrthümer und Fehler als im gewissen Sinne nothwendige erkennen, müssen sie ansehen, wie im Leben des einzelnen vorzüglichen Menschen die Verirrungen seiner Jugend, die nicht verhindert werden durften, sondern in denen man ihn gewähren lassen mußte, damit er eben vom Leben selbst diejenige Art der Belehrung und Selbstkenntniß erhielte, die ihm auf anderem Wege nicht beigebracht werden konnte, für die es kein Surrogat gab. Denn das Buch wird nie geschrieben werden, welches die Erfahrung ersetzen könnte: durch Erfahrung aber lernt man nicht nur Andere und die Welt, sondern auch sich selbst kennen, seine Fehler, seine Irrthümer als solche, und die richtigen Ansichten, zu denen man, vor Andern, von Natur bestimmt ist und von selbst die Richtung nimmt. Oder wir mögen die nothwendig durchzumachenden Fehler ansehen, wie Blattern und ähnliche Krankheiten, die man überstehen muß, damit das Gift aus dem Leibe komme, das seiner Natur anhing. Demnach können wir uns nicht wohl denken, daß die Geschichte der Philosophie so gut mit Kant, als mit Thales anfangen konnte. Ist aber eine solche mehr oder minder genau bestimmte Nothwendigkeit in der Geschichte der Philosophie, so wird man, um den Kant vollständig zu verstehen, auch seine Vorgänger gekannt haben müssen, zuerst die nächsten, den Chr. Wolf, den Hume, den Locke, dann aufwärts bis auf den Thales."

Somit waren alle „Philosophieen" vor dem Schopenhauer Epidemieen (Blattern), den Geist zu reinigen, und seine Philosophie, meint er, hat den Geist vollkommen gereinigt. Es soll aber nur einmal seine Philosophie ins Volk eindringen, was freilich nicht durch das Studium des Volkes in seinen Büchern, sondern durch Beobachtung und Nachahmung der atheistischen Theoretiker und Praktiker geschehen wird, dann wird man erleben, was für Früchte am Baume der Menschheit herauswachsen werden.

In seinem Exordium der Dianoilogie (Dianöa = Verstandeserkenntniß) stellt der Weltweise alles Denken als pure Gehirnfunktion dar.

Er docirt:

„Wie der Magen verdaut, die Leber Galle, die Nieren Urin, die Hoden Samen absondern, so stellt das Gehirn vor, sondert Vorstellungen ab, und zwar ist dieses ausschließlich Funktion des großen Gehirns, während das kleine die Bewegungen lenkt. Also der ganze Intellekt, alles Vorstellen, Denken, ist eine physiologische Funktion des großen Gehirns. Aber diese Funktion hat etwas Eigenes, was sie gar höher stellt, als die Galle, welche die Leber, und den Speichel, welchen die Speicheldrüsen absondern, nämlich dieses: die ganze Welt beruht auf ihr, liegt in ihr, ist durch sie bedingt. Denn diese existirt nur als unsere (und aller Thiere) Vorstellung, und ist folglich von dieser abhängig und ohne sie nicht mehr."

„Vielleicht scheint Ihnen Das paradox, und es ist wohl noch Einer und der Andere von ihnen, der ganz ehrlich meint: wenn auch der Brei aus allen Hirnkasten geschlagen würde, so blieben darum Himmel und Erde, Sonne, Mond und Sterne, Pflanzen und Elemente doch stehen. — Wirklich? Besehen Sie doch die Sache etwas in der Nähe. Stellen Sie sich eine solche Welt ohne erkennendes Wesen einmal anschaulich vor — da steht die Sonne, die Erde rotirt um sie herum, Tag und Nacht, und die Jahreszeiten wechseln, das Meer schlägt Wellen, die Pflanzen vegetiren: aber Alles, was Sie jetzt sich vorstellen, ist bloß ein

Auge, welches das Alles sieht, ein Intellekt, der es percipirt, also eben das ex hypothesi Aufgehobene. Sie kennen ja keinen Himmel und Erde und Mond und Sonne so schlechthin, an und für sich: sondern, Sie kennen bloß ein Vorstellen, in welchem das Alles vorkommt und auftritt, nicht anders, wie Ihre Träume des Nachts auftreten; welche Traumwelt das Erwachen Morgens vernichtet. Nicht anders wäre offenbar diese ganze Welt vernichtet, wenn der Intellekt aufgehoben oder, wie eben gesagt, der Brei aus allen Hirnkasten geschlagen wäre. Ich bitte, nicht zu meinen, das sei Spaß: es ist Ernst. Die Konsequenzen, welche daraus für die Metaphysik fließen, gehen uns hier nichts an. Wir betrachten es hier bloß, um auf die große Wichtigkeit, die hohe Dignität des Intellekts aufmerksam zu werden, der der Gegenstand unserer ferneren Betrachtung ist, und zwar jetzt von Innen ausgehend, vom Bewußtsein desselben: wir stellen Selbstbetrachtung des Intellekts an."

Was seinen Zuhörerinnen in ihrem Jugendübermuthe besonders beruhigend vorkommen mochte, liegt in folgendem Exordium des Kapitels von der Verneinung des Willens zum Leben oder von der Entsagung und Heiligkeit:

„Immer aber bemerken Sie ein für allemal, daß alle meine ethischen Betrachtungen nie die Form des Gesetzes, oder der Vorschriften haben, ich nie sage: man soll dies thun und jenes nicht, sondern ich immer nur mich theoretisch verhalte und das Thun jeder Art auslege, deute, was im Innern dabei vorgeht, in Begriffe."

113. Das Ende der Schopenhauerschen Theorie in der Praxis.

Nachdem wir nun die Lebensäußerungen des Philosophen aus seinen Briefen und nach den Berichten des ersten seiner Apostel betrachtet haben, wollen wir auf Grundlage des sogenannten Schopenhauerlexikons, in welchem Frauenstädt die markantesten Stellen aus seines Meisters Schriften alphabetisch geordnet niedergelegt hat, die philosophischen Grundzüge und Grundlagen seines Systems dem Leser zur Begutachtung, je nach dem Willen und der Vorstellung desselben, vorlegen.

Wir halten es nicht für nöthig, bei den hundertmal vorkommenden Aeußerungen Schopenhauers über Genie, über die Verdienste des Genies, über die verweigerte und gewährte Anerkennung des Genies, über andere Philosophen und andere Systeme, über das beständige Beschimpfen der zeitgenössischen Philosophieprofessoren, über seine Vorliebe für Dilettanten in seinem Leserkreise, weil diese geduldig und ergeben seine Behauptungen hinnehmen und ihm nicht mit der Zwickzange der Logik, mit Fragen nach dem Grunde an den Hals kommen, was den Weltweisen immer in die größte Erbitterung und Aufregung versetzt, — wir halten es nicht für nöthig, nach all den Auslassungen in dieser Richtung — den Leser eigens auf den Egoismus, Hochmuth und Größenwahn aufmerksam zu machen, von dem dieser Weltweise wie noch keiner vor ihm beherrscht worden ist. Die Geschichte ist ihm ein Dorn im Auge, das Christenthum als eine unleugbare Thatsache haßt er aus voller Seele, den Worten Christi und der Apostel geht er scheu aus dem Wege; wie oft bemerkt er: das Christenthum sagt, worauf dann er das, was dieses angebliche Christenthum sagt, widerlegt und aus seiner Philosophie heraus construirt. Da geschicht nun ihm und seinen Schülern öfter das Malheur, daß sie z. B. specifisch lutherische Sätze als „das Christenthum" bezeichnen, wenn ihnen diese leichter zu bekämpfen scheinen, als die stabile Kirchenlehre. Zu hundert Malen kommt Schopenhauer auch mit Bemerkungen aufs Tapet, die Andere längst vor ihm viel präciser gemacht haben; er drückt denselben ganz keck das Siegel seiner Fabrikfirma auf. Dann spricht er auch immer von der Wahrheit der Philosophie, das ist aber eben nur seine Philosophie, Alles, was vor ihm da war, ist nach ihm purer Schwindel; Kant ist ihm nur ein Wegweiser ins Heiligthum seiner Philosophie, welche die von ihm entdeckte Wahrheit enthalten soll. Er ist wüthender Prediger des Atheismus, haßt alle anderen Atheisten vor ihm, und mit ihm; man könnte bei ihm das schöne Axiom Friedrichs: „In meinem Lande kann Jeder nach seiner Façon selig werden", dahin abändern: „Nur nach meiner Philosophie soll Jeden der Teufel holen." Es ist ihm bei seinem Egoismus faktisch nicht um die Verbreitung des Atheismus überhaupt, sondern auch hier noch sehr egoistisch um die Verbreitung seines ganz echten, vorzüglichen, puren, unverbesserlichen, patentirten Atheismus zu thun; faktisch will er aber auch nur Anhänger unter den besitzenden Klassen. Er spricht öfter aus und deutet öfter an: für das arme Volk taugt seine Wahrheit nicht, die Canaille muß scharf regiert, muß gezähmt werden, für die Canaille soll noch eine Religion existiren, denn das dumme, blöde Volk braucht einen Kapzaum; die Atheisten im Volke sollen, wenn sie sich gegen die Besitzenden mucksen, von Soldaten zusammengepfeffert werden. Die ganze christliche Moral gilt ihm als Schwindel, das erste Gebot: „Du sollst allein an einen Gott glauben" ist der Gegenstand seines grimmigsten Hasses und Spottes, aber am letzten Gebot: „Du sollst nicht begehren deines Nächsten Gut" daran hält er fest mit Zähnen und Krallen, das schreibt er in gläubiger Andacht an die Thüre seiner eisernen Kasse: heilig ist das Eigenthum. Diesen letzten Fetzen aus der Gesetzgebung des verhaßten „Judengottes" will er wie eine Oriflamme im Kampfe mit den hereinbrechenden Wogen des Proletariats hochgehalten wissen! Mit Freude übergibt er seinen kostbaren Operngucker dem Offizier, daß dieser vom Fenster aus ersehen könne, wohin er den Kugelregen seiner Mannschaft zu dirigiren habe, um in die Schurken und Canaillen mit größtem Erfolg hineinfeuern und einige Hundert in ihrem Blute niederstrecken zu können. Seine Ethik, seine Metaphysik ist nach seinem eigenen Geständniß kein Soll, kein Gesetz, nur eine Lehre, aber die beste, schönste, erhabenste, alle anderen Ethiken weit hinter sich lassende Lehre. Freilich für das dumme Volk taugt sie nicht, wie sie für ihn selber auch nicht getaugt hat; er hat gelebt nach seinen Gelüsten, was er eben thun konnte, weil er das nöthige Geld zu diesem Leben besessen hat, das arme Volk will aber auch nach seinen Gelüsten leben und sucht sich nun die mangelnden Mittel zu diesem Leben, so gut und so schlecht es geht, zu verschaffen. Hier ist aber der Standpunkt, bei welchem der Philosoph im Siegeslauf seines atheistischen Fortschrittes plötzlich stehen bleibt, sich den Nachfolgenden zuwendet und ausruft: Bis hierher und nicht weiter! Da hört sich auf einmal alle Philosophie und aller Fortschritt auf, das ist der feierliche Moment der Reaktion! — Die atheistischen Lebemänner, die ihn und seinen Atheismus preisen, das sind seine Freunde, die lobt er. Die atheistischen Proletarier, die ihm („nach seinen Worten") „den Brei aus dem Hirnkasten" schlagen und das Geld aus der Eisenkasse nehmen wollen, das sind Schurken und Canaillen, — in diese muß hineingefeuert werden! Das ist das Finale der Schopenhauer'schen Philosophie in der Praxis!

114. Beständiges Rühmen der Vorzüge und Privilegien der großen Geister. Geistesaristokratie. Bescheidenheit mit Genie unverträglich. Zeichnet, ohne es zu wollen, seine Physiognomie. Tugend und Laster, Weisheit und Dummheit angeboren.

Um dem Leser das Nachsuchen zu erleichtern, und daß derselbe sich von der Richtigkeit unserer Citate ohne Mühe überzeugen kann, entnehmen wir die verschiedenen Citate aus dem Schopenhauer-Lexikon[1]) eben, wie sie daselbst in der alphabetischen Anordnung der Materie nacheinander folgen.

Wir haben dem Leser in den bisher angeführten Citaten schon so viel Material zu einem Urtheil über die hier nachfolgenden zu Händen gegeben, daß wir es sehr oft für überflüssig gehalten haben, auf die vielen Widersprüche aufmerksam zu machen, welche zumeist so eklatant sind, daß es dem Leser wenig Mühe kostet, dieselben aufzufinden und zu constatiren.

Wegen Raumersparniß sind bei den Citaten aus den verschiedenen Schriften Schopenhauers folgende Abkürzungen gemacht worden:

E. bedeutet: Die beiden Grundprobleme der Ethik, 2. Aufl.
F. „ Ueber das Sehen und die Farben, 3. Aufl.
G. „ Ueber die 4fache Wurzel des Satzes vom zureichenden Grunde, 3. Aufl.
H. „ Aus Arthur Schopenhauers handschriftlichem Nachlaß.
M. „ Arthur Schopenhauer von ihm über ihn.
N. „ Ueber den Willen in der Natur, 3. Aufl.
P. „ Parerga und Paralipomena, 2. Aufl.
W. „ Welt als Wille und Vorstellung, 3. Aufl.

Hören wir den Weltweisen, wie er den Leser in allen Arten von den Vorzügen des Genies (immer des seinigen) zu belehren sucht. Was er über Akademien sagt, ist theilweise sehr wahr — das ist aber schon oft von Anderen auch gesagt worden — bei ihm aber müssen alle diese Bemerkungen nur als Grundlage seiner Genieverherrlichung herhalten.

---

[1]) Schopenhauer-Lexikon. Ein philosophisches Wörterbuch, nach Arthur Schopenhauers sämmtlichen Schriften und handschriftlichem Nachlaß. Bearbeitet von Julius Frauenstädt. Leipzig, Brockhaus, 1871. 2 Bände (382 und 507 Seiten).

„Die wirklich überlegenen und privilegirten Geister, welche dann und wann einmal zur Erleuchtung der übrigen geboren werden, sind es „von Gottes Gnaden“ und verhalten sich demnach zu den Akademien und zu deren illustres confrères, wie geborene Fürsten zu den zahlreichen und aus der Menge gewählten Repräsentanten des Volkes. Daher sollte eine geheime Scheu die Herren Akademiker warnen, ehe sie sich an einem solchen rieben, — es wäre denn, sie hätten die triftigsten Gründe aufzuweisen.“ (W. II, 303.)

„Wenn die Größe der Geisteskraft nicht eine rein intensive wäre, die durch kein Nebeneinander und Beieinander anwächst, dann wären Akademien viel werth.“ (H. 468.)

„Geistesüberlegenheit jeder Art ist eine sehr isolirende Eigenschaft, die geflohen und gehaßt wird. Zum Vorwärtskommen in der Welt, auch zur Erlangung von Ehrenstellen und Würden, ja, Ruhm in der gelehrten Welt, sind Freundschaften und Kamaraderien bei Weitem das Hauptmittel. Daher sitzt z. B. in den Akademien die liebe Mediocrität stets oben auf, Leute von Verdienst hingegen kommen spät oder nie hinein.“ (P. I, 491.)

„Eine Akademie ist kein Glaubenstribunal. Wohl aber hat nun jede, ehe sie so hohe, ernste und bedenkliche Fragen, wie z. B. die über die Freiheit des Willens und das Fundament der Moral aufstellt, vorher bei sich selbst auszumachen, ob sie auch wirklich bereit ist, der Wahrheit, wie immer sie lauten möge, öffentlich beizutreten. Denn hinterher, nachdem auf eine ernste Frage eine ernste Antwort eingegangen, ist es nicht mehr an der Zeit, sie zurückzunehmen. Diese Bedenklichkeit ist ohne Zweifel der Grund, weshalb die Akademien Europas sich in der Regel wohl hüten, Fragen solcher Art aufzustellen.“ (E. XVII.)

„Es gibt drei Arten von Aristokratie: 1) die Aristokratie der Geburt und des Ranges; 2) die Geldaristokratie; 3) die geistige Aristokratie. Letztere ist die vornehmste.“

„Während jede dieser drei Aristokratien umgeben ist von einem Heer von erbitterten Neidern, so vertragen sich die der einen Aristokratie Angehörigen mit denen der andern meistens gut und ohne Neid, weil Jeder seinen Vorzug gegen den der anderen in die Waage legt.“ (P. I, 459.)

Wie sich „die geistigen Aristokraten, die vornehmsten,“ unter einander vertragen, das hat der Weltweise zu hundertmalen bewiesen, gerade diese vornehmsten schimpfen am gemeinsten gegeneinander; er hat nämlich ohne Unterlaß seinen Vorzug gegen die Andern in die Waage gelegt. Interessant ist, wie Schopenhauer die Verträglichkeit dieser 3 Klassen unter einander — ganz aus sich selber heraus — auf den Hochmuth basirt: weil nämlich jede dieser Klassen sich für vorzüglicher hält als die übrigen zwei.

„Wurzel der Lobreden auf die Bescheidenheit.

Wer selbst Verdienst hat, läßt auch die echten und wirklichen Verdienste Anderer gelten. Aber der, dem selbst Vorzüge und Verdienste mangeln, wünscht, daß es gar keine gäbe; ihr Anblick an Andern erregt seinen Neid, er möchte alle persönlich Bevorzugten ausrotten. Muß er sie aber leider leben lassen, so soll es nur unter der Bedingung sein, daß sie ihre Vorzüge verstecken. Dies ist die Wurzel der so häufigen Lobreden auf die Bescheidenheit." (W. II, 485; I, 277; P. II, 232.)

„Die Bescheidenheit ist demnach eine zu Gunsten der platten Gewöhnlichkeit erfundene, schlaue Tugend, welche dennoch, eben durch die in ihr an den Tag gelegte Nothwendigkeit der Schonung der Armsäligkeit, diese gerade ans Licht zieht." (P. II, 232.) „Die Tugend der Bescheidenheit ist blos zur Schutzwehr gegen den Neid erfunden worden." (P. II, 496.) „Unfehlbarer daher noch, als Goethes: „Nur die Lumpe sind bescheiden", wäre die Behauptung gewesen: Die, welche so eifrig von Anderen Bescheidenheit fordern, auf Bescheidenheit dringen, sind zuverlässig Lumpe." (W. II, 485.)

„Unverträglichkeit der Bescheidenheit mit Verdienst und Genie.

Es gehört zu den nachgesprochenen Irrthümern: „Verdienst und Genie sind aufrichtig bescheiden." (P. II, 64.)

„Bescheidenheit in einem großen Geiste würde den Leuten wohl gefallen, nur ist sie leider eine contradictio in adjecto. Denn ein solcher kann nichts Großes schaffen, ohne die Art und Weise, die Gedanken und Ansichten seiner Zeitgenossen für nichts zu achten. Ohne diese Arroganz wird kein großer Mann." (P. II, 85 fg.) „Es ist so unmöglich, daß, wer Verdienste hat und weiß, was sie kosten, selbst blind dagegen sei, wie daß ein Mann von sechs Fuß Höhe nicht merke, daß er die Andern überragt. Horaz, Lucrez, Ovid und fast alle Alten haben stolz von sich geredet, desgleichen Dante, Shakespeare, Bako von Verulam und Viele mehr. Daß Einer ein großer Geist sein könne, ohne etwas davon zu merken, ist eine Absurdität." (W. II, 484; P. II, 496.)

„Bescheidenheit bei mittelmäßigen Fähigkeiten ist bloße Ehrlichkeit, bei großen Talenten ist sie Heuchelei. Darum ist Diesen offen ausgesprochenes Selbstgefühl und unverhohlenes Bewußtsein ungewöhnlicher Kräfte gerade so wohlanständig, als Jenen ihre Bescheidenheit." (P. II, 638; W. I, 277.)

Sehr bedauerlich. Lope de Vega, Calderon, Tasso, Newton, Kepler, Michelangelo, die genialen Baumeister der Maria novella in Florenz, Angelico Fiesole, Jacopone da Todi, der Vorläufer Dantes, der große Astronom Secchi und hundert andere, welchen die echte christliche Bescheidenheit nicht wegdisputirt werden kann, sind also keine Genies gewesen. Weil Schopenhauer vor

Hochmuth und Größenwahn bersten wollte, verallgemeinert er den Hochmuth auf alle Genies. Eben lesen wir in einer Biographie Haydns (bei Gelegenheit der Enthüllung seines Monuments zu Wien): „Gleich den meisten bedeutenden Künstlern der Vergangenheit, die, sei es in der Malerei oder in der Musik, wahrhaft Großes leisteten, war Haydn eine tiefreligiöse Natur: seine Compositionen führen nicht nur immer die Ueberschrift: In Nomine Domini und schließen mit den Worten: laus Deo, sondern seine Oratorien und Messen sind auch von inniger Andacht durchweht. Seinem frommen, bescheidenen Sinn blieb jede Selbstüberhebung, jede Künstlereitelkeit fremd, da er Alles, was ihn vor Anderen auszeichnete, Gott zuschrieb. „Wenn es mit dem Componiren nicht recht gehen will," pflegte er zu sagen, „so gehe ich im Zimmer auf und ab, den Rosenkranz in der Hand, bete einige Ave und dann kommen die Ideen."

Alle diese Mathematiker, Astronomen, Baumeister, Dichter, Maler und Musiker sind nach Schopenhauer eben nichts als elende Heuchler und Lumpe und sicher keine Genies gewesen. Es ist auffallend, wie Schopenhauer immer und ewig an seiner Selbstverherrlichung und Selbstvertheidigung arbeitet: alle, die nicht akkurat so denken und handeln wie er, sind Dummköpfe, und alle, die sich einbilden oder rühmen wollten, daß sie selbständig auch so denken und handeln wie er, sind auch Dummköpfe; nur jene, die pudelartig zu seinen Füßen liegen und ihn anstaunen — nur denen kann mit Erlaubniß einiges Talent zuerkannt werden!

„Physiognomischer Ausdruck des bösen Charakters.

„Große Heftigkeit des Wollens ist an sich eine stete Quelle des Leidens. Weil nun vieles und heftiges Leiden von vielem und heftigem Wollen unzertrennlich ist, trägt der Gesichtsausdruck sehr böser Menschen das Gepräge des innern Leidens; selbst wenn sie alles äußerliche Glück erlangt haben, sehen sie stets unglücklich aus, sobald sie nicht in augenblicklichem Jubel begriffen sind, oder sich verstellen." (W. I, 429.)

Nach Durchlesung dieser Beurtheilung des Gesichtsausdrucks wäre für den Leser der lehrreichste Moment, ein wohlgetroffenes Porträt von Schopenhauer anzusehen! Der Weltweise hat in seiner Eitelkeit keine Ahnung, wie treffend er sich hier selbst gezeichnet hat.

Der alte Irrthum, daß der Mensch eigentlich unfrei sei, nothgedrungen immer so handeln müsse, wie er eben handelt, wird von Schopenhauer noch sehr ausführlich und plausibel dargestellt. Nach diesem Princip wäre die Strafe der Verbrecher das größte denselben angethane Unrecht.

„Die Angeborenheit des individuellen Charakters wird durch die Erblichkeit des Charakters bewiesen. (Vergl. Vererbung.) Zufolge derselben legen bei der allergleichsten Erziehung und Umgebung verschiedene Kinder den grundverschiedensten Charakter auf's Deutlichste an den Tag.“ (E. 53.) „Tugenden und Laster sind angeboren.“ (E. 53 ff.) „Der ethische Unterschied der Charaktere ist angeboren und unvertilgbar. Dem Boshaften ist seine Bosheit so angeboren, wie der Schlange ihre Giftzähne und Giftblase; und so wenig, wie sie, kann er es ändern.“ (E. 249.) „Die in den verschiedenen Menschen so höchst verschiedene Empfänglichkeit für die Motive des Eigennutzes, der Bosheit und des Mitleids, worauf der ganze moralische Werth des Menschen beruht, ist nicht etwas aus einem Andern Erklärliches, noch durch Belehrung zu Erlangendes und daher in der Zeit Entstehendes und Veränderliches, ja, vom Zufall Abhängiges, sondern angeboren, unveränderlich und nicht weiter erklärlich.“ (E. 238.)

Den Gegensatz zwischen Dummheit und Schlechtigkeit in Hinsicht auf die Zurechnung schildert der Weltweise nach seinem System wie folgt:

„Ist einer dumm, so entschuldigt man ihn damit, daß er nicht dafür kann, aber wollte man den, der schlecht ist, eben damit entschuldigen, so würde man ausgelacht werden. Und doch ist das eine wie das andere angeboren. Dies beweist (d. h. diese kühne Behauptung), daß der Wille der eigentliche Mensch sei, der Intellekt bloß sein Werkzeug.“ (W. II, 259.)

Bei Schopenhauer gilt das „Reim dich oder ich freß dich“, er hat das Bestreben, seine gewagten Behauptungen auch mit gänzlichem Mangel an Logik und großem Aufwand von Sophistik in sein System hineinzuschachteln.

Auf die Demagogen ist der Weltweise in offenbarer Angst für seine eiserne Kasse immer sehr schlecht zu sprechen.

„Das Volk wird, wie alle Unmündigen, gar leicht das Spiel hinterlistiger Gauner, welche deshalb Demagogen heißen.“ (P. II, 264.)

„Die falsche Vorspiegelung, als seien die Regierungen, Gesetze und öffentlichen Einrichtungen Schuld an allem Elend, während das Elend doch von dem menschlichen Dasein unzertrennlich ist, ist nie auf lügenhaftere und frechere Weise gemacht worden, als von den Demagogen der „Jetztzeit“. Diese nämlich sind, als Feinde des Christenthums, Optimisten. Die gegen den Optimismus schreienden kolossalen Uebel der Welt schreiben sie gänzlich den Regierungen zu; thäten nämlich nur diese ihre Schuldigkeit, so würde nach ihrer Vorspiegelung der Himmel auf Erden existiren." (P. I, 275.)

Das Denunciren als Erkaufte, als Heuchler u. s. w. aller jener Professoren der Philosophie, die sich vor Schopenhauer nicht stumm und ehrfurchtsvoll verbeugen, ist eine permanente Marotte des Weltweisen.

„Keine Nation ist so wenig, wie die Deutschen, geneigt, selbst zu urtheilen und danach zu verurtheilen, wozu das Leben und die Literatur stündlich Anlaß bieten. Sie sind ohne Galle, wie die Tauben; aber wer ohne Galle ist, ist ohne Verstand und ohne die aus diesem hervorgehende Schärfe zum Tadeln tadelhafter Dinge, welche vom Nachahmen derselben abhält." (P. II, 584.)

„Die Urtheilslosigkeit der Deutschen zeigte sich besonders in ihrem Verhalten zur Goetheschen Farbenlehre und zur Hegelschen Philosophie. Ihr Urtheil über Goethes Farbenlehre entspricht den Erwartungen, die man sich zu machen hat von einer Nation, die einen geist- und verdienstlosen, Unsinn schmierenden und hohlen Philosophaster, wie Hegel, 30 Jahre lang als den größten aller Denker und Weisen präconisiren konnte." (P. I, 105; II, 210.)

„Der deutsche Gelehrte ist zu arm, um redlich und ehrenhaft sein zu können. Daher ist drehen, winden, sich accomodiren und seine Ueberzeugung verleugnen, lehren und schreiben, was er nicht glaubt, kriechen, schmeicheln, Partei machen und Kameradschaft schließen u. s. w., kurz Alles eher, als die Wahrheit sein Gang und seine Methode. Er wird dadurch meistens ein rücksichtsloser Lump." (P. II, 518.)[1])

„Dilettanten — so werden Die, welche eine Wissenschaft oder Kunst aus Liebe zu ihr und Freude an ihr treiben, mit Geringschätzung genannt von Denen, die sich des Gewinnes halber darauf gelegt haben; weil sie nur das Geld delectirt, das damit zu verdienen ist. Diese Geringschätzung beruht auf ihrer niederträchtigen Ueberzeugung, daß Keiner eine Sache ernstlich angreifen werde, wenn ihn nicht Noth, Hunger, oder sonst welche Gier dazu anspornt. Das Publikum ist desselben Geistes und daher derselben Meinung; hieraus entspringt sein durchgängiger Respect vor den „Leuten von Fach" und sein Mißtrauen gegen Dilettanten." (P. II, 515 fg.)

---

[1]) Mit des Lobes süßen Sprüchen
Feiert er, die vor ihm kriechen;
Wer das nicht thut, ist ein Lump,
Sagt er flegelhaft und plump.
Wer nicht auf Schopenhauer schwört,
Der ist vernagelt und bethört!

„Vorzug der Dilettanten vor den Leuten von Fach.

„In Wahrheit ist dem Dilettanten die Sache Zweck, dem Manne vom Fach als solchem bloß Mittel; nur Der aber wird eine Sache mit ganzem Ernste treiben, dem unmittelbar an ihr gelegen ist und der sich aus Liebe zu ihr damit beschäftigt, sie con amore treibt. Von Solchen, und nicht von den Lohndienern, ist stets das Größte ausgegangen.“ (P. II, 516.)

115. Schon wieder Genie-Bewunderung. Philosoph und Physiker. Dem Kindesalter soll der Atheismus eingeprägt werden, nicht Religion! Privilegien des Genies. Was es sich Alles erlauben darf. Genie hoch über Talent. Die Toleranz in der Literatur. Phantasieen.

Auch bei den Gedanken über die Einsamkeit, die übrigens in Zimmermanns bekannten 4 Bänden über die Einsamkeit schon genugsam ausgeprägt sind, handelt es sich bei ihm wieder nur um die Selbstverherrlichung des Genies.

„Je höher Einer auf der Rangliste der Natur steht, desto einsamer steht er, und zwar wesentlich und unvermeidlich. Dann aber ist es eine Wohlthat für ihn, wenn die physische Einsamkeit der geistigen entspricht; widrigenfalls bringt die häufige Umgebung heterogener Wesen störend, ja feindlich auf ihn ein, raubt ihm sein Selbst und hat nichts als Ersatz dafür zu geben. Sodann, während die Natur zwischen Menschen die weiteste Verschiedenheit, im Moralischen und Intellektuellen, gesetzt hat, stellt die Gesellschaft, diese für nichts achtend, sie alle gleich, oder vielmehr sie setzt an ihre Stelle die künstlichen Unterschiede und Stufen des Standes und Ranges, welche der Rangliste der Natur sehr oft diametral entgegen laufen. Bei dieser Anordnung kommen die von Natur hoch Stehenden zu kurz. . . . . . Die Gesellschaft, welche man die gute nennt, hat nicht nur den Nachtheil, daß sie uns Menschen darbietet, die wir nicht loben und lieben können, sondern sie läßt auch nicht zu, daß wir selbst seien, wie es unserer Natur angemessen ist; vielmehr nöthigt sie uns, des Einklanges mit den Andern wegen, einzuschrumpfen, oder gar uns selbst zu verunstalten.“ (P. I, 446 fg.)

„Dem intellektuell hochstehenden Menschen gewährt die Einsamkeit einen zwiefachen Vortheil: erstlich den, mit sich selber zu sein, und zweitens den, nicht mit Andern zu sein. Diesen letztern wird man hoch anschlagen, wenn man bedenkt, wie viel Zwang, Beschwerde und selbst Gefahr jeder Umgang mit sich bringt. Geselligkeit gehört zu den gefährlichen, ja, verderblichen Neigungen, da sie uns in Contact bringt mit Wesen, deren große Mehrzahl moralisch schlecht und intellektuell stumpf oder verkehrt ist.“ (P. I, 451.)

„Einsamkeit ist das Loos aller hervorragenden Geister; sie werden solche bisweilen beseufzen, aber stets als das kleinere von zwei Uebeln erwählen.“ (P. I, 455.)

„Nachtheile der Einsamkeit. Neben ihren großen Vortheilen hat doch die Einsamkeit auch ihre kleinen Nachtheile und Beschwerden, die jedoch im Vergleich mit denen der Gesellschaft gering sind. Unter jenen Nachtheilen ist einer, der nicht so leicht, wie die übrigen, zum Bewußtsein gebracht wird, nämlich dieser: wie durch anhaltend fortgesetztes Zuhausebleiben unser Leib so empfindlich gegen äußere Einflüsse wird, daß jedes kühle Lüftchen ihn krankhaft afficirt: so wird durch anhaltende Zurückgezogenheit und Einsamkeit unser Gemüth so empfindlich, daß wir durch die unbedeutendsten Vorfälle, Worte, wohl gar durch bloße Mienen, uns beunruhigt, oder gekränkt, oder verletzt fühlen; während Der, welcher stets im Getümmel bleibt, Dergleichen gar nicht beachtet.“ (P. I, 457.)

Im gleichen Sinne beständiger Selbstverherrlichung stellt er den Philosophen hoch über den Physiker:

„Zur Entdeckung der wichtigsten Wahrheiten wird nicht die Beobachtung der seltenen und verborgenen, nur durch Experimente darstellbaren Erscheinungen führen; sondern die der offen daliegenden, Jedem zugänglichen Phänomene. Daher ist die Aufgabe nicht sowohl, zu sehen, was noch Keiner gesehen hat, als bei Dem, was Jeder sieht, zu denken, was noch Keiner gedacht hat. Darum auch gehört so viel mehr dazu, ein Philosoph, als ein Physiker zu sein.“ (P. II, 116.)

Daß den Kindern noch immer Religionsunterricht ertheilt wird, macht dem Weltweisen große Schmerzen, es soll denselben offenbar in einem Schopenhauer-Katechismus sein Atheismus beigebracht werden.

„Der Gedankenfreiheit steht nichts so hinderlich im Wege, als der Zwang, den die Dogmen der jedesmal herrschenden Landesreligion auf den Geist ausüben. Nicht allein auf die Mittheilung der Gedanken, sondern auf das Denken selbst erstreckt sich jener Zwang dadurch, daß die Dogmen dem zarten, bildsamen, vertrauensvollen und gedankenlosen Kindesalter so fest eingeprägt werden, daß sie mit dem Gehirn verwachsen und fast die Natur angeborener Gedanken annehmen.“ (W. II, 207 fg.)

Es wäre dem Schopenhauer eine nach seinem Katechismus herangereifte Generation in seiner Umgebung zu wünschen gewesen, freilich, der Weltweise ist bei solchen Gelegenheiten nicht in Verlegenheit gekommen; seine letzte und bündigste Argumentation lief ja auch in Frankfurt 1849 in die Spitze aus: Hineinfeuern in die Canaille — hier ist mein Operngucker (zum Offizier), daß Sie die Schufte ja recht sicher treffen können.

Er definirt mit großer Selbstbeachtung die Geister ersten Ranges und stellt sie hoch über die Fachgelehrten und Professoren.

„Ein exclusiver Fachgelehrter ist dem Fabrikarbeiter analog, der, sein Leben lang, nichts Anderes macht, als eine bestimmte Schraube, oder Haken, oder Handhabe zu einem bestimmten Werkzeuge oder Maschine, worin er dann freilich eine unglaubliche Virtuosität erlangt. Auch kann man den Fachgelehrten mit einem Manne vergleichen, der in seinem eigenen Hause wohnt, jedoch nie heraus kommt. In dem Hause kennt er Alles genau, jedes Treppchen, jeden Winkel und jeden Balken; aber außerhalb desselben ist ihm Alles fremd und unbekannt. — Wahre Bildung zur Humanität hingegen erfordert durchaus Vielseitigkeit und Ueberblick, also, für einen Gelehrten im höhern Sinne, allerdings etwas Polyhistoria. Wer aber vollends ein Philosoph sein will, muß in seinem Kopfe die entferntesten Enden des menschlichen Wissens zusammenbringen. — Geister ersten Ranges nun gar werden niemals Fachgelehrte sein. Ihnen ist das Ganze des Daseins zum Problem gegeben und über dasselbe wird Jeder von ihnen, in irgendeiner Form und Weise, der Menschheit neue Aufschlüsse ertheilen.“ (P. II, 520.)

Die Vorrechte der Genies rumoren dem Weltweisen immer im Kopf herum, für das Genie gibt es keine Gesetze, keine Verbindlichkeiten, wie für die Alltagsnaturen. Das Genie kann manche Anforderungen abweisen, welche Andere (versteht sich dumme Kerle) erfüllen müssen. Unglaublich!

„Geniale haben oft heftige Begierden, sind der Wollust und dem Zorn ergeben. Zu großen Verbrechen kommen sie jedoch nicht, weil, wenn diese sich ihnen darbieten, sie die Idee derselben lebhaft und tief erkennen und nun diese Erkenntniß die Uebermacht über den Willen gewinnt, ihn nunmehr (eben wie beim Heiligen) wendet, und die Missethat also unterbleibt. Immer also participirt das Genie etwas von der Heiligkeit, indem es die Bedingung zu dieser hat, sowie der Heilige etwas vom Genie.“ (M. 275. H. 136.)

„Kein Mann von Genie war je ein Bösewicht, weil die Bosheit die Aeußerung eines so heftigen Wollens ist, daß selbiges den Intellekt allein zu seinem Dienste braucht und nicht zuläßt, daß er frei werde zu einer rein objectiven Betrachtung der Dinge. Ein Bösewicht kann einen gewaltigen Intellekt haben, aber er kann ihn nur auf Das richten, was irgend eine Beziehung auf seinen Willen hat.“ (H. 399.)

„In dem entschiedenen Ueberwiegen des Erkennens über das Wollen liegt die Verwandtschaft zwischen Tugend und Genie. Der

Unterschied liegt aber darin, daß das Uebergewicht des Erkennens beim Genie sich als solches, d. h. als vollkommene Erkenntniß äußert; im Tugendhaften aber seine Macht auf den Willen übt und durch die Lenkung dieses sich äußert. Ferner ist beim Genie die Intensität der Geisteskräfte eine absolute, ein sehr hoher Grad schlechthin. Hingegen ist zur Tugend und Güte nur eine relative, d. h. im Verhältniß zum individuellen Willen große Intensität der Erkenntnißkraft erfordert, die wohl oft durch die geringe natürliche Heftigkeit des Wollens unterstützt wird." (H. 400.)

„Der mit Genie Begabte opfert sich in seinen Werken ganz für das Ganze. Daher ist er frei von der Verbindlichkeit, sich im Einzelnen für Einzelne zu opfern. Dieserwegen kann er manche Anforderung abweisen, die Andere billig erfüllen müssen. Er leidet und leistet doch mehr, als alle Andern." (M. 275.)

„Die bloßen Talentmänner kommen stets zu rechter Zeit; denn, wie sie vom Geiste ihrer Zeit angeregt und von dem Bedürfniß derselben hervorgerufen werden; so sind sie auch gerade nur fähig, diesem zu genügen. Sie greifen daher ein in den fortschreitenden Bildungsgang ihrer Zeitgenossen, oder in die schrittweise Förderung einer speciellen Wissenschaft; dafür wird ihnen Lohn und Beifall. Der nächsten Generation jedoch sind ihre Werke nicht mehr genießbar. Das Genie hingegen trifft in seine Zeit, wie ein Komet in die Planetenbahnen, deren wohlgeregelter und übersehbarer Ordnung sein völlig excentrischer Lauf fremd ist. Dennoch kann es nicht eingreifen in den vorgefundenen regelmäßigen Bildungsgang der Zeit, sondern wirft seine Werke weit hinaus in die vorliegende Bahn, auf welcher die Zeit solche erst einzuholen hat. Daher steht das Genie in seinem Treiben und Leisten meistens mit seiner Zeit im Widerspruch und Kampf." (W. II, 445 fg.)

„Das Wesen des Genies ist ein Maß der Erkenntnißkraft, welches das zum Dienst des Willens erforderliche weit übersteigt. Aber dies ist eine bloß relative Bestimmung; sie wird erreicht sowohl durch Herabstimmung des Willens, als durch Erhöhung der Erkenntniß. Nicht im Ruhme, sondern in Dem, wodurch man ihn erlangt, liegt der Werth, und in der Zeugung unsterblicher Kinder der Genuß." (W. II, 440.)

„Alle Pein geht aus dem Wollen hervor, das Erkennen hingegen ist an und für sich schmerzlos und heiter. Da nun beim Genie das Erkennen über das Wollen vorherrscht, der Intellekt vom Dienste des Willens losgesprochen ist, so genießen die Genies jene gleichsam überirdische Heiterkeit, die in ihren Physiognomieen zum Ausdruck kommt."

„Das Genie lebt wesentlich einsam. Es ist zu selten, um leicht auf seines Gleichen zu treffen, und zu verschieden von den Uebrigen, um ihr Geselle zu sein. Sie werden an ihm und seiner drückenden Ueberlegenheit so wenig Freude haben, wie er an ihnen. Sie werden daher sich behaglicher mit ihres Gleichen fühlen, und er wird die Unterhaltung mit seines Gleichen, obwohl sie in der

Regel nur durch ihre nachgelassenen Werke möglich ist, vorziehen." (W. II, 445. N. 32.) „Der Mensch von Genie ist verdammt, in einer öden Welt zu leben, wo er nicht auf seines Gleichen trifft, wie auf einer Insel, die keine andern Bewohner hat, als Affen und Papageien." (H. 359.)

„Zu den bereits genannten, den Lebenslauf des Genies keineswegs zu einem glücklichen machenden Eigenschaften und Zuständen kommt noch ein Mißverhältniß nach Außen, indem das Genie in seinem Treiben und Leisten meistens mit seiner Zeit im Widerspruch und Kampfe steht, weil es der Entwicklungsstufe seiner Zeit weit voraus und von dieser erst einzuholen ist. Die Werke des Genies finden demgemäß in der Regel nicht bei der Mitwelt, sondern erst bei der Nachwelt Anerkennung." (W. II, 445—447. W. II, 439.)

„Weisheit und Genie, diese zwei Gipfel des Parnasses menschlicher Erkenntniß, wurzeln nicht im abstrakten discursiven, sondern im anschauenden Vermögen. Die eigentliche Weisheit ist etwas Induktives, nicht etwas Abstraktes. Sie besteht nicht in Sätzen und Gedanken, die Einer als Resultate fremder oder eigener Forschung im Kopf herumtrüge: sondern sie ist die ganze Art, wie sich die Welt in seinem Kopfe darstellt. Diese ist so höchst verschieden, daß dadurch der Weise in einer anderen Welt lebt, als der Thor, und das Genie eine andere Welt sieht, als der Stumpfkopf. Daß die Werke des Genies die aller Anderen himmelweit übertreffen, kommt bloß daher, daß die Welt, die es sieht, und der es seine Aussagen entnimmt, so viel klarer, gleichsam tiefer herausgearbeitet ist, als die in den Köpfen der Anderen, welche freilich dieselben Gegenstände enthält, aber zu jener sich verhält wie ein chinesisches Bild ohne Schatten und Perspektive zum vollendeten Oelgemälde. Der Stoff ist in allen Köpfen derselbe, aber in der Vollkommenheit der Form, die er in jedem annimmt, liegt der Unterschied, auf welchem die so vielfache Abstufung der Intelligenzen zuletzt beruht: dieser ist also schon in der Wurzel, in der anschauenden Auffassung vorhanden und entsteht nicht erst im Abstrakten. Daher eben zeigt die ursprüngliche geistige Ueberlegenheit sich so leicht bei jedem Anlaß und wird augenblicklich den Anderen fühlbar und verhaßt." (W. II. Bd., erstes Buch, 7. Kapitel, S. 80.)

Die Geschichte wird immer in höchst verächtlicher Weise vom Weltweisen mitgenommen!

„Die Geschichtsmuse Klio ist mit der Lüge so durch und durch inficirt, wie eine Gassenhure mit der Syphilis. Die neue, kritische Geschichtsforschung müht sich zwar ab, sie zu curiren, bewältigt aber mit ihren localen Mitteln bloß einzelne, hie und da ausbrechende Symptome; wobei noch dazu manche Quacksalberei mit unterläuft, die das Uebel verschlimmert. Die Begebenheiten und Personen in der Geschichte mögen den wirklich dagewesenen ungefähr so gleichen, wie meistens die Porträts der Schriftsteller auf dem Titelkupfer diesen selbst; also eben nur so etwas im Umriß, so daß sie eine schwache, oft durch einen falschen Zug ganz entstellte Aehnlichkeit, bisweilen aber gar keine haben." (P. II, 480 fg.)

„Die Geschichte ist zwar um so interessanter, je specieller sie ist, aber auch um so unzuverlässiger, und nähert sich alsdann in jeder Hinsicht dem Romane. — Was es übrigens mit dem gerühmten Pragmatismus der Geschichte (d. h. dem Ableiten der Begebenheiten nach dem Gesetze der Motivation) auf sich habe, wird Der am besten ermessen können, welcher sich erinnert, daß er bisweilen die Begebenheiten seines eigenen Lebens ihrem wahren Zusammenhange nach erst zwanzig Jahre hinterher verstanden hat, obwohl die Data dazu ihm vollständig vorlagen; so schwierig ist die Combination des Wirkens der Motive, unter den beständigen Eingriffen des Zufalls und dem Verhehlen der Absichten." (W. I, 217; II, 502.)

„Der Historiker soll der individuellen Begebenheit genau nach dem Leben folgen, wie sie an den vielfach verschlungenen Ketten der Gründe und Folgen sich in der Zeit entwickelt; aber unmöglich kann er hiezu alle Data besitzen, Alles gesehen oder Alles erkundet haben; er wird jeden Augenblick vom Original seines Bildes verlassen, oder ein falsches schiebt sich ihm unter, und dies so häufig, daß man Ursache hat, anzunehmen, in aller Geschichte sei des Falschen mehr, als des Wahren." (W. I, 289.)[1])

116. Eigenthum. Haß gegen die Literatur des Mittelalters. Schätzung und Ueberschätzung der Hunde. Hierarchie der Intelligenz. Die Thiere sind nach der christlichen Moral nicht rechtlos! Klassiker! Er schätzt doch das Latein. Phantasieen über Menschenfarbe. Degeneration des Geschlechts. Missionäre. Humanität. Mittelalter.

Um die eiserne Kasse ist der Weise immer in großen Sorgen, beim Eigenthum hört sich die Gleichheit der Rechte auf!

„Obgleich die Kräfte der Menschen ungleich sind, so sind doch ihre Rechte gleich; weil diese nicht auf den Kräften beruhen, sondern, wegen der moralischen Natur des Rechts, darauf, daß in Jedem derselbe Wille zum Leben, auf der gleichen Stufe seiner Objectivation, sich darstellt. Dies gilt jedoch nur vom ursprünglichen und abstracten Recht, welches der Mensch als Mensch hat.

---

[1]) Der Weltweise ist aber auch ein großer Feind der wahren Geschichte, denn vor einer wahren Geschichte seines Lebens hat er bei wiederholt eingestandener Angst auch eine aufrichtige Scheu, ja sogar Abscheu verrathen.

Das Eigenthum, wie auch die Ehre, welche Jeder mittelst seiner Kräfte sich erwirbt, richtet sich nach dem Maße und der Art dieser Kräfte und gibt dann seinem Rechte eine weitere Sphäre; hier hört also die Gleichheit auf. Der hierin besser Ausgestattete oder Thätigere erweitert durch größern Erwerb nicht sein Recht, sondern nur die Zahl der Dinge, auf die es sich erstreckt." (P. II, 257.)

„Auf Gymnasien sollte keine altdeutsche Literatur, Nibelungen und sonstige Poeten des Mittelalters gelehrt werden; diese Dinge sind zwar höchst merkwürdig, auch lesenswerth, tragen aber nicht zur Bildung des Geschmacks bei und rauben die Zeit, welche der alten, wirklich klassischen Literatur angehört. Die Nibelungen mit der Ilias zu vergleichen ist eine rechte Blasphemie, mit welcher die Ohren der Jugend vor Allem verschont bleiben sollen." (P. II, 607.)

Die tägliche Betrachtung und Beachtung seines Pudels stimmte sein für Menschen nicht sehr feinfühliges Herz mit besonderer Vorliebe für die wedelnde Ergebenheit dieses Hausthieres. Er schreibt über den Hund „in moralischer Hinsicht":

„Der Hund ist mit Recht das Symbol der Treue." (P. II, 685.) „In Europa gilt es (mit Unrecht) für ein Gräuel, wenn der treue Hund neben der Ruhestätte seines Herrn begraben wird, auf welcher er bisweilen aus einer Treue und Anhänglichkeit, wie sie beim Menschengeschlechte nicht gefunden wird, seinen eigenen Tod abgewartet hat." (E. 240.)

„Den Thieren geht zwar die Fähigkeit der Sprache und des Lachens ab. Jedoch hat des Menschen einziger Freund, der Hund, einen analogen, ihm allein eigenen und charakteristischen Akt vor allen anderen Thieren voraus, nämlich das so ausdrucksvolle, wohlwollende und grundehrliche Wedeln. Wie vortheilhaft sticht doch diese ihm von der Natur gegebene Begrüßung ab gegen die Bücklinge und grinsenden Höflichkeitsbezeugungen der Menschen, deren Versicherung inniger Freundschaft und Ergebenheit es an Zuverlässigkeit, wenigstens für die Gegenwart, tausendmal übertrifft." (W. II, 108.)

„Wer nie einen Hund gehalten hat, sagt der Spanische Belletrist Larra, weiß nicht, was lieben und geliebt sein ist." (P. I, 79.)

„Für das Bedürfniß aufheiternder Unterhaltung und um der Einsamkeit die Oede zu benehmen, sind die Hunde zu empfehlen, an deren moralischen und intellektuellen Eigenschaften man fast allemal Freude und Befriedigung erleben wird." (P. II, 88.) „Woran sollte man sich von der endlosen Verstellung, Falschheit und Heimtücke der Menschen erholen, wenn die Hunde nicht wären, in deren ehrliches Gesicht man ohne Mißtrauen schauen kann?" (P. II, 225.) „Der Hund ist der alleinige wahre Gefährte und treueste Freund des Menschen, die kostbarste Eroberung, wie Cuvier sagt, die der Mensch gemacht hat." (P. II, 403. Anmerk. H. 349.)

„Es ist empörende Grausamkeit und sollte polizeilich verboten sein, ein so höchst intelligentes und fein fühlendes Wesen, wie der Hund, gleich einem Verbrecher an die Kette zu legen, wo er vom Morgen bis zum Abend nichts, als die stets erneute und nie befriedigte Sehnsucht nach Freiheit und Bewegung empfindet, sein Leben eine langsame Marter ist, und er durch solche Grausamkeit endlich enthundet wird, sich in ein wildes, liebloses, untreues Thier verwandelt." (P. II, 403, Anmerk. und 318.) „Leider wird auch zu den Vivisectionen am häufigsten das moralisch edelste aller Thiere genommen: der Hund, welchen überdies sein sehr entwickeltes Nervensystem für den Schmerz empfänglicher macht." (P. II, 403.)

Die Thiere werden nach der christlichen Lehre nicht für rechtlos erklärt. Schopenhauer sagt:

„Die vermeinte Rechtlosigkeit der Thiere, der Wahn, daß unser Handeln gegen sie ohne moralische Bedeutung sei, oder daß es gegen Thiere keine Pflichten gebe, ist geradezu eine empörende Rohheit und Barbarei des Occidents, deren Quelle im Judenthum liegt." (E. 238 ff. 162. P. I, 79; II, 397—399. 402. M. 467.)

„Alle Zeiten und alle Länder haben sehr wohl das Mitleid als die Quelle aller Moralität erkannt, nur Europa nicht; woran allein der foetor judaicus Schuld ist, der hier Alles und Alles durchzieht. Da muß es dann schlechterdings ein Pflichtgebot, ein Sittengesetz, ein Imperativ, kurzum eine Ordre und Kommando sein, dem parirt wird; davon gehen sie nicht ab, und wollen nicht einsehen, daß Dergleichen immer nur den Egoismus zur Grundlage hat." (E. 249. M. 467.)

Die Wirkung der Klassiker auf Schopenhauer:

„Es gibt keine größere Erquickung für den Geist, als die Lektüre der alten Klassiker; sobald man irgend einen von ihnen, und wäre es auch nur auf eine halbe Stunde, in die Hand genommen hat, fühlt man alsbald sich erfrischt, erleichtert, gereinigt, gehoben und gestärkt, nicht anders, als hätte man an der frischen Felsenquelle sich gelabt. Liegt dies an den alten Sprachen und ihrer Vollkommenheit, oder an der Größe der Geister, deren Werke von den Jahrtausenden unversehrt und ungeschwächt bleiben? Vielleicht an beiden zusammen." (P. II, 597.)

Anerkennenswerth ist sein Unwille gegen die projectirte Abschaffung des Studiums der lateinischen Sprache.

„Die Abschaffung des Lateinischen als allgemeiner Gelehrtensprache und die dagegen eingeführte Kleinbürgerei der Nationalliteraturen ist für die Wissenschaften in Europa ein wahres Unglück gewesen. Zunächst, weil es nur mittelst der lateinischen Sprache ein allgemeines europäisches Gelehrtenpublikum gab, an dessen Gesammtheit jedes erscheinende Buch sich direkt wandte. Nun ist aber die Zahl der eigentlich denkenden und urtheilsfähigen Köpfe in ganz Europa ohnehin schon so klein, daß, wenn man ihr Forum noch durch Sprachgrenzen zerstückelt und auseinander reißt, man ihre wohlthätige Wirksamkeit unendlich schwächt. Hieran wird sich bald ein zweiter, noch größerer Nachtheil knüpfen: das Aufhören der Erlernung der alten Sprachen." (P. II, 521. 576.) „Lateinische Autoren mit deutschen Noten herauszugeben, wie jetzt geschieht, ist eine Schweinerei und eine Infamie." (P. II, 521. 606.)

„Durch das Lateinschreiben allein lernt man die Diction als ein Kunstwerk behandeln, dessen Stoff die Sprache ist, welche daher mit größter Sorgfalt und Behutsamkeit behandelt werden muß. Demnach richtet sich jetzt eine geschärfte Aufmerksamkeit auf die Bedeutung und den Werth der Worte, ihrer Zusammenstellung und der grammatikalischen Formen; man lernt diese genau abwägen und so das kostbare Material handhaben, welches geeignet ist, dem Ausdruck und der Erhaltung werthvoller Gedanken zu dienen; man lernt Respekt haben vor der Sprache, in der man schreibt, so daß man nicht nach Willkür und Laune mit ihr umspringt, um sie umzumodeln. Ohne diese Vorschule artet die Schreiberei leicht in bloßes Gewäsche aus." (P. II, 605 fg.)

Nun haben aber gerade die geschmähten Mönche des Mittelalters die besten lateinischen gereimten Lieder und Hymnen gemacht, das Dies irae und das Stabat mater stehen noch unübertroffen da, erst in neuester Zeit hat ein schwedischer Gelehrter wundervoll schöne Hymnen aus alten schwedischen Chorbüchern herausgegeben.

Er ereifert sich gegen die positive Schädlichkeit der schlechten Literatur, selbstverständlich hält er seine Literatur für die beste, denn *er* hat ja zuerst die Wahrheit gefunden und selbe der undankbaren Welt mitgetheilt.

„Es ist in der Literatur nicht anders, als im Leben; wohin auch man sich wende, trifft man sogleich auf den incorrigiblen Pöbel der Menschheit, welcher Alles erfüllt und Alles beschmutzt, wie die Fliegen im Sommer. Daher die Unzahl schlechter Bücher, dieses wuchernde Unkraut der Literatur, welches dem Weizen die Nahrung entzieht und ihn erstickt. Sie reißen nämlich Zeit, Geld und Aufmerksamkeit des Publikums, welche von Rechtswegen den guten Büchern gehören, an sich, während sie bloß in der Absicht, Geld einzutragen, oder Aemter zu verschaffen, geschrieben sind." Sie sind also nicht bloß unnütz, sondern positiv schädlich." (P. II, 589 fg.)

Wir erlauben uns folgende, von Schopenhauer selbst aufgestellte Regel gegen die Toleranz und Höflichkeit in der Literaturgeschichte auch ihm gegenüber in Anwendung zu bringen, was freilich nach seiner Veranlagung nicht in seinem Sinne gelegen war — er nahm das Recht zu energischer Beschimpfung seiner Gegner nur für sich in Anspruch, die Andern sollten nicht mucksen, nur bewundern:

„Es ist durchaus falsch, die Toleranz, welche man gegen stumpfe, hirnlose Menschen in der Gesellschaft nothwendig haben muß, auch auf die Literatur übertragen zu wollen. Denn hier sind sie unverschämte Eindringlinge, und hier das Schlechte herabzusetzen ist Pflicht gegen das Gute. Ueberhaupt ist in der Literatur die Höflichkeit, als welche aus der Gesellschaft stammt, ein fremdartiges, sehr oft schädliches Element; weil sie verlangt, daß man das Schlechte gut heißt und dadurch den Zwecken der Wissenschaften, wie der Kunst, gerade entgegenarbeitet." (P. II, 545 fg.)

Wenn wir aber jetzt 1889 in Europa Rundschau über die socialen Verhältnisse und Zustände halten, so wird es uns auffallen, mit welcher Keckheit Schopenhauer seine Hirngespinnste, welche den thatsächlichen Erscheinungen im socialen Leben contradiktorisch widersprechen, seinen Verehrern an den Hals zu hängen sucht. Die Utopien dieses Atheisten sind oft geradewegs zum Lachen:

„Künste und Wissenschaften sind Kinder des Luxus, und ihr Werk ist jene Vervollkommnung der Technologie in allen ihren Zweigen, welche das Maschinenwesen zu einer früher nie geahndeten Höhe gebracht hat. Die Erzeugnisse der Maschinen aber kommen keineswegs den Reichen allein, sondern Allen zu Gute. Auch das Leben der niedrigsten Klasse hat daher gegen frühere Zeiten viel an Bequemlichkeit gewonnen, und durch Verminderung schwerer körperlicher Arbeit ist die Geisteskultur allgemeiner geworden. Weil ferner die Künste die Sitten mildern, so werden auch die Kriege und Duelle immer seltener. Abgesehen hiervon aber ist gegen die Abschaffung des Luxus und gegen die Einführung gleichmäßiger Vertheilung aller körperlichen Arbeit zu erwägen, daß die große Heerde des Menschengeschlechts der Führer und Leiter bedarf, und daß diese sowohl von körperlicher Arbeit, als von gemeinem Mangel befreit zu bleiben, ja auch nach Maßgabe ihrer viel größeren Leistungen mehr zu besitzen und zu genießen berechtigt sind, als der gemeine Mann." (P. II, 262—264.)

Nur die Genies (der Weltweise ist selbstverständlich das erste Genie, das Genie kat' exochén) können durch den importirten und deutsch zugestutzten Buddhismus die Erlöser und Retter der

Menschheit werden. Das docirt wie folgt alles Ernstes der Weltweise:

„Würde die asketische Verneinung des Willens zum Leben durch freiwillige Keuschheit eine allgemeine im Menschengeschlecht, so stürbe dieses aus, und da alle Willenserscheinungen in der Natur zusammenhängen, so läßt sich annehmen, daß mit der höchsten Willenserscheinung auch der schwächere Widerschein derselben, die Thierwelt, wegfallen würde. Mit gänzlicher Aufhebung der Erkenntniß schwände dann auch von selbst die übrige Welt in Nichts, da ohne Subject kein Object. Die übrige Natur hat also ihre Erlösung vom Menschen zu erwarten, welcher Priester und Opfer zugleich ist.“ (W. I, 449 ff.)

„Zwar kündigt mehr als Alles die Menschenwelt, als in welcher moralisch Schlechtigkeit und Niederträchtigkeit, intellektuell Unfähigkeit und Dummheit in erschreckendem Maße vorherrschen, das Sansara an. Dennoch treten in ihr, wiewohl sehr sporadisch, aber doch stets und von Neuem überraschend, Erscheinungen der Redlichkeit, der Güte, ja des Edelmuthes, und eben so auch des großen Verstandes, des denkenden Geistes, ja des Genies auf. Nie gehen diese ganz aus. Wir müssen sie als ein Unterpfand nehmen, daß ein gutes und erlösendes Princip in diesem Sansara steckt, welches zum Durchbruch kommen und das Ganze erfüllen und befreien kann.“ (P. II, 233.)

Hören wir nun, wie sinnreich und merkwürdig sich der Weltweise die Entstehung des Menschengeschlechtes zusammenphilosophirt:

„Das Menschengeschlecht ist höchst wahrscheinlich nur an drei Stellen entstanden, weil wir nur drei bestimmte gesonderte Typen, die auf ursprüngliche Rassen deuten, haben: den kaukasischen, den mongolischen und den äthiopischen Typus. Und zwar hat diese Entstehung nur in der alten Welt stattfinden können. Denn in Australien hat die Natur es zu gar keinen Affen, in Amerika aber nur zu langgeschwänzten Meerkatzen, nicht aber zu den kurzgeschwänzten, geschweige zu den obersten, den ungeschwänzten Affengeschlechtern bringen können, welche die letzte Stufe vor den Menschen einnehmen. Ferner hat die Entstehung des Menschen nur zwischen den Wendekreisen eintreten können,[1] weil in den anderen Zonen der neuentstandene Mensch im ersten Winter umgekommen wäre. In den heißen Zonen nun aber ist der Mensch

[1]) Der Weltweise spricht über dieses Entwickelungsthema mit einer Sicherheit, als ob er es schon damals als Pavian von irgend einer hohen Palme herunter beobachtet hätte, und dann die Seele dieses Pavians nach der Lehre von der Seelenwanderung mitsammt ihren Erinnerungen in Schopenhauer eingezogen wäre.

schwarz, oder wenigstens dunkelbraun. Dies also ist ohne Unterschied der Rasse die wahre natürliche und eigenthümliche Farbe des Menschengeschlechts, und nie hat es eine von Natur weiße Rasse gegeben.[1]) Erst als der Mensch außerhalb der ihm allein natürlichen, zwischen den Wendekreisen gelegenen Heimath lange Zeit hindurch sich fortgepflanzt hat, und in Folge dieser Vermehrung sein Geschlecht sich in die kälteren Zonen verbreitet, wird er hell und endlich weiß.“ (P. II, 167—176. W. II, 625.)

Der geduldige Leser ist über diesen mit großer Sicherheit vorgebrachten Farbenumschwung so erstaunt, daß er denselben an sich selber durchmachen und vor lauter Verwunderung alle Farben spielen möchte.

Wie genau der Weltweise über die Entstehung der Sprache gegen die deplorablen Historiker und Sprachforscher des bipedischen Geschlechtes zu berichten weiß! Er zählt nämlich seine Gegner mit einem zu hundertmal wiederholten, freilich durch diese Wiederholung nicht besser gewordenen Witz zu den zweibeinigen Viehern. Er lehrt:

„Die allmähliche Degradation der Sprachen ist ein bedenkliches Argument gegen die beliebten Theorieen unserer Optimisten vom „stetigen Fortschritt der Menschheit zum Bessern“, wozu sie die deplorable Geschichte des bipedischen Geschlechts verdrehen möchten; überdies aber ist sie ein schwer zu lösendes Problem. Wir können doch nicht umhin, das erste aus dem Schooße der Natur irgendwie hervorgegangene Menschengeschlecht uns im Zustande gänzlicher und kindischer Unkunde und folglich roh und unbeholfen zu denken; wie soll nun ein solches Geschlecht die höchst kunstvollen Sprachgebäude erdacht haben? — Das Plausibelste scheint die Annahme, daß der Mensch die Sprache instinktiv erfunden hat, indem ursprünglich in ihm ein Instinkt liege, vermöge dessen er das zum Gebrauch seiner Vernunft unentbehrliche Werkzeug und Organ derselben ohne Reflexion und bewußte Absicht hervorbringt, welcher Instinkt sich nachher, wenn die Sprache einmal da ist und er nicht mehr zur Anwendung kommt, verliert. Wie nun alle Werke des Instinkts eine ihnen eigenthümliche, bewunderungswürdige Vollkommenheit haben, — eben so ist es mit der ersten und ursprünglichen Sprache; sie hatte die hohe Vollkommenheit aller Werke des Instinkts.“ (P. II, 599 fg.)

Nach seiner Marotte wird der Buddhismus immer hoch über das Christenthum gestellt. Alles Gute und Treffliche ist

---

[1]) Ein Wink, mehr noch ein strenges Gebot für die Maler, Adam und Eva als Mohren zu malen, und für die Bildhauer, zu Statuen der Ureltern schwarzen Marmor oder Ebenholz zu nehmen.

im Buddhismus schon vor Tausenden von Jahren dagewesen, auch die unbegrenzte Nächstenliebe. Schopenhauer hat Momente, in denen er sich der schmeichelhaften Hoffnung hingibt, man könne diesen bipedes jeden Unsinn vorschwätzen, wenn man sich nur vorerst als das welterlösende, einzig Wahrheit verkündende Princip hinzustellen — so unverfroren gewesen ist.

Gegen die christlichen Missionare, welche ihr Leben für ihre Ueberzeugung und ihren Beruf einsetzen, ist dieser tägliche Gast an der feinen Table d'hôte besonders erbittert. Wenn dieselben für seinen Atheismus Propaganda machen würden, dann wär's was anders. Ob der Weltweise eine Freude hätte, unter atheistischen Menschenfressern zu wohnen, im Vertrauen: er werde dieselben mit seiner Philosophie und Ethik zu etwas Besserm bekehren, das ist offene Frage. Er meint:

„Wenn wir erwägen, daß es für das Gelingen der Glaubenseinimpfung wesentlich ist, daß sie im zarten Kindesalter geschehe; so wird uns das Missionswesen nicht mehr bloß als der Gipfel menschlicher Zudringlichkeit, Arroganz und Impertinenz, sondern auch als absurd erscheinen, so weit nämlich, als es sich nicht auf Völker beschränkt, die noch im Zustande der Kindheit sind, wie etwa Hottentotten, Kaffern, Südseeinsulaner und dergleichen, wo es demgemäß auch wirklich Erfolg gehabt hat; während hingegen in Indien die Brahmanen die Vorträge der Missionarien mit herablassendem beifälligem Lächeln, oder mit Achselzucken erwidern und überhaupt unter diesem Volke, der bequemsten Gelegenheit ungeachtet, die Bekehrungsversuche der Missionarien durchgängig gescheitert sind." (P. II, 351.)

„Wenn der Kaiser von China oder der König von Siam und andere asiatische Monarchen europäischen Mächten die Erlaubniß, Missionäre in ihre Länder zu senden, ertheilen, so sind sie ganz und gar befugt, es nur unter der Bedingung zu thun, daß sie eben so viele buddhaistische Priester, mit gleichen Rechten, in das betreffende europäische Land schicken dürfen; wozu sie natürlich solche wählen würden, die in der jedesmaligen europäischen Sprache vorher wohlunterrichtet sind. Da würden wir einen interessanten Wettstreit vor Augen haben und sehen, wer am meisten ausrichtet." (P. II, 240.)

Schopenhauer meint hier sicher, er habe einen dialektisch sehr schlagenden Gegensatz in dieser Forderung ausgesprochen. Auf diesen Vergleich könnte eine christliche Regierung wohl eingehen, die chinesischen und buddhistischen Missionare würden auf einige Tage einen Wechsel in die gewöhnlichen Unterhaltungen einer Großstadt bringen.

Die Ansichten und banalen Schimpfereien über die Finsterniß des Mittelalters sind so voll der gehässigsten Ungerechtigkeit und eines wahrhaft blöden Unverstandes, daß wir dieselben (besonders in unserer Zeit, in welcher die Ausbeutung des Großkapitals gegen die isolirten, in keiner Genossenschaftsverbindung stehenden Arbeiter die Leute auf ganz andere Ansichten über das verfehmte Mittelalter gebracht hat) ohne weitere Widerlegung dem Leser vorführen können. Er sagt:

„Vergleicht man das Alterthum mit dem darauf folgenden Mittelalter, etwa das Zeitalter des Pericles mit dem 14. Jahrhundert, so glaubt man kaum in beiden dieselbe Art von Wesen vor sich zu haben. Dort die schönste Entfaltung der Humanität, vortreffliche Staatseinrichtungen, weise Gesetze, klug vertheilte Magistraturen, vernünftig geregelte Freiheit sämmtlicher Künste nebst Poesie und Philosophie, und dabei das Leben durch die edelste Geselligkeit verschönert; hier hingegen die Zeit, da die Kirche die Geister und die Gewalt die Leiber gefesselt hatte, damit Ritter und Pfaffen ihrem gemeinsamen Lastthiere, dem dritten Stande, die ganze Bürde des Lebens auflegen konnten. Da findet man Faustrecht, Feudalismus und Fanatismus im engen Bunde, und in ihrem Gefolge gräuliche Unwissenheit und Geistesfinsterniß, ihr entsprechende Intoleranz, Glaubenszwiste, Religionskriege, Kreuzzüge, Ketzerverfolgungen, Inquisitionen; als Form der Geselligkeit aber das aus Rohheit und Geckerei zusammengeflickte Ritterwesen mit seinen pedantisch ausgebildeten und in ein System gebrachten Fratzen, mit degradirendem Aberglauben und affenwürdiger Weiberveneration.“ (P. II, 373 fg.)

„Das ritterliche Ehrenprincip, keineswegs ein ursprüngliches, in der menschlichen Natur gegründetes, ist ein Kind jener Zeit, wo die Fäuste geübter waren, als die Köpfe, und die Pfaffen die Vernunft in Ketten hielten, des belobten Mittelalters und seines Ritterthums. Damals ließ man für sich den lieben Gott nicht nur sorgen, sondern auch urtheilen. Demnach wurden schwierige Rechtsfälle durch Ordalien oder Gottesurtheile entschieden, die, mit wenigen Ausnahmen, in Zweikämpfen bestanden. Und hieraus ging das Duellwesen hervor.“ (P. I, 402.)

„Im Mittelalter, diesem Millennium der Rohheit und Unwissenheit, florirten die Bärte, ein Zeichen der Barbarei.“ (P. I, 190. Vergl. Bart.) „Die Kleidung des Mittelalters, gegen die der Alten gehalten, ist geschmacklos, barbarisch und widerwärtig.“ (P. II, 171.)

Das ist so die Manier, wie ein Philister auf der Bierbank nach dem 8. Krügel über Griechenthum und Mittelalter philosophirt. Daß das ganze griechische Staatswesen auf der die Menschheit entwürdigenden Sclaverei gebaut war, das ignorirt der Weltweise; daß nach Zerstörung der mittelalterlichen Zünfte und Genossenschaften die Sclaverei des Kapitals auftaucht, das ignorirt er auch; daß die ausgesogenen, zertretenen Sclaven des Großkapitals die geschlossene Macht des Mittelalters gegen die grausamen Hyänen und gegen die Blutsauger des armen Mannes herbeiwünschen, das ignorirt er auch, nur um in seinem zum Blödsinn gesteigerten Haß gegen das Christenthum, welches er in dem Wort Pfaffenthum verstanden haben will, loszulassen. Diese Wuth-Diatribe gegen das Mittelalter ist einer der verächtlichsten Ausbrüche des Weltweisen, mit Verleugnung aller historischen Thatsachen und einer absichtlichen Eskamotirung der wirklichen, faktischen Zustände.

117. Seine Moral enthält kein Sollen. Dem Volke kann allergnädigst (von wegen Sicherung der Geldkasse) Moral in Religion beigebracht werden. Das Genie und gewöhnliche Köpfe. Offenbarung nur für Kinder. Schon wieder Genie.

Wie sich der Philosoph die Moral vorstellt, und was aus dieser Moral für eine Grundlage des Lebens im Staate genommen werden könnte, das mag sich der Leser selbst zurechtlegen.

„Der Zweck der Moral als Wissenschaft ist nicht, anzugeben, wie die Menschen handeln sollen. Vielmehr hat sie es mit dem wirklichen Handeln der Menschen zu thun und hat den Zweck, die in moralischer Hinsicht höchst verschiedene Handlungsweise der Menschen zu deuten, zu erklären, und auf ihren letzten Grund zurückzuführen. Daher bleibt zur Auffindung des Fundaments der Moral kein anderer Weg, als der empirische, nämlich zu untersuchen, ob es überhaupt Handlungen gibt, denen wir echten, moralichen Werth zuerkennen müssen, — welches die Handlungen freiwilliger Gerechtigkeit, reiner Menschenliebe und wirklichen Edelmuths sein werden. Diese sind sodann als ein gegebenes Phänomen zu betrachten, welches wir richtig zu erklären, d. h. auf seine wahren Gründe zurückzuführen, mithin die jedenfalls eigenthümliche Triebfeder nachzuweisen haben, welche den Menschen zu Handlungen dieser, von jeder andern specifisch verschiedenen Art bewegt. Diese Triebfeder, nebst der Empfänglichkeit für sie, wird der letzte Grund der Moralität und die Kenntniß derselben das Fundament der Moral sein. Hingegen eine Construction a priori, eine absolute Gesetzgebung für alle vernünftige Wesen in abstracto enthaltend, zu liefern, kann nicht Aufgabe der Ethik sein." (E. 195.) „Die Moral hat es mit dem wirklichen Handeln des Menschen und nicht mit apriorischem Kartenhäuserbau zu thun, an dessen Ergebnisse sich im Ernst und Drange des Lebens kein Mensch kehren würde, deren Wirkung daher, dem Sturm der Leidenschaften gegenüber, so viel sein würde, wie die einer Klystierspritze bei einer Feuersbrunst." (E. 143.)

Die christliche Moral kann der Weltweise nicht brauchen. Dafür hat er wohl den glänzendsten Beweis in seiner Praxis geliefert; selbstverständlich konnte er in der Theorie aus Schonung für seine Ehre nicht zurückbleiben. Er meint:

„Dem Volke wird die Moral durch Theologie begründet als ausgesprochener Wille Gottes. Gewiß läßt sich keine wirksamere Begründung der Moral denken, als die theologische, denn wer würde so vermessen sein, sich dem Willen des Allmächtigen und Allwissenden zu widersetzen? Gewiß Niemand; wenn nur derselbe auf eine ganz authentische, unbezweifelbare, so zu sagen, officielle Weise verkündigt wäre. Aber diese Bedingung ist es, die sich nicht erfüllen läßt. Hierzu kommt noch die Erkenntniß, daß ein bloß durch angedrohte Strafe und verheißene Belohnung bewirktes moralisches Handeln im Grunde auf Egoismus beruht, also kein moralisches wäre. Vollends aber seit Kants zerstörender Kritik der speculativen Theologie ist weniger als je an eine Begründung der Ethik durch Theologie zu denken." (E. 111 fg.)

„Soll nun aber einmal die Moral durch ein mythisches Dogma gestützt werden, wie hoch steht da das der Metempsychose über jedem anderen!"

Schopenhauer setzt der christlichen Moral seine Moral entgegen, die er auf das Mitleid begründet.

„Die moralische Triebfeder muß schlechterdings, wie jedes den Willen bewegende Motiv, eine sich von selbst ankündigende, deshalb positiv wirkende, folglich reale sein; und da für den Menschen nur das Empirische, oder doch als möglicherweise empirisch vorhanden Vorausgesetzte Realität hat; so muß die moralische Triebfeder in der That eine empirische sein und als solche ungerufen sich ankündigen, an uns kommen, ohne auf unser Fragen danach zu warten, von selbst auf uns eindringen, und dies mit solcher Gewalt, daß sie die entgegenstehenden, riesenstarken, egoistischen Motive wenigstens möglicherweise überwinden kann." (E. 143.) „Dieser Forderung entspricht allein das Mitleid."

Ehe wir dieses vom Mitleidscentrum wirkende Moralsystem in seiner geradewegs lächerlichen Unhaltbarkeit betrachten, wollen wir doch früher bemerken, daß der Jude Spinoza das Mitleid geradewegs verurtheilt, daß somit Schopenhauer vor Spinoza noch was voraus hat.

Spinoza sagt im 50. Lehrsatz des 4. Theiles seiner Ethik:

„Mitleid ist bei einem Menschen, der nach der Leitung der Vernunft lebt, an und für sich schlecht und unnütz. Denn Mitleid ist Unlust, und daher an und für sich schlecht. Das Gute aber, das aus ihm folgt, daß wir nämlich den bemitleideten Menschen von seinem Leid zu befreien suchen, suchen wir nach dem bloßen Gebot der Vernunft zu thun, und nur von dem, was wir nach dem Gebot der Vernunft thun, können wir gewiß wissen, daß es gut ist. Daher ist Mitleid bei einem Menschen, der nach dem Gebote der Vernunft lebt, an und für sich schlecht und unnütz." — „Hieraus folgt, daß der Mensch, welcher nach der Leitung der Vernunft lebt, so viel als möglich zu bewirken strebt, daß er nicht von Mitleid ergriffen werde!"

Das ist ja eine ganz allerliebste Judenmoral!! Nach dieser Moral haben der jüdische Priester und der Levit ganz Recht gehabt, als dieselben an dem Halberschlagenen bei Jericho (Lucas X, 33) mitleidlos vorübergingen, sie waren eben die Vernünftigen, und der von Mitleid gerührte Samaritan, der dem Leidenden zu helfen suchte, das ist der unvernünftige Dummkopf gewesen. Wie diese Moral des pantheistischen Juden Spinoza mit der Moral der orthodoxen Talmudjuden gleichlautend ist, das findet sich in den talmudischen Gesetzen, von Ecker herausgegeben, und von den preußischen Gerichten gegen die Einrede von Rabbinern als echte und wahre Uebersetzung anerkannt.[1]) Betrachten wir nun die Mitleidstheorie unseres Weltweisen!

Dieser Bornirtheit des Weltweisen läßt sich durch ein argumentum ad hominem entgegen treten. Nehmen wir an, ein Diener oder eine Magd hätte den Schopenhauer um einige hundert Gulden betrogen — mit diesem sehr begüterten und dabei aber auch sehr groben Gesellen ein Mitleid wegen dieser paar hundert Gulden haben, das wäre ein reiner Unsinn. — Das Motiv des Mitleids wäre somit hier ganz unhaltbar und von einer Restitution der veruntreuten Summe keine Rede; und solche Fälle ließen sich zu hunderten anführen, in denen das Mitleid als Basis der Moral ein unbrauchbar

---

[1]) „Der Judenspiegel im Lichte der Wahrheit." Von Dr. Jacob Ecker. Paderborn, 1884, Bonifaciusdruckerei.

Möbel, kein Grund, sondern ein Abgrund ist!! In dieser Weise arbeitet der Philosoph an seiner neuen Moral fort und fort. Hätte ihm eine Regierung eine Besserungsanstalt für Sträflinge als Versuchsstation für seine Mitleidsmoral übertragen, er würde dieses Anerbieten mit Hohn als eine Beleidigung zurückgewiesen haben, und zwar in der Voraussicht einer kolossalen Blamage! Seine Moral hat ja nach seinem eigenen Geständnisse kein Soll.

In einem fort wird der Gegensatz des Genies gegen die gewöhnlichen Köpfe mit der größten Satisfaktion und dem Bewußtsein seines ungewöhnlichen Kopfes bewiesen, indem er wiederholt das Ehrenkleid des Genies aus seiner philosophischen Trödelbude dem Leser zur Verehrung vorzeigt.

„Alle Formen nimmt die Geistlosigkeit an, um sich dahinter zu verstecken; sie verhüllt sich in Schwulst, in Bombast, in den Ton der Ueberlegenheit und Vornehmigkeit; nur an die Naivetät macht sie sich nicht, weil sie hier sogleich bloß stehen und bloße Einfältigkeit zu Markte bringen würde. Selbst der gute Kopf darf noch nicht naiv sein; da er trocken und mager erscheinen würde. Daher bleibt die Naivetät das Ehrenkleid des Genies, wie Nacktheit das der Schönheit." (P. II, 583.)

Wie geschwind er den Offenbarungsglauben abthun will, und wie es bei ihm stets auf die Verherrlichung seiner Offenbarung herausgeht!

„Der ist nur noch ein großes Kind, welcher im Ernst denken kann, daß jemals Wesen, die keine Menschen waren, unserm Geschlecht Aufschlüsse über sein und der Welt Dasein und Zweck gegeben hätten. Es gibt keine andere Offenbarung, als die Gedanken der Weisen. Insofern ist es also einerlei, ob Einer im Verlaß auf eigene, oder auf fremde Gedanken, lebt und stirbt; denn immer sind es nur menschliche Gedanken, denen er vertraut, und menschliches Bedünken. Jedoch haben die Menschen in der Regel die Schwäche, lieber Andern, welche übernatürliche Quellen vorgeben, als ihrem eigenen Kopfe zu trauen. Fassen wir nun aber die so überaus große intellektuelle Ungleichheit zwischen Mensch und Mensch ins Auge, so könnten allenfalls wohl die Gedanken des Einen dem Andern gewissermaßen als Offenbarungen gelten." (P. II, 387.)

Das heißt doch hier, mit der philosophischen Schiebtruhe dem Leser über die Nase fahren. Also seht Ihr — meine Gedanken (und ich bin doch der weiseste aller Weisen), die können Euch schon als Offenbarung gelten!

118. Wieder das ekelhafte Thema. Die Natur als schlaue Erfinderin eines Lasters beschuldigt. Patriotismus. Urlist der Pfaffen. Die Pfiffigkeit. Pfuscherei, Sophisterei. Ursprung der Philosophie. Fichte. Der Pöbel. La canaille. Vorurtheile. Prügelstrafe.

Wir können nicht umhin, die Betrachtungen Schopenhauers über eines der ekelhaftesten Laster wiederholt zu erwähnen[1]); es handelt sich um ein Beispiel, wie dieser Weltweise in seinem Größenwahn sich oft in die lächerlichsten Widersprüche verrennt und, wenn er dann auf seinen Unsinn aufmerksam gemacht wird, mit Entladung des Schimpflexikons seinen Rückzug antritt. Er bringt eine Lösung des Problems der Päderastie wie folgt:

„Das Problem der Päderastie. An sich selbst betrachtet stellt die Päderastie sich dar als eine nicht blos widernatürliche, sondern auch im höchsten Grade widerwärtige und Abscheu erregende Monstrosität, eine Handlung, auf welche allein eine völlig perverse, verschrobene und entartete Menschennatur irgend einmal hätte gerathen können, und die sich höchstens in ganz vereinzelten Fällen wiederholt hätte. Wenden wir nun aber uns an die Erfahrung, so finden wir das Gegentheil hiervon. Wir sehen nämlich dieses Laster, trotz seiner Abscheulichkeit, zu allen Zeiten und in allen Ländern der Welt, völlig im Schwange und in häufiger Ausübung. Diese gänzliche Allgemeinheit und beharrliche Unausrottbarkeit des zuerst nur als irregeleiteter Instinkt erscheinenden Lasters beweist, daß dasselbe irgendwie aus der menschlichen Natur selbst hervorgeht, da es nur aus diesem Grunde jederzeit und überall unausbleiblich auftreten kann. Daß nun aber etwas so von Grund aus Naturwidriges aus der Natur selbst hervorgehen sollte, ist ein Problem, das der Lösung bedarf.“ (W. II, 642—644.)

„Lösung des Problems. Die Zeugung im Alter der absterbenden Manneskraft würde schwache, stumpfe, sieche, elende und kurz lebende Menschen in die Welt setzen. Nun liegt aber der Natur nichts so sehr am Herzen, wie die Erhaltung der Species und ihres echten Typus, wozu wohlbeschaffene, tüchtige, kräftige Individuen das Mittel sind. Da sie doch aber, ihrem Grundsatze natura non facit saltus zufolge, die Samenabsonderung des Mannes nicht plötzlich einstellen konnte, sondern auch hier, wie bei jedem Absterben, allmähliche Deterioration vorhergehen mußte; so sah sie sich, um ihren Zweck zu erreichen, genöthigt, ihr beliebtes Werkzeug, den Instinkt, in ihr Interesse zu ziehen, welches nun aber hier nur dadurch geschehen konnte, daß sie ihn irre leitete. Die päderastische Neigung führt Gleichgültigkeit gegen die Weiber mit sich, welche mehr und mehr zunimmt, zur Abneigung wird und endlich bis zum Widerwillen anwächst. Die Natur erreicht also

[1]) Siehe Nr. 92, S. 211.

dadurch, daß, je mehr im Manne die Zeugungskraft abnimmt, desto entschiedener jene widernatürliche Richtung derselben wird, ihren eigentlichen Zweck. Dem entsprechend finden wir die Päderastie durchgängig als ein Laster alter Männer. Während also die Päderastie den Zwecken der Natur gerade entgegenzuwirken scheint, muß sie vielmehr eben diesen Zwecken, wiewohl nur mittelbar, dienen, als Abwendung größerer Uebel. Die in Folge ihrer eigenen Gesetze in die Enge getriebene Natur griff mittelst Verkehrung des Instinkts zu einem Nothbehelf, einem Strategem, um von zweien Uebeln dem größeren zu entgehen. Sie hat nämlich den richtigen Zweck im Auge, unglücklichen Zeugungen vorzubeugen, welche allmählich die ganze Species depraviren könnten, und da sie das eigentlich Moralische bei ihrem Treiben nicht in Anschlag bringt, so ist sie nicht scrupulös in der Wahl der Mittel." (W. II, 618. 644—648.)

Kurios! Für einen persönlichen Gott als Schöpfer und Regierer der Welt findet Schopenhauer in dieser Welt kein Ausnahmsstübchen. Dafür ist aber eine nachdenkende, spintisirende, sehr schlaue Natur da (aber wo denn?), welcher nichts so sehr am Herzen liegt, als die Erhaltung der Species und ihres echten Typus (u. s. w. wie oben), und diese raffinirte Naturphilosophie erreicht durch Erfindung eines ekelhaften Lasters ihren Zweck! Denn diese sonst dumme Gans von Weibsbild „ist nicht skrupulös in der Wahl ihrer Mittel". Es ist sicher ein ekelhaftes Thema, wir können es aber nicht umgehen, denn der Weltweise gerirt sich dabei gerade so, als ob er zum Behufe der Erlangung eines Lehrstuhls an der Universität zu Sodoma eine Habilitationsvorlesung abhalten wollte. — Bekanntlich hatte Schopenhauer auch im liberalsten Lager sehr viele scharfe Gegner provocirt, und zwar weitaus mehr, als durch seine pessimistische Philosophie — durch seinen maßlosen Hochmuth, seinen Größenwahn und sein brutales Benehmen gegenüber den geringfügigsten Widersprüchen. Wenn er nun gar zu fühlbar wegen seiner paradoxen Genieblitze bombardirt wurde, suchte er wieder ein wenig einzulenken. Die angeführte Vertheidigung des besprochenen Lasters hatte ihm viel bittern Spott eingetragen, der sogar in eine giftige Spitze gegen seine eigene Persönlichkeit ausgelaufen.

Er erklärte nun anderwärts die Verwerflichkeit dieses Lasters (in Parerga II, 340 und Ethik 128) wie folgt:

„Der wahre und letzte Grund der Verwerflichkeit der Päderastie. Der wahre, letzte, tief metaphysische Grund der Verwerflichkeit der Päderastie ist dieser, daß, während der Wille zum Leben sich darin bejaht, die Folge solcher Bejahung, welche den Weg zur Erlösung offen hält, also die Erneuerung des Lebens gänzlich abgeschnitten ist." (W. II, 648 fg.) „Alle widernatürlichen Geschlechtsbefriedigungen sind verdammlich, weil durch sie dem Triebe willfahren, also der Wille zum Leben bejaht wird, die Propagation aber wegfällt, welche doch allein die Möglichkeit der Verneinung des Willens offen erhält."

Durch diese Umkehr auf ebenem Wege hätte nun Schopenhauer die „Natur, der nichts so sehr am Herzen liegt, wie die Erhaltung der Species", und „die nicht skrupulös in der Wahl ihrer Mittel ist", außerordentlich blamirt, wenn diese Natur in der That eine Person wäre, die sich allerhand feine Pläne macht, die Species zu erhalten, und die diese Pläne bei den Bipedes (zweibeinige Thiere, Menschen genannt) auf so schlaue Art durchzuführen weiß.

Nun steckt aber hinter dieser Natur nur der Weltweise, der ihr seine Thesen diktirt und in den Mund legt, wie er selbe eben braucht; es ist das ganze Vorgeben der Wünsche, „welche der Natur so sehr am Herzen liegen", ein purer Kniff Schopenhauers, wie er ja selber eingesteht, daß ein Genie allerhand Kniffe erfinden müsse. Freilich ist ihm dieser Kniff sehr mißlungen, er sucht denselben durch einige Kniffe, die er in ethische Spinnweben einhüllt, wieder gut zu machen, was freilich eine sehr vergebliche Mühe ist.

Während nun der Weltweise anderwärts immer für die Erhabenheit der Naturzwecke streitet oder mindestens die mehr bedenkliche als nachdenkliche Schlauheit dieser Natur rühmt, welche „Strategeme in Anwendung bringt, die ihrem Zwecke zu widersprechen scheinen, um größere Uebel abzuwenden", sieht sich der Weltweise hier veranlaßt, die Schlauheit und die Strategeme dieser miserablen Natur zu verwerfen und dieselbige Natur „der Verletzung der Gerechtigkeit" anzuklagen.

Seine Apostel suchen sich über Anführungen eklatanten Unsinns aus den Schriften ihres Meisters mit der Ausflucht zu helfen, man müsse ihn ganz kennen, Alles gelesen haben, um ihn recht zu verstehen! Nun fragen wir aber: Was ist das für eine Wissenschaft oder (denn die Philosophie ist ja nach ihm eine Kunst) was für eine Kunst, die ihre eigenen Kunstgebilde unter sich zuerst und dann jedes auch mit der Logik und den Denkgesetzen in unlösbare Widersprüche verwickelt?

Die Eitelkeit und Verliebtheit in sein Genie sind so mächtig, daß er Alles und Jedes, was er zum Gegenstande seines Spintisirens macht, am Ende auf sein liebes Ich zurückführt, überall muß sein Subject die Hauptrolle spielen. So z. B. in einer Abhandlung über den Patriotismus:

„Der Patriotismus, wenn er im Reiche der Wissenschaften sich geltend machen will, ist ein schmutziger Geselle, den man hinauswerfen soll. Denn was kann impertinenter sein, als da, wo das rein und allgemein Menschliche betrieben wird und wo Wahrheit, Klarheit und Schönheit allein gelten sollen, seine Vorliebe für die Nation, welcher die eigene werthe Person gerade angehört, in die Wagschale legen zu wollen und nun, aus solcher Rücksicht, bald der Wahrheit Gewalt anzuthun, bald gegen die großen Geister fremder Nationen ungerecht zu sein, um die geringen der eigenen herauszustreichen." (P. II, 523. M. 177 fg.)

Als ob es die einzige und größte aller Aufgaben wäre, nur ja den großen Geistern gerecht zu werden. Es gibt ja aber nach seiner Lehre nur Einen großen Geist, denn wenn die ganze Theologie caput ist (wie er es hofft), so kommen die Philosophen ans Brett; wenn aber dann alle Philosophen (die er als Schwindler und Dummköpfe bezeichnet) auch caput werden, dann gibt es nur Einen großen Geist, das ist er, der Schopenhauer: „Zu mir müssen sie kommen — ich habe die Wahrheit entdeckt!"

Der Clerus als Verkünder des persönlichen Gottes und der Erlösung durch Christus bringt den Weltweisen immer in eine derartige Wuth, daß er sich derselben nicht anders, als durch Schimpfworte zu entledigen weiß und dabei immer mit List und Volksbetrug herumwirft. So z. B.:

„Das Grundgeheimniß und die Urlist aller Pfaffen auf der ganzen Erde und zu allen Zeiten, mögen sie brahmanische oder mohammedanische, buddhaistische oder christliche sein,[1]) ist Folgendes. Sie haben die große Stärke und Unvertilgbarkeit des metaphysischen Bedürfnisses des Menschen richtig erkannt und wohl gefaßt; nun geben sie vor, die Befriedigung desselben zu besitzen, indem

---

[1]) Er setzt die christlichen Pfaffen sehr schlau zuletzt, obwohl nur diesen stets sein Ingrimm gilt; die brahmanischen, mohammedanischen und buddhistischen machen ihm sicher keine Skrupel, selbe sollen nur als Triarier seinen eigentlichen Haß gegen das Christenthum decken.

das Wort des großen Räthsels ihnen auf außerordentlichem Wege direct zugekommen wäre. Dies nun den Menschen einmal eingeredet, können sie solche leiten und beherrschen nach Herzenslust. Von den Regenten gehen daher die klügeren eine Allianz mit ihnen ein; die andern werden selbst von ihnen beherrscht." (P. II, 387 fg.)

„Der Haß der Pfaffen gegen die Magie geht aus einer dunkeln Ahnung und Besorgniß hervor, daß die Magie die Urkraft an ihre richtige Quelle zurück verlege, während die Kirche ihr eine Stelle außerhalb der Natur angewiesen hatte." (N. 127.)

„Die Pfaffen und ihre Gesellen wollen nicht leiden, daß im System der Zoologie der Mensch zu den Thieren gerechnet werde; die Elenden! welche den ewigen Geist verkennen, der in allen Wesen lebt, Einer und derselbe, und in ihrem kindischen Wahn sich an ihnen versündigen." (N. 467. P. II, 402.)

Was ist es denn aber,

Wenn den Weltweisen der ewige Geist
In einer giftigen Schlange beißt;
Wenn Wanzen ihm sein Bett verstinken
Und gierig an seinem Blute trinken;
Wenn ihn ein Alligator schluckt
Und nicht retour ins Wasser spuckt;
Wenn eine Hyäne ihn zerfetzt
Und sich an seinem Blute letzt;
Wenn ihn ein Bär zu Boden schlägt,
In dem der ew'ge Geist sich regt?
Zerfleischt ihn auch des Tigers Zahn —
Hat es der „ew'ge Geist" gethan;
Zermalmt ein Löwe sein Gebein,
Muß er dem „Geiste" dankbar sein,
„Der ja in allen Wesen lebt". —
Wie der Gedanke nur erhebt!
Ihr Pfaffen „mit dem kindischen Wahn",
Hört mich, den größten Weisen, an,
Der die Natur voll List belauscht —
Und doch so großen Unsinn plauscht!

Wenn Schopenhauer in seine atheistische Wuth hineingeräth, verfängt er sich oft derartig in seinen Hirngespinnsten, daß es nicht der Mühe werth ist, ihn ernstlich zu widerlegen, und es vollkommen genügt, seine paradoxen Wuthausbrüche im humoristischen Lichte anzuschauen.

Mitunter macht aber der Weltweise sehr beachtenswerthe Geständnisse über die Pfiffigkeit und von ihm selbst eingestandene Kniffologie. Geständnisse, die ganz prächtig auf ihn, auf seine Pfiffigkeit passen, wenn er durch Grobheit, Schimpfen seinen Leser zu verblüffen sucht, um über denselben seine Superiorität zu erlangen. So z. B. 206:

Was Schopenhauer über Pfuscher und Pfuscherei, und besonders über absurde und sehr oft unredliche Erfinder von Philosophemen sagt, wollte er selbstverständlich nicht auf sich selbst angewendet wissen, indem er sich ja in einemfort als den einzigen, wahren, echten Verkündiger der einzigen, wahren und echten Philosophie ausgegeben hat. Wir stimmen seinen Gedanken über Pfuscherei vollkommen bei, und zwar noch viel mehr, als er es selber wünschen konnte.

„Alle Pfuscher sind es im letzten Grunde dadurch, daß ihr Intellekt, dem Willen noch zu fest verbunden, nur unter dessen Anspornung in Thätigkeit geräth und daher eben ganz in dessen Dienste bleibt. Sie sind demzufolge keiner andern, als persönlicher Zwecke fähig. Diesen gemäß schaffen sie schlechte Gemälde, geistlose Gedichte, seichte, absurde, sehr oft auch unredliche Philosopheme. All ihr Thun und Dichten ist also persönlich. Daher gelingt es ihnen höchstens, sich das Aeußere, Zufällige und Beliebige fremder, echter Werke als Manier anzueignen, wo sie dann, statt des Kerns, die Schale fassen, jedoch vermeinen, Alles erreicht, ja, jene übertroffen zu haben.“ (W. II, 437; I, 278.) „Ein willkürliches Spielen mit den Mitteln der Kunst, ohne eigentliche Kenntniß des Zwecks, ist in jeder der Grundcharakter der Pfuscherei. Ein solches zeigt sich in den nichts tragenden Stützen, den zwecklosen Voluten, Bauschungen und Vorsprüngen schlechter Architektur, in den nichtssagenden Läufen und Figuren, nebst dem zwecklosen Lärm schlechter Musik, im Klingklang der Reime sinnarmer Gedichte u. s. w.“ (W. II, 464. 472.)

Die göttliche Offenbarung wird mit einem muß in zwei Zeilen vom Weltweisen abgethan:

„Auf Offenbarungen wird in der Philosophie nichts gegeben, daher ein Philosoph vor allen Dingen ein Ungläubiger sein muß.“ (W., Vorrede, X. Anmerkung.)

Nun erklärt aber Schopenhauer oft genug seine Philosophie künstlich (denn die Philosophie ist ja Kunst und nicht Wissenschaft) als die einzige, echte und wahre Offenbarung der Wahrheit, — nur dieser seiner Offenbarung gegenüber da soll die ganze Welt und alle Philosophen auch noch dazu streng gläubig werden, da heißt es bei ihm: „Ja, Bauer, das ist etwas Anderes!" Kostbar sind seine Schlußfolgerungen, so auch hier. Zuerst rumpelt er den Leser mit einer Behauptung an: Auf Offenbarung wird in der Philosophie nichts gegeben, und auf die Behauptung hin kommt gleich die Schlußfolgerung: Daher ein Philosoph vor allen Dingen ein Ungläubiger sein muß!

Selbst bei Bestimmung des Unterschiedes zwischen den Philosophen und Sophisten holt sich der Weltweise seine Bilder aus den merkwürdigen, von ihm selbst rühmlich geoffenbarten Erfahrungen, die er sich im Gebiete seiner Metaphysik der Geschlechtsliebe gesammelt hat; auch hier kommt wieder eine akute Krankheit, sein unverrauchbarer Zorn über die angestellten Professoren der Philosophie zum Vorschein, die er ohne Unterlaß als bezahlte Heuchler, ja noch zarter, als Freudenmädchen erklärt.

„Das Geldverdienen mit der Philosophie war und blieb bei den Alten das Merkmal, welches den Sophisten vom Philosophen unterschied. Das Verhältniß der Sophisten zu den Philosophen war demnach ganz analog dem zwischen den Mädchen, die sich aus Liebe hingegeben haben, und den bezahlten Freudenmädchen. Diese uralte Ansicht hat ihren guten Grund und beruht darauf, daß die Philosophie gar viele Berührungspunkte mit dem Leben, dem öffentlichen, wie dem der Einzelnen hat; weshalb, wenn Erwerb damit getrieben wird, alsbald die Absicht das Uebergewicht über die Einsicht erhält und aus angeblichen Philosophen bloß Parasiten der Philosophie werden; solche aber werden dem Wirken der echten Philosophen hemmend und feindlich entgegentreten, ja sich gegen sie verschwören, um nur, was ihre Sache fördert, zur Geltung zu bringen." (P. I, 166 bis 169, II, 462, W. II, 178.)

Es enthält auch dieser Vorwurf, der dem gehässigen, schimpfseligen, alle anderen Philosophen als erbärmliche Wichte behandelnden Charakter Schopenhauers entspringt, eine große Unwahrheit, denn es haben ja gerade, wie schon wiederholt bemerkt, auch viele Regierungen in ihrer Verblendung atheistische Professoren angestellt, und die Folgen des Atheismus, ob dieser nun verschleiert oder enthüllt auftritt, sind in Beziehung auf die Grundlage der Staatengebäude doch die gleichen. Nachdem nun viele Professoren der Philosophie zu dem gleichen Resultate des Atheismus hinführten und diese Professoren von den Regierungen angestellt worden sind, so hätte ja Schopenhauer als eifriger Verkünder und Verbreiter des Atheismus sehr zufrieden sein können, wenn es ihm nur um die Sache des Atheismus zu thun gewesen wäre; aber auch hier handelt es sich bei ihm, wie bei Allem und Allem, um seine Person, um seinen Egoismus, um seinen Atheismus; er erklärt somit auch alle anderen atheistischen Glaubens- und theistischen Unglaubensverkünder als bezahlte Heuchler, die nicht auf dem rechten Wege sind, nur er ist der einzige, der von der Natur oder dem Schicksal, oder der Nothwendigkeit, oder dem Zufall (denn mit diesen nach ihm ins Leben eingreifenden Mächten changirt er nach Bedarf wie ein Theatermeister, der bald diese, bald jene Coulisse vorschiebt und Cortinen herunterrollen läßt, wie er es eben zu der stattfindenden Komödie brauchen kann) hingestellte philosophische Leuchtthurm, der alle auf dem stürmischen Lebensmeere herumsegelnden Zweifler in das Land der Verzweiflung einladet und herbeilockt, wie dieses Land im 3. Canto des Inferno von Dante geschildert ist.

Schopenhauer ist der größte Egoist, den die Erde je getragen, der hochmüthigste und intoleranteste aller Weltweisen, den die Geschichte der Philosophie aufzuweisen hat, denn derselbe beschuldigt alle Philosophen, welche über den Grund der Welt nachforschen, in der Angst, daß diese doch auf den Gedanken eines Schöpfers und Regierers der Welt kommen könnten, als Egoisten. Er setzt sich an Gottes Stelle, er ist die echte Offenbarung, er der einzige Verkünder der Wahrheit.

Hören wir ihn:

„Der Trieb zu philosophiren, der sehr allgemein in der Menschheit ist, der selbst des Rohesten sich bemächtigt, kommt nicht etwa daher, daß der Mensch sich erhaben über die Natur fühlt, daß sein Geist ihn in Sphären höherer Art, aus der Endlichkeit in die Unendlichkeit zieht, das Irdische ihm nicht genügt u. dgl. m. Der Fall ist selten. Sondern es kommt daher, daß der Mensch mittelst der Besonnenheit, die ihm die Vernunft gibt, das Mißliche seiner Lage einsieht, und es ihm schlecht gefällt, sein Dasein als ganz precair und sowohl in Hinsicht auf dessen Anfang, als dessen Ende, ganz dem Zufall unterworfen zu sehen, noch dazu es auf jeden Fall als äußerst kurz zwischen zwei unendlichen Zeiten zu finden, ferner seine Person als verschwindend klein im unendlichen Raume und unter zahllosen Wesen. Dieselbe Vernunft, die ihn treibt, für die Zukunft in seinem Leben zu sorgen, treibt ihn auch, über die Zukunft nach seinem Leben sich Sorge zu machen. Er wünscht das All zu begreifen, hauptsächlich um sein Verhältniß zu diesem All zu erkennen. Sein Motiv ist hierin, wie meistens, egoistisch."

Nach Schopenhauer soll somit die Philosophie gar kein Recht haben (er gestattet es ihr nicht, denn das wäre ja Gewerbestörung in seinem Geschäft des Atheismus), über Ursache und Zweck der Welt nachzudenken. Nach seinem System darf der Philosoph gar nicht fragen: woher und wozu ist die Welt? denn in dieser Frage sieht er schon einen Angriff auf sein System und einen Umsturz desselben, nur was in der begrifflichen Welt da ist, darf nach ihm ein Gegenstand der Philosophie sein.

Darum sagt er auch ganz entschieden:

„Die echte philosophische Betrachtungsweise der Welt, d. h. diejenige, welche uns ihr inneres Wesen erkennen lehrt und so über die Erscheinung hinausführt, ist gerade die, welche nicht nach dem Woher und Wohin und Warum, sondern immer und überall nur nach dem Was der Welt fragt, d. h. welche die Dinge nicht nach irgend einer Relation, nicht nach einer der Gestalten des Satzes vom Grunde betrachtet; sondern umgekehrt gerade Das, was nach Aussonderung dieser ganzen Betrachtungsart noch übrig bleibt, das in allen Relationen erscheinende, selbst aber ihnen nicht unterworfene, immer sich gleiche Wesen der Welt, die Ideen derselben, zum Gegenstand hat." (W. I, 322 fg.)

„Die Philosophie soll immanent sein und nicht sich versteigen zu überweltlichen Dingen, sondern sich darauf beschränken, die gegebene Welt von Grund aus zu verstehen; diese gibt Stoff genug." (P. II, 94.)

„Philosophie ist eigentlich das Bestreben, durch die Vorstellung hindurch Das zu erkennen, was nicht Vorstellung ist und doch auch in uns selbst zu finden sein muß, sonst wir bloße Vorstellungen wären." (H. 338.)

Merkwürdig ist, wie er sich selbst vor dem Namen „Gott" fürchtet und demselben aus dem Wege geht, so in W. II., 269:

„Die Philosophie ist wesentlich Weltweisheit, ihr Problem ist die Welt, mit dieser allein hat sie es zu thun und läßt die Götter in Ruhe, erwartet aber auch dafür, auch von ihnen in Ruhe gelassen zu werden."

Nur in diesen paar Zeilen ist wieder ein ganzer Knäuel von Schopenhauerschen Lügen (Kniffe nennt er es) enthalten, denn 1. gibt es keine Götter; 2. somit können die Götter durch die Philosophen auch nicht beunruhigt werden; 3. es können somit Götter die Philosophen auch nicht in ihrer Ruhe stören, und ist somit 4. der Wunsch, die Götter sollen die Philosophen in Ruhe lassen, ein ganz unnöthiger und daher auch unsinniger Wunsch. Sollten aber Apostel Schopenhauers einwenden, Götter ist hier nur für Gott gesetzt, so erwidern wir ganz logisch: 5. Schopenhauer hat Gott nicht in Ruhe gelassen, sondern ihm (als philosophischer Hausherr des Weltalls) die Wohnung aufgekündigt und den Beweis zu führen gesucht, daß im Weltall für einen transcendenten Gott kein Platz sein könne, und 6. daß die Welt ebensowenig einen Schöpfer braucht, als 7. der Weltweise, der sich die Welt durch seine Weisheit zurechtlegen will, einen Schöpfer nöthig hat. 8. Wenn nun der Philosoph meint, die Götter sollten ihn ebenso in Ruhe lassen, wie er die Götter in Ruhe gelassen hat, so ist 9. dieser Wunsch auf einer verlogenen Voraussetzung basirt und kann somit gar nicht erfüllt werden. — Die Verantwortlichkeit des Gott verleugnenden Menschengeistes vor Gott ist durch einen in Frechheit zusammengestoppelten Kniff nicht aufgehoben.

Seine Philosophie ist für die Elite, für die Weisen, für die großen, edlen, erhabenen Geister, alle andere Philosophie ist für das blöde Volk, für den „gelehrten Plebs", für die Narren. So erklärt er es deutlich in einem Gegensatz zwischen vulgärer und höherer Philosophie.

„Wegen der großen intellektuellen Verschiedenheit der Menschen paßt nicht Eine Philosophie für Alle, sondern eine jede zieht, nach Gesetzen der Wahlverwandtschaft, dasjenige Publikum an sich, dessen Bildung und Geisteskräften sie angemessen ist. Daher gibt es allezeit eine niedrige Schulmetaphysik, für den gelehrten Plebs, und eine höhere, für die Elite. Mußte doch z. B. auch Kants hohe Lehre erst für die Schulen herabgezogen und verdorben werden durch Fries, Krug, Salat und ähnliche Leute." (P. II, 363 fg. H. 303 fg.)

„Daß dieselbe Philosophie für Narren und Weise taugen solle, ist eine unbillige Forderung, angesehen, daß die intellektuelle Verschiedenheit der Menschen so groß ist, wie die moralische, und das will viel sagen." (H. 304 fg.)

Sich von dem dummen Volk nur recht drastisch zu unterscheiden, sich auf die höchste Höhe hinaufzuschwindeln, um mit Verachtung auf den „armen Plebs" herabsehen zu können, das macht dem Weltweisen immer ein großes Plaisir:

„Der große Hause ist bloßer Pöbel, mob, rabble, la Canaille.“ (W. II, 161.) „Machiavelli bemerkt richtig: Nel mondo non è se non volgo (es gibt nichts Anderes auf der Welt, als Vulgus), und Thilo (über den Ruhm) bemerkt, daß zum großen Haufen gewöhnlich Einer mehr gehört, als Jeder glaubt.“ (W. II, 446 fg.) „Einige Genies haben die übrigen Menschen, mit ihren eintönigen Physiognomieen und dem durchgängigen Gepräge der Alltäglichkeit, nicht für Menschen anerkennen wollen; denn sie fanden in ihnen nicht ihres Gleichen und geriethen in den natürlichen Irrthum, daß ihre eigene Beschaffenheit die normale wäre. In diesem Sinne suchte Diogenes mit der Laterne nach Menschen; — der geniale Koheleth sagt: „unter Tausend habe ich einen Menschen gefunden, aber kein Weib unter allen diesen“; — Gracian bezeichnet sie sehr treffend als hombres quo no lo son (Menschen, die keine sind), und der Kural sagt: „Das gemeine Volk sieht aus wie Menschen: Etwas diesen Gleiches habe ich nie gesehen.“ (N. 32. P. II, 87. 363.)

„Das zähe Festhalten an gewissen Vorurtheilen, Wahnbegriffen, Sitten, Gebräuchen und Kleidungen kommt daher, daß der große Hause gar wenig denkt, weil ihm Zeit und Uebung hiezu mangelt. So aber bewahrt er zwar seine Irrthümer gar lange, ist dagegen aber auch nicht, wie die gelehrte Welt, eine Wetterfahne der gesammten Windrose täglich wechselnder Meinungen. Und dies ist sehr glücklich; denn die große schwere Masse sich in so rascher Bewegung vorzustellen, ist ein schrecklicher Gedanke, zumal wenn man dabei erwägt, was Alles sie bei ihren Wendungen fortreißen und umstoßen würde.“ (P. II, 65.)

Es ist geradewegs komisch, wie der große Weltweise sich gerade am zehnten Gebot mit seinen Krallen festhält; wer dieses übertritt, wer des Nächsten Gut und Habe nicht respektirt, für den gibt es keine Strafe, die groß genug wäre, — er muß mindestens tüchtig durchgeprügelt werden. Auf den Schutz seiner Kasse ist er immer außerordentlich bedacht gewesen, da hat er keinen Spaß verstanden. Selbst ein wenig Religion und Gottesglaube und Gottesfurcht hat er in diesem Falle allergnädigst gestattet, nur daß die Heiligkeit des Eigenthums nicht entheiligt werde. Uebrigens nur darauf losgeprügelt! So sagt er:

„Es ist zu mißbilligen, daß Regierungen und gesetzgebende Körper dem dummen Vorurtheile des ritterlichen Ehrenprincips gegen Schläge dadurch Vorschub leisten, daß sie mit Eifer auf Abstellung aller Prügelstrafen beim Civil und Militär dringen. Sie glauben dabei im Interesse der Humanität zu handeln; während gerade das Gegentheil der Fall ist, indem sie dadurch an der Befestigung jenes widernatürlichen und heillosen Wahnes arbeiten. Bei allen Vergehungen, mit Ausnahme der schwersten, sind Prügel die dem Menschen zuerst einfallende, daher die natürliche Bestrafung. Wer für Gründe nicht empfänglich war, wird es für Prügel sein; und daß Der, welcher am Eigenthum, weil er keines hat, nicht gestraft werden kann, und den man an der Freiheit, weil man seiner Dienste bedarf, nicht ohne eigenen Nachtheil strafen kann, durch mäßige Prügel gestraft werde, ist so billig, wie natürlich." (P. I. 408 fg.)

Wenn bei den armen Teufeln, welche die Besitzenden im Ueberfluß schwelgen sehen, die Weltanschauung dieses Philosophen Früchte trägt, die ihn schädigen, da ist es auf einmal aus mit seiner Humanität und mit seinem Moralprincip, das rein nur im Mitleid bestehen soll, da ist er auch mit seinem Mitleid zu Ende. Nur fest darauf losgeprügelt, — wer die Orthodoxie seiner „Eisernen" (Kasse) antastet, der soll für Prügel empfänglich sein.

In dem Festhalten an der Kasse, an dem Besitz selbst mit aller Grausamkeit, Härte und Unerbittlichkeit, nachdem alle anderen Gebote Gottes in die Rumpelkammer geworfen sind, manifestirt sich die echte Niedertracht und Gemeinheit seiner atheistischen Philosophie! — Indem der atheistische Weltweise den armen Anhängern seiner Lehre, die ihm in der Nutzanwendung seines Systems gar nicht gefallen wollen, die Prügelstrafe dictirt, hat er im eigentlichen Sinne sein eigenes System und sich selber dazu geohrfeigt.

119. Das Publikum soll nur Werke weniger Auserwählten lesen. Religion für das Volk. Gesetzliche Ordnung auch ohne Religion. (!) Demoralisirung durch Religion. (!) Das Christenthum abgestorben. Islam, Brahmaismus, Buddhaismus viel vorzüglicher. Ruhm, Ruhm und Nachruhm sein einziges Studium. Schrift und Tradition. Erforderniß zur Unsterblichkeit. Werth der Selbstschätzung.

Für das Volk will er schon wieder Religion; wenn er an die unausbleiblichen Wirkungen seiner Philosophie auf das Volk denkt, da zieht er augenblicklich die stolzgeblähten Segel seines Systemschiffes ein und flüchtet in den Hafen der Religion. Er hat Angst vor dem Sturm. Dann ist er so vorsichtig und gnädig, dem Volke Religion zu belassen. Die „Wahrheit" (das heißt, was er für Wahrheit ausgibt) ist nur für die

Besitzenden, bei den armen Teufeln müßte ja seine „Wahrheit" ein Gift werden. In diesem Sinne philosophirt er über Religion:

„Die Religionen sind wie die Leuchtwürmer; sie bedürfen der Dunkelheit, um zu leuchten. Ein gewisser Grad allgemeiner Unwissenheit ist die Bedingung aller Religionen, ist das Element, in welchem allein sie leben können. Sobald hingegen Astronomie, Naturwissenschaft, Geologie, Geschichte, Länder- und Völkerkunde ihr Licht allgemein verbreiten und endlich gar die Philosophie zum Worte kommen darf, da muß jeder auf Wunder und Offenbarung gestützte Glaube untergehen, worauf dann die Philosophie seinen Platz einnimmt." (P. II, 369–371.)

„Daß die Civilisation unter den christlichen Völkern am höchsten steht, liegt nicht daran, daß das Christenthum ihr günstig, sondern daran, daß es abgestorben ist und wenig Einfluß mehr hat; so lange es ihn hatte, war die Civilisation weit zurück, im Mittelalter." — „Hingegen haben Islam, Brahmaismus und Buddhaismus noch durchgreifenden Einfluß aufs Leben; in China noch am wenigsten, daher die Civilisation der europäischen ziemlich gleichkommt. Alle Religion steht im Antagonismus mit der Cultur." (P. II, 423 fg.)

„Religionen sind dem Volke nothwendig und sind ihm eine unschätzbare Wohlthat. Wenn sie jedoch den Fortschritten der Menschheit in der Erkenntniß der Wahrheit sich entgegenstellen wollen, so müssen sie mit möglichster Schonung bei Seite geschoben werden. Und zu verlangen, daß sogar ein großer Geist — ein Shakespeare, ein Goethe — die Dogmen irgend einer Religion bona fide et sensu proprio zu seiner Ueberzeugung mache, ist wie verlangen, daß ein Riese den Schuh eines Zwerges anziehe." (W. II, 185.)

„Die Euthanasie der Religion. Wenn, wie zu hoffen ist, die Menschheit dereinst auf den Punkt der Reife und Bildung gelangen wird, wo sie die wahre Philosophie einerseits hervorzubringen und andererseits aufzunehmen vermag, dann wird die Wahrheit in einfacher und faßlicher Gestalt die Religion von dem Platze herunterstoßen, den sie so lange vikarirend eingenommen, aber eben dadurch jener offen gehalten hatte. Dann wird die Religion ihren Beruf erfüllt und ihre Bahn durchlaufen haben; sie kann dann das bis zur Mündigkeit geleitete Geschlecht entlassen, selbst aber in Frieden dahinscheiden. Das wird die Euthanasie der Religion sein." (P. II, 361.)

Diese Auslassungen verdienen eine kleine Beleuchtung.

1. Die Religion ist ein Leuchtthurm, der nur im Dunkeln leuchtet.

2. Der Civilisation ist das Christenthum nicht günstig.

3. Im Mittelalter gab es sehr wenig Civilisation.

4. Der Islam, Brahmaismus, Buddhaismus haben jetzt noch einen durchgreifenden Einfluß auf das Leben.

5. Religion steht der Cultur entgegen, aber

6. die Religion ist dem Volke nothwendig und eine Wohlthat.

7. Nur mit Schonung darf sie bei Seite geschoben werden. Der Riese Shakespeare hat aber den Schuh des Zwerges doch angezogen und nicht weggeworfen!

8. Die wahre (selbstverständlich die Schopenhauersche) Philosophie wird die Religion ersetzen. Diese Philosophie wird der Tod (die Euthanasie) der Religion sein.

Nur auf den Endschluß hat der Weltweise in seiner Zerstreuung hier wieder vergessen. Wenn seine Philosophie Wahrheit ist, warum sie dem Volke vorenthalten? Warum das Volk täuschen? Warum das Volk, wenn bei diesem die nothwendigen Folgen der Schopenhauerei durchbrechen, prügeln? Warum in das Volk hineinschießen? Warum hat der Weltweise 1849 dem Offizier seinen guten Operngucker geliehen, daß er erst recht in die Schufte und Canaillen (Bezeichnungen Schopenhauers in diesem Falle) hineinfeuern kann?

Das ist ja durchwegs eine ihre nothwendigen Consequenzen verleugnende, infame Gaunerei: „die Religion bleibe als eine Täuschung fürs Volk, daß es seinen Jammer in Geduld ertrage".

Der Atheismus für die Gebildeten, d. h. Besitzenden, daß sie ungenirt und ungehemmt durch mittelalterliche Märchen sich dem vollsten Lebensgenuß überlassen können. Das ist doch ein frevelhaftes Spiel. Er verkündet im frechsten Hochmuth seine Philosophie als die einzige Wahrheit, und wir sehen ihn, einen erbärmlichen, feigen Wicht, vor den Consequenzen seiner Philosophie in Furcht und Todesangst beben und zittern.

Noch kein Autor auf dieser Welt hat so offen und nachhaltig über seinen Ruhm nachgedacht und so rücksichtsvoll über den Werth und die Größe seines Ruhmes geschrieben wie Schopenhauer.

Wir bringen hier eine Reihe seiner Betrachtungen über die Größe und Unverlierbarkeit des (d. h. nur seines) Ruhmes:

„Der Ruhm beruht eigentlich auf Dem, was Einer im Vergleich mit den Uebrigen ist. Demnach ist er wesentlich ein Relatives, kann daher auch nur relativen Werth haben. Er fiele ganz weg, wenn die Uebrigen würden, was der Gerühmte ist. Absoluten

Werth kann nur Das haben, was ihn unter allen Umständen behält, also hier, was Einer unmittelbar und für sich selbst ist; folglich muß hierin der Werth und das Glück des großen Herzens und des großen Kopfes liegen. Also nicht der Ruhm, sondern Das, wodurch man ihn verdient, ist das Werthvolle. Denn es ist gleichsam die Substanz und der Ruhm nur das Accidens der Sache." (P. I, 422.) „In eudämonologischer Hinsicht ist der Ruhm nichts weiter, als der seltenste und köstlichste Bissen für unseren Stolz und unsere Eitelkeit." (P. I, 423.) Da unstreitig der Ruhm nur das Secundäre ist, das bloße Echo, Abbild, Schatten, Symptom des Verdienstes, und da jedenfalls das Bewunderte mehr Werth haben muß, als die Bewunderung, so kann das eigentlich Beglückende nicht im Ruhme liegen, sondern in Dem, wodurch man ihn erlangt, also im Verdienste selbst, oder, genauer zu reden, in der Gesinnung und den Fähigkeiten, aus denen es hervorging." (P. I, 424. W. II, 440.)

„Unverlierbarkeit des echten Ruhms. So schwer es ist, den Ruhm zu erlangen, so leicht ist es, ihn zu behalten. Der Ruhm kann eigentlich nie verloren gehen; denn die That, oder das Werk, durch die er erlangt worden, stehen für immer fest, und der Ruhm derselben bleibt ihrem Urheber, auch wenn er keinen neuen hinzufügt. Wenn jedoch der Ruhm wirklich verklingt, wenn er überlebt wird, so war er unecht, d. h. unverdient, durch augenblickliche Ueberschätzung entstanden, wo nicht gar durch absichtliches Ausposaunen." (P. I, 421 fg.; II, 498.)

„Der unverdiente, schnelle und falsche Ruhm. Beim falschen, d. i. unverdienten Ruhm, ist das Bewunderte der Bewunderung nicht werth. Sein Besitzer muß an ihm zehren, ohne Das, wovon derselbe das Symptom, der bloße Abglanz sein solle, wirklich zu haben. Dieser Ruhm muß ihm oft verleidet werden, wenn bisweilen trotz aller aus der Eigenliebe entspringenden Selbsttäuschung ihm auf der Höhe, für die er nicht geeignet ist, doch schwindelt, oder ihm zu Muthe wird, als wäre er ein kupferner Ducaten; wo dann die Angst vor Enthüllung und verdienter Demüthigung ihn ergreift, zumal wenn er auf den Stirnen der Mitmenschen das Urtheil der Nachwelt liest. Er gleicht sonach dem Besitzer durch ein falsches Testament." (P. I, 425.)

„Da nicht im Ruhme, sondern in dem, wodurch man ihn erlangt, der Werth liegt, und in der Zeugung unsterblicher Kinder der Genuß, so sind Die, welche die Nichtigkeit des Nachruhmes daraus zu beweisen suchen, daß, wer ihn erlangt, nichts davon erfährt, dem Klügling zu vergleichen, der einem Manne, welcher auf einen Haufen Austerschalen im Hofe seines Nachbars neidische Blicke wirft, sehr weise die gänzliche Unbrauchbarkeit derselben demonstriren wollte." (W. II, 440.)

„Das echte, große Verdienst ist im Stande, seinen Ruhm bei der Nachwelt mit Sicherheit zu anticipiren. Ja, wer einen wirklich großen Gedanken erzeugt, wird schon im Augenblick der Conception desselben seines Zusammenhanges mit den kommenden Geschlechtern inne; so daß er dabei die Ausdehnung seines Daseins durch Jahrhunderte fühlt und auf diese Weise, wie für die Nachkommen, so auch mit ihnen lebt." (P. II, 510.)

„Das Organ, womit man zur Menschheit redet, ist allein die Schrift, mündlich redet man nur zu einer Anzahl Individuen. Daher, was so gesagt wird, im Verhältniß zum Menschengeschlechte Privatsache bleibt. Die Tradition wird bei jedem Schritte verfälscht; die Schrift allein ist die treue Aufbewahrerin der Gedanken. Auch kommen die Gedanken zu möglichster Deutlichkeit und Bestimmtheit erst durch die Schrift; denn der schriftliche Vortrag ist ein wesentlich anderer, als der mündliche, indem er allein die höchste Präcision, Koncision und prägnante Kürze zuläßt. Jeder tiefdenkende Geist hat daher das Bedürfniß, seine Gedanken durch die Schrift festzuhalten. Es wäre in einem Denker ein wunderlicher Uebermuth, die wichtigste Erfindung des Menschengeschlechts unbenutzt lassen zu wollen. Sonach wird es schwer, an den eigentlich großen Geist Derer zu glauben, die nicht geschrieben haben." (P. I, 45.)

„Um unsterblich zu sein, muß ein Werk so viel Trefflichkeit haben, daß nicht leicht sich Einer findet, der sie alle faßt und schätzt, jedoch allezeit diese Trefflichkeit von Diesem, jene von Jenem erkannt und verehrt wird, wodurch der Kredit des Werkes sich durch die Jahrhunderte hindurch erhält, indem es bald in diesem, bald in jenem Sinne verehrt und nie erschöpft wird. Der Urheber eines solchen Werkes kann aber nur Einer sein, der nicht blos unter seinen Zeitgenossen, sondern auch unter den folgenden Generationen seines Gleichen vergeblich sucht, kurz Einer, von dem das Ariostische lo fece natura, e poi ruppe lo stampo wirklich gilt." (P. II, 543 fg.)

„Zu eigentlichen Geisteswerken, zu Gedanken, die als solche und an sich dauernden Werth haben, ist der gewöhnliche Mensch nie, und das Genie nur in seltenen Augenblicken fähig. Daher ist jedes seinsollende Geisteswerk mißlungen und dem Untergange bestimmt, wenn der Autor nur die normalen Geisteskräfte hatte und auch, wenn er es als fortlaufende Arbeit schrieb, an die er ging, wie er jedes Mal war, sich hinsetzend mit dem Gedanken: „nun will ich schreiben". Denn da schreibt er blos aus der Erinnerung und zwar aus einer ganz allgemeinen, von vielen verschiedenartigen Anschauungen abstrahirten Erinnerung; bloße Begriffe sind ihm gegenwärtig. Hingegen im begeisterten Moment schreibt er aus einer gegenwärtigen Anschauung, einem neuen, frischen Apperçü, vor welchem ihm die übrige Welt verschwindet." (H. 470.)

„Wer die weite Reise zur Nachwelt vorhat, darf keine unnütze Bagage mitschleppen; denn er muß leicht sein, um den langen Strom der Zeit hinab zu schwimmen. Wer für alle Zeiten schreiben will, sei kurz, bündig, auf das Wesentliche beschränkt; er sei bis zur Kargheit bei jeder Phrase und jedem Worte bedacht, ob es nicht auch zu entbehren sei; wie, wer den Koffer zur weiten Reise packt, bei jeder Kleinigkeit, die er hineinlegt, überlegt, ob er nicht auch sie weglassen könne. Das hat Jeder, der für alle Zeiten schrieb, gefühlt und gethan." (H. 471 fg.)

Man möge die Schriften sämmtlicher Philosophen des Alterthums, des Mittelalters und auch der neuesten Zeit durchforschen, so eitel, so selbstgefällig, so immer von seinem Genie, von seinem Werth und seinem Ruhm, von seiner Erhabenheit über alle Anderen hat noch keiner von seiner eigenen Hand geschriebene Zeugnisse hinterlassen, wie dieser! Die Erkenntniß seines eigenen großen Werthes ist immer das höchste Ziel seiner Gedankenarbeit gewesen. So:

„Eigentlich ist nicht blos der größte, sondern der einzig wahre geistige Schmerz Gefühl seines Unwerthes; alle andern geistigen Leiden können nicht nur geheilt, sondern auf der Stelle gänzlich aufgehoben werden durch das höhere Bewußtsein seines Werthes. Wer dessen recht gewiß ist, kann ganz gelassen sitzen unter Leiden, kann ohne Freude und ohne Freunde auf sich ruhen. So ein allmächtiger Trost ist lebhafte Erkenntniß des eigenen Werthes. Umgekehrt kann über Erkenntniß des eigenen Unwerthes nichts auf der Welt je trösten; blos verdecken läßt sie sich durch Trug und Gaukeleien, oder betäuben durch Getümmel, aber beides nicht auf die Dauer." (M. 346.)

„Einen Punkt gibt es für jeden Menschen von ausgezeichnetem innern Werth, zu welchem gelangt er geborgen ist; dieser Punkt ist der, wo er innig und völlig klar seinen eigenen Werth erkennt. Und da Werth immer relativ ist, indem dem Begriff die Bedeutung des Vergleichs wesentlich ist; so ist dies zugleich der Punkt, wo er den Unwerth der Uebrigen erkennt. Nun ist er geborgen; denn die Andern können ihn nie mehr irreführen; ihr Thun und ihr Meinen wiegt ihm jetzt leicht; er ist über alle Autorität erhaben, erkennt die Besten für seine Geistesbrüder und die Menge für bestand- und wesenlose Schatten." (M. 277.)

120. Selbstbewunderung ohne Ende. Berechtigter Stolz. Diese schändlichen Philosophieprofessoren. Wahrheit durch eigenes Nachdenken. Wieder aufgewärmte Anpreisungen des Buddhaismus als Weltreligion ohne alle Rücksicht auf die Schriften Gelehrter contra.

Der Philosoph soll nur immer seine eigenen Vorzüge bewundern und seinen Stolz unerschüttert bewahren, denn die Bescheidenheit ist eine Erfindung für die Lumpen!

„Stolz ist nicht, wer will, sondern höchstens kann, wer will, Stolz affektiren, wird aber aus dieser wie aus jeder angenommenen Rolle bald herausfallen. Denn nur die feste, unerschütterliche Ueberzeugung von überwiegenden Vorzügen und besonderem Werthe macht wirklich stolz. Diese Ueberzeugung mag nun irrig sein oder auf bloß äußerlichen und konventionellen Vorzügen beruhen, das schadet dem Stolz nicht, wenn sie nur wirklich und ernstlich vorhanden ist. Weil also der Stolz seine Wurzel in der Ueberzeugung hat, steht er, wie alle Erkenntniß, nicht in unserer Willkür." (P. I, 380.)

Wir sehen, wie schlau der Weltweise jede Verantwortung für seinen unleidlichen Hochmuth von sich abzulenken sucht, er will gar nichts dafür können. Hören wir ihn ferner:

„Das größte Hinderniß des Stolzes und folglich sein schlimmster Feind ist die Eitelkeit, als welche um den Beifall Anderer buhlt, um die eigene hohe Meinung von sich selbst darauf zu gründen, in welcher bereits ganz fest zu sein die Voraussetzung des Stolzes ist." (P. I, 386.)

„Der Unverschämtheit und Dummdreistigkeit der meisten Menschen gegenüber thut Jeder, der irgend welche Vorzüge hat, ganz wohl, sie selbst im Auge zu behalten, um nicht sie gänzlich in Vergessenheit gerathen zu lassen; denn wer, solche gutmüthig ignorirend, mit jenen sich gerirt, als wäre er ganz ihres Gleichen, den werden sie treuherzig dafür halten. Am meisten aber ist solches Denen anzuempfehlen, deren Vorzüge von der höchsten Art, d. h. reale und rein persönliche sind, da diese nicht wie Orden und Titel jeden Augenblick durch sinnliche Einwirkung in Erinnerung gebracht werden; denn sonst werden sie oft genug das Sus Minervam exemplificirt sehen." (P. I, 380. H. 456.)

„So sehr auch durchgängig der Stolz getadelt und verschrieen wird, so ist doch zu vermuthen, daß dies hauptsächlich von Solchen ausgegangen ist, die nichts haben, worauf sie stolz sein können. Die Tugend der Bescheidenheit ist eine erkleckliche Erfindung für die Lumpe." (P. I, 380.)

Die Philosophieprofessoren, weil dieselben seine Anstellung nicht befürwortet haben, sind der beständige Gegenstand seines Spottes und seiner Schmähsucht.

„Die Universitäten sind offenbar der Heerd alles jenen Spiels, welches die Absicht mit der Philosophie treibt. Nur mittelst ihrer konnten Kants Epoche machende Leistungen verdrängt werden durch die Windbeuteleien eines Fichte und ihm Aehnlicher. Dies hätte nimmermehr geschehen können vor einem eigentlich philosophischen Publikum, d. h. einem die Philosophie ihrer selbst wegen suchenden, aus wirklich denkenden Köpfen bestehenden Publikum. Nur mittelst der Universitäten, vor einem aus gläubigen Studenten bestehenden Publikum, ist der ganze philosophische

Skandal der letzten 50 Jahre möglich gewesen. Der Grundirrthum hiebei liegt nämlich darin, daß die Universitäten auch in Sachen der Philosophie das große Wort und die entscheidende Stimme sich anmaßen, welche allenfalls den drei obern Facultäten zukommt. Daß jedoch in der Philosophie, als einer Wissenschaft, die erst gefunden werden soll, die Sache sich anders verhält, wird übersehen; wie auch, daß bei Besetzung philosophischer Lehrstühle nicht, wie bei andern, allein die Fähigkeiten, sondern noch mehr die Gesinnungen des Kandidaten in Betracht kommen."

„Oeffentliche Lehrstühle gebühren allein den bereits geschaffenen, wirklich vorhandenen Wissenschaften, welche man daher eben nur gelernt zu haben braucht, um sie lehren zu können. Aber eine Wissenschaft, die noch gar nicht existirt, die ihr Ziel noch nicht erreicht hat, nicht einmal ihren Weg sicher kennt, ja deren Möglichkeit noch bestritten wird, eine solche Wissenschaft durch Professoren lehren zu lassen, ist eigentlich absurd." (P. I, 193–195.)

Empfehlung der Einschränkung des philosophischen Unterrichts auf Universitäten. „Sieht man von den Staatszwecken ab und faßt blos das Interesse der Philosophie ins Auge, so muß man wünschen, daß aller Unterricht in derselben auf Universitäten streng beschränkt werde auf den Vortrag der Logik, als einer abgeschlossenen und streng beweisbaren Wissenschaft, und auf eine ganz succincte vorzutragende und durchaus in Einem Semester von Thales bis Kant zu absolvirende Geschichte der Philosophie, damit sie in Folge ihrer Kürze und Uebersichtlichkeit den eigenen Ansichten des Herrn Professors möglichst wenig Spielraum gestatte und blos als Leitfaden zum künftigen eigenen Studium aufgebe." (P. I, 210 fg.)

„Die bloß erlernte Wahrheit klebt uns nur an, wie ein angesetztes Glied, ein falscher Zahn, eine wächserne Nase. Die durch eigenes Denken erworbene aber gleicht dem natürlichen Gliede, sie allein gehört uns wirklich an. Darauf beruht der Unterschied zwischen dem Denker und dem bloßen Gelehrten." (P. II, 529.)

Der Weltweise hat Momente, in denen es ihm total am logischen Witz des Consequenzenziehens mangelt. Er macht den Anhängern seiner Philosophie durch obige Aufstellung ein miserables Compliment. Wenn sie seine durch ihn erfundene, von ihm erlernte Philosophie annehmen, so hat er ihnen, nach seinen eigenen Worten eine wächserne Nase gedreht.

Eine der ständigen Marotten Schopenhauers ist die Anpreisung des Buddhaismus als Weltreligion und seine bei den Haaren herbeigezogenen, sehr hinkenden Vergleiche des Buddhaismus mit dem Christenthum, was selbstverständlich bei ihm stets zum Vortheil des Buddhaismus und zum Nachtheil des Christenthums ausfällt. Auch in dieser Branche arbeitet er nur mit kecken Behauptungen, versteckten Verdrehungen und auch offenbaren Lügen.

Der Buddhaismus ist nach ihm selber Atheismus. Der Mensch kann nach dieser Lehre sich nur an die Stelle der niederen Götter setzen, er kann auch die höheren überflügeln; darin besteht eben wieder die vollkommenste Menschenvergötterung. Schopenhauer kommt auch bei dieser Betrachtung zu seinem Ziel, daß er unter allen Gelehrten und Philosophen der allergelehrteste und genialste sei, denn „zu mir müssen sie Alle kommen“, sagte er. Schopenhauer will — wie er es dem Buddha nachsagt — auch von einem höchsten Wesen nichts wissen; wenn man Schopenhauer mit der Frage um den letzten Grund und Anfang aller Wesen an den Leib rückt, so wird er erzürnt und schimpft und behauptet, diese Frage gehöre gar nicht in den Bereich der Philosophie, die sich nur mit dem sichtbar Vorhandenen zu befassen und mit dem Grunde aller Wesen nichts zu thun hat. Wie der Buddhaismus ist auch das Schopenhauersche System eine fortgesetzte Negation, die Alles und am Ende das Denken selbst negirt. Das ist die nothwendige Consequenz des Nihilismus! Die sogenannten civilisirten Russen haben unter Katharina angefangen, sich auf den Voltairischen Spott zu verlegen und in Voltaire ihren Philosophen und Moralisten angebetet.

In neuester Zeit macht Schopenhauer, der den praktischen Nihilismus in ein sophistisches System zusammengeschweißt hat, unter den Studirenden in Rußland sehr große Propaganda. Er ist der Sport der höheren Klassen, sie befinden sich dabei wohl, denn die buddhaistische Selbstverleugnung, welche Schopenhauer predigt, ist ja doch ein purer Schwindel, es liegt kein Soll, keine Verbindlichkeit darin, es genügt die Gesinnung, wie Schopenhauers Schüler es oft genug betonen. Der Buddhaismus beschränkt sich auf seine Sittenlehre. Das Nirvana ist das höchste Ziel der buddhaistischen Moral, Nirvana heißt eigentlich: erlöschen, aufhören, nicht mehr sein; Buddha selbst vergleicht das Nirvana öfter mit dem Erlöschen einer Lampe. Der Mensch kann sich nach dieser Lehre vom Elend des Daseins nur durch die vollkommenste Abtrennung von allen zeitlichen Gütern, von jeder Begierde nach einem Genuß losmachen. Der Brahmane macht die Bußübungen nur für sich, der Buddhaist erkennt auch eine Pflicht des Einzelnen, für die Gesammtheit zu leben.

Der Nihilismus aber löst auch die ganze Moral dieser zwei Systeme in Widersprüche auf; die entgegengesetzten Meinungen sind schon über die Basis Nirvana, wie über sämmtliche Ausgliederung dieser Ascese und Sittenlehre bei den Gelehrten laut geworden, so daß sich auch das Dogma der buddhaistischen Sittenlehre im Nihilismus verlaufen hat.

Der Widerspruch, in den sich Schopenhauer in seinem nichts weniger als heiligen Leben mit dem schwindelhaften Anpreisen des Nirvana gesetzt hat, macht seinen Aposteln viel Kopfschmerzen: sie suchen das Fuhrwerk des Meisters durch einen von uns schon früher angezeigten Kniff aus dem Sumpf herauszuwinden, indem sie betonen, die moralische Gesinnung genügt, sie ist das ethische Element, und an den kleinen Verstößen im Leben des Meisters darf der echte Philosoph keinen Anstoß nehmen.

In den Werken und Aufsätzen von Foucaux, Schiefner, Tournour, Bournouf, Lassen, Körösi sind die Fundamente des Schopenhauerschen Buddhaismus des Breiteren niedergelegt. Wer sich über das Wesen des Buddhaismus in Kürze unterrichten will, dem ist der ausgezeichnete, 38 Seiten lange Artikel vom gelehrten Professor Weinhart in Freisingen im 12. Bande der Herderschen Encyklopädie u. s. w. zu empfehlen. Wir mußten dieses Resumé voraussenden, um die nachfolgenden Anpreisungen des Buddhaismus im wahren Lichte darstellen zu können.

Schopenhauer behauptet:

„Der Buddhaismus ist sowohl wegen der überwiegenden Anzahl seiner Bekenner, als wegen seiner inneren Vortrefflichkeit und Wahrheit als die vornehmste Religion auf Erden zu betrachten.“ (N. 130. W. II, 116. P. I, 139; II, 242.)

Ferner:

„Der Buddhaismus ist frei von jener strengen und übertriebenen Ascese, welche im Brahmaismus eine große Rolle spielt, also von der absichtlichen Selbstpeinigung. Er läßt es bei dem Cölibat, bei der freiwilligen Armuth, Demuth und Gehorsam der Mönche nur auf Enthaltung von aller thierischen Nahrung, wie auch von aller Weltlichkeit bewenden.“ (W. II, 695.)

In P. II, 423 und H. 431 behandelt Schopenhauer sein Lieblingsthema, die Erhebung des Buddhaismus über das Christenthum:

„Ein eigenthümlicher Nachtheil des Christenthums, der besonders seinen Ansprüchen, Weltreligion zu werden, entgegensteht, ist, daß es sich in der Hauptsache um eine einzige individuelle Begebenheit dreht und von dieser das Schicksal der Welt abhängig macht."

Wir unterbrechen hier die Behauptung des Weltweisen und erklären dieselbe als einen seiner ausgesprochensten Kniffe, d. h. Lügen. Als Atheist stellt er sich so, als ob er den Grundstein des kirchlichen Credo: „Ich glaube an Gott den Vater, allmächtigen Schöpfer Himmels und der Erde (Credo in Deum, Patrem omnipotentem Creatorem coeli et terrae) gar nicht kennen würde. Dieses absichtliche Ignoriren des ersten Glaubenssatzes ist somit ein jämmerlicher Kniff (wie ihm derlei Kniffe nach seinem eigenen Geständniß als Privilegium verliehen sind). Die Hauptkniffe des Weltweisen bestehen eben darin, daß er irgend eine Behauptung aufstellt, um den Leser zu verblüffen; auf diese kecke Behauptung baut er dann ein ganzes System von Schlußfolgerungen, so auch hier. Er fährt fort, die Lüge als Grundsatz wiederholend:

„Eine Religion, die zu ihrem Fundament eine einzelne Begebenheit hat, steht auf sehr schwachem Fundament."

Auf diese Lüge hin wird nun die Weisheit des Buddhaismus gepriesen:

„Wie weise ist dagegen im Buddhaismus die Annahme der tausend Buddhas, damit es sich nicht ausnehme, wie im Christenthum, wo Jesus Christus die Welt erlöst hat und außer ihm kein Heil möglich ist."

Der Kniff des Atheisten gleicht hier dem bekannten Kopfverstecken des Vogels Strauß unter seine Flügel. Das Dogma der Creation, der Grundstein des Credo, macht ihm Schmerzen, er stellt sich so, als ob es für ihn gar nicht existirte, und verläßt sich auf die Bornirtheit seiner Leser, die ihm blinden Glauben schenken.

Daß das System Schopenhauer im vollsten Einklange mit dem Buddhaismus steht, geben selbst seine Apostel zu und beweisen es sogar aus seinen Schriften. (Siehe Schopenhauer-Lexikon von Frauenstädt, I. Bd., S. 99.)

Auch in dem Buddhaismus-Sport ist Schopenhauer weder der Erfinder, noch der einzige Lobpreiser. Ein Franzose, der als Richter in Indien thätig war, M. Jacolliot, hat für das gewöhnliche Lesepublikum herausgegeben: „La Bible dans l'Inde — Les fils de Dieu — les Vierges" und sucht in diesen Schriften zu behaupten, die Vedas (h. Bücher der Inder) und die Gesetze des Manu hätten eigentlich die Bibel inspirirt, die Religion des Buddha und das Andenken an die Menschwerdung des Christna hätten im Vereine das römisch-jüdische Christenthum geschaffen, das eigentlich nichts Anderes wäre, als eine Nachahmung des Buddhaismus. Die Vorkämpfer der Katholiken in Brasilien, Pinto de Campos und der Kapuziner Gual, haben den Schwindel und die Unwissenheit dieses Jacolliot gekennzeichnet und gerade das Gegentheil nachgewiesen, daß die Vedas, Manu, Buddha, Christna nur bloße Importationen christlicher, von den Brahmanen verfälschter Lehren sind. In neuester Zeit hat ein de Rives („L'Inde chretienne", Paris, Tolmer, 1884) die Phantasieen deutscher Philosophen und Sprachkünstler, welche Trinität, Incarnation, Cölibat, Klosterwesen von den Brahmanen herleiten wollten, gründlich zurückgewiesen [1]).

121. Schadhafte Behauptungen im Interesse der Buddha-Moral widerlegt durch christliche Moralisten.

Auf seine frühere Behauptung hin versucht er es auch, die Ascese und Moral des Christenthums zum Vortheile des Buddhaismus durch neue Behauptungen herabzudrücken.

„Der christlichen Ascese fehlt es an einem eigentlichen, klaren, deutlichen und unmittelbaren Motiv, sie hat kein anderes als die Nachahmung Christi."

„Die Moral des Christenthums steht hinter der des Brahmanismus und Buddhaismus darin zurück, daß sie die Thiere nicht berücksichtigt."

Diese Behauptung ist derartig läppisch und blöde, daß es genügt, dieselbe vorzuführen. Seinen Pudel streichelt er und die Marquet wirft er ein paar Mal zu Boden. Wäre er nach

---

[1]) „Geschichtslügen." Paderborn, Schöningh. 7. Auflage, 1885, S. 85.

fünfjährigem Proceß, nach einem hartnäckigen Nichtszahlenwollen nicht zu 300 Thaler Schmerzensgeld und zu 60 Thaler Jahresverpflegung verurtheilt worden, was hätte er sich erst in seinen vorgerückten Jahren, wo Menschenverachtung, Zorneswüthen, Aufgeregtheit im Zunehmen waren, für Attentate auf Leute erlaubt, die seine göttliche Grobheit im Mindesten durch eine Nichtanerkennung seiner göttlichen Hoheit herausgefordert hätten? Dieses Gerichtserkenntniß ist für sein übriges Leben sehr nützlich und erfolgreich gewesen. Der Aerger über seinen gebrochenen Hochmuth ist nach Aussage seiner Schüler noch viel größer gewesen, als das gerichtliche Attentat auf seinen Geldschmutz; das Attentat auf den Hals der Marquet wurde dem Geizhals wiedervergolten. Sein vor ihm wedelnder und herumkriechender Pudel war seine Seelenfreude, aber ebenso konnte er nur in seiner Nähe philosophische höhere Thiere (ganz nach seiner Weltanschauung gesprochen) dulden, die vor seinen Aussprüchen herumwedelten, und in ihm den endlich erschienenen Erfinder der Wahrheit und Beglücker der unglücklichen Menschheit anbeteten.

Es gehört auch zu seinen Kniffen, daß er einmal aufgestellte Behauptungen öfter wiederholt, um dieselben plausibel zu machen. So heißt es auch (S. 141):

„Die Moral des Christenthums zeigt, abgerechnet von dem Mangel, daß sie die Thiere nicht berücksichtigt (!), die größte Uebereinstimmung mit dem Brahmaismus und Buddhaismus und ist bloß weniger stark ausgedrückt und nicht bis zu den Extremen durchgeführt; daher man kaum zweifeln kann, daß sie wie auch die Idee von einem Mensch gewordenen Gott (Avatar) aus Indien stammt und über Egypten nach Judäa gekommen sein mag, so daß das Christenthum ein Abglanz indischen Urlichts von den Ruinen Egyptens wäre, welcher aber leider auf jüdischen Boden fiel."

Auf die total unbegründeten Vermuthungen „kaum", „kann", „mag" und „wäre" baut er gleich wieder wie auf Thatsachen fort mit der bestimmten Klage: „welcher aber leider auf jüdischen Boden fiel." — Er ist nicht umsonst ein grimmiger Feind der gewöhnlichen Professorenlogik gewesen und hat die Dilettanten als Leser viel lieber gehabt, weil ihm diese nie mit den dummen Forderungen und Fragen der Schullogik an den Leib rückten, sondern mit dem blindesten Glauben seine Paradoxen hinunterwürgten.

Es ist aus den jüngsten und ältesten christlichen Moralisten nachzuweisen, daß Schopenhauer auch hier mit einer kecken Unwissenheit (oder mit wissentlicher Entstellung, was noch schlimmer ist) über Mängel der christlichen Moral zu Gerichte sitzt und auch hier wieder auf Dilettanten rechnet und sich an der Wahrheit versündigt. — Linsemann sagt im citirten Buche[1]):

„Es ist nicht leicht, eine genaue Bestimmung der Sünde der Thierquälerei zu geben, obwohl es eine solche Sünde entschieden gibt. Im Allgemeinen liegt Thierquälerei vor, wenn man entweder einem Thier ohne vernünftigen Zweck Schmerzen bereitet, oder wenn man zur Erreichung eines vernünftig sittlichen Zweckes demselben mehr, als durchaus nothwendig, wehe thut. Ob unter diesem vernünftigen Zwecke auch die Verwendung von Thieren zum wissenschaftlichen Zweck, Vivisektion u. dergl., gehöre, kann an und für sich nicht fraglich sein, und es muß von Fall zu Fall entschieden werden, ob die von der Vernunft geforderten Grenzen eingehalten werden oder nicht. Sollte freilich die durch das Christenthum verheißene Erlösung auch der unbeseelten, aber fühlenden Creatur zu Gute kommen, so wäre es ein Erweis des Fortschrittes in christlicher Selbstbeschränkung, Sitte und Schonung, wenn wir die Rechte, welche uns die unerlöste Natur über die Thiere einräumt, in immer milderer Weise ausübten; aber eine noch so gefühlvolle Schonung der Thiere wird immer an der Nothlage der Menschen selbst ihre Grenzen finden; so lange der Hunger und die Krankheit als Tyrannen in der Menschheit walten, muß das niedrigere Recht der Thiere dem höhern der Menschen weichen." „Es ist nicht Recht, den Kindern das Brod zu nehmen und es den Hunden vorzuwerfen." (Matth. 15, 16.)

Eine eigene Abhandlung über die Besitzergreifung und das Eigenthumsrecht bezugs der Thiere bringt Gousset in seiner Moral.[2])

Ueber eine des Menschen unwürdige Vorliebe für Thiere, ebenso wie über die unmenschliche Grausamkeit, als die zwei entgegengesetzten Pole einer sündhaften Behandlung der

---

[1]) „Lehrbuch der Moraltheologie" von Dr. F. X. Linsemann, Professor der katholischen Theologie an der Universität Tübingen. Freiburg, Herder, 1878, S. 264.

[2]) „Moraltheologie" von Gousset. Nach der 7. Auflage deutsch. Aachen, Cremer, 1851. I. Bd., S. 312—315.

Thiere handelt Pietro Scavini[1]) und wendet sich vorzüglich gegen die grausame böswillige Behandlung der Thiere. Er citirt Exod. 23, Deut. 25, Levit. 21, Eccli 7 und Proverb. 12: „Novit justus jumentorum suorum animas, viscera autem impiorum crudelia“.

Ebenso spricht der h. Thomas von Aquin gegen die grausame Behandlung der Thiere[2]). Wenn die christlichen Moralisten die Behandlung der Thiere nach dem Gesetze der Vernunft eingehalten wissen wollen, so setzen sie eben dieses Gesetz schon voraus, und brauchen nur darauf hinzuweisen und nicht im buddhistischen Ueberschwang darüber sich zu ergießen.

Wir haben hier nur die Aufgabe, zu beweisen, wie Schopenhauer auch bei seinen Behauptungen sehr gewaltthätig vorgegangen ist, sich um den wissenschaftlichen Thatbestand gar nicht gekümmert und auch Lügen und Verdrehungen nicht gescheut hat, wenn es sich darum handelte, die Marotten seines Systems zu vertheidigen.

122. Der Kniff, lutherische Sätze sich zur Bekämpfung zu wählen, katholische zu ignoriren und die lutherischen als christlich im Allgemeinen auszugeben. Die verlogene Exegese über die Ehebrecherin im Evangelium.

Wiederholt haben wir auch schon darauf aufmerksam gemacht, daß Schopenhauer und seine Apostel oft gegen das Christenthum polemisiren oder auch manche Lehren des Christenthums gutheißen, sich aber zu diesen Manövern, wenn sie es für vortheilhaft halten, lutherischer Lehrsätze bedienen, die sie mit einem summarischen Verfahren als Christenthum bezeichnen. So z. B. (P. I, 624):

„Mit Recht lehrt das Christenthum (!), daß alle äußeren Werke werthlos sind, wenn sie nicht aus jener echten Gesinnung, welche in der wahren Gernwilligkeit und reinen Liebe besteht, hervorgehen, und daß nicht die verrichteten Werke, sondern der Glaube, die echte Gesinnung, welche allein der heilige Geist verleiht, nicht aber der freiüberlegte, das Gesetz allein vor Augen habende Wille gebiert, sälig mache und erlöse u. s. w.“ (W. I, 624.)

---

[1]) „Theologia moralis“. Liber II. Mediolani Oliva, 1874, A. 503, pag. 377.

[2]) „Contra gentiles.“ Lib. III., cap. 22 (in allen Ausgaben).

Da werden auch von ihm Paulus, Augustinus und Luther als Gewährsmänner angeführt, ohne auf den Umstand zu achten, daß sich die Kirche gegen die Ansicht Luthers in ihrer Erklärung des h. Paulus und Augustinus ausgesprochen hat.

Ueberhaupt hat Schopenhauer die Marotte, die heilige Schrift ohne irgend eine Rücksicht auf den in den Stellen daliegenden Sinn so auszulegen, wie er dieselbe zum Beweise einer Aufstellung für sich zweckmäßig findet.

Nur noch ein Beispiel. In P. II., 631 führt er in einer Betrachtung über den Ehebruch eine Bibelstelle mit seiner Auslegung zu seinem Bedarf ins Treffen:

„Die Geschlechtsliebe, d. i. das Interesse der Gattung, überwiegt, sobald sie ins Spiel kommt und einen entschiedenen Vortheil für sich sieht, jedes andere auch noch so wichtige Interesse. Ihm allein weichen daher Ehre, Pflicht und Treue, nachdem sie jeder anderen Versuchung, nebst der Drohung des Todes, widerstanden haben. So finden wir denn, daß in keinem Punkte Gewissenhaftigkeit so selten ist, wie in diesem, sie wird hier bisweilen sogar von sonst redlichen und gerechten Leuten beiseite gesetzt und der Ehebruch rücksichtslos begangen, wenn die leidenschaftliche Liebe, d. h. das Interesse der Gattung, sich ihrer bemächtigt hat. Es scheint sogar, als ob sie dabei einer höheren Berechtigung sich bewußt zu sein glaubten, als die Interessen der Individuen je verleihen können, eben weil sie im Interesse der Gattung handeln. Wer sich hierüber ereifern wollte, wäre auf die auffallende Nachsicht zu verweisen, welche der Heiland im Evangelium der Ehebrecherin widerfahren läßt, indem er zugleich dieselbe Schuld bei allen Anderen voraussetzt."

Das ist ja doch eine Reihe von mit Lügen durchwobenen Trugschlüssen im Interesse und zur Gewissensberuhigung der Ehebrecher. Es ist entschieden, daß dieser Weltweise durch derlei Manöver im Interesse des in die Praxis umgesetzten Atheismus noch am meisten Anhänger gewonnen hat.

1. Wird hier (wie früher die Natur) die Geschlechtsliebe als eine diplomatische, schlau nachdenkende Persönlichkeit hingestellt, die, wenn sie im Interesse der Gattung einen Vortheil ersieht, sich zu den weitgehendsten Concessionen veranlaßt fühlt.

2. Die Geschlechtsliebe changirt er aber gleich darauf in das Interesse der Gattung; dieses Interesse ist bei ihm aber auch wieder eine nachdenkende Persönlichkeit, welche behauptet, ihr müsse jedes andere Interesse weichen.

3. Dieses Interesse für die Erhaltung der Gattung bringt die sonst redlichsten und gerechtesten Leute zum rücksichtslosesten Unrecht des Ehebruchs. Somit haben diese Herren und Damen eigentlich gar keine Verschuldung, sie haben ja nicht gesündigt, sondern sie können diesem Interesse der Gattung die ganze Schuld aufladen.

4. Es kommt noch schöner. Nach diesem aufgebauschten Trugschlusse heißt es sogar: „Es scheint, als ob sie dabei einer höheren Berechtigung sich bewußt glaubten, weil sie im Interesse der Gattung handeln." Der Weltweise läßt somit dem Ehebrecher in seiner unendlichen Menschenliebe und Nachsicht sogar eine Art seines ungöttlichen Segens angedeihen.

5. Es kann diese Herren und Damen der Schopenhauersche Trost beruhigen, daß, wenn sie auch die Interessen der Individuen (d. h. ihrer Gatten) hintansetzen, sie doch im Interesse der Gattung sehr segensreich gewirkt haben!

6. Zum Schluß wird der toleranzschwitzende Weltweise sogar noch fromm; er schleicht, mit der Bibel in der Hand, daher, statt wie gewöhnlich mit seinen buddhistischen heiligen Sprüchen, beruft sich sogar auf den Weltheiland, den er doch sonst immer mit seiner Weisheit zu überragen und den er im Interesse seiner Philosophie immer herabzuwürdigen sucht, und selbst der Heiland soll ihm zu seinem Vortrag im Gattungsinteresse behülflich sein.

7. Er droht sogar, es möge sich Niemand über sein allerneuestes Eherecht ereifern, denn das könne einer ja als guter Christ nicht thun, weil der Heiland der Ehebrecherin eine so auffallende Nachsicht erwiesen hat, und

8. weil er selber von der Allgemeinheit des Ehebruchs so überzeugt war, daß er zugleich dieselbe Schuld bei allen Anderen vorausgesetzt hat.

Nachdem es für den Leser, der seine Logik im Kopfe hat, genügt, die ersten sechs Kettenglieder des Trugschlusses der neuen Eherechtstheorie angeführt zu haben, müssen wir doch sein Bibelcitat und seine Auslegungskunst zur Orientirung des nichttheologischen Lesers etwas näher erklären.

9. Der Herr spricht zu den Pharisäern (Johann. 8, 7): „Wer von Euch ohne Sünde ist, werfe den ersten Stein auf

sie.“ Damit ist nicht gesagt, daß das Weib außer Schuld sei, denn der Heiland verweist ihr ja V. 11 die Sünde. Er sagt auch keineswegs, daß die Pharisäer, welche ihn umrungen, Ehebrecher seien, sondern nur Sünder.

Hören wir darüber eine jüngst erschienene Evangelienerklärung[1]):

„Unter *ἁμαρτία* ist Sünde allgemein und nicht speciell die Sünde des Ehebruchs oder der Unzucht zu verstehen. Der Heiland gibt der Angelegenheit eine jedenfalls unerwartete Wendung, indem er sich an das sittliche Bewußtsein der Fragesteller wendet und dabei den zudringlichen Gegnern dieselbe Milde zu Theil werden läßt, mit welcher er die Sünderin nachher behandelte. Die Worte Jesu lassen die Bestimmung des mosaischen Gesetzes über den Ehebruch völlig unangetastet, machen aber die Anwendung derselben auf den vorliegenden Fall von einer Bedingung abhängig. Der Herr verfährt hier nach dem Grundsatze, welchen er für das Verhalten der Mitglieder des Messiasreiches zu einander aufgestellt hat: Das Bewußtsein der eigenen Sündhaftigkeit muß den Menschen vom hochmüthigen, lieblosen Richten über den Mitmenschen abhalten.“

Ebenso sagt Maier[2]) über die Worte: „Wer von Euch ohne Sünde ist u. s. w.“, es bezögen sich dieselben nicht im engsten Sinne auf das Vergehen des Ehebruchs, sondern in dem Weiteren auf das Generelle von dieser Sünde, auf das Laster der Unkeuschheit überhaupt. Im gleichen Sinne erklärt die Stelle Maldonat[3]) und Andere. Am ausführlichsten ist die Erklärung Maiers, welche auch die „auffallende Nachsicht“, welche Schopenhauer dem Heiland zuschreibt, in das gehörige Licht stellt.

Nicht umsonst ist Schopenhauer ein ausgesprochener Gegner der historisch begründeten Wissenschaft, er legt sich Alles selber in jenem Sinne zurecht, den er zur Glorificirung seines Systems braucht. Das ist eben seine Kunst (denn die Philosophie

---

[1]) „Kurzgefaßter Commentar zu den vier heiligen Evangelien“. Von Dr. Franz Pölzl, o. ö. Professor der Theologie an der k. k. Universität zu Wien. Graz, Buchhandlung „Styria“, 1885. 3. Bd., S. 324.

[2]) „Commentar über das Evangelium des Johannes.“ Von Dr. Adalbert Maier, Professor in Freiburg. Freiburg, Herder, 1843. 2. Bd., S. 159.

[3]) Joannes Maldonati, S. J., Comment. in 4 Evang. Mogunt, Kirchheim, 1854. Tom. II., p. 675.

ist ja nach ihm nicht Wissenschaft, sondern Kunst) oder wie er noch besser sagt, sein Kniff. Er kann die Geschichte des Christenthums und der Kirche nicht brauchen; was er nicht als Baustein zu seinem Kunstsystem verwenden kann, wird entstellt oder verworfen oder ganz ignorirt. Es genügt, einen Beweis in dieser Richtung für viele, die noch zu liefern wären, anzuführen, wir haben denselben deshalb auch etwas ausführlicher behandelt.

123. Die Utopien des Weltweisen bezüglich eines „philosophischen" Eides — ohne Berufung auf Gott. Der Eid ohne Religion.

Die Utopien, welche Schopenhauer seinen Lesern bezüglich des philosophischen Eides, welchen die Leute schwören können, wenn sie auch den Glauben an Gott und die Verantwortlichkeit vor dem ewigen Richter verworfen haben, vorschwindelt, verdienen es, angeführt zu werden.

Er sagt über den Zweck des Eides:

„Der unbestrittene Zweck des Eides ist, der nur zu häufigen Falschheit und Lügenhaftigkeit der Menschen auf bloß moralischem Wege zu begegnen, dadurch, daß man die von ihm anerkannte moralische Verpflichtung, die Wahrheit zu sagen, durch irgend eine außerordentliche hier eintretende Rücksicht erhöht, ihm lebhaft zum Bewußtsein bringt." (W. II, 281. Lex. I, 147.)

Wer kann denn aber in einer Welt ohne Gott dem Menschen eine moralische Verpflichtung auflegen? Hat der große Weltweise seine moralische Verpflichtung gegenüber der zu Boden geschmetterten und mißhandelten Marquet eingehalten? Wenn nun ein so großer Weltweise zu seinen moralischen Verpflichtungen erst durch einen ein Lustrum dauernden Proceß vom weltlichen Richter physisch gezwungen werden muß; wenn dieser Herr schon thatsächlich gezeigt hat, daß seine Metaphysik in Conflikt mit seinem Schmutz, Geiz und Hochmuth die schmählichste Niederlage auch in der Niederlagstraße zu Berlin erlitten hat — wie soll dann irgend ein armer, ungebildeter, unphilosophischer Gottesleugner zur Anerkennung der moralischen Verpflichtungen gebracht werden?

Der Weltweise geht aber weiter; er geht direkt gegen den religiösen Eid los und proklamirt kühn die von der Religion unabhängige rein moralische Bedeutung des Eides wie folgt:

„Obwohl bei keiner Angelegenheit die Religion so unmittelbar und augenfällig in das praktische Leben eingreift, wie beim Eide, so hat doch der Eid eine von dem religiösen Glauben und dessen Wandlungen unabhängige, deshalb auch den Verfall der Religionen überdauernde, rein moralische Bedeutung, welche sich auf deutliche Begriffe bringen läßt. Jeder Mensch trägt nämlich die, wenngleich undeutliche Ueberzeugung in sich, daß die Welt nicht bloß eine physische Bedeutung habe, sondern zugleich irgendwie (!!) eine metaphysische, und sogar auch, daß auf solche unser individuelles Handeln seiner bloßen Moralität nach noch ganz anderweitige und viel wichtigere Folgen habe, als ihm vermöge seiner empirischen Wirksamkeit zukommen, und sonach wirklich von transcendenter Bedeutung sei. Die Aufforderung zum Eide stellt nun den Menschen ausdrücklich auf den Standpunkt, wo er sich in diesem Sinne als bloß moralisches Wesen und mit Bewußtsein der hohen Wichtigkeit für ihn selbst seiner in dieser Eigenschaft gegebenen Entscheidungen anzusehen hat, wodurch jetzt bei ihm alle anderen Rücksichten zusammenschrumpfen sollen, bis zum vollständigen Verschwinden." (P. II, 238.)

Diese ganze Argumentation für den Eid ohne Religion ist so armselig und blöde, so unhaltbar und nichtssagend, daß man nur Momente aus dem Leben und Stellen aus den Schriften des Weltweisen herausnehmen darf, um das ganze Kartenhaus dieser Beweisführung mit einem Ruck niederzuwerfen. Was soll das heißen, eine irgendwie metaphysische Bedeutung des Eides — beim Proletarier ohne Religion ist die Metaphysik eine komische Redefigur, denn gegenüber dem Prügel und der Barrikade macht sich die Metaphysik Schopenhauers nur lächerlich — wie oft kommt er selber zum Ausspruch, daß es beim Volk ohne Religion nicht geht? Wir gliedern aber die Consequenzen noch weiter aus: es geht auch beim Metademos, bei den Philosophen, die sich hoch über das arme Volk erhaben dünken, nicht ohne Religion. Was Schopenhauer unter Metaphysik und unter transcendenter Bedeutung versteht, das wird beim Gros des Volkes ewig unverstanden und total unwirksam bleiben, aber auch die Civilisirten verstehen es nicht, und Schopenhauer, der immer damit herumflunkert, hat es selber nicht verstanden. Warum ist er mit seiner dickleibigen Philosophie in der Hand nicht unter die stürmenden Proletarier in Frankfurt hineingetreten, um selbe zu bekehren? Warum hat er zur Bekehrung der Proletarier durch seinen Operngucker mitgeholfen, um nur recht geschwind diese „Schufte und Canaillen“ zusammengepfeffert zu seiner Freude daliegen zu sehen? Wo hat diese Metaphysik und Transcendenz gesteckt, als er die Marquet niedergehauen, und sich darnach durch die Winkelzüge seiner Vertheidigung aus der Strafe herauszulügen den verunglückten Versuch gemacht hat? — Der Weltweise hat das alles sehr gut herausgefühlt und in dem unvertilgbaren Selbstbekenntniß niedergelegt:

„Meine Biographie will ich weder schreiben noch geschrieben wissen! Mein Privatleben will ich nicht der kalten und übelwollenden Meinung des Publikums zum besten geben.“

Er hat es gefühlt, daß, ebenso wie er brutal die Marquet zu Boden geworfen hat, ebenso sein praktisches Leben alle seine theoretischen Probleme zu Boden wirft. — Nun, wenn er auch seine Biographie nicht geschrieben wissen wollte, wir haben uns doch erlaubt, sie zu schreiben, und nicht auf Gerüchte vom Hörensagen hin, sondern aus seiner und seiner Freunde Aufschreibungen.

Wenn nun schon seine Metaphysik und seine Transcendenz auf sein Leben einen solchen Nulleinfluß aufzuweisen hat, daß er es in allen Gliedern gefühlt, wie er selber alle hochtrabenden Metaphysiken und Transcendenzen und allen moralischen Schwindel bei Wegwerfung der Religion mit seinem eigenen Leben lächerlich gemacht hat, was soll denn nun erst von seinen Schülern erwartet werden können — alle anderen Rücksichten sollen vor dem Eid zusammenschrumpfen. Wer spricht dieses Soll aus? Ein Mensch, der sich selber an das Soll nicht einmal so weit gehalten hat, daß er für Mißhandlung eines anderen Individuums zu einer bedeutenden Geldbuße verurtheilt werden mußte.

Auch bei der Eidesformel will er die Religion ausgemerzt wissen. Er meint:

„Es ist unwesentlich, ob die beim Eide in Anregung gebrachte Ueberzeugung von einer metaphysischen und zugleich moralischen Bedeutung unseres Daseins bloß dumpf gefühlt oder in allerlei Mythen gekleidet und dadurch belebt, oder aber zur Klarheit des philosophischen Denkens gebracht sei: woraus weiter folgt,[1])

---

[1]) Es muß geradewegs anwidern, wenn Schopenhauer ohne Unterlaß unerwiesene und unerweisbare Behauptungen aufstellt und gleich ganz keck mit einem: woraus wieder folgt — eine Reihe von Schlüssen aus

daß es im Wesentlichen nicht darauf ankommt, ob die Eidesformel diese oder jene mythologische Beziehung ausdrücke, oder aber ganz abstrakt sei, wie das französische je le jure. Die Formel ist nach dem Grade der intellektuellen Bildung der Schwörenden zu wählen (!!!). Die Sache so betrachtet, könnte sogar Einer, der sich zu keiner Religion bekennt, sehr wohl zum Eide zugelassen werden."

Wir fragen nach diesem Exposé jeden praktischen Juristen, ob er das projectirte Gerichtsverfahren eines Philosophen, der sich alleweil rühmt, er habe es zur Klarheit des philosophischen Denkens gebracht, für möglich, oder eine Formel nach dem Grade der intellektuellen Bildung nicht offengestanden und geradewegs herausgesagt für einen kolossalen Blödsinn hält. Da müßte vor jeder Eidesablegung eine philosophische Prüfungscommission niedergesetzt werden, welche dem Schwörer in einem strengen Examen über seinen intellektuellen Bildungsgrad rigorose Fragen vorlegt, dann müßten die Prüfungs-Commissäre abstimmen, in welche „Diätenklasse" von Intellekt und Bildung die Delinquenten, der Belaster und der Entlaster eingestellt werden sollten, und ein ganzer Speisezettel von Eidschwüren müßte je nach dem Geschmack des Schwörenden und der ihn Prüfenden zur Auswahl bereit liegen! Man kann hieraus ersehen, wie wahr das Psalmenwort ist: Der Thor sagt in seinem Herzen, es ist kein Gott!

Alle projectirten Staatsverfassungen, die ein Staat ohne Gottesglauben, ohne Religion construiren wollte, geben durch ihre Entwürfe ein eklatantes Zeugniß, daß ihnen auch schon der gesunde, praktische Verstand flöten gegangen ist.

Das schönste ist auch hier wieder, daß der Philosoph das ganze Gespinnst seiner Behauptungen und Vorschläge für Fundamentalsteine seiner atheistischen Staatsverfassung hält, indem er schließt:

„Die Sache so betrachtet, könnte sogar Einer, der sich zu keiner Religion bekennt, sehr wohl zum Eide zugelassen werden."

Das kann man schon; wie oft sind schon bedeutende Mörder, Mordbrenner, Räuber und Gauner zu Eiden zugelassen worden!

---

seinem Hirngespinnst heraushaspelt. — Das ist freilich Kunst und keine Wissenschaft! Und um alles das hinunterzuschlucken, sind die beliebten Dilettanten viel gesuchter und brauchbarer, als Leute, welche sich die Freiheit nehmen, mit einem logischen Maßstab die Gedankentiefe zu sondiren.

Wenn man aber schon bei Eidschwüren mit Berufung auf den lebendigen Gott oft erlebt, daß falsche Eide geschworen werden, was würde erst geschehen, wenn die Schwörenden auf Buddha und den Apostel desselben in Europa, auf Schopenhauer und seine Philosophie, schwören dürften! Ist das nicht Blödsinn ohne Methode?

124. Bei der neuen Schopenhauerschen Organisation der Gesellschaft erscheint ein Unsinn, ein Widerspruch nach dem andern. Kommt bisweilen selber zur Einsicht der totalen Unhaltbarkeit seiner Erfindungen.

Es ist übrigens interessant, zu bemerken, wie Schopenhauer sehr oft in Betrachtung rein menschlicher socialer Zustände anerkennenswerth scharfsinnige Beobachtungen anstellt, wie er aber gerade dann, wenn er als Vorkämpfer des Atheismus die menschliche Gesellschaft nach seinem Willen und seiner Vorstellung neu zu organisiren sich anschickt, mit einem Unsinn nach dem andern aufs Tapet kommt.

Da stellt sich denn zumeist heraus, daß der Anbeter des „Judengottes", König David, und die Propheten des alten Bundes, dann die Apostel, welche die frohe Botschaft der Erlösung zu verkünden in die Welt hinausgezogen sind, auch weitaus praktischere Leute waren, als Schopenhauer und sein Nachtrab, die Gwinner, Lindner, Frauenstädt und der kleine David Ascher, der vor der Bundeslade, in welcher das Heiligthum Wille und Vorstellung eingeschlossen ist, mit seiner Harfe herumzappelt, harfenklingend, psalmensingend, beifallbringend, füßeschwingend, taktvoll springend, lorbeerschlingend, weltbezwingend — denn überall, wo ein getaufter Apostat gegen das Christenthum wüthet, da ist der unvermeidliche Jüd dabei —. Hinter Lessing zottelt das ganze Reformjudenthum, an der Spitze der Aufklärung heuchelnde, im Stillen aber talmudgetreue Philosophler (wie ihn Dühring nennt) Mendelssohn, die Amsterdamer Juden mit den 1000 Dukaten Judasgeld für die Herausgabe der Wolfenbütteler Fragmente, welche Lessing historisch erwiesen in die Wolfenbütteler Bibliothek eingeschwärzt hat, um den Herzog zu düpiren, von dem früher die Erlaubniß herausgelockt wurde, daß Handschriften aus der Wolfenbütteler Bibliothek ohne vorherige Censur gedruckt werden dürften. Der Nathanverfertiger ist ein Jahrhundert lang den blöden Gojim als der größte Dichter aller Zeiten, und Nathan der Weise als Repräsentant des Judenthums hinaufgelogen worden; und die Millionen frei herumgehenden und die hunderttausend in Gefängnissen sitzenden, minder schlauen Nathane haben dafür gesorgt, daß in nicht ferner Zeit der weise Nathan als ein verlogener Schwindler allgemein erkannt wird, an dem keine Spur von einem echten Juden ist, weil den echten Juden die Gebote des Schulchan-aruch und nicht die ausgewaschenen Freimaurerphrasen am Ende des 18. Jahrhunderts als Richtschnur ihres Handels und Wandels vorgeschrieben sind.

Wir haben noch betreffs des von Schopenhauer für Eidleistungen verschiedener Bildungsstufen unter den zweibeinigen Thieren vorgeschlagenen Speisezettels in Anbetracht des gewaltthätigen Charakters des Gedankenkünstlers eine Bemerkung nachzutragen. Schopenhauer, der sich eigens einen alten, verräucherten, aber echten Buddha bringen ließ, um selbigen in seiner Wohnung als seinen Hausgott aufzustellen und ihm nach buddhistischem Ritus Ehrfurcht zu bezeugen, Schopenhauer wäre im Stande gewesen (wenn ihm die politische Macht wäre in die Hand gegeben worden), einen hölzernen Buddha in Gerichtssälen aufzustellen und die zum Eide berufenen Zeugen zu zwingen, auf Buddha zu schwören. Es wäre diese eventuelle Verrücktheit nur eine Folge der ersten faktischen gewesen, die sich in der Herbeischaffung eines echten Buddha als Hausgötzen zur philosophischen Privatandacht manifestirt hat.

Interessant ist, wie Schopenhauer, wenn er irgend ein Philosophem oder eine ins sociale Leben eingreifende Abhandlung aus sich herausgesponnen hat und später zur Einsicht gelangt: „Es ginge wohl, aber es geht doch nicht" wieder umkehrt, und sich auf eine sehr schlaue Weise aus den zuerst behaupteten Thesen — ihre totale Unhaltbarkeit einsehend — herauszuwickeln sucht. So z. B. will er die Frage lösen, worauf das Eigenthumsrecht beruhe. Das geschieht in folgender Weise:

„Alles echte, d. h. moralische Eigenthumsrecht gründet sich ursprünglich einzig und allein auf Bearbeitung der Dinge, nicht auf erste Besitzergreifung. Denn wie sollte doch die bloße Erklärung meines Willens, Andere vom Gebrauche einer Sache auszuschließen, sofort auch ein Recht dazu geben? Offenbar bedarf sie selbst erst eines Rechtsgrundes. Es kann ganz und gar keine rechtliche Besitzergreifung geben, sondern ganz allein eine rechtliche Aneignung, Besitzerwerbung der Sache, durch Verwendung ursprünglich eigener Kräfte auf sie. Wo nämlich eine Sache durch irgend eine fremde Mühe, sei diese noch so klein, bearbeitet, verbessert, vor Unfällen geschützt, bewahrt ist, da entzieht der Angreifer solcher Sache offenbar dem Andern den Erfolg seiner darauf verwendeten Kraft, läßt also den Leib Jenes, statt dem eigenen, seinem Willen dienen, bejaht seinen eigenen Willen über dessen Erscheinung hinaus, bis zur Verneinung des fremden, d. h. thut Unrecht. Hingegen bloßer Genuß einer Sache, ohne alle Bearbeitung oder Sicherstellung derselben gegen Zerstörung, gibt eben so wenig ein Recht darauf, wie die Erklärung seines Willens zum Alleinbesitz." (W. I, 396 fg.; II, 682 fg. E. 188. H. 146.)

In der Folge kommt dem Gedankenkünstler diese Ansicht über das Eigenthum in Anbetracht seines eigenen Capitals selber sehr bedenklich vor; er sitzt in Frankfurt, betreibt an zinsfälligen Monatstagen bei seinen Staats- und Industriepapieren sein Schnittwarengeschäft, indem er die Coupons säuberlich und sorgsam von den Couponsbogen herabschneidet, wohnt comfortabel, pflegt seinen sterblichen Leib, frühstückt gut, ißt gut und genug, trinkt sein Theil; dankt dem Buddha, daß sein Herr Papa seinen Comptoristen, die doch das meiste für ihn arbeiten mußten, so viel Geld herabgeschunden hat (wofür diese Comptoristen aus natürlicher Dankbarkeit das Gesicht des alten Harpax mit einem Affengesicht verglichen haben, worüber sein Sprößling sich nicht einmal aufhalten konnte, sondern in diesem Vergleich nur einen Beweis für sein System der Pavianabstammung belobt und anerkannt finden mußte), lebt nicht von seinem Honorar allein, auf welches er als Lohn für seine Arbeit ein Recht besaß, sondern zumeist von dem Erbtheil seines Vaters (was er selber dankbar eingestanden, indem er den „Manen" des Alten einen halb altrömischen, halb buddhistischen Nachruf in das Manenreich, in welches sich der Alte, die Desperationsphilosophie seines Sprößlings praktisch anticipirend, selber herüber manisirte, nachgesendet hat), kümmert sich praktisch einen blauen Plunder um die von ihm theoretisch ausgesponnenen Eigenthumstheorieen;

— nur, wenn er von Schulphilosophen, von den verhaßten Professoren mit den Uebelständen seiner logischen Entwicklung in die Enge getrieben wird, da fängt er an, nach einiger Zeit einzulenken, um, wenn er wieder wegen seiner Widersprüche gepackt wird, sagen zu können: Ja, man muß bei mir Alles lesen, nicht eines und das andere herausreißen, meine Werke erklären sich selber u. s. w. — Das ist so seine und seiner Schüler Vertheidigungsmanier, wenn die Paradoxieen des Meisters aufgedeckt werden.

So macht er es auch hier, indem er in einer andern Schrift (Ethik 188) über die Schwierigkeit der Erkennung des ethischen Rechts in dem auf positivem Recht begründeten Besitz sehr zahm, sehr vorsichtig, sehr socialistenfürchtig und eiserne-Kasse-hüterisch seine früheren, ganz unhaltbaren Ansichten zu berichtigen sucht! Er beginnt:

„Die rein ethischen Motive zur Ehrlichkeit können meistentheils nur nach einem weiten Umweg ihre Anwendung auf den bürgerlichen Besitz finden. Sie können nämlich sich zunächst und unmittelbar allein auf das natürliche Recht beziehen; auf das positive aber erst mittelbar, sofern nämlich jenes ihm zu Grunde liegt. Das natürliche Recht aber haftet an keinem andern Eigenthum, als an dem durch eigene Mühe erworbenen, durch dessen Angriff die darauf verwendeten Kräfte des Besitzers mit angegriffen, ihm also geraubt werden."

In dieser Weise arbeitet er lange fort, um den Beweis liefern zu können, daß es eine wahre Niederträchtigkeit wäre, in seine Kasse einzubrechen. Denn das Geld ist sein Gott — und ohne seinen Gott leben, das will er nicht.

125. Er haßt die Geschichte. Baut seine Behauptungen auf notorische Lügen. Seine kolossalen Widersprüche betreffs der Freiheit des Menschen. Seine haltlose Ethik. Sein System nur für Besitzende. Seine Angst vor der Canaille, welche immerhin noch durch Religion im Zaume gehalten werden könne und solle.

Wenn er bestrebt ist, seinen Atheismus und seine Moral zu vertheidigen, scheut er auch nicht, die allerblödesten Zeitungslügen ins Treffen zu führen, wenn diese durch gründliche Forscher auch schon längst widerlegt sind.

„Die Verwebung der Moral mit mythischen Dogmen in den positiven Glaubenslehren — welche Verwebung jeder positiven Glaubenslehre ihre große Kraft gibt — hat zur Folge, daß die Gläubigen die Moral von dem mit ihr verwebten Mythos nicht mehr zu trennen vermögen und nun jeden Angriff auf den Mythos für einen Angriff auf Recht und Tugend ansehen. Dies geht so weit, daß bei den monotheistischen Völkern Atheismus, oder Gottlosigkeit, das Synonym von Abwesenheit aller Moralität geworden ist. Den Priestern sind solche Begriffsverwechselungen willkommen, und nur in Folge derselben konnte jenes furchtbare Ungeheuer, der Fanatismus, entstehen und nicht etwa nur einzelne verkehrte und böse Individuen, sondern ganze Völker beherrschen und zuletzt, was zur Ehre der Menschheit nur Ein Mal in ihrer Geschichte dasteht, in diesem Occident sich als Inquisition verkörpern, welche in Madrid allein in 300 Jahren 300 000 Menschen, Glaubenssachen halber, auf dem Scheiterhaufen qualvoll sterben ließ." (W. I, 427, Anmerk. E. 262 fg.)

Wenn er sich nur die kleine Mühe genommen hätte, in die historische Literatur über die Inquisition Einsicht zu nehmen: Hefele, Kardinal Ximenes (deutsch), so würde er die geradewegs unsinnige und blöde Lüge, es seien in Spanien in 300 Jahren 300 000 Menschen Glaubens halber auf dem Scheiterhaufen verbrannt worden, vielleicht nicht nachgebetet haben.

Wir sagen vielleicht: denn auf helfende Lügen und Entstellungen zur Förderung seines Systemzweckes ist es ihm auch nicht angekommen.

Schon im vorigen Jahrhundert ist eine Schrift erschienen, welche die blöden Lügen über die spanische Inquisition ins rechte Licht stellt. (J. D. Reuß: Sammlung der Instruktionen der spanischen Inquisitionsgerichte. Aus dem Spanischen. Mit einer sehr interessanten Vorrede von L. J. Spittler. Hannover, 1788.) Ehrenhafte und wahrhaft historische Protestanten haben also schon im Jahrhundert der wüthenden und verlogenen Aufklärung den Thatbestand zurecht gestellt.

Nicht umsonst hat sich der philosophische Künstler so oft gegen die Geschichte ausgesprochen; er construirt sich erst alles selber, wie er es brauchen kann. Vom Werke Challoners,[1]) in dem die grausamste Todesstrafe (mit Viertheilung an 200

---

[1]) Denkwürdigkeiten der Missionspriester und anderer Katholiken, die in England ihrer Religion wegen den Tod erlitten haben. Aus dem Englischen des Bischofs Dr. R. Challoner. 2 Bände, Schöningh, Paderborn 1852.

Priestern in England unter Elisabeth) nur deshalb vollzogen wurde, weil sie Katholiken die Sakramente spendeten, weiß der große Gelehrte nichts, von den Gräueln der Albigenser, an Katholiken verübt, weiß er auch nichts, und da sind doch die Gemordeten rein wegen Glaubenssachen schaffotirt, in Brunnen gestürzt und grausam umgebracht worden.

Schopenhauer hat durch seine kecke Lüge über die spanische Inquisition gezeigt, daß seine Ethik ebenso ein Schwindel ist, wie sein ganzer Pessimismus und Atheismus.

Wie er es im Leben gemacht, so auch in der Geschichte. — Die Thatsache mit der Marquet muß deshalb ebenso oft wiederholt werden, so oft sie als eine Erklärung seines wüthenden Verfahrens in der Kunst seiner Philosophie verwendet werden kann! Auch die Thatsachen der Geschichte, die ihm zuwider sind, behandelt er auf die gleiche gemeine, wüthende und tölpelhafte Weise, diese „reine Seele“, die, wie sein erster Apostel so schön von derselben sagt, „wie ein gekränktes Kind durch's Leben gegangen ist!“

Beim Meister und bei seinen Aposteln der gleiche Schwindel, die gleiche Entstellung der Thatsachen, die gleiche Verlogenheit. Eine ähnliche Verlogenheit, die wir aus anderen seiner Auslassungen über dasselbe Thema nachweisen werden, manifestirt er in dem Versuch: „Die Unvereinbarkeit der Freiheit mit dem Theismus“ nachzuweisen. Dieser Theismus mit allen seinen Consequenzen liegt beständig wie ein Alpdrücken auf seinem Herzen. Er phantasirt:

„Dem Theismus zufolge ist der Mensch seinem ganzen Sein und Wesen (Existentia und Essentia) nach das Werk Gottes. Allein, wie soll man sich vorstellig machen, daß ein Wesen, welches seiner ganzen Existentia und Essentia nach das Werk eines Andern ist, doch sich selbst uranfänglich und vom Grund aus bestimmen und demnach für sein Thun verantwortlich sein könne? Aus dem Satz Operari sequitur esse, d. h. die Wirkungen jedes Wesens folgen aus seiner Beschaffenheit, ergibt sich, daß der Urheber seiner Beschaffenheit auch der Urheber seiner Wirkungen, oder Handlungen, und als solcher für dieselben verantwortlich ist. Wenn eine schlechte Handlung aus der Natur, d. h. der angeborenen Beschaffenheit des Menschen entspringt, so liegt die Schuld offenbar am Urheber dieser Natur. Was würde man von dem Uhrmacher sagen, der seiner Uhr zürnte, weil sie unrichtig ginge? Ohne Aseität ist die Freiheit und Verantwortlichkeit undenkbar.“ (E. 71 fg. P. I, 135; II, 252.)

Dieser Vergleich des Uhrmachers mit der Uhr, als Gleichung Gottes mit den Menschen, ist total mißlungen. Das wahrhaft Komische liegt aber in folgendem Umstande. Schopenhauer behauptet, der Mensch als Creatur Gottes könne keine Freiheit, somit auch keine Verantwortlichkeit haben; da sollte man nun doch offenbar auf den von Schopenhauer gewünschten Schluß gerathen, der Mensch, als Nichtgeschöpf Gottes, der sei der Held der wahren Freiheit, und diese wahre Freiheit sei eben nur im Atheismus begründet. Nun stellt aber der Atheist Schopenhauer nach dem famosen Traum seiner Magd, von wegen des Tintenfaßausschüttens, sehr entschlossen, entschieden und kraftvoll das Axiom auf: Alles, was geschieht, das muß geschehen, es geschieht aus Nothwendigkeit. Somit will er die Freiheit im Theismus absolut verleugnen und spinnt selber aus seinem Atheismus wieder bei einer andern philosophischen Künstlerlaune die absolute Nothwendigkeit auch für die Atheisten heraus.

Hier erleben wir aber den Ausspruch: Ohne Aseität (d. h. die Selbstbestimmung, Selbstwesenheit, die nur dem Atheisten zukommt) ist die Freiheit und Verantwortlichkeit undenkbar!

Noch viel deutlicher sucht er dem Atheisten die echte Willensfreiheit zu vindiciren (in W. II, 364. P. I, 68).

„Aseität ist gleichbedeutend mit Freiheit, d. h. Unabhängigkeit von einem Anderen, sowohl im Sein und Wesen, als im Thun und Wirken, Nichtunterworfensein unter den Satz vom Grund. Sie kann daher nicht der Erscheinung, noch auch einem geschaffenen Wesen zukommen, sondern allein dem ursprünglichen, aus eigener Urkraft und Machtvollkommenheit Existirenden, dem Ding an sich, dem Willen."

Ferner (in N. 142. E. 72. P. I, 68. 135):

„Freiheit und Verantwortlichkeit aller Ethik lassen sich ohne Voraussetzung der Aseität des Willens wohl mit Worten behaupten, aber nicht denken. Verantwortlichkeit hat Freiheit, diese aber Ursprünglichkeit zur Bedingung. Aseität ist also die erste Bedingung einer ernstlich gedachten Ethik. Abhängigkeit dem Sein und Wesen nach, verbunden mit Freiheit dem Thun nach, ist ein Widerspruch."

Wir haben hier nun in Anbetracht der früher von Schopenhauer behaupteten Nothwendigkeit alles zu Geschehenden den Spieß, mit dem der Weltweise die von Gott geschaffene, geistbegabte Creatur ihrer Freiheit berauben möchte, auf sein ganzes System überhaupt anzuwenden und sagen: Schopenhauers Aseität des Willens, ohne einen Schöpfer als Weltgrund, läßt sich wohl mit Worten behaupten, aber nicht beweisen. Wenn der Weltweise sein „Nichtunterworfensein unter den Satz vom Grund" allerweil als den Quell seiner Ethik behauptet, so liegt der Grund dieser Behauptung eben nur in seinem verkehrten Willen, dem ein sich selbst erkennender und erfassender Weltgrund zuwider ist; er glaubt in seiner Eitelkeit und Selbstsucht lieber an sich selber und an seine Behauptung, als an Gott und seine Offenbarung. Er macht sich zum Quell der wahren Offenbarung und will diesen, aber vorsichtiger Weise, nicht der ganzen Welt hinausdisputiren, sondern nur den wohlhabenden Classen; für die armen Teufel, meint er in seiner maßlosen Feigheit, da sei noch die Religion als Kapzaum zu verwenden, um die „Schufte und Canaillen", wie er die ihm sehr unangenehmen Proletarieratheisten in Frankfurt taufte, im Gehorsam gegenüber der bestehenden, den Besitzenden und Kapitalisten sehr günstigen Ordnung zu erhalten!!

Wenn ihm die Folgen der von ihm so genannten Wahrheit, d. h. des von ihm proklamirten Atheismus, an den Kragen kommen, da findet er: daß seine Wahrheit nicht für Alle, daß sie nicht für das Volk taugt. — Darum sollen auch für das Volk noch Eide mit Berufung auf Gott im Gebrauch bleiben; er selber gesteht ja damit doch ein, daß die Andacht zu seinem abgeschmierten und verräucherten Buddha für die Ethik des Volkes sehr ungenügend wäre, und daß das Volk mit der Aseität, mit der Freiheit ohne Schöpfer, ohne das Gefühl der creatürlichen Abhängigkeit für die Besitzenden (weil diese Freiheit von der „Canaille" und den „Schuften" nicht in Schopenhauers Auslegung aufgefaßt werden dürfte) doch außerordentlich widerwärtige Erfahrungen machen müßte.

Nur nicht diese Professorlogik und keine socialgeschichtlichen Consequenzen! Er freut sich oft über das Umsichgreifen seiner Philosophie unter besitzenden Dilettanten, aber beim dummen Volk könnte dieselbe zu einer sehr unangenehmen Epidemie werden, welche die Habe der Besitzenden hinrafft. Unzählige Mal hat er sein System als die einzige Wahrheit verkündigt, und eben so oft muß man es seinen Verehrern im

Rechenexempel vorhalten, daß der Glaube der Besitzenden an diese Wahrheit seiner Zeit durch denselben Glauben der Nichtbesitzenden an diese Wahrheit eine gewaltige Erschütterung erleiden wird und muß.

126. Jedes Gebet, ob es Holz, Stein oder ein Idol (einen geträumten Gott) anbetet, ist Idolatrie, — Schopenhauer-Anbetung wird mit Vergnügen controlirt.

Ueber die constitutionellen Fürsten bringt er (in P. II, 273) Folgendes:

„Die constitutionellen Fürsten haben eine unläugbare Aehnlichkeit mit den Göttern des Epikuros, als welche, ohne sich in die menschlichen Angelegenheiten zu mischen, in ungestörter Seligkeit und Gemüthsruhe da oben in ihrem Himmel sitzen. Sie sind nun aber ein Mal jetzt Mode geworden, und in jedem deutschen Duodezfürstenthum wird eine Parodie der englischen Verfassung aufgeführt. Aus dem englischen Charakter und den englischen Verhältnissen hervorgegangen sind die constitutionellen Formen dem englischen Volke gemäß und natürlich; eben so aber ist dem deutschen Volke sein Getheiltsein in viele Stämme, die unter eben so vielen, wirklich regierenden Fürsten stehen, mit einem Kaiser über Alle natürlich, weil aus seinem Charakter und seinen Verhältnissen hervorgegangen."

Schopenhauer findet einen Kaiser über Alle in Deutschland natürlich, weil aus dem Charakter und den Verhältnissen des deutschen Volkes hervorgegangen. Wie er aber überall dem Grunde aus dem Wege geht, so auch in der Geschichte. Wer hat denn das römisch-deutsche Reich gegründet? Darüber muß die Philosophie schweigen, es waren ja Pfaffen die Hauptgründer, und von denen darf weder was Gutes, noch was Gescheidtes, noch was Naturgemäßes anerkannt werden. Aber dies römisch-deutsche Reich hat bei allen Wirren im Innern und allen Anfechtungen von Außen doch durch einen festen Kitt ein Jahrtausend zusammengehalten. Das schon zu Schopenhauers Zeiten (schon 1848 in Scene gesetzte und in Aussicht gestellte) neue deutsche Reich sollte doch, weil auf philosophisch-politischer Basis gegründet, länger dauern, als tausend Jahre, weil wir aber einerseits nicht zu den vom neuen Deutschen Reich gesalbten Propheten gehören, auch andererseits durchaus nicht als reichsfeindlich verschrieen werden möchten, und bei unseren wechselvollen Zeiten nicht einmal wissen, was in 1000 Tagen, viel weniger was in 1000 Jahren geschehen wird, so dürfte es sowohl für uns als auch für Andere am besten sein, lieber das tausendjährige Reich abzuwarten, als uns in der Gegenwart mit irgend einem pro oder contra zu blamiren.

Es ist erstaunlich, mit welcher Schlagfertigkeit Schopenhauer das „Gebet" abthut! — Freilich gliedert er auch hier wieder nur seinen Meister Kant aus, zieht schärfere Consequenzen als Kant, gerirt sich aber dabei als Original-Erfinder.

Kant sagt:

„Das Beten als ein innerer, förmlicher Gottesdienst und darum als Gnadenmittel gedacht, ist ein abergläubischer Wahn (ein Fetischmachen), denn es ist ein bloß erklärtes Wünschen gegen ein Wesen, das keiner Erklärung der inneren Gesinnung des Wünschenden bedarf, wodurch also nichts gethan und von uns also keine von den Pflichten, die uns als Gebote obliegen, ausgeübt, mithin Gott wirklich nicht gedient wird."

Kant schließt seine merkwürdige aus seinem skeptischen System herausgesponnene Nichtpflichtenlehre mit dem Schluß:

„Das Gebet kann daher nicht für Jedermann eine Pflicht sein."

Das Woher? ist aber eben das Unerwiesene; das woher, d. h. der Grund, warum das Gebet nicht Pflicht sein soll, ist eben nur eine Behauptung Kants!

Auf dieses halbe und noch etwas scheu und furchtsam hingestellte: „Nichtpflichtsein des Gebetes" kommt Schopenhauer allerdings in seiner Consequenz viel stärker zu sprechen; er spielt die letzte Stichkarte des Atheismus aus (in P. II, 405):

„Ob man sich ein Idol macht aus Holz, Stein, Metall, oder es zusammensetzt aus abstrakten Begriffen, ist einerlei: es bleibt Idolatrie, sobald man ein persönliches Wesen vor sich hat, dem man opfert, das man anruft, dem man dankt. Es ist auch im Grunde so verschieden nicht, ob man seine Schafe oder seine Neigungen opfert. Jeder Ritus oder Gebet zeugt unwidersprechlich von Idolatrie."

Schon wieder eine kecke Behauptung nach der andern.

1. Der persönliche Gott ist nach der christlichen Lehre nicht aus abstrakten Begriffen zusammengesetzt, denn Gott als Weltbegriff ist eben kein persönliches Wesen, sondern nur ein Schema;

somit ist auch der Schluß: es bleibt Idolatrie, total unbegründet.

2. Nachdem der von Schopenhauer früher als Weltbegriff bezeichnete Gott gar kein persönlicher Gott sein kann, ist sein Schluß: sobald man ein persönliches Wesen vor sich hat, auch schon wieder total unbegründet.

3. Wenn Schopenhauer sagt: Es ist auch im Grunde so verschieden nicht, ob man seine Schafe oder seine Neigungen opfert, so erklärt er durch diesen Ausspruch selber seine ganze Ethik und Ascetik, mit welcher er so oft herumflunkert, als den erbärmlichsten und unhaltbarsten Schwindel.

4. Der Schluß: Jeder Ritus oder jedes Gebet zeugt unwidersprechlich von Idolatrie, ist wieder eine total freche Behauptung, die durch das Wort unwidersprechlich jedem nicht Schopenhauerianer das Maulhalten schafft; also auch hier wieder die Frechheit des Atheismus und der Größenwahn seines Fanatismus.

5. Wenn jedes Gebet ein Zeugniß für Idolatrie ist, so sollte doch in der Philosophie Schopenhauers vom Gebet auch keine Rede mehr sein, und doch gibt es auch nach Schopenhauer wieder ein Gebet und zwar das allerschönste. In E. 236 heißt es:

„Es gibt kein schöneres Gebet als das, womit die altjüdischen Schauspiele (wie in früheren Zeiten die englischen mit dem für den König) schließen. Es lautet: Mögen alle lebenden Wesen von Schmerzen frei sein.“

Schopenhauer nennt hier einen sentimentalen, weil total nutzlosen Wunsch ein Gebet. Wenn es keinen selbstbewußten Gott gibt, so kann es ja auch kein Gebet geben; und wir haben es auch hier wieder mit einer der gewöhnlichen Schopenhauerschen Sprachschwindeleien zu thun!

127. Gedankenfreiheit und Dogmenzwang. Das Kindeshirn gehört schon dem Atheimus. Um den Grund des Atheismus ist keine Frage erlaubt, man muß daran glauben. Wie ohne Magen keine Verdauung, so ohne Hirn kein Gedanke.

Ueber die Gedankenfreiheit sagt er (W. II, 207):

„Der Gedankenfreiheit steht nichts so hinderlich im Wege, als der Zwang, den die Dogmen der jedesmal herrschenden Landesreligion auf den Geist ausüben. Nicht allein auf die Mittheilung der Gedanken, sondern auf das Denken selbst erstreckt sich jener Zwang dadurch, daß die Dogmen dem zarten, bildsamen, vertrauensvollen Kindesalter so fest eingeprägt werden, daß sie mit dem Gehirn verwachsen und fast die Natur angeborener Gedanken annehmen."

Schluß dieser Schopenhauer-Lamentation nach seinen Wünschen: „Fort mit allen christlichen Dogmen. Laßt die Kindeshirne mit meinem Atheismus verwachsen, daß meine Doktrin fast die Natur angeborener Gedanken annehme!" Dieser Schluß muß doch offenbar aus allen sonstigen Klagen und Wünschen herausgefolgert werden.

Freilich bekommt bei solchen Gelegenheiten der Weltweise selber, im Nachdenken über die Folgen seines Pessimismus, wenn er ins Volk niedersickert, seine ängstlichen Bedenken wegen seiner eisernen Kasse, seiner Werthpapiere, seines täglichen Wandels in die feine Restauration zur Table d'hôte, wo er sich von Fremden wegen seines überaus auffallenden, geist- und thatenverkündenden Gesichtes bewundern läßt, und er spricht wieder ganz kleinlaut den Wunsch aus: Für das gemeine Volk ist die Religion schon noch gnädigst beizubehalten, denn es ist mit diesen Schuften und Canaillen doch kein Spaß zu machen, sie könnten meine Philosophie unrecht (eigentlich recht) verstehen!

Wenn er nun, wie wir erst gesehen haben, einmal die Gedankenfreiheit verkündigt, so verkündigt er ein andermal wieder die Naturnothwendigkeit, und da gibt es also gar keine Gedankenfreiheit, das sind eben Künstlerlaunen; er hat deshalb schon schlau seine Philosophie des wissenschaftlichen Charakters entkleidet und selbige ein Kunstwerk genannt, — nun, bei Kunstwerken für Dilettanten (die mit besonders zärtlicher Rücksicht auf diese Dilettanten geschaffen sind) darf man mit dem pedantischen Maßstab der Logik und der Consequenzenforderung nicht herankommen; der Künstler stellt die Anforderung, man solle nur den Eindruck seines Kunstwerkes in sich aufnehmen und jedes weitere Nachgrübeln darüber unwidersprechlich vermeiden.

Hören wir den Künstler über Geduld (P. II, 473):

„Um unter Menschen leben zu können, müssen wir Jeden mit seiner gegebenen Individualität ertragen lernen. Hierzu ist nun gut, seine Geduld an leblosen Gegenständen zu üben, welche vermöge mechanischer oder sonst physischer Nothwendigkeit unserm Thun sich hartnäckig widersetzen. Die dadurch erlangte Geduld lernt man nachher auf Menschen übertragen, indem man sich gewöhnt zu denken, daß auch sie zufolge strenger Naturnothwendigkeit so sind und handeln, wie sie sind und handeln."

Sonderbar: wenn nun das Sein und Handeln unter dem unbesiegbaren Zwange der „strengen Naturnothwendigkeit" steht, so muß ja auch das Denken, die Wurzel des Handelns, unter diesem Zwange stehen, und wenn es keine Handelnsfreiheit gibt, so gibt es consequenter Weise auch keine Denkfreiheit; somit ist entweder die früher proklamirte Denkfreiheit oder die später proklamirte strenge Naturnothwendigkeit, d. h. die Handelns-Unfreiheit, ein künstlerischer Schwindel! Die leblosen Wesen wirken durch mechanische Kräfte eben so naturnothwendig auf uns ein, als die lebendigen Wesen (den Menschen natürlich mit inbegriffen) in strenger Naturnothwendigkeit auf uns einwirken. Sie thun eben, was sie thun müssen, und sie könnten nicht anders handeln, wenn sie es auch wollten, denn gegen die Naturnothwendigkeit nützt kein Ankämpfen, da heißt es in Geduld unterliegen!

Resultat. Die Schopenhauersche Kunstphilosophie ist aufs Prüfen mit logischen Reagenzien nicht eingerichtet. Der Atheismus ist nicht ein Glaube wie der Glaube an Gott, denn beim Glauben an Gott kann man nach des Apostels Wort über das Wissen um den Grund des Glaubens nachforschen, und diesen Grund in Gedanken erfassen, bei der Schopenhauerschen Kunstphilosophie aber darf man um den letzten Grund nicht einmal fragen, diese Frage hat den lebenden Künstler ebenso in Harnisch gebracht, als die noch lebenden Apostel, ihrem Meister getreu, sich auf die verfängliche Frage nicht einlassen wollen. Der Glaube an den Schopenhauerschen Atheismus ist somit der echte Köhlerglaube.

Nach dem Weltweisen gibt es keinen Gott, sondern nur eine Welt, und diese ganze Welt muß sich in die zwei philosophischen, von ihm construirten Schachteln, Vorstellung und Wille, hineinzwängen lassen. Die Freiheit des Menschen erklärt er (vorausgesetzt, daß der Mensch einen Schöpfer als seinen Lebensgrund anerkennt), selbe sei akkurat so, wie die Freiheit des Uhrwerkes gegenüber dem Uhrmacher, ein Vergleich, den er (wie alles das, was er geschrieben hat) für außerordentlich schlagend und geistreich hält. Wie es nun bei ihm außer der Welt keinen Gott geben kann, so kann es auch außer dem Hirn keinen Geist geben, Geist und Hirn sind ein und dasselbe.

Nach vielen Behauptungen, Verwahrungen und großen Unzufriedenheitsäußerungen auch mit den Hegelianern, deren mitunter verschleierten Atheismus er mit Eifersucht anschaut und in einem fort durch seinen total brutalen Atheismus zu übertrumpfen trachtet, kommt er zum Schluß (W. II, 69):

„Denn ein denkendes Wesen ohne Gehirn ist wie ein verdauendes Wesen ohne Magen."

Durch diesen nicht sehr feinen Vergleich bringt der Weltweise seine ganze Philosophie in eine sehr unliebsame Situation, denn dann kann es einem Gehirn wie einem Magen ergehen; das Gehirn kann ebenso unverdauliche Stoffe absondern, als der Magen, es kann ebenso gut kranke Hirne geben, als es kranke Magen gibt; Schopenhauers Hirn, d. h. also hier sein System, will die ganze Welt verschlingen, in sich aufnehmen, er kann sie aber nicht verdauen und prätendirt, daß seine Leser diese von ihm unverdaute Welt als eine schmackhafte Speise hinnehmen sollen; er präsentirt diese ganze Welt in zwei Schüsseln, in Wille und Vorstellung, und gibt sich für den ersten, einzigen Weltkoch aus, der diese Speise für die ganze Menschheit genußreich zu bereiten verstanden hat. „Zu mir müssen sie am Ende kommen!" Es gibt nach seiner Behauptung keinen hirnlosen Geist; bei dieser Behauptung ist es aber immer noch möglich, daß es ein geistloses Hirn und ein hirnloses Gerede geben kann.

Wenn es ohne Hirn keine Gedanken gibt, so ist die ganze Welt, das ganze Sternensystem eine gedankenlose Mache, denn die Welt ist doch sicher ohne Hirn construirt worden. Da sehen wir also das sehr sinnreiche Weltgebäude vor uns ohne Hirn und den höchst confusen Unsinn des Schopenhauer mit Hirn. Ein eigenthümlicher Fall. Hier hat die Hirnlosigkeit über den Hirnbesitz einen glänzenden Sieg errungen!

Es erbittert ihn, daß selbst noch bei den Hegelianern von Geist geredet wird; seine Philosophie ist die absolut geisttödtende Philosophie. Unwillig ruft er aus (E. 86):

„Ueberhaupt ist dieser „Geist“, der in jetziger deutscher Literatur sich überall herumtreibt, ein durchaus verdächtiger Geselle, den man daher, wo er sich herumtreibt, nach seinem Paß fragen soll. Der mit Feigheit verbundenen Gedankenarmuth als Maske zu dienen, ist sein häufigstes Gewerbe. Uebrigens ist das Wort „Geist“ bekanntlich mit dem Worte Gas verwandt, welches, aus dem Arabischen und der Alchymie stammend, Dunst oder Luft bedeutet, ebenso wie auch Spiritus πνεῦμα animus verwandt mit ἄνεμος.“

128. Der Weltweise gesteht selber, daß es „viel Unsinn und Hirngespinnste“ in der Welt gibt, spinnt aber gleich darnach in seinem Hirn, daß alles Denken nur im Hirnbrei möglich sei. Alles ist Unsinn außer seiner Philosophie. Anbetung des goldenen Kalbes. Beweist den Atheismus mit dem Buddhaismus. Sein ausgetrocknetes „Reservoir für moralische Grundsätze“. Argumentum ad hominem gegen seinen Buddha-Schwindel.

In P. II, 111 und P. I, 12. 20 spricht der Weltweise in einer Zeile eine schwerwiegende Wahrheit aus, welcher wir die wohlverdiente Anerkennung zollen, und die es verdient, mit fetten Lettern gedruckt zu werden; freilich soll auch diese Wahrheit durch eine vorangehende unerwiesene Behauptung um ihren Vollgehalt gebracht werden:

„In Wahrheit aber gibt es weder Geist noch Materie, **wohl aber viel Unsinn und Hirngespinnste in der Welt!**“

„Das Streben der Schwere im Steine ist gerade so unerklärlich, wie das Denken im menschlichen Gehirn, würde also aus diesem Grunde auch auf einen Geist im Steine schließen lassen.[1]) Nehmt ihr im Menschenkopf als Deus in machina einen Geist an, so müßt ihr auch jedem Stein einen Geist zugestehen.[2]) Kann hingegen eure todte und rein passive Materie als Schwere streben, oder als Elektricität anziehen, abstoßen und Funken schlagen, so kann sie auch als Gehirnbrei denken. Kurz, jedem angeblichen Geist kann man Materie, aber jeder Materie auch Geist unterlegen, woraus sich ergibt (?), daß der Gegensatz falsch ist.“

Sehr schlau! Er macht sich Gegner, wie er sie brauchen kann, um selbige niederdisputiren zu können, und Gegner, die

---

[1]) Es scheint, der Weltweise habe hier einmal gegen seine Gewohnheit seine Behauptung, daß es „viel Unsinn und Hirngespinnste in der Welt gibt“, durch obigen Vergleich von Steinschwere und Gehirndenken zu beweisen gesucht, was ihm auch ausnehmend gelungen ist.

[2]) Ihr müßt, der Weltweise befiehlt es, — weh euch, wenn ihr seinem Commando nicht gehorchen wollt.

doch wirklich existiren, mit denen er aber im Kampf unterliegen würde, die ignorirt er vornehm! Er apostrophirt „Eure todte und rein passive Materie." Wer sind denn diese Eure? Haben nicht auch christliche Philosophen der Natur ein eigenes Lebensprincip zuerkannt? Das berühmte Werk über die Naturkräfte von Secchi (dessen Werk über die Sonne in der astronomischen Welt als eine der geachtetsten Erscheinungen anerkannt wird), das schon zu Lebzeiten Schopenhauers erschienen war, sollte er als Philosoph nicht beachtet haben? Dem und auch Andern konnte er nicht zurufen: eure todte, rein passive Materie!

Wir sehen auch hier wieder, wie er sich's mit dem Behaupten und Widerlegen immer ebenso leicht gemacht hat, als wie er in seinen Kämpfen mit Schlauheit, aber auch zugleich mit Präpotenz und Grobheit vorgegangen ist; in derselben schlauen Absicht wendet er sich nun gegen die orthodoxen Cartesianer mit dem beliebten „also" (welches also alle früheren Behauptungen als bewiesene Sätze stempeln soll):

„Also nicht jene Cartesianische Eintheilung aller Dinge in Geist und Materie ist die philosophisch richtige, sondern die in Wille und Vorstellung ist es; diese aber geht mit jener in keinem Schritt parallel. Denn sie vergeistigt alles, indem sie einerseits auch das dort ganz Reale und Objektive, den Körper der Materie, in die Vorstellung verlegt, und andererseits das Wesen an sich einer jeden Erscheinung auf Willen zurückführt."

Er ignorirt die späteren Ansichten über das Leben des Geistes und der Natur vollkommen, wirft sich nun auf den alten Cartesianismus, kommt dann mit also, mit sondern und wirft, was immer bei jeder Abhandlung die Coda des Musikstückes ausmacht, seine Erfindung von Wille und Vorstellung als die einzige Philosophie, die einzige Wahrheit, die einzige Menschen beseligende That als letzten Stich auf den Tisch hin.

Wollte man alle auf grundlose Behauptungen aufgebauten falschen und unhaltbaren Trugschlüsse aus den Aphorismen Schopenhauers sammeln und in der einfachsten Schullogik dem Leser klar machen, so könnte man mindestens zwei starke Bände damit ausfüllen.

In Beziehung aufs Geld, auf seine Anschauung, Definirung und Werthschätzung des Geldes spricht er sich mit einer höchst anerkennenswerthen Offenheit aus. Er mag die Juden des alten und neuen Bundes nicht leiden, spottet bei jeder Gelegenheit über den Judengott, und es scheint, daß ihm dieser Spott wirklich aus seinem Herzen gekommen ist, denn er producirt (in P. I, 376) einen völligen Cultus des goldenen Kalbes.

„Daß die Wünsche der Menschen vorzüglich auf Geld gerichtet sind und sie dieses über alles lieben, ist natürlich, wohl gar unvermeidlich! Denn das Geld ist als ein unermüdlicher Proteus jeden Augenblick bereit, sich in den jedesmaligen Gegenstand unserer Wünsche und mannigfaltigen Bedürfnisse zu verwandeln. Jedes andere Gut nämlich kann nur einem Wunsch, einem Bedürfniß genügen, ist folglich nur ein relatives Gut, Geld allein ist das absolute Gut, weil es nicht bloß einem Bedürfniß in concreto begegnet, sondern dem Bedürfniß überhaupt in abstracto."

„Das Geld ist die menschliche Glückseligkeit in abstracto. Daher, wer nicht mehr fähig ist, sie in concreto zu genießen, sein ganzes Herz an dasselbe hängt." (P. II, 225.)

Ueber den Geiz sagt er:

„Es ist die hartnäckige, gleichsam sich selbst überlebende Liebe zu den Genüssen der Welt, die sublimirte und vergeistigte Fleischeslust. Der Geiz ist das Laster des Alters, wie die Verschwendung das Laster der Jugend." (P. II, 221—223.)

Als Philosoph hätte Schopenhauer doch die weltbekannte Eintheilung des Apostels Johannes der 3 Wurzelsünden im Gedächtniß haben können. Die Lust am Besitz heißt daselbst die Augenlust. Ob nun das Auge sich an Ländereien, Palästen, Juwelen, Gold (oder Werthpapieren) erfreut. Der Besitzlustige ist in der Regel kein Fleischeslustiger. Er ist zu schlau und bedacht, um nicht die Verheerungen der Fleischeslust in seinem Besitz zu fürchten.

Was nach Schopenhauer ein unverschämtes Vorgeben ist! Er behauptet (P. I, 125. E. 200):

„In der Philosophie zu lehren, der theologische Grundgedanke (das Dasein des persönlichen Gottes) verstände sich von selbst, und die Vernunft wäre eben nur die Fähigkeit, denselben unmittelbar zu fassen und als wahr zu erkennen, ist ein unverschämtes Vorgeben. Nicht nur darf in der Philosophie ein solcher Gedanke ohne den vollgültigsten Beweis angenommen werden, sondern sogar der Religion ist er durchaus nicht wesentlich, wie der atheistische Buddhaismus zeigt."

Dieselben Argumente können viel triftiger gegen den Atheismus gewendet werden. So z. B.:

1. In der Philosophie zu lehren, die theologische Grundlosigkeit oder der theologische Abgrund, d. h. das Nichtsein eines persönlichen Gottes, verstände sich von selbst, und die Philosophie habe eben nur die Aufgabe, diese Grundlosigkeit und dieses Nichtsein Gottes als wahr anzuerkennen, ist *ein unverschämtes Vorgeben.*

2. Nicht nur darf der Atheismus in der *Philosophie* ohne den vollgültigsten Beweis sicher angenommen werden; denn

3. der Gottesgedanke ist eben bei der Idee Religion wesentlich unentbehrlich, und

4. der atheistische Buddhaismus ist ja eben deshalb *gar keine Religion.*

Es ist geradewegs drollig, wenn Schopenhauer, der immer alles streng bewiesen haben will, *oft in eigener Bedrängniß* vor Beweisermangelung den *Buddhaismus* als *ein von ihm anerkanntes und auch von Andern nicht nur anerkennenswerthes, sondern anerkannt-werden-müssendes Beweismaterial* als letzte und schlagende Batterie aufführt.

Wenn es ihm mit seinen *Beweisen* gegen das Dasein eines persönlichen Gottes, und für den Atheismus selber, nicht recht zu klappen scheint, so verlegt er sich in seiner atheistischen Furia auf *energisches Schimpfen.* So auch (in H. 439):

„Wenn unsere Theologen und Religionsphilosophen beständig „Gott und Unsterblichkeit“ zusammen aussprechen als zwei zusammengehörige Gedanken und zwei Dinge, die sich trefflich miteinander vertrügen, so ist solches bloß früherer Gewohnheit und dem Mangel an Nachdenken zuzuschreiben, denn mit jenem rohen, krassen, abscheulichen Judendogma des Gottschöpfers kann so wenig Unsterblichkeit als Freiheit des Willens bestehen.“

Setzen wir den Fall, ein *positiver* Theologe (Katholik oder Protestant) würde über das *rohe, krasse, abscheuliche Schopenhauersche Dogma* des atheistischen Weltwerdens losgehen, so würde die ganze sonst sehr unhöfliche atheistische Verbindung (die wir *nach ihrem Schimpfvorgehen* auch eine Schwefelbande heißen könnten) mit Fingern auf diesen unglücklichen Theologen hinzeigen und ausrufen: Seht Ihr den dummen fanatischen Pfaffen, wie er mit *Rohheit, Kraßheit* und *Abscheulichkeit,* mit ausgiebigen Schimpfworten über uns losgeht, wodurch er eben den Beweis liefert, daß seine Beweise nichts werth sind; denn wer zu schimpfen anfängt, der hat schon den festen Beweisboden unter sich, die philosophische Ruhe verloren und ist kein Philosoph, sondern ein bornirter Fanatiker zu nennen.

Schopenhauers ausgeronnenes, zerklüftetes und ausgetrocknetes Reservoir für moralische Grundsätze haben wir in den constatirten Thatsachen seines Lebens schon zu betrachten Gelegenheit gefunden. Er selber spricht von diesem Reservoire in seiner Ethik (214):

„Obwohl Grundsätze und abstrakte Erkenntniß keineswegs die Urquelle oder erste Grundlage der Moralität sind, so sind sie doch zu einem moralischen Leben unentbehrlich, als das Behältniß, das Reservoir, in welchem die aus der Quelle aller Moralität (dem Mitleiden), als welche nicht in jedem Augenblicke fließt, entsprungene Gesinnung aufbewahrt wird, um, wenn der Fall der Anwendung kommt, durch Ableitungskanäle dahin zu fließen."

„Ohne fest gefaßte Grundsätze würden wir den antimoralischen Triebfedern, wenn sie durch äußere Eindrücke zu Affekten erregt sind, unwiderstehlich preisgegeben sein. Das Festhalten und Befolgen der Grundsätze, den ihnen entgegen wirkenden Motiven zum Trotz, ist Selbstbeherrschung."

O Reservoir, mit Mitleid als der einzigen Moralitätsquelle angefüllt, wie geschwind absorbiren die Ableitungscanäle den ganzen moralischen Wasservorrath! O fest gefaßte Grundsätze und antimoralischen Triebfedern, o Definition der Selbstbeherrschung, was hilft und nützt das Alles! Diese ganze atheistische Moral ist doch durch Reservoirbesitzer und angebliche feste Grundsatzfasser als ein purer Schwindel nachgewiesen. — Die totale Ohnmacht jener atheistischen Moral beweist der philosophische Atheist durch die Furcht, daß seine Moral die Volksmasse nicht im Zaume halten kann, und daß er hier kleinlaut, um der Sicherheit seiner Kasse willen, diesem armen Volk allergnädigst (in Todesangst) noch einige Religion vergönnen will, denn mit der Schopenhauerschen Philosophie im Volke fühlt sich der Philosoph nicht nur sehr unsicher, sondern entschieden in seiner Existenz bedroht. Seine von ihm aufgefundene, den „Gebildeten" verkündigte Wahrheit taugte eben nur für den höhern Pöbel, der sich in seinem Besitz instinktiv erhalten will, aber nicht für den untern gemeinen Pöbel, der sich im Diesseits nicht mit dem jämmerlichen Mitleid, welches gar so spärlich in einigen Pfennigen aus dem

Moralreservoir heraustränfelt, zufrieden geben will, sondern auf das volle Recht der Güterteilung im Diesseits zu pochen anfängt! Der niedere Pöbel sagt zum höhern Pöbel: Wir geben euch keinen Pfifferling für euere festen Grundsätze und für euere Selbstbeherrschung, für euer Wasserreservoir; unsere Moral verlangt: macht euere Kassen auf, wir wollen Geld und wir werden schon für Ableitungskanäle sorgen; wir wollen uns mit euch erfreuen, wir wollen Mitfreude und danken euch schönstens für euer Mitleid, denn ihr habt euch bisher nur für euch gefreut, aber nie mit uns gelitten.

Es wäre interessant, aus Schopenhauers Schriften seine oft auftauchenden sehr kuriosen festen Moralgrundsätze in einem Reservoir zu sammeln; da würde sich in kurzer Zeit ein schöner Sumpf, mit Kröten, unappetitlichen Amphibien und Conservenschleim überzogen, herausbilden. Wie interessant ist z. B. nur seine Lebensregel in Bezug auf den Haß (P. I, 497):

„Zorn oder Haß in Worten oder Mienen blicken zu lassen, ist gefährlich, ist unklug, ist lächerlich, ist gemein. Man darf also Zorn oder Haß nie anders zeigen, als in Thaten. Letzteres wird nur um so vollkommener sein können, als man Ersteres vollkommen vermieden hat."

Da haben wir gleich eine sehr fette, ausgewachsene, exemplarische Giftkröte aus dem Moralreservoir unseres Weltweisen! Alle Momente und Erscheinungen im Christenthum stehen weit, weit hinter der vielbelobten indischen Weltanschauung zurück, das ist der beständige Refrain bei diesem buddhaistischen Schulleiter. So z. B. (W. II, 701):

„In der Mystik der Hindu tritt viel stärker als in der der Sufi das Aufgeben alles Wollens, als wodurch allein die Befreiung von der individuellen Existenz und ihrer Leiden möglich ist, hervor, und in der christlichen Mystik ist diese Seite ganz vorherrschend, so daß jenes pantheistische Bewußtsein, welches aller Mystik wesentlich ist, hier erst sekundär, in Folge des Aufgebens alles Wollens, als Vereinigung mit Gott eintritt. Dieser Verschiedenheit der Auffassung entsprechend hat die muhammedanische Mystik einen sehr heiteren Charakter, die christliche einen düstern und schmerzlichen, die der Hindu, über beiden stehend, hält auch in dieser Hinsicht die Mitte."

Auch Behauptungen, wie gewöhnlich am Schluß, bei welchen das arme Christenthum selbstverständlich sehr schlecht wegkommt! Die sicherste Feuerprobe für Schopenhauers Buddha-

und Inderverherrlichung hätte man dem Weltweisen darthun können, wenn man ihn zusammengepackt, in Hamburg eingeschifft und über den Ocean (damals war die Suezenge noch nicht schiffbar) nach Indien unter die Buddhisten irgendwo hineingeschleppt hätte, um ihn dort ein Jahr lang unter seinen Buddhisten dunsten zu lassen. Er wäre gewiß zahm geworden und hätte mit aufgehobenen Händen gebeten, ihn wieder zu diesen dummen Christen mit ihrer dummen Moral und mit ihren fanatischen Pfaffen zurückzubringen. Das wäre sicher ein drastischer Beweis contra seinen ganzen buddhistischen Schwindel gewesen.

129. Der Buddha-Anbeter bedauert von oben herab die Verfasser der Schriftstücke des neuen Bundes. Die Juden sollen sich für den Weltweisen nicht erhitzen! Will selbst die Verbrecher-Abkömmlinge und -Familien ausrotten. Schaudert immer vor den Früchten seiner Philosophie zurück. Urtheilt über Katholicismus und Protestantismus, ohne hierüber was Rechtes zu wissen und studirt zu haben. Nur er hat die echte, wahre Weltweisheit erfunden.

Ueber den Brahmaismus sagt er selbst (P. II, 430):

„Daß die drei oberen Kasten die wiedergeborenen heißen, mag immerhin wie gewöhnlich daraus erklärt werden, daß die Investitur mit der heiligen Schnur, welche den Jünglingen derselben die Mündigkeit verleiht, gleichsam eine zweite Geburt sei, der wahre Grund aber ist, daß man nur in Folge bedeutender Verdienste in einem vorhergegangenen Leben zur Geburt in jene Kasten gelangt, folglich in solchem schon als Mensch existirt haben muß, während, wer in der untersten Kaste oder gar noch niedriger geboren wird, vorher auch Thier gewesen sein kann."

Es wäre interessant gewesen, zu sehen, in welche Kaste, in welche brahmanistische Adels- oder Volkskategorie die Brahmanen den Schopenhauer hinein verurtheilt hätten! Als Mensch konnte er in einer Kaste noch nicht existirt haben, weil er eben kein Brahmane war; selbst die niedrigste Kaste hätten sie dem Weltweisen, aus Europa dahergekommen, nicht anweisen können, und somit wäre er mit sammt seiner Philosophie, trotz aller Verdienste, die er sich durch seine Brahmanenbegeisterung erworben hat, unter jene noch niedrigere gezählt worden, welche früher auch Thiere gewesen sein können.

Diese ganze Eintheilung ist durchaus kein Phantasiestück, sondern dieselbe ist ganz streng und logisch auf die brahmaistische Theologie basirt, die uns von Schopenhauer selbst ist mitgetheilt worden.

Mitunter kann man aber auch schon die Aufrichtigkeit bewundern, mit welcher der Philosoph, freilich ohne es gerade zu beabsichtigen, seinem außerordentlich schimpfseligen Charakter ein Horoskop stellt. Er sagt (P. I, 389):

„Die Injurie, das bloße Schimpfen, ist eine summarische Verleumdung ohne Angabe der Gründe. Durch dieselbe legt der, der sich ihrer bedient, an den Tag, daß er nichts Wirkliches und Wahres gegen den Andern vorzubringen hat, da er sonst dieses als die Prämisse geben und die Conclusion getrost dem Hörer überlassen würde."

Eine der verächtlichsten Schimpfmanieren ist, wenn sich der Schimpfende so hoch über den zu Beschimpfenden stellt, daß er angeblich den letzteren bedauert. So bedauert ebenso höhnisch als ungerecht der Buddhaanbeter die Schriftsteller des neuen Bundes, die seiner Philosophie ein besonderer Dorn im Auge sind (H. 430):

„Bei den inspirirten Schriftstellern des neuen Testaments müssen wir bedauern, daß die Inspiration sich nicht auch auf Sprache und Stil erstreckt hat."

Nun, dieses Compliment kann man dem Philosophen schon noch in derselben Kürze erwidern: Wir bedauern ihn, daß seine Inspiration sich nur auf Sprache und Styl erstreckt hat; denn in seiner Philosophie ist ja eben Niemand da, der ihn hätte inspiriren können; sein unheiliger Geist ist ja immer dem heiligen Geiste derselben verleugnend gegenübergestanden, und sein Hohn soll hier eben wieder die Inspiration, den heiligen Geist treffen, der seine Inspirirten nicht als ein Sprachlehrer nach den Regeln der Oratorik instruirt und dieselben nur in alle Wahrheit ohne oratorischen Redeschmuck (auf welchen sich Schopenhauer als Genie so viel einbildet) eingeführt hat.

Daß die Juden gerade keine Ursache haben, sich des Schopenhauerschen Atheismus sehr stark anzunehmen, und daß, wenn sich jüdische Literaten des Schopenhauer annehmen, dies nur ein Beweis wäre, daß bei ihnen der Haß gegen das Christenthum noch viel ernstlicher und drastischer wirkt, als die Liebe zu ihrer eigenen Nation; das hat Schopenhauer durch öfter bei ihm vorkommende Urtheile über diese Nation genugsam bewiesen. So spricht er in P. II, 278—281 über die Emancipation der Juden. Nachdem die Christen (Gojim) ohnedies schon allenthalben einsehen, wohin sie mit der Judenemancipation gekommen sind, wollen wir am Schluß die hierher bezügliche Betrachtung Schopenhauers bringen:

„Ihnen (den Juden) einen Antheil am Staat einzuräumen, ist absurd, sie sind und bleiben ein fremdes, orientalisches Volk, müssen daher stets immer als ansässige Fremde gelten."

Wenn Schopenhauer in seinem ethischen Eifer gegenüber Verbrechern (vor welchen er jederzeit einen wahrhaft fürchterlichen Respect gehabt, besonders, wenn dieselben das letzte (10.) Gebot nicht respectiren) hineingeräth, da wird er wirklich komisch entsetzlich und ist in seiner Wuth so weit gekommen, wie noch nie ein Rechtslehrer oder Gesetzgeber vor ihm: — daß er den Vorschlag macht (weil sich nach seiner Ansicht das Verbrechen durch Zeugung forterbt), die eventuellen Verbrecherfamilien höchst grausam auszurotten. So ist er in W. II, 602 ganz außerordentlich gesetzgeberisch gestimmt:

„Aus der Erblichkeit des Charakters vom Vater und des Intellekts von der Mutter ergibt sich, daß eine wirkliche und gründliche Veredlung des Menschengeschlechts nicht sowohl von Außen als von Innen, also nicht sowohl durch Lehre und Bildung, als vielmehr auf dem Wege der Generation zu erlangen sein möchte. Könnte man daher alle Schurken kastriren und alle dummen Gänse ins Kloster stecken, hingegen die Männer von edlem Charakter mit den Mädchen von Geist und Verstand paaren: so würde bald eine Generation erstehen, die ein mehr als Perikleisches Zeitalter darstellte. Auch abgesehen von solchen utopischen Plänen, ließe sich in Erwägung nehmen, daß, wenn nächst der Todesstrafe die Kastration als die schwerste Strafe bestände, ganze Stammbäume von Schurken der Welt erlassen sein würden; um so gewisser, als die meisten Verbrechen schon in dem Alter zwischen zwanzig und dreißig Jahren begangen werden." (W. II, 602.)

Es ist eine nicht zu übersehende psychologische Erscheinung an dem Weltweisen, daß ihn die Früchte des Atheismus im Volk immer wüthend und grausam stimmen. In diesen Momenten fängt es ihm klar zu werden an, daß seine phrasenaufgeblasene Ethik in ihrer Heilkraft den auftauchenden Verbrechern in der Gesellschaft gegenüber ebenso wenig Wirksamkeit besitzt, als man durch einen Tigel voll duftiger Pomade einen

Beinbruch oder irgend eine andere schwere Verwundung heilen kann; bei solchen Gelegenheiten schimpft er über die Schufte und freut sich, wenn in die Canaille hineingefeuert wird; er wird zum intimsten Soldatenfreund, und das Hinausfeuern und Hineinfeuern in die Canaille ist der letzte und nach seiner eigenen, der Noth abgerungenen Erkenntniß der wirksamste Paragraph seiner Ethik.

Die Ansichten des Schopenhauer über Symbolik geben ein eklatantes Zeugniß, daß er auch in diesem Gebiete historische Thatsachen und die symbolischen Bücher und die Werke, welche von Protestanten und Katholiken darüber erschienen sind, ganz ignorirt und mit aller Süffisance eines Kaffeehausschwätzers Ansichten vorbringt, welche beweisen, wie er, unbekümmert um Wahrheit, Studium, Geschichte, auch auf diesem Boden alles nur aus seinem System und aus seiner momentanen Stimmung herauszuconstruiren versucht.

Hätte er die Werke von Möhler, Hilgers, Buchmann (Katholiken), Baur, Clausen, Guerike, Köllner, Marsch, Tafel, Winer (Protestanten) beachten wollen, so würde das allerdings sein ganzes Concept in Verwirrung gebracht haben. Hören wir ihn selber:

„Der Protestantismus hat, indem er die Ascese und deren Centralpunkt, die Verdienstlichkeit des Cölibats, eliminirte, eigentlich schon den innersten Kern des Christenthums aufgegeben und ist insofern als ein Abfall von demselben anzusehen. Luther mochte, vom praktischen Standpunkte aus, d. h. in Beziehung auf die Kirchengräuel seiner Zeit, die er abstellen wollte, ganz Recht haben; nicht aber ebenso vom theoretischen Standpunkte aus. Je erhabener eine Lehre ist, desto mehr steht sie der im Ganzen niedrig und schlecht gesinnten Menschennatur gegenüber, dem Mißbrauch offen: darum sind im Katholicismus der Mißbräuche so viel mehr und größere, als im Protestantismus. So z. B. ist das Mönchsthum, diese methodische und, zu gegenseitiger Ermuthigung, gemeinsam betriebene Verneinung des Willens, eine Anstalt erhabener Art, die aber eben darum meistens ihrem Geiste untreu wird. Die empörenden Mißbräuche der Kirche riefen im redlichen Geiste Luthers eine hohe Indignation hervor. Aber in Folge derselben kam er dahin, vom Christenthum selbst möglich viel abdingen zu wollen, zu welchem Zweck er zunächst es auf die Worte der Bibel beschränkte, dann aber auch im wohlgemeinten Eifer zu weit ging, indem er, im ascetischen Princip, das Herz desselben angriff. Denn nach dem Austreten des ascetischen Princips trat nothwendig bald das optimistische an seine Stelle, —

ein Grundirrthum, der in den Religionen wie in der Philosophie aller Wahrheit den Weg vertritt. Nach dem allen scheint der Katholicismus ein schmählich mißbrauchtes, der Protestantismus aber ein ausgeartetes Christenthum zu sein, das Christenthum überhaupt also das Schicksal gehabt zu haben, dem alles Edle, Erhabene und Große anheimfällt, sobald es unter Menschen bestehen soll." (W. II, 716 fg. P. II, 415.) „Der Katholicismus ist eine Anweisung, den Himmel zu erbetteln, welchen zu verdienen zu unbequem wäre. Die Pfaffen sind die Vermittler dieser Bettelei." (M. 349.)

„In den protestantischen Kirchen ist der augenfälligste Gegenstand die Kanzel, in den katholischen der Altar. Dies symbolisirt, daß der Protestantismus sich zunächst an das Verständniß wendet, der Katholicismus an den Glauben." (H. 434.)

Dem großen Weltweisen ist nicht nur die Weltgeschichte, es ist ihm auch die Geschichte der Theologie ein unentdecktes Land; er hat z. B. nie gelesen oder gehört, daß der Begründer des Protestantismus, Dr. Luther, wörtlich geschrieben hat:

„Daß 2 und 5 = 7 sind, kann ich fassen mit der Vernunft, wenn es aber von oben herab heißt, es sind 8, so soll ich's glauben wider meine Vernunft und fühlen. Dahin geht der Teufel allein um, daß die römischen Pfaffen Gottes Willen und Werk messen mit der Vernunft!!"

Wir sehen auch hier wieder, wie der Weltweise mit seiner Unwissenheit frech auf die Unwissenheit seiner Leser spekulirt.

Schopenhauer sagt weiter:

„Alle Superstitionen haben den nicht zu verachtenden Gewinn, daß sie durch die imaginäre Welt, die sie schaffen, den Gläubigen in Umgang mit Dämonen, Göttern und Heiligen bringen, — ein Umgang, der beständig die Hoffnung unterhält und durch den Reiz der Täuschung oft interessanter wird, als der Umgang mit wirklichen Personen. Daraus erklärt es sich, warum der Katholicismus zauberischer wirkt, als der Protestantismus." (W. I, 380. H. 426.)

Wo ist denn der katholische Katechismus, der den Katholiken den Umgang mit Göttern, Dämonen und Heiligen lehrt, welche imaginäre, zauberisch wirkende Welt sich die Phantasie dieser Katholiken schaffen soll?

Ferner:

„Die katholische Kirche hat, richtig erkennend, daß der Theismus in dem Maße schwinden muß, als die physische Astronomie popularisirt wird, consequenter Weise das Kopernikanische System verfolgt, woher daher sich so sehr und mit Zetergeschrei über die Bedrängniß des Galilei zu verwundern einfältig ist." (P. I, S. 127.)

Die theologischen Abhandlungen Schopenhauers machen immer einen kurzen Prozeß: er schimpft einfach über Pfaffenlist und Pfaffentrug.

Wenn sich der Leser über die gänzliche Unwahrheit und Unhaltbarkeit obiger Deklamation des Weisen unterrichten will, so möge er nur in dem schon citirten Werke „Geschichtslügen", 7. Auflage, Schöningh, Paderborn, S. 639, alle Anwürfe vom Kopernikus bis zum Galilei herunter durchlesen, und er wird finden, daß Schopenhauer auch hier sich als ein Verächter der Geschichte und historischer Thatsachen manifestirt.

Wo er nur kann, jubelt er über das baldige Erlöschen der Kirche, denn dann müssen die Leute zur Philosophie kommen; in der Philosophie hat aber er auch schon Alles ringsum als Esel, Dummköpfe und Ignoranten niedergeschimpft, so daß am Ende nur er als der Messias der Wissenschaft und als Weltregenerator auf den zwei Felsen: Wille und Vorstellung sein philosophisches Nationalhotel zur Einkehr der ganzen Welt aufgebaut hat.

Er freut sich:

„Eine längst prophezeite Epoche ist eingetreten: die Kirche wankt, wankt so stark, daß es sich frägt, ob sie den Schwerpunkt wiederfinden werde; denn der Glaube ist abhanden gekommen. Ist es doch mit dem Lichte der Offenbarung wie mit anderen Lichtern: einige Dunkelheit ist die Bedingung. Die Zahl Derer, welche ein gewisser Grad und Umfang von Kenntnissen zum Glauben unfähig macht, ist bedenklich groß geworden. Da wird es Ernst mit dem Verlangen nach Philosophie, und es bedarf einer ernstlich gemeinten, d. h. einer auf Wahrheit gerichteten Philosophie." (S. 122.)

Nun, diese auf Wahrheit gerichtete Philosophie ist die seine, so hat er es ja oft und deutlich genug gesagt. Wir müssen hier bemerken, daß die meisten Anhänger Schopenhauers nicht „durch einen gewissen Grad und Umfang ihres Wissens" dem Glauben entfremdet worden sind, sondern durch jene Gründe, die in Johannes III., 19. 20. 21. also lauten: „Das aber ist das Gericht, daß das Licht in die Welt gekommen ist und die Menschen die Finsterniß mehr liebten, als das Licht, denn ihre Werke waren böse. Jeder, der Böses thut, hasset das Licht und kommt nicht an das Licht, damit seine Werke nicht gestraft werden; wer aber die Wahrheit thut, kommt an das Licht, damit seine Werke offenbar werden, weil sie in Gott geschehen sind."

Ueber die Convertiten geht der Weltweise mit seiner gewöhnlichen fanatischen Wuth los. Alle Convertiten sind nur Betrüger, Alles Maske und Interesse u. s. w.

„Nur die Kindheit, nicht das Mannesalter, ist die Zeit, die Saat des Glaubens zu säen, zumal nicht, wo schon ein früherer wurzelt; die gewonnene Ueberzeugung aber, welche erwachsene Konvertiten vorgeben, ist in der Regel nur die Maske irgend eines persönlichen Interesses. Eben weil man fühlt, daß dies fast nicht anders sein könne, wird überall ein Mensch, der im reifen Alter seine Religion wechselt, von den Meisten verachtet; gleichwohl legen eben diese dadurch an den Tag, daß sie die Religion nicht für Sache vernünftiger Ueberzeugung, sondern bloß des früh und vor aller Prüfung eingeimpften Glaubens halten." (P. II, 351 fg.)

130. Will den Glauben an seinen Atheismus allgemein eingeimpft wissen. Der Weltweise unter Menschenfressern mit seiner Philosophie in einer argen Klemme. Die Convertiten in Masse verschimpft. Erhebt Lessings Minna von Barnhelm, welche hingegen Dühring abgeschmackt und langweilig findet.

Diese Verallgemeinerung im Herabschimpfen von Convertiten ist charakteristisch. Wenn sich ein Christ zu seinem Atheismus bekehrt, so ist ihm das ganz plausibel, aber seiner — der Schopenhauersche — muß es sein, beileibe nicht der Hegelsche oder Fichtesche: er ist allein im Besitze des wahren, echten, orthodoxen Atheismus.

Der Glaube an Gott, sagt er, wird eingeimpft; was treibt denn aber der Atheist Schopenhauer? Trägt nicht auch er in seinem Federkiel wie die Landchirurgen das Pockengift seines Atheismus herum und sucht es theils selbst, theils durch seine Apostel überall einzuimpfen? Nach diesem Princip wäre ein Menschenfresser, wenn er ein solcher bleibt, ein höchst ehrenhafter Charakter, wenn er sich aber zur christlichen Moral bekehren und vom Menschenfressen ablassen würde, so müßte er von und nach Schopenhauer verachtet werden!

Wir möchten diesen Weltweisen sehen, wenn er einer Horde von Menschenfressern in die Hände fiele: wie würde er diesen Kannibalen ihr Unrecht beweisen? Sein zähes Festhalten an der Gottlosigkeit würde ihn nicht retten können; eher sein zähes Fleisch. Um seiner ungenießbaren Philosophie wegen würde er nicht geschont werden, sondern aufgefressen werden; seine schon an der Epidermis erkennbare Zähigkeit, welche einen ungenießbaren Braten verräth, könnte ihm allein Pardon bringen.

Diese Sucht des Weltweisen, über jede ihm unterkommende Erscheinung irgend ein Princip aufzustellen, das in seinen Kram paßt, Alles zu generalisiren, zu verallgemeinern, aber eben nur zu seinem Gebrauch, die aufgestellten Principien zu behaupten, ohne sie zu beweisen, auf die Behauptungen hin aber einen phantastischen babylonischen Thurm von Schlüssen aufzubauen, — diese Sucht ist ein Ergebniß seines Größenwahns. Wer ihm nur im Mindesten zu widersprechen wagt, den hält er für seinen Feind und sucht ihn durch Schimpfen zum Schweigen zu bringen; er kann in seiner Nähe nur philosophische Pudel dulden, die bei jeder seiner Behauptungen sich wedelnd zu seinen Füßen hinstrecken. Wenn er sich einmal geäußert hat, ohne Hunde möchte er gar nicht leben, so ist ihm diese Aeußerung sicher vom Herzen gekommen: seine Apostel selber bezeugen es, wie nichts leichter war, als sich seine Ungnade zuzuziehen. Es war ihm nicht um Verbreitung des Atheismus überhaupt, sondern um die Verbreitung seines, des echten, infallibilen, mit seiner Schutz- und Schmutzmarke versehenen Atheismus zu thun. (Wir wiederholen diese Beobachtung deswegen öfter, weil auch bei ihm das Anrühmen seines Atheismus, gegenüber allen übrigen Atheismen unzählige Male vorkommt.) Es war ihm nicht genug, den transcendenten Gott aus der Welt hinauszudisputiren, — er, der Schopenhauer, wollte sich an die Stelle desselben setzen, in ihm war die incarnirte Wahrheit und Weisheit in die Welt gekommen. Wenn Alles caput ist, die positive Religion als ein Märchen erklärt, dann bleiben nur noch die Philosophen. Nun es geht aber auch über diese, auch diese werden sämmtlich nicht nur von allen Universitätskathedern, sondern auch von der Weltbühne mit seinem von ihm erfundenen und gebundenen Kratzbesen über die Weltbühne in den Mist heruntergekehrt, und dann ist der ersehnte Augenblick da, welchen er sieges- und eigenen Ruhmes trunken in den fünf Worten verkündigt: „Zu mir müssen sie kommen."

Wer seine Schriften durchwandert hat, ohne sich bei dieser Pilgerschaft durch wüstes, wegloses, trostloses Land zu seiner pessimistischen Weltanschauung gewinnen zu lassen, der muß ja doch am Ende zu der Einsicht gelangen: In diesem Weltweisen ist die incarnirte Hoffart zur Welt gekommen, die es vorzieht, lieber die Menschheit den Thieren gleichzustellen, sich selber zu einem Abkömmling der Paviane zu erklären, als einen persönlichen Gott über sich anzuerkennen!

„Ein Mensch, der im reifen Alter seine Religion wechselt, wird überall von den Meisten verachtet."

Dieser Satz enthält eine Behauptung, aber keinen Beweis. Verachtet wird nur, wer aus zeitlichen Gründen, aber nicht, wer aus Ueberzeugung seine Religion wechselt. Wie viele bedeutende Männer sind katholisch geworden und haben sich dadurch ihre Lage im bürgerlichen Leben voraussichtlich nur verschlimmern können. Nehmen wir aus unserem Jahrhundert eine Reihe von Stolberg bis zu Johann Emanuel Veith, der Convertiten in England, die reiche Pfründen in der anglikanischen Kirche aufgegeben haben, wie Newman, Dailgerns, gar nicht zu gedenken! Derlei Männer können nur von der Gemeinheit und Erbärmlichkeit verachtet werden. Wir wollen übrigens die verdiente vollste Verachtung Gesellen wie Börne und Heine nicht vorenthalten, die sich taufen ließen, um jetzt erst recht mit ihrem talmudischen Geifer das Christenthum, die Lehren desselben und die Christen selber mit dem echten Judenhohn auch noch dazu besudeln zu können.

Interessant ist, wie Schopenhauer seine Urtheile über Werke der Belletristik ganz im Fahrwasser des landesläufigen Urtheilsstromes mitschwimmen läßt. So (P. II., 472):

„Die allein echte deutsche Komödie, aus dem Wesen und Geiste der Nation hervorgegangen und ihn darstellend, ist noch die einzig dastehende „Minna von Barnhelm", das „Iffland'sche Schauspiel."

Es ist gut, daß Dühring (doch sicher kein Ultramontaner) sich über die Verhimmelung dieser langweiligen Komödie euergisch ausgesprochen und darüber auch gespottet hat, daß man in Mittelschulen den Schülern diese abgeschmackte, total witzlose Renommisterei als Ausdruck deutschen Klassicismus hinausdisputirt. Schopenhauer bemerkt noch dazu:

„Die Vorzüge dieser Stücke sind eben, wie die der Nation, die sie treu abbilden, mehr moralisch als intellektuell, wovon das Umgekehrte von der englischen und französischen Komödie behauptet werden kann."

Dieser Schlußsatz: „behauptet werden kann" ist echt Schopenhauerisch-charakteristisch. Behauptet werden kann das freilich und vieles Andere auch! Was ist die ganze Minna von Barnhelm nur gegen eine Falstaff-Scene aus „Heinrich IV."? Da steht der Witz im Dialog und in der Situation auf gleicher Höhe, da quillt Alles aus einem reichen, unerschöpflichen Born, das kann man nicht vergessen, wenn man's einmal gelesen oder gesehen und gehört hat. Oder nehmen wir einen unter den neueren Engländern: „Die Lästerschule" von Sheridan Knowles; da ist doch der Dialog brausender Champagner, und der in der Minna schmeckt dagegen wie abgestandenes Zuckerwasser. Auch in der Kritik über Poesie arbeitet der Philosoph mit Behauptungen, wie er es oben selber in dürren Worten zu erkennen gibt.

131. Beständiges Schmähen gegen Offenbarung und Theologie. Entstellt die Dogmen der Kirche, um darüber spotten zu können. Hochhalten des Atheismus — aber gleich darauf Angst vor den Volksatheisten und Kasseneinbrechern. Wird in seiner Wuth vollkommen confus. Behandelt die Religionen (selbe stets verallgemeinernd) als Personen.

In N., Vorrede X, Anmerkung, behauptet er:

„Auf Offenbarungen wird in der Philosophie nichts gegeben, daher ein Philosoph vor allen Dingen ein Ungläubiger sein muß."

Hier haben wir wieder das beliebte Manöver: der erste Satz eine Behauptung und keck darauf das Daher als Schlußfolgerung.

Die christliche Philosophie ist dem Atheisten schon als Wort sehr widerwärtig; er sagt (P. I, 155):

„Das Reden von einer christlichen Philosophie kommt ungefähr so heraus, wie wenn man von einer christlichen Arithmetik reden wollte, die fünf gerade sein ließe. Dergleichen von Glaubenslehren entnommene Epitheta sind zudem der Philosophie offenbar unanständig, da sie sich für den Versuch der Vernunft gibt, aus eigenen Mitteln und unabhängig von aller Auctorität das Problem des Daseins zu lösen. Als Wissenschaft hat sie durchaus nichts damit zu thun, was geglaubt werden darf, oder soll, oder muß; sondern bloß damit, was sich wissen läßt. Sollte dieses nun auch als etwas ganz Anderes sich ergeben, als was man zu glauben hat, so würde selbst dadurch der Glaube nicht beeinträchtigt sein; denn dafür ist er Glaube, daß er enthält, was man nicht wissen kann." (P. I, 155.)

Aber er verlangt ja doch auch einen Glauben für seinen Atheismus, — denn wissen kann man den Atheismus auch nicht. Den Gegensatz von Theologie und Philosophie sucht er in ähnlicher Weise darzustellen. (P. I, 205):

„Die Philosophie ist wesentlich Weltweisheit; ihr Problem ist die Welt, mit dieser allein hat sie es zu thun und läßt die Götter in Ruhe, erwartet aber dafür, auch von ihnen in Ruhe gelassen zu werden." (W. II, 209.) „Die Philosophie muß Kosmologie bleiben und kann nicht Theologie werden." (W. II, 700.)

„Die, welche die Philosophie als spekulative Theologie betrachten und behandeln, wissen nichts davon, daß man frei und unbefangen an das Problem des Daseins gehen und die Welt nebst dem Bewußtsein, darin sie sich darstellt, als das allein Gegebene, das Problem, das Räthsel der alten Sphinx, vor die man hier kühn getreten ist, betrachten soll. Sie ignoriren klüglich, daß Theologie, wenn sie Eingang in die Philosophie verlangt, gleich allen anderen Lehren, erst ihr Creditiv vorzuweisen hat. Die Philosophie ist keine Kirche und keine Religion. Sie ist das kleine Fleckchen auf der Welt, wo die stets und überall gehaßte und verfolgte Wahrheit ein Mal alles Druckes und Zwanges ledig sein, ja sogar die Prärogative und das große Wort haben, absolut allein herrschen und kein Anderes neben sich gelten lassen soll." (P. I, 205 fg.)

Wie kommt es denn aber, daß es so viele sich ex diametro widersprechende Systeme der Philosophie gibt? Warum schimpft Schopenhauer über alle seine Zeitgenossen, über Fichte, Hegel, Schelling, Herbart und sämmtliche andere Kathederbesitzer? Da gibt es ja dann eine ganze Gemischtwaarenhandlung der verschiedensten Wahrheiten zur Auswahl für den Käufer, und „das kleine Fleckchen auf der Welt, wo die stets und überall gehaßte und verfolgte Wahrheit einmal alles Druckes und Zwanges ledig sein kann" — wird zu einem großen, ausgedehnten Emporium, zu einem ganzen Handelsstaat der verschiedensten Systeme und die Prärogativen und das große Wort der absolut alleinherrschenden Philosophie, die kein anderes Wort neben sich gelten lassen kann, ist ein purer Schwindel, denn es will kein System das andere gelten lassen.

Wir wollen nun aber den ganzen Bombast auch im Schopenhauerschen Sinne zurechtlegen. Er meint doch immer nur, wenn er von Philosophie spricht, sein System; das ist die Philosophie — alles Andere ist null und nichtig, alles Andere ist schon von ihm massakrirt und zusammengeschimpft; sein System ist die Wahrheit, sie soll allein das große Wort haben und alle Anderen sollen das Maul halten. Das ist immer der Schlußsatz und der Knalleffekt, auf den alle seine Behauptungen hinzielen, er will allein herrschen und keinen Anderen neben sich gelten lassen.

Das Drolligste aber ist bei ihm, wie auch bei anderen besitzenden und lebengenießenden Atheisten die immer und immer wiederkehrende Angst vor den Proletariern, wenn auch diese am Ende die „Wahrheit" der atheistischen Philosophie in sich aufnehmen und ganz logisch in ihrer Weise ausgliedern. Für das dumme Volk, „das des Prüfens und Denkens unfähig ist", da erlaubt er wieder ein bischen Religion, denn der Atheismus in seinen Folgerungen ist eine Brechstange, welche die stärksten eisernen Kassen wie eine Schachtel aus Pappenstiel auseinanderreißt, und wenn die Kassenbesitzer gegen diese unglücklichen Verächter auch des zehnten Gebotes: „Du sollst nicht begehren deines Nächsten Gut" sich wehren wollten, so würden sie sicher ganz energisch durchgeprügelt werden.

Eine unliebsame Unterbrechung in der schönen Gewohnheit des Couponabschneidens, an der feinen Table-d'hôte-Speisens und sich wegen seines geistsprühenden Gesichtes Bewundernlassens kann nicht geduldet werden. Zu diesem Zwecke hat der große Weltweise zwei verschiedene Metaphysiken erfunden: die eine das ist die seine, die philosophische, die auch für seine geldbesitzenden Anhänger ausgeheckt ist, die andere Metaphysik ist die religiöse, die gehört für das dumme Volk. Er sagt (P. II, 183):

„Eine Religion, für die Unzähligen bestimmt, welche die tiefsten und schwierigsten Wahrheiten sensu proprio zu erfassen unfähig sind, hat auch nur die Verpflichtung, sensu allegorico wahr zu sein. Ist sie dieses, so erfüllt sie ihre Bestimmung für die große Menge und kann unangefochten neben der philosophischen Metaphysik bestehen."

Nach dieser schönen, vordersätzlichen Einleitung sollte man meinen, der Weltweise sei so gnädig, die Religion (die religiöse Metaphysik, wie er sie nennt) unangefochten bestehen zu lassen, und zwar aus Angst vor den Proletariern, welche die philosophische Metaphysik unrecht oder gar nicht verstehen könnten, aber an Widersprüchen, und zwar an den auffallendsten, ist dem Weltweisen nie etwas gelegen; die Hoffart, seine Philosophie einmal in der ganzen Welt obenauf zu sehen, ist doch noch größer, als seine Angst vor den Proletariern. So lange er lebt, wird die Pastete schon noch zusammenhalten, und nach ihm sollen seine Schüler und Nachfolger schauen, wie sie mit den Consequenzen des Atheismus sich abfinden.

Er sagt gleich nach der ausgesprochenen Unangefochtenheit:

„Ihre allegorische Natur entzieht die Religionen den der Philosophie obliegenden Beweisen und überhaupt der Prüfung.[1]) Dadurch aber,[2]) daß die Religionen ihre allegorische Natur nie eingestehen dürfen, sondern sich als sensu proprio wahr zu behaupten haben, thun sie einen Eingriff in das Gebiet der eigentlichen (philosophischen) Metaphysik und rufen den Antagonismus dieser hervor, der daher zu allen Zeiten, an denen sie nicht an die Kette gelegt worden, sich geäußert hat."

„Die Religionen, welche ihre allegorische Natur nicht eingestehen dürfen", — das ist wieder ein echter Schopenhauerkniff. Es genirt ihn in seinem Atheismus und in seinem atheistischen Leben doch nur immer eine Religion, das ist das positive Christenthum in der Kirche oder die noch fortlebenden positiven Bekenntnißtheile bei den Akatholiken, alle anderen Religionen geniren ihn nicht in seinem Atheismus und in seiner Moral, die specifisch monotheistische, den Schöpfer und den Erlöser der Welt im Neuen Bunde bekennende Religion die ist

---

[1]) Das ist schon wieder eine hocherlogene Behauptung. Der Mensch muß ja doch das Recht haben, dem Grund seines Glaubens nachzuforschen, was vom Apostel das obsequium rationabile genannt wird, sonst müßte man sich dem nächsten besten Aberglauben, dem Fetischismus und der Menschenfresserei auch anschließen.

[2]) Wodurch denn? Da sehen wir schon wieder eine Schlußfolgerung auf eine unerwiesene falsche Behauptung hinauf.

es, auf welche er immer losschlägt, die ihn beunruhigt; er kann nur den Buddhaismus brauchen, dessen von ihm hineinbehaupteten Atheismus bekennen und trachtet dessen fatalistisches Dulden immer über das Christenthum zu erheben. Was soll denn das heißen: „Religionen, die ihre allegorische Natur nie eingestehen dürfen“? „Religionen“ ist ein Inbegriff der allervagesten, unbestimmtesten Bedeutung. Religionen können weder etwas eingestehen noch nicht eingestehen, das können nur persönliche, sich und die Welt erfassende Wesen; die Religionen zu Personen zu machen, ist schon ein Unsinn. Bekenner dieser oder jener Religion könnte man sagen, dann müßte aber auch der Nachsatz von der allegorischen Natur, der, weil er auch wieder ein unfaßbares Nachgebilde ist, nicht concret anschaulich und verständlich bezeichnet werden kann. Die Bekenner in der katholischen Kirche oder auch noch Akatholiken im positiven Christenthum bekennen und haben nichts zu verheimlichen, also auch nichts einzugestehen. Mit dieser Phrase: „nicht eingestehen“, die für einen Gerichtshof, vor dem Verbrecher inquirirt werden, angezeigt wäre, versucht es der Kniffologe, die Bekenner des Christenthums zu Heuchlern zu stempeln.

132. Er könnte in einem Colloquium seine Widersprüche vor logikbesitzenden Professoren nicht rechtfertigen. Alle „Pfaffen“ und Philosophieprofessoren sind Heuchler. Immer Lamento, daß den Kindern schon Religion beigebracht wird. Sucht die Armen in seiner Angst mit ihrem Wechsel der Arbeit mit der Ruhe abzuspeisen und zu trösten. Uebersetzt den Blödsinn des alten Schwachmaticus Gleim in philosophische Phrasen.

Wir bedauern, daß der Weltweise nicht mehr am Leben ist: mit einigen an Logik festhaltenden Professoren, über die er ohne Unterlaß die Schale seines Zornes ausgießt, könnte er in einer öffentlichen Disputation nicht aufkommen. Sein Größenwahn und sein Hochmuth würden im ungebändigten Zorne bei jedem schneidigen Widerspruch auflodern. Seine Antagonisten könnten in diesem Falle mit dem vollsten Rechte (auf Erfahrungen aus seiner Biographie hin) verlangen, es solle zwischen beiden Parteien ein eisernes Gitter angebracht werden, die Tachygraphen müßten geschützt von ihm abgesondert sein, und ein Monitor müßte bestellt sein, der ihm beim Aufbrausen seines Zornesmuthes jedesmal zurufen müßte: „Bitte, nicht schimpfen!“ Würde er das verlangte Gitter für eine Beleidigung ausgeben, die er sich nicht gefallen lassen könne, so würde ihm einer der Antagonisten in Ruhe sagen können: „Wir wollen uns gegen ihre schlagenden und niederschlagenden Beweise sicherstellen; die Berechtigung zu unserer Vorsicht liegt in Ihrem Benehmen gegen eine arme Frauensperson, von der Sie sich in Ihrer moralischen Metaphysik beachtet und beunruhigt gefühlt haben. Nachdem wir nun direkt Ihrer philosophischen Metaphysik zu Leibe gehen wollen, dürfte, wenn Sie anders freie Hände hätten, uns nicht nur momentan ein trauriges Los in Aussicht stehen: Sie würden uns nämlich auch durchzuprügeln suchen, und möchten wir dann auf Schmerzensgeld, Schadenersatz und Ehrenbeleidigung klagen, so könnte uns von Ihrer Seite, der Sie die nicht allegorischen, sondern concreten Thatsachen Ihrer Flegelei nicht eingestehen, sondern abstreiten würden, noch ein fünffähriger Proceß (wie der armen Marquet) in Aussicht stehen. Wir wollen uns nur gegen die praktischen Uebungen Ihrer physischen Moral verwahren, das ist eine von der Klugheit und Vorsicht gebotene Maßregel einem Individuum gegenüber, das sich den Pavian zu seinem Stammvater in seinem philosophischen System ausersehen hat, und von dem wir — nach seinen Lehren — voraussetzen können, daß in ihm noch so manche gefährliche Eigenschaft schlummert, die er von seinen thierischen Vorfahren geerbt hat.“

Was wäre die Folge einer von ihm so wohlverdienten Allocution gewesen? Bei all seinen genialen Anlagen fehlte ihm ein ausgleichender Humor: er hatte keinen und konnte auch keinen vertragen. Es würde ihm am Ende in seiner Wuth ergangen sein, wie dem Weltweisen Fichte, der auch ein Atheist war, der aber, als ihm einmal in Jena die Studenten, die er beleidigt hatte, in der Nacht sämmtliche Fenster seiner Wohnung mit Steinwürfen zertrümmerten, in einem Briefe nicht weniger als dreimal Gott angerufen hat, dieser möge sein Strafgericht über diese Missethäter ergehen lassen! Wahrscheinlich hätte er im besagten Falle die am Tage vor seinem Tode gesprochenen Worte gejammert: „Sie (meine Philosophie) reicht ohne

Gott in den Schmerzen nicht aus; es soll damit, wenn ich gesund bin, anders werden." — Als er sich wieder besser fühlte, sprach er, wie wir schon früher berichtet: „Ein Philosoph braucht keinen Christus," — und an demselben Tage war er eine Leiche!

Nicht nur die Priester beschimpft er im Allgemeinen als Heuchler, denen es nur um ihren Lebensunterhalt zu thun ist. Auch die Philosophieprofessoren, die ihm ein beständiger Dorn im Auge sind, sucht er bei hundert Gelegenheiten als Gaukler zu beschimpfen. So (W. II, 187):

„Niemals hat es an Leuten gefehlt, welche auf das metaphysische Bedürfniß des Menschen ihren Unterhalt zu gründen und dasselbe möglichst auszubeuten bemüht waren. Die eine und zahlreichste Classe derselben sind die Priester, die Monopolisten und Generalpächter derselben, denen jedoch ihr Gewerbe überall dadurch gesichert werden mußte, daß sie das Recht erhielten, ihre metaphysischen Dogmen den Menschen schon in der ersten Kindheit, ehe noch die Urtheilskraft erwacht ist, beizubringen. Eine zweite, wiewohl nicht zahlreiche, Classe machen Die aus, die von der Philosophie leben; bei den Griechen heißen sie: Sophisten, bei Neueren: Professoren der Philosophie."

Man könnte Tausend gegen Eins wetten, daß beim Weltweisen, wenn ihm in Berlin eine Professur verliehen worden wäre, auch sämmtliche Schimpfereien über Professoren und Universitäten unterblieben wären.

Wenn er wiederholt immer über den Umstand klagt, daß schon den Kindern Religion beigebracht wird, so hätte man ihn auch wieder öffentlich fragen können, was für Früchte seine Philosophie bei Kindern und jungen Leuten hätte zeitigen müssen? Auch hier wieder ein eklatanter Widerspruch! Das Volk braucht Religion (religiöse Metaphysik), und hier lamentirt er wieder, daß dem Volke Religion schon von der Kindheit an gelehrt wird!!

Bekanntlich sind ja schon von Rousseau-gläubigen Herren Vätern Versuche mit der Rousseau-Emil-Erziehungsweise gemacht worden, und die Früchte davon sind, um uns des Ausdruckes unseres Weltweisen von 1849 zu bedienen, wahre „Schufte und Canaillen" gewesen. Hätte Schopenhauer geheirathet und Söhne gehabt, denen seine philosophische Metaphysik schon in der Kindheit wäre eingeprägt worden, aus denen wären (vorausgesetzt, daß dieselben auch noch einige Eigenschaften ihres Herrn Vaters erblich überkommen hätten) schon eklatante Gutedel herausgewachsen.

Wie kommt er denn nach der Klage, daß den Kindern schon Religion beigebracht wird, immer wieder zu dem Axiom: Nackt kann die Wahrheit vor dem Volke nicht erscheinen. So W. II, 183, 721.

„Die Philosophie macht den Anspruch und hat daher die Verpflichtung, in Allem, was sie sagt, sensu stricto et proprio wahr zu sein; denn sie wendet sich an das Denken und die Ueberzeugung. Die Religion hingegen, für die Unzähligen bestimmt, welche, der Prüfung und des Denkens unfähig, die tiefsten und schwierigsten Wahrheiten sensu proprio nimmermehr fassen würden, hat auch nur die Verpflichtung, sensu allegorico wahr zu sein. Nackt kann die Wahrheit vor dem Volke nicht erscheinen.“

Der geldprotzige Weltweise malt sich zur Beruhigung seines Gewissens das Leben der Proletarier poetisch aus, versucht den Armen statt des guten Tisches und sonstigen Comforts die Gabe der Heiterkeit den unzufriedenen Reichen gegenüber ins Gesicht hineinzuschmeicheln (P. II, 630) und ihnen (den Armen) diese Heiterkeit als „stets ergiebige Quelle des Genusses“ vorzudemonstriren, alles das in der beständigen Angst vor dem Kasseneinbruch.

Da finden wir den poetischen Blödsinn des alten Gleim ins Philosophische übersetzt. Diese abgeschmackte Gewissensbeschwichtigung lautet, daß es den Armen ohnedies so gut geht, daß sie mit ihrer Lage schon zufrieden sein können. Gleim biedermaiert I, 408, in zwei „Liedern des Arbeitsmannes“:

„Die Reichen alle mögen sich
In Gold und Seide kleiden,
Sie mögen schmausen — sie will ich,
Ich Armer, nicht beneiden.
Sie mögen ohne Leibesnoth
In Erdenfreuden leben,
Nur ihre Herzen, rühr', o Gott,
Daß sie uns Arbeit geben.“

Da soll bei dem alten Knasterdampfer noch unser Herrgott die Herzen der Reichen rühren, nicht, daß sie die Armen leben lassen, sondern daß sie ihnen Arbeit geben, — und Schopenhauer meint wieder philosophisch, „der Umtausch der

Arbeit mit der Ruhe" sei „die stete Quelle des Genusses". — Wenn man den Philosophen auf eine Schusterbank gesetzt hätte mit dem Auftrag, 12 Stunden täglich zu arbeiten, und der Erlaubniß, 12 Stunden zu ruhen, — wie sich der beeilt hätte, diese stetige Quelle des Genusses zu verstopfen! — Nur keine Nutzanwendung!

133. Wiederholte unwahre und unsinnige Behauptung mit absichtlicher Fälschung des christlichen Dogmas und der christlichen Erklärung desselben. Seine alberne Marotte, den Staat auf seinen Atheismus zu gründen. Lug über Lug. Uebersehen aller historischen Thatsachen, behauptet dafür den demoralisirenden Einfluß der „Religionen". Stets alle Religionen in einen Topf geworfen! Pfiffe und Kniffe, Lüge und Perfidie.

Ueber das Dasein Gottes behauptet Schopenhauer (P. I, 115):

„In der christlichen Religion ist das Dasein Gottes eine ausgemachte Sache und über alle Untersuchung erhaben. So ist es Recht, denn dahin gehört es und ist daselbst durch Offenbarung begründet. Es ist daher ein Mißgriff der Rationalisten, wenn sie in ihren Dogmatiken das Dasein Gottes anders als aus der Schrift zu beweisen versuchen; sie wissen in ihrer Unschuld nicht, wie gefährlich diese Kurzweil ist."

Der Weltweise ignorirt die Kirchenväter und Kirchenlehrer der katholischen Kirche vollkommen; er stellt sich so, als ob er nicht wisse, wie eingehend diese Gelehrten Gründe für Gottes Dasein aufgestellt und wie sie das Verhältniß der Creatur zum Schöpfer zu bestimmen gesucht haben. Der Weltweise aber will, die ganze Welt solle an den von ihm verkündigten Atheismus, an seinen Atheismus glauben, an denselben Atheismus, den er in einem Anfall von Schmerzen durch einen Hilferuf an den verläugneten Gott selber zeitweilig verleugnet hat.

Wie gefährlich die Kurzweil ist, den wahren Gott aus der Welt hinauszulügen, ein Experiment, das sich Schopenhauer auszuführen unternahm, hat er wohl an sich selber erfahren, als er, von seinen Schmerzen bedrängt, in Noth und Verzweiflung sich herbeiließ, Gott den Herrn wieder existiren, ihn etwas gelten zu lassen und ihn um seine Hülfe anzurufen.

Nachdem die Schmerzen vorbei waren, lebte der alte Uebermuth wieder auf; er hätte durch das Anerkennen Gottes sein ganzes System selber umstoßen müssen, und seine Hoffart, sein Ruhm, seine Hoffnung, durch sein System der ganzen Welt eine neue Gestalt zu geben, das ging ihm wieder durch den Kopf; als ihn der Arzt an sein Versprechen mahnte, wollte er vom „Mährchen" nichts mehr wissen. Das Porträt Schopenhauers, in welchem der Zeichner und Kupferstecher noch etwas mildernd verfahren ist, zeigt uns ein abstoßendes Bild von innerlicher Zerrissenheit und Verbissenheit, es liegt darin der Hochmuth und die Verzweiflung des Atheisten.

Wohl am allerkläglichsten — mit völliger Ignorirung des historischen Thatbestandes — ist der versuchte Beweis, daß im Staate eine gesetzliche Ordnung auch ohne Religion aufrecht gehalten werden könne.

Er meint (P. II, 355, 369):

„Es ist falsch, daß Staat, Recht und Gesetz nicht ohne Beihülfe der Religion und ihrer Glaubensartikel[1]) aufrecht erhalten werden könne, und daß Justiz und Polizei, um die gesetzliche Ordnung durchzusetzen, der Religion als ihres nothwendigen Complements bedürfen. Eine faktische und schlagende instantia in contrarium liefern uns die Alten, zumal die Griechen, welche keine heiligen Urkunden und kein Dogma hatten, das gelehrt, dessen Annahme von Jedem gefordert und das der Jugend frühzeitig eingeprägt worden wäre. Also ist die heutzutage allgemein beliebte Annahme, daß die Religion die unentbehrliche Grundlage aller gesetzlichen Ordnung sei, unhaltbar."

1. Wir haben früher (aus W. II, 183) von Schopenhauer gehört, daß die „Unzähligen" (das Volk) unfähig sind, die tiefsten und schwierigsten Wahrheiten[2]) sensu proprio zu erfassen und daß diese deshalb eine religiöse Metaphysik brauchen, die unangefochten neben der philosophischen Metaphysik bestehen kann.

2. Somit hat er hier wieder sich selbst widersprochen, indem er behauptet, zur Aufrechthaltung der gesetzlichen Ordnung sei die Religion nicht nothwendig.

---

[1]) Er verräth sich in seinen Behauptungen zumeist selber, daß er unter Religion immer das sein Gewissen bedrängende und beengende Christenthum abwehrend attrapiren wolle.

[2]) Darunter meint er seine Behauptung des Atheismus, er nennt nämlich immer seine Behauptungen — Wahrheiten.

3. Sein Beweis mit den Griechen ist total mißlungen und zudem eine kniffologische Ignorirung des historischen Thatbestandes, denn

4. die Griechen hatten ja eine Religion, wenn auch nicht die wahre, aber doch wahre Reminiscenzen aus der Urreligion, sie bezeugten den Göttern Achtung und waren auch götterfürchtig. Wir verweisen auf Plato und Pindar.

5. Hat Schopenhauer die wahre Grundlage des Staatsgebäudes bei den Griechen absichtlich und perfid ganz verschwiegen. Die vielen in den letzten Dezennien (auch schon zu Lebzeiten Schopenhauers) erschienenen Schriften über das sociale Leben bei den Griechen weisen unabweislich nach, daß der Grund und Boden, die sociale Unterlage des griechischen Staates die Sklaverei gewesen, die gerade deshalb sogar von Aristoteles für ganz in der Ordnung und plausibel gehalten worden ist.

6. Somit ist nicht, wie Schopenhauer oben sagt, die heutzutage allgemein beliebte Annahme u. s. w. (wie oben) — unhaltbar, sondern seine ganze Schlußfolgerung, welcher wir durch historisch constatirte Thatsachen den Boden unter den Füßen weggezogen haben, ist unhaltbar.

7. Somit ist auch hier das beliebte also oder daher, mit welchem Schopenhauer auf seine Behauptungen hin wie auf erwiesene Sätze seine Schlüsse aufzubauen sucht, ein Schwindel zur Betäubung seiner von ihm beliebten Dilettanten, die ihm natürlich viel lieber sind, als Leute, die sich mit den Grundsätzen der Logik beschäftigt haben (was Schopenhauer Professorenweisheit nennt), weil sie ihm nicht auf die Kappe gehen und er ihnen gegenüber das leichte Spiel hat, dieselben mit seiner Kniffologie und den darangeknüpften Trugschlüssen einzuschüchtern.

Mit demselben Behauptungsmittel sucht Schopenhauer den demoralisirenden Einfluß der Religionen zu beweisen. Es ist schon von vornherein ein ganz gemeiner Pfiff, die Religionen im Allgemeinen zu attaquiren und doch immer die von ihm gehaßtetste, die ihn beunruhigende christliche Religion bei seinen Ergüssen im Auge zu haben. Hören wir seine Auslassungen in dieser Richtung:

„Die Religionen haben sehr häufig einen entschieden demoralisirenden Einfluß. Im Allgemeinen ließe sich behaupten, daß, was den Pflichten gegen Gott beigelegt wird, den Pflichten gegen die Menschen entzogen wird, indem es sehr bequem ist, den Mangel des Wohlverhaltens gegen diese durch Adulation gegen jenen zu ersetzen. Demgemäß sehen wir in allen Zeiten und Ländern die große Mehrzahl der Menschen es viel leichter finden, den Himmel durch Gebete zu erbetteln, als durch Handlungen zu verdienen. In jeder Religion kommt es bald dahin, daß für die nächsten Gegenstände des göttlichen Willens nicht sowohl moralische Handlungen, als Glaube, Tempelceremonien und Latreia mancherlei Art ausgegeben werden; ja, allmälig werden die letzteren, zumal wenn sie mit Emolumenten der Priester verknüpft sind, auch als Surrogate der ersteren betrachtet. Nimmt man noch dazu die Gräuel des Fanatismus, der Verfolgungen, Religionskriege, so erscheint der demoralisirende Einfluß der Religionen weniger problematisch, als der moralisirende." (P. II, 384.)

1. Er sagt: im Allgemeinen ließe sich behaupten; er behauptet nicht im Besonderen, er beweist seine Behauptung nicht in concreten Fällen, er spricht die Behauptung nicht einmal aus, er sagt nur: es ließe sich im Allgemeinen behaupten. Das ist ja schon eine ganz unlogische Combination, ein schmählicher Pfiff.

2. Wo ist in der Kirche ein Gebot, in welchem, oder wo ist auch nur eine Dispens, in welcher durch die Gottesverehrung die Erfüllung der Pflichten gegen den Nächsten nachgesehen wird? Somit eine Lüge!

3. Wo ist ein Gesetz in der Kirche, vermöge welchem der Mangel des Wohlverhaltens gegen den Nächsten durch eine Adulation gegen Gott ersetzt werden darf? Also wieder eine Lüge.

4. Wo ist ein Gesetz in der Kirche, welches befiehlt, es solle Gott durch Adulation (d. h. durch Schmeichelei oder gemeine Fuchsschwänzerei) Verehrung gezollt werden? Also wieder eine Lüge!

5. Wenn der Philosoph auf dieser verlogenen Voraussetzung mit einem „demgemäß" sein Luftgebäude aufrichtet und sagt, „die Mehrzahl der Menschen findet es viel leichter u. s. w." (wie oben), so ist das wieder eine ganz gemeine Lüge, denn die Worte Christi lauten (Matth. VII. 21): „Nicht ein Jeder, der zu mir sagt: Herr, Herr! wird in das Himmelreich eingehen, sondern wer den Willen meines Vaters thut, der im Himmel ist, der wird in das Himmelreich eingehen."

6. Der Satz: „In jeder Religion u. s. w.“ ist wieder eine Lüge, denn wo ist ein Gebot oder eine Erlaubniß in der Kirche, welche durch Glauben und Tempelceremonien das Gebot der Moral als überflüssig aufhebt und durch welche die Emolumente für die Priester als Surrogate für Erfüllung des Moralgebotes gelten könnten? Auf alle diese Lügen heißt es:

7. „Nimmt man noch dazu u. s. w.“ — In welchem Gebote der Kirche werden die Gräuel des Fanatismus, der Verfolgungen und Religionskriege anbefohlen? Wenn solche Gräuel vorgekommen sind, so kann man das doch nicht der Religion, sondern den Menschen zuschreiben.

8. Hier sagt er wieder sehr perfid: „Die Religionen scheinen (er sagt nicht, sie sind) nicht sowohl die Befriedigung, als der Mißbrauch des metaphysischen Bedürfnisses zu sein.“ Das ist auch wieder eine Lüge, mit dem Worte „scheinen“ maskirt.

9. Durch die Einleitung des Schlußsatzes: „Wenigstens“ gibt er ja zu verstehen, daß er auf seine frechen Behauptungen selber kein Vertrauen hat und sich zufrieden gibt, die letzte retten zu können.

10. Er spricht von Gräuelthaten der Religion. Nun sind aber die Gräuelthaten nicht aus den Geboten Gottes oder der Kirche, sondern aus der menschlichen Sündhaftigkeit und der Uebertretung dieser Gebote hervorgegangen, während die Gräuelthaten der Atheisten (siehe die tausende Schaffotopfer während der Revolution in Frankreich) aber aus dem Atheismus hervorgegangen sind, welche Gräuelthaten sich natürlich wiederholen müßten, wenn Schopenhauer mit seinem Buddhaismus in Europa die christliche Civilisation verdrängt haben würde, wie es sein Plan und Wille gewesen ist.

134. Schon wieder Geniegepreise. Vertheidigt den Selbstmord. In der Angst für sein Leben ist er hier wieder für Todesstrafe (früher dagegen). Das Christenthum nichts nütze wegen Mangel an auf Gerechtigkeit basirtem Thierschutz. Lenkt am Ende wieder ein. Widersprüche ohne Zahl.

Schopenhauers Schriften sind eigentlich ein perennirendes Selbstlob. In allen Redewendungen lobt er die Vorzüge des Genies und den wohlverdienten Weltruhm des Genies; wer dieses vielbelobte Genie besitzt — nun, das liegt immer am Tage.

Wir haben nachgewiesen, daß Schopenhauer in seinem Koffer, mit welchem er die Reise in seine Unsterblichkeit angetreten, sehr viel Gelumpe, Gerümpel, Maskeraden und höchst überflüssigen Ballast eingepackt hat, den er füglich hätte können zu Hause lassen. Seine ganze Philosophie ist eigentlich ein Conglomerat von Schwindel und Phrasen, von Herabschimpfen Anderer und Selbsterheben seiner werthen Persönlichkeit, beständiges Geniepreisen für sich, und Bornirtheitsgeschimpfe über die Anderen.

Wenn Schopenhauer (in H. 975) sagt:

„Man soll jeden Schriftsteller auf die ihm günstigste Weise auslegen; es ist in Hinsicht auf ihn billig, in Hinsicht auf unsere Belehrung nützlich,"

so ist das auch offenbar eine Schutzwehr in seinem Interesse, denn er selber hat sich an diese schöne Regel schon gar nicht gehalten: er hat alle Professoren, seine Zeit, seine Zeitgenossen nach Kräften herabgesetzt, herabgeschimpft und herabgerissen, und besonders Jene, die auch nur in bescheidenster Weise ihm zu widersprechen wagten, mit einer Fluth von Schimpf und Schmach überhäuft.

Wenn der Atheist den Selbstmord vertheidigt, um sich aber doch nicht gar zu stark zu blamiren, am Ende einige außerordentlich matte Gründe, die er aber selber wieder umstößt, anführt, so geht das ja ganz gut aus seinem Atheismus hervor. Aber auch bei dieser Vertheidigung des Selbstmordes kann er es nicht unterlassen, den Clerus, der gegen den Selbstmord predigt, der eigennützigsten Motive zu beschuldigen. Verschimpfen, Herabsetzen, Verdächtigen, jeder Handlung Anderer die selbstsüchtigsten Motive unterlegen, das ist so recht sein philosophischer Kniff. Hören wir ihn:

„Es gibt gewisse, allgemein beliebte und fest accreditirte, täglich von Unzähligen mit Selbstgenügen nachgesprochene Irrthümer. Zu diesen gehört auch der Satz: Selbstmord ist eine feige Handlung." (P. II, 64. 328.)

„Die Gründe gegen den Selbstmord, welche von den Geistlichen der monotheistischen, d. i. jüdischen Religionen und den ihnen sich anbequemenden Philosophen aufgestellt worden, sind schwache, leicht zu widerlegende Sophismen." (P. II, 328—331.)

„Der außerordentlich lebhafte und doch weder durch die Bibel, noch durch triftige Gründe unterstützte Eifer der Geistlichkeit monotheistischer Religionen gegen den Selbstmord scheint auf einem verhehlten Grunde zu beruhen. Sollte es nicht dieser sein, daß das freiwillige Aufgeben des Lebens ein schlechtes Compliment ist für Den, welcher gesagt hat: „παντα καλα λιαν"? So wäre es denn abermals der obligate Optimismus dieser Religionen, welcher die Selbsttödtung anklagt, um nicht von ihr angeklagt zu werden." (P. II, 332.)

„Da ein Recht zu etwas, oder auf etwas haben, nichts weiter heißt, als es thun, oder aber nehmen, oder benutzen können, ohne dadurch irgend einen Andern zu verletzen; so erhellt die Sinnlosigkeit der Frage, ob wir das Recht haben, uns das Leben zu nehmen. Was aber die Ansprüche, die etwa Andere auf uns persönlich haben können, betrifft, so stehen sie unter der Bedingung, daß wir leben, fallen also mit dieser weg. Daß Der, welcher für sich selbst nicht mehr leben mag, nun noch als bloße Maschine zum Nutzen Anderer fortleben solle, ist eine überspannte Forderung." (P. II, 257.)

„Offenbar hat doch Jeder auf Nichts in der Welt ein so unbestreitbares Recht, wie auf seine eigene Person und Leben." (P. II, 328.)

„Wenn die Kriminaljustiz den Selbstmord verpönt, so ist dies entschieden lächerlich; denn welche Strafe kann Den abschrecken, der den Tod sucht? — Bestraft man den Versuch zum Selbstmord, so ist es die Ungeschicklichkeit, durch welche er mißlang, die man bestraft." (P. II, 329.)

„Von dem Willen zum Leben ist das Leben unzertrennlich und dessen Form allein das Jetzt. Anfang und Ende trifft nur das Individuum, mittelst der Zeit, der Form dieser Erscheinung für die Vorstellung. Außer der Zeit liegt allein der Wille, Kants Ding an sich, und dessen adäquate Objectität, Platons Idee. Daher gibt Selbstmord keine Rettung; was Jeder im Innersten will, das muß er sein, und was Jeder ist, das will er eben." (W. I, 433.) „Weil dem Willen zum Leben das Leben immer gewiß und diesem das Leiden wesentlich ist, so ist der Selbstmord, die willkürliche Zerstörung einer einzelnen Erscheinung, bei der das Ding an sich ungestört stehen bleibt, wie der Regenbogen feststeht, so schnell auch die Tropfen, welche auf Augenblicke seine Träger sind, wechseln, eine ganz vergebliche und thörichte Handlung. Aber er ist auch überdies das Meisterstück der Maja, als der schreiendste Ausdruck des Widerspruchs des Willens zum Leben mit sich selbst." (W. I, 472–474.)

„Der wahre Grund gegen den Selbstmord, aus welchem auch das Christenthum denselben verwirft (vergl. Christenthum), ist ein ascetischer, gilt also nur von einem viel höhern ethischen Standpunkte aus, als der, den europäische Moralphilosophen jemals eingenommen haben. Steigen wir aber von jenem sehr hohen

Standpunkte herab, so gibt es keinen haltbaren moralischen Grund mehr, den Selbstmord zu verdammen." (P. II, 332.)

Der Freipaß in die Ewigkeit ist vom philosophischen Polizeidirektor allergnädigst ausgestellt. Auf die Frage: Warum soll man denn nicht auch einen Andern umbringen können, der einem zuwider ist, wenn man sich selbst umbringen darf im Falle, daß man sich selbst zuwider wird? da lautet die Antwort schon anders. Für sein Leben, für seinen Ruhm, für sein Geld weiß der Weltweise immer die zärtlichste Fürsorge zu hegen, darum ist er auch sehr consequent für's Aufhängen und Schaffottiren. Ueber die Sentimentalität des Aufhebens der Todesstrafe ist er im Interesse seiner Selbsterhaltung entschieden hinaus.

Er sagt:

„Der unmittelbare Zweck der Strafe ist Erfüllung des Gesetzes als eines Vertrages. Der einzige Zweck des Gesetzes aber ist Abschreckung von Beeinträchtigung fremder Rechte. Demnach ist der Zweck der Strafe Abschreckung vom Verbrechen. Kants Theorie der Strafe als bloßer Vergeltung um der Vergeltung willen ist eine völlig grundlose und verkehrte Ansicht." (W. I, 410—412.)

„Der eigentliche Zweck der Strafe ist Abschreckung von der That, nicht aber moralische Besserung, welche wegen der Unveränderlichkeit des Charakters gar nicht möglich ist. (!!) Das Pönitentiarsystem ist zu verwerfen." (!!) (W. II, 683):

„Daß, wie Beccaria gelehrt hat, die Strafe ein richtiges Verhältniß zum Verbrechen haben soll, beruht nicht darauf, daß sie eine Buße für dasselbe wäre, sondern darauf, daß das Pfand dem Werthe dessen, wofür es haftet, angemessen sein muß. Daher ist Jeder berechtigt, als Garantie seines Lebens fremdes Leben zum Pfande zu fordern, nicht aber ebenso für die Sicherheit seines Eigenthums, als für welches fremde Freiheit u. s. w. Pfand genug ist. Zur Sicherstellung des Lebens der Bürger ist daher die Todesstrafe schlechterdings nothwendig. Ueberhaupt gibt der zu verhütende Schaden den richtigen Maßstab für die anzudrohende Strafe; nicht aber gibt ihn der moralische Unwerth der verbotenen Handlung. Neben der Größe des zu verhütenden Schadens kommt bei Bestimmung der Maße der Strafe die Stärke der zu der verbotenen Handlung antreibenden Motive in Betracht." (W. II, 684. H. 376.)

Wie schön von ihm, daß er trotz des Atheismus das Leben der Bürger will sichergestellt wissen! Weil aber die Religion als ein Motiv zum sittlichen Leben bei Seite geschoben ist, muß nun, so lange der Staat zusammenhält, der Scharfrichter, und wenn sich die Canaille en masse empören will, das Militär mit seinen Hinterladern, mit der letzten Fundamentalmoral aushelfen.

Gegen die Thierquälerei wollen ihm die Bestimmungen des christlichen Moralgesetzes durchaus nicht genügen, er meint (natürlich im Interesse seines Atheismus), nur die Lehre von der Gleichstellung der Thiere mit den Menschen könne allein den Grund für alle Bestrebungen der Thierschutzvereine abgeben. Es ist von Interesse, ihn zu hören:

„Ein Grundfehler des Juden- und Christenthums ist, daß es widernatürlicher Weise den Menschen losgerissen hat von der Thierwelt, welcher er doch wesentlich angehört, und ihn nun ganz allein gelten lassen will, die Thiere geradezu als Sachen betrachtend. Der besagte Grundfehler ist eine Folge der Weltanschauung des Judenthums. (Vergl. Judenthum.) Der biblische Spruch: „Der Gerechte erbarmt sich seines Viehes" ist unzulänglich. Nicht Erbarmen, sondern Gerechtigkeit ist man dem Thiere schuldig. Der Schutz der Thiere fällt in Europa, welches vom foetor judaicus so durchzogen ist, daß die augenfällige Wahrheit: „das Thier ist im Wesentlichen das Selbe wie der Mensch" ein anstößiges Paradoxon ist, den ihn bezweckenden Gesellschaften und der Polizei anheim, die aber Beide gar wenig vermögen gegen die Rohheit des Pöbels. Die grausamste Thierquälerei sind die Vivisectionen, welche jeder Medikaster sich befugt hält vorzunehmen, um angebliche Probleme zu entscheiden. Offenbar ist es an der Zeit, daß der jüdischen Naturauffassung in Europa, wenigstens hinsichtlich der Thiere, ein Ende werde und das ewige Wesen, welches, wie in uns, auch in allen Thieren lebt, als solches erkannt, geschont und geachtet werde. Es ist leider wahr, daß der nach Norden gedrängte Mensch des Fleisches der Thiere bedarf; man sollte aber den Tod solcher Thiere ihnen ganz unfühlbar machen durch Chloroform und durch rasches Treffen der letalen Stelle. Erst, wenn jene einfache und über allen Zweifel erhabene Wahrheit, daß die Thiere im Wesentlichen das Selbe sind, als wir, ins Volk gedrungen sein wird, werden die Thiere nicht mehr als rechtlose Wesen dastehen und der bösen Laune und Grausamkeit jedes rohen Buben preisgegeben sein; und wird es nicht jedem Medikaster frei stehen, jede abenteuerliche Grille seiner Unwissenheit durch die gräßlichste Qual einer Unzahl von Thieren auf die Probe zu stellen."

„Die Thierschutzgesellschaften brauchen in ihren Ermahnungen noch immer das schlechte Argument, daß Grausamkeit gegen Thiere zur Grausamkeit gegen Menschen führe; — als ob bloß der Mensch ein unmittelbarer Gegenstand der moralischen Pflicht wäre, das Thier bloß ein mittelbarer, an sich eine bloße Sache!" (P. II, 396—404. E. 161 fg. 238—245. Vergl. auch unter **Anatomie**: Ethischer Nutzen des Studiums der Anatomie.)

„Daß übrigens das Mitleid mit Thieren nicht so weit führen muß, daß wir, wie die Brahmanen, uns der thierischen Nahrung zu enthalten hätten, beruht darauf, daß in der Natur die Fähigkeit zum Leiden gleichen Schritt hält mit der Intelligenz; weshalb der Mensch durch Entbehrung der thierischen Nahrung, zumal im Norden, mehr leiden würde, als das Thier durch einen schnellen und stets unvorhergesehenen Tod. Ohne thierische Nahrung würde das Menschengeschlecht im Norden nicht einmal bestehen können. Nach demselben Maßstabe läßt der Mensch das Thier auch für sich arbeiten, und nur das Uebermaß der aufgelegten Anstrengung wird zur Grausamkeit."

Am interessantesten in der ganzen Abhandlung ist, daß *sein* Gott auch im Thiere lebt und daß „dahin gewirkt werden müsse, daß das ewige Wesen, welches wie in uns, auch in allen Thieren lebt, als solches erkannt, geschont und geachtet werde".

Der atheistische Weltweise kommt mit seinem verunglückten System aus den Widersprüchen nicht heraus. Wenn das ewige Wesen in jedem Menschen und in jedem Thiere lebt, so muß man ja das ewige Wesen auch im *Mörder* und *Verbrecher* schonen; es lebt ja *in ihm* auch. Was hat denn ein ewiges Wesen über das andere ewige Wesen für ein Recht? Wenn der beliebte und belobte Pudel *Fatma* des Philosophen einer Katze oder einem kleinen, bissigen Pintscher im Raufen das Genick entzweigebissen hätte, und man würde von Schopenhauer verlangt haben, er solle seinen Pudel erschießen, so wäre er sicher in Wuth gerathen über ein so tolles Begehren. Und nach seiner Principienconfusion vom ewigen Wesen in allen Thieren und vom ewigen Wesen in allen Menschen und über die *Sicherstellung des Lebens der Bürger* hätte ja doch auch der *Sicherstellung* des Lebens der *Pintscher* durch die Justification des philosophischen Pudels ein Opfer gebracht werden sollen, und seinem Pudel Fatma hätte er nicht erlauben dürfen, die Flöhe mit der Pfote zu beunruhigen und selbe zu zerbeißen u. s. w.

135. Wieder Genie-Beräucherung. Klägliche Blindheit der Bewunderinnen des Weltweisen, der die Frauen in der Theorie und Praxis verachtet und schändlich behandelt hat. Das Warum bei den Anbeterinnen Schopenhauers wirft einen kuriosen Schatten über den ethischen Charakter dieser Damen.

Wie gesagt, ersehen wir bei der Durchmusterung des Gepäckes, das der Weltweise für die Reise zum ewigen Ruhm bestimmt hat, außerordentlich viel Schund und verschlissenen Trödelkram.

Es soll hier noch auf eine der unzähligen Genie-Beräucherungen aufmerksam gemacht werden. Wie eitle Frauen immer in den Spiegel schauen, so dreht und wendet der Weltweise sein Genie wie einen geschliffenen Diamanten nach allen Seiten, um sich an dem Glanze desselben zu erfreuen und den Lesern denselben vor ihren Augen funkeln zu lassen.

„Im stillen Bewußtsein davon, daß der Stil ein genauer Abdruck der Qualität des Denkens ist, sucht jeder Mediokre seinen ihm eigenen und natürlichen Stil zu maskiren. Dies nöthigt ihn zunächst, auf alle Naivetät zu verzichten; wodurch diese das Vorrecht der überlegenen und sich selbst fühlenden, daher mit Sicherheit auftretenden Geister bleibt. Jene Alltagsköpfe streben nach dem Schein, viel mehr und tiefer gedacht zu haben, als der Fall ist. Sie bringen demnach, was sie zu sagen haben, in gezwungenen, schwierigen Wendungen, neu geschaffenen Wörtern und weitläufigen, um den Gedanken herumgehenden und ihn verhüllenden Perioden vor. Sie schwanken zwischen dem Bestreben, denselben mitzutheilen, und dem, ihn zu verstecken. Hingegen sehen wir jeden wirklichen Denker bemüht, seine Gedanken so rein, deutlich, sicher und kurz, wie nur möglich, auszusprechen. Demgemäß ist Simplicität stets ein Merkmal nicht allein der Wahrheit, sondern auch des Genies gewesen. Der Stil erhält die Schönheit vom Gedanken, statt daß bei jenen Scheindenkern die Gedanken durch den Stil schön werden sollen." (P. II, 551–553. Vergl. auch unter Schriftsteller: Erklärung der Geistlosigkeit und Langweiligkeit der Schriften der Alltagsköpfe.)

„Fremden Stil nachahmen heißt eine Maske tragen. Wäre diese auch noch so schön, so wird sie durch das Leblose bald insipid und unerträglich, so daß selbst das häßlichste lebendige Gesicht besser ist. Affektation im Stil ist dem Gesichterschneiden zu vergleichen." (P. II, 550.)

Sie ist jedenfalls psychologisch merkwürdig — diese ewige Geniebewunderung; er hat in alter und neuer Zeit alle, auch die allereitelsten Autoren in diesem Fache überflügelt. Tief unten das Mediokre, die Alltagsköpfe, die Scheindenker, und hoch ober dem Gewässer der sich selbst fühlende, mit Sicherheit auftretende Geist, der wirkliche Denker, mit dem Merkmal der Wahrheit (!!) und des Genies ausgestattet.

Später wird den Alltagsköpfen schon wieder ein Alltagskopf hinaufgeworfen (P. II, 557):

„Am preciösen Stil erkennt man den Alltagskopf. Nichtsdestoweniger ist es ein falsches Bestreben, geradezu so schreiben zu wollen, wie man redet. Vielmehr soll jeder Schriftsteller eine gewisse Spur der Verwandtschaft mit dem Lapidarstil tragen, der ja ihr Aller Ahnherr ist. Jenes ist daher so verwerflich, wie das Umgekehrte, nämlich reden zu wollen, wie man schreibt."

Bekanntlich ist eine gewisse (oder auch ungewisse) Gattung Frauen für die Schopenhauersche Philosophie außerordentlich eingenommen, arbeitet in Schopenhauer-Phrasen und macht, um Aufsehen zu machen, in der pessimistischen Weltanschauung, und doch hat die Frauenwelt gerade diesem Weltweisen gegenüber sehr wenig Ursache, demselben dankbar zu sein. Theils bringt er über die Frauen uraltes, schon hundertmal aufgewärmtes Zeug, theils eine sehr ungalante Herabsetzung des Frauengeschlechts, und theils schreibt er über die Frauen sehr phantastische Bemerkungen nieder, die gar nicht wahr sind. Freilich ist von ihm das Alles mit der Sicherheit des Originalgenies niedergeschrieben, welches sich bewußt ist, nur lauter Goldkörner zu produciren.

Wie altbacken ist z. B. Folgendes (P. II, 652):

„Wie den Löwen mit Klauen und Gebiß, den Elephanten mit Stoßzähnen, den Stier mit Hörnern u. s. w., so hat die Natur das an Kraft dem Manne nachstehende Weib dafür mit List und Verstellungskunst ausgerüstet, zu seinem Schutz und Wehr."

Wie verlautet, ist in neuester Zeit die Schopenhauer-Epidemie besonders in der demi-gebildeten Frauenwelt ausgebrochen, denn eigentlich edel gebildete Frauen können sich weder an einer Philosophie, noch an einem Philosophen erfreuen, deren letzterer in der ersteren die ganze Frauenwelt in einer sehr ordinären, herabwürdigenden Weise behandelt. Manche der von uns als demi Bezeichneten sind offenbar mit seinem Vorschlag: ein Mann solle vier Frauen haben können, einverstanden; diese Damen denken sich wahrscheinlich, den Spieß umkehrend: warum soll denn dann eine Frau nicht auch vier Männer haben können? Wenn die Monogamie des christlichen Sittengesetzes einmal aufgehoben ist und Leute, wie dieser Schopenhauer, anfangen, neue Ehegesetzgebungen zu fabriciren, so haben ja auch Andere als er, und wenn es auch Frauen sind, dasselbe Recht. Schopenhauer hat schon in seiner Metaphysik der Geschlechtsliebe gezeigt, in welchen gar nicht heikligen Kreisen er seine Studien für dieses an und für sich sehr heiklige Thema gemacht hat. Er handelt hier, wenigstens in seinen Urtheilen über die Frauenwelt, seinen Principien nach ziemlich consequent, denn, wenn die Menschen Abkömmlinge der Affen wären, wie er behauptet, so hätte er ja auch recht, wenn er den Frauen ihrem Charakter und ihren Eigenschaften nach in seiner philosophischen Menagerie den Käfig für Pavian- und Orang-Utang-Weibchen anweist.

Interessant ist, wie er immer und ewig seine Superiorität über alle Nichtgenies, über alle Philosophen und Philosophieprofessoren, so auch hier wieder seine Superiorität als Mann über die Frauenwelt zum Gegenstand seines Räsonnirens macht. Eine Anerkennung und Werthschätzung von Frauentugend darf man bei dem Manne freilich nicht suchen, der sich für das Centrum des Universums, für den Enthüller aller Weltgeheimnisse, für den Auffinder der Wahrheit hält, der keinen Gott neben sich dulden kann und sich geradewegs an Gottes Stelle in seinem philosophischen Schlafsessel breit zu machen sucht.

Wir ersuchen Frauen, die Urtheile über die Frauenwelt, wie sie Schopenhauer verkündet, besonders zu beherzigen. Wir wollen uns weder in eine weitläufige Explication, noch in eine eingängige Widerlegung seiner Marotten einlassen und denken über diesen Gegenstand: entweder sind Frauen Anhängerinnen Schopenhauers und haben in ihrem Leben sich einen fruchtbaren Boden für diese seine Weltanschauung bereitet — nun, diese Gattung Damen müßte man früher zur reuigen Einkehr und Erkenntniß ihres Innern bringen, was keine kleine Aufgabe ist — oder es sind Frauen, deren Schwingen, um sich in höhere Sphären zu erheben, weder gestutzt, noch beschmutzt sind. Und diese haben neben der weiblichen Klugheit, die in diesem Falle allein nicht ausreicht, auch die sittliche Unbefangenheit, und die werden es durch diese beiden vereinten Eigenschaften bald herausfinden, was an der Schopenhauerschen — wir sagen nicht Glaubens- und Sittenlehre (weil das ein

Unsinn wäre) — sondern was an seiner Unglaubens- und Unsittenlehre daran ist, denn unter die Rubrik Sittenlehre kann man ja doch die Bocksprünge nicht einstellen, welche der Philosoph über die Ehe und über das Verhältniß der beiden Geschlechter zu einander seiner Lesewelt mit der größten Unverfrorenheit vorgetanzt hat.

136. Harte Nüsse aus dem Schopenhauer-Gärtlein für seine Freundinnen. Verachtung und Erniedrigung der Frauenwelt.

Die Frauen mögen selber darüber nachsinnen, in welcher Gattung von Salons der Weltweise seine Beobachtungen eingeheimst hat. Er docirt über die Bestimmung des Weibes:

„Das Weib ist, wie schon der Anblick seiner Gestalt lehrt, weder zu großen geistigen, noch körperlichen Arbeiten bestimmt. Es trägt die Schuld des Lebens nicht durch Thun, sondern durch Leiden ab, durch die Wehen der Geburt, die Sorgfalt für das Kind, die Unterwürfigkeit unter den Mann, dem es eine geduldige und aufheiternde Gefährtin sein soll. Die heftigsten Leiden, Freuden und Kraftäußerungen sind ihm nicht beschieden; sondern sein Leben soll stiller, unbedeutsamer und gelinder dahinfließen, als das des Mannes, ohne wesentlich glücklicher oder unglücklicher zu sein." (P. II, 649.)

„Weil im Grunde die Weiber ganz allein zur Propagation des Geschlechts da sind und ihre Bestimmung hierin aufgeht, so leben sie durchweg mehr in der Gattung, als in den Individuen, nehmen es in ihren Herzen ernstlicher mit den Angelegenheiten der Gattung, als mit den individuellen." (P. II, 653 fg.)

„Daß das Weib seiner Natur nach zum Gehorchen bestimmt sei, gibt sich daran zu erkennen, daß eine Jede, welche in die ihr naturwidrige Lage gänzlicher Unabhängigkeit versetzt wird, alsbald sich irgend einem Manne anschließt, von dem sie sich lenken und beherrschen läßt, weil sie eines Herrn bedarf." (P. II, 662.)

Ueber den moralischen Gegensatz zwischen Mann und Weib philosophirt er:

„Je edler und vollkommener eine Sache ist, desto später und langsamer kommt sie zur Reife. Deswegen ist auch die Vernunft des früher reifenden Weibes eine gar knapp gemessene. Durch die Vernunft unterscheidet sich der Mensch von dem bloß in der Gegenwart lebenden Thiere, indem er Vergangenheit und Zukunft übersieht und bedenkt, woraus dann seine Vorsicht, Sorge und häufige Beklommenheit entspringt. (Vergl. Vernunft, und unter Mensch: Unterschied zwischen Thier und Mensch.) Der Vortheile, wie der Nachtheile, die dies bringt, ist das Weib in Folge seiner schwächern Vernunft weniger theilhaft. Die Weiber kleben an der Gegenwart, sehen immer nur das Nächste, nehmen den Schein der Dinge für die Sache, sehen mit ihrem Verstande in der Nähe scharf, haben dagegen einen engen Gesichtskreis, in welchen das Entfernte nicht fällt; daher der bei ihnen so häufige Hang zur Verschwendung. — Die angegebene geistige Beschränktheit der Weiber hat aber das Gute, daß sie mehr in der Gegenwart aufgehen, als die Männer, und dieselbe daher besser genießen; woraus ihre eigenthümliche Heiterkeit hervorgeht, die sie zur Erholung und zum Troste des sorgenbelasteten Mannes eignet. Der intuitive Verstand, durch den die Weiber excelliren, und ihre größere Nüchternheit eignet sie auch zu Rathgeberinnen in schwierigen Angelegenheiten. Ferner ist es aus der eigenthümlichen, von der männlichen verschiedenen Geistesbegabung der Weiber abzuleiten, daß sie mehr Mitleid und daher mehr Menschenliebe und Theilnahme an Unglücklichen zeigen, als die Männer, hingegen im Punkte der Gerechtigkeit, Redlichkeit und Gewissenhaftigkeit diesen nachstehen. Demgemäß wird man als Grundfehler des weiblichen Charakters Ungerechtigkeit finden. Er entsteht zunächst aus dem dargelegten Mangel an Vernünftigkeit, wird zudem aber noch dadurch unterstützt, daß sie, als die schwächeren, von der Natur nicht auf die Kraft, sondern auf die List angewiesen sind; daher ihre instinktartige Verschlagenheit und ihr Hang zum Lügen. — Aus dem aufgestellten Grundfehler und seinen Beigaben entspringt die Falschheit, Treulosigkeit, Verrath, Undank u. s. w. Der gerichtlichen Meineide machen Weiber sich viel öfter schuldig, als Männer. Es ließe sich überhaupt in Frage stellen, ob sie zum Eide zuzulassen sind." (P. II, 650—653. E. 215. — Ueber die Schwäche der Weiber im Verstehen und Befolgen von Grundsätzen s. Grundsätze.)

„Die Weiber sind sich, wenn auch nicht in abstracto, bewußt, daß die Gattungsinteressen in ihre Hände gelegt sind, und daß diese weit berechtigter sind, als die individuellen. Sie machen sich daher kein Gewissen daraus, im Interesse der Propagation der Species individuelle Pflichten zu verletzen. Dies aber gibt ihrem ganzen Wesen und Treiben einen gewissen Leichtsinn und überhaupt eine von der des Mannes grundverschiedene Richtung, aus welcher die so häufige Uneinigkeit in der Ehe erwächst." (P. II, 653 fg.)

„Zwischen Männern ist von Natur bloß Gleichgültigkeit; aber zwischen Weibern ist schon von Natur Feindschaft. Ferner, während der Mann, selbst zu dem tief unter ihm Stehenden, in der Regel noch immer mit einer gewissen Humanität redet, gebärdet ein vornehmes Weib sich meistens stolz und schnöde gegen ein niederes." (P. II, 654.)

Der Weltweise ist schon aus seinem mütterlichen Hause mit Haß gegen die Frauenwelt fortgezogen. Er lebte, wie wir schon berichtet, im bittersten Streit mit seiner Mutter und führte mit ihr Proceß; auch seine Schwester pflegte er sehr verächtlich zu behandeln. Es scheint, daß diese häuslichen Zerwürfnisse an dem, wie seine Mutter ihm vorgeworfen, unerträglichen Hochmuth und der widerwärtigen Menschenverachtung Arthurs wohl die größte Schuld getragen, auch mitgeholfen haben, ihn gegen das weibliche Geschlecht so bitter zu stimmen. Er sagt in demselben Sinne über die Ausstattung des Weibes von der Natur (P. II, 652):

„Mit den Mädchen hat es die Natur auf das, was man im dramaturgischen Sinne einen Knalleffekt nennt, abgesehen, indem sie dieselben auf wenige Jahre mit überreichlicher Schönheit, Reiz und Fülle ausstattete auf Kosten ihrer ganzen übrigen Lebenszeit, damit sie nämlich während jener Jahre auf die Männer den Zauber ausüben, der sie hinreißt, die Sorge für sie auf Zeit ihres Lebens zu übernehmen. Sonach hat die Natur das Weib eben wie jedes andere ihrer Geschöpfe mit den Waffen und Werkzeugen ausgerüstet, deren es zur Sicherung seines Daseins bedarf, wobei sie denn auch mit ihrer gewöhnlichen Sparsamkeit verfahren ist."

Wir finden auch hier wieder den Weltweisen in dem schon wiederholt beobachteten grellen Widerspruch befangen. Er wiederholt oft, daß sich die Philosophie nur mit der vor Augen daliegenden begrifflichen Welt befassen dürfe, um den Grund der Welt dürfe nicht gefragt werden; einen persönlichen, selbstbewußten Gott verläugnet er mit aller Hartnäckigkeit! Was gibt ihm denn nun ein Recht, von einer selbstbewußten, denkenden, berechnenden, schlauen Natur zu sprechen, welche das Weib wie jedes andere Geschöpf mit Waffen und Werkzeugen ausrüstet, welcher sie zur Sicherung ihres Daseins bedürfen? Einmal behauptet er: nur im Kürbis, im Menschenkopf, im Gehirn gibt es Gedanken, und hier werden wieder der Natur, die doch kein Hirn und keinen Kürbiskopf besitzt, die schlauesten Pläne bei Schaffung des weiblichen Geschlechts, wie auch bei Schaffung der Thierwelt zugewiesen.

Wir ersuchen den Leser, zum Verständniß der nachfolgenden Bedenken über Schopenhauersche Gynäkologie (Frauenkunde) die Nr. 85, S. 190, zu überblicken.

Es ist immer nöthig, der Behauptungsseligkeit des atheistischen Philosophen einige Betrachtungen anzuschließen.

1. Die Weiber sind ganz allein zur Propagation des Geschlechtes da und ihre Bestimmung geht hierin auf. Ihre Kinder

dürfen sie nicht in der Furcht und Ermahnung des Herrn erziehen, denn die Religion ist ein erbliches Uebel, das vertilgt werden muß und nicht fortgepflanzt werden darf, also rein nur zur Zucht der Rasse ist das Weib bestimmt. Hört es, ihr Zuchtmütter!

2. Der Beweis, „das Weib sei zum Gehorchen da, weil sich jedes irgend einem Manne anschließt, von dem es sich lenken und beherrschen läßt", ist wieder eine optimistische Unwahrheit des Pessimisten. Hier fällt er aus seiner Rolle, denn sehr viele Frauen lenken und beherrschen ihre Männer und sind, wie der Philosoph selber anderwärts dieselben anklagt, dazu „mit List und Verstellungskunst ausgerüstet".

3. Die Anklage, daß die Weiber im Punkte der Gerechtigkeit, Redlichkeit und Gewissenhaftigkeit den Männern nachständen, und der Grundfehler des weiblichen Charakters Ungerechtigkeit sei, — diese ganze Anklage entspringt wieder einer männlichen Ungerechtigkeit. Man thut dem Weltweisen nicht unrecht, wenn man die Ursache seiner Urtheile über die Frauen aus seinen Processen mit seiner eigenen Mutter und aus der Niederlage der Marquet, welche seine eigene Niederlage vor Gericht veranlaßte, ableitet, denn seine maßlose Eitelkeit und Rechthaberei konnte derlei Ereignisse nie und nimmer vergessen und auch nicht vergeben. Die Sucht, im Schimpfen zu verallgemeinern, ist bei ihm notorisch an den Tag getreten. Was einzelne Frauen an ihm verschuldet (oder vielleicht besser: was er an einzelnen Frauen verschuldet), das wurde dem ganzen Geschlecht auf die Schuldentafel geschrieben.

4. Er behauptet Grundfehler der Weiber und schließt wie gewöhnlich aus seiner Behauptung auf Falschheit, Treulosigkeit, Verrath und Undank, und will die Weiber sogar zum Eide nicht zulassen, was sehr komisch ist, denn die Marquet beeidete ihren doppelten Niederwurf, und auf diesen Eid hin wurde er nach fünfjähriger schmutziger Nothwehr von seiner Seite doch am Ende gerichtlich verurtheilt. Daher seine Galle gegen die Eidesfähigkeit der Frauen.

5. Die Anklage, daß sich im Allgemeinen die Weiber kein Gewissen daraus machen, im Interesse der Propagation individuelle Pflichten zu verletzen, ist eine eklatante Lüge.

Bei Schopenhauerinnen, die keinen Gott erkennen und denen das Gewissen eine Chimäre ist, mag der Vorwurf des Weltweisen Geltung haben.

6. Eben so ungerecht ist es, den Weibern im Allgemeinen die so häufige Uneinigkeit in der Ehe aufzuhalsen. Gewöhnlich ist der eine Theil so viel schuld und so viel werth wie der andere.

7. Sogar das unästhetische Geschlecht will er sie genannt wissen.

8. Auch die direkte Herrschaft über die Dinge (was soll das heißen?) streitet er ihnen ab, „weil sie auf eine bloß indirekte, nämlich mittelst des Mannes, verwiesen sind". Reiner Unsinn!

9. „Weiber können ein bedeutendes Talent, aber kein Genie haben." Die Eifersucht auf sein und die Werthschätzung seines Genies muß auch den Frauen gegenüber verkündigt werden.

10. Sogar am Verderben der modernen Gesellschaft müssen die Weiber Schuld haben. Die atheistischen Philosophen haben Frankreich ins Verderben gestürzt und Schopenhauer hat diesen seinen französischen Vorgängern in Deutschland mit der gleichen Gewissenlosigkeit nachgestrebt.

11. Den Frauen Ehrfurcht zu bezeugen, wäre lächerlich, nach Schopenhauer schon, der alle seine Behauptungen aus seinem eigenen Leben und Treiben herausspiegelt und herausspintisirt. Seine eigene Mutter hat über seine Bosheit, seinen Hochmuth und seine Unverträglichkeit den Stab gebrochen. — Ein Mensch, der seine Mutter, die ihn durch Wort und Beispiel zu einem gewissenhaften und anständigen Menschen, zu einem guten Christen zu erziehen bestrebt war, nicht mit Ehrfurcht behandelt, ist ein verächtlicher und erbärmlicher Geselle.

12. Nicht nur ein quantitativer, auch ein qualitativer Unterschied soll zwischen dem Männer- und Frauencharakter sich vorfinden. Frauen befinden sich bei uns (er meint in den christlichen Ländern) „in einer falschen Stellung": den Frauen soll ihre naturgemäße Stellung wie im Orient (bei den Türken und Mohammedanern) wieder angewiesen werden. Fort mit der abgeschmackten Weiberveneration, dem „Damen-Unwesen muß ein Ende gemacht werden." Auf alle seine blöden Pläne und Behauptungen hinauf wieder ein ganz unsinniger

Schluß: „Gerade, weil es Damen gibt in Europa, sind die Weiber niederen Standes, also die große Mehrzahl des Geschlechtes, viel unglücklicher als im Orient."

Der Philosoph hat eben die Marotte, er könne jede beliebige Behauptung, auch die unsinnigste und unerweisbarste, aufstellen und die ganze Welt habe nichts Anderes zu thun, als ehrfurchtsvoll verständnißinnigst bejahend den Kopf zu neigen und die nach 6000 Jahren Weltbestandes endlich erschienene incarnirte Weisheit zu bewundern. Diesem Kniff, in der präcisesten Form Behauptungen hinauszuwerfen, hat der Weltweise einen großen Theil seines Ruhmes zu verdanken; er hat es verstanden, den größten Theil seiner Leser einzuschüchtern. Der Mann, der unablässig über die Dummheit und Urtheilslosigkeit der Menge geschimpft, hat es nicht verschmäht, von dem Vorhandensein dieser Eigenschaften für Verbreitung seiner Kniffologie den größten Nutzen herauszuschlagen.

137. Ansturm gegen die Wunder des Evangeliums. Als Theologen gelten ihm Paulus (der Heidelberger) und Schleiermacher. Der Weltweise, der Gott verläugnet, macht die Natur schon wieder zu einer nachdenkenden und schlauen Dame. Reiner Unsinn! Freudige Hoffnung auf das Ende des Christenthums und den Sieg seines Atheismus.

Was Schopenhauer über die Köpfe sagt, die an Worten ihr unsägliches Genügen haben, ist auch auf ihn selber anzuwenden (W. II, 159):

„Das unsägliche Genügen an Worten, wo deutliche Begriffe fehlen, namentlich an sehr unbestimmten, sehr abstrakten, ist für die schlechten Köpfe durchaus charakteristisch."

Was Schopenhauer über die Wunder der Evangelien sagt, ist nur der alte Abklatsch aus den Schriften des geheimen Kirchenraths Paulus in Heidelberg, — nichts als banale Phrasen.

Geradewegs fade und abgeschmackt wird der Hang des Menschen zum Wunderbaren erklärt:

„Der natürliche Hang des Menschen nach dem Wunderbaren entspringt aus der Langeweile. Das uns innewohnende, unvertilgbare, gierige Haschen nach dem Wunderbaren zeigt an, wie gern wir die so langweilige natürliche Ordnung des Verlaufs der Dinge unterbrochen sähen."

Schopenhauer selber erzählt die Geschichte vom prophetischen Traume seiner Magd betreffs des von ihm verschütteten Tintentiegels; er bestätigt selber das Faktum und knüpft daran sogleich seine philosophische Behauptung: Alles, was geschieht, muß so geschehen, wie es geschieht, — alle Geschehnisse sind somit nothwendig. Da haben wir ja gleich zwei Wunder: 1. das historisch constatirte Wunder des prophetischen, in Erfüllung gegangenen Traumes, und 2. das philosophische, freilich nicht constatirte Wunder von der Nothwendigkeit alles zu Geschehenden, was er formulirt und proklamirt. Ganz natürlich, er als das Centrum aller Weisheit, er kann Wunder constatiren und Wunder construiren, — wozu wäre er denn sonst der Schopenhauer?

In P. II, 422 behauptet er:

„Für den großen Haufen sind Wunder die einzig faßlichen Argumente, daher alle Religionsstifter deren verrichten."

Durch diese Behauptung und den wie gewöhnlich daran geknüpften Folgeschluß mittelst „daher" sollen alle durch die gewöhnlichen Naturerscheinungen unerklärlichen Begebenheiten als Betrug aufgefaßt werden. Wie steht es denn dann mit den Erscheinungen in der Welt der Gestirne, bei welchen die gewöhnlichen bekannten Naturgesetze zur Erklärung nicht ausreichen?

Die Pointe seines Ankämpfens gegen die Wunder geht gegen die vom Heiland verrichteten Wunder. Er sagt darüber (P. II, 411):

„Es ließe sich denken, daß Jesus bei der Stärke und Reinheit seines Willens, und vermöge der Allmacht, die überhaupt dem Willen als Ding an sich zukommt, und die in animalischem Magnetismus und in den magischen Wirkungen zur Erscheinung kommt, vermocht hatte, sogenannte Wunder zu thun, d. h. mittelst des metaphysischen Einflusses des Willens zu wirken. Diese Wunder hätte dann nachher die Sage vergrößert und vermehrt. Denn ein eigentliches Wunder wäre überall ein dementi, welches die Natur sich selber gäbe."

Die Art und Weise dieser Wunderanschauung und Wundererklärung von Seiten Schopenhauers enthält ein nicht zu übersehendes, sogar komisches Moment. Er zeigt sich sogar gewillt, die übernatürlichen Erscheinungen, wie selbe die Evangelisten berichten, als Thatsachen zuzugeben, freilich nur unter der Bedingung, daß sich dieselben in sein Vorstellungs- und Willenssystem einschachteln und darnach aus diesem System heraus als aus dem „metaphysischen Einfluß des Willens“ hervorgegangen erklären lassen. Aber selbst diese seinem System zuliebe zugegebene Concession thut ihm wieder leid; er fürchtet sich schon, gegenüber seinen atheistischen Anhängern zu nachsichtig gewesen zu sein, und erklärt:

„Denn ein eigentliches Wunder wäre überall ein dementi, welches die Natur sich selber gäbe.“

Nun wäre aber diese Art Beweis gegen die Wunder ein größeres Wunder, als alle Wunder des Evangeliums, denn der Weltweise macht hier die Natur zu einer denkenden, combinirenden und sogar sehr eitlen Dame, die, nachdem Gott aus der Welt hinausdisputirt worden ist, irgendwo ihren Sitz aufgeschlagen hat, die Sterne um sich kreisen läßt und außerordentlich besorgt ist, daß die Gesetze, welche sie selber erfunden und gegeben hat, nicht übertreten werden und die, eifersüchtig auf ihre Allmacht, in einemfort bestrebt ist, sich selber ja nicht zu blamiren und sich kein dementi zu geben.

Wenn diese Philosophen und Dichter in Verlegenheit kommen, Gott, den sie verleugnet haben, nicht anrufen können, dann soll sie immer die Natur aus dem Sumpfe herausziehen, in den sie sich verfahren haben. In dieser Richtung kann man nicht drastisch genug auf das Wort Goethes aufmerksam machen, der in der Angst vor dem Tode den Ausspruch gethan: „Die Natur ist mir die Fortdauer schuldig.“ Ein Ausspruch, den der noch viel atheistischere Strauß selber auch als einen Unsinn bezeichnet hat.

Um sich mit seiner ganzen Anschauung und Erklärung der Wunder reinzuwaschen, geht er über die Theologen los, und zwar in seiner gewöhnlichen verallgemeinernden Weise im unbestimmten Plural (P. II, 422):

„Die Theologen suchen die Wunder der Bibel bald zu allegorisiren, bald zu naturalisiren, um sie irgendwie los zu werden; denn sie fühlen das miraculum sigillum mendacii.“

Es ist wieder ganz der gewöhnlichen, sehr perfiden Behauptungsmanie angemessen, wenn Schopenhauer hier die rationalistische Paulusschule und die pantheistische Schleiermacherschule mit ihrer Wunderverläugnung als die Theologen reassumirt und sämmtliche Kirchenväter, Kirchenlehrer, katholische und positivgläubige protestantische Theologen vollkommen ignorirt, als ob dieselben gar nicht existiren, um darauf durch sein „denn sie fühlen“ sämmtliche Wunder im vorhinein als Lügen erkären zu können.

Bei diesen seinen Erörterungen kommt es immer am Ende zur Hoffnung auf den von ihm herbeigewünschten, recht baldigen Untergang des positiven Christenthums, wonach die Philosophie ans Brett kommt, und nachdem das Brett von allen anderen Philosophen durch ihn gereinigt ist, er allein als Sieger am Brette verbleibt.

Er sagt (P. II, 411 u. 423):

„Religionsurkunden enthalten Wunder zur Beglaubigung ihres Inhalts, aber es kommt die Zeit heran, wo sie das Gegentheil bewirken. — Die Evangelien wollten ihre Glaubwürdigkeit durch den Bericht von Wundern unterstützen, haben sie aber gerade dadurch unterminirt.“

Hier finden wir wieder im ersten Satz die Verallgemeinerung Religionsurkunden ohne nähere Angabe, welche? Im zweiten heißt es die Evangelien, das ist wieder eine Art Verallgemeinerung, indem die vier Evangelisten als vier Personen in den Begriff Evangelien hineingeschoben werden. Da sind nun die Evangelien als Betrüger hingestellt, um nicht direkt die Evangelisten als solche hinstellen zu dürfen. Daß die ganze Erscheinung Christi in der Welt, von der genauen Vorhersage der Propheten angefangen bis zu den Berichten der Evangelisten und Apostel, wie dann die Gründung der Kirche und ihr Fortbestand als ein großartiges Wunder in der Geschichte dasteht, das will dem Weltweisen, der immer nur als das größte Genie, als der Räthsellöser des Lebens, als das eigentliche Weltwunder angestaunt werden will, durchaus nicht einleuchten.

Er fühlt, daß nur auf den Ruinen der zerstörten Kirche sein Atheismus als ein stolzer Bau errichtet werden könnte; diese für ihn erfreuliche Hoffnung versäumt er auch nicht bei jeder Gelegenheit auszusprechen. Selbst die gothische Baukunst ist ihm zuwider, die gothischen Dome sind ihm ein Dorn im Auge. Er sagt und klagt darüber[1]):

„Wer die gothische Baukunst als eine wesentliche und berechtigte gelten lassen will, mag, wenn er zugleich Analogieen liebt, sie den negativen Pol der Architektur oder auch die Moll-Tonart

[1]) „Die Welt als Wille und Vorstellung“, II. Bd., 1877, S. 477.

derselben benennen. Im Interesse des guten Geschmackes muß ich wünschen, daß große Geldmittel dem objectiv, d. h. dem wirklich Guten und Rechten, dem an sich Schönen zugewendet werden, nicht aber dem, dessen Werth bloß auf Ideenassociationen beruht. Wenn ich nun sehe, wie dieses ungläubige Zeitalter die vom gläubigen Mittelalter unvollendet gelassenen gothischen Kirchen so emsig ausbaut, kommt es mir vor, als wolle man das dahingeschiedene Christenthum einbalsamiren."

Bei dieser Zerstörungswuth der gothischen Dome hat wieder die Eitelkeit und Fürsorge für seinen Ruhm als Atheismusbegründer seine Angst und Sorge um die Geldkasse überflügelt. In der Angst vor den atheistischen Einbrechern verlangt er für das Volk Religion; im Ausbruche seines Gotteshasses möchte er wieder die gothischen Dome zerstört wissen! Schade aber, daß er nicht entworfen und erklärt hat, worin „der positive Pol" der Architektur, das „wirklich Gute und Schöne" derselben besteht. — Er als atheistischer Jupiter aus Marmor, mit einem marmornen Strahlenbündel von Blitzen und darauffolgenden Donnerkeilen in den Händen, als von den „zweibeinigen Viehern" verehrtes und angebetetes Idol des Atheismus, in einem Prachttempel aufgestellt, das wäre der positive Pol der Architektur und das wirklich Gute und Schöne derselben!

138. Nimmt Sonne, Mond und Sterne als Hülfstruppen für seinen Atheismus zu leihen. Sein metaphysischer Grund der Ethik absolut unhaltbar, seine metaphysische Moral keine Prise Tabak werth. In Exempeln nachgewiesen.

Hören wir noch einige Kniffe, mittelst welchen der Atheismus aus der Wissenschaft der Astronomie heraus behauptet und bewiesen werden soll.

In P. II, 136, 685 meint er:

„Vom Standpunkt der Philosophie aus könnte man die Astronomen Leuten vergleichen, welche der Aufführung einer großen Oper beiwohnen, jedoch ohne sich durch die Musik und den Inhalt des Stückes zerstreuen zu lassen, bloß Acht geben auf die Maschinerie der Dekorationen, und auch so glücklich wären, das Getriebe und den Zusammenhang derselben herauszubringen."

Hier schiebt der Weltweise, um seinen hinkenden Vergleich plausibel zu machen, sämmtliche Astronomen in einen Sack hinein.

Galilei ist doch einer der größten Astronomen gewesen und ist als gläubiger Christ (Katholik) gestorben. Newton, Kepler waren positivgläubige Christen. Secchi, ein Astronom ersten Ranges, den wir schon früher erwähnt, hat über die Naturkräfte ein Buch geschrieben, dessen gewaltiger Inhalt dem ganzen Bilde Schopenhauers, in welchem er die Astronomen als bloße Weltmaschinenbetrachter darstellt, mit einem Ruck den Garaus macht. Also auch hier wieder eine total grundlose Behauptung in Form eines Gleichnisses versucht. Auch über den Einfluß der Astronomen auf den Glauben ergeht er sich in Verdrehungen der Thatsachen und in grundlosen Behauptungen.

Er sagt (P. I, 55):

„Der ernstlich gemeinte Theismus setzt nothwendig voraus, daß man die Welt eintheile in Himmel und Erde, auf dieser laufen die Menschen herum, in jenem sitzt der Gott, der sie regiert."

Wir müssen den Weltweisen gleich anfangs seiner sophistischen Beweismethode unterbrechen und ihn bei Produktion seines ernstlich gemeinten Atheismus auf die Finger klopfen. Er selber macht sich einen ernstlich gemeinten Theismus und verallgemeinert hier wieder in seiner Weise alle Jene, die an einen persönlichen Gott glauben, in seinem als Begriff gedachten Theismus, dann erklärt er sein ebenso frivoles, als abgeschmacktes Gleichniß von Gott, der im Himmel sitzt, und den Menschen, die auf Erden herumlaufen, als einen nothwendig buchstäblich zu nehmenden Glauben der Theisten.

Auf diese Behauptung hin kommt er nun mit der Astronomie daher (nicht mit den Astronomen, denn da könnte man ihm einwenden: das ist ja nicht wahr, nicht alle Astronomen sind Schopenhauerscher Ansicht) und sagt:

„Nimmt nun die Astronomie den Himmel weg, so hat sie den Gott mit weggenommen, sie hat nämlich die Welt so ausgedehnt, daß für den Gott kein Raum übrig bleibt. Aber ein persönliches Wesen, wie jeder Gott unumgänglich ist,[1]) das keinen Ort hätte, sondern überall und nirgends wäre, läßt sich bloß sagen, nicht imaginiren und darum nicht glauben."

---

[1]) Nachdem nur ein Gott ist, muß die obige Phrase, die von einer Menge Götter spricht, von denen „ein jeder ein persönliches Wesen sein muß", auch wieder als eine übliche frivole Taschenspielerei des Weltweisen erklärt werden.

Auf diese kecke Behauptung hin, „ein persönlicher Gott läßt sich nicht glauben, weil er sich nicht imaginiren läßt“, kommt er wieder mit einem Schluß, den man doch nur an eine erwiesene Thatsache anknüpfen kann:

„Darum muß in dem Maße, als die physische Astronomie popularisirt wird, der Theismus schwinden.“

Schopenhauer hat die physische Astronomie nicht popularisirt und kann dieselbe auch nicht popularisiren, und wir können auch hier wieder getrost sagen: Das „darum“ des nothwendigen Schlußsatzes ist ein neuer Behauptungshumbug Schopenhauers.

Warum ist denn bei den größten Astronomen der Gottesglaube nicht geschwunden, bei Männern, die nicht mit populärer Astronomie einen Schwindel getrieben, sondern die in der Astronomie als exakte Wissenschaft niet- und nagelfeste Beweise ihres Genies dargelegt haben, die durch keine sophistischen Schwefelmacher mehr umgestoßen werden können? Und darum, sagen wir, ist es auch eine Lüge, zu behaupten, mit der popularisirten Astronomie müsse der Theismus schwinden.

Selbst den Vorwurf des Atheismus sucht er abzuschwächen (G. 129. P. I, 124):

„Das Wort Atheismus enthält eine Erschleichung, weil es vorweg den Theismus als sich von selbst verstehend annimmt. Man sollte statt dessen sagen: Nicht-Judenthum, und statt Atheist: Nicht-Jude, so wäre es ehrlich geredet.“

Wenn man ihm (dem Schopenhauer), bevor er obigen Unsinn niedergeschrieben, bei Gelegenheit eines Gespräches über Humanität gesagt haben würde: Das Wort Unmenschlichkeit (in Beziehung auf die grausame Handlungsweise eines Menschen) „enthält eine Erschleichung, weil es vorweg die Menschlichkeit als sich von selbst verstehend annimmt“, und wenn der Mann, der diesen Ausspruch ihm gegenüber gewagt hätte, auch noch ein verhaßter Kathederbesitzer gewesen wäre, was hätte Schopenhauer dem geantwortet?

„Reden Sie keinen solchen Vieh-Unsinn daher! Wen glauben Sie denn vor sich zu haben? So etwas können Sie Ihren dummen Jungen, die auf den schmierigen Schulbänken sitzen, aber nicht mir, dem Alleinherrscher im Reiche der Philosophie, vorschwätzen! Wenn Sie nicht augenblicklich schweigen und meine

Geduld mit Ihrem Unsinn noch weiter auf die Probe stellen, so werde ich Sie über die Stiege hinuntermarquetisieren u. s. w."

Ueber den Vorschlag, statt Atheismus: Nichtjudenthum, statt Atheisten: Nichtjuden zu sagen, kann man als über eine Originalmarotte des Weltweisen zur Tagesordnung übergehen. Das heißt ja doch die Idee des Monotheismus, welche als Uroffenbarung selbst durch die Philosophenschule des klassischen Heidenthums durchgeht, geflissentlich ignoriren, um den obigen Juden-Budenwitz anbringen zu können.

139. Vertheidigt sich lahm gegen den Vorwurf, der Atheismus zerstöre die Ethik. Antwort eines Gauners im Namen seiner Genossen. Antwort eines Mannes aus dem Volke.

Ueber den Vorwurf, der Atheismus zerstöre die Ethik (Moral) vertheidigt er sich (W. II, 149):

„Hinter dem an sich abgeschmackten, auch meistens boshaften Vorwurf liegt, als seine innere Bedeutung und ihm Kraft ertheilende Wahrheit, der dunkle Begriff des auf den Thron der Metaphysik gesetzten Naturalismus oder der absoluten Physik. Eine solche müßte allerdings für die Ethik zerstörend sein, als welche, wenn auch nicht vom Theismus, doch von einer Metaphysik überhaupt, d. h. von der Erkenntniß, daß die Ordnung der Natur nicht die einzige und absolute Ordnung der Dinge sei, unzertrennlich ist."

Von was für einer stupenden Wirkung müßte dieser metaphysische Schwefel sein, um Schüler, die noch nicht verdorben sind, sittlich zu erhalten, oder Verbrecher wieder zu Sitte und Recht zurückzuführen, wenn ein atheistischer Schulmeister oder Moralprediger über den Satz lehren und predigen würde, wie folgt: „Sehen Sie, meine Herren, die Natur ist nicht die einzige und absolute Ordnung der Dinge, es gibt auch eine metaphysische Ordnung. Trachten Sie also, metaphysisch ordentliche Jünglinge zu bleiben, und Sie, meine Herren Verbrecher und Gauner, trachten Sie, metaphysisch ordentliche Leute zu werden."

Da könnte ein frecher Gauner in seiner Galgenlaune erwidern: „Sehen Sie, Herr Doktor, wir wollen nur alles das, was ganz natürlich ist; wir sind zufrieden, wenn wir physisch ordentlich sind, und wir bitten Sie, uns mit dem Blödsinn Ihrer metaphysischen Ordnung zu verschonen. Wir haben allerhand von Ihnen erfahren, aus dem wir ersehen, daß es mit Ihrer metaphysischen Ordnungsliebe gar nicht weit her ist; Sie wissen uns ja auch gar keinen haltbaren Grund anzugeben, warum wir metaphysisch ordentlich sein sollen, und rein nur, um uns Ihnen als ein Beweismaterial für Ihren metaphysischen Schwindel in Ihrem Interesse zu opfern, dazu sind wir doch zu consequent atheistisch. Sie selber sind ja schon wiederholt so schlau gewesen, einzusehen, daß mit Ihrer metaphysischen Ethik kein Hund aus dem Ofen zu locken ist, und haben deshalb auch der schönen Lehre beigestimmt, das Volk (Canaille und Schufte, wie Sie uns sehr human und liebreich gescholten haben) brauche Metaphysik der Religion, daß die metaphysischen Philosophen in Ruhe ihre Renten verzehren können; aber wir haben Ihnen auf die Finger geschaut und geben Ihnen für Ihre ganze Taschenspielerei mit Religions- und philosophischer Metaphysik keine Prise Tabak. Entweder gleiche Physik für Alle oder gleiche Metaphysik für Alle, aber uns die Religion anzuempfehlen, daß Sie ungestört die Coupons abschneiden und vergnügt und sorgenfrei ihre Tage zubringen können, während Sie sich selber über Religion und ihre Gebote lustig machen, das ist etwas zu viel verlangt! Schließen Sie Ihre philosophische Bude und machen Sie dafür Ihre Kasse auf; wir wollen klingende Münze und nicht das entwerthete Papiergeld ihrer philosophischen Ethik. Aus der offenbaren Furcht vor den offenbaren und unaufhaltbaren Folgen Ihres Systems ersehen wir, daß Ihre ganze Philosophie ebenso eitel Schwindel ist, als Sie selber ein eitler Schwindler sind."

„Ihre Behauptung, daß die Ordnung der Natur nicht die einzige und absolute Ordnung der Dinge sei, ist so unendlich fad, abgeschmackt, nebelhaft und nichtssagend, daß auf diese Behauptung hin kein Mensch zur Beobachtung des Sittengesetzes gebracht werden kann. Welche Statuten oder Gebote, oder Paragraphen hat das von Ihnen ausgeheckte Sittengesetz? Erste Frage! Und wer ist auf dieser Welt im Stande, Ihr Sittengesetz obligatorisch zu machen? Zweite

Frage! Haben Sie nicht selber in jeder Rücksicht auf Ihre außerordentlich moralische Praxis gelehrt: bei Ihrer Philosophie gibt es kein Soll? Dritte Frage!"

„Im von den vorchristlichen Juden und von Christen gleich geschätzten Buche Sirach heißt es I., 16: „Die Furcht des Herrn ist der Anfang der Weisheit." Die Kehrseite dieser Münze müßte lauten: „Die Verläugnung des Herrn ist der Anfang der Dummheit, und das Ende oder die Consequenz dieser Dummheit das ist ein Gesetz ohne Richter." Das ist das Phantom Ihres Sittengesetzes, das in seinen Principien unhaltbar und in der von Ihnen nach verschiedenen Richtungen hin versuchten Ausgliederung nur den nothwendigen Effekt haben müßte, die christlich-sociale Ordnung umzustoßen und ein Reich heilloser Anarchie zur Herrschaft zu bringen. Die Revolution von 1848 hat Ihnen selber ein Geständniß abgerungen, welches Ihr ganzes Sittengesetz über den Haufen wirft, indem Sie damals und später auf Kanonen und Musketen, auf Pulver und Blei, auf Säbel und Bajonette sich verlassen und an das Militär appelliren, um diese „Schufte und Canaillen" in der Ordnung zu halten, denn für das Volk ist Ihre philosophische Metaphysik nicht ausgeheckt, weil total wirkungslos, nur für die Besitzenden; das Volk braucht nach Ihrem trübseligen Geständniß eine religiöse Metaphysik. Somit ist die Wahrheit, mit deren Entdeckung und Enthüllung Sie immerfort flunkern und sich prahlen, eine Wahrheit für Geld- und Besitzaristokraten; aber daß diese guten Herren von Seite des Volkes verschont bleiben, da reicht diese Wahrheit nicht aus, da soll wieder die von Ihnen als Märchen verschimpfte Religion aushelfen u. s. w."

In dieser Weise könnte ein Mann aus dem Volke dem Erfinder der neuen „Wahrheit" die Leviten lesen; der Mann aus dem Volke würde nach den vorliegenden Lebensthaten des Philosophen den Zorn desselben im höchsten Grade aufregen, und der Mann aus dem Volke hätte das erwiesene Recht, vor einer öffentlichen Disputation mit dem Weltweisen zu verlangen[1]):

---

[1]) Wir lassen hier dem Manne aus dem Volke dieselbe Vorsichtsmaßregel wiederholen, welche wir schon früher einem der vom Weltweisen

„Herr Doktor, ich verheiße Ihnen die vollkommenste Ruhe, was meine Hände und Füße anbelangt, von Ihnen aber kann ich leider diese Ruhe nicht voraussetzen; ich will mich mit Worten herumbalgen, aber nicht mit Fäusten; wer versichert mich, daß Sie nicht auch mir gegenüber in die Marquetlaune hineingerathen? Also für unser Gespräch verlange ich zwischen uns ein festes, mit Händen unzerreißbares Drahtgitter. Das kann Sie um so weniger beleidigen, als Sie durch Ihre Lehre von der Pavian-Descendenz des Menschen mir das Recht gegeben haben, Sie für einen Affenenkel zu halten, und zu fürchten, daß noch einige Eigenschaften bezugs des Beißens und Kratzens, von Ihren Ahnen ererbt, bei feierlichen Gelegenheiten, also auch in diesem philosophischen Streite, zum Durchbruch kommen!“

So könnte der Mann aus dem Volke noch eine gute Weile die morschen Grundlagen der Schopenhauerschen Philosophie ausgliedern. Der Leser wird es uns nicht für übel halten, wenn wir drastisch die praktischen, nothwendigen Consequenzen des Schopenhauerschen Pessimismus und der nebelhaften Ethik desselben vorlegen; der Weltweise hat ja das alles, was wir hier als nothwendige Folgen seines Systems concret dargestellt haben, bisweilen eingestanden; und selber die Haltlosigkeit seiner philosophischen Metaphysik, die er an die Stelle der religiösen setzen wollte, eklatant bestätigt.

140. Neue lahme Vertheidigung gegen den Vorwurf, der Atheismus habe den Materialismus im Gefolge.

Wie matt, haltlos und nichtssagend sind seine Vertheidigungsgründe gegen den Anwurf, daß der Atheismus den Materialismus in seinem Gefolge haben müsse! Er sagt (W. I, 608):

„Bis auf Kant bestand ein Dilemma zwischen Materialismus und Theismus, d. h. zwischen Ableitung der Welt aus blindem Zufall und Ableitung derselben aus einer von außen zweckmäßig ordnenden Intelligenz. Daher war Atheismus und Materialis-

---

gehaßten Philosophieprofessoren theilweise in den Mund gelegt haben. Hätte dem Schopenhauer während seiner Lebenszeit Jemand diesen wohlbegründeten Vorschlag ins Gesicht geschrieben, so wäre er in eine Art Tobsucht verfallen.

mus gleichbedeutend.[1]) Man hatte nur die Wahl zwischen Theismus und Materialismus. Aber da für die Zweckmäßigkeit der Welt (nach Kants Kritik) eine andere Erklärung eröffnet ist, als die aus einem intelligenten Gott, so hat jenes Dilemma zwischen Materialismus und Theismus seine Gültigkeit verloren, und Atheismus schließt nicht nothwendig (!) Materialismus ein."

Dieses „schließt nicht nothwendig Materialismus ein" ist doch nur eine verschämte Phrase, der Atheismus führt, mag man sich dagegen wehren und verwahren, wie man will, zum Materialismus, und der Satz: „das Dilemma zwischen Materialismus und Theismus habe seine Gültigkeit verloren", ist eben wieder nur eine Behauptung des Weltweisen, für welche er einen Beweis nicht beibringen kann, und für welche die Erklärung Kants durchaus nicht ausreicht und auch ganz unhaltbar ist.

Der Leser möge selber über die Haltbarkeit oder Unhaltbarkeit der Erklärung Kants in dieser Richtung entscheiden; wir werden, um total unparteiisch zu Werke zu gehen, nicht Kants Kritik citiren, sondern das von Schopenhauer selbst zubereitete Citat aus Kant über diese Frage bringen und zwar aus W. II, 373—375; I, 186—188; N. 56—58; P. II, 45.

„Die staunende Bewunderung, welche uns bei der Betrachtung der unendlichen Zweckmäßigkeit in dem Bau der organischen Wesen zu ergreifen pflegt, beruht auf der zwar natürlichen aber falschen Voraussetzung, daß jene Uebereinstimmung der Theile zu einander, zum Ganzen des Organismus und zu seinen Zwecken in der Außenwelt, wie wir dieselbe mittelst der Erkenntniß, also auf dem Wege der Vorstellung, auffassen und beurtheilen, auch auf demselben Wege hineingekommen sei; daß also, wie sie für den Intellekt existirt, auch durch den Intellekt zu Stande gekommen wäre. Unser Intellekt ist es, welcher, indem er den an sich metaphysischen und untheilbaren Willensakt, der sich in der Erscheinung eines Thieres darstellt, mittelst seiner eigenen Formen, Raum, Zeit und Causalität, als Objekt auffaßt, die Vielheit und Verschiedenheit der Theile und Funktionen erst hervorbringt und dann über die aus der ursprünglichen Einheit hervorgehende vollkommene Uebereinstimmung und Conspiration derselben in Erstaunen geräth,

---

[1]) Schon wieder das sehr beliebte „daher" als Beweismittel; die Sache steht aber so: Der Atheismus führt nothwendig zum Materialismus. Er ist ebensowenig gleichbedeutend mit dem Atheismus, als der Vater mit dem Sohne gleichbedeutend, so wenig als die Consequenz mit dem Princip gleichbedeutend ist.

wobei er also in gewissem Sinne sein eigenes Werk bewundert. Dies ist auch der Sinn der großen Lehre Kants, daß die Zweckmäßigkeit erst vom Verstande in die Natur gebracht wird."

141. Verunglückte Arbeit, die ganze Weltordnung in seinem philosophischen Backofen unterzubringen.

Auch hier wieder die Sucht, die ganze Weltordnung in seinen Systembackofen hineinzuschieben und das Gebäcke, mit seiner Marke versehen, den Lesern zum Verspeisen zu geben. Der Weltweise schimpft immer über die Philister, aber im Grunde sind sie ihm die liebsten Leser; er nennt sie, wenn er dieselben braucht, ihn zu bewundern, Dilettanten.

Diese Deduktion mit sammt der Kantbewaffnung ist aber doch auch dem Dilettanten und Philister in hohem Grade bedenklich.

Er stellt sich vor einen Bienenkorb — im Innern der Bienenhütte — öffnet das Schubbrettlein, schaut durch das Fensterchen in das Toben und Treiben des Bienenvolkes hinein und fängt an, mit Schopenhauer in der Hand also zu philosophiren:

„Kurios, wie sie da drinnen durcheinander wuseln! Eine weicht der andern aus! Wie sie zuerst arbeiten und die sechseckigen Zellen aus Wachs bauen, und wie diese sechseckigen Zellen das genaue Abbild der hunderte von Facetten des Auges dieser Thiere sind, welche Facetten man mittelst Mikroscop genau beobachten kann, wie sie, die Honigbeladenen, erscheinen und den Honig in die Zellen hineinkleben, wie sie am frühen Morgen den Stock verlassen und stundenweit fliegen, die für ihren Zweck tauglichen Blumen und Blüthen in der Luft durch Sinneswerkzeuge erkennen, von denen wir Menschen mit unseren groben, fühllosen Rüsseln ebensowenig als die Paviane, unsere erlauchten Ahnherren, eine Ahnung haben; wie sie genau aus den äußeren Merkmalen und Farben ihren Stock erkennen, wenn sie nach stundenlanger Abwesenheit wieder zurückkommen und wie sie das Alles thun und treiben in ihrer kurzen, nach Monaten berechneten Lebenszeit, und wie sie das Alles aus sich selber heraus wissen, ohne daß es ihnen Vater oder Mutter gelehrt hat. Da sollte man doch auf den Gedanken kommen, es müsse eine Macht, eine Intelligenz sein, welche in staunenswerther Weise diesen kleinen Thieren ihr Leben und Wirken vorgezeichnet hat. Doch da lese ich im Evangelium Schopenhauers, daß alle diese wunderbaren Erscheinungen wohl für den Intellekt existiren, daß sie aber deswegen gar nicht durch einen Intellekt zu Stande gekommen sind."

„Der Intellekt des Menschen ist es, der die Vielheit und Verschiedenheit der Theile und Funktionen erst hervorbringt, und dann über die aus der ursprünglichen Einheit[1]) hervorgehende vollkommene Uebereinstimmung und Conspiration derselben in Erstaunen geräth, wobei er also in gewissem Sinne sein eigenes Werk bewundert. Dies ist auch der Sinn der großen Lehre Kants, daß die Zweckmäßigkeit erst vom Verstande in die Natur gebracht wird."

Der Philister hält sich den Kopf und lamentirt: „Jetzt weiß ich auf einmal nicht, was Sinn und was Unsinn ist; ich bewundere ganz vorschriftsmäßig als orthodoxer Kant-Schopenhauerianer — nicht diese merkwürdige Ordnung, Zweckmäßigkeit oder den philosophischen Nothnagel, Instinkt genannt; ich frage nicht mehr: Woher alle diese Einrichtungen? u. s. w., — ich bewundere mich selber, was ich doch eigentlich für ein verflucht gescheidter Kerl bin, ich bewundere kein Werk Gottes, „ich bewundere mein eigenes Werk", denn erst mein Verstand hat die Zweckmäßigkeit in die Natur gebracht." — Der Philister ist ganz außer sich über seinen Scharfsinn, der im Stande ist, eine so herrliche, auffallende Zweckmäßigkeit in die Natur hineinzubringen — und siehe, da sticht ihn auf einmal eine Biene in die Nase, so daß seine Nase rüsselartig aufzuschwellen beginnt; sie fliegt nach diesem Attentat summend davon, und der Philister hält sich seine geschwollene Nase und sagt: „Das hat man davon, wenn man allerhand so geschwollenes Zeug zusammenphilosophirt! Jetzt kann ich nach Hause gehen, in den Spiegel schauen und meine in die Natur hineingetragene Zweckmäßigkeit und auch meine geschwollene Nase als mein eigenes Werk bewundern. Warum muß so ein Philosophenschüler seine neu- und beweisgierige Nase überall dabei haben!"

---

[1]) Wenn der Philister frägt: „Aber ich bitt' recht schön, wer, wo, wie, was und wann ist denn diese ursprüngliche Einheit?" da kommt er schön an. So dumme Fragen ist es gar nicht erlaubt zu stellen. Wir reden nur von dem, was da ist; was nicht zu sehen ist, das ist ja eben der Urwille, der das Alles hervorbringt. Maul halten!

142. Atheismusvertheidigung ohne Ende. Das Christenthum ist null, der Buddhaismus ist die wahre Religion! Die ganze Philosophie Schopenhauers eigentlich ein theils offener, theils versteckter Kampf gegen das Christenthum. Der kaiserliche Julian Apostata auf dem Cäsarenthron und der philosophische Julian auf dem Dorentenstuhl! Wie und wodurch sich Schopenhauer selbst verurtheilt.

Der Weltweise geht in Vertheidigung seines Atheismus noch weiter (G. 125—129, P. I, 126):

„Religion ist nicht identisch mit Theismus, folglich[1]) ist Atheismus nicht gleichbedeutend mit Religionslosigkeit. Dies beweisen die faktisch existirenden atheistischen Religionen des Brahmaismus, Buddhaismus, und neben dem Buddhaismus die beiden anderen in China sich behauptenden Religionen: die der Taossee und die des Konfuzius. Religion und Theismus sind keineswegs synonym, sondern erstere verhält sich zu letzterem, wie das Genus zu einer einzigen Spezies."

Es ist ein wahrer Urkniff Schopenhauers, der wie ein schwarzer Faden durch alle Ablagerungen seines Philosophems hindurchläuft, seine dilettantischen Leser mit einer kecken Behauptung zu verblüffen, dieselben zu Boden zu werfen und selbe dann mit den aus seiner Behauptung herausgesponnenen Consequenzen wie mit einer Geißel durchzukarbatschen. Wenn seine Schüler sich bisweilen auch nur schüchtern erlaubt haben, einige Bedenken über seine kecken Behauptungen auszusprechen, um Gründe zu fragen, da ist auch sogleich sein Zornesmuth rege geworden. Hier hat man wieder die Behauptung: „Religion ist nicht identisch mit Theismus", folglich; wir aber sagen nicht folglich, weil der erste Satz nur eine Behauptung Schopenhauers ist. Ohne Anerkennung eines höchsten Wesens, wenn dieses auch irrthümlich im Heidenthum in die Götter des Olymps zersplittert erscheint, gibt es keine Religion. Hören wir den Dogmatiker v. Drey aus Tübingen, dem seiner gründlichen Studien wegen doch sicher ein Recht zusteht, gerade in dieser Frage mitzureden; er sagt:

„Religion ist als Thatsache in der Menschheit so alt als diese selbst; soweit wir in der beglaubigten Geschichte der Völker zurück-

---

[1]) Schon wieder das beliebte „folglich" auf eine früher ausgesprochene Behauptung. Lauter Kniffbeweise und Beweiskniffe!

gehen, finden wir keines ohne alle Religion, und bei den meisten die Religion in einer bestimmten volksthümlichen Form. Suchen wir nun in diesen geschichtlichen Formen das Wesen und den Begriff der Religion an sich auf, so stoßen wir zunächst auf eine Menge verschiedenartiger, oft entgegengesetzter Vorstellungen darüber, aber es liegt ihnen doch überall etwas Gemeinsames, eine Vorstellung oder ein Gedanke, zu Grunde, wovon sie ausgehen und worauf sie sich alle beziehen. Dies ist die Vorstellung oder der Gedanke von einer über den Menschen stehenden Macht, von einem höchsten Wesen, welches Alles beherrscht, von welchem auch der Mensch, sein Wohl oder Wehe abhängt, zu welchem er folglich sich in ein entsprechendes Verhältniß setzen muß, woraus dann die religiösen Gefühle und Handlungen hervorgehen, und nennen wir auf der Stufe der entwickelten Vernunft das höchste Wesen: Gott, und die aus seiner Erkenntniß entspringenden Gefühle: Ehrfurcht und Liebe, so haben wir damit den Begriff und das Wesen der Religion ausgesprochen."

Wenn Schopenhauer behauptet, der Buddhaismus sei eine factisch existirende atheistische Religion, so ist nur zu bemerken, daß, seit sich Max Müller gegen das nihilistische Verständniß des buddhistischen Nirvana ausgesprochen, diese Frage in ein neues Stadium getreten ist. Wenngleich die vorliegende Schrift nicht für specifisch Gelehrte bestimmt ist, sind doch in derselben die neuesten Ergebnisse wissenschaftlicher Forschungen beachtet worden. Eine ganz vorzügliche Abhandlung über die mystische Philosophie des Buddhaismus findet sich im Jahrbuch für Philosophie und speculative Theologie, herausgegeben unter Mithülfe von Fachgelehrten von Professor Dr. Ernst Commer. Paderborn, Ferdinand Schöningh. 1886, von Dr. Hermann Schell, S. 1—39.

Der andere Kniff Schopenhauers besteht darin, die Kirche und überhaupt das positive Christenthum auch bei Akatholiken nicht nur durch eine Verallgemeinerung mit anderen Religionen, sondern durch den perennirenden Versuch, es geradewegs unter andere Religionen, besonders unter den von ihm beliebten Buddhaismus-Sport herabzudrücken und verächtlich zu machen. Zum Schluß wiederholt er seine Behauptung schon als etwas ganz klar Bewiesenes mit Worten, welche sagen sollen, er habe seine Behauptung schon bewiesen: „Religion und Theismus sind keineswegs synonym, sondern (!) erstere verhält sich zu letzterem wie das Genus zu einer einzigen Species. — Wenn man das ganze Streben dieses Weltweisen betrachtet, so wird man finden, daß eigentlich seine ganze Polemik nur gegen das von ihm aus schlechten, nicht aus guten Gründen verhaßte Christenthum gerichtet ist, das liegt in allen seinen offenen und versteckten Kampfmethoden so klar am Tage, daß nur von ihm beliebte und belobte Dilettanten, die vor ihm, als dem einzigen, wahren, heilbringenden Weltorakel, anbetend auf dem Bauche liegen, hartnäckig Aug' und Ohr dagegen verschließen.

Die Wirkungen, welche diese gottverläugnende Lehre Schopenhauers auf die socialen, ohnedieß schon genugsam zerrütteten Zustände ausüben muß, werden sich erst dann zeigen, wenn selbe popularisirt ins Volk gedrungen ist und auf diesem breiten Boden der ausgesäte Taumelweizen aufsprossen wird. Wenn ihm selber bisweilen die Einsicht dämmerte, daß seine Lehre die eigentliche Lehre des Umsturzes, der Auflösung der ganzen Gesellschaft sei, da blickte er in Anbetracht des herannahenden furchtbaren Gewittersturmes in seiner Todesangst auf die sonst von ihm so gehaßten und verschimpften Kirchthürme hin mit der Hoffnung, daß die Blitzableiter, ober dem Kreuze angebracht, die vernichtenden Donnerkeile auffangen und in dem Schooß der Erde begraben würden. Mit dieser von ihm wiederholt in verschiedenen Formen in seiner Angst ausgesprochenen Hoffnung auf die religiöse Metaphysik fürs Volk (weil dieses dumme Volk nie für seinen erhabenen Atheismus reif werden wird) hat der Weltweise seinem System auch den Todesstreich versetzt, und die Unwahrheit, Unhaltbarkeit und Nichtsnutzigkeit desselben ist durch sein eigenes, ihm in Angst und Noth abgerungenes Geständniß bestätigt worden.

143. Wie Haym die beiden Hochquellen der Biographie des Weltweisen, Gwinner und Lindner, beurtheilt.

Nachdem wir vorliegende Schrift schon zu Ende gebracht haben, sind wir auf eine Kritik des Systems und des Lebens Schopenhauers aufmerksam gemacht worden, welche 1864 in den Preußischen Jahrbüchern (Berlin, Reimer), 14. Bd., S. 45 bis 90 und S. 179—243, erschienen und auch in einem Separatheft ausgegeben worden ist. Die Separatausgabe ist, wie wir auf unsere Anfrage in Berlin erfahren, bereits vergriffen; durch diesen Umstand haben wir uns bestimmen lassen, die wichtigsten und prägnantesten Stellen aus diesem sehr gediegenen Artikel Hayms hier anzuführen, und das umsomehr, weil wir in diesen Citaten einen Beweis liefern können, daß wir in unserem Urtheil über diese gerühmte Celebrität durchaus nicht zu weit gegangen sind, weil wir dieselbe mehr von der humoristischen, als von der ernst tragischen Seite betrachtet haben, während Haym geradewegs mit wuchtigen, sehr ernsthaft applicirten Schlägen dem Charakter seines Lebens und seines Systems zu Leibe und zu Geiste gegangen ist. Wir meinen, mit mehr Schärfe, Präcision und vielsagender Kürze ist Schopenhauer seit 1864 noch nicht abgeurtheilt worden. Die von uns Eingangs angeführte Schrift Ashers über Schopenhauer ist erst 1871 erschienen, konnte also von Haym 1864 noch nicht in den Bereich seiner Kritik einbezogen werden.

Wir werden nun die Aussprüche Hayms über das Leben und Wirken (die Philosophie) Schopenhauers hier nacheinander folgen lassen mit der Seitenzahl in den Preußischen Jahrbüchern.

S. 46:

„Wie geschäftig freilich und mit wie unphilosophischen Mitteln er selbst für seine Berühmtheit agitirte, das war damals für die Welt noch ein Geheimniß, man hätte es denn aus dem maßlosen Selbstlob und aus den rohen, hochfahrenden Schimpfreden abnehmen müssen, die er in ekelhafter Wiederholung in allen seinen Schriften über jeden Mitbewerber ergoß.“ „Er hatte in seinem Alter volle Genugthuung für die völlige Nichtbeachtung, die er in der Jugend erduldet. Das Aufsehen, welches seine Schriften endlich erweckt hatten, nahm er für das sichere Anzeichen, daß nun seine Zeit endlich gekommen sei, wie früher die Zeit Fichtes, Schellings und Hegels. Auch äußerlich schon in der Gegenwart hatte er nun einen Anhalt für seine alte Zuversicht, daß die Nachwelt unter allen Umständen ihm gehören, daß seine Herrschaft bestehen werde, wenn die jener falschen Götzen längst dahin sei. Im vollen Genusse des Glaubens, daß der Nil bei Cairo angekommen sei, durfte er im Herbst 1860 diese schlechte Zeitlichkeit, die Welt des Jammers und der Langeweile verlassen. Voll Unbestand und voll Wunderlichkeit wenigstens ist diese Welt gewiß. Denn, was geschieht? Noch nicht volle 4 Jahre sind seit dem Tode des Propheten verflossen (1864), und an die Berühmtheit seines Namens hat sich eine Berüchtigung seiner Person und seines Charakters angehängt, in deren trübem Dampf auch das nur eben so hell flackernde Licht seiner Lehre völlig wieder erstickt zu werden droht. Das Ende dieses schriftstellerischen Schicksals ist schlimmer als der Anfang. Der so lange Unbeachtete, der nur kaum berühmt Gewordene ist zum Geächteten geworden, er ist es geworden durch die Mittheilungen, welche die Freunde und Jünger des Meisters nach seinem Hinscheiden der Welt vorzulegen sich beeilt haben."

„Wilhelm Gwinner war der Erste, der es unternahm, aus mehrjährigem persönlichen Umgange mit dem Frankfurter Weisen ein Bild desselben zu zeichnen, das, da es doch mit sichtlicher Liebe und Bewunderung für die genialen und außerordentlichen Seiten des Mannes entworfen war, an der Treue der Zeichnung auch in den übrigen Parthieen keinen Zweifel ließ. Es war ein Bild von abschreckender moralischer Häßlichkeit, eine Grimasse, wie man nicht unpassend gesagt hat, auf Goldgrund und mit einem Heiligenschein gemalt. Ein solches Denkmal von Freundeshand mochte seltsam erscheinen, aber seltsamer und unglaublicher war das, was folgte. Unter dem Vorgeben, eine richtigere und tiefere Würdigung der Person und Lehre Schopenhauers zu geben, zur Rettung gleichsam des echten Schopenhauer erscheint von zwei Anhängern des Mannes eine zweite Publikation. Himmel, welch ein Buch! Wenn die boshafteste Verleumdung eines Pasquillanten sich bemüht hätte, das Andenken des Mannes zu schwärzen, so würde es ihr mit aller Kunst nicht gelungen sein, auch nur annähernd einen Effekt hervorzubringen, wie das Werk der Herren Lindner und Frauenstädt. In der Form der Vertheidigung eine vergröbernde Bestätigung der Gwinnerschen Charakteristik. Dasselbe Bild noch einmal, aber unter dem unbarmherzigen Mikroscop — alle Flecken und Runzeln bis ins Kleinste treu wiedergegeben, jeder Zug, und die widerwärtigen am meisten, mit besonderer Beglaubigung versehen und zu allem Ueberfluß mit Fingern darauf hingewiesen."

144. Haym will beim Urtheil über das Schopenhauersche Philosophem das Leben des Weltweisen als eine Prämisse nicht in Anwendung bringen.

Nach diesem nicht sehr erbaulichen Exkurs über das Leben Schopenhauers versucht es Haym, den Leser mit dem System des Weltweisen bekannt zu machen. Der Leser soll nun weder die Person, noch den Charakter Schopenhauers beachten, er soll von alledem entweder gar nichts wissen, oder so viel als möglich daran gar nicht denken; er soll das System allein betrachten, ohne sich vom Leben und der Handlungsweise Schopenhauers in dieser Betrachtung im Mindesten stören zu lassen. Haym sagt:

„Wir wollen von Gwinner nicht gehört haben, weder wie Schopenhauer aussah, noch wie er sprach, weder was er trieb, noch wie er lebte. Wir wollen keine Zeile, weder von den Erzählungen Frauenstädts noch von den Briefen Schopenhauers an seine Apostel gelesen haben. Unsere Leser bitten wir um Enthaltsamkeit."

Wir nehmen uns die Freiheit, von den Lesern gerade das Umgekehrte zu verlangen; wir sagen zu den Lesern: Schaut Euch das Leben und Streben dieses Weltweisen an und Ihr werdet erfahren, daß derselbe sein System ganz und gar seinem Leben angepaßt hat. Er hat ein vor einem eventuellen moralischen Weltgericht unverantwortliches Leben geführt, und da hat er sich nun in seinem System ein Weltgedicht zusammenphantasirt (denn der Philosoph ist ja Künstler, wie er selber oft behauptet), das ihn beruhigen soll; er ist ein genialer Apotheker, der sich ein calmirendes Pflaster aufstreicht und der mit einer philosophischen Opiumspritze sich seine moralischen Bedenken zu vertreiben sucht.

Beweis, daß man das System vom Leben und der Handlungsweise des Erfinders total unabhängig machen könne, hat Haym keinen beigebracht, dafür sucht er sich mit einem (für einen philosophischen Denker oder denkenden Philosophen) höchst verunglückten Gleichniß aus der sehr bedenklichen Verlegenheit herauszuhelfen.

Er gibt wohl zu, daß die Philosophie eine bedenkliche Wissenschaft sei:

„Schon die Schwierigkeit ihrer Probleme macht sie dazu; möglich auch, daß ihre Schwierigkeit zum Theil auf Unlösbarkeit hinausläuft."

Nun kommt Haym mit seinem verunglückten Gleichniß herangerasselt:

„Gesetzt nun, die Aerzte würden abgeschafft oder vertrieben: wer, der die menschliche Natur kennt, zweifelt, daß wir alsbald von Quacksalbern heimgesucht und überschwemmt sein würden? Es will uns scheinen, daß es mit der Philosophie nicht anders ist,[1]) und zum mindesten daher, um uns vor ihren unechten Surro-

[1]) Wir müssen hier diesen Scheinwillen oder dieses Wollen-scheinen sogleich unterbrechen. Wir sagen nicht: es will uns scheinen, sondern wir sagen: wir sind des ganz gewissen, logisch auch erweisbaren Dafürhaltens, daß es mit der Philosophie ganz anders ist!

gaten zu schützen, wird man — wir wissen kein anderes Mittel — die philosophische Untersuchung, ein kritisches Eingehen auf die vorhandenen philosophischen Systeme sich gefallen lassen müssen."

Dr. Haym hat hier vergessen, daß die Medizin als Heilmittellehre auf Mittel hinweist, bei deren Gebrauch in der Regel einige Resultate in Aussicht stehen, dann daß der praktische Mediziner zu diesem Zweck seine theoretischen Studien und praktischen Erfahrungen verwerthen kann; daß jener Arzt, der irgend ein neues Heilmittel erfindet, dieses der ganzen medizinischen Welt zur Prüfung vorlegen muß, und daß doch jeder vernünftige Mensch, dem schon einige Erfahrung zu Gebote steht, einem Fachmann, der sich einen Ruf erworben, sich eher anvertrauen wird, als irgend einem Quacksalber. Sicher aber ist, daß ein Arzt nicht ein Heilmittel als solches ausgeben wird, um sein Gewissen zu beschwichtigen, um sein Leben zu decken, während sich in der Regel moderne Lebemänner, die nebenbei auch in Philosophie machen, immer ein System aussuchen oder, wenn sie selber sich aufs Spekuliren verlegen, ein System erfinden werden, welches dieselben in ihrer Handlungs- und Lebensweise nicht beunruhigt.

Nun ist aber gerade das System Schopenhauer mit seiner deklarirten Gottlosigkeit vorzüglich durch den Umstand bei rücksichtslosen Lebensgenießern so sehr in Schwung gekommen, weil ihnen die sogenannte Ethik Schopenhauers, die er selber zuerst durchgelebt und dann auch noch in ein System gebracht hat, außerordentlich willkommen ist; zudem hat er nach ganz eigenthümlichen Studien und Erfahrungen sich daran gemacht, eine Metaphysik der Geschlechtsliebe zu schreiben, wobei er aus seinen überphysischen Betrachtungen in sehr unterphysische Resultate verfallen ist, indem er es, wie wir es schon früher besprochen, sogar zu einer Apologie für die Vierweiberei und zu einer Entschuldigung, wenn nicht gar Rechtfertigung der Sodomie brachte, indem er diese als eine schlaue und sogar dem Menschengeschlecht nutzbringende Erfindung der guten (offenbar nach ihm nachspintisirenden) Mutter Natur proklamirt hat. Durch dieses Ablauschen der feinen Naturgedanken hat sich aber der Weltweise vor verschiedenen anderen Weltweisen derartig dem Spott und Gelächter ausgesetzt, daß er in der Folge den mißlungenen Versuch machte, zum

Rückzug zu blasen und dem hervordrängenden „sittlichen Bewußtsein“ zu Gefallen selber diese Gepflogenheit als ein Laster erklärte. An Widersprüchen ist bei ihm kein Mangel gewesen.

145. Haym weiß die Widersprüche des Systems mit logischer Schärfe darzulegen.

Wenn wir mit dem nicht gelungenen Vergleich Hayms nicht einverstanden sein konnten, so erfordert es die Gerechtigkeit doch anderseits, zu erklären, daß die Kritik des Schopenhauerschen Systems durch Haym eigentlich die präciseste und schlagendste genannt werden kann. Haym hat die unversöhnlichen Widersprüche des ganzen Schopenhauerschen Systems derartig bloßgelegt, daß er am Ende mit Recht sagen kann:

„Mit einem Wort, wir sind je länger je mehr in ein Gewirr von Widersprüchen von sich gegenseitig verklagenden, vexirenden und aufreibenden Gedanken verstrickt. In der That, nur durch den Willen unseres Philosophen, durch einen völlig raisonlosen Willen besteht sein System, und es war kein übler Rath, den ihm Herbart ertheilte, durch die Verneinung dieses Willens selber einige Schritte zur Heiligkeit zu machen. Die Selbsterkenntniß des Willens endet mit dem Selbstmorde des Willens. Unsere Kritik dieses Gedankengebäudes hat so wenig wie möglich die Hebel von außen angesetzt, durch seine eigenen Voraussetzungen hat es sich aus den Fugen gehoben und es ist nicht zu viel gesagt, wenn wir behaupten, daß dabei kein Stein auf dem anderen geblieben.“

„Wie war es möglich, einem so guten Kopfe möglich, eine dergestalt sich selbst widerlegende Lehre nicht bloß aufzustellen, sondern ein langes Leben hindurch festzuhalten?“

Auf diese Frage hat nun Haym auch eingängig geantwortet, indem er von dem ersten Plan, das System abstrakt, ohne Reflexion auf die Lebensumstände des Philosophen, zu beobachten, abgegangen und das Leben und die Persönlichkeit Schopenhauers zum Gegenstand seiner Betrachtung gemacht hat. Haym macht den Versuch der Lösung des Räthsels, wie das Schopenhauersche System habe zusammenhalten können, indem er untersucht, ob es auf der Grundlage des Kantschen Systems basire, kommt aber auch hier zu dem Resultat:

„Die so kraus ineinander gewachsenen Gedanken stimmen unter sich selbst nicht, sie stimmen eben so wenig mit den Kantischen zusammen. Nicht bloß einzelne Gedanken, sondern ganze

Gedankenreihen stehen feindlich gegeneinander. Disharmonie ist geradezu der Charakter des Ganzen. Vorstellung und Wille theilen sich in die Welt, wie Kastor und Pollux in das Recht des Lebens. Der Wille hinwieder kehrt sich feindlich gegen das Wollen, die höhere Erkenntniß verdrängt die gewöhnliche vom Platze. Mit Kant sollen wir Cabanis, mit Hobbes und Voltaire Plato und den Buddhismus zusammenreimen u. s. w."

Haym kommt nun zum Versuche, den Sinn und Werth des Schopenhauerschen Systems nur aus seiner Entstehung, diese Entstehung nur im Zusammenhang mit dem Leben, dem Bildungsgange, der Charaktereigenthümlichkeit seines Urhebers zu erkennen.

Es sollen aus der treffenden Abhandlung über Schopenhauer von Haym nur noch einige Aphorismen angeführt werden:

„Wenn die Größe unserer wahrhaft großen Denker darin besteht, daß sich in ihrem Denken das Wesen und Wollen der Zeit zu treffendem Ausdruck zusammenfaßte, so wird sich bei Schopenhauer ein unverhältnißmäßiges Uebergewicht einer eigenartigen und eigenwilligen Natur zeigen, die der geistigen Substanz der Zeit das Gepräge individueller Paradoxie und Laune aufdrückt. Die thörichte Prätension, nicht sowohl mit dem lebenden Geschlechte mit- als den kommenden Geschlechtern vor-zudenken, stellt diesen Mann seitwärts von dem Strome der Meinungen, Strebungen und Bedürfnisse der Nation. Er ist ein Apfel, der weit vom Stamme fällt, da er dann spät und wie zufällig aufgehoben und wieder weggeworfen werden mag. Das scheinbar launische Schicksal, das über ihm gewaltet, ist einzig und allein die Schuld seiner eigenen Ungeselligkeit, die natürliche Folge seines launischen Denkens und Einbildens."

Bezugs der Klagen seiner Mutter über und gegen ihn (siehe S. 56) sagt Haym:

„Schon jetzt ist es klar, haben sich alle die unliebenswürdigen Züge, die bis ans Ende den Charakter des Mannes entstellten, in dem Jüngling festgesetzt. Er steht vor uns als ein unerträglich eingebildeter, übellauniger, mürrischer, absprechender, rechthaberischer Geselle. Er ist unverkennbar der Sohn seines Vaters. Ein unglückliches Naturell, verbunden mit einer reichen Begabung, war durch eine verwöhnte und ungleichmäßige Erziehung zu abstoßender Mißgestalt entwickelt worden."

Treffend schildert Haym den Aufenthalt Schopenhauers in Italien, und wie er ohne eigentliches Verständniß und nur in seiner egoistischen Selbstbewunderung befangen an allen Kunstwerken daselbst vorübergegangen ist:

„Daß er unter dem italienischen Himmel nicht etwa praktische Uebungen in der Ascese machte, daß er es, um mit Heinses Ardinghello zu reden, nicht verschmähte, sich mit dem Schönen zu vereinigen, wo er es fand, ist zur Genüge durch seine eigenen Geständnisse bezeugt. Wie aber wirkte dieser italienische Aufenthalt weiter auf die Entwickelung seines Geistes? Auszüge aus seinem Reisetagebuch liegen uns zur Seite. Sie zeigen uns, daß Kunst und Natur, Welt und Menschen kaum noch einen bildenden Einfluß auf ihn übten. Er war nicht wie Goethe, oder wie Winckelmann in Italien. Er lernte mancherlei zu, aber er lernte nirgends um. Den Kunstwerken gegenüber fehlte es ihm von Hause aus an dem Sinn eindringender Anschauung, den Menschen gegenüber an jener Hingebung, die den Verkehr mit Anderen fruchtbar für Herz und Geist macht. Mit jenem extremen Selbstgefühl, das ihn schon jetzt von dem Denkmal träumen ließ, welches die Nachwelt dem Entdecker des Welträthsels setzen wird, war er mitten unter Statuen und Gemälden, bei allen Studien und in der mannigfaltigsten gesellschaftlichen Bewegung dem armen Reichen gleich, der den Gedanken an sein Geld nicht loswerden kann. Immer wiegt er sich im Gefühl seines eigenen Werthes, befestigt er sich in der wahnsinnigen Einbildung, daß unendliche Fernen ihn von den übrigen Menschen, von dem „Kröten- und Otterngezücht" trennen, das er doch immer wieder für seines Gleichen nehme. Alle Reiseerlebnisse, alle Anschauungen von Land und Leuten spiegeln ihm immer nur die Welt, die er sich in seinem Buche aufgebaut hatte. Mit der Befangenheit des Systems und mit der zwischen Verdrossenheit und Ueberhobenheit schwankenden Stimmung, aus der dasselbe entsprungen, sieht und mißt er Alles, er sieht und sucht nur Bestätigungen dieses Systems; alle geistige Nahrung, die er von außen aufnimmt, verwandelt sich in Anmerkungen und Zusätze zu der „Welt als Wille und Vorstellung". Wie wir aber den Mann von früher her kennen, so ist das nicht eine vorübergehende Eingenommenheit. Ein allzu zeitig versteiftes und gekrümmtes Genie, ist er doppelt fertig mit dem Moment, wo sein System fertig geworden. Alles, was folgt, hat nur noch ein pathologisches Interesse. Auf die Entstehungsgeschichte des Systems folgt die Krankheitsgeschichte desselben, und immer deutlicher treten durch diese, immer unliebenswürdiger und immer abstoßender die Züge der Schopenhauerschen Persönlichkeit hindurch."

Wir sehen, wie hier Haym ebenfalls bestätigt, was wir früher wiederholt gegen das Ansinnen der Apostel Schleiermachers ausgesprochen, daß es rein nicht angehe (wie diese Herren es beanspruchen), die Philosophie (Theorie) des Weltweisen von seiner Persönlichkeit, von seinem Leben (Praxis) zu trennen.

Ueber die göttliche Grobheit Schopenhauers, die sich noch einen weiteren Weltruf erworben, als sein ganzes System, bemerkt Haym:

„Daß es ihm an analytischem Scharfsinn, an kritischem Talent nicht fehlte, ist hinreichend durch seine ausführliche Kritik der Kantischen Philosophie, durch einzelne kritische Exkurse und gelegentliche kritische Bemerkungen bewiesen. Er hat übrigens, und gerade da, wo es am unerläßlichsten war, solche Auseinandersetzungen unter seiner Würde gehalten; weitaus am öftesten hat er es vorgezogen, der Welt sein Talent des Absprechens und eine wahrhaft virtuose Fertigkeit des Schimpfens zu zeigen. So nackt ist die göttliche Grobheit der romantischen Doktrin nirgends sonst im Bezirk der Wissenschaft aufgetreten. Fichte sowohl wie Schelling kommen dem Ideal der Grobheit so ziemlich nahe, aber die barschen und harten Abfertigungen des Ersteren treten in der Form der Deduktion, die ausgesuchten Bosheiten des Anderen im Gewande vornehmer Ironie auf. Die Grobheit Schopenhauers ist reine, positive, ungeschminkte Grobheit. Der Ton, der ihm allein passend scheint, um seine Meinung über Männer wie Fichte, Schelling, Herbart und Hegel kundzugeben, ist der, in welchem sich Matrosen und Fuhrknechte, Gassenjungen und Fischweiber ihrer gegenseitigen Zuneigung und Hochachtung versichern. Die wissenschaftliche Form, deren Umständlichkeit diesem Manne überhaupt unbequem ist, dünkt ihm für die Polemik vollends ein Luxus; wie er seine persönliche Stimmung in Ethik und Metaphysik, so setzt er seine Abneigung gegen die zeitgenössische Philosophie in leidenschaftliche Invektiven, in eine Fluth von Schimpfworten um."

„Darauf hin, daß er (Schopenhauer) der inkorrekteste aller Denker, dem großen Systematiker (Hegel) zwei oder drei inkorrekte Schlüsse nachgewiesen, darauf hin schüttet er bei jeder passenden und unpassenden Gelegenheit sein reiches Vocabularium von Kraftwörtern über das Haupt desselben aus. Derselbe ist ihm „ein gemeiner Kopf", ein „frecher Unsinnsschmierer", ein „geistloser und unwissender Charlatan", seine Philosophie „eine Hanswurstiade", die „rechte Schule der Plattheit", ja nicht nur die heutige Herrschaft der atomistischen Ansicht in der Naturwissenschaft, sondern auch der Deutschkatholicismus soll eine Frucht der durch Hegel herbeigeführten „Seichtigkeit, Rohheit und Unwissenheit" sein."

„Diese rohe und bissige Art der Vertheidigung seiner Dogmen ist eben nur die Kehrseite von der jähen Unmittelbarkeit, in welcher sie entstanden sind. Es pflegt im politischen Leben zu geschehen, daß ein leidenschaftlicher Parteigänger seinen Haß und Eifer mit öffentlicher Tugend und sittlicher Verpflichtung verwechselt. In ähnlicher Weise werden unserm Philosophen seine Antipathieen zu eingebildeten Pflichten, die er gegen die „Wahrheit" habe. Ein ehrwürdiger, geheiligter Name! Niemand hat öfter als Schopenhauer diesen Namen im Munde geführt, Niemand mehr mit rhetorischem Pathos ihn als Trumpf ausgespielt, Niemand ausdrücklicher versichert, daß es ihm um die Wahrheit allein, und ihm allein um die Wahrheit zu thun sei! Wie stimmen doch diese Verherrlichungen der Wahrheit mit dem, was den wirklichen Kern und das eigentliche tiefste Pathos seiner Lehre ausmacht? Wo liegt doch der unendliche Werth, den die Entdeckung der Wahrheit für uns Andere hat, für eine Anschauung, welche den ganzen Reichthum wirklicher Erkenntniß mit sammt der gestaltenreichen Welt für eine Erscheinung' erklärt, von der man nicht früh und nicht völlig genug enttäuscht werden könne, und welche die geschichtliche Entwicklung des Menschengeschlechtes für ein eben solches Spiel vergänglicher kaleidoscopischer Bilder hält? Wir können uns nicht helfen, es geht uns mit diesem Trumpfen auf Wahrheit, wie wenn wir im gewöhnlichen Leben einen Mann unaufhörlich und unaufgefordert Betheuerungen seiner Ehrlichkeit abgeben hören. Die Ehrlichkeit ist eine so selbstverständliche Tugend im Handel und Wandel, wie die Wahrheit im Philosophiren. Beide beweisen sich durch die That, und Niemand sicher ist weniger von dem keuschen Geiste der Wahrheit durchdrungen, als wer sie zum Deckmantel eines mehr als pfäffischen Fanatismus, einer Schonungslosigkeit und Unduldsamkeit macht, die in der Wahl der Mittel und Worte absolut scrupellos ist. Wie durch die Löcher des Mantels jenes Sokratikers, so blickt durch alles pathetische Gerede von der Wahrheit der rechthaberische, der anmaßliche und unlautere Sinn unseres Autors hindurch." „In dunkleren und immer dunkleren Farben zeichnet sich durch das polemische Gebahren des Mannes seine Persönlichkeit und sein Charakter hindurch. Aus seinen eigenen Schriften und vollends aus den Aktenstücken, die wir dem urtheilslosen Eifer seiner Anhänger verdanken, geht mit peinlicher Gewißheit hervor, daß zu den hervorstechendsten Zügen seines Charakters Anmaßung, Neid, Schadenfreude und unversöhnliche Rachsucht gehörten. Die beiden Eigenschaften, die uns selbst unbedeutende Menschen werth machen und die, wenn sie sich vereint mit hohen Gaben des Geistes finden, unsere Verehrung zur Liebe stimmen, Bescheidenheit und Gutmüthigkeit, waren nicht das Erbtheil dieses ungewöhnlichen Menschen. Pfui über die Philistertugenden! Das Goethesche Wort, daß nur die Lumpe bescheiden sind, ist unter den Lieblingsthemen, die er nicht müde wird zu variiren. Nicht minder offen, mit wahrhaft schamloser Naivetät trägt er seine Schadenfreude und Unversöhnlichkeit zur Schau."

146. Die Art des Kampfes mit seinen Gegnern und die hierbei gebrauchten Waffen sind als wesentliche Charakteristik des Weltweisen besonders zu beachten.

Nachdem Haym durch eine Menge von Beispielen diese traurigen Anwürfe bestätigt hat, heißt es (S. 224):

„Entschlossen, sich im Gebiete des Denkens eine Tyrannis zu gründen, scheut er keine innere und keine äußere Gewaltthat, keinen Widerspruch im Innern, keine Lüge, keine List, keinen Schimpf, keine Verleumdung, keinen moralischen oder intellektuellen Mord nach außen."

S. 226:

„Die intellektuelle Selbstgerechtigkeit des Mannes, das Wohlgefallen, das er an seiner eigenen geistigen Physiognomie hat, ist unbedingt und grenzenlos. Mit dem Eigensinn eines Kindes, das sich in den Schmollwinkel gestellt hat, erklärt er immer von Neuem seine vorgefaßten Meinungen, seine Launen, seine Einfälle für die Wahrheit."

S. 227:

„Mit seinen philosophischen Gegnern hat er sich ein für allemal durch die Theorie von der Universitätsphilosophie abgefunden, aber auch auf dem Gebiete der Gelehrsamkeit gibt es für ihn keine Autoritäten; die größten Forscher, wenn ihre Entdeckungen seine Lieblingsmeinungen kreuzen, werden mit improvisirten Schmähungen zur Seite geworfen. Er verbindet mit dem Muth der Alleinweisheit den ganzen Cynismus der Unwissenheit."

S. 228:

„Es widersteht uns, das ganze Bild des Mannes und seiner persönlichen Existenz, wie Gwinner und Frauenstädt uns dasselbe vorgeführt haben, wiederholend auszumalen. Alles in Allem genommen ist es das Bild eines kolossalen Egoisten."

S. 229:

„Die Menschenliebe ist das Fundament seiner Ethik. Ihm selbst ist es bequemer, die Menschen zu verachten und sein Mitleid, seine fürsorgende Zärtlichkeit den Thieren zuzuwenden. Er trägt theoretisch die abstrakteste Geringschätzung des gewöhnlichen Treibens der Menschen zur Schau, in praxi ist er aufs ängstlichste um die Mittel für seine eigene Subsistenz bedacht, zeigt er sich als den sparsamsten, knickerigsten Hauswirth. Es geschieht ja im Dienste der Wahrheit, daß er für die Erhaltung seines Lebens und seiner Unabhängigkeit unablässig besorgt ist! Eben dieser Wahrheit zu Liebe schont er kein noch so geheiligtes Vorurtheil, keinen auch noch so geachteten Namen, es sei denn, daß seine grenzenlose Feigheit ihm Vorsicht und Schweigen lehre. Was kümmern ihn die Welthändel, was die Interessen anderer Menschen — seine Person, seine Philosophie und sein Pudel, das sind die allein wichtigen Dinge, um die sich seine Gedanken drehen."

„Was Andere leichthin im Gespräche fallen lassen, die momentansten Einfälle, die flüchtigsten Stimmungsurtheile, er befestigt sie auf dem Papier und weiht sie der Unsterblichkeit."

„Diese Unsterblichkeit ist sein Traum bei Tag und bei Nacht. Die Unsterblichkeit seiner Philosophie aber ist ihm identisch mit der Unsterblichkeit seines Namens. In der Ruhmsucht, an der er krankt, kommt noch einmal das Subjektiv-Persönliche seines Werkes zum Vorschein. In diesem Werke sieht und liebt am Ende er selber nur sich selber, und es ist ihm wichtiger, daß seine Person als seine Philosophie gelte und durchdringe. Auch den Ruhm macht er wieder eigens zu einem Gegenstand der Reflexion. Das ist mehr als Eitelkeit, das ist eine ganz besondere verzehrende Leidenschaft, wie sie wohl in gewissen Epochen der Geschichte epidemisch aufgetreten ist. Hier vor Allem haben die Frauenstädtschen Memorabilien den Vorhang geöffnet. Sie zeigen den von der Welt Zurückgezogenen in fieberhafter Sorge und Aufregung um öffentliche Anerkennung. Alle seine Vornehmheit, alle seine Verachtung der Literatur des Tages wird verschlungen von dem Eifer, sich um jeden Preis zum berühmten Manne zu machen."

„Der unglückliche Mann, wie er uns in den Briefen an seine lieben Getreuen, an seine Erzevangelisten entgegentritt, erinnert an jene spanischen Hidalgos, die mit Manchetten und Degen auf den Straßen einherstolzirten, während ihre Diener in den Klöstern für sie betteln gingen. Bei seinen Lebzeiten begann die Buße, sie wurde vollständig nach seinem Tode durch die Prostituirung seitens seiner Lobredner und Vertheidiger."

S. 233:

„Vielleicht am ehesten im Anfang der siebziger Jahre des vorigen Jahrhunderts hätte eine Lehre wie die seinige Anerkennung finden, sie hätte zum philosophischen Glaubensbekenntniß der damaligen genießsüchtigen Jugend werden können. Ihr Streben, sich heutigen Tages gewaltsam in den Besitz der Herrschaft zu setzen, scheitert unausbleiblich."

S. 238:

„Welchen Maßstab wir immer anlegen mögen, den logischen, den ethischen, den des wissenschaftlichen oder den des praktischen Bedürfnisses, die Ergebnisse all dieser Messungen stimmen in derselben Summe zusammen. Wir können die Sätze dieser Philosophie nicht unter sich zusammenreimen, unser sittliches Gefühl sträubt sich mit allen Fasern gegen sie; für den Fortschritt der Wissenschaften erwarten wir kein Heil, für unser nationales Leben könnten wir nur Hemmung und Gefährdung von ihr erwarten.

Mit dem Philosophen Schopenhauer geben wir den Menschen, mit dem Menschen den Philosophen preis."

Haym gesteht ihm übrigens vollkommen zu, er sei ein Schriftsteller erster Klasse; er weiß die abstraktesten Gedanken anschaulich, die schwierigsten Probleme klar und faßlich zu machen.

S. 242:

„Er versteht es, die dem gewöhnlichen Bewußtsein fremdartigen Vorstellungen zu derselben handgreiflichen Deutlichkeit zu bringen, welche das Vorzeigen sinnlischer Dinge begleitet, denn jene Vorstellungen haben sich in seinem eigenen Kopfe zu einem ganz empirisch naturalistischen Sinn umgesetzt. So berühren sich die Vorzüge der Form durchaus mit dem Mißlichen des Inhalts und können dazu dienen, über die Grundlosigkeit der Ansicht zu täuschen."

Haym schließt sein Urtheil:

„Er ist kein Philosoph, an dem Maßstab gemessen, den uns Kant und Aristoteles an die Hand geben. Die Intensität der Einbildungskraft, der Reichthum poetischer Anschauungen reicht so weit nicht, um ihn zum Dichter zu machen.[1]) Mit wie geistvollen Blitzen er einzelne wissenschaftliche Regionen beleuchtet hat — in dem Bereiche strenger Wissenschaft ist kein Platz für ihn. So genial er ist, diese Genialität hat sich zu keiner besonderen Virtuosität, zu keiner bestimmten Wissenschaft oder künstlerischen Leistung von dauerndem Werthe zusammengenommen. Wir sind versucht, ihn einen Dilettanten im eminenten Sinne des Wortes zu nennen. Einen Schriftsteller haben wir ihn genannt und den Menschen müssen wir überdies als eine „Merkwürdigkeit der Naturgeschichte" bezeichnen. So gehört er, wenn er doch eine Kategorie sein soll, in die Geschichte der deutschen Literatur, und steht hier als eine einzige Erscheinung, als eine Rarität da. Man wird ihn am Ende von dort doch wieder für die Philosophie reklamiren, aber die Wahrheit ist nicht, was er gelehrt hat, sondern, daß es einmal eine Zeit gegeben hat, in der nach der Zersetzung großer wissenschaftlicher Systeme ein lebhaft geträumter und geistreich ausgeführter Traum für Philosophie gegolten hat. Das ist die Thatsache, welche in Zukunft die Geschichte der Philosophie zu erzählen haben wird."

[1]) Er hat, wie wir S. 177 angeführt, sich in seiner maßlosen Eitelkeit nur einmal zu einem Gedicht an seine Ruhmespyramide verleiten lassen, dem aber bei aller sprachlichen und sachlichen Erbärmlichkeit desselben doch der Ruhm eines Monumentalgedichtes nicht abgestritten werden kann.

Nachschrift.

Vorliegende Schrift konnte sich nicht zur Aufgabe machen, aus den Werken Schopenhauers sämmtliche massenhaften, in verschiedenen Formen sich wiederholenden Verstöße gegen die Logik, offenbare Widersprüche, Fälschungen der Geschichte und der kirchlichen Lehrsätze, unerweisbare Behauptungen, das absichtliche Ignoriren historischer Thatsachen u. s. w. Punkt für Punkt vorzuführen, denn das würde einige Bände benöthigen, und der Ankauf einer derartigen Polemik würde eben so kostspielig, als das Durchlesen derselben, wegen der ewigen Wiederholungen, langweilig werden.

Diese Gründe und Bedenken vorausgesetzt, hat sich der Verfasser vorliegender Schrift die Aufgabe gestellt, in Aussprüchen aus den Werken des Weltweisen die oben angeführten Verstöße in drastischen Beispielen nachzuweisen.

Schopenhauer hat sich aus wohlbegründeter Furcht vor dem von Seiten seiner Gegner öfter applicirten logischen Verfahren aus dem Gebiete der Wissenschaft in das Phantasiereich der Kunst geflüchtet, und zwar durch die deutliche Erklärung: *seine* Philosophie sei nicht Wissenschaft, sondern *Kunst*. Wir sind ihm nun hier auch in dieses Asyl nachgegangen, um beispielsweise *seine* Kunst (besser seine *Künste*) mit dem Apparat der alten, von ihm gehaßten Logik mit dem historischen Thatbestand und unverfälschten Citaten in das rechte Licht zu stellen, und können bezugs unseres ehrlichen Willens an jedes gute Gewissen appelliren.